Le Routard

Isère, Hautes-Alpes et les stations des Alpes-Maritimes

Directeur de collection et auteur
Philippe GLOAGUEN

Cofondateurs
Philippe GLOAGUEN
et Michel DUVAL

Rédacteur en chef
Pierre JOSSE

Rédacteurs en chef adjoints
Amanda KERAVEL
et Benoît LUCCHINI

Directrice de la coordination
Florence CHARMETANT

Directrice administrative
Bénédicte GLOAGUEN

Direction éditoriale
Catherine JULHE

Thierry BROUARD
Marie BURIN des ROZIERS
Véronique de CHARDON
Gavin's CLEMENTE-RUÏZ
Fiona DEBRABANDER
Anne-Caroline DUMAS
Géraldine LEMAUF-BEAUVOIS
Olivier PAGE
Alain PALLIER
Anne POINSOT
André PONCELET

Administration
Carole BORDES
Solenne DESCHAMPS

2013/2014

hachette

Remarque importante aux hôteliers et restaurateurs

Les enquêteurs du *Routard* travaillent dans le plus strict anonymat. Aucune réduction, aucun avantage quelconque, aucune rétribution n'est jamais demandé en contrepartie. Face aux aigrefins, la loi autorise les hôteliers et restaurateurs à porter plainte.

Avis aux lecteurs

Le *Routard,* ce n'est pas comme le bon vin, il vieillit mal. On ne veut pas pousser à la consommation, mais évitez de partir avec une édition ancienne. Les modifications sont souvent importantes.
Les réductions accordées à nos lecteurs ne sont jamais demandées par nos rédacteurs afin de préserver leur anonymat. Les hôteliers et restaurateurs sont sollicités par une société de mailing, totalement indépendante de la rédaction, qui reste donc libre de ses choix. De même pour les autocollants et plaques émaillées.

Pictogrammes du *Routard*

Établissements

- Hôtel, auberge, chambres d'hôtes
- Refuge
- Camping
- Restaurant
- Boulangerie, sandwicherie
- Glacier
- Café, salon de thé
- Café, bar
- Bar musical
- Club, boîte de nuit
- Salle de spectacle
- Office de tourisme
- Poste
- Boutique, magasin, marché
- Internet
- Hôpitaux, urgences

Sites

- Plage
- Site de plongée
- Piste cyclable, parcours à vélo
- Domaine skiable

Transports

- Aéroport
- Gare ferroviaire
- Gare routière, arrêt de bus
- Station de métro
- Station de tramway
- Parking
- Taxi
- Taxi collectif
- Bateau
- Bateau fluvial

Attraits et équipements

- Présente un intérêt touristique
- Recommandé pour les enfants
- Adapté aux personnes handicapées
- Ordinateur à disposition
- Connexion wifi
- Inscrit au Patrimoine mondial de l'Unesco

Mille excuses, on ne peut plus répondre individuellement aux centaines de CV reçus chaque année.

Le *Routard* est imprimé sur un papier issu de forêts gérées.

I.S.B.N. 978-2-01-245671-6

TABLE DES MATIÈRES

LE MASSIF DE LA CHARTREUSE

Le plateau des Petites-Roches

Le Grésivaudan

LE MASSIF DE BELLEDONNE

LA MATHEYSINE

LE TRIÈVES

LE VERCORS

LE DAUPHINÉ DE LA PLAINE ET DES COLLINES

Le Sud-Grésivaudan

Le pays de Bièvre-Valloire

Le pays voironnais

Les Portes des Alpes

L'Isle Crémieu et le pays des Couleurs

LES HAUTES-ALPES

LE PAYS DU BUËCH ET LE DÉVOLUY

LE CHAMPSAUR ET LE VALGAUDEMAR

L'EMBRUNAIS ET SERRE-PONÇON

LE QUEYRAS ET LE GUILLESTROIS

LE BRIANÇONNAIS

LES STATIONS DES ALPES-MARITIMES

Recommandation à nos lecteurs qui souhaitent profiter des réductions et avantages proposés dans le *Routard* par les hôteliers et les restaurateurs : à l'hôtel, prenez la précaution de les réclamer **à l'arrivée** et, au restaurant, **au moment** de la commande (pour les apéritifs), et surtout **avant** l'établissement de l'addition. Poser votre *Routard* sur la table ne suffit pas : le personnel de salle n'est pas toujours au courant et une fois le ticket de caisse imprimé, il est difficile pour votre hôte d'en modifier le contenu. En cas de doute, montrez la notice relative à l'établissement dans le guide et ne manquez pas de nous faire part de toute difficulté rencontrée.

NOUVEAU ET IMPORTANT : DERNIÈRE MINUTE

Sauf exception, le *Routard* bénéficie d'une parution annuelle à date fixe. Entre deux dates, des événements fortuits (formalités, taux de change, catastrophes naturelles, conditions d'accès aux sites, fermetures inopinées, etc.) peuvent modifier vos projets de voyage. Pour éviter les déconvenues, nous vous recommandons de consulter la rubrique « Guide » par pays de notre site • ***routard.com*** • et plus particulièrement les dernières ***Actus voyageurs.***

Nous tenons à remercier tout particulièrement Loup-Maëlle Besançon, Thierry Bessou, Gérard Bouchu, François Chauvin, Grégory Dalex, Stéphanie Déro, Fabrice Doumergue, Cédric Fischer, Carole Fouque, Michelle Georget, David Giason, Claude Hervé-Bazin, Emmanuel Juste, Dimitri Lefèvre, Sacha Lenormand, Fabrice de Lestang, Romain Meynier, Éric Milet, Pierre Mitrano, Jean-Sébastien Petitdemange, Thomas Rivallain, Dominique Roland et Solange Vivier pour leur collaboration régulière.

Et pour cette nouvelle collection, nous remercions aussi:

Emmanuelle Bauquis
Jean-Jacques Bordier-Chêne
Michèle Boucher
Lisa Buchter
Stéphanie Condis
Agnès Debiage
Jérôme Denoix
Tovi et Ahmet Diler
Clélie Dudon
Sophie Duval
Clara Favini
Alain Fisch
Mathilde Fonteneau
Adrien et Clément Gloaguen
Xavier Haudiquet
Bernard Hilaire
Sébastien Jauffret
Anaïs Kerdraon
Jacques Lemoine
Béatrice Macé de Lepinay
Jacques Muller
Caroline Ollion
Nicolas et Benjamin Pallier
Martine Partrat
Odile Paugam et Didier Jehanno
Prakit Saiporn
Jean-Luc et Antigone Schilling
Camille Veillard

Direction: Nathalie Bloch-Pujo
Contrôle de gestion: Héloïse Morel d'Arleux et Virginie Laurent-Arnaud
Secrétariat: Catherine Maîtrepierre
Direction éditoriale: Catherine Julhe
Édition: Matthieu Devaux, Géraldine Péron, Olga Krokhina, Gia-Quy Tran, Julie Dupré, Pauline Fiot, Julien Hunter, Camille Loiseau, Emmanuelle Michon, Julia Nannicelli, Marion Sergent et Clémence Toublanc
Préparation-lecture: Nathalie Foucard
Cartographie: Frédéric Clémençon et Aurélie Huot
Fabrication: Nathalie Lautout et Audrey Detournay
Relations presse France: COM'PROD, Fred Papet. ☎ 01-70-69-04-69.
• *info@comprod.fr* •
Illustrations : Anne-Sophie de Précourt
Direction marketing: Adrien de Bizemont, Lydie Firmin et Laure Illand
Contacts partenariats: André Magniez (EMD) • *andremagniez@gmail.com* •
Édition des partenariats: Élise Ernest
Informatique éditoriale: Lionel Barth
Couverture: Clément Gloaguen et Seenk
Maquette intérieure : *le-bureau-des-affaires-graphiques.com*, Thibault Reumaux et *npeg.fr*
Relations presse: Martine Levens (Belgique) et Maureen Browne (Suisse)
Régie publicitaire: Florence Brunel-Jars

Pour l'édition de ce guide, nous remercions tout particulièrement :

Isère

– Brigitte Roland et l'équipe du comité départemental du tourisme de l'Isère ;
– Stéphanie Julien et l'équipe de l'office de tourisme de Grenoble ;
– et l'office de tourisme de Vienne.

Hautes-Alpes

– Caroline Tchepelev, Claire-Anne Léger et toute l'équipe du comité départemental du tourisme des Hautes-Alpes ;
– l'équipe de la Maison du Champsaur et du Valgaudemar ;
– l'office de tourisme d'Embrun ;
– l'office de tourisme du Queyras ;
– l'office de tourisme du Guillestrois ;
– et la communauté de communes des Deux Buëch.

Alpes-Maritimes

– Sophie Brugerolles du comité régional du tourisme Riviera-Côte d'Azur.

Ainsi que tous les offices de tourisme et syndicats d'initiative qui, année après année, nous apportent, avec le même enthousiasme, leur aide précieuse !

LES COUPS DE CŒUR DU ROUTARD

- **Déambuler dans la vieille ville médiévale de Grenoble,** et ne pas compter son temps au **musée des Beaux-Arts,** l'un des plus fascinants de France. .... p. 60-64
- **Grimper jusqu'à Besse,** un de nos hauts villages préférés de l'Oisans, et, si affinités, **s'offrir une randonnée jusqu'au plateau d'Emparis**........................ p. 96
- Passer une demi-journée (au moins !) à **décrypter la symbolique des toiles d'Arcabas** dans l'église de Saint-Hugues-de-Chartreuse............... p. 102
- **Visiter le musée de la Révolution française** à Vizille (Isère).................... p. 125
- **Déjeuner sur l'agréable terrasse de l'auberge *Némoz* à La Ferrière-d'Allevard** et, pour digérer, prendre 1h, au long d'un sentier en sous-bois, pour aller voir tomber la cascade du Pissou...... p. 122-123
- Entre Mens et le mont Aiguille, **se perdre (volontairement !) sur les petites routes du Trièves**........................ p. 136
- Depuis Autrans, **grimper,** hiver comme été, **à la Molière pour le panorama**.. p. 159
- **Visiter séance tenante l'abbaye de Saint-Antoine-l'Abbaye** et flâner, nez au vent, dans le village pour en apprécier la poésie. .... p. 178
- **Prendre un verre en terrasse face au temple d'Auguste et de Livie,** au cœur de la vieille ville de **Vienne**............... p. 215
- **Franchir,** mais pas nécessairement à vélo, **les cols mythiques du Tour de France** : le Lautaret (Hautes-Alpes) ou l'Izoard (Hautes-Alpes). .... p. 294
- **Embrasser la ville de Gap depuis les jardins-terrasses du domaine de Charance,** et partir à la découverte de la faune et de la flore de la région.... p. 234
- Sur les pentes enneigées, **redécouvrir le *télémark*** ou **se frotter aux nouvelles glisses du type *kitesurf, snowblade* ou *skwal.*** .... p. 26
- Se sentir tout petit à l'ombre des **monts acérés et majestueux du massif du Dévoluy** (Hautes-Alpes). .... p. 251
- Donner quelques coups de pédales pour respirer, à pleins poumons, les **odeurs provençales du pays du Buëch** : ail, lavande, pastis... et sillonner cette région propice à la baignade et à la pêche............... p. 239
- **Randonner dans le parc national des Écrins,** entre Hautes-Alpes et Isère, pour observer (avec beaucoup de patience), le lagopède ou l'aigle royal............... p. 87
- Dans les Hautes-Alpes, virevolter le long des sinueuses routes départementales pour **embrasser d'en haut le bleu du lac de Serre-Ponçon** et le vert de son écrin de montagnes.................... p. 276
- S'engouffrer dans l'étroite **vallée du Guil,** dans le Queyras et, de là, **s'envoler vers la belle Saint-Véran,** la plus haute commune d'Europe (Hautes-Alpes)............... p. 299
- **Partir à l'assaut de Briançon et de sa cité Vauban,** dont les fortifications sont inscrites au Patrimoine mondial de l'Unesco, et pousser l'excursion jusqu'à la ceinture de forts d'où l'on domine le Briançonnais.............................. p. 310
- **Arpenter les sentiers pédestres de la vallée de la Clarée,** en longeant les rivages des lacs d'altitude, dans les Hautes-Alpes. .... p. 326
- Se hisser en téléphérique **sur le glacier de la Meije,** dans les Hautes-Alpes, puis dévaler en liberté **le seul domaine français 100 % hors piste**................. p. 317
- Depuis la **cime de Sisteron à Isola 2000,** scruter l'horizon à travers les nuages pour apercevoir la grande bleue, à 50 km à vol d'oiseau. .... p. 337

COMMENT Y ALLER ?

EN VOITURE

Infos utiles

• *tolltickets.com* • Pour les automobilistes, un site où l'on peut acheter en ligne les vignettes autoroutières, les *passes,* etc. pour un certain nombre de pays européens. Renseignements également sur les tunnels, les ferries et autres portions payantes du réseau routier.
Et pour la France, si c'est utilisable, une carte avec le coût de tous les tronçons autoroutiers de l'hexagone : • *autoroutes.fr/fr/les-principaux-tarifs-2012.htm* •

Arrivé aux portes des Alpes, le réseau routier et autoroutier se densifie.
– L'A 43, puis l'A 48 relient Lyon à Grenoble. Emprunter ensuite la N 85 (route Napoléon) jusqu'à Gap ou la D 1091 jusqu'à Briançon.
– Quand on arrive par le sud, prendre l'A 51 depuis Aix-en-Provence. L'autoroute se termine à Gap. Pour remonter jusqu'à Grenoble, prendre la N 85 ou la D 1075, qui rallonge de 30 km mais dont l'accès est plus aisé en hiver.
– Pour plus d'infos sur l'accès dans le département des Hautes-Alpes, consultez le site • *inforoute05.fr* •
– Pour accéder aux stations de ski des Alpes-Maritimes depuis le sud, emprunter l'A 8 (sortie Digne/Grenoble) et prendre la D 6202.
– Pour l'accès aux vallées et aux stations de ski, se reporter aux rubriques « Arriver – Quitter » des chapitres concernés.

Le covoiturage : le principe est simple, économique et écologique. Il s'agit de mettre en relation un chauffeur et des passagers afin de partager le trajet et les frais, que ce soit de manière régulière ou exceptionnelle (pour les vacances, par exemple). Renseignements sur • *covoiturage.fr* •

EN TRAIN

Au départ de Paris (gare de Lyon, ou gare d'Austerlitz pour les trains de nuit)

➢ ***Paris-Grenoble :*** TGV directs. Temps de trajet moyen : 3h.
➢ ***Paris-Oulx*** (en Italie, sur la ligne qui va à Milan) ***:*** TGV directs. Temps de trajet moyen : 4h40 puis navettes.
➢ ***Paris-Nice :*** TGV directs. Temps de trajet moyen : 5h40 puis navettes jusqu'en station.
➢ ***TGV avec correspondance : Briançon*** et ***Gap*** (changement à Valence). Meilleur temps de parcours : env 5h15.
➢ ***Trains de nuit directs, en saison :*** Briançon, Montdauphin-Guillestre et Gap.

Au départ de la province

➢ ***Lille-Grenoble :*** TGV directs ou avec un changement à Lyon ou à Paris (avec changement de gare). Env 5h de trajet.

➢ ***Marseille-Grenoble :*** TGV avec changement à Valence. Env 3h de trajet.

Pour préparer votre voyage

– ***Billet à domicile :*** commandez votre billet par Internet ou par téléphone au ☎ 36-35 (0,34 €/mn, hors surcoût éventuel de votre opérateur) : la SNCF vous l'envoie gratuitement à domicile sous 48h, en France.

– ***Service bagages à domicile :*** la SNCF prend en charge vos bagages où vous le souhaitez et vous les livre là où vous allez du lundi au samedi 12h.

Pour voyager au meilleur prix

La SNCF propose des tarifs adaptés à chacun de vos voyages.

➢ ***TGV Prem's, Intercités Prem's :*** des petits prix disponibles toute l'année. Billets non échangeables et non remboursables (offres soumises à conditions). Impossible de poser des options de réservation sur ces billets : il faut les payer immédiatement.

– ***Prem's :*** pour des prix avantageux si vous réservez jusqu'à 90 jours avant votre départ, à partir de 25 € l'aller en 2de classe avec TGV, 15 € en 2de classe avec Intercités et 35 € en 2de classe en couchette avec Intercités de nuit (32 € sur Internet).

– ***Prem's Vente Flash :*** des promotions ponctuelles.

– ***TGV 100 % Prem's :*** à partir de 25 € en 2de classe pour des départs sur les derniers TGV du vendredi et du dimanche soir (une offre exclusive TGV) et pendant les périodes de vacances scolaires sur les trains décalés en journée.

➢ ***Les IDTGV*** Des prix mini, à saisir sur Internet uniquement.

➢ ***Les tarifs Loisirs***

Pour ceux qui programment leurs voyages à l'avance, mais souhaitent des billets flexibles, la SNCF propose des tarifs Loisirs. Pour bénéficier des meilleures réductions, réservez vos billets le plus tôt possible (les réservations sont ouvertes jusqu'à 90 jours avant le départ) ou voyagez en période de faible affluence.

➢ ***Les cartes de réduction***

Pour ceux qui voyagent régulièrement, la SNCF propose des cartes de réduction valables 1 an adaptées aux âges et profils des voyageurs. Payantes, mais vite rentables, elles garantissent un minimum de 25 % de réduction sur tous les trajets.

– ***Carte Enfant + :*** pour les tribus qui voyagent avec un enfant de moins de 12 ans (prix : 75 €). Permet à l'enfant titulaire de la carte de bénéficier de 25 à 50 % de réduction (ou de voyager gratuitement s'il a moins de 4 ans), ainsi qu'aux accompagnateurs (jusqu'à 4 adultes ou enfants, sans obligation de lien de parenté).

– ***Carte 12-17 :*** de 12 à 17 ans. Permet de bénéficier de 25 à 60 % de réduction sur tous vos voyages (prix : 50 €).

– ***Carte 18-27 :*** de 18 à 27 ans, vous bénéficiez jusqu'à 60 % de réduction sur tous vos voyages (sauf ceux effectués au sein d'une même région), même au dernier moment (prix : 50 €).

– ***Carte Week-end :*** permet de bénéficier de 25 à 50 % de réduction pour le titulaire et la personne qui l'accompagne, à condition d'effectuer l'aller-retour de plus de 200 km sur la journée du samedi ou du dimanche, ou comprenant la nuit du samedi au dimanche sur place (prix : 75 €).

– ***Carte Senior + :*** dès 60 ans, vous bénéficiez jusqu'à 50 % de réduction (40 % au minimum en 1re classe), sur tous vos voyages, même au dernier moment (prix : 65 €).

Pour obtenir plus d'informations sur les conditions de réservation et d'achat de vos billets

– ***Internet :*** ● *tgv.com* ● *intercites.sncf.com* ● *voyages-sncf.com* ●

– ***Téléphone :*** ☎ *36-35 (0,34 €/mn, hors surcoût éventuel de votre opérateur).*

– *Également dans les gares, les boutiques SNCF et les agences de voyages agréées.*

Comment circuler dans les Alpes ?

TER

Avec TER, la région Rhône-Alpes et SNCF vous propose des trains desservant les principaux sites touristiques et de découverte. Des tarifs régionaux permettent de sillonner la région à prix intéressants :

– la ***carte TER Illico Liberté*** pour voyager avec 50 % (le week-end) ou 25 % de réduction (en semaine), pour le titulaire et 3 accompagnants ;

– la ***carte TER Illico Liberté Jeunes*** (moins de 26 ans) : 50 % de réduction toute l'année sur toute la région et 50 % jusqu'à 3 accompagnants le week-end ;

– ***tarif enfants*** (moins de 12 ans) : demi-tarif toute l'année ;

– et les tarifs usuels SNCF (senior, 12-25...).

Pour tout renseignement

– ***Par Internet :*** *• ter-sncf.com •* (Rhône-Alpes) et bons plans dans la rubrique « Loisirs & tourisme ».

– ***Par téléphone :*** *AlloTER, ☎ 09-69-32-21-41 (appel non surtaxé).*

Voyages-sncf.com

Voyages-sncf.com, acteur majeur du tourisme français qui recense neuf millions de visiteurs par mois, propose d'acheter en ligne des billets de train, d'avion, des chambres d'hôtel, des locations de voitures, de vacances et des séjours clés en main ou Alacarte®, ainsi que des spectacles, des excursions et des visites de musées. Un large choix et des prix avantageux sont offerts toute l'année, pour tous types de voyages dans le monde entier : SNCF, 180 compagnies aériennes, 84 000 hôtels référencés et les principaux loueurs de voitures.

Le site *• voyages-sncf.com •* permet d'accéder tous les jours, 24h/24, à plusieurs services : envoi gratuit des billets à domicile, « Alerte Résa » pour être informé de l'ouverture des résas et profiter du plus grand choix, calendrier des meilleurs prix (TTC), mais aussi des offres de dernière minute et des promotions...

Pratique : *• voyages-sncf.mobi •* le site mobile pour réserver, s'informer et profiter des bons plans n'importe où et à n'importe quel moment.

Et grâce à l'ÉcoComparateur, en exclusivité sur *• voyages-sncf.com •*, possibilité de comparer le prix, le temps de trajet et l'indice de pollution pour un même trajet en train, en avion ou en voiture.

EN AVION

▲ AIR FRANCE

Rens et résas au ☎ 36-54 (0,34 €/mn – tlj 6h30-22h), sur • airfrance.fr •, dans les agences Air France et dans ttes les agences de voyages. Fermées dim.

➢ Air France dessert ***Lyon*** plusieurs fois par jour au départ de Roissy ou Orly. Également des vols directs au départ d'Ajaccio, Bastia, Biarritz, Bordeaux, Brest, Clermont-Ferrand, Lille, Marseille, Metz, Montpellier, Nantes, Nice, Rennes, Strasbourg et Toulouse.

➢ ***Paris-Nice :*** « la navette » relie Orly et Roissy à Nice plusieurs fois par jour.

➢ ***Paris-Turin :*** 5 vols directs tlj.

Air France propose à tous des tarifs attractifs toute l'année. Vous avez la possibilité de consulter les meilleurs tarifs du moment sur Internet, directement sur la page d'accueil « Nos meilleures offres ».

Le programme de fidélisation Air France-KLM permet de cumuler des *miles* à son rythme et de profiter d'un large choix de primes. Avec votre corte *Flying Blue*, vous êtes immédiatement identifié comme client privilégié lorsque vous voyagez avec tous les partenaires.

Air France propose également des réductions Jeunes. La carte *Flying Blue Jeune* est réservée aux jeunes âgés de 2 à 24 ans résidant en France métropolitaine, dans les départements d'outre-mer, au Maroc, en Tunisie ou en Algérie. Avec plus de 1 000 destinations, et plus de 100 partenaires, *Flying Blue Jeune* offre autant d'occasions de cumuler des *miles* partout dans le monde.

Les compagnies *low cost*

Ce sont des compagnies dites « à bas prix ». De nombreuses villes de province sont desservies, ainsi que les aéroports limitrophes des grandes villes. Réservation par Internet ou par téléphone et aucune garantie de remboursement en cas de difficulté financière de la compagnie. À bord, c'est service minimum. Il faut aussi rappeler que plusieurs compagnies facturent les bagages en soute. Ne pas oublier non plus d'ajouter le prix du bus pour se rendre à ces aéroports, souvent assez éloignés du centre-ville. Au final, même si les prix de base restent très attractifs, il convient de prendre en compte tous les frais annexes pour calculer le plus justement son budget.

▲ **EASYJET**
• *easyjet.com* •
➢ Liaisons pour ***Lyon*** au départ de Bastia, Ajaccio, Biarritz, Bordeaux et Toulouse.
➢ Liaisons pour ***Nice*** au départ de Paris (Roissy), Lille et Nantes.

▲ **RYANAIR**
• *ryanair.com* •
➢ De Paris (Beauvais), vols hebdomadaires pour ***Turin.***

Comment aller à Roissy et à Orly ?

Bon à savoir :
- Le ***pass Navigo*** est valable pour Roissy-Rail (RER B, zones 1-5) et Orly-Rail (RER C, zones 1-4).
- Le ***billet Orly-Rail*** permet d'accéder sans supplément aux réseaux métro et RER.

À Roissy-Charles-de-Gaulle 1, 2 et 3

Attention : si vous partez de Roissy, pensez à vérifier de quelle aérogare votre avion décolle car la durée du trajet peut considérablement varier en fonction de cette donnée.

En transports collectifs

Les cars Air France : *☎ 0892-350-820 (0,34 €/mn).* • *lescarsairfrance.com* • *Paiement par CB possible à bord.*
Le site internet diffuse les informations essentielles sur le réseau (lignes, horaires, tarifs...) permettant de connaître en temps réel des infos sur le trafic afin de mieux planifier son départ. Il propose également une boutique en ligne, qui permet d'acheter et d'imprimer les billets électroniques pour accéder aux bus.
➢ *Paris-Roissy :* départ pl. de l'Étoile (1, av. Carnot), avec un arrêt pl. de la Porte-Maillot (bd Gouvion-Saint-Cyr). Départs ttes les 20 mn, 5h45-23h. Durée du trajet : 35-50 mn env. Tarifs : 15,50 € l'aller simple, 26 € l'A/R ; réduc enfants 2-11 ans.
Autres départs depuis la gare Montparnasse (arrêt rue du Commandant-Mouchotte, face à l'hôtel *Pullman*), ttes les 30 mn, 6h-21h30, avec un arrêt gare de Lyon (20 bis, bd Diderot). Tarifs : 17 € l'aller simple, 26 € l'A/R ; réduc enfants 2-11 ans.
➢ *Roissy-Paris :* les cars *Air France* desservent la pl. de la Porte-Maillot, avec un arrêt bd Gouvion-Saint-Cyr, et se rendent ensuite au terminus de l'av. Carnot. Départs ttes les 20-30 mn, 5h45-23h des terminaux 2A et 2C (porte C2), 2E et 2F (niveau « Arrivées », porte 3 de la galerie), 2B et 2D (porte B1), et du terminal 1 (porte 34, niveau « Arrivées »).
À destination de la gare de Lyon et de la gare Montparnasse, départs ttes les 30 mn, 6h-21h30 des mêmes terminaux. Durée du trajet : 1h env.

Roissybus : *☎ 32-46 (0,34 €/mn).* • *ratp.fr* • Départs de la pl. de l'Opéra (angle rues Scribe et Auber) ttes les 15 mn (20 mn à partir de 20h), 5h45-23h. Durée du trajet : 1h. De Roissy, départs 6h-23h des terminaux 1, 2A, 2B, 2C, 2D et 2F, et à la sortie du hall d'arrivée du terminal 3. Tarif : 10 €.

Bus RATP n° 351 : de la pl. de la Nation, 5h35-20h20. Solution la moins chère mais la plus lente. Compter 3 tickets ou 5,70 € et 1h40 de trajet. Ou ***bus n° 350,*** de la gare de l'Est (1h15 de trajet). Arrivée Roissypôle-gare RER.

RER ligne B + navette : *☎ 32-46 (0,34 €/mn).* Départs ttes les 15 mn,

4h53-0h20 depuis la gare du Nord et à partir de 5h26 depuis Châtelet. À Roissy-Charles-de-Gaulle, descendre à la station (il y en a 2) qui dessert le bon terminal. De là, prendre la navette adéquate. Compter 50 mn de la gare du Nord à l'aéroport (navette comprise). Tarif : 10,90 €.
Si vous venez du Nord, de l'Ouest ou du Sud de la France en train, vous pouvez rejoindre les aéroports de Roissy sans passer par Paris, la gare SNCF Paris-Charles-de-Gaulle étant reliée aux réseaux TGV.

En taxi

Compter au moins 50 € du centre de Paris en tarif de jour.

En voiture

Chaque terminal a son propre parking. Compter 34 € par tranche de 24h. Également des parkings longue durée (PR et PX), plus éloignés des terminaux, qui proposent des tarifs plus avantageux (forfait 24h 25 €, forfait 7 j. pour 151 €). Possibilité de réserver sa place de parking via le site • *aeroportsdeparis.fr* • Stationnement au parking Vacances (longue durée) dans le P3 Résa (terminaux 1 et 3) situé à 2 mn du terminal 3 à pied ou le PAB (terminal 2). Formules de stationnement 1-30 j. (120-205 €) pour le P3 Résa. De 2 à 5 j. dans le PAB 13 € par tranche de 12h et de 6 à 14 j. 24 € par tranche de 24h. Réservation sur Internet uniquement. Les P1, PAB et PEF accueillent les deux-roues : 15 € pour 24h.

Comment se déplacer entre Roissy-Charles-de-Gaulle 1, 2 et 3 ?

Les rames du CDG-VAL font le lien entre les 3 terminaux en 8 mn. Fonctionne tlj, 24h/24. Gratuit. Accessible aux personnes à mobilité réduite. Départs ttes les 4 mn, et ttes les 20 mn, minuit-4h. Desserte gratuite vers certains hôtels, parkings, gares RER et gares TGV. *Infos au ☎ 39-50.*

À Orly-Sud et Orly-Ouest

En transports collectifs

Les cars Air France : *☎ 0892-350-820 (0,34 €/mn). • lescarsairfrance.com • Tarifs : 11 € l'aller simple, 18 € l'A/R ; réduc 2-11 ans. Paiement par CB possible dans le bus.*
➢ *Paris-Orly :* départs de l'Étoile, 1, av. Carnot, ttes les 30 mn 5h-22h40. Arrêts au terminal des Invalides, rue Esnault-Pelterie (Ⓜ Invalides), gare Montparnasse (rue du Commandant-Mouchotte, face à l'hôtel *Pullman* ; Ⓜ Montparnasse-Bienvenüe, sortie « Gare SNCF ») et Porte d'Orléans (arrêt facultatif uniquement dans le sens Orly-Paris). Compter env 1h.
➢ *Orly-Paris :* départs ttes les 20 mn, 6h-23h40 d'Orly-Sud, porte L, et d'Orly-Ouest, porte H, niveau « Arrivées ».

RER C + navette : *☎ 01-60-11-46-20. • parisparletrain.fr •* Prendre le RER C jusqu'à Pont-de-Rungis (un RER ttes les 15-30 mn). Compter 25 mn depuis la gare d'Austerlitz. Ensuite, navette pdt 15-20 mn pour Orly-Sud et Orly-Ouest. Compter 6,50 €. Très recommandé les jours où l'on piétine sur l'autoroute du Sud (w-e et jours de grands départs) : on ne sera jamais en retard. Pour le retour, départs de la navette ttes les 15 mn depuis la porte G à Orly-Ouest (5h40-23h14) et la porte F à Orly-Sud (4h45-0h55).

Bus RATP Orlybus : *☎ 08-92-68-77-14 (0,34 €/mn). • ratp.fr •* Compter 20-30 mn pour rejoindre Orly (Ouest ou Sud) et 7 € l'aller simple.
➢ *Paris-Orly :* départs ttes les 15-20 mn de la pl. Denfert-Rochereau. Orlybus fonctionne tlj 5h35-23h, jusqu'à minuit ven, sam et veilles de fêtes.
➢ *Orly-Paris :* départ d'Orly-Sud, porte H, quai 4, ou d'Orly-Ouest, porte J, niveau « Arrivées ». Départs tlj 6h-23h20, jusqu'à 0h20 ven, sam et veilles de fêtes.

Orlyval : *☎ 32-46 (0,34 €/mn). • ratp.fr •* Compter 10,90 € l'aller simple entre Orly et Paris. La jonction se fait à Antony (ligne B du RER) sans aucune attente. Permet d'aller d'Orly à Châtelet et vice versa en 40 mn env, sans se soucier de la densité de la circulation automobile.
➢ *Paris-Orly :* départs pour Orly-Sud et Ouest ttes les 6-8 mn, 6h-22h15.
➢ *Orly-Paris :* départ d'Orly-Sud,

COMMENT Y ALLER ?

porte K, zone livraison des bagages, ou d'Orly-Ouest, porte W, niveau 1.

En taxi

Compter au moins 35 € en tarif de jour du centre de Paris, selon circulation et importance des bagages.

En voiture

À proximité d'Orly-Ouest, parkings P0 et P2. À proximité d'Orly-Sud, P1, P2 et P3 (à 50 m du terminal, accessible par tapis roulant). Compter 28,50 € pour 24h de stationnement. Les parkings P0 et P2, à proximité immédiate des terminaux, proposent des forfaits intéressants dont le « Week-end ». Forfaits disponibles aussi pour les P4, P5 et P7 : 15,50 € pour 24h et 1 € par jour supplémentaire au-delà de 8 j. (45 j. de stationnement max). Il existe pour le P7 des forfaits Vacances 1 à 30 j. (15-130 €). Les P4, P7 (en extérieur) et P5 (couvert) sont des parkings longue durée, plus excentrés, reliés par navettes gratuites aux terminaux. *Rens : ☎ 01-49-75-56-50.* Comme à Roissy, possibilité de réserver en ligne sa place de parking (P0 et P7) sur ● *aeroportsdeparis.fr* ● Les frais de résa (en sus du parking) sont de 8 € pour 1 j., de 12 € pour 2-3 j. et de 20 € pour 4-10 j. de stationnement pour le P0. Les parkings P0-P2 à Orly-Ouest, et P1-P3 à Orly-Sud accueillent les deux-roues : 6,20 € pour 24h.

Liaisons entre Orly et Roissy-Charles-de-Gaulle

Les cars Air France : *☎ 0892-350-820 (0,34 €/mn).* ● *lescarsairfrance.com* ● Départs de Roissy-Charles-de-Gaulle depuis les terminaux 1 (porte 32), 2A et 2C, 2B et 2D, 2E et 2F (galerie de liaison entre les terminaux 2E et 2F) vers Orly 5h55-22h30. Départs d'Orly-Sud (porte K) et d'Orly-Ouest (porte H) vers Roissy-Charles-de-Gaulle 6h30 (7h le w-e)-22h30. Ttes les 30-45 mn (dans les 2 sens). Durée du trajet : 50 mn env. Tarif : 18 € ; réduc.

RER B + Orlyval : *☎ 32-46 (0,34 €/mn).* Depuis Roissy, navette puis RER B jusqu'à Antony et enfin Orlyval entre Antony et Orly, 6h-22h15. Tarif : 19,50 €.

– ***En taxi :*** compter 50-55 € en journée.

ISÈRE, HAUTES-ALPES ET ALPES-MARITIMES UTILE

Pour la carte générale Isère, Hautes-Alpes et les stations des Alpes-Maritimes, se reporter au cahier couleur.

AVANT LE DÉPART

Adresses et infos utiles

Rhône-Alpes Tourisme : *8, rue Paul-Montrochet, 69002 Lyon. ☎ 04-26-73-31-59. • fr.rhonealpes-tourisme.com • Chaîne thématique • rhonealpes.tv •* Pas d'accueil du public.

Comité régional du tourisme Riviera-Côte d'Azur : *455, promenade des Anglais, bât. Horizon, 06203 Nice Cedex 03. ☎ 04-93-37-78-78. • cotedazur-montagne.com •* Envoi de documentation sur demande. Très efficace.

Comités départementaux du tourisme : se reporter aux départements concernés.

Gîtes de France : les réservations sont à effectuer auprès des relais départementaux des Gîtes de France (indiqués dans ce guide en introduction de chaque département).

Carte internationale d'étudiant (carte ISIC)

Elle prouve le statut d'étudiant dans le monde entier et permet de bénéficier de tous les avantages, services, réductions étudiants du monde dans les domaines du transport, de l'hébergement, de la culture, des loisirs, du shopping... C'est la clé de la mobilité étudiante !

La carte ISIC permet aussi d'accéder à des avantages exclusifs sur le voyage (billets d'avion spécial étudiants, hôtels et auberges de jeunesse, assurances, cartes SIM internationales, location de voiture, navette aéroport...).

Pour plus d'informations sur la carte ISIC et pour la commander en ligne, rendez-vous sur les sites *• isic.fr • statravel.fr •* Renseignements supplémentaires : *☎ 01-40-49-01-01.*

Pour l'obtenir en France :

- Commandez-la en ligne.
- Rendez-vous dans la boutique ISIC *(2, rue de Cicé, 75006 Paris)* muni de votre certificat de scolarité, d'une photo d'identité et de 13 € (12 € + 1 € de frais de traitement).

Émission immédiate sur place ou envoi à domicile le jour même de la commande en ligne.

En Belgique

La carte coûte 12 € (+ 1 € de frais d'envoi) et s'obtient sur présentation de la carte d'identité, de la carte d'étudiant et d'une photo auprès de :

Connections : *rens au ☎ 070-23-33-13 ou 479-807-129. • isic.be •*

En Suisse

La carte s'obtient dans toutes les agences *STA Travel (☎ 058-450-40-00 ou 49-49),* sur présentation de la carte d'étudiant, d'une photo et de 20 Fs.

- Commande de la carte en ligne sur *• isic.ch •* ou *• statravel.ch •*

Au Canada

La carte coûte 20 $Ca (+ 1,50 $Ca de frais d'envoi). Disponible dans les agences *TravelCuts/Voyages Campus,* mais aussi dans les bureaux d'associations d'étudiants. Pour plus d'infos : • *voyagescampus.com* •

Carte d'adhésion internationale aux auberges de jeunesse (carte FUAJ)

Cette carte, valable dans plus de 90 pays, vous ouvre les portes des 4 000 auberges de jeunesse du réseau Hostelling International réparties dans le monde entier. Les périodes d'ouverture varient selon les pays et les AJ. À noter, la carte est souvent obligatoire pour séjourner en auberge de jeunesse, nous vous conseillons donc de vous la procurer avant votre départ. Adhérer en France vous reviendra moins cher qu'à l'étranger.

Vous pouvez adhérer

– En ligne, avec un paiement sécurisé, sur le site • *fuaj.org* •
– Dans toutes les auberges de jeunesse, points d'informations et de réservations en France.
– Auprès de l'antenne nationale : *27, rue Pajol, 75018 Paris. ☎ 01-44-89-87-27. • fuaj.org • Ⓜ Marx-Dormoy ou La Chapelle. Horaires d'ouverture du point accueil sur le site internet rubrique « Nous contacter ».*
– Par correspondance, en envoyant la photocopie d'une pièce d'identité et un chèque à l'ordre de la FUAJ d'un montant correspondant à celle de l'adhésion. Ajoutez 2 € pour les frais d'envoi. Vous recevrez votre carte sous 15 jours.

Les tarifs de l'adhésion 2013

– Carte internationale FUAJ - de 26 ans : 7 €.
Pour les mineurs, une autorisation parentale et la carte d'identité du parent tuteur sont nécessaires pour l'inscription.
– Carte internationale FUAJ + de 26 ans : 11 €.
– Carte internationale FUAJ Famille : 20 €. Seules les familles ayant un ou plusieurs enfants de moins de 16 ans peuvent bénéficier de la carte Famille sur présentation du livret de famille. Les enfants de plus de 16 ans devront acquérir une carte individuelle.

– La carte donne également droit à des réductions sur les transports, les musées et les attractions touristiques dans plus de 90 pays. Ces avantages varient d'un pays à l'autre, ce qui n'empêche pas de la présenter à chaque occasion. Liste de ces réductions disponible sur • *hihostels.com* • et pour les réductions en France sur • *fuaj.org* •

En Belgique

La carte d'adhésion est obligatoire. Son prix varie selon l'âge : entre 3 et 15 ans, 3 € ; entre 16 et 25 ans, 9 € ; après 25 ans, 15 €.

Renseignements et inscriptions

■ ***À Bruxelles :*** *LAJ, rue de la Sablonnière, 28, 1000. ☎ 02-219-56-76. • info@laj.be • laj.be •*
■ ***À Anvers :*** *Vlaamse Jeugdherbergcentrale (VJH), Beatrijslaan 72, B 2050 Antwerpen. ☎ 03-232-72-18. • info@vjh.be • vjh.be •*

– Votre carte de membre vous permet d'obtenir de 3 à 20 € de réduction sur votre première nuit dans les réseaux LAJ, VJH et CAJL (Luxembourg), ainsi que des réductions auprès de nombreux partenaires en Belgique.

En Suisse (SJH)

Le prix de la carte dépend de l'âge : 22 Fs pour les moins de 18 ans, 33 Fs pour les adultes et 44 Fs pour une famille avec des enfants de moins de 18 ans.

Renseignements et inscriptions

■ ***Schweizer Jugendherbergen (SJH) service des membres :*** *Schaffhauserstr. 14, 8006 Zurich. ☎ 41-44-360-14-14. • booking@youthhostel.ch • et • contact@youthhostel.ch • youthhostel.ch •*

Au Canada

La carte coûte 35 $Ca pour une durée de 16 à 28 mois et 175 $Ca pour une validité à vie. Gratuit pour les enfants de moins de 18 ans qui accompagnent leurs parents.

■ ***Auberges de jeunesse du Saint-Laurent / St Laurent Youth Hostels :***
– *À Montréal :* *3514, av. Lacombe, Montréal (Québec) H3T 1M1. ☎ (514) 731-10-15. Sans frais (au Canada) : ☎ 1-800-663-5777.*

■ ***Canadian Hostelling Association :*** *205, Catherine Street, bureau 400, Ottawa, Ontario, Canada K2P 1C3. ☎ (613) 237-78-84. • info@hihostels.ca • hihostels.ca •*

– Il n'y a pas de limite d'âge pour séjourner en AJ. Il faut simplement être adhérent.

– La FUAJ offre à ses adhérents la possibilité de réserver en ligne grâce à son système de réservation international *• hihostels.com •* jusqu'à 12 mois à l'avance, dans plus de 1 600 auberges de jeunesse dans le monde. Et si vous prévoyez un séjour itinérant, vous pouvez réserver plusieurs auberges en une seule fois.

Ce système permet d'obtenir toutes les informations utiles sur les auberges reliées au système, de vérifier les disponibilités, de réserver et de payer en ligne.

Cartes de paiement

Quelle que soit la carte que vous possédez, chaque banque gère elle-même le processus d'opposition et le numéro de téléphone correspondant ! Avant de partir, notez donc bien le numéro d'opposition propre à votre banque (il figure souvent au dos des tickets de retrait, sur votre contrat, ou à côté des distributeurs de billets), ainsi que le numéro à 16 chiffres de votre carte. Bien entendu, conservez ces informations en lieu sûr et séparément de votre carte. Par ailleurs, l'assistance médicale se limite aux 90 premiers jours du voyage et l'assistance véhicule aux cartes haut de gamme (renseignez-vous auprès de votre banque).

Attention : pensez aussi à VÉRIFIER LA DATE D'EXPIRATION de votre carte !

– *Carte bleue Visa internationale :* *assistance médicale et véhicule incluse ; n° d'urgence* (Europ Assistance) *: ☎ 01-41-85-85-85. • visa-europe.fr • Pour faire opposition, contactez le numéro communiqué par votre banque.*

– *Carte MasterCard :* *assistance médicale incluse ; n° d'urgence : ☎ 01-45-16-65-65. • mastercardfrance.com • En cas de perte ou de vol, composez le numéro communiqué par votre banque pour faire opposition.*

– *Carte American Express :* *téléphonez en cas de pépin au ☎ 01-47-77-72-00 (numéro accessible tlj 24h/24). • americanexpress.fr •*

– *Pour toutes les cartes émises par La Banque Postale :* *composez le ☎ 0825-809-803 (0,15 €/mn).*

– *Également un numéro d'appel valable quelle que soit votre carte de paiement :* *☎ 0892-705-705 (serveur vocal à 0,34 €/mn).*

Petite mesure de **précaution** : si vous retirez de l'argent dans un distributeur, utilisez de préférence les distributeurs attenants à une agence bancaire. En cas de pépin avec votre carte (carte avalée, erreurs de numéro...), vous aurez un interlocuteur dans l'agence, pendant les heures ouvrables du moins.

ACTIVITÉS D'ÉTÉ

À pied

Itinéraires balisés, topoguides, gîtes et refuges sont là pour vous permettre de découvrir la montagne en toute sécurité, alors respectez les consignes qu'ils vous donnent. Équipez-vous toujours de bonnes chaussures, de vêtements chauds, d'une gourde et de barres énergétiques. Pensez à consulter la météo avant de partir, et à avertir vos amis ou voisins de la direction prise. Évaluez surtout, pour les périples en altitude, le temps nécessaire au retour. Il vaut mieux partir avec le lever du jour, car les nuages montent souvent à partir de 12h. Enfin, évitez de picorer les baies qui se trouvent trop près du sol, car, hélas, elles peuvent être souillées par des animaux atteints de la rage, ainsi que par ceux qui paissent et urinent, tout simplement, comme moutons et chamois (idem pour l'eau des torrents).

Au-dessus du vide

– Les *via ferrata* : originaires des Dolomites, ce sont les militaires italiens qui développèrent ces voies de vertige, des itinéraires à travers des falaises équipées d'échelons, d'échelles, parfois même de plates-formes solidement scellées dans la roche. Sans difficulté technique majeure (pour la plupart), les *via ferrata* permettent à « tout un chacun » de gravir des parois vouées à l'escalade. L'assistance d'un professionnel est cependant vivement recommandée et un équipement minimal (harnais d'escalade, sangles et mousquetons, casque) est indispensable. En effet, il est nécessaire de bien se renseigner sur le niveau de la *via ferrata,* la durée du parcours, et son côté vertigineux qui peut impressionner !
– Les *via cordata* (ou *via corda*) : nouvelle pratique qui se rapproche de la *via ferrata,* avec des prises moins nombreuses, qui permettent de ressentir les sensations de l'alpinisme.
– L'*escalade* bien sûr. De nombreux sites, plus ou moins équipés, accrochent les amateurs, de la paroi de roche à la cascade de glace.

À cheval

Activité qui ne manque pas de charme, d'autant plus que le réseau des clubs équestres s'est considérablement développé dans les Alpes. Il y a les « pros » qui, en vrais baroudeurs, réalisent de grandes traversées, d'après les itinéraires signalés sur topoguide, et... ceux qui montent sur des canassons « dressés » aux petits périples autour des stations.

À vélo

Le VTT, vélo tout-terrain, est un sport vedette ici. Il n'est plus une station qui ne propose un itinéraire.
C'est fatigant, et pas très évident, mais sensations garanties ! Pour résoudre le problème des montées épuisantes, les stations ont converti les télésièges en *télébikes* qui vous mènent sans effort aux sommets des pistes de ski ; puis redescente par herbe et chemins forestiers, jusqu'à la station.

Dans les airs

Parapente et deltaplane sont très prisés en montagne, mais ce sont des sports qui requièrent beaucoup de prudence.
Les écoles de vol libre se multiplient et proposent baptêmes et stages. Attention, cette activité est réglementée dans les parcs et les réserves. En station, le *speed riding,* mélange de kitesurf, parapente et ski (ou *snow*) se développe. À réserver aux accros de sensations fortes et aux bons skieurs.

Dans l'eau

Plutôt que de faire trempette dans une bonne vieille piscine, essayez les activités sportives qui font fureur !
– *L'hydrospeed :* ou nage en eaux vives. Une espèce de luge des eaux à laquelle on s'accroche avant de se laisser emporter dans les eaux tourbillonnantes des torrents.

– *Le rafting :* une sorte de gros radeau pneumatique, où l'on tente de pagayer sans pagaille à plusieurs. Plus les eaux sont fantasques et plus les sensations sont fortes.
– Quant au *canyoning,* le dernier-né, il consiste à descendre le cours d'un torrent en virevoltant de falaise en cascade et en canyon. Descente par corde de rappel, plongeons, natation, escalade : c'est un sport complet et grisant.
Ces trois disciplines demandent un matériel spécial, de la technique, et se pratiquent uniquement sous forme de stages organisés et encadrés par des professionnels.

Sous terre

Plus qu'une simple balade sous terre, la spéléologie est une activité à pratiquer avec beaucoup de prudence.
Elle exige un sacré sens de l'orientation, une connaissance aiguë des roches et de données spécifiques, telles les prévisions de montée des eaux. Non-initiés, s'abstenir ! En revanche, ne pas hésiter à tenter l'aventure quand l'activité est encadrée par les professionnels ou proposée en initiation dans les stations.

Été comme hiver, à quels professionnels s'adresser ?

– ***Les moniteurs nationaux :*** donnent les cours de ski sur les pistes et peuvent également accompagner leurs élèves en hors-piste ou en randonnée. En revanche, l'accès au domaine glaciaire et aux lieux nécessitant du matériel d'alpinisme leur est interdit, ainsi que les raids avec nuit en refuge. Leur travail est d'enseigner le ski. Dans les stations, s'adresser aux moniteurs de l'École de ski français (ESF).
– ***Les guides de haute montagne :*** leur rôle est de nous accompagner en montagne, quelle que soit la difficulté. Ils peuvent aller partout à skis ou à pied. La plupart des guides sont également moniteurs de ski et, à fortiori, accompagnateurs de moyenne montagne. Ils sont de plus en plus souvent appelés « guides de montagne ».
– ***Les accompagnateurs en moyenne montagne :*** ils vous feront une véritable visite guidée de la montagne (faune, flore, habitat). Ils n'ont le droit ni de fouler le terrain glaciaire ni d'utiliser du matériel d'alpinisme.
– ***Les pisteurs :*** les saint-bernard des pistes. Ils surveillent, mine de rien, tout ce qui se passe. Ils ferment les pistes, assurent la sécurité, préviennent des risques d'avalanche, conseillent les skieurs.

BUDGET

Nous vous indiquons ci-dessous l'échelle des tarifs auxquels nous nous référons dans ce guide et pour l'ensemble de nos guides France.

Hébergement

D'une manière générale, nous indiquons des fourchettes de prix allant de la chambre double la moins chère en basse saison à celle la plus chère en haute saison. Ce qui implique parfois d'importantes fourchettes de prix, pas toujours en adéquation avec la rubrique dans laquelle l'établissement est cité. Le classement retenu est donc celui du prix de la majorité des chambres et de leur rapport qualité-prix.
À noter que lorsque les lieux d'hébergement sont équipés d'un accès Internet et/ou wifi, nous le mentionnons sans autre précision.
– Les tarifs des ***campings*** sont calculés sur la base d'un emplacement pour deux avec voiture et tente en haute saison. Ils sont classés en tête de rubrique « Où dormir ? ».

– Les ***auberges de jeunesse*** et ***gîtes d'étape*** pratiquent en règle générale des tarifs « bon marché » pour une nuitée en dortoir (avec ou sans les draps). Le tarif indiqué est celui du lit en dortoir et/ou parfois de la chambre double, quand il y en a.
– En ***chambres d'hôtes,*** les prix sont donnés sur la base d'une chambre double. Ils incluent le petit déjeuner. Les cartes de paiement sont rarement acceptées. Dans les cas contraires, nous indiquons « petit déj en sus » et « CB acceptées ».
– Concernant les ***hôtels,*** la base reste celle d'une nuit en chambre double (sans petit déjeuner), sauf exception, notamment pour les chambres familiales.
– En montagne, de nombreux ***refuges*** sont à la disposition des randonneurs.
– ***Bon marché :*** jusqu'à 50 €.
– ***Prix moyens :*** de 50 à 70 €.
– ***Chic :*** de 70 à 100 €.
– ***Plus chic :*** de 100 à 150 €.
– ***Beaucoup plus chic :*** au-delà de 150 €.

Promotions sur Internet

De plus en plus d'hôtels modulent les tarifs de leurs chambres sur Internet en fonction du taux d'occupation. Il y a donc les prix de base (ceux que nous indiquons) et les promos proposées sur le Net. À certaines périodes, le prix des chambres évolue en permanence, ce qui permet d'optimiser le chiffre d'affaires (comme le font les compagnies aériennes).

Ces promotions sont extrêmement variables d'une semaine à l'autre, voire d'un jour à l'autre. Elles sont particulièrement intéressantes pour les hôtels de gamme supérieure (3 étoiles). Exemple, un établissement qui annonce des prix officiels de 90 à 130 €, proposera les mêmes chambres entre 60 et 80 € sur son site, à certaines périodes.

Bref, lorsque vous avez choisi votre hôtel dans votre guide préféré, allez donc faire un tour sur son site pour voir ce qu'il propose. De vraies bonnes affaires en perspective !

Restos

Au restaurant, notre critère de classement est le prix du premier menu servi le soir (hors boissons). Les notions de « prix moyens » ou « plus chic » n'engagent donc que les prix. Autrement dit, certains restos chic proposant parfois d'intéressantes formules, notamment au déjeuner, pourront malgré tout être classés dans la rubrique « Plus chic ».
– ***Très bon marché :*** moins de 12 €.
– ***Bon marché :*** de 12 à 20 €.
– ***Prix moyens :*** de 20 à 30 €.
– ***Chic :*** de 30 à 40 €.
– ***Plus chic :*** plus de 40 €.

LA GRANDE FAMILLE DU SKI

LE SKI ALPIN

Il procède d'une technique fondée sur le virage. « Fléchir les genoux vers l'avant » et « se jeter dans la pente » sont des prières que formulera bien souvent votre moniteur lors des premiers cours. Vous n'y parviendrez pas du premier coup.

Bien souvent, désabusé, vous vous laisserez choir sur le côté, en voyant défiler, à l'allure d'un *Exocet,* une bande de marmots hauts comme trois pommes. Vous avez tout compris ! Pour être à l'aise, il faut commencer tôt. Mais tout n'est pas perdu, car la plupart des blocages que connaît l'adulte débutant sont psychologiques. Sa capacité à progresser rapidement sera en fait proportionnelle à sa volonté de se sentir à l'aise et à celle du moniteur de lui démontrer que le ski, c'est avant tout du plaisir, la technique n'étant qu'un moyen de l'atteindre. De plus, vous avez de la chance : la réelle évolution du matériel, avec de nouvelles formes de ski et de nouveaux matériaux (lire ci-dessous), permet aujourd'hui un apprentissage nettement plus facile !

Les pistes et les couleurs

La difficulté est déterminée par quatre couleurs : on distingue les pistes vertes (les plus faciles), les bleues (larges boulevards possédant quelques difficultés infimes), les rouges (plus difficiles, au dessin plus varié) et les noires (les plus coriaces : champs de bosses, couloirs délicats, murs, grand schuss).
Le niveau des pistes est en fait assez relatif : une rouge vous paraîtra plutôt rose quand la neige sera bonne et qu'une légère couche de poudreuse amortira vos chutes. Cette même rouge vous fera une peur bleue et vous donnera l'humeur noire pour peu qu'elle soit gelée.

LE SKI NORDIQUE

Le ski nordique désigne essentiellement le ski de fond.
Depuis les J.O. de 1968, le ski de fond ne cesse de faire des adeptes, au point que toute station, même célèbre pour son domaine de ski alpin, se fait un devoir de mettre en place son parcours nordique.
Les semelles des skis sont aujourd'hui à écailles ou à fart. Dans tous les centres de fond, on vous expliquera la façon de farter, en fonction de la température de la neige et de sa transformation.
Le ski de fond se pratique à tout âge, à tout rythme, et au moins vous êtes sûr de ne pas prendre froid !
Il est aujourd'hui quasiment partout obligatoire d'acheter un forfait pour la pratique du ski de fond : on peut choisir entre un forfait à la demi-journée, à la journée, à la semaine, à la saison par département ou à la saison pour la France entière (carte nationale).

LE SKI DE RANDONNÉE

Le ski de randonnée allie la frénésie des descentes sur pentes vierges du ski alpin et les sensations héroïques de l'effort à accomplir du ski de fond. En montée, le talon est libéré et permet une poussée alternative sur les skis qui accrochent la neige. En descente, on refixe le talon au ski, qui devient alpin. Pour grimper les pentes quelle que soit l'inclinaison, on place sous les skis des « peaux de phoque », qui depuis longtemps ne sont plus en phoque (merci B. B.) mais en matière synthétique antidérapante.

LE HORS-PISTE

Ski pratiqué hors des pistes balisées et surveillées mais dans un domaine skiable accessible depuis le sommet des remontées mécaniques. L'expression « hors-piste » est désormais out : on dit *freeride* ! Il se pratique sous l'entière responsabilité du skieur, seul juge de ses capacités et des dangers auxquels il est confronté. Certaines stations ont aménagé un domaine « hors-piste » balisé, surveillé mais non damé : les dangers y sont minimes. De manière générale, il est préférable de skier hors-piste avec un guide ou un moniteur. Il connaît les meilleurs « spots » et il peut évaluer les risques avec une plus grande justesse. De toute façon, nécessité d'aller consulter le service des pistes pour connaître conditions de descente et risques d'avalanche. Ils effectuent des relevés de niveaux météo et sont sur le terrain, ce qui leur permet d'avoir une connaissance la plus actualisée des problèmes.

LES NOUVELLES GLISSES

Depuis les années 1970, c'est presque un nouveau sport de glisse par an qui a été inventé sur l'eau, le bitume et bien sûr la neige ! Petite revue de détail de ces drôles de sports que vous rencontrerez inévitablement sur les pentes des Alpes.

Le snowboard

Né il y a une vingtaine d'années dans le Vermont, aux États-Unis. De la mer à la montagne, le snowboard n'a pas perdu sa capacité à créer des émotions fortes. Au lieu d'attendre la vague, le surfeur va lui-même à la recherche des creux et des bosses, dans les pentes supérieures à 40°.
Le snowboard rompt complètement avec la technique du ski. Quel que soit votre niveau de ski, en tant que nouveau surfeur, vous serez un débutant. On distingue deux différences principales : les pieds sont l'un derrière l'autre, en position oblique sur une même planche, et on n'utilise pas les bâtons. La recherche d'équilibre s'en trouve totalement transformée. Les neiges souples tolèrent mieux les erreurs. Plus vous irez vite, plus votre stabilité sera grande... et la chute sévère. Outre la griserie due à la vitesse, le snowboard permet de découvrir des domaines hors-piste où la technique traditionnelle connaît ses limites. Quasiment toutes les stations louent du matériel et enseignent cette technique de glisse. Un petit truc au passage pour savoir si vous êtes *regular* (le pied gauche en avant de la planche) ou *goofy* (le pied droit, donc !) : demandez à quelqu'un de vous pousser (gentiment, hein) dans le dos, le pied que vous poserez d'instinct le premier en avant sera celui que vous poserez à l'avant de la planche. Deuxième point : du *freestyle* au *freeride,* les disciplines sont multiples en snowboard et les constructeurs développent des « gammes à tiroirs » très importantes qui, parfois, ne permettent pas aux magasins de sport d'avoir toutes les références, tellement il existe de produits !
À l'origine, le snowboard se pratiquait surtout sur les pistes non damées. Aujourd'hui, ce n'est plus vrai ; le *snow* se pratique beaucoup, et de plus en plus, sur les pistes de ski traditionnelles. La cohabitation skieurs-snowboarders ayant d'ailleurs fait naître quelques tensions, toutes ont créé, au sein de leur domaine skiable, des espaces réservés aux surfeurs : les *snowparks.*
Le snowboard est, tout autant qu'un sport, un mode de vie. Avec son parler, subtil mélange de mots piqués à d'autres cultures jeunes comme le hip-hop, d'anglicismes en pagaille et de tout un tas d'expressions comprises seulement des initiés, du genre « envoyer du gros » ou « peuf ». Le *rider* soigne aussi son look : vêtements tout de sobriété (mais qui cachent une foule de détails techniques), couleurs neutres (marron, beige, bleu-gris, kaki...), et la bonne paire de lunettes de soleil ! Mais parents et adultes s'y mettent de plus en plus, et le snowboard tend à perdre son caractère « tribal ». Ce qui conduit les fans de la première heure, les puristes, refusant l'institutionnalisation de ce sport et sa gigantesque récupération commerciale, à ne plus jurer que par le *freeride.*

Quelques disciplines de snowboard

– ***Le slalom parallèle (dual) alpin :*** sur une piste de 80 m environ où sont plantés des piquets à intervalles réguliers, deux coureurs s'élancent dans des tracés identiques, afin d'arriver premier en bas. Demandant une grande faculté d'anticipation et de la précision dans le choix des trajectoires, ces courses se déroulent en deux manches et sont très rapides : environ 20 à 25 s de descente à un rythme très soutenu ! Les sorties sont courantes et reflètent l'engagement des participants. De plus, tout peut arriver, et jusqu'au dernier moment, personne ne peut dire qui sera le vainqueur. Suspense garanti !

– ***Le half-pipe :*** c'était la discipline *freestyle* retenue pour les J.O. de Nagano au Japon, en février 1998. Inspiré des rampes de skateboard, le *half-pipe* est un demi-tube de neige d'environ 100 m de long, 13 m de large et 3 m de haut dans lequel les *riders* exécutent des figures. Résultat, un enchaînement de 360°, de 720°, de 900°, et de figures aux noms anglais tous plus compliqués les uns que les autres, parfois la tête en bas, mais toujours dans les airs et pour le plus grand plaisir des spectateurs. Les skieurs *freestyle* s'aventurent aussi dans les *half-pipes.*

– ***Le big air :*** en apparence les sauts, qui font partie intégrante du snowboard *freestyle,* paraissent simples à réaliser. En apparence seulement. Car, lorsque la bosse sur laquelle vous allez sauter est deux fois plus haute que vous, qu'elle vous cache la zone de réception, vous n'avez pas d'autre choix que d'y aller franchement. Voilà, en quelques mots, en quoi consiste le *big air* : prendre de l'élan, décoller, réaliser une figure et se poser.

– ***Le boardercross :*** ça ressemble à un circuit de motocross qui aurait été recouvert par d'énormes quantités de neige. Ainsi, lors des compétitions, les snowboarders partent par quatre, tous équipés de leur casque, avec les objectifs suivants : se faufiler entre leurs adversaires pour prendre la tête de la course, ne pas tomber lors des réceptions de saut, arriver dans les deux premiers afin d'accéder au tour suivant. Le *boardercross* est une discipline spectaculaire qui nécessite des qualités de surfer alpin et *freestyle.* Il faut également adapter sa technique de course au terrain et aux adversaires. Bref, il faut être polyvalent et malin !

Merci à l'Association française de snowboard pour tous ses bons tuyaux !

Le ski nouvelle manière

– ***Le snowblade :*** ces miniskis (de 60 à 90 cm de long) sont, pour schématiser, au ski ce que le roller est au patin à roulettes d'antan. Facile d'apprentissage (on se débrouille après 1h de cours), le *snowblade* se pratique sans bâtons comme le snowboard, sur piste (amples courbes) ou dans un *snowpark* (figures sur les modules ou dans un *half-pipe*).

– ***Le télémark :*** l'ancêtre s'offre un retentissant come-back. Style d'une vraie élégance, mais pratique d'une grande technicité : on négocie les virages en pliant fortement les genoux (l'arrière de la chaussure n'est pas fixé) pour placer le ski aval très en avant du ski amont. Comptez quand même de longues heures d'entraînement avant de réussir un *loop* (cercle parfait). Le télémark se pratique sur piste comme en *freeride.*

– ***Le skwal :*** hybride du surf et de l'éphémère monoski, inventé à Val-Cenis, en Maurienne (pour une fois pas par les Américains, tiens !). La planche (longue de 1,70 m) est plus étroite que celle d'un snowboard et le *skwaleur* descend face à la pente.

– ***Le kilomètre lancé :*** sur une piste toute droite et bien raide. Pour les amateurs de sensations fortes (même si l'amateur ne passera pas les 200 km/h souvent franchis par les cadors de la discipline). À essayer une fois, sur une piste spécialement aménagée (on vous prête casque et/ou skis) comme aux Arcs ou à La Plagne.

– ***Le ski joëring :*** ou ski attelé. Très populaire dans les pays nordiques, cette discipline (un cheval tire sur le plat un skieur qui le dirige à l'aide d'une longue rêne), apparue dans les Alpes dès le début du XXe s (les premières courses ont eu lieu à Saint-Moritz en 1906), avait quasiment disparu. On peut désormais à nouveau s'y essayer dans plusieurs stations.

– ***Le kitesurf :*** ou *kite-ski.* La dernière-née des nouvelles glisses. On glisse tracté par un gigantesque cerf-volant.

LES AUTRES SPORTS D'HIVER

– ***Les raquettes :*** ce moyen de locomotion existerait au moins depuis l'an 4000 av. J.-C. Dans leur lente migration vers le Grand Nord canadien, les peuples d'Asie centrale étaient chaussés de ces grands cadres de bois sur lesquels étaient tendues des lanières de peau. Longtemps méconnue dans les Alpes, la raquette est l'activité qui connaît le plus fort développement depuis les années 1990. Le matériel a d'abord considérablement évolué : les raquettes sont désormais en plastique, donc hyper légères, équipées de fixations articulées comme les skis de fond. Ensuite, ça ne coûte rien ou presque. Une paire de bonnes godasses de randonnée, des raquettes (on en trouve désormais partout à la location), et à vous la sereine beauté des grands espaces : on vous conseille de faire vos premiers pas sur le plat et sur un chemin damé. Parce que, même si une balade à raquettes est accessible à tous, trouver la bonne position en descente n'est pas toujours aisé. Enfin, la montagne, même sans grimper en altitude, ne s'improvise pas.
Si vous ne savez pas lire une carte et si vous n'êtes pas équipé (pelle, sonde, appareil de recherche avalanche), mieux vaut faire appel à un professionnel.
– ***Le patin à glace :*** un grand classique, pas nécessairement alpin d'ailleurs. Toutes les grandes villes occidentales possèdent, depuis la fin du XIXe s, des patinoires (la première patinoire artificielle d'Europe a été ouverte à Londres en 1876). Pour l'anecdote, le patinage artistique a longtemps été le seul sport venu du froid à figurer au programme des J.O. d'été.
– ***La luge :*** le plus démocratique des sports d'hiver. Une pente, un peu de neige, une vieille luge ressortie du grenier mais encore toute fringante avec ses deux patins de bois que le menuisier du coin avait courbés à la vapeur, et le tour est joué ! Un petit détail pour ceux qui ont la mémoire qui flanche : la luge se dirige avec les pieds. Pas de grenier ? Un simple sac en plastique peut faire l'affaire (et occasionner quelques bleus...).
– ***Le bobsleigh :*** les Indiens micmacs glissaient sur un engin de bois recourbé à l'avant, appelé *tobaakun.* Importé en Europe, doté d'un volant, de freins, d'un carénage aujourd'hui digne de celui d'une Formule 1, le *tobaakun* devenu bobsleigh est un des plus spectaculaires sports d'hiver. On peut s'y essayer à La Plagne, sur la piste des J.O. de 1992. Véritablement impressionnant (on dégringole dans ce couloir de glace à plus de 80 km/h), mais sans danger : ce bob-là (appelé *bob-raft*) est guidé automatiquement et freine tout seul !
– ***Le curling :*** une vraie curiosité inventée (enfin, ils s'en vantent), par les Écossais au XVIe s sur les lacs gelés de Calédonie. Une sorte de pétanque sur glace (même si les pratiquants préfèrent rapprocher cette discipline du billard). Deux équipes de quatre joueurs s'appliquent à envoyer des « stones », petits blocs de granit très dense et très lourds (20 kg), dans la « maison », une cible de 3,70 m tracée sur la glace d'une patinoire. Spectacle assez étonnant : la pierre lancée, deux balayeurs la précèdent en frottant énergiquement la surface de la glace pour créer un effet d'aquaplaning. Même si ce sport est beaucoup plus populaire (comme le hockey d'ailleurs) en Suisse, on peut s'essayer au curling à Pralognan, en Savoie, et voir des clubs à l'entraînement à Chamonix, par exemple.
– ***Les traîneaux à chiens :*** ramenés des solitudes nordiques au haut Jura par Paul-Émile Victor, les traîneaux à chiens ont aujourd'hui colonisé tous les massifs. Toutes les stations ou presque proposent initiation à la conduite d'attelage, comme balades de plusieurs jours. Pour se prendre pour un héros de Jack London, dans le bruit acide du crissement des traîneaux, les cris d'encouragement des *mushers* (conducteurs de l'attelage) et les halètements des chiens, huskies, malamuts ou samoyèdes. Autre discipline : le *ski-pulka* qui se pratique avec un seul chien et un petit traîneau manœuvré par un fondeur.

PERSONNES HANDICAPÉES

Le label « Tourisme et Handicaps »

Ce label national, créé par le secrétariat d'État à la Consommation et au Tourisme en partenariat avec les professionnels du tourisme et les associations représentant les personnes handicapées, permet d'identifier les lieux de vacances (hôtels, campings, sites naturels, etc.), de loisirs (parcs d'attractions, etc.) ou de culture (musées, monuments, etc.) accessibles aux personnes handicapées. Il apporte aux touristes en situation de handicap une information fiable sur l'accessibilité des lieux. Cette accessibilité, visualisée par un pictogramme correspondant aux quatre types de handicaps (moteur, visuel, auditif et mental), garantit un accueil et une utilisation des services proposés avec un maximum d'autonomie dans un environnement sécurisant.

Pour connaître la liste des sites labellisés : • *franceguide.com* • (rubrique « Tourisme et Handicaps »).

Par ailleurs, dans notre guide, nous indiquons par le logo ♿ les établissements qui possèdent un accès ou des chambres pouvant accueillir des personnes handicapées. Certaines adresses sont parfaitement équipées selon les critères les plus modernes. D'autres, plus simples, plus anciennes aussi, sans répondre aux normes les plus récentes, favorisent l'accueil des personnes handicapées en facilitant l'accès à leur établissement, tant sur le plan matériel que sur le plan humain. Évidemment, les handicaps étant très divers, des lieux accessibles à certaines personnes ne le seront pas pour d'autres. Appelez donc auparavant pour savoir si l'équipement de l'hôtel ou du resto est compatible avec votre niveau de mobilité. Malgré les combats menés par les nombreuses associations, l'intégration des personnes handicapées à la vie de tous les jours est encore balbutiante en France. Il tient à chacun de nous de faire changer les choses. Une prise de conscience est nécessaire, nous sommes tous concernés.

SITES INTERNET

• ***routard.com*** • Rejoignez la plus grande communauté francophone de voyageurs ! Échangez avec les routarnautes : forums, photos, avis d'hôtels. Retrouvez aussi toutes les informations actualisées pour choisir et préparer vos voyages : plus de 200 fiches pays, une centaine de dossiers pratiques et un magazine en ligne pour découvrir tous les secrets de votre destination. Enfin, comparez les offres pour organiser et réserver votre voyage au meilleur prix. Routard.com, le voyage à portée de clics !
• ***cyclo-alpes.com*** • 36 itinéraires à vélo à découvrir à travers l'Isère et des idées de séjours.
• ***france-montagnes.com*** • Trouvez la station de vos rêves, selon vos attentes : remise en forme, activités pour enfants, nouvelles glisses...
• ***skipass.com*** • Échangez plein de bons plans à travers des petites annonces et un forum très actif.

• *queyras-montagne.com* • Le site regroupe les activités et les loisirs à pratiquer dans les 8 stations-villages du Queyras. Également des offres de séjour avec possibilité de réserver son hébergement en ligne.
• *cotedazur-montagne.com* • Site pratique et complet pour organiser son séjour dans l'une des stations des Alpes-Maritimes : activités, bons plans. En direct, état des routes, enneigement...

URGENCES

En cas de perte ou de vol de votre téléphone portable

Suspendre aussitôt sa ligne permet d'éviter de douloureuses surprises au retour du voyage ! Voici les numéros des quatre opérateurs français, accessibles depuis la France et l'étranger :
– ***SFR :*** *depuis la France, ☎ 1023 ; depuis l'étranger, 📱 + 33-6-1000-1900.*
– ***Bouygues Télécom :*** *depuis la France comme depuis l'étranger, ☎ 0-800-29-1000 (remplacer le « 0 » initial par « + 33 » depuis l'étranger).*
– ***Orange :*** *depuis la France comme depuis l'étranger, 📱 + 33-6-07-62-64-64.*
– ***Free :*** *depuis la France, ☎ 3244 ; depuis l'étranger, ☎ + 33-1-78-56-95-60.*
Vous pouvez aussi demander la suspension de votre ligne depuis le site internet de votre opérateur.

☎ **112 :** c'est le numéro d'urgence commun à la France et à tous les pays de l'UE, à composer en cas d'accident, agression ou détresse. Il permet de se faire localiser et aider en français, tout en améliorant les délais d'intervention des services de secours.

HOMMES, CULTURE, ENVIRONNEMENT

Difficile de contenir les Alpes en quelques lignes. Colossale chaîne, hérissée de sommets dont plus de 82 dépassent les 4 000 m d'altitude, s'étirant sur 1 200 km comme un poisson géant dont la queue fouetterait la Méditerranée et la gueule s'ouvrirait sur le Danube. Difficile sinon impossible. Mais l'histoire s'est chargée de découper ce territoire alpin. En France, notamment. Où trois grandes régions se sont dégagées au fil des siècles : la Savoie historique (qui engloberait aujourd'hui les départements de la Savoie et de la Haute-Savoie qui font l'objet d'un guide propre sous l'intitulé *Savoie Mont Blanc*) ; la vieille province du Dauphiné qui correspond peu ou prou aux actuels départements de la Drôme (qui, elle aussi, a droit à son guide, en partage avec l'Ardèche), de l'Isère et des Hautes-Alpes (que nous avons largement arpentés pour écrire les pages qui suivent !). La Haute-Provence enfin, que nous traitons en partie ici avec le sud des Hautes-Alpes et les stations d'altitude des Alpes-Maritimes.

Vaste région donc que ce Dauphiné qui, pour occuper une même chaîne de montagnes, montre plusieurs univers. Au nord, dans les massifs de l'Oisans ou des Écrins, ce sont des Alpes comme on se plaît à les imaginer, une montagne en gris et blanc. Des pics et des glaciers, le royaume de l'alpinisme, des hivers sous la neige et des sports qui vont avec, de fougueux torrents au printemps et des vaches à l'alpage pendant les courts étés, des cols vertigineux où s'enrichit chaque année la saga du Tour de France. Le Sud, dès le Trièves chanté par Giono, est un vrai Sud avec plus de moutons que de vaches, une montagne plus blonde que verte, des roches qui semblent d'une immaculée blancheur sous un soleil plus que présent (les Hautes-Alpes revendiquent 300 jours d'ensoleillement par an !).

Nord comme Sud cachent de séduisants petits territoires : les vallées jardinées et les villages de charme du Queyras (dont, au passage, on ne prononce pas le « s » final...), les blanches étendues de l'hiver dans le Vercors, qui font le bonheur des skieurs de fond avant de céder place à des prairies piquetées de gentianes bleues ou de lis martagon qui ravissent le randonneur (tout autant que les vaches), les solitudes forestières de la Chartreuse.

Il serait, toutefois, réducteur de ne voir que montagne en Dauphiné. Aux pieds des massif préalpins du Vercors ou de la Chartreuse, s'étendent des plateaux moins tourmentés comme celui de l'Isle-Crémieu, de paisibles lacs dont, comme à Paladru, l'homme a eu envie de profiter dès la préhistoire, des plaines agricoles où pousse volontiers la célèbre noix de Grenoble.

Alphonse Allais rêvait de villes à la campagne, le Dauphiné offre des villes à la montagne : Grenoble, la tête chercheuse, d'où l'on gagne vite Chartreuse, Vercors ou Oisans ; Gap, préfecture la plus en altitude de France avec ses 725 m ou Briançon qui, à 1 326 m d'altitude, cède de peu à Davos le titre de ville la plus haute d'Europe. Avec Serre-Ponçon, dans le trio de tête des lacs artificiels européens, les Hautes-Alpes ont même inventé la mer à la montagne. Et avec des stations de sports d'hiver comme Valberg à moins d'une heure de Nice, les Alpes-Maritimes ont placé la montagne à la mer !

On l'aura compris, cette région dispose de quelques atouts. Et nous ne sommes pas les premiers à l'avoir remarqué : dès le XVIIIe s, les élégant(e) s se pressaient pour découvrir les « Sept Merveilles du Dauphiné » vantées par les auteurs depuis le Moyen Age, un des premiers syndicats d'initiative de France s'est ouvert à Grenoble en 1889, c'est sur les hauteurs de Chamrousse que, pour la première fois en France, a été chaussée une paire de skis et, dès les années 1930, des affiches publicitaires vantaient la poignée d'hôtels et les trois téléskis de l'Alpe-d'Huez. Mais malgré cette très ancienne tradition d'accueil, il est encore des coins complètement perdus dans ces montagnes-là, comme les vallées du Vénéon ou de la Clarée, des hameaux presque oubliés du monde, comme Molines-en-Champsaur. Et vous constaterez qu'il y a aujourd'hui, bien plus de « Sept Merveilles » dans le Dauphiné.

ARCHITECTURE

Campées de part et d'autre du Rhône, Vienne et la bien nommée Saint-Romain-en-Gal trustent les vestiges de l'époque romaine, de la vaste villa dite des Dieux Océans au temple d'Auguste et de Livie. Mais dans le Dauphiné, le visiteur croisera de nombreux – quoique plus discrets – témoignages de la romanisation de cette région, autrefois traversée par la voie Cottienne (partie alpine de la via Domitia qui reliait Turin à Valence). Briançon a conservé une partie de son enceinte romaine, le musée gallo-romain d'Aoste de nombreuses poteries...
Côté art sacré, la grosse affaire reste le premier âge roman. Un style avec lequel les bâtisseurs d'églises mettront deux bons siècles à rompre, puisque les édifices construits au XIIIe s, comme la collégiale Saint-André à Grenoble, restent franchement sous influence romane, contribuant ainsi à créer un style typiquement dauphinois.
Au départ (à partir du XIe s), les églises romanes du Dauphiné s'inscrivent plus classiquement dans la mouvance lombarde : de petits mais massifs édifices au plan d'une évidente simplicité. Le transept se fait rare, la nef est unique, chichement éclairée par de minces fenêtres, et l'abside en cul-de-four. La décoration est des plus sommaire : difficile de sculpter les solides pierres calcaires avec les moyens dont dispose l'époque ! Un premier âge roman dont l'Isère a conservé quelques superbes spécimens : la chapelle Saint-Firmin de Notre-Dame-de-Mésage ou l'église Saint-Pierre de Marnans. Sur les murs enduits, des décors peints dont très peu ont traversé les siècles, à la notable exception de celui de la chapelle des Archanges de l'abbatiale de Saint-Chef. Dans les Hautes-Alpes, l'influence de la Lombardie (et du Piémont) est peut-être encore plus marquée, notamment avec ces porches à baldaquins appelés « réal » reposant sur des lions accroupis qu'on rencontre à Embrun, comme à Guillestre, aux Orres comme à Saint-Véran.
Cette prépondérance de l'art roman explique la toute petite place qu'a laissée le Dauphiné au gothique : l'extraordinaire abbatiale de Saint-Antoine-l'Abbaye ou les cathédrales d'Embrun ou de Vienne. Comme chez le voisin savoyard, l'art baroque, symptomatique de la Contre-Réforme, s'est, au XVIIe s, cantonné à la décoration intérieure : avec quelques spectaculaires retables sculptés dans le mélèze et noyés sous les ors et les couleurs comme ceux de Sainte-Marie-d'en-Haut à Grenoble ou de Saint-Marcellin à Névache.
Si le Dauphiné a préservé nombre d'édifices religieux anciens, difficile d'en écrire autant sur le patrimoine architectural des villes, bourgs et villages. Secouée par de nombreux conflits avec le puissant État de Savoie, ravagée par les guerres de Religion, la vieille province n'a conservé que quelques hôtels particuliers des XVIe et XVIIe s et autres cours intérieures Renaissance à Vienne ou Grenoble, une poignée de maisons médiévales à Embrun...

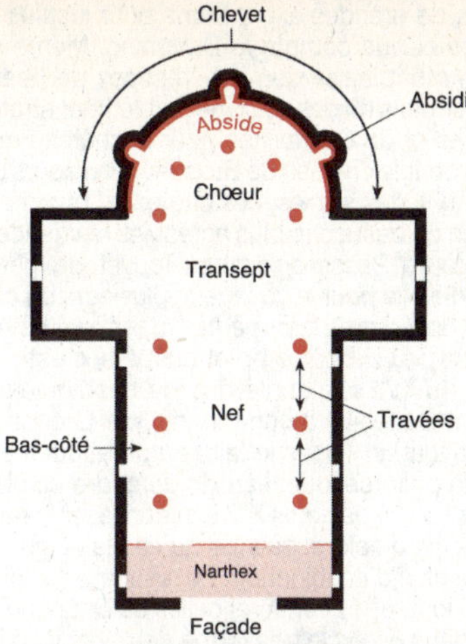

PLAN D'UNE ÉGLISE ROMANE

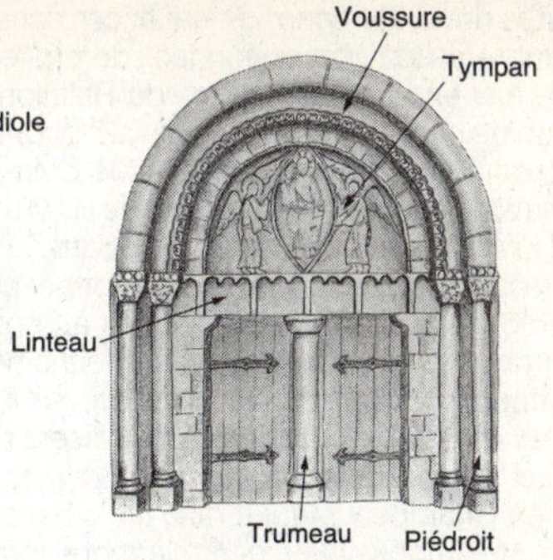

PORTAIL D'ÉGLISE ROMANE

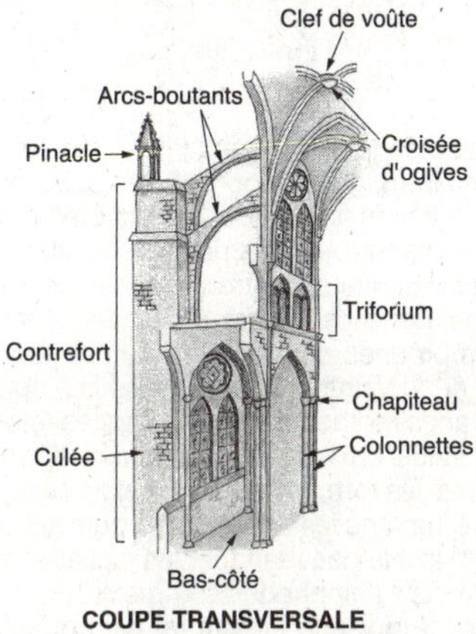

COUPE TRANSVERSALE D'UNE ÉGLISE GOTHIQUE

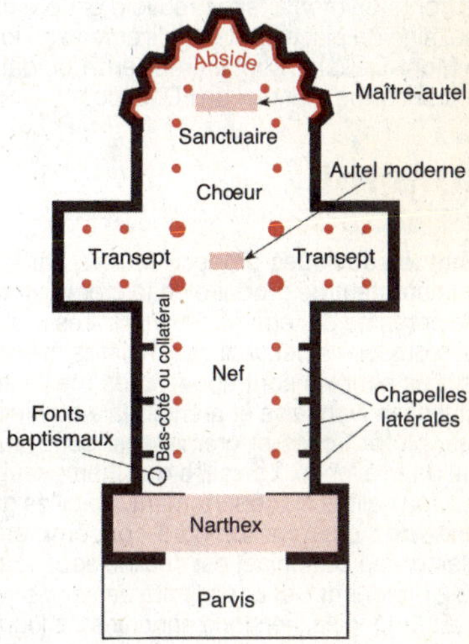

PLAN D'UNE ÉGLISE GOTHIQUE

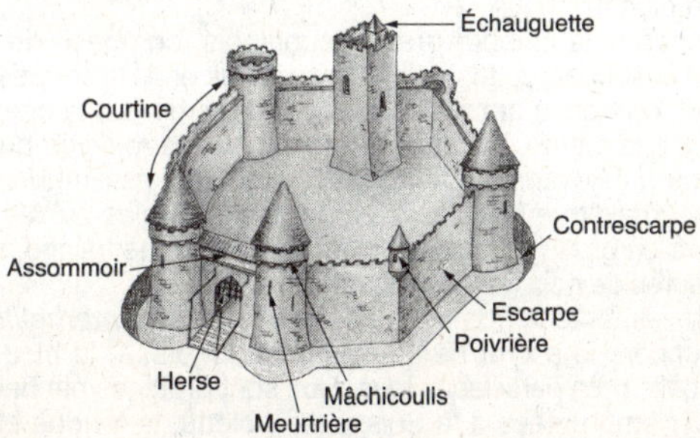

CHÂTEAU FORT

Inutile donc, du coup, de se lancer dans de grandes explications pour justifier le nombre assez impressionnant de châteaux que compte le Dauphiné. Même si, une fois encore, les guerres de Religion n'ont laissé que des vestiges de beaucoup de ces forteresses médiévales, construites en des lieux inévitablement stratégiques : au-dessus des vallées de Chirens et de Charavines pour le château des Clermont-Tonnerre, de la plaine de Bièvre pour le château de Bressieux, du cours de la Durance pour le château de Tallard... Au fil des siècles, ces châteaux, purement défensifs à l'origine, vont se transformer en de beaucoup plus agréables résidences, s'entourant de somptueux jardins à Septème, Sassenage ou au Touvet, se métamorphosant en palais à Vizille... Bonne nouvelle pour le voyageur, plusieurs de ces châteaux, notamment dans le Triève, sont devenus de charmantes maisons d'hôtes. Si les châteaux du Dauphiné se laissent un peu vivre à compter du XVe s, c'est que désormais la défense des villes prime. Au XVIe s, c'est le duc de Lesdiguières, né en Champsaur, qui fortifie les cités du Dauphiné à commencer par Grenoble. Ensuite, impossible d'écrire le mot « fortification » sans le faire automatiquement suivre du nom de Vauban. Le génie de la poliorcétique (l'art de défendre un site, quoi !) s'emploie à la fin du XVIIe s et sous l'ordre de Louis XIV à cadenasser le haut Dauphiné. Le relief oblige Vauban (qui n'a, jusqu'alors, travaillé qu'en plaine ou sur les fronts de mer) à faire preuve d'encore plus d'imagination. Le résultat : parmi la douzaine de places fortes qu'il égrène au long de la frontière, celles de Briançon et de Mont-Dauphin sont entrées en 2008 dans le cercle très fermé des sites inscrits au patrimoine mondial de l'Unesco.

CUISINE

Outre les quelques produits fournis par l'altitude (génépi, gentiane...), les Alpes se contentent de produire de la crème et des fromages, du porc et des poissons, des pommes de terre et des fruits. Les montagnards ont toujours su accommoder du mieux qu'ils peuvent ces maigres trésors (mais n'oublions pas que les choses les plus simples sont souvent les meilleures). En Isère, on trouve aussi bien les influences lyonnaise et méridionale qu'alpine. Dans les Hautes-Alpes, les spécialités, plutôt riches et crémeuses, sont plus proches des recettes de montagne que de Provence. La vallée du Champsaur et du Valgaudemar recense la plupart des spécialités du département. Voici les grands moments de ces robustes fêtes.

- ***Viande :*** presque toujours consommée salée ou fumée. Le cochon, appelé « caïon » en Dauphiné, est décliné sous toutes ses formes : sang de caïon (boudin mêlé d'oignons), et une infinité de saucisses, comme les diots, ou les pormoniers et les longeoles, versions enrichies de légumes. Ne pas manquer les caillettes ou encore le jambon cru local, affiné plus de 7 mois à l'air pur des sommets.
- ***Poisson :*** inattendu dans ces montagnes, le poisson constitue une agréable alternative au fromage. La truite (d'élevage) du Vercors porte aujourd'hui la marque du parc naturel régional.
- ***Gratins :*** on connaît le célèbre gratin dauphinois, composé de couches de pommes de terre émincées, cuites au four avec du lait et de la crème fraîche. Dans les Alpes du Sud, on trouve gratins de courge, de cardons à la crème, de pâtes fraîches (toujours à la crème, bien sûr). Sans oublier les ***ravioles*** du Champsaur (Hautes-Alpes) ou de Royans (Label rouge !), produites essentiellement dans la Drôme limitrophe, mais que l'on trouve sur toutes les tables du Vercors. Servies traditionnellement en gratin ou tout simplement à la crème fraîche, saupoudrées de quelques brisures de noix (de Grenoble, bien sûr !).
- ***Fromages :*** ah, les fameux fromages de l'Isère : le ***saint-marcellin,*** dont l'affinage demeure encore le secret de quelques fromagers, et le bleu de Vercors-Sassenage à la belle pâte persillée... Tous deux sont protégés par une AOC.
- ***Fondues & Co :*** empruntées à la Suisse, la raclette, la fondue et les croûtes (coulée de fromage et vin blanc sur tranche de pain) sont devenues de grands

classiques alpins. Là se pose de façon criante la question de la qualité du fromage. On trouve le pire et le meilleur. Trop de restos ont malheureusement pris l'habitude de se fournir en fromages industriels, quand ils ne servent pas carrément de la fondue lyophilisée ! La raclette n'échappe pas à la règle, puisque le fromage, qui n'est protégé par aucune appellation, est lui aussi en grande partie fabriqué et affiné en Bretagne (y compris les « Label rouge » !). Et franchement, ça change tout ! Une variante moins traditionnelle mais qui rencontre un franc succès (mérité d'ailleurs) : la vercouline au bleu de Sassenage.

– ***Pâtes et feuilletés :*** pâtes fraîches, dont les ***ravioles*** citées plus haut, petits roulés de pommes de terre au gruyère, les ***oreilles d'âne...*** farcies de fromage frais, de « verts » (oseilles, blettes ou épinards), fréquemment servies en raison de l'influence italienne ou encore les crozets des Écrins. Quant aux ***feuilletés,*** ils réservent bien des surprises. Jadis, ils servaient de fourre-tout aux restants de viandes ou de légumes – le feuilleté aux morilles est le plus célèbre. Sans oublier les feuilletés ou beignets à base de pommes de terre, comme les ***tourtons.***

– ***Tartes salées et sucrées :*** tout est prétexte à la tarte. Le jambon, les pommes de terre, les courges, et bien sûr le fromage blanc, les fraises, les framboises, les myrtilles, les noix. Nous, nous adorons la tarte aux noix et au miel, et tant pis pour la ligne ! Dans un registre plus léger, pommes et poires ont trouvé ici un terroir de prédilection. Ainsi, 19 variétés ont été sélectionnées et se sont vu décerner une IGP.

– ***Desserts :*** prospèrent toutes sortes de délices. *Rézules* (rissoles) de poire, *riame* (brioche en anneau), noix de Grenoble, miels...

ÉCONOMIE

Idéalement placées entre Italie, Suisse et France, boostées à l'est par Genève, à l'ouest par Lyon, les Alpes françaises jouissent d'un grand dynamisme économique. L'Isère, tirée par l'agglomération grenobloise, fait office de championne régionale. Grenoble accueille le 2e pôle de recherche publique français après Paris, attirant plus de 65 000 étudiants. Dans la douzaine de centres de recherche nationaux et internationaux implantés dans l'agglomération, on expérimente physique, chimie, biotechnologies, nanotechnologies. Dispersés sur toute la région, artisanat, travail du bois, textile occupent encore une part importante de la population. Mais les Alpes, ce sont aussi des forêts largement exploitées, et de vastes pâturages. En plaine et sur les pentes les mieux exposées, l'élevage cède la place aux vignes, vergers et céréales. Si le nombre d'agriculteurs se réduit comme peau de chagrin, l'agriculture reste toute de même la 2e ressource des Hautes-Alpes. Pour finir, l'Isère et les Hautes-Alpes se sont forgées une forte identité autour des sports d'hiver. Ces deux départements possèdent des stations se ski de grande renommée. Aujourd'hui, le tourisme représente, été comme hiver, une part importante du revenu (la première dans les Hautes-Alpes).

ENVIRONNEMENT

Nul besoin de vanter la beauté des Alpes. De Lille, de Marseille ou de Québec, on s'y rend avec le même élan. Pourquoi ? Parce que, été comme hiver, elles offrent le meilleur de la montagne et deviennent cette immense cour de récréation où certains se sont un peu trop amusés ! Espace convoité et livré à des spéculations négligeant trop souvent le milieu naturel, les Alpes font à présent l'objet de mesures de sauvegarde. Réserves naturelles, parcs naturels régionaux et nationaux jouent alors pleinement leur rôle, en assurant une protection globale de l'environnement et en préservant Dame Nature des dégradations du vilain humain. En plus d'offrir un espace où la faune et la flore sont reines, ces parcs suscitent un engouement pour l'activité traditionnelle du pastoralisme et invitent à la découverte des milieux naturels.

Changements climatiques

Bien sûr, il s'agit là d'un sujet universel qui touche évidemment aussi les Alpes. Démonstration : une hausse des températures moyennes, c'est pêle-mêle moins de chutes de neige, un raccourcissement de la durée de la saison de ski en moyenne altitude (un jour en moins chaque année), la mort programmée du ski d'été et donc des incidences sur l'industrie du tourisme et les collectivités liées aux sports d'hiver. Mais ce sont aussi des problèmes aggravés de pollution de l'air, le recours accru à la neige de culture longtemps décriée mais aujourd'hui un peu plus respectueuse en terme d'impact sur les ressources naturelles. Et la liste des réjouissances pourrait être bien plus longue. Pourquoi parler de cela ? Parce que le réchauffement climatique constitue un facteur aggravant de la fonte des glaciers et des accidents qui peuvent lui être liés. Le recul d'un grand nombre de glaciers, constaté aussi bien dans les Alpes que dans l'Himalaya, est plus qu'inquiétant.

FAUNE ET FLORE

La flore

Le développement de la végétation dépend de plusieurs facteurs, essentiellement climatiques : température, vent, ultraviolets, neige, exposition, nature du sol. Généralement les cultures grimpent jusqu'à 1 000 m. Au-dessus, les conifères sont rois. Les alpages prennent ensuite le relais de 1 800 à 2 500 m. À partir de 2 800 m, les rochers sont dénudés, laissant juste quelques lichens s'accrocher.

Les arbres

– ***Le sapin :*** très connu, il se caractérise par son écorce lisse et sa couleur grisonnante. Il est très présent jusqu'à 1 500 m, puis se fait plus rare. Le sapin ne laisse pas passer la lumière, et ses aiguilles, en rendant le sol acide, interdisent le développement de la végétation sous son couvert.

– ***L'épicéa :*** on le trouve jusqu'à 2 200 m. Il aime être exposé au froid. Son écorce tire sur le rouge. D'aspect très large vers le bas, ses lourdes branches se rétrécissent en allant vers sa cime, très pointue.

– ***Le pin sylvestre :*** on le trouve plutôt dans les Alpes du Sud et pas au-delà de 2 000 m. Son tronc, très mince et totalement dénudé vers le bas, accueille de longs branchages aux belles aiguilles pointues et vertes. Il s'implante surtout sur les « adrets » et affectionne les cônes de déjection.

– ***Le mélèze :*** on reconnaît le mélèze à son tronc élancé, sa cime aiguë et ses branches grêles portant de longs rameaux aux aiguilles isolées. Il est très résistant à l'humidité et très prisé comme bois de charpente. Contrairement au sapin, la chute de ses aiguilles en automne permet à la lumière de passer et favorise ainsi la pousse des pâturages. Les promeneurs apprécient les balades dans une forêt de mélèzes, où le sol frais et moelleux constitue une couche merveilleuse pour faire un petit somme digestif.

– Dans les Alpes du Nord, c'est le royaume du ***hêtre*** ; dans les Alpes du Sud, celui du ***chêne*** pubescent, des landes de ***genêts*** et de ***buis.***

LE MÉLÈZE SOUTIENT LA SÉRÉNISSIME

Le mélèze, ce conifère à aiguilles caduques qui vit entre 1 000 et 2 300 m d'altitude, est le seul à se dénuder, dès l'automne. Il est traditionnellement utilisé par les sculpteurs et ébénistes qui travaillent le bois au couteau. Mais pas seulement... Aujourd'hui, les mélèzes sont exportés vers Venise pour remplacer les piliers qui soutiennent la Sérénissime.

Les fleurs

La flore de haute montagne constitue un jardin unique en France par sa variété ; on trouve par exemple une cinquantaine d'espèces d'orchidées en Chartreuse, 1 750 plantes dans les Écrins, soit le tiers de la flore hexagonale.

– ***L'edelweiss*** représente le symbole de la flore alpine. Il ressemble à une étoile très blanche au milieu de laquelle de petites fleurs sont blotties. Il apprécie le gazon ensoleillé, les failles des rochers et l'altitude (jusqu'à 3 400 m).

– ***La gentiane printanière*** est reconnaissable par son bleu velouté très intense. Elle aime le gazon et la haute altitude.

– ***La soldanelle des Alpes,*** que l'on rencontre jusqu'en juin, se compose de clochettes penchées, de couleur violette. On la trouve dès la disparition des névés.

– ***La lavande-vraie,*** bien connue de tous pour sa douce odeur. Elle fleurit en juillet.

– ***L'arnica :*** composée d'une haute tige qui accueille une sorte de marguerite jaune jusqu'à 2 800 m. Elle fleurit en juillet-août.

– ***Le lis martagon*** prend des teintes rosées tirant parfois vers le rouge. Lorsqu'il s'épanouit, sa lourde fleur fait plier la tige alors que les pétales s'enroulent en arrière. On le rencontre tout l'été sur les alpages humides et en altitude. L'espèce est protégée.

– ***Le rhododendron ferrugineux :*** il fleurit tout l'été et se présente comme un arbrisseau aux fleurs rouges rassemblées en bouquets. Il pousse surtout dans les pâturages.

La faune

Sur les pistes, pas beaucoup de chances de rencontrer un chamois. En revanche, le randonneur ou le skieur de fond aura certainement l'occasion, s'il sait ouvrir les yeux, d'en apercevoir un à la recherche de nourriture ou de voir une marmotte dressée sur ses pattes l'été. Il y a quelques années, la faune alpine semblait en perdition. Depuis la création des réserves et des parcs, la menace semble s'enrayer. Mais, hors des espaces protégés, elle voit régulièrement son espace vital réduit et son espace sonore perturbé.

– ***Le chamois :*** ses petites cornes recourbées le rendent facilement reconnaissable. Très agile et rapide, il est à l'aise dans les passages difficiles et sur les rochers peu accessibles. Il se déplace souvent en harde, se nourrit d'herbage l'été, d'aiguilles et de bourgeons l'hiver. Demandez aux offices de tourisme, il y a souvent un sentier qui permet de les observer.

– ***Le bouquetin*** était menacé de disparition. Le roi Victor-Emmanuel II, en créant la réserve du Grand-Paradis, sauva l'espèce. Les actions de protection et de réintroduction qui suivirent ont éloigné le danger. Animal pacifique et docile qui aime se prélasser sur les pentes herbeuses, il est sans merci lorsqu'il s'agit de lutter pour conquérir une femelle. L'hiver, il affectionne les zones dépourvues de neige (crêtes ventées) ; l'été, il reste à la limite des névés.

– ***Le lynx*** a été réintroduit avec succès.

– ***Le lièvre variable :*** d'autant moins visible qu'il est rare. Sa seule défense est un mimétisme parfait : blanche l'hiver, sa fourrure prend des teintes marron-gris l'été. Il fréquente surtout les alpages de haute altitude.

MALIN COMME UN SINGE

Comment s'y prend le renard pour chasser le hérisson sans se faire piquer le museau ? Il lui urine dessus ! Brûlée, la bestiole s'enfuit épines repliées, et le renard n'a plus qu'à tendre sa patte, ou ses crocs. Rusé l'animal, enfin pas tant que ça. Il n'a toujours pas appris à regarder des deux côtés de la route avant de traverser. On estime ainsi que nos chères bagnoles en écrasent plus de 6 000 par an. Sans compter les hérissons...

– ***La marmotte*** a depuis longtemps résolu son problème de nutrition hivernale. « Qui dort dîne », dit le dicton. « Qu'à cela ne tienne », répondent les marmottes. L'été, elles se promènent en bande et accumulent des réserves de graisse qu'elles laisseront fondre en dormant tout l'hiver. Pour se protéger du froid et des prédateurs, elles creusent des galeries de plusieurs mètres de profondeur où elles prennent place en groupe.
– ***L'aigle royal :*** son vol, presque exempt de battements d'ailes, est spectaculaire. Son envergure, sa façon de repérer sa proie puis d'attaquer en font le roi de tous les rapaces. Il est reconnaissable à sa queue en éventail. L'espèce est protégée.
– Parmi les autres espèces alpines, il faut citer le ***lagopède*** (perdrix des neiges), le ***tétras-lyre*** (magnifique coq de bruyère), le ***chocard à bec jaune*** (« corbeau de l'altitude ») et le ***gypaète barbu,*** le plus grand oiseau, donc rapace d'Europe (2,70 à 3,20 m d'envergure) réintroduit avec succès dans les Alpes.
– ***Le loup :*** son retour naturel en France (dans le massif du Mercantour) en 1992, depuis l'Italie, suscite plus que jamais débats et controverses.

GÉOGRAPHIE

Une chaîne récente

La chaîne des Alpes, qui sépare l'Europe du Nord de celle du Sud, est d'histoire récente. Il a fallu 72 millions d'années pour séparer l'Europe de l'Afrique en ouvrant la Méditerranée. Il y a 110 millions d'années, pourtant, l'Afrique est revenue pousser le Sud de l'Europe : un arc de montagnes bourrelait bientôt le Vieux Continent. Axé nord-sud près de son point d'impact (Alpes du Sud), puis est-ouest dans sa longueur (Europe centrale), cet arc, ici saisi dans son coude, adoptait l'orientation sud-ouest/nord-est. Dans ce mur, les glaciers du Quaternaire ont pris plaisir à creuser de larges gouttières (vallées de l'Arve, de l'Isère, de l'Arc...) et des lacs, pour l'épanouissement de l'*Homo sapiens.*

Verticales et horizontales

L'union de deux provinces trop longtemps rivales, la Savoie de Chambéry et le Dauphiné de Grenoble, a rendu sa cohérence à l'arc alpin, qui se donne à lire verticalement autant qu'horizontalement. De 800 à 1 000 m, ce sont les vallées et les plateaux couverts de prés et de vergers. Jusqu'à 1 800 m, les prés alternent avec les forêts. Les arbres rabougrissent dans les 200 m suivants (rhododendrons, bruyères...), où débutent les pelouses des alpages.
Plus haut commence la haute montagne, avec son cortège d'éboulis, de chaos, de neiges et de glaciers. Aux amples vallées des massifs cristallins (mont Blanc, Belledonne...) s'opposent les précipices et les falaises inaccessibles des massifs calcaires (Chartreuse, Vercors...), qui culminent péniblement à 3 000 m. Au sud, le massif des Écrins offre sans doute l'un des plus beaux spectacles de la chaîne avec son charivari affûté.

Les pays et les hommes

Le nord-ouest de l'Isère, royaume préalpin, est ouvert sur le couloir rhodanien, et principalement consacré à l'agriculture (céréales, mais aussi cultures maraîchères) et à l'élevage (bovin, mais aussi porcin). Le sud-est du département, pays alpin constitué de formations calcaires (plateau du Vercors, massif de la Chartreuse) et de massifs cristallins (Belledonne, Oisans), vit quant à lui de l'hydroélectricité et du tourisme, tandis que dans les vallées les industries côtoient commerces et artisanat.

La Chartreuse et le Vercors dominent ce qui n'a cessé d'être la capitale industrielle de la région, Grenoble, ville ouvrière (gants, chimie, métallurgie...) qui, via la recherche scientifique et les industries de pointe, peut sans doute affronter l'avenir.

HABITAT

Il serait presque inutile de le préciser : dans le Dauphiné comme dans bien d'autres régions de France, l'habitat rural est conditionné par la géographie, le climat et les activités agricoles. Les amples fermes du bas Grésivaudan, aux murs en pisé et aux séchoirs à noix aux charpentes d'une incroyable complexité ne partagent pas grand-chose avec celles du Vercors aux fours en « verrue » et aux toits dont la pente descend presque jusqu'au sol pour laisser glisser la neige d'hivers souvent rudes. Des fermes du Vercors immédiatement reconnaissables grâce à leurs pignons en escalier (appelés « sauts de moineaux ») : de grosses pierres qui marquent chaque arête pour protéger du vent les toits autrefois de chaume.

Mais, ici comme ailleurs, la tôle a quasi systématiquement remplacé les toitures traditionnelles. Même si on pourra encore découvrir quelques toits de chaume, dans le Valgaudemar notamment : cet isolant thermique naturel est, même si cela paraît presque difficile à croire, le seul qui résistait vraiment bien à la neige. Mais pas aux incendies... Les cheminées des maisons du Valgaudemar prennent donc pas mal de hauteur pour éviter que des étincelles n'enflamment le chaume. La Chartreuse qui se distingue de ses voisins par des fermes éclatées (grange et étable font bâtiments à part), a également conservé quelques toits recouverts d'« essendoles », des planchettes de sapin ou d'épicéa clouées sur la charpente. Une couverture de toit qui remonte au Néolithique et qu'on rencontre encore largement, sous le nom de « tavaillons », dans les massifs de l'est de la France, du Jura aux Alpes et donc, logiquement, dans le Dauphiné. Autre couverture traditionnelle encore largement usitée : les lauzes, plaques de schiste ou de calcaire. Sur le plateau de l'Isle Crémieu, les lauzes servaient non seulement à coiffer les maisons mais également, sous le nom de « pâlis », à délimiter les chemins, les pâtures...

Sous leurs toits, dès qu'on prend de l'altitude, les maisons rurales présentent toutes ou presque le même plan : hommes et bêtes se partagent le rez-de-chaussée, souvent en pierre, alors que les étages – en bois et à claire-voie pour favoriser le séchage – sont largement destinés aux réserves. Avec une indéniable ingéniosité : l'hiver, vaches, porcs ou moutons assurent le chauffage (naturel !) de l'habitation et le foin fait un parfait isolant (naturel, là encore !). Dans le Queyras (où Saint-Véran en offre quelques parfaits exemples), ces étages de bois (localement appelés « fustes ») peuvent dépasser les 10 m de hauteur. Autre incontournable de ces maisons de montagne : le balcon. Pour profiter au maximum du soleil (on parle d'ailleurs de « soleret » plus que de balcon), non pas pour peaufiner son bronzage mais pour faire sécher linge, bois ou... bouses de vaches (le combustible des montagnes sans forêts !). À Briançon, comme dans le Queyras ou les vallées de la Vallouise et de la Clarée, se dévoile un autre élément presque indispensable de la maison traditionnelle des Hautes-Alpes (avec les élégantes arcades à l'italienne du Briançonnais ou de la vallée d'Arvieux dans le Queyras) : le cadran solaire. Ce département en compte plus de 400, peints entre le début du XVIIIe et le début du XXe s. Au pays des 300 jours de soleil par an, il n'aurait pu en être autrement !

La Provence s'annonce d'ailleurs, dès Mens et le Triève, dans l'architecture rurale, avec ces frises de tuiles superposées, appelées « génoises » et typiquement méditerranéennes.

HISTOIRE

Le Dauphiné

Le bas Dauphiné, le Champsaur et le Briançonnais deviennent au XIe s la possession du comte d'Albon, Guigues Ier.

Sous les règnes de Guigues VI et VII, le royaume s'agrandit grâce à l'acquisition de l'Embrunais et du Gapençais. Humbert II, dauphin en mauvaise posture, décide en 1349 le « transport du Dauphiné à la France » (voir encadré). Louis II (le futur Louis XI) crée le parlement de Grenoble. Les guerres d'Italie (où s'illustre le célèbre chevalier Bayard), puis les violents combats entre catholiques et protestants qu'entraîne la Réforme, mettent la région à feu et à sang pendant une bonne partie du XVIe s. François de Bonne, duc de Lesdiguières, s'empare de Grenoble en 1590, à la tête des armées protestantes. Henri IV le nomme lieutenant du Dauphiné. C'est l'un des personnages les plus importants de l'histoire locale. En effet, excellent administrateur, il applique l'édit de Nantes et rétablit la paix civile et religieuse, développe l'industrie et la ville de Grenoble et fait construire le château de Vizille. Deux ans après sa mort, en 1628, le Dauphiné passe du statut de « pays d'États » à « pays d'élection ». Cette nouvelle tutelle déplaît singulièrement aux populations de la région.

À la fin du XVIIe s, le Dauphiné est attaqué par le duc de Savoie, Victor-Amédée II, et est fièrement défendu par Philis de La Charce, devenue héroïne locale. En 1791, le Dauphiné est divisé en trois départements : les Hautes-Alpes, l'Isère et la Drôme. De retour de l'île d'Elbe, Napoléon préfère éviter la voie du Rhône, trop hostile. Il remonte par la vallée de la Durance. À Gap, il reçoit un accueil enthousiaste. En remerciement, il offre à la ville une somme d'argent destinée à la construction de refuges près des cols et sur les chemins muletiers. L'histoire du Dauphiné reprend un sombre relief en 1944 avec l'héroïque résistance clandestine du Vercors, devenu un de ses principaux bastions.

LE ROYAUME DES DAUPHINS

Au XIIe s, Guigues IV – comte du bas Dauphiné, du Champsaur et du Briançonnais – se fait appeler « dauphin », nom qui provient du surnom que sa mère (anglaise) lui donnait affectueusement étant petit (dolphin). *Dès lors cette appellation fera office de titre, appliqué aux souverains du... Dauphiné. Au XIVe s, quand cette région passe sous la tutelle du royaume de France, le titre se transmet au fils aîné du roi, donnant lieu à des générations de dauphins royaux !*

HISTOIRE DU SKI

Skis au pied...

L'homme était à peine sorti des cavernes qu'il skiait déjà (on a retrouvé en Scandinavie des skis qui datent de 2 000 ans av. J.-C.), imitant le sabot glissant du renne afin de chasser. Développé par les peuples du Grand Nord – Finnois et Sibériens –, il conquiert Moscou au Moyen Âge, avant d'apprivoiser l'immense hiver scandinave. Ce sont les habitants du village de Telemark, au sud de la Norvège, qui transforment le ski en engin sportif. Ils affinent et cintrent la planche de bois, et organisent les premières compétitions : courses et saut. Le ski nordique est né. Il va devenir très populaire en Norvège après une compétition organisée en 1879 dans les environs d'Oslo, qui s'appelait à l'époque Christiania (un nom qui rappellera quelque chose à tous ceux qui se sont usés à réussir cette fameuse figure de ski dans les fifties !).

Devenu alpin (dans les Alpes logiquement...) dans les années 1880, le ski va raccourcir et s'équiper d'attaches en métal qui enthousiasment les chasseurs alpins dès 1901. La Belle Époque s'entiche de ce sport baroque, dont les adeptes doivent encore monter à pied ce qu'ils veulent descendre. En 1907, le premier concours international de ski est organisé à Montgenèvre ; en 1924, c'est Chamonix qui accueille la Semaine internationale des sports d'hiver, premiers J.O. d'hiver, en fait. Mais la grande vogue du ski attendra les années 1930, avec les premières remontées mécaniques installées dans les villages, dont les responsables illuminés de l'époque entrevoient les possibilités exceptionnelles. Au tout début, les remontées étaient constituées de câbles appelés « ficelles » qu'il fallait attraper, puis de luges, avant que l'on mette au point le système de disque encore utilisé aujourd'hui. L'énergie provenait d'un énorme moteur diesel polluant et bruyant qui entraînait une grosse poulie. À Allos, un homme perché sur un pylône en haut de la pente prévenait des chutes à l'aide d'une trompette. Le mécanicien coupait les gaz afin que le skieur dégage la piste. Le premier télésiège biplace se prenait dos à la pente et après avoir enlevé ses skis. Tôt le matin, les pistes étaient damées à pied par les skieurs. En 1937 pourtant, Megève crée l'événement avec la construction d'un premier téléphérique. En 1940 débute le chantier de celui de l'aiguille du Midi. La presse de l'époque crie (déjà !) au désastre écologique.

CRÉTIN DES ALPES !

La célèbre injure a une réalité historique plus sombre qu'il n'y paraît. Ceux que l'on a nommés « crétins » sont, à l'origine, des habitants des montagnes qui souffraient d'un manque d'iode. Le mot vient de « chrétien ». Jésus les a toujours protégés : « Heureux les simples d'esprit ». Cette carence en iode provoquait de grosses malformations physiques. Rejetés et moqués, ces hommes dont l'espérance de vie ne dépassait pas les 30 ou 40 ans étaient confinés aux tâches les plus ingrates. Et il aura fallu attendre plusieurs décennies avant qu'ils ne soient plus considérés comme des bêtes... !

... et stations de ski

Dès 1890, Cluses est desservie par le chemin de fer, mais il faut attendre la fin de la Seconde Guerre mondiale et surtout les Jeux olympiques de Grenoble en 1968 pour que le ski connaisse un véritable essor. Le matériel se perfectionne : premiers skis métalliques en 1946, fixations de sécurité en 1948, chaussures à crochets en 1957. Dès le début des années 1960, les stations nouvelles hérissent alpages et hauts plateaux : exit les cages à poules ! Une architecture plus consciente des réalités humaines voit alors le jour, cherchant à associer un urbanisme moderne à une certaine idée de l'art de vivre. Aujourd'hui, la sophistication croissante des remontées, l'exploitation des champs de neige et les raccords intercommunaux du domaine skiable font des sports d'hiver la formule magique des vacances courtes.

LANGUE RÉGIONALE

Le gavot

Si l'on veut s'intégrer totalement dans l'environnement haut-alpin, il faut savoir parler... le gavot, ce patois issu de la langue d'oc. Langue officielle des troubadours, elle a cessé d'être utilisée fin XIXe-début XXe s pour faire place au français. Pourtant, quelques mots et expressions orales subsistent encore, et ont été remis au goût du jour :

– *lou soureu* pour le soleil ;
– *la neu* pour la neige ;
– *l'aïgue* pour l'eau ;
– *maï* (le seul vrai mot patois couramment utilisé par les Haut-Alpins) signifie « encore ».

Quelques proverbes gavots pour la route :
– *Quant Ceüse pren soun chapeu, pastre pren toun manteu* (« quand la montagne Céüse met son chapeau, berger mets ton manteau »).
– *Eslong couma l'uvert en Dévolui* (« c'est long comme un hiver en Dévoluy »).
– *Jamai pieu de chabra, 'a estranglat loup* (« jamais poil de chèvre n'a étranglé loup »).

LIVRES DE ROUTE

Résistance, alpinisme et grand frisson... voilà les mots qui viennent à l'esprit quand on cherche à caractériser l'imaginaire littéraire des Alpes. On pense d'abord à Stendhal, né à Grenoble, qui a décrit sa ville natale de façon piquante dans son autobiographie, *La Vie de Henry Brulard* (éd. Folio n° 447), mais aussi beaucoup moins âprement dans *Mémoires d'un touriste* (in *Voyages en France,* dir. Victor del Litto, éd. La Pléiade).
Pour partir à l'assaut de la Grande Chartreuse, on ne peut que vous recommander les *Voyages en zigzag* de Rodolphe Töpffer (éd. Hoëbeke), qui a parcouru la région à pied. Pierre Péju dépeint aussi cette région isolée de façon poignante dans *La Petite Chartreuse* (éd. Folio n° 3037), à travers l'histoire de cette petite fille dans le coma, soignée par le libraire fou de littérature qui l'a renversée. *Le Médecin de campagne* d'Honoré de Balzac (éd. Folio n° 636) s'appelle Bénassis ; il se retire dans un canton du Dauphiné pour se consacrer à ses malades... La visite de son ami, le commandant Genestas, sera l'occasion d'un grand tour du pays. Et on ne sait pas toujours qu'Alphonse Daudet a écrit une suite à *Tartarin de Tarascon,* qui se nomme... *Tartarin sur les Alpes* (éd. Hoëbeke) !
De crampons en pic à glace, on en vient à Henri Troyat et son magnifique *La Neige en deuil* (éd. J'ai lu n° 10). Les Alpes inspirent aussi les auteurs de polar et les aficionados de l'adrénaline : *Les Rivières pourpres* de Jean-Christophe Grangé (éd. Le Livre de Poche) sont célèbres pour leur adaptation à l'écran avec Vincent Cassel et Jean Réno. On n'hésitera pas à prolonger le plaisir en images, avec les superbes photographies de M. Jullien, P.-H. Frangne et P. Poncet dans *Alpinisme et Photographie, 1860-1940,* paru chez L'Amateur.
Sur la période trouble de la Résistance, le livre de Gilles Vergnon, *Le Vercors, histoire et mémoire d'un maquis* (Les éditions de l'Atelier/Éditions ouvrières), vous dira tout et plus encore.

LES PARCS

Le parc national des Écrins

Les parcs nationaux ont été créés pour protéger de vastes espaces naturels particulièrement riches sur le plan de la géologie, de la flore et de la faune. À cet impératif s'ajoute un autre objectif : le développement d'un tourisme lié à la connaissance de la nature. Ils se composent d'un grand territoire inhabité, réserve naturelle où il est strictement interdit de perturber faune et flore, et de zones habitées par l'homme, qui font l'objet d'une surveillance très stricte en matière d'environnement et d'une mise en relief culturelle toute particulière. Dans les deux départements développés dans ce guide, on trouve un parc national : ***les Écrins,*** le plus grand parc français, avec 98 000 ha, dont un tiers en Isère et le reste dans les Hautes-Alpes, et de nombreux sommets dépassant les 3 000 et 4 000 m.

Les parcs naturels régionaux

Ce sont de vastes zones habitées par l'homme. Les parcs régionaux visent à protéger le patrimoine naturel, mais aussi à développer les activités locales et, de manière générale, à valoriser un territoire à travers une approche respectueuse de l'environnement.
On compte trois parcs régionaux en Isère et dans les Hautes-Alpes :
– ***le parc naturel régional du Vercors :*** il regroupe sur l'Isère et la Drôme 85 communes, environ 205 000 ha ;
– ***le parc naturel régional du Queyras :*** 65 000 ha sur huit communes des Hautes-Alpes ; réserve naturelle du Val-d'Escreins, et prolongement sur l'Italie ;
– ***le parc naturel régional de la Chartreuse :*** il regroupe, sur l'Isère et la Savoie, 60 communes sur 76 000 ha.

PERSONNAGES

– ***Antoine Barnave*** (1761-1793) ***:*** au club des Feuillants, ce Grenoblois fut l'une des stars de la Révolution. Sa mansuétude envers Louis XVI le fera décapiter sous la Terreur. Il avait 32 ans.
– ***Hector Berlioz*** (1803-1869) ***:*** prononcez « Berlio », puisque ce génie musical du romantisme français nous vient du Grésivaudan. Éclipsé par son ami Richard (Wagner), Hector l'échevelé revient en grâce avec ses opéras *(Les Troyens, Benvenuto Cellini)*. Dans le privé, excellent critique musical et collectionneur d'égéries.
– ***Émilie Carles*** (1900-1979) ***:*** née à Névache (Hautes-Alpes), cet écrivain a beaucoup fait parler d'elle dans le courant des années 1970 avec son livre autobiographique, *Une soupe aux herbes sauvages,* qui retrace son parcours d'institutrice dans la région. Son adaptation cinématographique eut Annie Girardot et Rufus pour interprètes (1994).
– ***Jean-François Champollion*** (1790-1832) ***:*** le surdoué qui allait révéler au monde les secrets des pharaons était le fils d'un colporteur du Briançonnais.
– ***Étienne de Condillac*** (1714-1780) ***:*** Grenoble a eu le privilège d'offrir à la France l'un de ses grands philosophes, doublé d'un économiste en nette avance sur son temps.
– ***Frédéric Dard*** (1921-2000) ***:*** dit San-Antonio, né à Bourgoin-Jallieu. Son décès l'a quasiment bombardé génie de la littérature française. Consécration que n'avait pas attendue le public, avec 200 millions de bouquins vendus, dont les immortels *Les salauds vont en enfer* et *Toi le venin...,* illustrés par Michel Gourdon. Style inimitable entre Peter Cheyney, Raymond Queneau et Céline. Grand moraliste qui nous régala de maximes d'anthologie. La sortie de l'intégrale des San-Antonio, permet de relire ses premiers romans, souvent riches en clins d'œil à la Savoie et aux Alpes en général.
– ***François de Bonne, duc de Lesdiguières*** (1543-1626) ***:*** protestant devenu catholique à l'imitation de son roi, Henri IV, pour le compte duquel il administra le Dauphiné, embellit Grenoble et repoussa, en stratège retors et brutal, les ambitions des ducs de Savoie. Ce maréchal, duc et connétable de France (rien que ça !), a été l'un des plus puissants personnages du royaume sous Henri IV et Louis XIII. Un bâtiment du Louvre porte même son nom.
– ***Abel Rossignol*** (1882-1954) ***:*** en 1907, un menuisier iséran de Voiron se passionne pour la fabrication des skis et gagne la caution du champion d'alors, Émile Allais, inventeur de la « méthode française » de ski alpin. Ce coup de

génie va le propulser, les années passant, jusqu'aux cimes du succès. Rachetant en 1967 son concurrent principal *(Dynastar)*, la société *Rossignol*, numéro un des ventes mondiales de skis, dément glorieusement la frivolité de son nom.

– ***Samivel*** (1907-1992) **:** à la plume ou au pinceau, cet excellent illustrateur (de son vrai nom Paul Gayet-Tancrède) était l'acolyte obligé des écrits de Frison-Roche – et d'autres. À l'instar d'autres ayatollahs, il fustigeait les remontées mécaniques pour mieux exalter les scouts de l'alpinisme.

– ***Stendhal*** (1783-1842) **:** né à Grenoble, Henri Beyle n'aimait pas sa ville, qui le lui rendit bien. Non content d'en tracer un épouvantable portrait dans les premières pages du *Rouge et le Noir*, Stendhal avoue (dans *La Vie de Henry Brulard*) un dégoût quasiment physique pour cette cité de notables « faux et sournois », si éloignée de ses rêves italiens.

– ***Louis Vicat*** (1786-1861) **:** d'origine modeste, il décrocha toutefois Polytechnique. En 1817, il fit une invention qui révolutionna le monde : le ciment artificiel (l'or gris), qui fera de Grenoble une ville moderne au XIXe s.

VICAT, BIENFAITEUR MÉCONNU DE L'HUMANITÉ

Pour Louis Vicat, tout pays qui a du calcaire et de l'argile peut fabriquer son propre ciment, en y ajoutant de l'eau. Il décida de ne pas breveter son invention, pour en faire don à l'humanité. Il refusa un fauteuil à l'Académie française. Il aurait pu s'appeler Modeste.

RÉSISTANCE

Promue « Compagnon de la Libération », la ville de Grenoble dispute les palmes de la Résistance à d'autres foyers régionaux : Lyon, bien sûr, mais aussi les maquis de Chartreuse, de l'Oisans, de Belledonne, du plateau des Glières, sans oublier les innombrables caches d'enfants (au premier chef, Izieu) ou les passages de juifs en Suisse. Dans cette épopée, le Vercors occupe une place à part avec ses 3 000 hommes en armes, ses 800 victimes et ses espoirs fous : la République française y fut proclamée le 3 juillet 1944, 20 jours avant l'assaut nazi qui, malgré son sinistre succès, laissa assez de rescapés qui prêtèrent main-forte à l'avancée des troupes alliées.

SITES INSCRITS AU PATRIMOINE MONDIAL DE L'UNESCO

Organisation des Nations Unies pour l'éducation, la science et la culture

En coopération avec le centre du patrimoine mondial de l'UNESCO

Pour figurer sur la liste du Patrimoine mondial, les sites doivent avoir une valeur universelle exceptionnelle et satisfaire à au moins un des 10 critères de sélection. La protection, la gestion, l'authenticité et l'intégrité des biens sont également des considérations importantes.

Le patrimoine est l'héritage du passé dont nous profitons aujourd'hui et que nous transmettons aux générations à venir. Nos patrimoines culturel et naturel sont deux sources irremplaçables de vie et d'inspiration. Ces sites appartiennent à tous les peuples du monde, sans tenir compte du territoire sur lequel ils sont situés.

Pour plus d'informations : ● *whc.unesco.org* ●

– Dans ce guide, sont inscrites les fortifications de Vauban de Briançon et Mont-Dauphin (2008).

VINS ET ALCOOLS

On connaît souvent les vins de Savoie (voir guide *Savoie Mont Blanc*). Mais les vins de l'« Y » grenoblois ont aussi leurs amateurs ! Les vins de pays des Balmes dauphinoises commencent eux aussi à faire parler d'eux et offrent un remarquable rapport qualité-prix. Sans oublier les vins produits à quelques kilomètres à peine, dans la région de Die (la fameuse clairette et le châtillon-en-diois), et que l'on trouve dans de nombreux restos du Vercors. Dans les Hautes-Alpes, le vignoble de Tallard est le plus haut d'Europe et donne un vin de pays des Hautes-Alpes assez méconnu. Après tout ça, vous saisirez l'occasion de commander une eau-de-vie : framboise, mûre, gentiane, ou une chartreuse. À moins que vous ne préfériez un génépi (liqueur à base d'armoise mutelline).

L'ISÈRE

ABC
DE L'ISÈRE

- *Superficie :* 7 431 km^2.
- *Population :* 1 206 375 hab. (estimation 2010).
- *Densité :* 161,1 hab./km^2.
- *Point culminant :* la barre des Écrins (4 102 m, à la frontière de l'Isère et des Hautes-Alpes).
- *Préfecture :* Grenoble (159 410 hab., grand Grenoble 427 000 hab.).
- *Sous-préfectures :* La Tour-du-Pin et Vienne.

C'est la rivière Ysara, « le serpent » en ancien français, qui a donné son nom au département. De part et d'autre, un relief et des paysages singuliers, d'une variété saisissante : villages de pierres accrochés sur des pentes raides, gorges aux falaises abruptes façonnées par des torrents sauvages, hauts plateaux, vallées secrètes, paysages de bocages, alpages et déserts, vallées alluviales et cirques, hauts versants dominés par des échardes de pierre et marais, larges rives bordées de vigne, de poiriers ou de noyers des vallées du Rhône ou de l'Isère, glaciers qui se reflètent dans des lacs d'altitude. Un profil géographique contrasté, avec la barre des Écrins qui, du haut de ses 4 102 m, semble toiser la vallée de l'Isère et les rives du Rhône. Si l'Isère est devenu une « destination neige » d'envergure, c'est également un espace où la nature est préservée grâce à trois parcs : le parc national des Écrins, les parcs naturels régionaux du Vercors et de Chartreuse. C'est aussi une terre marquée par l'histoire depuis la période gallo-romaine, précédant l'émergence de l'ancienne province du Dauphiné avec Bayard et Lesdiguières, vers la période contemporaine, inscrite en toile de fond dans la littérature des plus illustres écrivains locaux tels que Stendhal, Claudel, Giono ou Frédéric Dard, immortalisée par les palettes de Turner, Jongkind ou Bonnard, mise en musique par Berlioz, l'enfant de La Côte-Saint-André... L'Isère a de tout temps conjugué dynamisme économique et vitalité culturelle. Héritière d'un riche patrimoine, le département dispose de plus de 100 musées, des sites archéologiques majeurs aux premiers rangs desquels ceux de Vienne et de Grenoble et des sites religieux incontournables comme le monastère de la Grande-Chartreuse, l'ancienne abbatiale de Saint-Antoine-l'Abbaye ou Notre-Dame de la Salette.

Adresses et infos utiles

Isère Tourisme – Comité départemental du tourisme : *Palais du Parlement, 4, pl. Saint-André, 38024* ***Grenoble*** *Cedex 1.* ☎ *04-76-00-33-82.* • *isere-tourisme.com* •

■ **Association départementale d'information et d'initiative jeunesse :** *16, bd Agutte-Sembat, 38000* ***Grenoble.*** ☎ *04-76-86-56-00.* • *adiij@yahoo.fr* •

■ **Gîtes de France :** *dans la Maison des agriculteurs, 40, av. Marcellin-Berthelot, BP 2641, 38036* ***Grenoble*** *Cedex 02.* ☎ *04-76-40-79-40.* • *location@gites-de-France-isere.com* • *gites-de-france-isere.com* • Le ***SIRT*** *(Service information et résas touristiques)* permet de trouver et réserver un hébergement dans l'un des Gîtes de France du département.

■ **Autres organismes s'occupant de l'hébergement :** *au 14, rue de la République, à* ***Grenoble. Hôtellerie de plein air :*** ☎ *04-76-54-90-77.* • *campingisere.com* • ***Clévacances Isère :*** ☎ *04-76-54-06-08.* • *clevacances38.com* •

– Bon à savoir : ***les musées départementaux sont tous GRATUITS !*** Info précieuse quand on sait qu'il s'agit des plus beaux musées d'Isère...

L'Isère à pied, sac au dos

■ **Fédération de la randonnée en Isère :** *Maison du tourisme, 14, rue de la République, 38000* ***Grenoble.*** ☎ *04-76-54-87-85.* Les principaux GR sont les 91, 54, 9, 50 et 549.

■ **Maison de la montagne :** *3, rue Raoul-Blanchard, 38000* ***Grenoble.*** ☎ *04-76-44-67-03.* • *grenoble-montagne.com* •

■ **Bureau des guides et accompagnateurs de Grenoble :** *mêmes locaux que la Maison de la montagne.* ☎ *04-38-37-01-71.* • *guide-grenoble.com* •

■ **Météo-France :** ☎ *0892-680-808 (0,34 €/mn).*

■ **Topos rando** *de la* **Fédération de randonnée pédestre** *en vente à la fédération : 64, rue du Dessous-des-Berges, 75013* ***Paris.*** ☎ *01-44-89-93-93.* • *ffrandonnee.fr* • Ⓜ *Bibliothèque-François-Mitterrand.*

LES SEPT MERVEILLES DU DAUPHINÉ

Apparues pour la première fois vers 1450 dans la littérature médiévale, les « Sept Merveilles » du Dauphiné ont fait naître contes et légendes... Historiquement, la province du Dauphiné comprenait, outre l'Isère, une bonne partie des actuelles Hautes-Alpes et de la Drôme ainsi qu'une portion de l'Ain. Mais, de fait, lesdites merveilles sont essentiellement concentrées en Isère. Au risque de rompre le suspense, en voici la liste.

– ***La tour Sans-Venin,*** située sur les hauteurs de Seyssinet (voir « De Grenoble à Lans-en-Vercors » par la D 106), dominant la cuvette grenobloise.

– ***Le mont Aiguille,*** fantastique bloc de calcaire dominant le Trièves, encore appelé le *mont Inaccessible.* C'est là que l'alpinisme est né en 1492 !

– ***La pierre Percée,*** belle arche calcaire à proximité de La Motte-d'Aveillans, en marge de la route Napoléon (entre Vizille et La Mure).

– ***Les grottes de la Balme,*** à l'extrême nord du département, sur la rive gauche du Rhône.

– ***Les cuves de Sassenage,*** résurgence du célèbre gouffre Berger, au pied du Vercors, au niveau de l'embranchement des gorges du Furon (D 531).

– ***La fontaine Ardente,*** où la rencontre du méthane contenu dans une source et de l'air produit une flamme à l'allure surnaturelle, à Saint-Barthélemy, une vingtaine de kilomètres au sud de Grenoble, face à la falaise orientale du Vercors.

– ***Le pont de Claix,*** enfin, dans la localité éponyme, située au sud de Grenoble, une des rares merveilles non naturelles.

Cette liste n'a néanmoins rien d'officiel, elle a évolué selon les modes et les époques. On trouvera donc citée, en plus et entre autres, la manne de Briançon.

GRENOBLE (38000) 159 410 hab. *Carte Isère, C3*

◗ Pour le plan de Grenoble, se reporter au cahier couleur.

La capitale des Alpes françaises, symbole peu s'en faut de la montagne, est paradoxalement adorée des cyclistes. Eh oui, c'est une ville de plaine, toute plate. Elle bénéficie en outre d'une situation exceptionnelle, au confluent du Drac et de l'Isère, chaperonnée par trois magnifiques massifs : le Vercors, la Chartreuse et Belledonne. Enfin, Grenoble truste les titres : capitale de la Résistance des Alpes (une des très rares villes à être « Compagnon de la Libération »), ville olympique, ville jeune et universitaire (avec pas moins de 61 000 étudiants), deuxième pôle scientifique et de recherche en France (après Paris), championne de la qualité de vie... Mais plus simplement, Grenoble c'est aussi un vieux centre-ville adorable et rénové intelligemment, une riche vie culturelle et l'un des premiers musées des Beaux-Arts du pays... sans oublier de magnifiques pistes de ski, et une nature sauvage à moins de 30 mn. Beau palmarès, non ?

UN PEU D'HISTOIRE

Dauphiné ou Savoie ?

Bourg romain, Cularo, situé au carrefour stratégique de trois vallées importantes, possédait le seul pont traversant l'Isère. Jusqu'au IIIe s, Cularo dépend de Vienne, deuxième ville de Gaule par son importance, et devient par la suite la capitale administrative de sa région. La ville se dote d'une muraille dont subsistent aujourd'hui plusieurs vestiges (on en retrouve le tracé en ville, symbolisé par des « clous » au sol, frappés de l'inscription *Cularo*). Sous l'empereur Gratien, vers 379, la ville prend le nom de *Gratianopolis* (qui donnera Grenoble) et devient le siège d'un évêché.

Vous vous demandez avec raison comment est né le Dauphiné, eh bien, voilà : tout partit du petit village de Vion, en Ardèche. Y régnait un puissant seigneur, ami de l'archevêque de Vienne. Sentant sa fin venir, l'archevêque partagea, vers 1029, son comté du Viennois entre Guigues le Vieux, seigneur de Vion, et Humbert les Blanches Mains, son beau-frère. À Guigues le Sud du comté, à Humbert le Nord. Ainsi naquirent le Dauphiné et la Savoie, qui allaient devenir deux États ennemis.

Le pouvoir des évêques de Grenoble, qui portaient le titre de princes de Grenoble, est alors mis à mal par la montée en puissance des princes dauphins, qui deviennent coseigneurs de la ville avec l'évêque. Il y eut donc, en 1116, partage du pouvoir et un accord signé entre saint Hugues (évêque de 1080 à 1132) et Guigues III. Autorité de l'évêque sur le quartier Notre-Dame, tandis que celle du dauphin se manifesterait sur le quartier de la place Saint-André.

Aux XIIIe et XIVe s, la ville connaît une période de prospérité. ***En 1349, le dernier dauphin, Humbert II,*** sans descendance et surtout ruiné (en raison d'un train de vie trop fastueux), ***vend le Dauphiné au roi de France,*** Philippe VI, avec la garantie que les libertés dauphinoises seront respectées. Pour ménager les susceptibilités des grands voisins de la France, le roi confie le Dauphiné à son petit-fils Charles. À partir de cette époque, le fils aîné du roi portera désormais le titre de dauphin jusqu'à la fin de la monarchie en France. Louis XI séjourne en Dauphiné avant de monter sur le trône et élève le conseil delphinal au rang de parlement en 1453, confirmant la vocation de Grenoble comme capitale provinciale.

Pendant les guerres de Religion, en 1590, la ville est prise par François de Bonne qui deviendra duc de Lesdiguières en 1611 et qui dote Grenoble de nouvelles fortifications bastionnées. On lui doit, entre autres, les premiers quais de l'Isère, la collecte des égouts et le jardin de Ville. Dans le même temps, il contient efficacement les velléités guerrières de Victor-Amédée de Savoie aux frontières.

Au XVIII*[e] *s, la bourgeoisie s'enrichit. ***L'industrie grenobloise du gant gagne une réputation à l'étranger,*** tandis que plusieurs habitants de la ville bâtissent des fortunes dans le commerce international (Asie, Saint-Domingue). C'est là que se situe l'histoire de Mandrin, paysan qui prit la tête d'une troupe de contrebandiers et qui devint un héros très populaire en s'attaquant aux agents des fermiers généraux, particulièrement haïs.

Grenoble qui sait dire non !

Grenoble, ville d'opposition, n'avait pas eu de mal à acquérir cette étiquette. Son parlement dénonçait régulièrement le despotisme du pouvoir royal et défendait sans relâche les libertés dauphinoises. Mais il faut retenir deux événements, décisifs pour la suite.

Lorsque Paris promulgua, le 8 mai 1788, un décret réduisant les prérogatives du parlement dauphinois, les protestations furent très vives à Grenoble. Le roi dut faire intervenir la force militaire pour enregistrer le décret. L'ordre donné à tous les magistrats grenoblois de se retirer dans leur résidence de campagne mit le feu aux poudres. Privé de ses défenseurs, le peuple grenoblois se révolta. Massés sur les toits des maisons de la ville, les gens balancèrent sur les soldats de Sa Majesté tout ce qui était à portée de main : ce fut la fameuse ***« journée des Tuiles ».*** Devant une telle réaction, le pouvoir royal recula.

GRENOBLE ? LES RÉVOLUTIONNAIRES DIRENT NON

Rien à voir avec la noblesse puisque l'origine du mot vient de Gratien. Pendant la Révolution française, on changea les noms des villes qui évoquaient l'aristocratie ou un nom de saint. La ville s'appela alors... Grelibre, puis reprit son nom.

Mais l'histoire ne s'arrête pas là. Dirigés par des politiciens éclairés, comme Mounier et Barnave, les Dauphinois donnèrent une suite politique à cette victoire. Au château de Vizille se tint une réunion des trois ordres qui réclama la convocation des états généraux, le doublement de la représentation du tiers état, la rédaction d'une nouvelle Constitution et le vote par tête. Ces demandes eurent un énorme retentissement dans le pays. On peut dire aujourd'hui que la journée des Tuiles à Grenoble fut l'action fondatrice de la Révolution française ! (Plus de détails au chapitre « Vizille »).

À révolution précoce, répression modérée, pourrait-on dire. Seuls 9 députés dauphinois sur 22 votèrent la mort du roi, et même la Terreur ne fit à Grenoble que quelques victimes.

En revanche, par la suite, le sentiment républicain se renforça. Ce fut l'élection de l'abbé Grégoire et l'accueil triomphal réservé par Grenoble à La Fayette, symbole de la liberté. Si l'industriel grenoblois Casimir Perier fut président du Conseil en 1831, il n'en reste pas moins que l'Isère n'adhéra guère à la monarchie de Juillet. Au contraire, février 1848 y rencontra un écho considérable. Le rattachement de la Savoie à la France en 1860 supprima désormais toute menace aux frontières de l'Isère. La Commune de Paris connut également un fort courant de sympathie. En 1898, Grenoble enverra à la Chambre son premier député socialiste.

La période contemporaine

Sur le plan économique, l'Isère va fortement profiter des énergies nouvelles, surtout de la ***houille blanche*** (la force hydraulique), utilisée pour la première fois en 1869, à Lancey, près de Grenoble. Ville parlementaire jusqu'alors, elle va

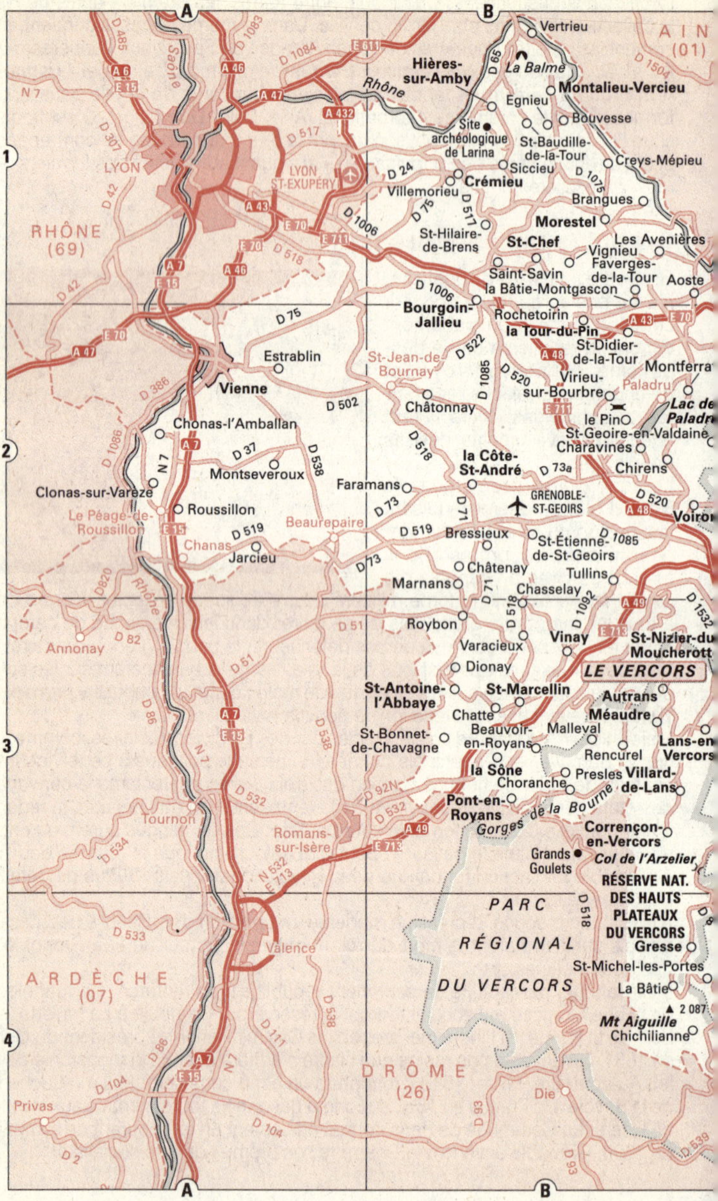
A
B
1
2
3
4
AIN
(01)
RHÔNE
(69)
ARDÈCHE
(07)
DRÔME
(26)
LYON
LYON ST-EXUPÉRY
Vertrieu
La Balme
Hières-sur-Amby
Montalieu-Vercieu
Egnieu
Bouvesse
Site archéologique de Larina
St-Baudille-de-la-Tour
Siccieu
Creys-Mépieu
Crémieu
Villemorieu
Brangues
Morestel
St-Hilaire-de-Brens
St-Chef
Les Avenières
Vignieu
Faverges-de-la-Tour
Saint-Savin
Aoste
la Bâtie-Montgascon
Bourgoin-Jallieu
Rochetoirin
la Tour-du-Pin
St-Didier-de-la-Tour
Montferra
Estrablin
St-Jean-de-Bournay
Virieu-sur-Bourbre
Paladru
Lac de Paladr
Vienne
Châtonnay
le Pin
St-Geoire-en-Valdaine
Chonas-l'Amballan
Charavines
la Côte-St-André
Chirens
Montseveroux
Faramans
GRENOBLE-ST-GEOIRS
Voiro
Clonas-sur-Varèze
Roussillon
Le Péage-de-Roussillon
Beaurepaire
Bressieux
St-Étienne-de-St-Geoirs
Chanas
Jarcieu
Châtenay
Tullins
Marnans
Chasselay
Annonay
Roybon
Vinay
St-Nizier-du Moucherott
Varacieux
Dionay
LE VERCORS
St-Antoine-l'Abbaye
St-Marcellin
Autrans
Chatte
Méaudre
St-Bonnet-de-Chavagne
Beauvoir-en-Royans
Malleval
Lans-en Vercors
Rencurel
la Sône
Presles
Villard-de-Lans
Choranche
Pont-en-Royans
Gorges de la Bourne
Tournon
Romans-sur-Isère
Corrençon-en-Vercors
Grands Goulets
Col de l'Arzelier
RÉSERVE NAT. DES HAUTS PLATEAUX DU VERCORS
PARC RÉGIONAL DU VERCORS
Valence
Gresse
St-Michel-les-Portes
La Bâtie
2 087
Mt Aiguille
Chichilianne
Die
Privas
Rhône
Saône
A 6
E 15
A 46
A 47
A 432
E 611
A 43
E 70
E 711
A 7
A 48
A 49
E 713
N 7
N 532
D 104
D 532
D 538
D 518
D 519
D 73
D 75
D 1006
D 1085
D 92N
D 93
D 539

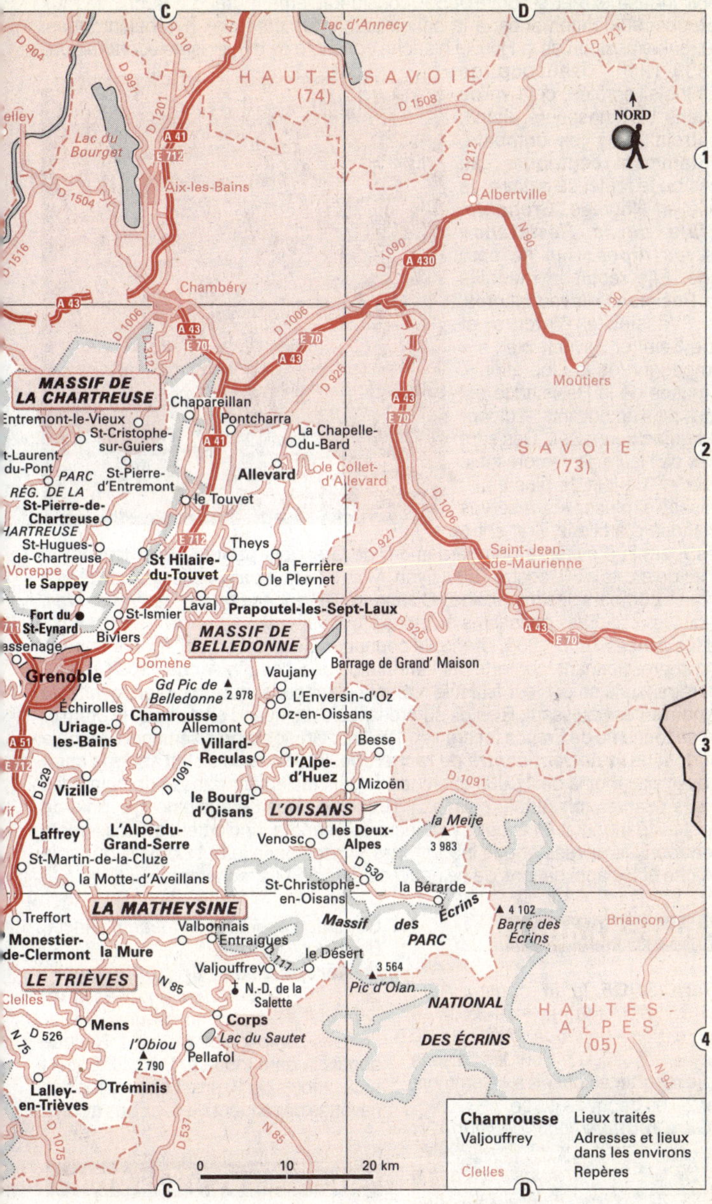
C
D
Lac d'Annecy
HAUTE-SAVOIE
(74)
D 904
D 910
D 991
A 41
D 1212
D 1508
NORD
D 1201
Lac du
Bourget
A 41
E 712
Aix-les-Bains
D 1212
Albertville
D 1504
D 1516
D 1090
A 430
N 90
Chambéry
A 43
N 90
D 1006
D 312
A 43
E 70
D 1006
E 70
A 43
D 925
Moûtiers
MASSIF DE
LA CHARTREUSE
Chapareillan
A 43
Entremont-le-Vieux
Pontcharra
E 70
St-Cristophe-
sur-Guiers
La Chapelle-
du-Bard
A 41
SAVOIE
(73)
St-Laurent-
du-Pont
Allevard
le Collet-
d'Allevard
PARC
St-Pierre-
d'Entremont
RÉG. DE LA
le Touvet
D 1006
St-Pierre-de-
Chartreuse
CHARTREUSE
E 712
Theys
D 927
Saint-Jean-
de-Maurienne
St-Hugues-
de-Chartreuse
St Hilaire-
du-Touvet
la Ferrière
Voreppe
le Pleynet
le Sappey
Laval
Prapoutel-les-Sept-Laux
Fort du
St-Eynard
St-Ismier
D 926
A 43
E 70
Biviers
MASSIF DE
BELLEDONNE
Sassenage
Domène
Barrage de Grand' Maison
Grenoble
Vaujany
Gd Pic de
Belledonne
2 978
L'Enversin-d'Oz
Échirolles
Oz-en-Oisans
Chamrousse
Uriage-
les-Bains
Allemont
A 51
Villard-
Reculas
Besse
E 712
l'Alpe-
d'Huez
D 529
D 1091
D 1091
Mizoën
Vizille
le Bourg-
d'Oisans
L'OISANS
Vif
la Meije
Laffrey
L'Alpe-du-
Grand-Serre
les Deux-
Alpes
3 983
Venosc
St-Martin-de-la-Cluze
D 530
la Motte-d'Aveillans
St-Christophe-
en-Oisans
la Bérarde
LA MATHEYSINE
Écrins
4 102
Barre des
Écrins
Treffort
Massif
des
PARC
Briançon
Valbonnais
Monestier-
de-Clermont
la Mure
Entraigues
D 117
le Désert
Valjouffrey
3 564
LE TRIÈVES
N 85
N.-D. de la
Salette
Pic d'Olan
NATIONAL
Clelles
HAUTES-
ALPES
(05)
Corps
Mens
D 526
N 75
l'Obiou
Lac du Sautet
DES ÉCRINS
2 790
Pellafol
N 94
Lalley-
en-Trièves
Tréminis
D 1075
D 537
N 85
Chamrousse
Lieux traités
Valjouffrey
Adresses et lieux
dans les environs
Clelles
Repères
0
10
20 km
1
2
3
4

L'ISÈRE

devenir industrielle et se développer considérablement grâce à la chimie, aux papeteries, aux cimenteries, à la construction des centrales hydroélectriques. En 1925, l'exposition de la Houille blanche consacre ce dynamisme économique. En 1939-1940, beaucoup de Dauphinois, enrôlés, cela va de soi, dans les chasseurs alpins, s'illustrent dans les combats, et notamment contribuent au succès de la fameuse bataille de Narvik, en Norvège. ***Grenoble, capitale de la Résistance dans les Alpes :*** nul ne sera étonné. Elle reçoit la médaille de la Résistance (avec Nantes, Paris, Vassieu-en-Vercors et l'île de Sein) et devient bien sûr « Compagnon de la Libération ». Son musée de la Résistance est l'un des plus émouvants et didactiques qu'on connaisse. Des sept maquis de l'Isère, le Vercors fut le premier et, de loin, le plus actif : en faisant exploser les réserves allemandes d'artillerie, il a, entre autres, permis d'éviter le bombardement de Grenoble par les Alliés, limitant le nombre de morts à 50, contre 700 à Lyon. Mais il ne faut pas oublier les non moins héroïques combats des maquis de l'Oisans, de Belledonne ou de Chartreuse (voir, plus loin, les chapitres consacrés aux massifs et vallées).

LA « PETITE PALESTINE »

À partir de 1942, Grenoble, le Dauphiné et la Savoie, tout comme le reste de la zone libre, furent finalement envahis. L'occupation fut prise en charge par les Italiens, alliés des Allemands, mais assez bien vécue, car les hommes du **Duce** *étaient plutôt tolérants, notamment envers les juifs. Grenoble fut d'ailleurs considérée par la communauté juive comme une « Petite Palestine », c'est-à-dire un endroit où il faisait presque « bon vivre » malgré la guerre. Mais le débarquement en Sicile du 8 septembre 1943 entraîna la démission de Mussolini. Les Italiens, dès lors, furent déclarés ennemis de l'Allemagne... Et les nazis arrivèrent.*

Dans les années 1950-1960, Grenoble connut un développement économique et urbain impressionnant, conforté par l'attribution des ***J.O. d'hiver de 1968*** (les premiers retransmis en couleur à la télé !). Sur le plan touristique, la région manifeste un dynamisme réjouissant. Rien de surprenant à cela, quand on sait que le premier office de tourisme de France fut créé en 1889 à... Grenoble précisément ! Grenoble est surtout un ***important centre de recherche,*** le deuxième en fait après la capitale, avec pas moins de 17 000 chercheurs, principalement dans le domaine des sciences exactes (physique, chimie...). Grenoble héberge également le pôle de compétitivité mondial *Minalogic,* consacré aux nanotechnologies, qui rassemble des entreprises privées et des laboratoires publics dans le but de développer la recherche et les applications de ce nouveau domaine de recherche.

Arriver – Quitter

🚂 ***Gare SNCF*** *(plan couleur A2) :* ☎ 36-35 (0,34 €/mn). • sncf.com • Également une boutique SNCF au 15, rue de la République. Pour les liaisons TGV, se reporter au chapitre « Comment y aller ? » en début de guide.

🚌 ***Gare routière*** *(plan couleur A2) :* à côté de la gare SNCF. ☎ 0820-08-38-38 (0,12 €/mn ; **Transisère,** central de rens du conseil général pour ttes les compagnies autocaristes excepté Eurolines Intercars : ☎ 0892-89-90-91). Toutes directions. Nombreuses liaisons avec les stations de ski. Compagnies *Faure, Annequin, Ancel, Berthelet, Bignotti...*

✈ ***Aéroport de Grenoble-Isère :*** ☎ 04-76-65-48-48. • grenoble-airport.com • À 41 km au nord-ouest. Nombreuses compagnies *low-cost.* Navette depuis la gare routière. Prix : 22 € A/R ; réduc moins de 10 ans. Les horaires des navettes dépendent de ceux des avions.

Adresses et infos utiles

Infos touristiques

ℹ ***Office de tourisme*** *(plan couleur C2) :* 14, rue de la République.

GRENOBLE

☎ 04-76-42-41-41. • grenoble-tourisme.com • ♿ Ouv tte l'année ; tlj sf dim ap-m. Fermé 1er janv, 1er mai et 25 déc. GRT (Grenoble Résa Tourisme) : central de réservation pour les hôtels, accessible directement depuis le site internet. Des forfaits courts séjours tout compris sont également proposés. Sinon, l'office de tourisme propose tout au long de l'année de passionnantes visites guidées de la ville, sur différents thèmes (histoire, patrimoine, architecture, etc.), des chasses au trésor, des visites « à croquer », ainsi que des balades théâtralisées durant l'été ; calendrier disponible sur le site. Plan des balades en ville, gratuit et très bien fait. Également possibilité d'une visite audioguidée de la ville (1h) en louant le matériel spécifique (appareil + casque). De leur côté, les cyclistes se procureront le plan des pistes cyclables. Pour connaître l'actualité de la ville, 2 hebdos :

– ***Le Petit Bulletin :*** disponible à l'office de tourisme et dans les commerces de proximité. L'hebdo gratuit de la vie culturelle grenobloise : ciné, théâtre, expos... *• petit-bulletin.fr •*

– ***Gre City Local News :*** hebdo gratuit, sortie le mercredi. *• citylocalnews.com/grenoble •*

Transports

Le centre de Grenoble se visite facilement à pied et se prête peu à la circulation automobile, d'autant plus que le centre ancien est en grande partie piéton et que l'agglomération grenobloise est dotée d'un bon réseau de transports en commun (tram et bus). Des parkings-relais situés à proximité d'une ligne de bus ou de tram permettent de laisser sa voiture à l'extérieur de la ville. Pour 2,10 à 3,30 € selon le parking, vous garez votre voiture, et tous les passagers (5 personnes maximum) bénéficient d'un aller-retour sur le réseau bus-tram.

Transports urbains

4 lignes de tramway desservent l'agglomération grenobloise. La ligne A relie Échirolles (sud) à La Poya (nord-ouest). La ligne B relie le domaine universitaire de Grenoble (est) à la gare de Grenoble en passant par le nord (La Tronche). La ligne C relie elle aussi les facs (Gières) à Seyssins (sud-ouest). La ligne D relie le nord de Saint-Martin-d'Hères (campus) au sud. La ligne E, en construction, doit relier Fontanil à Cornillon en 2014. Une trentaine de lignes de bus viennent se greffer sur ce réseau.

🚌 ***TAG :*** *☎ 0820-48-60-00 (0,09 €/mn). • tag.fr • Espace TAG à l'office de tourisme, 14, rue de la République, ainsi qu'aux stations de tram « Gares » et « Grand-Place ».* Demander leur carte très complète avec toutes les lignes, dont celles du *Noctibus* (de 21h à minuit, du jeudi au samedi).

– Les billets se prennent dans les bus ou aux distributeurs automatiques des stations tram. Les billets s'achètent à l'unité (1,50 €), par carnets de 10 ou de 30. Possibilité de forfaits *Visitag* 1 ou 3 jours et *Famili Tag* (forfait famille de 1 journée).

🚕 ***Taxis grenoblois :*** *☎ 04-76-54-42-54.*

Location de vélos

On l'a dit, Grenoble est une ville faite pour le vélo, car c'est la ville la plus plate de France ! Pour preuve, le nombre de pistes cyclables et de loueurs de bicyclettes !

■ ***Métro-Vélo :*** *☎ 0820-22-38-38 (0,09 €/mn).* ***Agence Gare :*** *1, pl. de la Gare (au sous-sol ; plan couleur A2). Lun-ven 7h-20h ; w-e et j. fériés 9h-12h, 14h-19h.* ***Agence Campus :*** *terminus tram B et C, av. de la Bibliothèque. Lun-ven 10h30-13h, 14h15-18h30. Tarifs : 3 € la journée ; 20 € le mois ; réduc. Caution de 120 €.* Possibilité de location automatique depuis les métrovélobox (système de box dans les rues) : *• metrovelo.fr •*

Où dormir ?

Camping

⛺ ***Camping des Trois Pucelles*** *(hors plan couleur par A3,* ***10****) :* *58, rue des Allobroges, 38180* ***Seyssins.***

GRENOBLE

☎ 04-76-96-45-73. • amico.francoise@gmail.com • camping-trois-pucelles.com • ♿ À 6,5 km au sud-ouest de Grenoble. De la gare, tram C, direction Seyssin le Prisme, arrêt « Mas-des-Îles » ; bus n° 23, arrêt « Allebroges ». Ouv tte l'année. Emplacement pour 2 pers avec voiture et tente 15,50 €. Mobile homes 2-6 pers, 210-540 €/sem selon saison. (payant). À l'orée d'une zone artisanale mais encore très nature, un 2-étoiles de bon confort, ombragé et situé à un petit quart d'heure de Grenoble. 2 piscines.

Bon marché

Auberge de jeunesse (hors plan couleur par A3, **11**) **:** 10, av. du Grésivaudan, 38130 **Échirolles.** ☎ 04-76-09-33-52. • grenoble@hifrance.org • hifrance.org • ♿ Accès : en « banlieue », à 5 km au sud. Bus n° 1, direction Pont-de-Claix (arrêt « Quinzaine ») ou tram A, arrêt « La Rampe », puis 10 mn à pied. Ouv tte l'année. Résa conseillée en été. Nuitée 22,60 € petit déj compris avec la carte FUAJ (obligatoire et en vente sur place) ; repas 7 €. Parking privé. Dans un quartier résidentiel de petits immeubles, un bâtiment contemporain, au cœur d'un jardin et entièrement rénové aux normes de qualité environnementale. Chambres de 2 à 4 personnes avec salle de bains. Également des dortoirs de 6 à 8 lits (sanitaires communs). Laverie automatique, consigne, etc.

De prix moyens à chic

Hôtel des Alpes (plan couleur A2, **12**) **:** 45, av. Félix-Viallet. ☎ 04-76-87-00-71. • bienvenue@hotel-des-alpes.fr • hotel-des-alpes.fr • Près de la gare. Ouv tte l'année. Doubles 65-73 € selon confort. Parking payant. Dans un immeuble très années 1970, près de 70 chambres fonctionnelles et assez classiques. L'hôtel est fréquenté par les universitaires de passage à Grenoble. Pas vraiment de charme, mais l'ensemble n'est pas désagréable avec des volumes assez grands pour les parties communes et un accueil souriant. Pas de clim. Un rapport qualité-prix honnête.

Lux Hôtel (plan couleur A2, **13**) **:** 6, rue Crépu. ☎ 04-76-46-41-89. • info@hotel-lux.com • hotel-lux.com • Près de la gare. Ouv tte l'année. Doubles 58,50-64 € selon confort. Un petit déj/chambre et par nuit offert sur présentation de ce guide. Dans une rue tranquille. Un hôtel d'une trentaine de chambres simples, sans histoires et bien tenues. Chambres pas bien grandes (cabines de douche). Un étage a été rénové et a des faux airs de cité U améliorée. Les plus anciennes sont plutôt vieillottes. Certaines possèdent un petit balcon avec vue sur les montagnes. Double vitrage partout. Pas de clim.

Hôtel Trianon (plan couleur B3, **14**) **:** 3, rue Pierre-Arthaud. ☎ 04-76-46-21-62. • info@hotel-trianon.com • hotel-trianon.com • Fermé 2 sem en août. Doubles 53-72 € selon confort et période ; familiale 87 €. Garage payant. Réduc de 10 % sur le prix de la chambre, sur présentation de ce guide. Dans une rue calme, aimable petit hôtel qui, derrière ses airs un peu kitsch, propose deux types de chambres : les unes à la déco sobre et classique, et une deuxième catégorie, beaucoup plus atypique, avec une déco à thème. La chambre Bergerie est dotée d'un vrai lit du XIXe s ! Atmosphère grand genre dans les chambres Louis XV ou Pompadour. Parmi les chambres plus sobres, on aime bien celles perchées au dernier étage qui bénéficient d'une terrasse couverte. Patio pour le petit déj. Accueil adorable.

Hôtel de l'Europe (plan couleur C2, **15**) **:** 22, pl. Grenette. ☎ 04-76-46-16-94. • hotel.europe.gre@wanadoo.fr • hoteleurope.fr • Ouv tte l'année. Doubles 60-84 € selon confort. Un des plus vieux hôtels de la ville, comme en témoigne sa belle cage d'escalier avec ses parquets cirés. Situé en plein cœur de Grenoble, sur la place la plus fréquentée (mais pas notre préférée). Dès les premiers rayons de soleil, touristes et autochtones s'y rendent, jusque tard dans la nuit, pour vivre en terrasse. Ce n'est pas cette joyeuse foule qui vous empêchera de dormir, mais plutôt le tram qui passe sous les fenêtres tard le soir et tôt le matin (et que l'on entend malgré le double vitrage). Essayez d'avoir une des chambres (peu nombreuses) qui donnent à l'arrière. Cela dit, l'ensemble a été restauré dans un esprit sobre et actuel (teintes blanches et grises), le confort y est de bon ton et l'accueil professionnel. Sanitaires à l'extérieur pour les moins chères. Salle de remise en forme et sauna. Les animaux ne sont pas acceptés.

Hôtel Gallia *(hors plan couleur par C3, **16**) : 7, bd Maréchal-Joffre. ☎ 04-76-87-39-21. • info@hotel-gallia.com • hotel-gallia.com • Doubles 66-72 € selon confort. Garage payant.* De l'extérieur, ce bâtiment au bord du boulevard qui ressemble quelque peu a un bloc de béton, n'a rien de particulièrement engageant. Pourtant, peu à peu, cet hôtel est en train de faire peau neuve, à l'image de la réception restaurée dans un esprit très actuel, sans en mettre plein la vue. Les chambres devraient suivre assez rapidement. Les fenêtres offrent une bonne isolation phonique. Bon accueil.

De chic à plus chic

Splendid Hôtel *(plan couleur B3, **17**) : 22, rue Thiers. ☎ 04-76-46-33-12. • info@splendid-hotel.com • splendid-hotel.com • Tram A ou B : arrêts « Alsace-Lorraine » ou « Victor-Hugo ». Ouv tte l'année. Doubles 89-145 € selon confort. Parking payant. Un petit déj/chambre et par nuit ou réduc de 25 % sur la chambre, 13 juil-2 sept et pdt vac de Noël, sur présentation de ce guide.* Derrière la façade un peu austère de cet immeuble des années 1930 se cachent des chambres pleines de couleur, de charme et de tendresse, dont la déco au pochoir a été réalisée par un couple d'artistes peintres. Dans les couloirs, comptines et maximes illustrées invitent au rêve et à la détente. L'accueil soigné ni le confort ne sont en reste (clim et douche avec hydromassage dans certaines chambres). Les chambres les plus spacieuses donnent sur le jardin. Certaines disposent d'un balcon. Mention spéciale pour le petit déjeuner servi dans une agréable salle à manger toute pimpante. Sans conteste notre hôtel préféré dans cette catégorie.

Hôtel d'Angleterre *(plan couleur C2, **18**) : 5, pl. Victor-Hugo. ☎ 04-76-87-37-21. • reservations@hotel-angleterre-grenoble.com • hotel-angleterre-grenoble.com • Ouv tte l'année. Doubles 59-150 € selon période et confort.* Au cœur de Grenoble, cet hôtel chic et élégant propose des chambres dont la moitié sont équipées d'hydromassage et de balnéothérapie. Toutes offrent un bon confort : bains, minibar, sèche-cheveux, TV (Canal +, satellite), lecteur DVD (vidéoclub à proximité). Certaines ont vue sur la montagne du Vercors. Il faut reconnaître tout de même que l'ensemble commence à dater.

Où manger ?

Bon marché

Chez Mémé Paulette *(plan couleur C2, **30**) : 2, rue Saint-Hugues. ☎ 04-76-51-38-85. Tlj sf dim-lun ; service continu de midi à minuit. À la carte slt, compter env 16-18 € pour un repas.* Mémé Paulette n'est pas là, mais c'est comme si elle avait ouvert les portes de son grenier avant de s'en aller. En entrant, on a l'impression de pénétrer dans un univers onirique et de remonter le temps. Sur les murs et les étagères, s'amoncèle un bric-à-brac d'objets d'une époque révolue : lampe-tempête, vieille vaisselle, panier en osier, louche émaillée, vieux bouquins, anciennes boîtes de Banania, etc. On y sert des tartines chaudes ou froides accompagnées de salades, cocottes et desserts fait maison, à prix très raisonnables. Au bord de la rue, une longue table idéale pour faire connaissance avec ses voisins. Service jeune, souriant et efficace. Les étudiants adorent !

À la Fortune du Pot *(plan couleur A3, **31**) : 34, rue de l'Abbé-Grégoire. ☎ 04-76-96-20-05. Dans le très populaire quartier du marché Saint-Bruno. Fermé dim, lun et j. fériés. Congés : 15 juil-20 août. Formules 13,50-16,50 € et menu 18 €.* Pour conclure votre balade dans l'un des marchés les plus vivants de Grenoble, une sympathique halte pour manger. La vraie petite adresse de quartier. Murs de pierre sèche, comptoir de formica, cuisine de marché, ça va de soi !... La vieille pendule ne fonctionne plus depuis longtemps, mais accueil et qualité sont à l'heure, surtout le midi. Toutes sortes d'histoires locales se débitent au comptoir. Vous serez séduit par l'atmosphère qui y règne (mais parfois sinistre le soir, s'il n'y a pas grand monde...), et l'amabilité des restaurateurs.

|●| *La Frise* *(hors plan couleur par A3,* ***32****) : 150, cours Berriat. ☎ 04-76-96-58-22. Tram A : Berriat. ♿ Lun-ven, midi slt. Congés : 3 sem en août et à Noël. Formule unique 13 € (plat, dessert et café). Café offert sur présentation de ce guide.* Une halte idéale quand on a prévu de visiter le *Magasin* (Centre d'art contemporain). A réussi à attirer tous les artistes et de nombreux employés du coin. Intérieur gai comme un pinson, coloré comme un jour de fête, avec les œuvres des peintres locaux sur les murs et un comptoir pour patienter. Au fond, salle à manger plus classique mais très agréable aussi. Aux beaux jours, quelques tables dehors. Dans les assiettes, p'tits plats de ménage goûteux, élaborés à partir de produits frais, servis copieusement et se renouvelant souvent. Gentillesse de l'accueil et efficacité du service. Certains soirs, vernissage d'expos, et soirées lecture une fois par mois. Téléphoner pour connaître le programme.

|●| *Le Riad* *(plan couleur C1,* ***33****) : 5, rue Madeleine. ☎ 04-76-54-69-94. ● contact@riad-traiteur.com ● ♿ Tlj sf dim, lun soir et j. fériés. Congés : 2 sem en août. Formule déj 12 € ; carte env 25 €. Apéritif maison offert sur présentation de ce guide.* Service le soir tant qu'il y a du monde. Accueil à l'orientale, affable et souriant. Les joyeuses bandes d'étudiants adorent venir y dévorer un des meilleurs couscous de la ville servi copieusement. Et, bien sûr, excellent tajine marocain, traditionnelle pastilla au poulet, etc.

|●| *La Bobine* *(hors plan couleur par D3,* ***52****) : 42, bd Georges-Clemenceau (entrée par le parc Paul-Mistral). Tlj sf dim. Restauration le midi slt, menus 13-16 €.* Voir « Où boire un verre ? Où sortir ? ». Cuisine simple de marché.

De prix moyens à chic

|●| *Le Coup de Torchon* *(plan couleur D2,* ***34****) : 8, rue Dominique-Villars. ☎ 04-76-63-20-58. ● henri-roche@orange.fr ● Fermé dim, lun et mer soir. Formules et menus déj 11-16 €, puis 18-25 € ; carte env 30 €.* L'un de nos coups de cœur grenoblois. Aux commandes, un jeune chef, timide et doué. Décor tout frais, comme la cuisine du marché : on déguste les meilleurs produits, en provenance des meilleurs fournisseurs grenoblois (qui en ont fait leur cantine, ce qui est plutôt bon signe). Ne pas manquer la délicieuse terrine aux trois viandes (une réussite !).

|●| *Ciao a Te* *(plan couleur C2,* ***35****) : 2, rue de la Paix. ☎ 04-76-42-54-41. Fermé dim, lun. Congés : 1 sem en fév, 1 mois de fin juil à mi-août. Menus 16 € (déj en sem) et 21 € ; carte env 30 €.* Un vrai italien à Grenoble ! Ça se sait, alors ne pas espérer une place sans réserver... même plusieurs jours à l'avance ! Cadre rustique traditionnel, murs chaulés de blanc, poutres. Cuisine familiale d'excellente qualité et à prix abordables avec quelques spécialités des Pouilles comme les beignets de courgette gratinés au four. Accueil chaleureux de la *mamma*. Belle brochette de clients réjouis.

|●| *Café La Table Ronde* *(plan couleur C2,* ***36****) : 7, pl. Saint-André. ☎ 04-76-44-51-41. ● cafetr@numericable.fr ● ♿ Service tlj jusqu'à 22h30 (23h en été) ; menus 10 € (déj en sem), puis 23,50-35 €. Apéritif maison offert sur présentation de ce guide.* Sur notre place préférée, face à l'ancien parlement. Institution grenobloise depuis 1739. C'est aujourd'hui le 2e plus vieux café de France, après le *Procope*, à Paris. Forcément chargé d'histoire : Bernadotte tomba amoureux de la serveuse, Stendhal venait y prendre son café... On peut jouir du spectacle en terrasse ou profiter du décor et du vieux zinc en salle. Plats de brasserie et de terroir, que l'on mange sans trop se poser de questions : ravioles, tartiflette, steak tartare, etc. L'adresse est bien pratique quand les autres restos de la ville sont fermés les dimanches et lundis. Juste à côté,

L'Autre Table : c'est la même maison, mais spécialisée dans le poisson (forcément, c'est plus cher).

Le Mix *(plan couleur C2,* ***37****) : 4, pl. de Gordes. ☎ 04-76-44-81-22. Tlj sf dim. Formule déj 10 € ; le soir à la carte env 25-33 €.* Sympathique restaurant dans une ancienne bâtisse aux murs de pierre, vénérables poutres et parquet. On vient ici pour profiter d'une cuisine aux saveurs du monde, préparée sur-le-champ. Le principe est simple : une viande ou un poisson mariné pour lesquels on choisit l'accompagnement et la préparation inspirés de la cuisine japonaise, vietnamienne, thaïlandaise, indienne, brésilienne, etc. Patronne dynamique, souriante et qui a l'œil sur tout ! Un conseil : éviter de mettre un pull ou une chemise orange, histoire de ne pas avoir le désagréable sentiment de faire partie de la déco... Terrasse tranquille.

Le Goût des Autres *(plan couleur D2,* ***38****) : 6, rue Dominique-Villars. ☎ 04-76-25-40-33. • gda@orange.fr • Fermé dim, lun, sam midi et j. fériés. Congés : 3 sem en août. Formules du jour (midi slt) 16-20 € ; le soir, carte slt env 35-40 €.* Juste à côté du *Coup de Torchon*, grande salle genre atelier avec cuisine semi-ouverte au fond où métal et bois font bon ménage. Ce bar à vins « gastronomique » réunit les saveurs, la convivialité, l'accueil et la rencontre, d'où le nom du restaurant ! Les deux frères œuvrent à donner du plaisir à leurs hôtes tant dans l'assiette que dans le verre. Une carte courte, mais uniquement des produits frais du marché, et une très bonne sélection de vins devraient satisfaire les épicuriens. Petite terrasse sur la rue l'été.

Le Mal Assis *(plan couleur D2,* ***39****) : 9, rue Bayard. ☎ 04-76-54-75-93. • lemalassis@wanadoo.fr • En plein cœur du quartier des antiquaires et des galeries d'art. Ouv le soir slt, sf dim-mar en basse saison. Fermé de mi-juil à mi-août. Résa conseillée (l'endroit est petit). Formule 24,50 € (plat et dessert) ; carte env 30-35 €.* Mal assis, peut-être (tout dépend de votre constitution physique à un certain endroit !), bien nourri, sûrement. Voici l'une des adresses préférées des Grenoblois qui savent vivre. Boiseries, cheminée qui crépite en hiver, vieux tableaux confèrent à l'endroit une atmosphère cosy et un charme un peu hors du temps très appréciables. Parmi les spécialités : canette aux pêches parfumée aux épices, filet de loup au beurre de pamplemousse, etc.

Le Chasse-Spleen *(plan couleur C1,* ***40****) : 6, pl. de Lavalette. ☎ 04-38-37-03-52. • escalier@wanadoo.fr • ♿ Juste en face du musée de Grenoble. Fermé sam midi, dim et j. fériés hors saison. Formules déj 18-23 € ; menus 29-39 €.* Cette gentille annexe de *L'Escalier*, une des tables gourmandes de Grenoble, a le mérite de proposer un menu à prix attractif. La déco moderno-romantico-chaleureuse (si l'on ose dire !) rend hommage au poète Baudelaire, mais n'oublie pas non plus la région avec ses grands séchoirs à noix suspendus au plafond. La cuisine, de son côté, ne joue pas forcément la carte du terroir dauphinois, mais y fait quelques incursions. Saint-marcellin, ravioles ou noix ont trouvé leur place dans une carte variée et finalement assez sage. À ranger donc dans les bonnes tables classiques. L'accueil est souriant mais un brin autoritaire. La carte des vins, qui fait la part belle aux bordeaux, et notamment au Chasse-Spleen, propose quelques bouteilles à prix raisonnables, mais la plupart sont hors de portée de beaucoup de bourses. Dommage...

L'Auguste *(plan couleur C2,* ***41****) : 6, rue Auguste-Gaché. ☎ 04-76-51-36-96. Tlj sf sam midi, dim, lun et j. fériés. Congés : 1 sem à l'Ascension, 3 sem en août et 1 sem à Noël. Le midi, formule et menu déj 13,50 et 17 € ; le soir, menu 28,50 €. Apéritif maison offert sur présentation de ce guide.* La carte assez courte propose une cuisine du marché à base de produits locaux, simple et sans prétentions avec quelques clins d'œil au terroir (cassolette d'escargot aux noix, Saint-Marcellin rôti au jambon cru, etc.). Les 2 salles sobrement décorées avec quelques touches de tons ocre et leurs murs aux pierres apparentes jouent dans un registre bistrot des temps modernes.

Le Bôcal *(plan couleur B3,* ***42****) : 2, rue Condorcet. ☎ 04-76-50-97-57. Tlj sf dim-lun, service 19h30-23h30. Pas de menu ; compter env 35-38 € pour un repas.* L'adresse gentiment branchée du quartier avec sa déco vintage, hétéroclite, colorée, sans oublier quelques paillettes, et finalement assez étudiée. Inscrits sur le tableau noir, les plats changent selon l'humeur du chef. C'est une cuisine du jour gourmande, fraîche, parfois espiègle. Mezzanine avec fauteuil pour l'apéro ou éventuellement prolonger la soirée. Petite terrasse en été. Ambiance *gay friendly.* Un peu chérot tout de même.

Plus chic

Le Mas Bottero *(hors plan couleur par A3,* ***43****) : 168, cours Berriat. ☎ 04-76-21-95-33. • contact@lemasboterro.com • Tram A : Berriat-Magasin. Fermé dim et lun. Résa conseillée. Formules déj 21-28 € ; menus 38-59 € ; carte env 60 €.* Après avoir travaillé auprès de grands noms de la gastronomie et en ouvrant son propre resto dans sa ville natale, Nicolas Bottero signe un retour aux sources particulièrement réussi. Le cadre, entre tradition et modernité, donne le ton. Le jeune chef se fait un point d'honneur de travailler les produits du moment, sélectionnés auprès de producteurs régionaux. Rien de ronflant, mais une cuisine d'idées et de créativité. Nicolas Bottero s'essaye avec talent aux associations de produits et de saveurs qui sonnent juste. Les jours d'été, mieux vaut réserver pour avoir une table en terrasse ombragée par une belle glycine. Riche carte des vins.

Le Fantin Latour *(plan couleur D2,* ***44****) : 1, rue du Général-de-Beylié et 5, rue de l'Abbé-de-la-Salle. ☎ 04-76-01-00-97. • reservation@fantin-latour.net • fantin-latour.net • Fermé dim, lun et le midi sf sam ; sam, dim et le soir (brasserie). Brasserie le midi en sem slt, 21 et 26 € ; le soir menus 40-67 € ; carte 55-70 €.* Dans cet hôtel particulier qui abritait autrefois le conservatoire du musée Fantin-Latour, Stéphane Froidevaux a trouvé son lieu. Un cadre qui se prête au jeu, avec son superbe jardin ceint de murs : le décor est planté pour déguster la cuisine inventive du chef. Stéphane trouve son inspiration dans les montagnes, parmi les fleurs, fruits et champignons sauvages qui viennent sublimer ses créations culinaires. Une cuisine décomplexée, qui ose « tout » en restant sincère, généreuse et ludique. Au déjeuner, on la retrouve à la brasserie *Le 1836,* à des tarifs démocratiques.

Chez le Per'Gras *(hors plan couleur par B1,* ***45****) : La Bastille (à La Tronche). ☎ 04-76-42-09-47. • chez.le.pergras@wanadoo.fr • Accès avec les « bulles », puis à 200 m du téléphérique ou en voiture. Fermé dim soir et lun (sf juil-août). Congés : de fin déc à mi-mars. Menus 36-59 € ; carte env 45-60 €.* Cette institution grenobloise, tenue de père en fils depuis le début du XXe s, offre l'une des plus belles vues panoramiques qui soient à travers sa grande baie vitrée. Les jours de beau temps, la vue embrasse le mont Blanc et le Vercors ! En revanche, l'intérieur est assez dépouillé et un peu froid. Cuisine gastronomique réputée.

Où boire un verre ? Où sortir ?

Grenoble, ville étudiante, ne manque pas d'endroits sympas pour boire un verre, échanger des idées, refaire le monde...

Attention toutefois, lorsque l'année scolaire est terminée et que les étudiants rentrent chez eux, la ville perd de son animation et certains établissements ferment en attendant la rentrée. Ceux qui restent ouverts modifient leurs horaires. En juillet-août, les bars ouvrent plutôt vers 19h.

Bars

Le 365 *(plan couleur C2,* ***50****) : 3, rue Bayard. ☎ 04-76-51-73-18. À côté de la pl. Notre-Dame. Tlj sf dim et lun 15h (18h en été)-1h.* Décor baroco-hétéroclite patiné, vieux tableaux, énorme pendule... Atmosphère tamisée, charme et intimité. Pour une soirée plutôt tranquille.

Le Tord-Boyaux *(plan couleur C2,* ***51****) : 4, rue Auguste-Gaché. ☎ 04-76-44-18-90. Tlj sf dim et lun 18h-1h. « Heures joyeuses » 18h-20h.* Cette ancienne boulangerie (les briques du four ont servi à monter le comptoir) accueille une clientèle principalement étudiante, dans une ambiance bourdonnante. Bons cocktails, dont les classiques : *batidas* ou planteurs et vins aromatisés. Atmosphère de pub que les Grenoblois apprécient. Clientèle de tous âges. En fin de soirée, certains se mettent à guincher.

La Bobine *(hors plan couleur par D3,* ***52****) : 42, bd Georges-Clemenceau (entrée par le parc Paul-Mistral). ☎ 04-76-70-37-58. • labobine.net • Tlj sf dim 18h-1h.* Dans un cadre un peu métallo et assez brut, un lieu associatif et culturel, d'émulation artistique, un poil décalé et alternatif. Il s'y passe souvent quelque chose : apéro-concerts (gratuits), expos, concerts à dominante rock à partir de 20h30 (entrée 6-12 € selon programmation), soirée DJ le mardi à partir de 19h30 (gratuit), programmation jeune public « la bobinette », etc. Terrasse au bord du parc Paul-Mistral. Très sympa à l'heure de l'apéro. Quelques assiettes pour grignoter.

O'Callaghan *(plan couleur C1,* ***53****) : 2, pl. Bérulle. ☎ 04-76-01-05-66. • info@ocallaghan-grenoble.com • Tlj 16h30 (15h sam-dim)-1h. Happy hours tlj jusqu'à 20h30.* LE pub irlandais, connus des officinados et bondé le week-end comme en semaine ! Vieux tonneaux et murs patinés, jeux de fléchettes, grands écrans pour la retransmission des évènements sportifs, une douzaine de bières pression... Tout y est ! Terrasse sympa et appréciable pour prendre le frais ou s'en griller une. Un incontournable dans le genre. On peut y manger (mais on n'a pas été très convaincu...).

Loco Mosquito *(hors plan couleur par B3,* ***54****) : 56, rue Thiers. ☎ 04-76-85-03-16. Lun-sam 20h-1h.* Impossible de manquer la devanture colorée de ce petit bar argentin, tenu par Javier. Soirées salsa les mercredi et jeudi : atmosphère latino et chaude ambiance.

Le Couche-Tard *(plan couleur C1,* ***55****) : 1, rue du Palais. ☎ 04-76-44-18-79. Presque à l'angle de la pl. aux Herbes. Lun-sam 19h-2h. Congés : août. Happy hours 19h-21h.* Un des bars de nuit les plus fréquentés, genre taverne patinée. Principalement point de rencontre des étudiants étrangers, on y cause dans toutes les langues. Comme son non l'indique, c'est un bar de 2e partie de soirée (inutile d'y aller avant 23h). Certains soirs, c'est franchement bondé, atmosphère rock bien vitaminée, plus besoin de se parler...

Le Barberousse *(plan couleur C2,* ***56****) : 3, rue Bayard (entrée pl. des Tilleuls). ☎ 04-76-51-14-53. • grenoble@barberousse.com • Mar-sam 18h-2h.* Une cale de bateau tout en bois qui navigue au cœur des nuits grenobloises, pour moussaillons adeptes des nuits qui chavirent. Shooters et rhums arrangés. Beaucoup d'étudiants. Souvent blindé.

Le Mark XIII *(plan couleur B3,* ***57****) : 8, rue Lakanal. ☎ 04-76-86-26-94. • radio-activity@wanadoo.fr • Mar-sam 18h-1h. DJs ven et sam.* L'un des fiefs de la scène électronique grenobloise. Un intérieur gothico-science-fictionnesque, une clientèle qui connaît tout des habitudes de la maison et d'excellents DJs. Dommage que ça ferme aussi tôt...

Cafés-concerts, salles de spectacles

Le Café des Arts *(plan couleur C1,* ***58****) : 36, rue Saint-Laurent. ☎ 04-76-54-65-31. • cafe-des-arts@wanadoo.fr • lecafedesarts38.fr • ♿ Jeu-sam à partir de 19h. Possibilité d'y dîner lors de spectacles. Entrée et spectacle 7-10 € ; menus 14,50 (jeu)-18 € (ven-sam).* La luciole culturelle du quartier Saint-Laurent. Autour d'un verre ou d'un repas, on peut découvrir, selon le programme : chansons françaises, musiques du monde, jazz, théâtre ou contes.

La Soupe aux Choux *(plan couleur B1,* ***59****) : 7, route de Lyon. ☎ 04-76-87-05-67. • lasoupeauchoux@wanadoo.fr • jazzalasoupe.free.fr • Fermé dim et lun. Congés : juil-août. Concert à partir de 21h. Possibilité de restauration à partir de 20h30. Concert env 12 € (parfois un peu plus) ; réduc.* Le vrai café-concert où les artistes viennent trinquer avec le public en

GRENOBLE

fin de spectacle. Excellente programmation : 5 concerts de jazz par semaine (modern jazz, swing, manouche, New Orleans, etc.). Incontournable !

La Bobine *(hors plan couleur par D3, **52**)* **:** voir plus haut.

Où manger une bonne glace, une bonne pâtisserie ?

Maison Gonzalez *(plan couleur D2, **70**)* **:** *12, rue Servan. ☎ 04-76-44-35-48. Lun 14h30-19h30, mar-sam 10h-12h30, 14h30-19h.* LE glacier de Grenoble. Grand choix de parfums, dont certains très originaux : haricot rouge, harissa, vinaigre balsamique, tomate-basilic...

Pâtisserie Le Chardon Doré *(plan couleur C2, **71**)* **:** *2, rue Montorge. ☎ 04-76-54-08-94. Tlj sf dim et lun mat 8h30-19h30.* Réputée pour ses spécialités grenobloises à base de noix (vin, gâteaux...), ainsi que pour ses nougats et ses chardons. Petit salon de thé et agréable terrasse côté jardin de ville.

Où acheter de bons produits ?

Marchés

Marché de la place aux Herbes *(plan couleur C1-2)* **:** *ts les mat sf lun.* Sympathique petit marché de fruits, légumes et fleurs.

Les Halles Sainte-Claire *(plan couleur C2)* **:** *ts les mat sf lun.* Plus chic et plus cher. C'est là que viennent s'approvisionner les restos grenoblois.

Place Saint-André *(plan couleur C1)* **:** *ts les mat sf lun ; ven tte la journée.* Tout petit marché de producteurs. Également des produits bio.

Marché Saint-Bruno *(plan couleur A3)* **:** *sur la place du même nom, ts les mat sf lun.* Très coloré et très populaire, on y trouve aussi de la fripe, des bouquins...

Marché de l'Estacade *(plan couleur A2-3)* **:** *ts les mat sf lun.* À proximité de la gare et de Saint-Bruno. Très fréquenté car l'un des plus grands marchés de la ville.

Boutiques

Laiterie Bayard *(plan couleur D2, **75**)* **:** *17, rue Bayard. ☎ 04-76-44-36-25. Tlj sf dim et lun 7h-12h30, 15h30-19h.* Dans un authentique décor carrelé des années 1930, l'adresse incontournable pour s'approvisionner en fromages de la région et d'ailleurs. Également une très belle cave pour les accompagner.

Épicerie fine Bresson *(plan couleur C2, **76**)* **:** *2, rue Auguste-Gaché. ☎ 04-76-44-42-08. Tlj sf dim et lun 8h-12h30, 15h-19h.* Belle boutique à l'ancienne. On y trouve notamment les spécialités de la région à base de noix (huile, gâteaux), les sirops *Bigallet*, produits dans l'Isère depuis 1872 et dont les étiquettes au look rétro rappelleront des souvenirs à certains de nos lecteurs, ainsi que la bière Mandrin, produite à Saint-Martin-d'Hères dans la banlieue de Grenoble.

À voir

– ***Le « Grenoble Pass Découverte »*** **:** il coûte 10,50, 13,50 ou 15,50 € et permet de découvrir le patrimoine de la ville à moindre coût. Valable toute l'année, il comprend 2, 3 ou 4 prestations selon la formule choisie : entrée au musée de Grenoble, visite guidée ou audioguidée, aller-retour en téléphérique, visite en petit train touristique (en saison seulement). Renseignements à l'office de tourisme. Également un pass enfant, pour les 5-18 ans à 7,50 € qui comprend deux activités : visite guidée (ou livret découverte) et un aller-retour en téléphérique.

Dans la vieille ville

Pas très étendue, la ville médiévale est circonscrite entre les places Grenette, Lavalette et Notre-Dame. Cependant, agrandie sept fois, elle conserve de

PLANS ET CARTES EN COULEURS

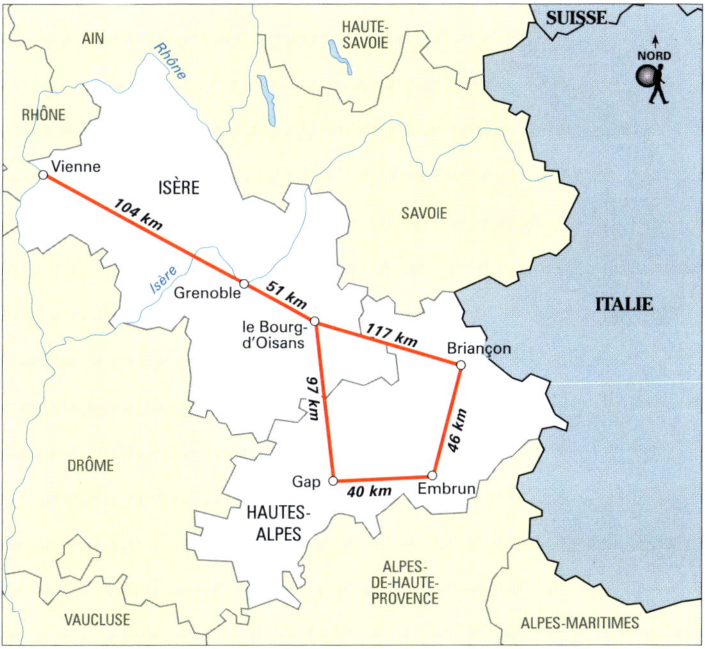

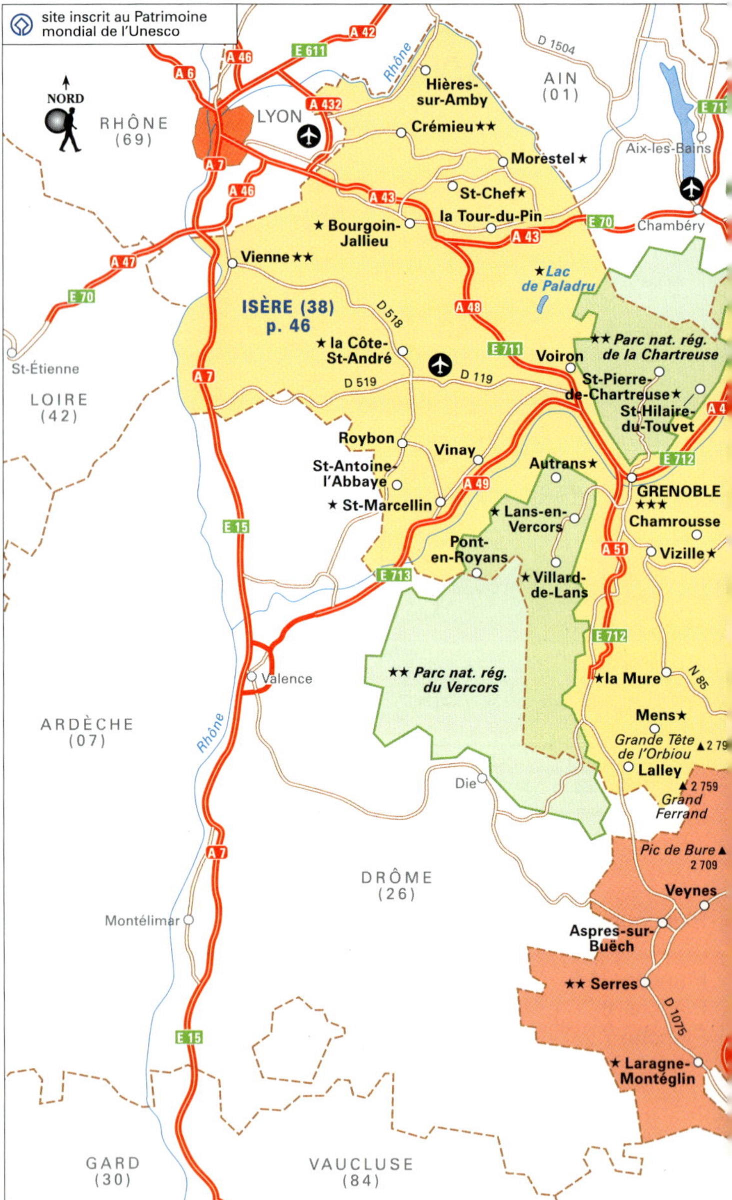
site inscrit au Patrimoine mondial de l'Unesco
NORD
RHÔNE (69)
LYON
AIN (01)
LOIRE (42)
ISÈRE (38) p. 46
ARDÈCHE (07)
DRÔME (26)
GARD (30)
VAUCLUSE (84)
Rhône
A 42
A 46
E 611
A 6
A 432
A 7
A 43
A 47
E 70
A 48
E 711
A 49
E 15
E 713
A 51
E 712
A 41
E 712
D 1504
D 518
D 519
D 119
N 85
D 1075
Hières-sur-Amby
Crémieu★★
Morestel★
St-Chef★
la Tour-du-Pin
★ Bourgoin-Jallieu
Vienne★★
★Lac de Paladru
★ la Côte-St-André
Voiron
Aix-les-Bains
Chambéry
St-Étienne
★★ Parc nat. rég. de la Chartreuse
St-Pierre-de-Chartreuse★
St-Hilaire-du-Touvet
Roybon
Vinay
St-Antoine-l'Abbaye
★ St-Marcellin
Autrans★
★ Lans-en-Vercors
Pont-en-Royans
★ Villard-de-Lans
GRENOBLE ★★★
Chamrousse
Vizille★
Valence
★★ Parc nat. rég. du Vercors
★la Mure
Mens★
Grande Tête de l'Orbiou ▲2 79
Lalley
▲2 759 Grand Ferrand
Die
Pic de Bure▲ 2 709
Veynes
Aspres-sur-Buëch
★★ Serres
★ Laragne-Montéglin
Montélimar

ISÈRE, HAUTES-ALPES ET STATIONS DES ALPES-MARITIMES

■	**Adresse utile**		**Où manger ?**
	Office de tourisme	30	Chez Mémé Paulette
	Où dormir ?	31	À la Fortune du Pot
10	Camping des Trois Pucelles	32	La Frise
11	Auberge de jeunesse	33	Le Riad
12	Hôtel des Alpes	34	Le Coup de Torchon
13	Lux Hôtel	35	Ciao a Te
14	Hôtel Trianon	36	Café La Table Ronde
15	Hôtel de l'Europe	37	Le Mix
16	Hôtel Gallia	38	Le Goût des Autres
17	Splendid Hôtel	39	Le Mal Assis
18	Hôtel d'Angleterre	40	Le Chasse-Spleen
		41	L'Auguste

GRENOBLE

42 Le Bôcal
43 Le Mas Bottero
44 Le Fantin Latour
45 Chez le Per'Gras
52 La Bobine

Où boire un verre ? Où sortir ?

50 Le 365
51 Le Tord-Boyaux
52 La Bobine
53 O'Callaghan
54 Loco Mosquito
55 Le Couche-Tard
56 Le Barberousse
57 Le Mark XIII
58 Le Café des Arts
59 La Soupe aux Choux

Où manger une bonne glace, une bonne pâtisserie ?

70 Maison Gonzalez
71 Pâtisserie Le Chardon Doré

Où acheter de bons produits ?

75 Laiterie Bayard
76 Épicerie fine Bresson

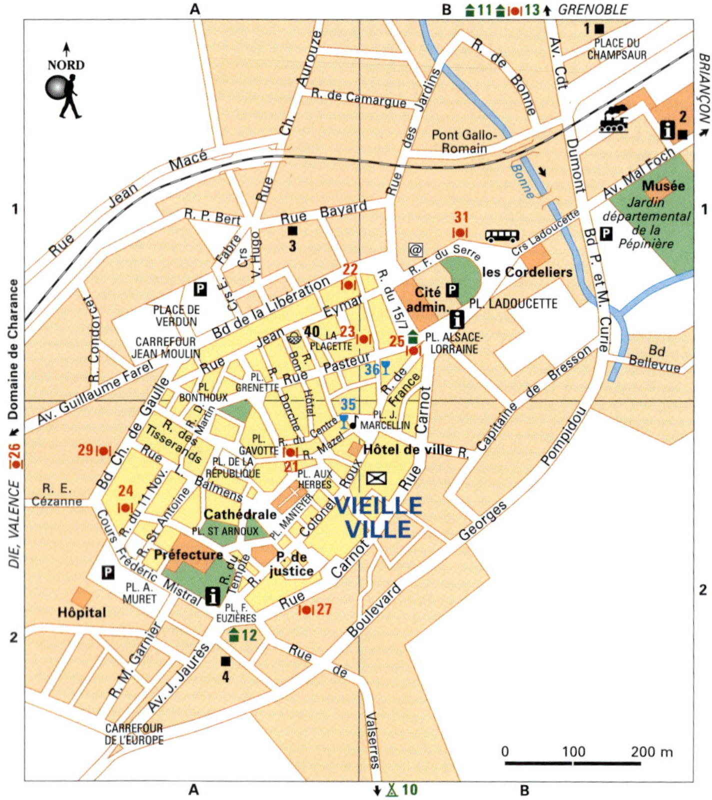

GAP

■ **Adresses utiles**

- 🛈 Office de tourisme
- 🛈 Comité départemental du tourisme
- 🛈 Office de tourisme, annexe
- @ Alpha Concept Plus
- 1 Relais des Gîtes de France des Hautes-Alpes
- 2 Comité départemental de randonnée pédestre
- 3 Club alpin français
- 4 Montagne Passion / Eau Vive Passion

Où dormir ?

- 10 Camping Les Bonnets
- 11 Chambres d'hôtes À la Belle Étoile
- 12 Hôtel Porte Colombe
- 13 Hôtel-restaurant Le Clos
- 25 Hôtel-restaurant La Cloche

Où manger ?

- 21 La Toscane
- 22 Le Tourton des Alpes
- 23 Le Pasturier
- 24 Cr'Oc en Bio
- 25 Hôtel-restaurant La Cloche
- 26 Les Olivades
- 27 La Petite Marmite
- 29 Les Gazelles
- 31 Le Patalain

Où boire un verre ? Où sortir ?

- 35 The Ded's
- 36 Le Ch'ti Bar

Où acheter le tourton ?

- 40 Le Tourton du Champsaur

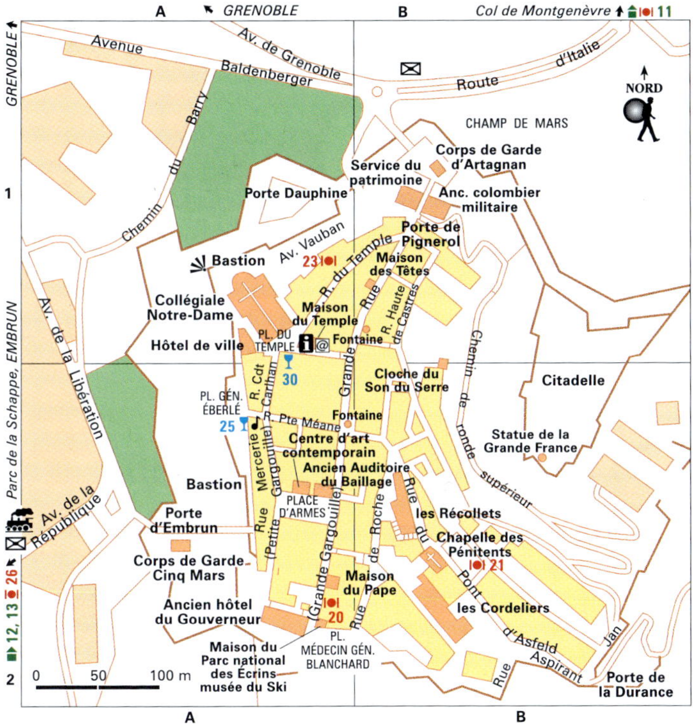

BRIANÇON

Adresse utile		**Où manger ?**	
	Office briançonnais du tourisme et du climatisme	20	Le Pied de la Gargouille
		21	Restaurant Le Rustique
Où dormir ?		23	Le G'Astrologue
11	Hôtel-restaurant Le Cristol	26	Kitchen & Bar, Le Club
12	Hôtel Edelweiss	**Où boire un verre ?**	
13	L'Auberge du Mont Prorel	25	Le Duo
		30	Le Shuss et le Spirit

LŌok!
Le guide du routard
Disponible sur iPhone
Randonnée à dos de ...
Riding a...
Pour vous faire comprendre partout dans le monde !
Achetez l'application sur l'App Store 2,99 €

nombreuses anciennes demeures de toutes les époques, de pittoresques ruelles, des bâtiments civils intéressants et autres curiosités insolites. Compter une bonne matinée pour tout découvrir (sans compter les musées, bien entendu !).
La municipalité a pris conscience de l'importance de son patrimoine architectural et mène, depuis quelques années, une efficace politique de restauration qui semble vouloir respecter son homogénéité et ses équilibres sociologiques. Bien sûr, les codes digitaux sévissent comme partout, mais dans la journée, beaucoup de porches sont ouverts. L'occasion d'admirer de magnifiques escaliers à l'italienne et des cours intérieures qui n'ont pas encore toutes été rénovées. Avec leur cortège de clins d'œil architecturaux, détails insolites, vieilles enseignes patinées qui n'échapperont guère aux regards curieux et vagabonds...
On notera une large utilisation de la brique, principalement aux XIIIe et XIVe s – due à la présence massive de maçons toscans et lombards. Ainsi, si l'on grattait toutes les patines et rajouts architecturaux postérieurs, la ville ancienne de Grenoble serait presque une ville rose. Toutefois, après la grande crue de 1733, obligation fut faite de construire tous les rez-de-chaussée en pierre, ce qui eut pour conséquence de limiter l'usage de la brique aux étages supérieurs. Mais aussi de chasser du centre-ville les populations les plus modestes, logées dans des maisons de bois ou de torchis, entraînant du même coup la destruction de la ville médiévale, dont il subsiste avant tout le tracé étroit et sinueux.

La place Saint-André *(plan couleur C1-2)* **:** notre préférée ! Point fort de la ville au XIIIe s. Entourée de bâtiments prestigieux comme la collégiale Saint-André et l'ancien palais du Parlement. Au milieu, la statue de l'inventeur du sandwich, Bayard (sans beurre et sans brioche...). En été, plaisantes terrasses sur la place, endroits privilégiés pour observer le théâtre de la rue.

La collégiale Saint-André *(plan couleur C1-2)* **:** construite par les dauphins à partir de 1228, dans un style gothique assez sobre. Base du clocher en brique et flèche en tuf (datant du XIVe s) qui servit jusqu'au XIXe s de modèle à de nombreuses églises de la région. À l'intérieur, le tombeau du chevalier Bayard. Stalles en noyer du XVIIe s et maître-autel du XVIIIe s.
C'est de la place d'Agier, derrière la collégiale que l'on a la plus belle vue sur sa flèche. Là se trouvent un petit tympan et deux chapiteaux (homme et lion). Profitez-en pour jeter un œil sur l'antique *cour de Chaulnes.* La poésie du brut de forme. Au fond, à droite, vieil escalier.

L'ancien palais du Parlement du Dauphiné *(plan couleur C1)* **:** l'ancien parlement du Dauphiné était la plus haute cour de justice de la province, c'est donc tout naturellement qu'il fut transformé en palais de justice après la Révolution française. Ses origines remontent à 1453, quand le futur Louis XI décide d'élever au rang de Parlement le Conseil delphinal, créé, lui, en 1337 par Humbert II, le dernier dauphin. Ses belles façades ont été restaurées. La partie la plus ancienne date de la fin du XVe s : essentiellement, le portail et l'abside d'une chapelle (en partie sur encorbellement) émergeant de la façade. Noter les gargouilles, bestiaire assez fabuleux. Au-dessus du gable, deux escargots mystérieux (symbolisant les lenteurs de la justice ?). Sous l'oratoire, deux chiens se disputent un os (avocats s'étripant ?). À droite, la façade du XVIe s en pierre bleutée de style Renaissance. À gauche, toute la partie construite au XIXe s en calcaire jaune dans un style néo-Renaissance. Visites guidées possibles, se renseigner à l'office de tourisme. Il abrita le palais de justice de Grenoble jusqu'en 2002. Il accueille aujourd'hui le comité départemental du tourisme. Juste en face, le café *La Table Ronde* (voir plus haut « Où manger ? »), l'un des plus anciens café de France.

Le jardin de Ville *(plan couleur C2)* **:** créé par Lesdiguières lorsqu'il se fit construire son hôtel particulier en 1602, devenu jardin public au XVIIIe s, et toujours particulièrement apprécié des Grenoblois. Une plaque sur le mur localise un pan de l'enceinte romaine. Au centre de la roseraie, la statue représente Hercule en possession de la peau du lion de Némée, première épreuve de ses 12 travaux.

La tour de la Trésorerie delphinale (plan couleur C2) : rue Hector-Berlioz. Un des plus vieux bâtiments civils de la ville. Base romaine, au milieu c'est du XIVe s, la partie supérieure datant du XVIIe s.

La place Grenette et ses abords (plan couleur C2) : considérée comme le vrai centre de la ville. Tient son nom de l'ancienne foire aux grains qui s'y tenait. C'est là que se déroulaient les exécutions capitales. Au nº 4, une des mairies de jadis. La *fontaine des Dauphins* date de 1826. À deux pas, rue Montorge, trois fontaines du XVIIe s. À l'angle des rues Montorge-Bressieux, immeuble où résida Napoléon, de retour de l'île d'Elbe (du 7 au 9 mars 1815). Au 6, rue Bressieux, un curieux et original garage de forme hélicoïdale (1928-1929), à la très belle façade Art déco. Les fans d'architecture moderne auront aussi remarqué, de l'autre côté de la place Grenette (à l'angle des rues Vicat et République, près de l'office de tourisme), le superbe immeuble du *Monoprix*. Il est très intéressant de noter que les deux immeubles accolés datent de 1913. Autant l'un est un parfait exemple de l'architecture moderniste, assurant la transition de l'Art nouveau à l'Art déco, autant l'autre perpétue le triomphe du classicisme bourgeois du XIXe s.

La Grand-Rue (plan couleur C2) : l'axe principal de la vieille ville. Beaucoup de gens célèbres y naquirent ou y vécurent. Au nº 20, on trouve l'appartement Gagnon, grand-père de Stendhal, où l'écrivain passa une partie de son enfance. Casimir Perier est né au nº 4, l'avocat Mounier (un des précurseurs de la Révolution à Grenoble, futur préfet de Napoléon) au nº 6, les peintres Hébert au nº 9, Fantin-Latour au nº 8, et le philosophe Condillac au nº 13.

Le musée Stendhal (plan couleur C2) : *20, Grande-Rue. ☎ 04-76-86-52-08. • sthendal-grenoble.fr • Mar, mer et ven 14h-18h, sam 10h-12h, 14h-18h. Entrée : 5 € ; réduc ; gratuit moins de 18 ans et demandeurs d'emploi.* L'appartement Gagnon, ayant appartenu au grand-père maternel de Stendhal, constitue le cœur du musée dédié à l'auteur du roman *Le Rouge et le Noir.* Il se compose d'un grand salon à l'italienne, d'un cabinet d'étude et d'un cabinet d'été, ainsi que d'une chambre dite « d'hôte », dans laquelle sont présentées les expositions temporaires. L'originalité de ce musée, inauguré en 2012, réside dans le fait qu'il mobilise plusieurs lieux en dehors de l'appartement Gagnon. L'appartement natal de Stendhal, situé au 14, rue Jean-Jacques Rousseau, est un lieu dédié à la littérature (des ateliers pédagogiques y sont organisés). Pour compléter le tout, le parcours stendhalien permet de partir sur les traces de l'écrivain et de découvrir les différents lieux qui se rattachent à son enfance grenobloise. Enfin, la Bibliothèque d'étude et d'information (Bd Lyautey) possède le fond Stendhal (ensemble de manuscrits numérisés).

La rue Jean-Jacques-Rousseau (plan couleur C2) : architecturalement, une des plus riches de la ville. Au nº 15, la *maison Rabot* des XVIe et XVIIe s. Grande entrée en anse de panier, belle tourelle en encorbellement (ou oriel). Entrez dans la librairie pour en admirer aussi le superbe escalier à l'italienne.
Au nº 16, l'*hôtel Coupier de Maille* du XVIIe s. Noter le superbe portail d'époque et son heurtoir très haut (à hauteur de cavalier). Décor en « étoile » avec belle tête de lion. Un truc curieux : suivre du doigt les contours de l'étoile, on n'est jamais sur le même triangle ! Casanova fut amoureux d'Anne Coupier, la fille de la maison. Il lui prédit qu'elle serait la maîtresse de Louis XV... Et ce fut le cas.
Au nº 14, l'appartement où est né Stendhal le 23 janvier 1783 (il fait partie du musée Stendhal, voir plus haut). Au nº 5, levez la tête pour apercevoir la pittoresque façade de la fabrique de bijouterie *Colin Frères*. Vieille enseigne gravée et une curieuse figure : « L'homme sauvage tout poilu ». Au nº 4, immeuble XVIIIe s de la famille Barnave (un Barnave fut délégué aux états généraux, puis exécuté en 1793). Au nº 1, l'*hôtel de Bournolenc.*
Au nº 2, la maison où résida Jean-Jacques Rousseau en 1768 quand il vint herboriser dans la région. Place Sainte-Claire, halle construite en 1874 dans le style

Baltard. En empruntant le passage Sainte-Claire, au coin de la rue La Fayette et de la galerie Sainte-Claire, vestiges de l'enceinte romaine.

La place aux Herbes *(plan couleur C1-2)* **:** le cœur historique de la ville puisque c'est ici que s'installèrent les premiers habitants, à l'endroit le plus haut pour se protéger des crues de l'Isère. Entourée des belles arches des boutiques en pierre et de nombreux troquets sympathiques. Sous la petite halle, tous les matins sauf le lundi, populaire marché aux fruits et légumes.
À côté, au 22, rue Barnave, l'*hôtel de François-Marc,* qui fut jurisconsulte en 1495. Entrée gothique avec symbole du lion de saint Marc. Traduction de la devise sur le phylactère : « La paix seul véritable bonheur du monde. » Belles ferronneries. Couloir voûté d'ogives. Dans la cour, élégant escalier à vis et une autre devise : « Que la paix soit dans cette demeure. »
À deux pas, rue des Clercs, jolie porte en noyer du XVIIe s qui jouxte le centre commercial *Carré des Clercs.*

La rue Brocherie *(plan couleur C1)* **:** ce fut, aux XVIe et XVIIe s, le lieu de résidence de la noblesse de robe. Au n° 6, sur rue, l'*hôtel de Croÿ Chanel,* du XVIIIe s. Portail monumental. Au fond, *maison de Pierre Bucher,* procureur général au parlement en 1553. Belle cour aux galets ronds. Médaillons au-dessus des fenêtres et, à droite, élégantes consoles. Henri IV y séjourna. Au n° 3, maison natale de Vaucanson.

La rue Chenoise *(plan couleur C1)* **:** elle suit le tracé de l'ancienne enceinte (au fond du resto *L'Amphitryon,* vestige significatif). Là aussi, pousser les lourdes portes pour découvrir de séduisantes cours intérieures. Au n° 8, l'hôtel d'Ornacieux, dit *maison Vaucanson.* Le célèbre inventeur d'automates y vécut. La cour intérieure est un vrai décor de théâtre avec son magnifique escalier sur loggia. La rampe droite à balustre en pierre se détache en fond sur d'amples arcades aux couleurs toscanes.
Au n° 10, un couloir gothique du début du XVIe s mène à une belle cour. Noter sur les culots les représentations de fou du roi, de bernard-l'ermite, de la fée Mélusine, d'un ange, etc. Escalier à vis, fenêtres à meneaux, etc. Au n° 18, un autre escalier à vis intéressant, fenêtres à doubles pans, culots à observer. Au n° 20, petite cour avec arcades...
Perpendiculaire à la rue Chenoise, l'étroite *rue du Pont-Saint-Jaime.* Peu de recul pour apercevoir la *tour de Sassenage,* haute de 22 m pourtant, tout en brique et... imbriquée dans l'ancien hôtel de Montal. Arrivée *place Lavalette.* Au n° 8, bel hôtel particulier et intéressants escaliers intérieurs.

La place Notre-Dame *(plan couleur C1-2)* **:** sur la place Saint-André régnaient les dauphins, ici c'était le domaine de l'évêque ! Sacrément animée le soir. Au centre, la *fontaine des Trois-Ordres,* inaugurée à l'occasion du centenaire de la journée des Tuiles (7 juin 1788), nous rappelle que Grenoble est souvent considérée comme le berceau de la Révolution française. Y sont gravés tous les actes de résistance au pouvoir monarchique, précurseurs de l'ébullition révolutionnaire. On y trouve aussi la devise de la République (Liberté, Égalité, Fraternité), plus, comme il fallait combler le quatrième côté, la Justice ! Décor mythologique (griffons, tritons) sur la partie basse. L'immeuble haussmannien du Progrès (16, place Notre-Dame) construit en 1897, est un bel exemple d'utilisation de « l'or gris ». Les balcons et le rez-de-chaussée sont bien en pierre, mais les éléments décoratifs sont en ciment moulé. Devant le parvis de la cathédrale, une forme géométrique représente l'emplacement précis du baptistère gallo-romain visible en sous-sol du musée de l'Ancien Évêché.

La cathédrale Notre-Dame *(plan couleur C-D1-2)* **:** un des rares ensembles évêché-cathédrale-église paroissiale qui nous soient parvenus intacts et encore groupés. Clocher-porche massif en brique datant du début du XIIIe s. Accolée sur sa gauche, l'*église Saint-Hugues,* légèrement postérieure. Jolies petites chapelles voûtées d'ogives. Mais le chef-d'œuvre de la cathédrale, à droite du chœur, c'est le *ciborium*, de 14 m de haut protégeant le tabernacle. Festival de niches, dais, pinacles, arcatures finement sculptés comme une façade d'église, magnifique dentelle ciselée dans la pierre tendre. Il fut malheureusement très endommagé pendant les guerres de Religion.

Le musée de l'Ancien Évêché *(plan couleur C-D1)* **:** *2, rue Très-Cloîtres. ☎ 04-76-03-15-25. • ancien-eveche-isere.fr • ♿ À côté de la cathédrale. Lun-ven 9h (mer 13h)-18h ; w-e 11h-18h. Fermé 1er janv, 1er mai et 25 déc. Entrée et tablettes tactiles gratuites. Brochure pédagogique destinée aux enfants. Possibilité de visite guidée gratuite le 1er dim du mois à 15h.*
Ce splendide musée, entièrement restauré, a trouvé place dans l'ancien palais épiscopal. Il est consacré à l'histoire, au patrimoine de Grenoble et, plus largement, de l'Isère. La muséographie et la scénographie lumineuse mettent en valeur vestiges du passé et collections, de manière très réussie. Belle harmonie également entre les pierres chargées d'histoire et les aménagements contemporains. Au long de la visite, on peut admirer l'architecture du palais dont les parties les plus anciennes remontent au XIIIe s, sans oublier, en sous-sol, les vestiges du rempart du IIIe s et le superbe baptistère des IVe-Xe s (le clou de la visite !).
Au fil des salles, on retrouve de façon chronologique et thématique les épisodes les plus marquants de l'histoire dauphinoise. De la préhistoire (avec notamment l'un des joyaux du musée, le « croissant de jade », d'un poli parfait et datant de 2200 av. J.-C.), à l'âge des métaux et la période gallo-romaine. Puis, la visite se poursuit du Moyen Âge jusqu'au XXe s : naissance du Dauphiné, guerres de Religion, l'épopée de Bayard ou encore celle de Mandrin, le « contrebandier justicier », la Révolution dauphinoise, une évocation de Napoléon, la naissance de l'industrie, du tourisme, et enfin les technologies et la période contemporaine. Objets usuels ou liturgiques, sculptures, mobilier, documents, écrits, portraits, céramiques, vieilles affiches, maquettes, etc. Un musée fascinant. Également des expos temporaires.

Le quartier des Antiquaires *(plan couleur C-D2)* **:** *derrière la cathédrale et en marge de la pl. Notre-Dame.* C'est là que sont concentrés antiquaires et galeries d'art. Essentiellement dans les rues Bayard, de la Paix, Auguste-Gaché (immeubles élégants édifiés au début du XIXe s), Voltaire, Servan (quelques beaux hôtels particuliers des XVIIe et XVIIIe s), etc. À l'angle de la rue Bayard et de la rue Gaché, nos lecteurs cinéphiles et nostalgiques ne manqueront pas les bureaux des caméras Aaton utilisées par les cinéastes de la Nouvelle Vague. On peut apercevoir les bobines et les vieux appareils. Adorable place des Tilleuls, la nuit surtout. On y trouve aussi de sympathiques cafés nocturnes.

Le musée de Grenoble *(plan couleur D1)* **:** *5, pl. Lavalette. ☎ 04-76-63-44-44. • museedegrenoble.fr • ♿ Tlj sf mar 10h-18h30. Fermé 1er janv, 1er mai et 25 déc. Visite guidée du musée le w-e à 15h. Entrée : 5 € ; réduc ; gratuit moins de 18 ans et pour tous le 1er dim du mois. Audioguide (payant) qui permet de faire une visite des œuvres majeures du musée. Dommage toutefois qu'il ne couvre pas les collections d'art contemporain.*
L'un des plus fascinants musées de France. Fondé en 1796, il bénéficia d'emblée d'importants dons (en plus des saisies de la Révolution française) et d'une politique dynamique d'achats et d'acquisitions. En 1994, il fallut lui construire de nouveaux bâtiments tant les collections s'enrichissaient.
En plus des magnifiques collections d'art ancien qu'il abrite, il est aussi considéré comme le tout premier musée d'Art moderne créé en France, car, dès 1920, Andry-Farcy, son conservateur, s'intéressa à toutes les nouvelles tendances de l'époque. Aujourd'hui, la collection d'art moderne de Grenoble est, après celles de Paris, la plus importante du pays (une des plus accessibles aussi). Commençons par admirer l'esthétique extérieure du musée, notamment la façade sud (côté avenue du Maréchal-Randon). À l'intérieur, superbes volumes, merveilleuse lumière

zénithale avec de beaux aperçus sur les montagnes et le quartier Saint-Laurent depuis les salles d'art moderne. Parcours chronologique et articulations entre les espaces bien équilibrés, s'organisant autour d'une galerie centrale. Dommage quand même que la signalétique soit aussi minimaliste, surtout dans les niveaux inférieurs. Nous n'allons pas, bien entendu, vous énumérer en détail les richesses de la cinquantaine de salles du musée. En voici cependant les fleurons pour vous faire saliver un peu !
– *Antiquités égyptiennes :* l'une des plus riches collections de France (Champollion était originaire de Grenoble). Fragments de bas-reliefs, stèles, mobilier funéraire, etc. Superbes sarcophages comme celui de Psamétik (VIIe s av. J.-C.).
– *La peinture :* deux grandes sections. Une première consacrée à l'art du XIIIe s jusqu'à la fin du XIXe s, et l'autre entièrement vouée aux XXe et XXIe s et à leurs innombrables expressions.

Les salles art médiéval et Renaissance (salle 1)
Les origines de la peinture occidentale. On y retrouve les plus grands représentants de la peinture italienne ou flamande, du XIIIe au XVIe s. *Sainte Lucie* de Torriti, Bassano, le Tintoret, *Sainte Famille* de Giorgio Vasari où la lumière estompe les couleurs, Véronèse, *Saint Sébastien et Sainte Apolline* du Pérugin. Splendide *Vierge à l'Enfant,* triptyque de Taddeo Di Bartolo, etc.

Le XVIIe s (salles 2 à 10)
Très belle section consacrée à l'école flamande, avec notamment une magnifique *Adoration des bergers* de Jacob Jordaens (peinte à 24 ans). On remarquera la curieuse prééminence de la tête du bœuf. Dans *La Partie de cartes* de David Teniers, personnages un peu figés, mais quelle belle distribution de la lumière (salle 4) ! Pour les Espagnols, on retiendra surtout Zurbarán (salle 8), dont le musée possède quatre extraordinaires toiles provenant de l'imposant retable peint pour la chartreuse de Jerez de la Frontera, en Andalousie (la partie centrale est au MET, à New York – on imagine la taille de l'ensemble !). Grandiose *Saint Grégoire pape* de Rubens ou *Le Christ apparaissant à saint Antoine* et *Le Repos en Égypte* de Simon Vouet, annonçant le classicisme. Surtout, plusieurs toiles somptueuses de Philippe de Champaigne : le *Portrait de Jean Duvergier* et son monumental *Louis XIV reçoit son frère chevalier de l'ordre du Saint-Esprit* ou encore *L'Assomption de la Vierge* révélant une persistante influence de l'opulence flamande. Au passage, *Saint Jérôme* de Georges de La Tour (salle 7).

Le XVIIIe s (salles 11 à 14)
Le XVIIIe s français est brillamment représenté par Nicolas de Largillière (*Portrait de Jean Pupil de Craponne,* salle 11), Jouvenet, Rigaud, Coypel... S'attarder sur l'admirable *Martyre de saint André* de Restout (salle 12). Énorme force de la composition d'un baroque achevé, festival de jaunes et d'ocres éclipsant quasiment la couleur... Sinon, belle vue de Venise de Canaletto et un Guardi plein de mouvement : *Le Doge de Venise porté par les gondoliers* (salle 14).

Le XIXe s (salles 15 à 24)
Très français et assez complet. Une petite dizaine de salles pour découvrir classiques, néoclassiques, romantiques, préimpressionnistes, etc. *Étude pour la tête de la Grande Odalisque* d'Ingres, *Roger délivrant Angélique* de Delacroix, et Chassériau, Ary Scheffer, Millet, Couture, Corot, Courbet... Quelques grands pompiers et hyper académiques, comme le *Homère* de Lecomte du Noüy. Statues de Pradier et de Rodin ou encore une monumentale statue de Bartholdi représentant Champollion (le pied gauche négligemment posé sur la tête du pharaon !). Peintres du Dauphiné bien mis en valeur avec quelques vues intéressantes de Grenoble de Jean Achard (salle 21) et une impressionnante *Vallée du Vénéon* de Charles Bertier. Citons encore les portraits de Fantin-Latour, puis Boudin, Sisley, Pissarro, Renoir, Monet, Bazille, Valotton, Georgette Agutte, sans oublier *Le Portrait de Madeleine Bernard* de Paul Gauguin. Beaucoup de ces peintres annoncent la période suivante.

L'art moderne du XXe s (salles 25 à 48)
L'une des plus brillantes collections en Europe. Là encore, impossible de tout énumérer, de tout commenter. Et il y a une telle diversité, tant de courants, écoles, tendances... Néo-impressionnisme, pointillisme, fauvisme, expressionnisme, cubisme, néoplasticisme, surréalisme, art naïf, abstraction lyrique, art concret, support surface, pop art, art cinétique, art minimal... ils sont venus, ils sont tous là ! Émerveillons-nous sur *L'Intérieur aux aubergines,* le tableau le plus important de Matisse conservé en France, un grand format de Matisse (salle 27), *Femme lisant* de Picasso (cadeau de l'artiste en 1921 et première de ses œuvres à entrer dans une collection publique), *La Danse* et *Le Remorqueur* de Fernand Léger, *Intérieur blanc* de Bonnard (avez-vous remarqué Marthe, penchée derrière la table ?), le *Bœuf écorché* de Soutine, *Femme au col blanc* de Modigliani, etc.
Les admirateurs de Signac, Marquet, Van Dongen, Derain, Delaunay, Braque, Kupka, Arp, Kandinsky, Klee, Chagall, Magritte, Max Ernst, Picabia et Miro seront aussi comblés. Beaux Nicolas de Staël, Vasarely, Soulages, Calder et puis encore Dubuffet, Messagier, Asger Jorn, Germaine Richier et tant d'autres !

L'art contemporain des XXe et XXIe s (salles 49 à 54)
Enfin, grosse part accordée à l'art contemporain avec des noms moins familiers peut-être, comme Kenneth Noland, Sol LeWitt, Ellsworth Kelly, Morris Louis, Carl Andre... tous travaillant le « champ coloré » ou les objets manufacturés (Tony Cragg), explorant l'image photographique (comme Andy Wharol ou Tom Wesselman), prenant en compte les lieux (Richard Long). L'art du XXIe s est aussi représenté avec des œuvres de Thomas Schütte, Cristina Iglesias ou Sigmar Polke. La partie la plus difficile à appréhender à coup sûr, d'autant plus qu'elle manque vraiment d'explications. On aime ou on déteste.
Sur l'esplanade et dans le parc, œuvres de Calder, Chillida, Zadkine, Anthony Caro, Honegger...

La tour de l'Isle
Aujourd'hui annexée par le musée de Grenoble et reliée par une passerelle, on y présente les expositions temporaires. Un véritable donjon de 30 m de haut, avec archères et mâchicoulis, vestige du système de défense de la ville côté Isère, construit à la fin du XIVe s. La tour servit durant deux siècles d'hôtel de ville. Autre vestige, la belle échauguette au coin du quai et du pont de la Citadelle.

La ville du XIXe s

Au début du XIXe s, Louis Vicat invente le ciment hydraulique. À l'origine de la fortune de Grenoble, ce ciment naturel prompt permet de réaliser des décors en série à bien moindre coût que la pierre, tout en autorisant aux architectes les audaces les plus folles. Vous en trouverez un parfait exemple au 6, rue Félix-Poulat. Le ciment moulé fut également utilisé pour des fontaines ou des églises (Saint-Bruno). Mais il fut concurrencé, dès les années 1920, par le béton armé.
La ville du XIXe s s'étend à l'ouest de la place Grenette, autour de la place Victor-Hugo, et, au sud, entre la rue Voltaire et le boulevard Jean-Pain, autour des places Vaucanson et de Verdun, au long de la rue Lesdiguières. On découvre là le style haussmannien grenoblois du Second Empire et des premières années de la IIIe République. Rues au cordeau, façades austères. Et

SORTEZ LES POUBELLES !

C'est Eugène Poubelle, préfet de Grenoble puis de Paris, qui obligea les propriétaires d'immeubles, par un décret de mars 1884, à mettre à la disposition des locataires des récipients pour recevoir les résidus du ménage. Charge ensuite aux balayeurs municipaux de les collecter.

pourtant, à mieux y regarder, on observe sur certaines façades des décorations particulièrement exubérantes, comme des cariatides, des éléphants, des dragons. Autour de la place de Verdun (typique du Second Empire) s'ordonnent d'imposants bâtiments publics caractéristiques des années 1860-1870 : d'abord, au sud de la place, la *préfecture* et sa longue façade néoclassique puis, côté rue Hébert, le *cercle militaire* (ex-école d'artillerie), et au n° 9, l'ancien *musée-bibliothèque* de style néo-Renaissance. Ce dernier abrite la Plateforme *(☎ 04-76-42-24-82 ; mer-sam 13h-19h ; fermé en août)*, un centre d'info et d'expo sur les projets urbains. Enfin, au nord de la place, l'*hôtel des Troupes de Montagne* et l'ancien *palais de l'Université*.

Le lycée Stendhal et l'horloge solaire *(plan couleur C2)* **:** *1, rue Raoul-Blanchard. Visite payante ; rens à l'office de tourisme.* Ancien collège des jésuites. Dans l'escalier principal, ne pas manquer l'horloge solaire réalisée en 1673. Cadran solaire à réflexion, il couvre environ 100 m² et fonctionne encore parfaitement. Grâce à des miroirs disposés sur la fenêtre, le soleil se reflète dans la cage d'escalier, indiquant sur les lignes l'heure solaire, le mois et le signe du zodiaque. Son style et ses dimensions en font, bien sûr, un site assez unique.

La place Victor-Hugo *(plan couleur B-C2-3)* **:** typiquement haussmannienne, elle annonce tout le développement de la ville vers l'ouest, dans la seconde partie du XIXe s. Les amoureux de cette époque apprécieront le travail décoratif sur les façades. En particulier, sur l'immeuble dit « du Griffon », à l'angle des rues Molière et Édouard-Rey, bel exemple de façade exubérante en ciment moulé. À deux pas, le sympathique quartier piéton de la rue de Bonne. On trouve encore dans ce quartier de nombreuses maisons du XVIIe s, reconnaissables à leurs portes en bois sculpté.

L'église Saint-Louis *(plan couleur C2)* **:** *rue Félix-Poulat, à côté.* Elle date, quant à elle, de 1699. Façade sobre et classique tout à la fois. À l'intérieur, sur la gauche, *Vierge à l'Enfant* du XIVe s et intéressants tableaux dans le chœur de la fin du XVIIe s. Imposant maître-autel. Stalles du chœur, table de communion et confessionnaux datent de la construction de l'église.
– En face de l'église, au 1, rue du Docteur-Bailly, amusant immeuble du type chalet de montagne avec balcons en bois tandis que des chamois s'élancent des étages supérieurs.

Le musée de la Résistance et de la Déportation de l'Isère *(plan couleur D2)* **:** *14, rue Hébert. ☎ 04-76-42-38-53. • resistance-en-isere.fr • Ⓣ Place-de-Verdun (ligne A) ou Hôtel-de-Ville (ligne C). Tlj sf mar mat 9h (10h w-e)-18h. Fermé 1er janv, 1er mai et 25 déc. Entrée gratuite et visite guidée gratuite le 1er dim du mois (à 14h30) ; également des expos temporaires.* Inauguré en 1994, il bénéficie d'une remarquable muséographie, utilisant toutes les techniques modernes (jeux de lumière, bruitage) pour rendre la visite vivante et didactique. Les enfants n'ont pas été oubliés : des explications et des définitions affichées à leur hauteur dans des carrés jaunes leur sont spécifiquement destinées.
Entre évocation et reconstitution, ce musée retrace l'histoire de Grenoble et du département durant la Seconde Guerre mondiale et s'attache à en faire comprendre ses spécificités depuis l'entrée en guerre jusqu'à la Libération.
– Le 1er niveau replace l'histoire locale dans le contexte mondial, et déjà Grenoble se distingue puisque trois députés de l'Isère (dont l'ancien maire de Grenoble, Léon

L'AFFAIRE FINALY

Pendant la dernière guerre, les Finaly, une famille juive de Grenoble, confia ses deux enfants à une institution religieuse catholique. Les parents disparurent dans les camps. Les catholiques ne voulaient pas rendre les enfants à leur oncle car ils avaient été baptisés ! La procédure qui envenima les relations entre les deux communautés dura huit ans.

Martin) refusèrent de voter les pleins pouvoirs à Pétain, tandis qu'un quatrième s'abstint. Dans le même temps, *Le Petit Dauphinois* (rebaptisé *Le Dauphiné libéré* à la Libération) est l'un des deux journaux régionaux à publier le texte de l'appel du général de Gaulle du 18 juin 1940 (le 2e étant *La Petite Gironde*). Témoignages et documents permettent de revivre et de mieux comprendre cette époque troublée.
– Le 2e niveau, plus scénarisé et mis en scène, présente les différentes formes de résistance dans la région. C'est l'occasion de rendre hommage à quelques grands résistants comme René Gosse, le doyen de la faculté des sciences de Grenoble, l'abbé Pierre, vicaire de la cathédrale de Grenoble ou encore Alain Le Ray qui fut un temps le chef militaire du maquis du Vercors. Les nombreux anonymes ne sont pas oubliés. Remarquez l'ingéniosité de la cache de Pierre Flaureau dans un coffre à charbon.
Une partie de ce niveau est également consacrée au statut des juifs en Isère (nombreux Polonais) et à leur résistance. C'est ainsi qu'en 1943, Isaac Schneersohn crée clandestinement le Centre de documentation juive contemporaine pour constituer la mémoire des persécutions dont sont victimes les juifs d'Europe, centre qui donnera naissance plus tard au mémorial de la Shoah à Paris.
– Le dernier niveau est consacré à la résistance armée qui se met en action en 1943 pour lutter contre l'occupation allemande. Le 11 novembre 1943, se déroule une manifestation patriotique pour commémorer l'armistice de la Première Guerre mondiale. Près de 300 personnes sont alors arrêtées et déportées. Cet acte de résistance vaudra à Grenoble le titre de ville « Compagnon de la Libération » attribué par le Général-de-Gaulle. La ville connaît sa Saint-Barthélemy en novembre 1943, une semaine durant laquelle l'ensemble des responsables de la résistance locale sont éliminés par la milice et la gestapo. Dans cette partie du musée, beaucoup de témoignages poignants, comme ces authentiques portes des cellules de la gestapo, couvertes de graffitis ou la terrible salle de la Déportation avec son mur de photos de déportés.
Enfin, la Libération où, là encore, la région affiche son originalité avec une résistance qui nomme clandestinement un préfet qui prendra ses fonctions au lendemain de la libération de Grenoble.
La dernière salle du musée, hautement symbolique, incite le visiteur à se positionner sur différentes valeurs issues de la résistance. Un musée tout en intelligence et en émotion, à la hauteur de l'immense engagement du département dans la Résistance !

Le muséum d'Histoire naturelle *(plan couleur D3) : 1, rue Dolomieu (dans le Jardin des plantes, face à la mairie). ☎ 04-76-44-05-35. • museum-grenoble.fr • ♿ Ⓣ Place-de-Verdun (ligne A) ou Hôtel-de-Ville (ligne C). Mar-ven 9h15-12h, 13h30-18h (17h30 oct-mar) ; w-e et j. fériés 14h-18h (17h30 oct-mar). Fermé lun, 1er janv, 1er mai et 25 déc. Entrée : 3 € ; réduc ; gratuit moins de 18 ans et pour tous mer ap-m oct-mai. Audioguide : 1,50 €. Nombreuses animations pdt vac scol surtout (rens sur le site).*
Situé dans le superbe Jardin des plantes et créé en 1851. On aime beaucoup son élégant cadre tout en somptueuses boiseries de noyer. Très riches collections mises en valeur de façon remarquable.

Au rez-de-chaussée
– *Paroles de terres :* expo de fossiles retraçant quatre milliards d'années. Ammonites et autres splendides lys de mer... Magnifique.

1er étage
– *Cristal symphonie :* petite salle à droite de l'escalier dans laquelle un subtil éclairage à la lumière noire vous fera voir autrement pierres, roche et minéraux. On a l'impression de pénétrer dans une salle aux multiples joyaux. Plutôt réussi !
– *Montagne vivante :* dans la salle principale, un ensemble de dioramas qui représentent une partie de la faune régionale. Bornes interactives pour les cris et les sons.

– *Salle « Ils disparaissent de l'échiquier » :* un espace consacré aux espèces disparues ou menacées de la planète.

2e étage
– *Genèse des Alpes et sites minéralogiques alpins :* tout autour de la mezzanine. D'un côté, une section sur la formation des Alpes : glaciers, fossiles, ammonites, minéraux, etc. De l'autre, un amoncellement de calcites diverses, malachites, stibines, aigues-marines, axinites et autres quartz hérisson.
– *Le carnaval des insectes :* section fascinante sur les insectes.
– *Salle Atlas :* destinée aux enfants de moins de 10 ans avec plein de gros animaux, faciles à reconnaître. Interactif et ludique.

Le Jardin des plantes : *à côté du musée. ☎ 04-76-44-67-68. Tlj 8h-11h30, 13h-16h. Entrée gratuite.* Une p'tite bouffée d'exotisme à bon compte ! Une serre aride et une serre tropicale et une subtropicale où vous retrouverez plantes carnivores (les droséras, *utricularia* et autres), orchidées botaniques et horticoles, dont la... vanille, bananiers, plantes à fourmis, népenthès (plantes carnivores passives), passiflores, etc. Jardin d'hiver avec strélitzias aux feuilles géantes. Manquent crocos et oiseaux pour s'y croire !

Le quartier Berriat

Ce sont les anciens faubourgs ouvriers de Grenoble. Beaucoup de petites usines métallurgiques, mégisseries (industrie du cuir) et ateliers ont fermé, mais le quartier a su conserver un certain caractère populaire. *Marché Saint-Bruno* bien animé et pas mal de petits bistrots sympas tout autour. Le cours Berriat, desservi par le tramway, aligne nombre de commerces. Au bout de la ZAC Bouchayer-Viallet, un nouveau écoquartier a vu le jour avec notamment le *Magasin (hors plan couleur par A3),* Centre national d'art contemporain. Le secteur de la place Championnet *(plan couleur B3),* prend peu à peu des airs de petit quartier branché. Quelques bars et restos tendance y ont vu le jour ces dernières années.

MIEUX QUE LES CHAMPS-ÉLYSÉES !

Grenoble possède l'avenue rectiligne la plus longue d'Europe : 8 km en ligne droite depuis le cours Jean-Jaurès (à partir de l'Isère) en passant par le cours de la Libération, puis à nouveau le cours Jean-Jaurès et, pour finir, le cours Saint-André. À l'origine, toute la longueur se nommait cours Saint-André, mais les différentes communes ont choisi de donner des noms différents à leur portion.

Le musée des Automates *(plan couleur A3) :* *12, rue des Arts. ☎ 04-76-43-33-33. • museedesautomatesdegrenoble.fr • Tlj sf lun et mar 14h-18h30 (fermeture de la billetterie à 17h45) ; ouv tlj pdt les vac scol. Entrée : 5 € ; réduc ; visite animée env 1h ; réduc.* Bien plus qu'un musée d'automates, il faut voir ici un musée sur l'histoire des automates, l'évolution des mécanismes et les génies que furent des inventeurs comme Léonard de Vinci, Jacquet Droz ou Vaucanson. Plus que les automates, c'est la qualité de la visite, guidée et animée, qui rend ce lieu unique. Passion d'une vie, la collection a pris une autre dimension depuis que Francis Lara a fait appel à cet autre génie de la mécanique, Frédéric Vidoni, digne épigone de Vaucanson, dont il réussit à reproduire le célèbre « canard » (2 000 heures de travail !). On ne vous en dévoile pas plus, pour préserver la magie et le rêve. Sachez quand même que le musée possède quelques pièces splendides que vous aurez le droit de toucher, d'actionner.

Le Magasin (hors plan couleur par A3) : *155, cours Berriat. ☎ 04-76-21-95-84. • magasin-cnac.org • ♿ Ⓣ Magasin (ligne A) ou bus n° 26, arrêt « Berriat-Le Magasin ». Il ne faut pas hésiter à franchir le grand portail des établissements Bouchayer-Viallet de l'autre côté du square des Fusillés pour découvrir la belle halle qui vient d'être rénovée. Tlj sf lun 14h-19h (fermé en période de montage d'expos). Visites commentées sam 16h, dim 14h30 et 16h. Visites pour les enfants les 1er dim du mois et j. fériés 15h sans supplément. Ateliers des petits explorateurs (6-12 ans) sam 14h30-16h30. Entrée : 3,50-5 € selon expo ; réduc.*

Le Magasin – Centre national d'art contemporain est abrité dans une halle industrielle de 3 000 m². Le bâtiment a été construit par les ateliers de Gustave Eiffel pour l'Exposition universelle de Paris en 1900. Une vieille entreprise grenobloise, les établissements *Bouchayer-Viallet*, l'acquiert, la remonte à Grenoble et y installe son atelier de chaudronnerie. Plus tard, devenu entrepôt, il est racheté par la Ville pour devenir le Centre national d'art contemporain. Il conservera le nom « Magasin », en référence à son ancienne fonction.

Le Magasin ne possède pas de fonds propre mais consacre l'intégralité de ses espaces à des expositions temporaires qui révèlent la richesse et la vitalité de l'art contemporain à Grenoble. Elles se répartissent sur deux espaces : les galeries et la Rue, espace de 1 100 m², sous verrière, symbolique de la ville, lieu de passage confié à un artiste ou à un architecte consacré à l'exposition d'œuvres in situ. Toutes les expos surprennent, bousculent, interpellent, sont matière à débats et réflexion. Ne pas manquer de venir y « magasiner » (comme disent nos amis québécois). Librairie spécialisée.

Le quartier Saint-Laurent

Le quartier Saint-Laurent, vieux quartier populaire, s'immisce entre montagne et rive droite de l'Isère, entre porte de France à l'ouest et porte Saint-Laurent à l'est. D'abord utilisé comme lieu des premières nécropoles antiques, le quartier s'édifia bien sûr hors de l'enceinte médiévale, de part et d'autre de la rue Saint-Laurent, alignant nombre de maisons anciennes construites entre la fin du XVe s et le XIXe s (beaucoup sont du XVIIe s). Ce fut longtemps le refuge de l'immigration italienne. Aujourd'hui réhabilité, le quartier n'en possède pas moins encore une certaine atmosphère. Témoignage ultime de la présence italienne encore très forte aujourd'hui, la vingtaine de pizzerias qui s'alignent sur le quai, entre pont Saint-Laurent et pont de la Citadelle !

***La rue Saint-Laurent** (plan couleur C1) :* à parcourir le nez au vent, pour en saisir les détails pittoresques. Elle se dessina au XIe s, au moment de l'implantation des bénédictins. Longtemps dominée par les activités du petit commerce, de l'artisanat, et surtout de la ganterie. Nombreux peaussiers, peigneurs de chanvre, cardeurs installés en bord d'Isère. Au XXe s, beaucoup d'Italiens, originaires de Corato (région des Pouilles), s'installèrent dans le quartier afin notamment de travailler dans les manufactures de gants.

Place de la Cymaise, fontaine du Lion, œuvre assez grandiloquente du sculpteur grenoblois Sappey. Elle symboliserait le combat du Drac (le lion) et de l'Isère (le serpent), mais on peut tout aussi bien y voir Grenoble luttant contre les rivières. Explication bien plus plausible quand on sait combien la ville a pu souffrir des inondations tout au long de son histoire. Point de départ de la balade vers le Musée dauphinois, par la montée Chalemont.

***Le Musée dauphinois** (plan couleur C1) : 30, rue Maurice-Gignoux. ☎ 04-57-58-89-01. • musee-dauphinois.fr • ♿ (en partie slt). Accès par l'escalier qui grimpe au début de la rue Saint-Laurent. Tlj sf mar : juin-août 10h-19h ; sept-mai 10h-18h. Fermé 1er janv, 1er mai et à Noël. Entrée gratuite. Visite guidée (payante ou gratuite) certains dim (rens sur le site).*

Abrité dans l'ancien couvent de Sainte-Marie-d'en-Haut construit à partir du début du XVIIe s et inauguré par André Malraux en 1968, à l'occasion des Jeux olympiques d'hiver. Cadre vraiment prestigieux pour un grand « musée régional de l'Homme », s'ordonnant autour du cloître, son petit jardin et son vieux puits. Très agréable balade sur les terrasses et dans la roseraie. Très belle chapelle baroque avec un superbe plafond en trompe l'œil, le retable baroque en bois sculpté doré, les peintures en camaïeu de gris et de blanc rehaussé d'or. Autel de marbre de 1747.

– Expos permanentes aux derniers niveaux : « Gens de l'Alpe », portraits des hommes qui réussirent depuis 3 000 ans à domestiquer les espaces difficiles de la haute montagne, malgré l'isolement, le froid, l'altitude... Nombreux objets traditionnels et agraires, reconstitution d'habitat, maquettes de maison, etc., le tout plongé dans différentes ambiances sonores. Dans un univers blanc et hivernal, la « Grande histoire du ski » évoque toute l'évolution de la pratique du ski des origines à nos jours.

– Remarquables expos temporaires visant à présenter notamment les communautés qui vécurent et firent le Dauphiné.

Le musée archéologique Grenoble-Saint-Laurent *(MAG ; hors plan couleur par C-D1) : pl. Saint-Laurent. ☎ 04-76-44-78-68. • musee-archeologique-grenoble.fr • ♿ Ⓣ Notre-Dame-Musée (ligne B). Tlj sf mar 10h-18h. Fermé 1er janv, 1er mai et 25 déc. Gratuit ; audioguide gratuit indispensable pour la visite.* Malgré son nom, ce n'est pas un musée tel qu'on peut se l'imaginer, mais plutôt un espace, assez fabuleux, qui s'ouvre sur 1 700 ans d'histoire ! On déambule parmi les pierres, les pans de mur, sarcophages et vestiges du passé qui se juxtaposent ou s'imbriquent les uns dans les autres, en essayant de dérouler le fil de l'histoire. Le tout mis en valeur par une scénographie moderne et des éclairages très réussis. L'histoire du site commence au IVe s, avec la grande nécropole de Saint-Laurent qui se développe dans le quartier, le long des voies de communications vers Chambéry et Lyon. Toujours au IVe s, l'une des premières églises du haut Moyen Âge voit le jour ici même. Deux siècles plus tard, est édifiée une grande église cruciforme dont on peut admirer, en sous-sol, la crypte Saint-Oyand, miraculeusement préservée. C'est d'ailleurs l'un des rares vestiges du haut Moyen Âge en France, et l'un des premiers monuments classés en France (1850) à l'initiative de Prosper Mérimée. L'histoire va suivre son cours et l'église se modifie. Au XIIe s, elle prend l'allure qu'on lui connaît aujourd'hui avec un cloître et un clocher par lequel on entre lors de la visite. Au-dessus du portail d'entrée de l'église, découverte lors des restaurations, une peinture du XIIIe s présente saint Pierre et, lui faisant face, l'archange saint Michel dont on voit le bout de l'aile ; au centre, la main de Dieu bénissant les fidèles. Les quelques objets funéraires retrouvés dans les tombes, la richesse de l'architecture et la scénographie lumineuse font de ce site un lieu de visite à ne pas rater. Même les enfants apprécient !

La Casemate *(hors plan couleur par C-D1) : 2, pl. Saint-Laurent. ☎ 04-76-44-88-80. • ccsti-grenoble.org • ♿ Ⓣ Notre-Dame-Musée (ligne B). Tlj lun-ven 9h-12h, 13h30-17h30 ; w-e et j. fériés 14h-18h. Fermé 1er janv, 1er mai, 1er quinzaine d'août et 25 déc. Entrée : 5 € (3,50 € sur présentation de ce guide jusqu'à 4 pers) ; 2 € pour les 3-7 ans.* Installé au sein d'anciens bâtiments militaires de 1850, c'est un lieu d'expo temporaire et d'ateliers autour des sciences. Un premier espace vise à expliquer la science aux 3-7 ans. Au 1er étage, c'est pour les plus grands (au-delà de 8 ans).

La Bastille

La Bastille *(hors plan couleur par B-C1) : départ du téléphérique sur le quai Stéphane-Jay (plan couleur C1), à l'entrée du jardin de Ville. ☎ 04-76-44-33-65. Rens pour les horaires : • bastille-grenoble.com • ♿ Tarif : 7,15 € A/R ; réduc ;*

gratuit moins de 5 ans. 2-4 sem de fermeture en janv pour révision annuelle. Sachez qu'on peut aussi redescendre à pied (voir « Balades au départ des fortifications », plus loin). Ne pas quitter Grenoble sans profiter du panorama du fort de la Bastille ! Pour cela, le téléphérique bien sûr, bien mieux que la voiture (d'ailleurs, on ne vous indiquera pas comment s'y rendre, na !). Construit en 1934, il fut l'un des premiers téléphériques urbains après Rio de Janeiro et Cap Town. Les « bulles » (installées en 1976) vous emmènent en quelques minutes au sommet. Au-dessus du restaurant, tables d'orientation pour appréhender tout le paysage. On comprend mieux comment s'est construit Grenoble : la vieille ville et sa forêt de toits aux tuiles rouges, le contour ovale bien lisible de l'enceinte romaine du IIIe s. Apparaissent dans le même champ les symboles des pouvoirs sur la ville au Moyen Âge, les clochers de Saint-André et de Notre-Dame, la tour de l'Isle. Puis les quartiers du XVIIe s, ceux du XIXe s, la ville moderne, les villes périphériques (Pont-de-Claix, Échirolles, Saint-Martin-d'Hères, etc.). Dans la trouée du Grésivaudan, par temps très clair, on peut voir le mont Blanc. Le site propose aussi des parcours acrobatiques pour découvrir le fort autrement *(☎ 04-76-59-30-75 ; • acrobastille.fr • ; possibilité de forfait comprenant l'A/R avec le téléphérique)* : galerie des Sorcières à partir de 6 ans, le grand fossé avec tyrolienne, spéléobox à partir de 4 ans qui permet de parcourir 100 m de galerie à la lueur de lampes frontales, etc.

Le musée des Troupes de Montagne *(hors plan par B-C1)* **:** *au fort de la Bastille. ☎ 04-76-00-93-41. • bastille-grenoble.com • ♿ Tlj sf lun 11h-18h. Fermé en janv. Entrée : 3 € ; réduc ; gratuit moins de 18 ans. Audioguide.* Situé dans une ancienne casemate, le musée retrace l'histoire et l'environnement de ces soldats habitués à la rudesse de la montagne, et au cœur d'enjeux politiques.

Le CAB, Centre d'Art Bastille *(hors plan par B-C1)* **:** *site sommital de la Bastille. ☎ 04-76-54-40-67. • cab-grenoble.net • Tlj 11h-18h. Participation libre (min 1 €) ; gratuit moins de 18 ans, étudiants et demandeurs d'emploi.* Au cœur de la Bastille, les 4 salles exposent des œuvres d'artistes français et internationaux.

➢ ***Balades au départ des fortifications,*** édifiées par Haxo au XIXe s, deux ***chemins balisés*** vous permettent de parcourir les pentes de la Bastille et de rejoindre la ville.

– Celui côté Saint-Laurent offre une balade en de larges lacets, dans les ouvrages fortifiés, à travers escaliers, terrasses étagées, casemates, etc., jusqu'à un escalier droit de 380 marches bordé d'ifs. On rejoint la ville par le Musée dauphinois. Arrivée place Cymaise, au bout de la rue Saint-Laurent *(plan couleur C1)*. Compter environ 45 mn de descente.

– Balade sympa aussi par le parc Guy-Pape et le jardin des Dauphins, en suivant le sentier côté porte de France. Juste une précision : vérifier les horaires d'ouverture du jardin. Compter 1h de descente le long de chemins en lacet, succédant à des terrasses panoramiques, entrecoupés de tunnels et d'escaliers. Au passage, la citadelle Rabot, qui date du XVe s. Le jardin des Dauphins fut créé au XVIIIe s par J.-B. Dolle, un riche marchand (et planteur à Saint-Domingue) qui a fait fortune dans le sucre, bien sûr. Arrivée à la porte de France.

– La promenade de la Poudrière forme une boucle qui permet de redescendre jusqu'au mur à redents horizontal et de découvrir l'une des deux poudrières du fort.

➢ ***Via ferrata*** *(plan couleur B1)* **:** *• bastille-grenoble.fr • Accès libre (si vous avez votre propre matériel).* Sur la falaise ouest de la Bastille, côté jardin des Dauphins. Deux itinéraires d'assez difficile à très difficile. Pour les amateurs d'escalade et de sensations.

À voir encore

Le parc Paul-Mistral *(plan couleur D3)* **:** il a cédé pas mal de gazon à de nombreuses constructions modernes. Entre autres, la tour d'orientation, œuvre d'Auguste Perret pour l'Exposition universelle de 1925. Haute de plus de 90 m, elle fut, à l'époque, un petit exploit technique en terme de construction en béton armé (hélas, ne se visite plus). L'hôtel de ville y est installé depuis 1967 (après 250 ans de séjour à l'hôtel de Lesdiguières). Patio avec belle mosaïque de marbre. Tapisserie de Manessier dans la salle des mariages. D'autres œuvres significatives ornent halls et salons. Enfin, le parc fut massivement investi en 1968 pour accueillir les installations des J.O. (palais des sports, anneau de vitesse, etc.). À découvrir aussi, quelques sculptures contemporaines intéressantes disséminées dans le parc, vestiges du symposium d'Art contemporain de 1967.

RETOUR DE FLAMME

La vasque olympique des J.O. de 1968, dessinée par César et qui protégeait la flamme, disparut après les Jeux. Elle fut retrouvée plusieurs années plus tard... dans le jardin d'un particulier. Installée désormais à l'entrée du parc Paul-Mistral, elle est allumée à chaque événement important et alimentée au gaz naturel pour moins polluer.

Fêtes et manifestations

– ***Les Détours de Babel :*** *15 j. fin mars-début avr.* • *detoursdebabel.fr* • Festival de musique nomade et contemporaine.
– ***Fort en son :*** *1 w-e, 2e quinzaine de juin.* • *bastille-grenoble.fr* • Festival gratuit de fanfares au fort de la Bastille.
– ***Festival du film court en plein air :*** *4-5 j. début juil. Organisé par la cinémathèque de Grenoble (rens au ☎ 04-76-54-43-51).* Colloques, hommages et projections de réalisateurs internationaux. Compétition de courts-métrages sur cinq soirées.
– ***Cabaret frappé :*** *dernière sem de juil.* • *cabaret-frappe.com* • Festival de musique qui se déroule au jardin de Ville : rock, électro, musique du monde...
– ***Fête de la Bastille :*** *1 j. début sept.* • *bastille-grenoble.fr* • Grande soirée festive et gratuite au fort de la Bastille.
– ***Millésime :*** *10 j. en oct.* • *lemillesime.fr* • Festival musical et œnologique.
– ***Festival international du cirque de Grenoble-Isère :*** *4 j. 2e quinzaine de nov.* • *palais-des-sports.com* • C'est le deuxième festival de cirque après celui de Monaco.
– ***Rencontres du Cinéma de Montagne de Grenoble :*** *5 j. mi-nov.* • *cinema-montagne-grenoble.com* • Festival gratuit.

Culture

– ***Maison de la culture, MC2*** *(hors plan couleur par D3) :* *4, rue Paul-Claudel. ☎ 04-76-00-79-00.* • *mc2grenoble.fr* • La première Maison de la culture en France a été créée en 1968 à l'initiative d'André Malraux. Outre une programmation de qualité, elle se voit investie d'une mission ambitieuse : décentraliser la création artistique. Pour cela, elle est dotée de trois centres de création : le Centre chorégraphique national de Grenoble (dirigé par Jean-Claude Gallotta, chorégraphe), le Centre dramatique national des Alpes et les Musiciens du Louvre-Grenoble (dirigé par Marc Minkowski).
– ***Théâtre Sainte-Marie-d'en-Bas*** *(plan couleur D2) :* *38, rue Très-Cloîtres. ☎ 04-76-42-01-50.* • *culture.grenoble.fr* • Installé dans une ancienne chapelle, un théâtre offrant une programmation musicale et théâtrale originale plusieurs fois par an.
– ***Théâtre de Grenoble*** *(plan couleur C1) :* *4, rue Hector-Berlioz. ☎ 04-76-44-03-44.* • *culture.grenoble.fr* • Une soixantaine de représentations par semaine.

– ***Le « 102 »*** *(hors plan couleur par A3)* **:** *102, rue d'Alembert. ☎ 04-76-70-12-00. • le102.net • Rens par tél (16h-19h lun-sam) ou sur le site pour connaître le programme.* Dans le quartier Saint-Bruno. Amis de passage, soyez sans crainte : c'est bien là, dans cette maison ! Vieux squat quasiment officialisé, ancien entrepôt industriel investi par diverses associations il y a quelques années déjà et qui occupe désormais une place établie dans le paysage culturel grenoblois. Programmation et activités très variées : musique et cinéma expérimentaux, expos, salle de répétition, bar associatif, etc. Un des endroits qui bougent vraiment à Grenoble.
– ***La Régie 2C*** *(hors plan couleur par D3)* **:** *98, rue Léon-Jouhaux. ☎ 04-38-37-40-20.* Dédié aux musiques actuelles. Concerts.

DANS LES ENVIRONS DE GRENOBLE

Le musée Hébert *(hors plan couleur par D1 ou D2)* **:** *chemin Hébert, 38700* ***La Tronche.*** *☎ 04-76-42-97-35. • musee-hebert.fr • ♿ Tlj sf mar 10h-18h (19h dim juin-sept). Fermé 1er janv, 1er mai et 25 déc. Entrée gratuite. Visite commentée payante pour les groupes ou gratuite le 1er dim du mois à 15h30.* C'était la propriété du peintre Ernest Hébert quand il résidait à Grenoble, peintre très célèbre dans la seconde moitié du XIXe s (1817-1908). De la famille de Stendhal, il tomba comme lui amoureux de l'Italie, dont il sut capter la lumière et, surtout, les couleurs. Vous plongerez dans l'atmosphère d'une demeure dauphinoise du XIXe s. Paysages, portraits, objets familiers, etc. Joli petit parc.

La Casamaures *(hors plan couleur par A1)* **:** *8 bis, av. du Général-Leclerc, 38950* ***Saint-Martin-le-Vinoux.*** *☎ 09-50-71-70-75. • casamaures.org • À la sortie nord de Grenoble, prendre l'A 41, direction Lyon. Ouv ts les 1ers sam du mois 14h-18h et mai-juin, mar-sam l'ap-m ; visites de groupes (10 pers) sur rdv. Entrée : 7 € ; réduc.* Intéressera les amateurs d'architecture urbaine insolite. Genre petit palais édifié à partir de 1855, c'est le plus ancien Monument historique classé construit en « or gris », un ciment moulé prototype, mais c'est aussi l'un des derniers témoignages de l'architecture orientaliste (néomauresque exactement) du XIXe s. Grande richesse décorative. Expositions temporaires dans la salle de l'Orangerie.

À Échirolles

Au sud de Grenoble.

Le musée de la Viscose **:** *27, rue du Tremblay. ☎ 04-76-33-08-28. • musee-viscose.fr • Lun-ven 14h-17h et 1er w-e de chaque mois 14h-18h. Entrée gratuite.* Ce musée, créé en 1992 à la suite de la fermeture de l'usine de Grenoble, retrace l'histoire de la rayonne viscose, une soie artificielle inventée dans l'Isère au XIXe s et fabriquée à partir de la pâte à bois.

Le musée Géo-Charles **:** *1, rue Géo-Charles. ☎ 04-76-22-58-63. ♿ Tlj sf mar 14h-18h (19h le w-e en saison). Fermé 1er janv, 1er mai et 25 déc (parfois 25 déc-1er janv ; à vérifier par tél). Entrée gratuite.* Un lieu consacré à l'art et au sport, qui rend hommage à Géo Charles, journaliste sportif, poète, écrivain épris d'art, médaillé d'or de littérature sportive aux J.O. de Paris en 1924, qui collectionna les œuvres de Fernand Léger, Derain, Robert Delaunay..., présentées aujourd'hui dans une demeure du XIXe s. Outre les peintures, on y trouve des dessins, lithos, livres, manuscrits, articles sur l'histoire du sport et l'art. Bref, le premier musée « sport-culture » de France. Expositions d'art contemporain également.

À Sassenage

Office de tourisme : *pl. de la Libération. ☎ 04-76-53-17-17. • sassenage.fr • De juin à mi-sept et pdt les vacs scol, ouv lun-ven ; slt l'ap-m en sem le reste de l'année.* Visites guidées du bourg ancien.

Les cuves de Sassenage : *☎ 04-76-27-55-37. • sassenage.fr • Compter 20 mn de montée depuis le parking. Ouv mai-oct (sur rdv pour des groupes le reste de l'année). Visites guidées : juil-août, tlj 13h30-18h ; juin et sept, tlj sf lun et mar 13h30-18h ; mai et oct, w-e 13h30-16h30. Se faire confirmer les horaires. Tarif : 7 € ; réduc. Accrogrotte permet de découvrir la grotte de façon ludique (mélange via ferrata, spéléologie et accrobranches) ; tte l'année sur rdv ; compter 3h et env 40 €/pers.* Très belle grotte, résurgence du gouffre Berger. Pour les amateurs de curiosités souterraines et d'érosions étranges.

Le parc et le château de Sassenage : *allée du Château. ☎ 04-38-02-12-04. • chateau-de-sassenage.com • Ⓣ jusqu'au terminus (ligne A ; Fontaine-La Poya), puis bus n° 51, direction Air-Liquide, arrêt « Château-de-Sassenage ». Parc ouv mai-oct, lun-ven 9h-19h, w-e 14h-17h (19h dim) ; nov-avr, lun-ven 9h-17h, w-e 14h-17h. Accès libre. Château : de juil à mi-août, tlj sf ven et sam, visites à 14h, 15h, 16h et 17h ; mai-juin, visites dim slt (mêmes horaires). Tarif : 7 € ; réduc ; gratuit moins de 6 ans.* S'il a traversé toutes les modes depuis le XVIe s, le superbe parc paysager se présente aujourd'hui sous son visage du XIXe s : 8 ha et près de 500 arbres dont certains – platanes et micocouliers, cèdres du Liban et noyers noirs d'Amérique – sont franchement remarquables. Le château, style Louis XIII, n'a pas non plus changé depuis sa construction, entre 1662 et 1669. Et la visite permet de pénétrer dans l'intimité d'une grande famille du Dauphiné des XVIIe et XVIIIe s : la cuisine aux cuivres (d'époque) étincelants, l'élégant escalier à arcades, les chambres et salons, leurs meubles estampillés des Haches et autres grands ébénistes parisiens...

LE MASSIF DE L'OISANS

L'Oisans constitue, avec le massif du Mont-Blanc, le plus grandiose des massifs alpins. Des neiges éternelles, des glaciers, des arêtes acérées. Un paradis pour les alpinistes. C'est la patrie du célèbre Pierre Gaspard, vainqueur du grand pic de la Meije en 1877 et de tant d'autres hauts sommets. C'est en Oisans que les Cassini, géographes renommés, vinrent créer les premières cartes topographiques. Création aussi du Club alpin français et de la Société des touristes du Dauphiné, en 1875. Les guides de haute montagne s'organisent et se professionnalisent sous la direction de Pierre Gaspard, responsable d'une longue lignée de guides de grand renom. L'Oisans est également un joli terrain de jeux pour les skieurs. Situées de façon privilégiée au creux d'un vallon (appelé aussi « plateau d'altitude »), L'Alpe-d'Huez et Les Deux-Alpes offrent, outre de beaux domaines skiables, des panoramas inoubliables. L'Oisans fut aussi une des patries des fameux colporteurs qui parcouraient la France, l'Europe, voire le monde, du plus humble, gravissant les cols enneigés à pied, chargé comme un portefaix... au plus riche commis voyageur qui, en diligence ou en train, allait vendre draps, mercerie, lunettes ou fleurs... Terre de grande émigration aussi, puisque la population tomba de 19 000 habitants en 1846 à moins de 8 000 de nos jours !

TOUT SCHUSS !

Schuss en allemand signifie « coup de feu ». Il s'agit donc de descendre à skis, à toute vitesse, et si possible, tout droit.

Info utile

– ***La route des Savoirs :*** *rens aux offices de tourisme de l'Oisans.* • *route-savoir-faire-oisans.fr* • Plusieurs parcours pour découvrir artisans, artistes, producteurs et musées du massif de l'Oisans.

L'ALPE DU GRAND-SERRE (38350) *Carte Isère, C3*

À partir de Séchilienne (sur la D 1091), on remonte la vallée de la Romanche sur 16 km, entre Roizonne et Matheysine. Posée sur un vaste plateau de pâturages, une station familiale et un beau petit domaine skiable. L'occasion de skier sans faire la queue (de fin décembre à fin mars) et à des tarifs moins prohibitifs qu'à L'Alpe-d'Huez et aux Deux-Alpes.

Adresse utile

Office de tourisme : *☎ 04-76-72-13-09.* • *alpedugrandserre.info* • *En saison de ski et en été, tlj sf dim ap-m ; le reste de l'année, lun-ven.*

Ski et neige

Ski alpin : domaine (1 400-2 200 m) avec 55 km de pistes. Forfait journée adulte : 27 € ; réduc. Un domaine spécial famille avec son plan des pistes tout en bleu et rouge. On skie tranquillou donc, autour du Pérollier, par exemple, en suivant le soleil quand il contourne la montagne. Quelques belles descentes dans des combes pour le retour vers la station.

Ski nordique : 20 km de pistes balisées.

LA VALLÉE DE L'EAU-D'OLLE *Carte Isère, C3*

La vallée s'ouvre d'abord largement en aval du bassin du Bourg-d'Oisans, entre le massif de Belledonne et les Grandes Rousses. Puis elle se rétrécit peu à peu, avec des pentes beaucoup plus boisées que les autres vallées de l'Oisans. La fée électricité y règne en maître avec de gros barrages. Celui du Verney a permis la création d'une petite base nautique à Allemont. Après le lac du Verney, la D 526 s'élève dans une vallée de plus en plus encaissée vers les célèbres cols du Glandon et de la Croix-de-Fer qui permettent de basculer vers la Savoie. Peu d'habitations, paysages austères, éboulements... À proximité, de jeunes stations comme Oz et Vaujany, reliées par télécabine au domaine des Grandes Rousses.

ALLEMONT (38114)

Plusieurs hameaux pour un village qui fut autrefois un important centre minier. La fièvre minière (du cobalt et du nickel) étant depuis longtemps retombée, c'est

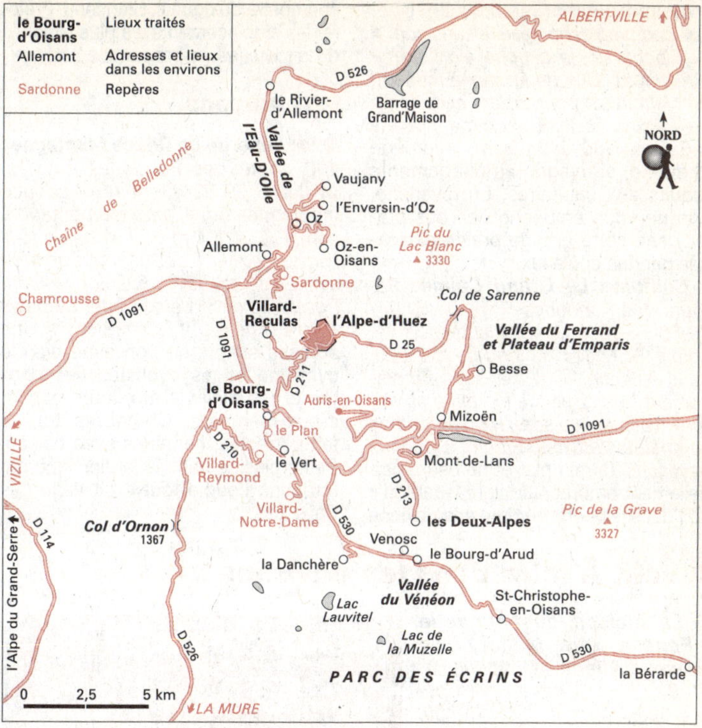

LE MASSIF DE L'OISANS

aujourd'hui une gentille base de séjour pour ceux qui veulent profiter des atouts multiples de la vallée (randonnée, ascension des grands cols, baignade, piscine). Dans un des lacets menant à Allemont-église, vieux moulin illuminé chaque soir à la tombée de la nuit et petite leçon d'hydraulique avec exposition de roues à godets, à augets et à palettes. Aux beaux jours, une petite guinguette sur pilotis, au bord du lac, vient compléter le tableau de façon charmante.

Adresse et info utiles

Office de tourisme : *400, route des Fonderies-Royales. ☎ 04-76-80-71-60. • allemont.fr • Juil-août, tlj ; en hiver fermé dim ; en intersaison, horaires variables.* Installé dans l'ancienne fonderie du XVIIIe s. *Menu des Promeneurs* (8 balades faciles au départ d'Allemont) distribué gratuitement et plusieurs brochures cyclo, rando... En été, liste des animations hebdomadaires. Conseils avisés.

Cars Transisère : *☎ 0820-08-38-38 (0,12 €/mn). • transisere.fr •* 5-8 bus/j. entre Allemont et Rochetaillée à Bourg-d'Oisans (ligne 3010) ; de là, correspondances pour Grenoble (ligne 3000). En juil-août et de mi-déc à avr, une petite dizaine de navettes entre Allemont et Oz-en-Oisans.

Où dormir ? Où manger ?

Campings

Camping Les Bouleaux : *La Pernière-Basse. ☎ 04-76-80-71-23.*

• campinglesbouleaux@wanadoo.fr • campinglesbouleauxoisans.com • ♿ Fléché sur la gauche avt l'entrée d'Allemont. Ouv de fin mai à mi-sept. Emplacement pour 2 pers avec tente et voiture 11,25 €. Loc de chalets 4-6 pers, 260-640 €/sem. Allure de camping sauvage, aménagements réduits aux sanitaires. En revanche, rien ne vous empêche de vous étaler dans cette grande prairie ombragée par des bouleaux.

⛺ ***Camping Le Grand Calme :*** *95, route des Fonderies-Royales. ☎ 04-76-80-70-03. • campinglegrandcalme.com • ♿ Accès : le long de la D 526, dans Allemont. Ouv mai-sept. Emplacement pour 2 pers avec tente et voiture 12 € en saison. Mobile homes et chalets 380-540 €/sem. Douches payantes.* Terrain plat et herbeux, partiellement ombragé. Malgré le fait qu'il soit dans le bourg, verdure et ambiance champêtre de rigueur. Bien tenu. Préférer les emplacements les plus éloignés de la route (assez passante en été).

Prix moyens

🏠 🍴 ***Auberge La Douce Montagne :*** *400, route des Fonderies-Royales. ☎ 04-76-79-82-40. • info@ladoucemontagne.com • ladoucemontagne.com • ♿ À 100 m de l'office de tourisme. Congés : oct-nov et 1 sem en avr. Doubles 55-65 € selon saison. Possibilité de ½ pens. Buffet de pâtes 8,50 €, menus 17,50-25 €.* 📶 Une adresse simple où l'on aime bien le cyclisme et les cyclistes (les photos et les maillots aux murs parlent d'eux-mêmes !). Chambres tout à fait correctes, certaines avec balcon. Petite piscine dans le jardin. Tenu par un jeune couple tout droit venu des Pays-Bas.

À voir. À faire dans les environs

La Maison du bouquetin – Espace York Mallory : *Le Rivier-d'Allemont. ☎ 04-76-79-83-06. À 10 km au nord par la D 526. Juil-août, tlj 11h-12h30, 15h-18h30 ; juin et sept-oct, w-e slt. Entrée libre.* Dans l'ancien presbytère du village, tout ou presque, en quelques panneaux et autres dioramas, sur un des animaux emblématiques des Alpes, le bouquetin, réintroduit depuis 1987 dans le massif de Belledonne. Au sous-sol, un autre petit espace raconte, au travers de morceaux de son avion et de documents d'époque, la disparition mystérieuse de sir Trafford Leigh-Mallory en novembre 1944.

UN CRASH MYSTÉRIEUX

Au tout début de l'été 1945, un berger découvre dans les alpages des morceaux de l'épave d'un avion porté disparu en novembre 1944. Il transportait, depuis Londres, sir Trafford Leigh-Mallory, commandant des forces aériennes alliées du Débarquement, attendu à Ceylan où se tenait une réunion d'importance. Que faisait cet avion à plusieurs centaines de kilomètres de son plan de vol initial ? Volait-il vers l'Allemagne ? Avait-il été détourné ? Tous les membres d'équipage ayant péri dans le crash, personne n'aura jamais la réponse...

Randonnées dans la vallée

Trois randonnées sympas extraites du topoguide *L'Oisans au bout des pieds (n° 2)* en vente dans les offices de tourisme de la région.

➢ ***Le pas de la Coche*** *(1 989 m) :* au départ du Rivier-d'Allemont, 10 km après Allemont, par le GR 549. Compter 2h30 de montée et 1h30 de descente. Balade familiale ne présentant aucune difficulté. Le sentier est repéré en rouge et blanc à partir de la chapelle. Première moitié d'itinéraire en forêt, puis à découvert. Nombreux rhododendrons après le torrent des Combes et à l'approche du col, qui, autrefois, reliait la vallée de l'Eau-d'Olle au Grésivaudan, lac peu profond que les rayons du soleil suffisent à réchauffer à plus de 20 °C certains jours d'été. Possibilité de prolonger vers le Pré-de-l'Arc et Prabert, à proximité de la station des Sept-Laux.

➢ ***Le col des Sept-Laux*** *(2 184 m)* **:** point de départ à la sortie du Rivier-d'Allemont. Compter 2h30 pour atteindre le troisième lac et 1h supplémentaire pour le dernier. Possibilité de continuer vers la vallée du Bréda jusqu'au Fond-de-France.

➢ ***Le lac de Belledonne*** *(2 169 m)* **:** au départ des hauteurs d'Allemont. Assez long. Compter 3h à 4h30 de grimpe suivant votre point de départ.

VAUJANY *(38114)*

Un vieux village sur lequel s'est greffée (grâce à l'argent d'un barrage EDF...), une station résolument moderne, presque exclusivement tournée vers l'hébergement touristique (surtout en hiver), mais agréable. Liaison, par téléphérique uniquement, au domaine skiable des Grandes Rousses (autour de L'Alpe-d'Huez). Les fondeurs en revanche éviteront : domaine riquiqui et tarifs prohibitifs (car accès aux pistes en téléphérique).

Adresse utile

Maison de Vaujany : *un peu au-dessus de la gare du téléphérique. ☎ 04-76-80-72-37. • vaujany.com • Tlj en saison ; fermé le w-e hors saison.* Programme de randonnées en été.

Où dormir ? Où manger dans le coin ?

Auberge Passoud : *38114 L'Enversin-d'Oz. ☎ 04-76-80-73-18. • passoudmarie@aol.com • gite-passoud.com • À droite peu avt Vaujany. Congés : déc-mai. Resto fermé sam et dim soir hors saison. Double 53 €. Également 2 gîtes pouvant être loués au w-e. Menus 15 € (le midi en sem) et 21,50 €.* La petite auberge de campagne, sans fioritures, dans un minuscule hameau. Cuisine familiale grâce à laquelle, comme ceux qui bossent dans le coin, on pourra se sustenter le midi. Accueil très nature. Isolées du resto, quelques chambres tout à fait agréables et à prix imbattables pour la région (certaines avec vue imprenable sur la vallée !).

À voir. À faire

L'espace patrimoine Vecia ma Via : *dans le centre-station. ☎ 04-76-79-96-35. Ouv en saison slt hiver-été, tlj sf ven-sam 9h-12h, 14h-18h. Entrée libre.* 100 ans de l'histoire de Vaujany racontés par ses habitants au gré de divagations photographiques et de témoignages. Petit mais passionnant.

Le musée de la Faune : *à proximité de l'hôtel* Le Rissiou, *au centre du village. ☎ 04-76-79-87-07. Ouv slt en saison hiver-été, tlj sf ven-sam 9h-12h, 14h-18h. Entrée gratuite.* Agréable et moderne découverte pédago-ludique de la faune alpine. Une foule de petits jeux que les enfants vont adorer.

– ***Autres activités :*** piscine couverte, sauna, hammam, spa, salle de muscu et patinoire extérieure en accès libre.

À voir dans les environs

Le barrage de Grand'Maison : *15 km plus haut dans la vallée, à quelque 1 700 m d'altitude ; ne pas confondre avec le barrage du Verney qui se trouve juste au-dessus d'Allemont.* Assez impressionnant. Accès libre de la crête du barrage, longue de 550 m et culminant à 160 m au-dessus du pied de l'ouvrage.

Les installations électriques se trouvent 900 m plus bas, au niveau du barrage du Verney, qui sert de réservoir de pompage à l'installation.

OZ-EN-OISANS (38114)

Oz-station s'est construite au-dessus du vieux village. Concentration de gros chalets modernes sans véritable charme à flanc de montagne, Oz-station fait figure de village fantôme en intersaison. Préférable de séjourner dans le vieux village surplombant le lac du Verney.

Adresse utile

Office de tourisme d'Oz : *Oz-station. ☎ 04-76-80-78-01. • oz-en-oisans.com • Intersaison, ouv lun-ven ; en saison, tlj. (payants).* Bonne brochure *Balades en forêt autour de la station* (gratuite).

Où dormir ? Où manger à Oz-village et dans le coin ?

Gîte d'étape Le Sardonnier : *au lieu-dit Sardonne, 38114 Oz-en-Oisans. ☎ 04-76-80-76-93. • lesardonnier@orange.fr • le-sardonnier.com • À gauche, sur la route de Villard-Reculas. Ouv tte l'année. Résa conseillée en hte saison. Nuitée 21 €/pers ; ½ pens 41 €/pers selon saison.* Adorable petit village où vient se nicher ce chaleureux gîte d'étape. Maison montagnarde traditionnelle au charme rustique, face au massif des Grandes Rousses. Chambres pour 2, 3, 4 et 6 personnes. Sanitaires communs. Gillian sait concocter de bons p'tits plats servis dans la superbe salle voûtée du bas, dotée d'une cheminée. Sauna. Une super adresse où professionnalisme, décontraction et convivialité font bon ménage.

Auberge La Cure : *☎ 04-76-79-89-27. • la-cure@orange.fr • auberge-la-cure.com • À côté de l'église d'Oz-village. Fermé mer. Double 66 €. Menus 13 € (déj en sem, en été), puis 28-34 €. Café offert sur présentation de ce guide.* Dans une petite maison (qui doit bien être l'ancienne cure !), tranquille derrière son jardin. Une poignée de chambres, propres et nettes, spéciales familles (de 2 à 4 couchages, avec lits simples, doubles et lits gigognes). Cuisine familiale. Terrasse. Le genre de petite adresse simple qui fait son petit bonhomme de chemin.

LE BOURG-D'OISANS (38520) 3 380 hab. *Carte Isère, C3*

Au carrefour des six grandes vallées de l'Oisans, au milieu d'un bassin, c'est avant tout une petite ville commerçante et administrative sans grand intérêt architectural, mais où l'on passe forcément et, du coup, assez animée en été. Et puis, il ne faut pas oublier l'intéressant musée des Minéraux et de la Faune. Question balades, choix limité au départ de la vallée ; néanmoins, balade facile vers la cascade de la Pisse (1h de montée) à partir du hameau *Le Vert* à 2 km du Bourg-d'Oisans.

Adresses et infos utiles

Office de tourisme : *quai Girard. ☎ 04-76-80-03-25. • bourgdoisans.com • Juil-août, tlj ; le reste de l'année, mar-sam (mat slt mer et sam).* Bon matériel sur la région et accueil dynamique. Programme d'animation mensuel.

Maison du parc national des Écrins : *rue Gambetta. ☎ 04-76-80-00-51. • les-ecrins-parc-national.fr • En été, tlj 10h30-12h30, 15h-19h ; le* *reste de l'année, lun-ven mat (sf fermetures exceptionnelles) 9h-11h, 14h-17h.*

🚌 ***Cars Transisère :*** *☎ 04-76-80-00-90 (gare routière) ou 0820-08-38-38 (0,12 €/mn). • transisere.fr •* Une quinzaine de liaisons quotidiennes, toute l'année, au départ de Grenoble (via Vizille). Pour rejoindre Allemont, changement à Rochetaillée. Bus également pour Briançon avec les transports ***VFD*** *(☎ 04-76-60-46-37).*

– ***Marché :*** *sam mat.*

Où dormir ? Où manger ?

Camping

⛺ ***Camping Le Colporteur :*** *Le Mas-du-Plan. ☎ 04-76-79-11-44. 📱 06-11-47-89-26. • info@camping-colporteur.com • camping-colporteur.com • ♿ Sur la droite à la sortie du Bourg-d'Oisans (en direction de Briançon). Proche du centre-ville. Ouv avr-sept. Compter 20,50-26,10 € selon saison pour 2 avec tente, voiture et électricité. Loc de chalets 3-8 pers, 575-800 €/sem selon saison. Également des roulottes pour 4 pers, 392 €/sem en saison.* 📶 Agréable, confortable, arboré et spacieux (néanmoins beaucoup d'affluence en été à l'approche du Tour de France). Vastes emplacements spacieux, délimités par des haies. Bons sanitaires. Resto à prix modérés. Piscine municipale gratuite à 150 m et animations familiales en saison.

Prix moyens

🏠 |●| ***Hôtel des Alpes :*** *21, rue Général-de-Gaulle. ☎ 04-76-80-00-16. • hoteldesalpes38@orange.fr • hoteldesalpesoisans.com • ♿ Au centre ville, à deux pas de l'office de tourisme. Fermé de mi-déc à Noël et 10 j. mi-avr. Resto ouv tlj midi et soir sf jeu ; le soir slt sept-avr. Doubles 42-67 € selon confort et saison. Menus 13,50 € (déj en sem), 15,50 € pour les pensionnaires ; à la carte env 25-28 €.* 📶 Un hôtel repris par un jeune couple qui lui donne peu à peu une nouvelle jeunesse. La restauration réussie de la salle de resto et des petits déjeuners met joliment en valeur les éléments naturels (bois et schiste). Plusieurs types de chambres. Les plus chères ont été rénovées dans un esprit sobre et actuel. Les classiques ont fait l'objet d'un rafraîchissement. Sanitaires à l'extérieur pour les chambres économiques.

🏠 |●| ***Hôtel Oberland :*** *av. de la Gare. ☎ 04-76-80-24-24. • oberland.hotel@wanadoo.fr • hoteloberland.com • À la sortie de la ville, route de Grenoble, face à la gare routière. Fermé mer hors saison. Congés : oct-nov. Doubles 58-72 € selon confort. Resto ouv le soir slt ; env 30 € à la carte.* La passion du proprio, c'est le cyclisme. Cela se voit dès la façade où sont accrochés vélos, maillots et casquettes d'équipes. Ici, les cyclistes et leurs montures sont bichonnés. Au niveau des chambres, on peut apprécier le charme désuet et les tapisseries d'autrefois. Les tarifs nous ont paru quand même musclés d'autant plus que l'ameublement est assez limité. Comme il n'y a pas de double vitrage, préférez les chambres qui donnent à l'arrière à celles côté route nationale. Gentille cuisine de tradition dans une salle à manger, style années 1930-1940 ou en terrasse (côté nationale là encore). Accueil parfois un peu rustre.

Où dormir ? Où manger dans les environs ?

🏠 |●| ***Gîte de séjour La Marmotte de la Meije :*** ***Le Vert,*** *38520 Le Bourg-d'Oisans. ☎ 04-76-80-03-62. 📱 06-62-52-40-58. • valdelameije@orange.fr • marmottedelameije.fr • Au cœur du Bourg-d'Oisans, suivre la route coupant la rue piétonne, longer l'église puis continuer sur 2 km. Congés : de début oct à début déc et de fin avr à début mai. Nuitée 23-26 €/pers, petit déj compris. ½ pens 42-46 €/pers. Loc de draps 7 €.* 📶 *Café offert sur présentation de ce guide.* Gîte tenu par Angélique et Grégory, un jeune couple fort sympathique. Une cinquantaine de lits répartis en chambres et dortoirs de 2 à 6 personnes, avec sanitaires communs. Quelques tables et transats éparpillés dans le grand jardin arboré dans lequel les enfants peuvent se chamailler en toute liberté. Nombreuses activités sur place : volley, pétanque, ping-pong, etc. Également des infos sur les randonnées. Location de vélos. Accueil charmant. Idéal pour les voyageurs à la recherche d'un tourisme fait de simplicité et de chaleur humaine.

Chambres d'hôtes Les Petites Sources : *Le Vert, 38520 Le Bourg-d'Oisans. ☎ 04-76-80-13-92. • lespetitessources@wanadoo.fr • les-petites-sources.com • Au cœur du Bourg-d'Oisans, suivre la route coupant la rue piétonne, longer l'église puis continuer sur 2 km. Fermé oct-nov. Doubles 66-76 €. Table d'hôtes 22 €.* Jolie petite maison, très montagne, tout en pierre et bois. Même esprit pour les chambres : toutes avec balcon dont une avec vue panoramique sur la montagne. Salle à manger voûtée et sobrement décorée, salon commun avec TV. Beau jardin que partagent le gîte et la maison principale, bien au calme. Ambiance chaleureuse, agrémentée de la douceur et du sourire de Pauline, la maîtresse de maison. Excellent petit déjeuner, copieux qui plus est. Éric, qui est guide de haute montagne et moniteur de ski, saura vous renseigner pour vos sorties nature.

À voir

Le musée des Minéraux et de la Faune des Alpes : *pl. de l'église. ☎ 04-76-80-27-54. • bourdoisans.fr • (sf 3e étage). Tlj sf mar 14h-18h. Fermé 1er janv, en nov et 25 déc. Entrée : 4,90 € ; réduc ; gratuit moins de 14 ans.* Accueil au 2e étage (avec ascenseur). Projections vidéo sur demande (thèmes très variés allant des marmottes aux chamois en passant par les glaciers, le parc des Écrins, etc.). L'Oisans fut longtemps terre bénie pour les chasseurs de cristaux. On peut admirer ici l'une des plus belles collections de minéraux de France, des plus communs aux plus précieux. Festival de calcites, axinites, préhnites, épidotes, fossiles et autres quartz hérisson, etc. Présentation également de la faune régionale avec moult animaux empaillés. Également des expos temporaires. C'est aussi un centre d'accueil du parc national des Écrins.

L'ALPE-D'HUEZ (38750) 1 700 hab. *Carte Isère, C3*

Son territoire s'étend de 1 850 à 3 330 m. Pour être dans le coup, dites « L'Alpe », en toute simplicité. C'est l'une des plus anciennes stations de France. En 1936, on y construisait le premier remonte-pente, et, dans la foulée, 17 hôtels fréquentés à l'époque par les gens aisés et amateurs de sports d'hiver. En 1953, le premier téléphérique reliait le pic Blanc. La grande renommée de la station s'ancra définitivement avec les J.O. de 1968.

Une fois grimpées les 21 boucles numérotées de la route en lacet, on parvient à un plateau sur lequel L'Alpe-d'Huez s'est développée. Avis aux amateurs de cyclisme, L'Alpe-d'Huez, c'est vraiment l'épreuve mythique du Tour de France.

Le domaine englobe désormais quatre villages : *Vaujany* et *Oz-en-Oisans,* vers le nord, accessibles par la vallée de l'Eau-d'Olle (voir plus haut) ainsi qu'*Auris-en-Oisans* et *Villard-Reculas,* de part et d'autre de la D 211. Cela a peut-être participé à la démocratisation de la clientèle. L'ambiance chic et frime, chic et sport d'autrefois tend à se diluer, et c'est tant mieux, dans une atmosphère plus jeune et familiale. Comme toutes les stations de ski,

L'Alpe offre un visage plus avenant en hiver, lorsqu'elle se recouvre de son beau manteau neigeux. N'empêche que de gros efforts ont été faits pour relooker la façade des immeubles. Pierre et bois donnent désormais un peu de chaleur, d'âme et de caractère à un centre-ville qui, jusque-là, en manquait singulièrement.

Adresse et infos utiles

Office de tourisme : *Maison de L'Alpe. Au-dessus de la pl. Joseph-Paganon. ☎ 04-76-11-44-44. • alpedhuez.com • Tlj sf w-e hors saison.*

– **Central de réservation :** *☎ 04-76-11-59-00. À l'office de tourisme. • resa@alpedhuez.com •*

Cars Transisère : *☎ 0820-08-38-38 (0,12 €/mn). • transisere.fr •* Ligne n° 3020 reliant L'Alpe-d'Huez, Le Bourg-d'Oisans, Grenoble : 2-3 bus/j. En hiver, également avec ***Transaltitude*** *(☎ 0820-08-38-38, 0,12 €/mn ; • transaltitude.fr •)* : au moins 5 bus/j. pour Grenoble. Sinon, davantage de départs depuis Bourg-d'Oisans.

Où dormir ? Où manger ?

À L'Alpe-d'Huez

32 000 lits ! Beaucoup d'hôtels dans le bon goût des années 1970-1980, dont de nombreux gérés par des tour-opérateurs. Un paquet de loueurs professionnels et de résidences de tourisme. Finalement, le mieux est de s'adresser directement au central de réservation de l'office de tourisme, très compétent dans ce domaine et d'aviser en fonction de vos goûts, de votre budget et des disponibilités. Pour ceux qui ne viennent pas skier et ne tiennent pas particulièrement à loger au pied des pistes, mieux vaut résider dans les environs, solution nettement moins chère, évidemment.

Le Caribou : *route de la Poste. ☎ 04-76-80-15-31. • hotel@lecaribouhotel.com • lecaribouhotel.com • Congés : oct-nov et mai. Doubles 74-128 € selon saison, petit déj compris.* Un petit hôtel à taille humaine qui slalome plutôt bien entre les grandes structures hôtelières de la station. Tenu par 2 potes qui ont tout restauré dans un esprit actuel. Le résultat n'est pas mal du tout. Une dizaine de chambres blanches, lumineuses et confortables (4 d'entres elles peuvent accueillir 4 personnes). Salle des petits déj teintée d'un rouge qui donne la pêche. L'ensemble est sympa et mignon. Bref, une adresse qui sort du lot. Fait aussi resto.

Le Passe-Montagne : *122, route de la Poste (en plein centre). ☎ 04-76-11-31-53. • le.passe.montagne@wanadoo.fr • À deux pas de l'office de tourisme. Congés : mai et 2 sem fin août-début sept. Ouv tlj sf lun midi en haute et moyenne saison ; se renseigner en basse saison. Menus 20 € (servi tlj le midi slt) et 30 € le soir ; carte env 35 €.* Une ambiance qui sait rester familiale et un cadre chaleureux et cosy. Feu de cheminée, spécialités montagnardes et bon rapport qualité-prix. Petite terrasse appréciable à midi, les jours ensoleillés en été.

La Pomme de Pin : *av. des Jeux. ☎ 04-76-80-42-34. Sur la façade de la galerie commerciale de l'Ours-Blanc, à deux pas de la patinoire. Fermé mai-juin et sept-nov. Menus 16-23 € ; carte env 35 €. Digestif maison offert sur présentation de ce guide.* Ambiance grosses poutres de bois et inévitables spécialités du coin. En été, terrasse couverte par un grand chapiteau.

Dans le vieux village d'Huez

Gîte Florineige : *quartier de la Fruitière. ☎ 04-76-11-13-13. • forestieryves@aol.com • ancolie-hotel.com • À côté de l'église. Fermé de fin avr à juin et de fin août à début sept. Doubles 54 (w-c sur le palier)-62 € ; petit déj 10 €. Menus (au resto de l'hôtel) 28-49 € ; carte.* Au cœur du

LE MASSIF DE L'OISANS

village, maison typique joliment restaurée. Une seule chambre pour 2 (sanitaires à l'extérieur) et 3 chambres pour 4 personnes (de type familial), toutes avec salle de bains privée. Sylvie et Yves sont moniteurs de ski et connaissent bien les possibilités du coin. L'été, on peut profiter du GR 54 qui passe tout près et, l'hiver, de la télécabine, à 200 m du gîte.

L'Ancolie : *quartier de la Fruitière. ☎ 04-76-11-13-13. • forestieryves@aol.com • ancolie-hotel.com • À côté de l'église. Fermé mai, dernière sem d'août, oct-nov. Doubles 85-150 €, selon standing et saison, petit déj compris. (payant).* Au cœur du vieux village, une adresse de charme, du nom de cette élégante petite fleur qui pousse dans les Alpes à la belle saison. Chambres très confortables à l'esprit montagne, aux murs de pierre ou bardés de mélèze. Certaines sont mansardées. Salle de cardio et de fitness. Fait également resto. Une belle adresse, pour se faire plaisir.

À voir

Le musée d'Huez et de l'Oisans : *au 1er étage du palais des Sports de Brandes. ☎ 04-76-11-21-74. • musee-alpedhuez.com • Juil-août et déc-avr, tlj sf w-e 10h-12h, 14h-18h ; le reste de l'année, sur rdv pour les groupes. Entrée : 2 € ; gratuit moins de 16 ans, et avec le forfait* Premium *; 2 entrées pour le prix d'une sur présentation de ce guide.* Installé dans un des premiers hôtels de la station, construit en 1938. Intéressantes collections archéologiques (XIIe-XIVe s), produit des fouilles du site de Brandes.

Le site archéologique de Brandes : *☎ 04-76-11-44-44 (office de tourisme). À 800 m env du centre ; prendre la direction du col de Sarenne, puis fléché. Accès libre. 1 à 2 visites guidées/sem organisées en juil-août (et très conseillées) : 1 €.* Vestiges du plus haut village médiéval d'habitat permanent connu en Europe. Du XIIe au XIVe s, sur le plateau de L'Alpe-d'Huez, fonctionna une importante mine d'argent. Le minerai extrait était concassé et lavé sur place, mais l'argent était récupéré à Grenoble. Le village comptera jusqu'à 80 bâtiments, autour du château et de l'église.

Ski et neige

Ski alpin : Alpe d'Huez grand domaine ski (1 110-3 330 m) avec 250 km de pistes. *Forfait journée adulte : 45 € (86,50 € pour 2 j. ; 125 € pour 3 j.) ; forfaits de 6 et 7 j. : 225 et 254 € ; réduc. Donne droit au ski et luge de nuit.* Ils comprennent une entrée à la piscine extérieure chauffée, à la patinoire et une activité parmi les 26 pratiquées dans le Palais des sports et des congrès. Forfaits famille, mais aussi ski de fond, promeneurs... Sinon, le forfait Premium donne accès à de multiples autres loisirs et avantages : à toutes les activités du palais des sports (fitness, squash, muscu, etc.), musée, etc.

Bon, là les chiffres parlent presque d'eux-mêmes. On peut même en ajouter quelques-uns : avec ses 16 km, la piste noire de *Sarenne* offre la plus longue descente du monde. De son point de départ, au pic Blanc (un must, on vous l'explique plus loin), partent trois autres descentes quasiment mythiques qui totalisent environ 2 000 m de dénivelée. Du pic Blanc, les skieurs confirmés s'offriront aussi la noire du Tunnel : quelques courbes sur le glacier du Sarenne, avant de franchir une barre rocheuse dans un tunnel éclairé qui débouche subitement sur la vallée. Impressionnant ! Pour skieurs confirmés toujours, de nombreux itinéraires hors-piste, tous aussi grandioses les uns que les autres. Pour skieurs moyens, descente du *glacier du Grand-Sablat* sans trop de frayeur (2 000 m de dénivelée). Bien se renseigner au bureau des guides. Les skieurs débutants trouveront des espaces protégés qui leur sont réservés. Et ceux qui se sentent un peu plus à l'aise sur leurs planches se dirigeront vers les secteurs du lac Blanc ou des stations satellites. Et tout le monde pourra soigner son bronzage avec 300 jours d'ensoleillement moyen par an !

– ***Snowboard :*** deux *snowparks* (dont un débutant) et *boardercross.*

Ski de randonnée : pour le *pic de l'Étendard,* compter la journée (6-7h A/R). On grimpe jusqu'à 3 465 m et on dévale en traversée les glaciers sur lesquels la neige poudreuse est le plus souvent au rendez-vous.

Ski nordique : 50 km de pistes damées et fléchées dans un cadre agréable. Deux boucles faciles et deux difficiles vous sont proposées. L'altitude (1 800 et 2 100 m) et l'orientation des pistes de ski nordique permettent de commencer tôt et de finir tard dans la saison. On vous conseille une merveilleuse balade à skis de fond, sans grosse difficulté, depuis la seconde gare de la télécabine des Grandes Rousses. Dans les environs immédiats, une série de trois petits lacs étincelants et comme figés dans le cristal, sur un plateau immaculé. Paysage inoubliable !

– ***Patinoire :*** *av. des Jeux. ☎ 04-76-11-21-80. Tlj 11h30-22h30 sf jours d'entraînement et matins de hockey. Entrée : 6 € ; accès gratuit avec le forfait Premium ; loc de patins : 4 €.* Artificielle, mais en extérieur. Piste de curling !

➢ ***Promenades à pied :*** possibilité de randonnées pédestres ou à raquettes avec accompagnateur en montagne diplômé. Pour les piétons, plus de 30 km d'itinéraires balisés, bien entretenus et jalonnés de bancs. « Forfait promeneurs » pour 16 remontées mécaniques. Télécabines et téléphériques vous mènent au pic Blanc, à Oz, Vaujany et Villard-Reculas, avec toujours de superbes points de vue et des restos d'altitude.

➢ ***La grotte de glace :*** située à 2 700 m d'altitude, au départ du téléphérique du pic Blanc. L'occasion, dans un silence cristallin, de contempler de belles sculptures de glace ou de neige. D'une année à l'autre, elles évoluent d'ailleurs suivant l'état de la glace et l'inspiration des artistes.

Sports et loisirs d'été

Sports et stages tous azimuts

Alpinisme, escalade, équitation, golf, hockey, parapente, patinage, VTT, tennis, etc. Demander la brochure *Été* à l'office de tourisme.

Les amateurs de ***descente à VTT*** seront à la fête, bien sûr ! Avec 220 km rien que pour l'Alpe d'Huez grand domaine VTT, 33 itinéraires dont 12 de cross-country et 12 de descente. La station accueille d'ailleurs la *Mégavalanche,* chaque été, la plus grande course de descente du monde, rien que ça... Également 9 itinéraires enduro.

– ***Via ferrata :*** deux parcours (initiation et sportif) accessibles en été et en hiver selon les conditions météo. Matériel nécessaire.

Balades à pied

➢ Un pied illimité ! Notamment la ***ronde des Lacs.*** Une balade familiale devenue un grand classique. Compter environ 5h pour l'ensemble de la balade. Départ du haut de la télécabine DMC 2, à 2 700 m. Beaucoup de rocaille au début, puis on sinue au milieu de lacs de toutes tailles en prenant le temps d'admirer une flore de haute montagne assez rare. On circule au pied des glaciers, avant de redescendre à travers les alpages vallonnés.

➢ ***Le col de Sarenne :*** à pied, au départ du village d'Huez, compter 5h (aller-retour). On alterne verts pâturages, route, lande, garrigue, paysages lunaires et neiges éternelles... au milieu des moutons en estivage et des épilobes en fleur... tout simplement fabuleux. Praticable l'été en voiture, c'est la route (étroite, très étroite même par endroits !), que l'on vous conseille pour regagner l'autre versant de la vallée, vers Besse, Mizoën et Les Deux-Alpes.

➢ Balade à la ***croix de Cassini.*** À partir du col de Sarenne, accessible en voiture. Circuit de 4h qui permet d'étudier la richesse minérale de l'Oisans : quartz, or, argent, plomb argentifère...

➢ ***La montée au pic Blanc*** *(3 330 m) : en téléphérique. Début déc-fin avr et juil-fin août, trajet en continu L'Alpe-d'Huez/pic Blanc. Sinon, la montée peut s'effectuer en 3 tronçons : 1 860-2 100 m, 2 100-2 700 m et 2 700-3 330 m. A/R : env 15 € (12 € pour les 5-12 ans) ; réduc ; gratuit moins de 5 ans.* Le must ! De là-haut, belvédère exceptionnel. On admire, dit-on, un cinquième de la France. Par temps clair, le mont Blanc et les Grandes Jorasses, le Grand Combin en Suisse, le Cervin entre Suisse et Italie et enfin le Grand Paradis et le mont Viso en Italie. À deux pas, la Meije et les aiguilles d'Arves, et jusqu'au... mont Ventoux. Table d'orientation.

LA PREMIÈRE CARTE DE FRANCE

La croix, posée à 2 373 m d'altitude, rend hommage aux Cassini, une longue lignée d'astronomes et de géographes. Le grand-père s'intéressait aux anneaux de Saturne et dressa la première carte de la Lune. César François Cassini de Thury resta, lui, les pieds sur Terre et termina la première carte complète et « moderne » de la France, dite d'ailleurs carte de Cassini.

VILLARD-RECULAS (38114) 60 hab. *Carte Isère, C3*

Authentique village de montagne qui possède une particularité originale : c'est l'un des rares à avoir refusé d'être bétonné (par référendum en 1969). Ça méritait d'être souligné ! Quasiment déserté dans les années 1980, le village retrouve aujourd'hui une seconde jeunesse, dans le genre petite station familiale, sans frime ni esbroufe... Exposé plein sud, à 1 500 m, avec un panorama privilégié. Depuis le village d'Huez, promenade peinarde et super pittoresque tout à la fois, sur une étroite route en corniche (ce serait vraiment dommage de la rater !).

➢ En hiver, l'accès se fait principalement depuis Allemont, la route d'Huez étant parfois fermée aux voitures. Pour les skieurs débutants, forfait local (donnant accès à sept remontées mécaniques), trois fois moins cher que le forfait proposé par sa prestigieuse et écrasante voisine. Pour les skieurs confirmés, liaison au domaine des Grandes Rousses.

Adresse utile

ℹ ***Office de tourisme :*** *rue des Pistes. ☎ 04-76-80-45-69. • villard-reculas.com • En saison, lun-sam et dim mat ; hors saison, ouv le mat en sem.*

Où manger ?

|●| ***La Bergerie :*** *au pied du télésiège du Villarais, à 1 600 m. ☎ 04-76-80-36-83. • francis.barlerin@orange.fr • Bien fléché depuis le centre du village. De mi-déc à mi-avr, ts les midis ; juil-août, tlj midi et soir. Fermé en intersaison.*

En été, salades env 12 €. Plat du jour en hiver env 15 €. Carte env 27-40 €. Ancien chalet au milieu des alpages, restauré avec beaucoup de goût. Intérieur chaleureux et coquet avec notamment une pittoresque collection de clochettes. Cheminée en hiver. Aux beaux jours, super terrasse panoramique équipée de chaises longues, en surplomb de la Romanche, autour de laquelle des chevaux en liberté paissent en été. Vue sublime ! Côté cuisine, spécialités régionales en été (goûtez donc le poulet aux écrevisses et son gratin dauphinois), snack et carte tradi le midi en hiver (salade, charcuterie, tarte).

LA VALLÉE DU VÉNÉON ET LE PARC NATIONAL DES ÉCRINS

Carte Isère, D4

Des six vallées de l'Oisans, c'est la plus sauvage, la mieux préservée. Avec de rares villages et hameaux en cours de route et un potentiel incroyable de randonnées de tous niveaux. Longue de 25 km environ, la route, particulièrement étroite en certains endroits, est en partie fermée en hiver. Tout au fond, *La Bérarde,* une des portes d'entrée au *parc national des Écrins.* Créé en 1973, c'est le plus grand parc de France. Mis à part celui du Mont-Blanc, le plus élevé aussi, regroupant la *barre des Écrins* (4 102 m), la *Meije* (3 983 m), *Ailefroide* (3 953 m) et le *Coolidge* (3 775 m). Également plus bel ensemble glaciaire de France, avec 12 000 ha de glaciers. Avec 2 500 espèces végétales, il regroupe la moitié de la flore française. Quelques plantes rares comme les *androsaces, woodsia* du Nord (fougère boréale) et myosotis nain. Si l'ours et le grand tétras n'ont pas survécu à la déforestation massive, en revanche, on y trouve chamois, aigle royal, perdrix bartavelle, lagopède, marmotte, hermine, grenouille rousse, triton alpestre, etc. Le bouquetin a été réintroduit avec succès. Belles colonies de papillons également (voir aussi le chapitre sur le parc national des Écrins dans la partie « Hautes-Alpes »).

Adresse et info utiles

Direction du parc national des Écrins : domaine de Charance, 05000 **Gap.** ☎ 04-92-40-20-10. • ecrins-parcnational.fr • Pour tout renseignement concernant le parc. Calendrier des « sorties de découvertes », régulièrement organisées, été comme hiver. Et toutes les infos nécessaires pour partir à l'assaut des sommets...

Cars Transisère : ☎ 0820-08-38-38 (0,12 €/mn). • transisere.fr • Ligne nº 3040. Juil-août, 4 bus/j. entre Grenoble (via Bourg-d'Oisans) et les bourgs de la vallée du Vénéon jusqu'à la Bérarde (terminus de la ligne). Liaisons également en juin et sept, mais fréquence réduite.

VENOSC (38520)

Sur la D 530, dans la vallée du Vénéon. Tout à fait charmant et préservé. À côté de chalets tout neufs et bien léchés, de vénérables demeures anciennes aux balcons usés, aux façades de pierre lézardées avec leurs tas de bois accrochés aux murs. Ruelles étroites caillouteuses ou durement empierrées abritent des boutiques d'artisanat (d'où un côté un peu touristique, inévitablement). L'église présente un beau clocher du XIVe s, avec baies géminées et flèche en pierre. À l'intérieur, beau retable baroque du XVIIe s en bois doré, avec statues polychromes. Aux murs, chasubles anciennes. De Venosc, on peut gagner Les Deux-Alpes en télécabine qui fonctionne été comme hiver.

Adresse utile

Office de tourisme (pour Venosc et les environs) **:** *La Condamine. ☎ 04-76-80-06-82. • venosc.com • En bas du village, sous les télécabines. Ouv tlj (sf w-e en intersaison).*

Où dormir ? Où manger ?

Campings

Camping La Cascade : *L'Alleau. ☎ 04-76-11-09-75. • info@camping-cascade.com • camping-cascade.com • À 1 km env de l'office de tourisme, à la sortie du hameau de Bourg-Arud, sur la droite, juste après le pont. Ouv Pâques-Toussaint ; tte l'année pour les loc. Forfait pour 2 pers 10,80-11,40 € selon taille de la tente. Douches payantes. Loc de chalets 4-6 pers, 350-550 €/sem ; minitente en bois (tentabois) 260 €/sem. CB refusées. Réduc de 10 % sur la nuitée, sur présentation de ce guide.* Petit camping familial, dans un joli coin très nature, entre montagne et torrent. Bien tranquille, et ce ne sont pas les biquettes qui broutent dans le champ mitoyen qui font beaucoup de bruit.

Camping-caravaneige Le Champ du Moulin : *Le Bourg-d'Arud. ☎ 04-76-80-07-38. • info@champ-du-moulin.com • champ-du-moulin.com • À la sortie de Venosc, sur la droite. Ouv de mi-déc à fin avr et de juin à mi-sept. Pour 2 pers avec tente et voiture, compter 16,50-21,70 € selon saison. Loc de mobile homes et de chalets 4-6 pers, 329-672 €/sem selon saison ; bungalows toilés (5 pers) 294-469 €/sem.* Camping familial ensoleillé et bien équipé, au bord du Vénéon, un vrai torrent de montagne. Multiples activités à proximité (piscine municipale découverte avec toboggan aquatique et tennis à 50 m, rafting, parapente, etc.). Bon confort (snack et épicerie en juillet-août). Chalets sympathiques.

De prix moyens à chic

Chambres d'hôtes Le Chalet de Pascale : *Le Courtil. 06-70-57-27-31. • pascale.durdan@gmail.com • pascale.a-venosc.com • Dans le village. Ouv de mi-juin à août. Double 70 € avec sdb ; réduc de 10 % au-delà de 3 nuits.* Pascale a hérité d'une partie de l'ancien hôtel familial et perpétue la tradition d'accueil en proposant 5 chambres d'hôtes. Elles sont simples et rafraîchies peu à peu (parquet flottant, certaines avec murs bardés). Sauna, hammam, jacuzzi et piscine en été.

Château de la Muzelle : *Le Bourg-d'Arud. ☎ 04-76-80-06-71. • contact@chateaudelamuzelle.com • chateaudelamuzelle.com • Tlj de juin à mi-sept. Double 69 €. Menus 25-42 € et carte 35-40 €.* Dans cette ancienne gentilhommière du XVIIe s, il règne une atmosphère surannée, très pension de famille. Dans l'escalier en bois, l'aigle royal empaillé veille sur les hôtes. Chambres classiques, avec leurs murs enduits de crépi blanc et leurs rideaux à grosses fleurs. Petit déjeuner et repas pris dans une salle au décor british, agrémentée d'illustrations de fleurs des montagnes. Parc agréable à l'arrière. Fait aussi resto, mais on vous indique l'adresse plutôt pour l'hébergement.

Les Deux M : *Le Courtil. ☎ 04-76-79-25-08. 06-47-34-67-57. • info@les2m.com • les2m.com • Dans le village. Ouv de mi-mai à mi-oct et de Noël à avr. Double 80 €. Table d'hôtes 25 € (boisson en supplément).* Belle adresse au cœur du village, tenue par un jeune couple de Néerlandais. Les 5 chambres, situées aux 2e et 3e (les proprios habitent le 1er), ont été restaurées dans un esprit qui allie charme de l'ancien et confort du moderne. Elles ne sont pas très grandes mais fort plaisantes (toutes disposent de la TV, et la plupart d'un balcon). Joli salon commun pour se poser. Aux beaux jours, cour où l'on prend les repas le soir. Sauna, hammam, jacuzzi et piscine en été.

Où dormir ? Où manger dans les environs ?

Refuge de la Muzelle (Les Amis de la montagne) : *☎ 04-76-79-02-01. • yves.durdan@neuf.fr • À 4h de marche depuis le parking de l'Alleau* *(et ça grimpe ! 1 200 m de dénivelée !). Tlj de mi-juin à fin sept ; 1re sem de juin sur résa slt. Nuitée 17 €/pers ; ½ pens env 42 €/pers. Menu (le soir) 17 €.* Possibilité de dormir tout là-haut (2 130 m) dans cette maison de bois, posée dans un site majestueux, au bord d'un petit lac qu'on partage avec d'impressionnants troupeaux de moutons.

À faire

➢ **Balades et randos à dos d'âne :** avec **La Ferme aux Ânes.** *Au pied de la télécabine pour Les Deux-Alpes. ☎ 04-76-80-15-30. 06-15-68-92-69. Déc-mai, tlj sf w-e 10h-17h30 (sur résa le w-e en mai). De mi-juin à début sept tlj. Formules à la ½ journée, au w-e ou à la sem.* L'animal porte bagages et nourriture la journée. À vous de le bichonner le soir venu. Démonstration d'attelage et découverte des animaux de bât : mulet, yak, lama. Possibilité également de faire une simple balade à dos d'âne. En hiver, visite à la ferme, *ski joëring* (ski tracté par un âne) et balades en traîneau. Petit musée consacré à... l'âne, évidemment.

➢ ***Visites guidées de Venosc :*** *en saison, lun à 14h ; rdv devant l'office de tourisme.* Balades de 2h environ autour du village.

À voir. À faire dans les environs

La Danchère (38520) : *sur la droite à l'entrée de la vallée (un peu avt Venosc, dont c'est d'ailleurs un hameau), par la D 214c.* Deux hameaux à vrai dire : *La Danchère-du-Bas* et *La Danchère-d'en-Haut,* avec leur ruelle pavée, leurs fontaines et lavoirs de pierre. Ce dernier offre un point de départ idéal pour la célèbre randonnée vers le Lauvitel, le plus grand lac glaciaire du massif des Écrins et de surcroît l'un des plus beaux sites de l'Oisans. Grimpette le long du GR 54 (530 m de dénivelée, compter 1h30 de marche), agrémenté au fil de la montée de vestiges de l'ancien aménagement agricole du vallon.

➢ ***Randonnée au lac de Lauvitel :*** l'une des incontournables de Venosc. Compter 3h depuis Venosc : 1h30 jusqu'au hameau de La Danchère (où vous pouvez également vous rendre en voiture) et 1h30 de montée jusqu'au lac pour 530 m de dénivelée. Là-haut, un superbe lac avec des marmottes facilement approchables ! Pour les courageux (et experimentés !), possibilité de rejoindre le lac de la Muzelle par le col du Vallon. Compter 4h pour arriver au refuge de la Muzelle (où l'on peut bien sûr dormir et manger, lire plus haut).

Fête

– ***Fête des Métiers d'art :*** *en été.* Une des quatre fêtes traditionnelles qui jalonnent l'été (avec le marché de potiers, la fête du bois et les médiévales). Des artisans exposent leurs créations : sculpture traditionnelle et monumentale, métiers du bois (scieurs de long, ébéniste, vannier...).

SAINT-CHRISTOPHE-EN-OISANS (38520)

Avec moins de 100 habitants, c'est pourtant l'une des plus grandes communes de France par son étendue ! Au cimetière reposent plusieurs générations d'alpinistes célèbres, parmi lesquels les Rodier, les Turc, les Gaspard... Également un petit monument dédié au Père Gaspard, vainqueur de la Meije en 1877, face au musée « Mémoires d'alpinismes ».

Adresse utile

Office de tourisme : *au centre du village. ☎ 04-76-80-50-01. • berarde.com • Tlj juin-sept ; accueil téléphonique le reste de l'année.* Accueil dynamique.

Où dormir ? Où manger ?

De bon marché à prix moyens

La Cordée : *La Ville (même si c'est un village !). ☎ 04-76-79-52-37. • la.cordee@free.fr • la-cordee.com • Au cœur du village. Ouv tte l'année. Dortoir 13 €/pers. Doubles avec lavabo et w-c sur palier 39 €, avec douche et w-c 49 €. ½ pens 39-49 € ; formule (midi et soir) 13 €, menus 17-19 €. Élixir maison offert sur présentation de ce guide.* Une institution centenaire drainant une clientèle de montagnards et de randonneurs, et qui a été élue café historique et du patrimoine européen. On vient ici avant tout pour la gentillesse de la patronne Marie-Claude (arrière-arrière petite-fille de Pierre Gaspard), et pour l'atmosphère conviviale et particulièrement authentique. Côté cuisine, fondue aux cèpes, raclette, omelettes, soupes et spécialités de l'Oisans (crozets, farcis, etc.). En été, rencontres littéraires avec des auteurs locaux, concerts gratuits, etc., et, toute l'année, café littéraire, salon de thé, tartes salées et sucrées à déguster à toute heure, dans un cadre resté hors du temps. À l'étage, une dizaine de chambres simples mais tout à fait correctes. À l'écart, une vingtaine de places en dortoirs sommaires aménagés dans un ancien fenil. Sans oublier un super hammam (payant) !

Gîte Les Arias : *Pré-Clôt. ☎ 04-76-79-27-41. • gite.lesarias@orange.fr • Entre Saint-Christophe et Les Étages, en marge de la route. Congés : de mi-oct à déc. En janv-fév, ouv les w-e, puis tlj à partir d'avr. Nuitée en gîte 22 €/pers. Double env 64 €, petit déj compris. Menus (sur résa slt) 14-25 €.* Gîte d'étape et de séjour dans une solide maison montagnarde bien tenue. Gaufres et tartes maison à prix doux. Terrasse. Départ des randonnées du Plat-de-la-Selle et du Champhorent. Bon accueil.

Refuge de l'Alpe du Pin : *☎ 04-76-79-52-37 (hôtel La Cordée). 06-07-97-54-67. Accessible depuis le lieu-dit Les Granges (1h30) ou encore de Saint-Christophe (2h). Juin-sept. Nuitée 13-15 €/pers ; ½ pens 37-39 €/pers. Repas 16 €.* Dominant, à 1 805 m d'altitude, la vallée du Haut-Vénéon, une petite maison en pierre construite dans les années 1940. Une vingtaine de couchages en dortoir. Sur place, restauration, boissons, pâtisseries et crêpes. Point de départ de courses d'alpinisme et du Tour gourmand (tour en rando liberté sur 5 jours, infos à l'office de tourisme).

La Table du Chritolet : *La Ville. ☎ 04-76-79-55-72. • lechritolet@orange.fr • lechritolet.com • À la sortie du village, en direction de la Bérarde. Ouv mai-oct. Double 70 €, petit déj compris ; ½ pens 49 €/pers. Formules 13-16 € ; spécialités montagnardes env 23 €.* Une poignée de chambres lambrissées, simplement confortables et bénéficiant d'une jolie vue sur les montagnes. Au resto, cuisine familiale, spécialités de montagne et barbecue en été. Fromages blancs et tartes maison à toute heure. Paniers-repas.

Où assister à un concert ?

La Cordée : *La Ville. Voir « Où dormir ? Où manger ? ».* En juillet-août, différents concerts (du pop-rock jusqu'au classique !), organisés dans une ancienne écurie réaménagée, vers 21h (téléphoner pour connaître le programme). Gratuits. Également des rencontres littéraires.

À voir

Le musée « Mémoires d'alpinismes » : *dans le même bâtiment que l'office de tourisme. ☎ 04-76-79-52-25. • musee-alpiniste.com • Juin-sept, tlj 10h-12h, 14h-18h ; pdt les autres vac scol (ttes zones), 14h-17h (fermé sam et j. fériés).*

Entrée : 3 € ; gratuit moins de 16 ans ; 2,50 € sur présentation de ce guide. Prévoir 1h-1h30 de visite.
Trois espaces au rez-de-chaussée : salle de présentation avec grande maquette permettant de localiser la cinquantaine de sommets de plus de 3 500 m, les 10 refuges et le parc national des Écrins. Deux galeries, l'une sur l'habitat et l'adaptation de l'homme au milieu ; l'autre permettant la projection d'un film d'une dizaine de minutes. Salle voûtée dédiée aux guides du Vénéon évoquant les pionniers de l'alpinisme avec les Anglais Whymper, Coolidge... qui, rappelons-le, furent les inventeurs de ce sport.
Au 1er étage, la première salle présente les montagnes prestigieuses que sont la Meije et les Écrins, la seconde mélange les thèmes : femmes alpinistes, escalade et photos en relief sur verre d'époque (à ne pas rater !).
Au 2e étage, exposition sur l'hôtellerie et l'évolution touristique au cœur des Écrins.

À faire

➢ ***Nombreuses possibilités de randonnées :*** quatre au départ du Plan-du-Lac et huit au départ de Saint-Christophe (dont quatre à faire en famille). Se procurer l'indispensable *Guide des randonnées dans la vallée du Vénéon* (éditions du parc national des Écrins-l'Oisans aux six vallées ; payant), ainsi que le topoguide (payant) des sentiers n° 5 Vénéon *(L'Oisans au bout des pieds)*. Une carte avec le détail des randos possibles est également en vente dans les offices de tourisme et les commerces du Vénéon. Sinon, plein d'infos utiles sur les randos du coin sur le site : *• randonnee-ecrins.com •*

– ***Hammam :*** *à La Cordée. Voir « Où dormir ? Où manger ? ». Ouv tlj, à tous. Compter 13 €/pers.*

– ***Rafting, hydro, hot dog :*** *avec* ***Vénéon Eaux Vives*** *(☎ 04-76-80-23-99). • rafting-veneon.com • En été, jusqu'à 4 départs/j. pour le rafting.*

– ***Via ferrata :*** deux tronçons accessibles librement. Le premier au départ de *Vénéon Eaux Vives,* au pied de la montée vers Saint-Christophe (200 m environ de dénivelée, niveau moyen ; 2h30) ; le second, un peu avant le *pont du Diable,* plus court et destiné à l'apprentissage pour petits et grands.

LA BÉRARDE *(38520)*

Terminus de la D 530. Attention : la route est fermée à partir de Saint-Christophe de décembre à mars, selon l'enneigement. « La mecque » de l'alpinisme ! Quelques maisons disséminées dans ce fascinant cul-de-sac, mais ce bout du monde est entièrement déserté par ses habitants en hiver. Minuscule café-épicerie d'antan (ouvert de mai à octobre). La route s'enfonce dans un environnement minéral dévalé par un torrent fougueux. Départ de fort belles randonnées et courses dans le parc national des Écrins. En revanche, ici plus encore que dans la vallée de la Vallouise (entrée sud des Écrins), les plus hauts sommets sont cachés derrière les hautes falaises de pierre. Marche d'approche de 40 mn pour apercevoir la barre des Écrins (les non-marcheurs rebrousseront chemin jusqu'à hauteur des *Étages* pour bénéficier du point de vue).

Adresses utiles

i ***Office de tourisme :*** *à la maison de la Montagne. ☎ 04-76-80-50-01. • berarde.com • Tlj juin-sept ; accueil téléphonique le reste de l'année.*

■ ***Bureau des guides du Vénéon :*** *☎ 04-76-79-54-83. Partage le même bureau que l'office de tourisme. Ouv tlj slt juil-août.* Stages et initiations en tout genre (escalade, alpinisme, randonnée glaciaire, etc.). Programme préétabli de courses collectives sur demande (3 ou 4 personnes).

Où dormir ?

Camping

⛺ ***Camping municipal de La Bérarde :*** ***Saint-Christophe-en-Oisans.*** *☎ 04-76-79-20-45. • berarde.com • À 800 m avt le village, accès par un pont de bois. Ouv juin-sept. Forfait pour 2 pers avec tente et voiture env 12 € ; tente « prêt-à-camper » 4 pers, 215-330 €/sem (35-45 €/nuit) ; douche chaude payante.* Les emplacements s'étirent plaisamment le long de la rive gauche du torrent où poussent quelques bouleaux. Excellent accueil. Sanitaires impeccables dans de petits chalets de pierre très couleur locale. Salle TV.

Où dormir en refuge ?

S'il est un lieu où dormir en refuge prend tout son sens, c'est bien à La Bérarde. On a retenu quatre refuges gardés de mi-juin à mi-septembre ainsi que certains week-ends et jours fériés en intersaison. Bien penser à réserver pour y dormir (y compris en juillet-août, car ils affichent souvent complet). Chiens interdits dans le parc.

🏠 |●| ***Le Chatelleret*** *(altitude : 2 225 m) : ☎ 04-76-79-08-27 ou 04-76-80-03-86. Compter 2h de grimpe pas trop difficile par le vallon des Étançons. Ouv de début avr à mi-mai et de mi-juin à mi-sept. Nuitée 19,10 € ; dîner et petit déj 23 €. Réduc pour les moins de 25 ans ; gratuit moins de 8 ans.* Une grande maison de pierre au pied de la face sud de la Meije. C'est ici même, dans cette belle vallée glaciaire au fascinant décor minéral, qu'a bivouaqué Pierre Gaspard avant de s'attaquer à ce sommet. Terrasse où profiter du paysage, du soleil et des... desserts maison. Du refuge, nombreuses possibilités de balades, notamment au printemps, à skis de randonnée.

🏠 |●| ***Le Temple-Écrins*** *(altitude : 2 410 m) : ☎ 04-76-79-08-28. • temple-ecrins@orange.fr • temple-ecrins.com • Difficulté moyenne. Compter 3h de montée. Ouv de mi-juin à mi-sept (w-e en mai et 2e quinzaine de sept sur résa). Nuitée 17,40 €/pers ; ½ pens 39,40 €/pers ; réduc moins de 18 ans.* Beau panorama au pied de la barre des Écrins. Randonnées jusqu'à 2h au-dessus du refuge et chamois « à portée de main », dixit le gardien (qui mijote aussi quelques petits plats sur le poêle...).

🏠 |●| ***La Pilatte*** *(altitude : 2 577 m) : ☎ 04-76-79-08-26 ou 04-92-24-14-17 (hors saison). Difficulté moyenne. Compter env 4h de marche. Ouv de début juin à mi-sept. Nuitée 19,10 €/pers ; réduc pour les moins de 25 ans. Repas 17,50 € ; petit déj 7 €.* Une centaine de couchages au cœur de l'impressionnant site glaciaire de la Pilatte avec vue imprenable sur la Meije, les Écrins et l'Ailefroide. Douches chaudes et... desserts maison.

🏠 |●| ***Le Promontoire*** *(altitude : 3 092 m) : ☎ 04-76-80-51-67 ou 04-76-51-90-31. • refugedupromontoire.com • Au départ du Chatelleret, compter 3h de montée supplémentaires (soit 5h depuis La Bérarde). Dénivelée totale 1 400 m env. Exclusivement pour randonneurs confirmés. L'accès nécessite, soit l'escalade d'une arête rocheuse équipée d'un câble, soit la traversée du glacier des Étançons (équipement obligatoire dans les 2 cas !). Fermé mi-sept à avr. Nuitée 26 €/pers ; ½ pens 51 € ; réduc moins de 25 ans.* Le vrai refuge de haute montagne, littéralement accroché aux rochers. Point de départ pour les courses et autres grandes voies de la Meije. Ski de randonnée au printemps. Possibilité de restauration sur place en période de gardiennage.

Quelques randonnées...

➢ ***Le circuit La Bérarde-Chardon-Carrelet :*** compter 4-5h pour effectuer la boucle. Difficulté moyenne, pour bons randonneurs. Depuis le vallon du Chardon, belle vue sur le glacier du même nom, la Meije et la face sud des Écrins. Retour par le refuge du Carrelet. De là, marcher 30 mn pour aller observer le plus grand glacier de la vallée : la Pilatte. Plus on s'approche, plus le spectacle du cirque glaciaire et de ses séracs monolithiques est magnifique.

➢ ***La tête de la Maye :*** à 2 516 m. Difficile. Dénivelée de 800 m. Pour très bons randonneurs. Compter 2h30 de montée. Grimpette escarpée avec quelques pas d'escalade. Le must en matière de panorama ! De là-haut, vue a 360° sur les Écrins, la Grande Aiguille de La Bérarde, Ailefroide et l'Oisans. Table d'orientation.

➢ ***La Grande Aiguille de La Bérarde :*** env 4h A/R. Assez difficile. Pour ceux qui aiment crapahuter et randonneurs aguerris. Vers 2 500 m, dès que le chemin n'est plus visible, il est recommandé d'arrêter de grimper. Beau belvédère sur les Écrins.

LES DEUX-ALPES (38860) 2 000 hab. *Carte Isère, C3*

Née de la volonté des habitants des deux villages de L'Alpe-de-Venosc et de L'Alpe-de-Mont-de-Lans, Les Deux-Alpes est une grande station moderne mais sympa. De la Meije, culminant à 3 987 m, aux alpages, en passant par les sentiers boisés à 1 300 m, le spectacle de la montagne est partout. Drogués de ski et de soleil, amoureux des torrents, champs et crêtes, cette station est pour vous, à condition de figurer parmi les routards sportifs et de ne pas être trop sensibles au manque d'unité architecturale. À suivre, la politique de réhabilitation lancée par la station. Avec le label « Famille Plus », la station démontre ainsi qu'elle ne néglige pas non plus les enfants.

Adresses et info utiles

Pas moins de trois bureaux d'information, au choix suivant votre situation dans la station.

i ***Office de tourisme :*** *au centre de la station, pl. des Deux-Alpes. ☎ 04-76-79-22-00. • les2alpes.com •*
– ***Central de réservation :*** *☎ 04-76-79-24-38. • reservation@les2alpes.com • les2alpesreservation.com •*
i ***Point info de L'Alpe de Mont-de-Lans :*** *à l'entrée de la station. ☎ 04-76-79-25-00. Tlj en saison mais fermé en intersaison.*
i ***Point info de L'Alpe de Venosc :*** *dans la station, voir la partie « Venosc ». ☎ 04-76-79-26-41.*
■ ***Bureau des guides :*** *Maison des Deux-Alpes. ☎ 04-76-11-36-29. • guides2alpes.com • Tlj 15h30-19h.* Stages et initiations en tout genre.
Cars Transisère : *☎ 0820-08-38-38 (0,12 €/mn). • transisere.fr •* Ligne n° 3030. 3-6 services/w-e au départ de Grenoble. L'hiver, les cars ***Transaltitude*** font la navette avec la gare routière de Grenoble en correspondance avec les trains. Hors saison, correspondance à Bourg-d'Oisans.

Où dormir dans la station ?

Beaucoup d'hôtels, meublés et locations diverses, vous vous en doutez, dans le style chalet ou parallélépipède pompidolien. Bien tenus dans l'ensemble mais, succès oblige, sans (heureuse) surprise... En saison, c'est bien souvent l'usine ! Une adresse tout de même :

Hôtel Le Pied Moutet : *9, pl. de Venosc. ☎ 04-76-80-50-21. • hlepiedmou@aol.com • hotellepiedmoutet.com • Ouv tlj tte l'année. Compter 33-53 €/pers selon saison, petit déj compris, en chambres de 2 à 6 pers. ½ pens 49-69 €/pers, demandée en hiver.* Petit établissement en forme de gros chalet (ancienne ferme d'alpage), à deux pas des remontées mécaniques et des champs de neige. Atmosphère familiale, établissement simple, bien tenu. Bar, billard, sauna.

Où manger dans la station ?

De bon marché à prix moyens

Crêpes à Gogo : *118, av. de la Muzelle. ☎ 04-76-79-29-61. Congés : mai-juin et sept-nov. Carte env 15-20 €. CB refusées. Apéritif maison offert sur présentation de ce guide.* Façon *Ma cabane au Canada* avec grosses poutres et chaleureux décor hétéroclite. Dans un coin, un orgue de Barbarie et une cheminée. Ça sent bon le feu qui crépite (même en été). Grande terrasse aux beaux jours. Fondues, raclette, salades, crêpes de sarrasin et de froment, glaces maison... Une petite institution dans le coin, pour de la restauration rapide à toute heure. Bon choix de bières.

Le Cellier : *3, pl. de Venosc. ☎ 04-76-79-08-79. • restolecellier@laposte.net • En saison, service continu tlj 12h-minuit l'hiver, 12h-15h et 19h-22h30 l'été. Fermé de mi-mai à mi-juin. Formules déj en sem 11-13 € ; menus 15-29 €. Digestif maison offert sur présentation de ce guide.* Intérieur où domine le bois, avec vieux tonneaux à l'entrée, instruments agraires et nappes colorées. Honnête cuisine et incontournables spécialités montagnardes. Terrasse ombragée en été.

À voir aux Deux-Alpes et dans les environs

La Maison de la montagne : *av. de la Muzelle. ☎ 04-76-79-53-15. Tlj sf sam : en été 10h-12h, 15h-19h ; en hiver 14h-18h. Entrée libre.* Intéressantes expos temporaires autour de la station et du patrimoine montagnard.

Le musée municipal Chasal-Lento : *38860* ***Mont-de-Lans.*** *☎ 04-76-80-23-97. Village avt la station, sur la D 213. Mêmes horaires que la Maison de la montagne. Entrée libre.* Musée des Arts et Traditions populaires. Les colporteurs, le barrage du Chambon, la vie quotidienne des aïeux et la porte romaine sont racontés par des gens du pays.

Ski et neige

Ski alpin : domaine (1 300-3 600 m) avec 225 km de pistes. Forfait journée adulte : environ 42,50 €. Un grand des Alpes : le domaine skiable, toujours ensoleillé, est vraiment exceptionnel. Fonctionnant de surcroît grâce à son glacier près de 8 mois par an. Pour les débutants, 5 remontées gratuites en bas des pistes. Le *Dôme Express* et le *Jandri Express* vous propulsent à 3 600 m en 30 mn environ. De quoi éprouver la folie des hauteurs, pour ne pas dire des grandeurs, puisqu'on embrasse d'un seul coup d'œil l'Oisans, la Vanoise, le mont Blanc, les Alpes italiennes et le Pelvoux. Unique ! Et plus on monte en altitude, plus le ski est facile ! L'animation « Freeride Attitude », gratuite et ouverte à tous, sensibilise les skieurs aux risques d'avalanche et au ski hors piste.
À noter : le domaine est accessible aux personnes handicapées et équipées de fauteuils handisport.

– ***Snowboard :*** à 2 600 m d'altitude, le *snowpark* de la Toura est un des plus beaux de France. Un *half-pipe,* une foule de modules, une zone de *slide...*

Ski de nuit : *avec les soirées « Pleine lune » 1 fois/mois. Compter env 40 €. Infos à l'office de tourisme.* Un must ! On arrive à 3 200 m vers 17h, ski sous le soleil couchant, dîner en resto d'altitude, animations diverses puis, à la nuit tombée, descente vers la station sous l'éclairage de la pleine lune.

➢ ***Randonnées panoramiques :*** les plus hauts sommets sont accessibles aux piétons, en moins de 30 mn. La *Croisière blanche* vous permet de découvrir le plus grand glacier skiable d'Europe. À l'arrivée du funiculaire, un véhicule à chenillettes conduit les promeneurs au sommet du dôme de Puy-Salié. Quelque 45 mn inoubliables pour les non-skieurs désirant prendre leur pied sans avoir à grimper sur les lattes *(A/R : env 34 €)* !

– Nombreuses activités : randonnées à raquettes, ruisseling (randonnées sur rivières gelées avec cordes et crampons), parapente, *speed riding*...

Sports et loisirs d'été

Bon à savoir, en été, la liaison en remontée mécanique reste assurée entre Les Deux-Alpes et les villages de Venosc et de Mont-de-Lans.

Du ***ski*** toujours, dans le plus vaste domaine de ski d'été en Europe. L'été, plus de 20 remontées mécaniques fonctionnent encore, dont le funiculaire *Dôme Express,* soit une dizaine de pistes et un *snowpark* ouverts dans le haut du domaine. Stages de ski, snowbord, école de ski et snowboard, stages de compétition tous niveaux, etc. Le *ski pass* (environ 70 €, 2 jours) donne en outre droit à diverses autres prestations.

– ***Luge d'été :*** deux pistes éclairées (une lente, une rapide). Nocturne jusqu'à 22h, 2 fois par semaine.

VTT : Les Deux-Alpes se posent en nouvelle Mecque de ce sport, notamment pour le VTT de descente et *freeride.* Plusieurs superbes pistes de descente, pour débutants comme pour *riders* aguerris. Doc très, très complète à l'office de tourisme. *Pass journée* pour les remontées mécaniques : environ 24 €. Les événements incontournables : mi-juillet, *Crankworx Les 2 Alpes Free Raid Classic Incuded,* et *Mountain of Hell.*

– ***Sports divers d'été :*** pour l'alpinisme, initiation et découverte de la haute montagne. École de glace et mur d'escalade. Sports en eaux vives : rafting, canoë-kayak, canyoning. Mais aussi équitation, golf, piscine chauffée, patinoire, tennis, etc.

➢ ***Balades et randonnées :*** se procurer, pour 6 €, le guide *L'Oisans au bout des pieds* à l'un des offices de tourisme. Vous y découvrirez plus de 20 balades, de 30 mn à 4h.

➢ ***Randonnées « contemplatives » :*** accès aux superbes points de vue, entre 3 200 et 3 425 m grâce au téléphérique et au funiculaire. Possibilité d'acheter un *pass piéton.*

Manifestation

– ***Junior Foliz :*** *1 sem en avr.* Animations familiales.

LA VALLÉE DU FERRAND ET LE PLATEAU D'EMPARIS

Carte Isère, D3

Accès par la D 1091 et la D 25. Ne manquez pas les trois pittoresques villages de pierre que sont Mizoën et Besse, perchés à quelque 1 550 m d'altitude, sans oublier Clavans-le-Bas et Clavans-le-Haut. Pas loin de là, la *cascade du Ferrand,* dans un beau cadre de schiste noir. Bordant la vallée à l'est, à cheval sur les territoires de Mizoën, Besse et La Grave, le plateau d'Emparis fait face au pic du Mas-de-la-Grave (3 021 m). Véritable paradis pour les moutons

(près de 20 000 bêtes séjournent ici de juin à début octobre), ces alpages rassemblent aussi randonneurs et géologues en herbe qui viennent faire leurs classes dans ce paysage aux traits marqués (couches sédimentaires laissant apparaître des affleurements cristallins à l'approche des fortes pentes de la Romanche, synclinaux, failles, tourbières, petits lacs permanents, etc.) et riche d'une flore alpine préservée. Traversée du plateau au départ de Besse et Mizoën (GR 54 et GR 50). En hiver, superbes randonnées à raquettes.

MIZOËN *(38142)*

Tranquille village qui possède toujours son four à pain et un petit musée du Terroir des Clots. Cet ancien hameau de paysans et de pâtres renaît aujourd'hui grâce au parcours initiatique *Histoires et Légendes* (le long du GR 54). En chemin, découverte de la légende des nains, des anciennes ardoisières, des pentes abandonnées de lavande sauvage jadis cueillie et distillée, du lac Lauvitel et enfin des cultures en terrasses. Pause casse-croûte toute trouvée en été au *refuge des Clots (☎ 04-76-80-03-10),* à 1h de Mizoën.

Où dormir ?

Gîte d'étape L'Emparis : *☎ 04-76-80-18-69. • aubergemizoen@orange.fr • emparis.com • À côté de l'église. Congés : vac de Toussaint. Nuitée 17 €/pers ; ½ pens 35 €/pers ; loc de draps 5 €. Possibilité de bivouac 5 €/pers (douche comprise).* Dans une grosse maison, une trentaine de lits (répartis en chambres de 2, 4 ou 6 personnes). Certaines avec simple lavabo, les autres disposent de sanitaires privés. Un gîte bien tenu, avec salle commune dotée d'une cheminée. Tables pique-nique et aire de bivouac sur des terrasses avec vue plongeante sur le lac du Chambon.

BESSE *(38142)*

L'un de nos hauts villages préférés. Tout en pierre – le bois était rare à l'époque –, il a su intelligemment conserver son authenticité montagnarde et son âme. Ruelles en pente pavées de grosses pierres mal équarries ou en terre (on n'en a trouvé qu'une goudronnée !), vénérables demeures en schiste noir mélangé à de gros morceaux de granite, étroits passages coupe-feu, fontaines fleuries qui glougloutent... une homogénéité et un charme réjouissants !

Adresse utile

Point info : *au centre du village. ☎ 04-76-80-00-85 (à la mairie en intersaison). • valleeduferrand.com • Tlj de mi-juin à mi-sept ; hors saison, accueil téléphonique slt.*

Où bivouaquer ? Où acheter de bons produits ?

Aire de bivouac de Besse : *à 300 m du village ; traverser le bourg jusqu'au chemin d'accès au plateau d'Emparis (GR 54). ☎ 04-76-80-29-63. Ouv de mi-juin à mi-sept. Prix : 7 €.* Eau potable et douches (avec jetons), eau chaude en supplément (1,50 €). Une table, quelques emplacements seulement au bord du ruisseau. Très sympa. Qui plus est, point de départ idéal pour les alpages d'Emparis.

La Tourte de Besse : *☎ 04-76-80-04-46. En été, tlj sf sam mat ; le reste de l'année, mieux vaut téléphoner.* Dans une petite maison tout en pierre à la sortie du village (au-dessus du parking). Savoureux pains au levain cuits au feu de bois. Accueil naturellement sympathique.

À voir. À faire

La Maison des alpages : *☎ 04-76-80-19-09. • maisondesalpages-besse.com • Juil-août, tlj 10h-12h30, 14h30-19h ; le reste de l'année, w-e et j. fériés 14h-19h et ts les ap-m sf mer pdt les vac scol ; sinon, sur rdv. Entrée : 3 € ; réduc ; gratuit moins de 5 ans. De juil à mi-sept, journée en alpage à la rencontre des bergers : sur résa (15-20 pers max) ; compter 20 €, ½ tarif moins de 15 ans ; amener le pique-nique. Pour 5-10 € selon durée de la visite (2-4h), visite du village ; également une journée découverte du village avec repas gastronomique 27 € ; rens sur place.* Exposition exceptionnelle sur ces hommes qui, hier, ont façonné la montagne. Espaces interactifs et ludiques, expositions temporaires, salles de projection, librairie.

➢ ***Sentier de découverte :*** promenade balisée d'environ 1h30 tout autour de Besse. Nombreux panneaux relatant la vie de la montagne, de la faune à la flore en passant par les activités de montagne telles que l'agriculture étagée ou l'extraction des ardoises. Rendez-vous au premier panneau situé à la sortie du village et laissez-vous guider. Sinon, petite brochure gratuite disponible au point info ou à la Maison des alpages.

LE MASSIF DE LA CHARTREUSE

Entre Grenoble et Chambéry, Voiron et la vallée du Grésivaudan, voici le plus petit des massifs préalpins. Un nom connu surtout pour sa célèbre liqueur, et aussi pour son monastère. Un parc naturel régional a été créé en 1995 pour préserver et valoriser ce riche patrimoine naturel. Heureux Grenoblois, qui, à deux pas, bénéficient d'une réserve de chlorophylle exceptionnelle et d'une nature quasiment intacte. Paysages certes un peu austères, surtout à cause des grandes forêts sombres de conifères (50 % du massif). On y retrouve les strates d'arbres classiques : tout en bas, le hêtre (à partir de 600 m), puis le sapin et l'épicéa (de 800 à 1 600 m), enfin le pin à crochet. Pour les amoureux du « hors des sentiers battus », c'est l'aubaine ! Avec de nombreuses routes forestières peu fréquentées et chemins de randonnée, dans des paysages verts et frais à souhait. Venez pour les mêmes bonnes raisons que les moines chartreux, qui s'y connaissaient en choix de sites sauvages propices au recueillement et à la méditation...

➢ Accès depuis Grenoble par la D 512, au pied de la Bastille, en rive droite de l'Isère, en passant par La Tronche, puis Corenc.
En plus des cartes IGN (série Top 25, n°s 3333 et 3334 OT, respectivement nord et sud), une carte de randonnée (au 1/35 000) du massif de la Chartreuse est disponible aux éditions Didier Richard.

Adresses et infos utiles

Chartreuse Tourisme : *bois des Lièvres, 38380* ***Saint-Pierre-de-Chartreuse.*** *☎ 04-76-88-64-00. • chartreuse-tourisme.com • Lun-ven 9h-12h30, 13h30-17h30.* Excellente doc sur demande seulement.

■ ***Parc naturel régional de Chartreuse :*** *Maison du parc, 38380* ***Saint-Pierre-de-Chartreuse.*** *☎ 04-76-88-75-20. • parc-chartreuse.net •*

➢ ***Grand Duc – trail de Chartreuse :*** *dernier dim de juin. • grandduc.fr •* Grande course à pied sur les sommets du massif.

➢ ***Rallye Cham – Ça marche en Chartreuse ! :*** *1 j. en sept.* Grand rassemblement de tous les amoureux de la montagne et de la marche à pied.

LE FORT DU SAINT-EYNARD

Carte Isère, C3

Accès un peu avant Le Sappey, sur la D 512, à droite. Édifié au XIXe s, il faisait partie de la ligne de défense nord de Grenoble, non seulement contrôlant les incursions éventuelles par la Chartreuse mais servant également de relais aux autres forts entourant Grenoble (fort de la Bastille, fort du Murier, etc.). Impressionnant belvédère faisant corps avec la falaise du haut de ses 1 338 m ! On franchit le seuil du fort par un grand portail à l'allure massive. À droite, tout d'abord, une petite chapelle, puis une exposition permanente présentant les travaux de réhabilitation du fort, enfin le resto et la table d'orientation. D'est en ouest, on embrasse au loin le massif du Mont-Blanc (par temps clair), la chaîne de Belledonne et, à ses pieds, la vallée du Grésivaudan (que l'on domine de plus de 1 000 m), une partie de l'Oisans puis, au premier plan, Grenoble et le rocher de la Bastille et, enfin, la falaise du Vercors sur la droite.
Pour la petite histoire, contemporain de saint Bruno (le fondateur de l'ordre des Chartreux), saint Eynard serait prétendument mort en 1190 à l'âge de 126 ans ! Que ceux qui n'étaient pas encore tout à fait persuadés des bienfaits de l'air de la montagne en soient convaincus !

Où manger ?
Où boire un verre ?

Relais Fort Saint-Eynard : *Mont-Saint-Aynard, 38700* ***Le Sappey-en-Chartreuse.*** *☎ 04-76-85-25-24. Ouv mai-oct ; à partir de 11h30 (en continu), tlj sf dim soir et lun juil-août, slt jeu-dim en mai, sept, oct. Résa conseillée les soirs d'été : les Grenoblois s'y précipitent pour échapper à la canicule. Menus 20-28 €. Café offert sur présentation de ce guide.* 2 salles voûtées avec murs bruts en moellons de pierre calcaire, tout juste agrémentés de petites toiles, étrange mélange de naïf et de fantastique. Sur les tables, façon bistrot avec leurs nappes Vichy : salades, terrines et charcuteries régionales, gratin dauphinois, glace à la Chartreuse... Pour grignoter, à toute heure : assiette du marcheur, crêpes, gâteaux, etc., à prix modérés. Pour boire un coup, une terrasse à l'ancienne en été.

LE SAPPEY-EN-CHARTREUSE

(38700) 1 070 hab. *Carte Isère, C2-3*

Au pied du Chamechaude (point culminant de la Chartreuse, à 2 082 m), petite station de ski familiale à 15 mn de la grande ville (heureux Grenoblois encore !). Les enfants et les fondeurs adorent. Six pistes sur place, six au col de Porte. En fond, environ 42 km de pistes, dont l'une au centre du village éclairée tous les soirs de 18h à 22h. Pour les raquettes, 20 km de circuits balisés et 15 km au col de Porte. Sorties nocturnes accompagnées par un garde forestier (s'adresser au syndicat d'initiative).

Adresses utiles

Syndicat d'initiative : *☎ 04-76-88-84-05. • sappey-tourisme.com • Tlj sf dim, le mat slt.*

Foyer de ski fond : *au centre du village. ☎ 04-76-88-80-34.*

Où dormir ?
Où manger ?

Camping

⛺ ***Camping municipal La Virette :*** *Les Charmettes (au bourg). ☎ 04-76-88-85-28 et 04-76-88-84-05. • campinglavirette.sappey@gmail.com • Ouv de fin juin à début sept. Pour 2 pers avec tente et voiture, compter env 12 €. CB refusées.* Camping au bord du bourg et presque en pleine nature, tout simple et pas trop bondé. C'est en fait une vaste pelouse plantée de quelques arbres. Le GR 9 passe à côté.

De prix moyens à chic

Chambres d'hôtes et gîte du Chant de l'Eau : *Mollard-Giroud. ☎ 04-76-88-83-16. • gitechantdeleau@free.fr • gitechantdeleau.free.fr • 1re route à droite à l'entrée du village (fléché). Double 61 € (54 € à partir de la 2e nuit). Table d'hôtes (le soir slt) 22 €, vin et café compris.* Le convivial Bruno Charles a accompli un travail colossal pour reconstruire l'ancienne grange et l'écurie de cette vieille ferme familiale. Il est allé couper ses arbres lui-même, et l'atmosphère rendue par le bois est chaude et agréable. 5 chambres avec lits jumeaux, chacune dans des tons différents. La plupart des produits (fruits, légumes, volaille, agneau, etc.), sont issus de l'agriculture biologique et proviennent de la ferme ou du coin. Le pain est fait maison. Vaste salle à manger-salon à l'étage avec cheminée. Fontaine en pierre et jardin fleuri en été. Bruno pourra vous faire découvrir la faune, la flore et l'histoire de la région.

Chambres d'hôtes La Souris Verte : *Le Gouillat. ☎ 04-76-88-84-91. • roger.caracache@wanadoo.fr • gitedefrance-lasourisverte.com • Depuis Grenoble, tourner à droite (D 57a) juste avt Le Sappey, en direction du fort Saint-Eynard. C'est la 1re maison sur la droite. Ouv tte l'année. Double 70 €.* Maison de pays entièrement restaurée avec un grand jardin bordé d'une mare et planté d'arbres fruitiers (refuge LPO). Tout le dernier étage est à vous. Chambres claires et nettes, dont une, très grande, mansardée avec une superbe vue. Belles et vastes salles de bains avec baignoire jacuzzi et une douche où l'on a ses aises. La déco en fait aussi une maison d'artistes : collection de masques vénitiens, vieilles photos noir et blanc sur le cirque. Bon accueil. Piscine.

Hôtel Les Skieurs : *au bourg. ☎ 04-76-88-82-76. • reservation@lesskieurs.com • lesskieurs.com • À la sortie du village, en direction de Saint-Pierre-de-Chartreuse. Fermé vac de Pâques, de la Toussaint et de Noël. Double 85 €, petit déj 12 € ; possibilité de ½ pens. Menus 28 € sf dim et j. fériés, puis 35-45 €.* De l'extérieur, on a du mal à imaginer que ce bâtiment dissimule des chambres restaurées, à la déco soignée et à l'atmosphère montagnarde, pleines de charme. Beaucoup de bois, moquettes rouges et teintes grises qui ajoutent une touche plus contemporaine. Tonalité un peu plus rustique pour la salle de resto (coin salon avec cheminée, meubles anciens à la belle patine). Piscine entourée d'un jardin. Un rapport qualité-prix très honnête, aux portes du massif de la Chartreuse.

SAINT-PIERRE-DE-CHARTREUSE

(38380) 1 000 hab. *Carte Isère, C2*

La « petite capitale » du massif se révèle un bon camp de base pour sillonner le coin. À 900 m, agréable en toutes saisons, avec beaucoup d'activités proposées. Et puis un village qui aime tant Jacques Brel nous est forcément très sympathique.

Adresses utiles

Office de tourisme et relais du parc naturel régional : *pl. de la Mairie. ☎ 04-76-88-62-08. • st-pierre-chartreuse.com • Juil-août, vac de Noël et fév, ouv tlj. Hors saison, fermé dim et parfois mer et sam ap-m.*

Cartusiana (bureau montagne de Chartreuse) : *au bourg. ☎ 04-38-86-91-31. • cartusiana.com • Ouv lun-ven.* Programme de randonnées accompagnées et d'escalades disponible sur demande.

ESF, École du ski français : *au village. ☎ 04-76-88-62-87. • esf-chartreuse.fr •*

Où dormir ? Où manger ?

Camping

Camping de Martinière : *route du col de Porte, Martinière, sur la D 512 (route de Grenoble) ; à 4 km env de Saint-Pierre. ☎ 04-76-88-60-36. • camping-de-martiniere@orange.fr • campingdemartiniere.com • Ouv de mai à mi-sept. Pour 2 pers avec tente et voiture, 15,40-20,40 €. Loc de mobile homes 4-6 pers, 245-700 €/sem.* C'était une ferme cartusienne (des moines chartreux, quoi !). Le domaine accueille aujourd'hui un camping fort bien tenu, vaste, verdoyant et ombragé. Équipement au top avec piscine chauffée et pataugeoire (jusqu'à début septembre).

Bon marché

Gîte d'étape des 4 Chemins : *La Diat, 1,5 km avt Saint-Pierre en venant de Grenoble (sur le côté gauche de la route). ☎ 04-76-88-64-73. • koch.elisabeth@wanadoo.fr • Nuitée 13 €/pers ; ½ pens 34 €/pers. Réduc de 10 % sur la nuitée sur présentation de ce guide.* Dans une vieille maison montagnarde, un peu en bord de route mais bon... Au rez-de-chaussée, salle à manger avec cuisine parfaitement équipée (il y a même un congélateur pour les longs séjours). Au 1er étage, dortoir de 10 places et 4 chambres avec lits superposés. Drap housse, taie d'oreiller et couvertures fournis, mais il convient d'apporter drap de dessus ou duvet. Sauna. Très bon accueil.

Où manger dans les environs ?

Restaurant Chamechaude : *38380* ***Saint-Hugues-de-Chartreuse.*** *☎ 04-76-88-69-35. À 4,5 km au sud par la D 512 puis la D 57b. Face à l'église. Ouv le midi slt, tlj sf sam. Congés : 1 sem en avr, 3 sem en août et pour les fêtes de fin d'année. Menu 13,50 € servi tlj ; env 15-20 € à la carte.* Le petit resto de village simple comme un bonjour, et qui fait le bonheur des quelques ouvriers du coin. Cuisine familiale (genre poulet purée) qui a le mérite de caler à moindre frais. Terrasse en été. Service souriant.

La Cabine : *38380* ***Saint-Hugues-de-Chartreuse.*** *☎ 04-76-88-67-19. • melinchantal@wanadoo.fr • ♿ À 4,5 km au sud par la D 512 puis la D 57b. À 100 m de l'église. Fermé lun-jeu hors saison. Congés : avr et nov. Menus 13-17 €. Apéritif maison offert sur présentation de ce guide.* Installé dans une ancienne école (où se trouvait l'unique cabine de téléphone du village !). Jolie alliance de bois blanc et pierre brute, intérieur décoré d'œuvres sculptées, outils, objets domestiques, fleurs séchées. Terrasse agréable donnant sur la forêt. Tartiflette, fondue aux cèpes mais aussi salades diverses, omelettes, tartes salées, crêpes et glaces. Ambiance pub le soir : jazz, blues, chansons françaises.

Ferme de Brévardière : *à* ***Brévardière,*** *38380 Saint-Pierre-de-Chartreuse. ☎ 04-76-88-60-49. • brevardiere@orange.fr • ♿ À 5 km au sud par la D 512 puis la D 57b. Fermé mar midi. Congés : 2 sem en sept et vac de Pâques. Sur résa slt. Menus 18,80-23,80 €. CB refusées.* Jolie petite maison dans un environnement très bucolique. Jolie également, la salle tout en bois (jusqu'à la cheminée). On y sert de bons petits plats. Terrasse aux beaux jours.

Ski et neige. Sports et loisirs d'été

Ski alpin : domaine de Saint-Pierre-de-Chartreuse/Le Planolet (900-1 789 m). 35 km de pistes. Forfait journée adulte : 16,50-21 €. Un ski familial (mais des sacrées dénivelées comme depuis le sommet de la Scia), des pistes en forêt ou dans de profondes combes. Domaine de Saint-Hugues-les-Égaux (900-1 100 m). Quatre pistes. Forfait journée adulte : environ 10,50 €. Tout petit et idéal pour des premiers pas.

Ski nordique : 33 km à Saint-Hugues. Deux itinéraires de liaison avec Le Sappey (25 km) et le col de Porte (9 km). Forfait journée adulte : environ 7 €. *Foyer de fond : ☎ 04-76-88-62-37.*

➢ ***Raquettes :*** près de 34 km de circuits balisés.

– Nombreuses ***activités d'été :*** randonnée, escalade (rocher-école), descente de canyon, spéléo glaciaire, cheval, parapente depuis le bec de la Scia, *mountain board,* parcours évasion dans les arbres, tennis, piscine, terrain multisports, VTT, etc. Saint-Pierre-de-Chartreuse dispose d'une station de trail qui compte une dizaine de parcours tous niveaux. Accès gratuit. Possibilité de stages. *Rens : ☎ 04-76-53-35-65. • stationdetrail.com •*

Manifestations

– ***Rencontres Brel :*** *3e sem de juil. ☎ 04-76-88-65-06. • rencontresbrel.fr •* Festival de la chanson francophone dans l'esprit du grand Jacques. Nombreux interprètes célèbres ou non, créations théâtrales, festival off dans les rues, etc. Stages pour enfants de théâtre, sculpture... Tout le village vit à l'heure de Brel.
– ***Fête des Métiers de l'artisanat et des produits du terroir :*** *autour du 15 août, pdt 2 j.* La fête familiale traditionnelle avec artisanat, différentes animations, feux d'artifice, etc.

DANS LES ENVIRONS DE SAINT-PIERRE-DE-CHARTREUSE

Le musée de la Grande-Chartreuse : *La Correrie ; sur la D 520b, à quelques km de Saint-Pierre-de-Chartreuse, vers **Saint-Laurent-du-Pont.** ☎ 04-76-88-60-45. • musee-grande-chartreuse.fr • Oct-nov, lun-ven 13h30-18h, w-e 10h-18h ; avr-sept, tlj 10h-18h30. Entrée : 7,90 €, audioguide inclus (possibilité version enfant) ; réduc ; gratuit moins de 7 ans ; forfait famille.*
Dépendance du *monastère de la Grande-Chartreuse,* situé 2 km plus haut dans la vallée. Fondé en 1084 par saint Bruno, il fut détruit neuf fois. Ce monastère ne se visite pas, car les quelque 30 moines qui y vivent aujourd'hui sont totalement voués à la prière, au silence et à la solitude, selon la règle de saint Bruno. La Correrie, ancienne dépendance des moines chartreux, leur servait en quelque sorte de protection rapprochée, prévenant tout danger de troubler cette solitude. Longtemps habitée par les frères, puis servant d'infirmerie pour les moines âgés ou malades qui ne pouvaient plus respecter la dure et austère règle du monastère. Belle muséographie achevée en 2012, plutôt moderne et étonnamment laïque. Visite vraiment intéressante à travers une approche historique, spirituelle et architecturale. À noter que des efforts ont été faits pour rendre le site accessible aux enfants grâce à un audioguide qui leur est spécifiquement destiné.
De nombreux documents, objets de la vie courante, gravures, mais aussi des vidéos vous permettent de découvrir le monastère et de partager la foi et l'émotion des moines d'aujourd'hui.
En fin de visite, vous pourrez vous rendre à pied au monastère. Accès par un chemin forestier bordé d'arbres, légèrement dénivelé, strictement interdit aux voitures. Compter 45 mn aller-retour, un peu plus si vous souhaitez vous adonner à la méditation ou

tout simplement profiter du cadre. Balade silencieuse fort agréable. On découvre le monastère niché au pied du Grand Som (2 026 m).

AU SECRET

En 1605, la formule d'un élixir de longue vie, à l'origine inconnue, est remise aux moines de la chartreuse de Vauvert à Paris ; formule affinée en 1737 par l'apothicaire de la Grande-Chartreuse. Si les alambics sont aujourd'hui dirigés par ordinateur, il est toujours impossible de connaître le nom des quelque 130 plantes qui participent à la composition des liqueurs fabriquées par les chartreux. Le secret est jalousement gardé dans la salle des Plantes du monastère...

Le musée d'Art sacré contemporain : *dans l'église de* **Saint-Hugues-de-Chartreuse.** *☎ 04-76-88-65-01. • saint-hugues-arcabas.fr • À 4,5 km au sud de Saint-Pierre par la D 512 puis la D 57b. Tlj sf mar 10h-18h. Fermé 1er janv et 1er mai. Entrée libre. Accueil et librairie au fond à droite du chœur. Visites commentées sur résa : 3,80 €. Sinon, vous pouvez vous procurer à la librairie le petit guide détaillant 111 œuvres (9 €). Un commentaire audio à la demande est diffusé dans l'église pdt 20 mn (gratuit). Visites suspendues pdt les offices.*

L'église est devenue musée en 1984 suite à la donation d'Arcabas. À l'intérieur, vous allez découvrir le chef-d'œuvre d'une vie d'artiste ! Arcabas a commencé en 1952 à y travailler et a consacré 40 ans de son existence à la réalisation du décor de cette église, une fantastique explosion de symboles et métaphores à dominante rouge et or. On ne va pas décrire les tableaux un par un (plus de 100). On est d'abord saisi globalement par l'émotion, par ce résumé de force, voire de violence et d'harmonie tout à la fois. Arcabas a développé son œuvre sur trois registres superposés. Il commença par le bandeau central (1952), travaillant sur toile de jute dans des dominantes rouge et noire, puis le bandeau supérieur, le *Couronnement* (années 1972-1973), enfin au niveau inférieur, la « prédelle » (années 1985-1986). C'est à ce niveau qu'Arcabas peignit avec le plus de liberté, de fantaisie. Beaucoup de poésie également, avec, de-ci, de-là, une pointe d'humour.

Ainsi, de gauche à droite dans la nef, il réalisa le cycle de la vie (de la naissance à la mort). Au-dessus du portail intérieur, remarquable *Christ ressuscité.* Dans le chœur, la grande *Cène* lui fait face. Sur le côté gauche de la nef, s'attarder sur le triptyque : *Le Chœur des anges* (n° 41), *La Vierge et l'Enfant* (n° 40), avec un doigt sur la bouche (étonnement, perplexité devant la vie), et *L'Ange à vélo* (n° 39), annonçant la nouvelle de la naissance. Dans *Jésus enseigne au Temple* (n° 46), l'or de son savoir coule sur la tête des prêtres. Dans la chapelle de droite, belle *pietà* (Christ soutenu par une mère en noir à l'apparence presque abstraite). Vitraux, sculptures, gravures dans le sol viennent enrichir encore plus ces merveilleuses compositions.

Les gorges du Guiers-Mort : en opposition au *Guiers-Vif* (voir le chapitre « Les Entremonts-en-Chartreuse »), le *Guiers-Mort* s'étant autrefois asséché pendant une longue période. La D 520b (c'est l'ancienne *route du Désert* qui marquait les limites du monastère) suit, après le musée de la Grande-Chartreuse, cette belle vallée encaissée entre de hautes falaises. La forêt part à l'assaut du roc. La route aussi avec de nombreux tunnels creusés dans la roche ; au lieu-dit Fourvoirie, presque romantiques ruines de l'ancienne distillerie des chartreux détruite par un éboulement de terrain en 1935...

Les tourbières de l'Herretang : *de Saint-Laurent-du-Pont, prendre la D 520 vers Grenoble puis suivre le fléchage, sur la droite. Accès libre, tte l'année. En été, visites guidées organisées par l'office de tourisme de Saint-Laurent.* Parcours de 3,2 km bien aménagé avec nombreux panneaux d'information thématiques et des caillebotis aux passages les plus humides (prévoir tout de même une bonne paire de chaussures). Apparues entre 10 000 et 8 000 ans avant notre ère, les tourbières occupent aujourd'hui plus de 60 ha protégés pour leur faune (martins-pêcheurs, musaraignes aquatiques, papillons) et leur flore (plantes carnivores notamment). Au Moyen Âge, le site était occupé par un lac poissonneux, aujourd'hui disparu.

Randonnées

➢ ***Les sentiers (autour) de la Grande-Chartreuse*** permettent de s'imprégner véritablement de l'atmosphère de la vallée. Carte indispensable (en vente dans les offices de tourisme du coin). Plusieurs randonnées à travers le massif forestier, longeant le versant occidental du Grand Som. De belles échappées permettent de voir le grand monastère et son festival de toitures pentues (40 000 m² de superficie de toitures en comptant la Correrie !). Ses abords ont été décrétés zone de silence ! Indescriptible beauté des paysages, qui n'a d'égal que l'intérêt de l'architecture rurale (notamment les traditionnels *haberts*).
Possibilité de prolonger l'itinéraire jusqu'au *col de Ruchère* (tour d'environ 4h30).

LES ENTREMONTS-EN-CHARTREUSE

(73670) *Carte Isère, C2*

Dominée par l'imposante silhouette du mont Granier (voir le chapitre « La Combe de Savoie »), une riante vallée coupée en deux par la frontière départementale et semée de villages encore authentiques (Corbel dont l'église a été décorée par Arcabas, le Désert, le Château...).

ENTRE DEUX

Un particularisme, héritage du tracé de l'ancienne frontière entre Dauphiné et Savoie : il y a deux Saint-Pierre-d'Entremont au fond de la vallée ; deux villages, deux mairies, deux églises. Si cela ne saute pas vraiment aux yeux du visiteur, les habitants des deux Saint-Pierre font, eux, la différence et vous envoient au bureau de poste en... Savoie, juste de l'autre côté du pont.

LE MASSIF DE LA CHARTREUSE

Adresse utile

ℹ ***Office de tourisme :*** *73670* ***Saint-Pierre-d'Entremont.*** *☎ 04-79-65-81-90. • ot.entremonts@wanadoo.fr • Ouv tlj sf dim et mer ; fermé slt dim ap-m en été et en hiver.* Carte en relief du massif, expo sur le parc naturel régional. Abrite également un relais du parc et une boutique du groupement des paysans, artisans et créateurs de Chartreuse.

Où dormir ?
Où manger ? Où boire un verre dans le coin ?

🏠 ***Gîte-auberge La Ruche à Gîter :*** *La Ruchère, 38380* ***Saint-Christophe-sur-Guiers.*** *☎ 04-76-06-38-21. • contact@la-ruche-a-giter.fr • la-ruche-a-giter.fr • À 5 km en marge de la D 520, au pied des pistes de ski nordique. Situé sur le tour de Chartreuse. Résa conseillée en saison (pas mal de groupes). Nuitée 22-24 €/pers. ½ pens 37-38 €/pers, demandée déc-mars. Repas sur résa 4 pers min 17 €. Café offert sur présentation de ce guide.* Logement très simple de 6 chambres de 2 à 6 lits. 2 autres gîtes dans le coin, de 12, 20 et 26 places. Soirées à thème, toute l'année. Également des animations pour les enfants. En prime, accueil très sympa.

🏠 🍴 ***Chalet du cirque de Saint-Même :*** *Saint-Même-d'en-Haut, 73670* ***Saint-Pierre-d'Entremont.*** *☎ 04-79-65-89-28. • chaletducirque@wanadoo.fr • chalet-hotel.com • ♿ À 3 km env de Saint-Pierre par la D 45c. Ouv tte l'année sur résa. Double 60 € ; ½ pens 50 €/pers. Menu 21 € et* *carte. À 100 m env du parking. Les résidents sont exonérés du droit de péage situé à 1,5 km du hameau de Saint-Même, de mai à sept.* L'ancienne maison forestière du début du XXe s (qui, à 10 m près, sur l'autre rive du Guiers, serait en Isère !) est partie en fumée il y a quelques années. Dans ce même joli site, face à la rivière et au cirque, s'élève aujourd'hui un bâtiment moderne mais dans le même esprit. Chambres mignonnettes, certaines de plain-pied avec terrasse. Salle à manger, tout de bois revêtue, joliment aménagée autour de la cheminée. Décor parfait pour profiter au mieux des nombreuses spécialités montagnardes : raclette fumée, diots aux crozets, tourte au reblochon... Terrasse ombragée dès que le soleil fait de l'œil. Espace de jeux pour les enfants, bons tuyaux sur les activités du coin.

L'Abreuvoir : *73670 **Saint-Pierre-d'Entremont.** ☎ 04-79-69-45-61. • abreuvoir-pub@orange.fr • Dans la rue principale. Basse saison, ouv ven-lun ; vac scol d'hiver tlj sf mar ; de mi-juil à mi-août tlj. Congés : vac de Pâques et de fin oct à mi-nov. Assiettes à partir de 10 €. Carte env 15 €. CB refusées.* Une agréable salle façon pub montagnard et une terrasse tranquille pour l'été. Des jeux de société, une pertinente carte de bières, des pizzas et des p'tits trucs sympathiques à grignoter. Agréable terrasse côté jardin.

À voir. À faire dans le coin

Les gorges du Guiers-Vif : *en direction de Saint-Christophe-sur-Guiers, par la D 520c.*
Très spectaculaire en certains endroits, en particulier au ***pas du Frou*** (*frou* signifie « effrayant » en patois), où la route est taillée en encorbellement dans la paroi rocheuse et surplombe de 150 m le Guiers-Vif. Celui-ci fut longtemps la frontière entre l'État sarde et la France (aujourd'hui, entre l'Isère et la Savoie).
Juste après le pas du Frou, une route à droite conduit au foyer de ski de fond de *La Ruchère* (lire plus bas « Ski et neige. Sports et loisirs d'été »). À la sortie de *Saint-Pierre-d'Entremont,* une autre route (la D 102b cette fois) mène au château, point de départ de superbes randonnées, notamment vers le *col de Bivinant,* pour accéder au *Grand Som.*
Au débouché du très étroit et sauvage défilé de l'Échaillon, une arche de pierre est jetée sur le Guiers : c'est le *pont Saint-Martin,* appelé « pont romain » qui date, c'est sûr, plutôt du Moyen Âge.

Le cirque de Saint-Même : *à env 3,5 km à l'est de Saint-Pierre-d'Entremont. Mai-sept ainsi que w-e et j. fériés, péage (pour véhicules motorisées) avt l'entrée du hameau de Saint-Même ; continuer env 1,5 km pour accéder au parking (à 200 m du cirque).*
Un site exceptionnel et superbement préservé. Cirque entouré de falaises de calcaire de 400 m de haut, entrecoupées de petites plates-formes verdoyantes, appelées ici « sangles ». C'est là que naît le Guiers-Vif, qui tombe en deux belles cascades.
➢ Pour s'y rendre à pied de l'office de tourisme de Saint-Pierre-d'Entremont, prendre à la tour d'Infernet le sentier en direction des Bandets-Saint-Même-d'en-Bas puis Saint-Même-d'en-Haut. Retour à Saint-Pierre-d'Entremont par le tour de Chartreuse. Compter 3h aller-retour.
Après le parking, passer devant l'auberge, puis suivre au choix le *tour du Cirque* (30 mn) ou le *sentier des Cascades* (1h30) ; prévoir des chaussures de marche. La première s'appelle la « Pisse du Guiers ». On monte par la rive droite et on revient par la rive gauche du Guiers-Vif (dénivelée d'environ 170 m). Pour les hardis lecteurs, possibilité d'accéder à la *grotte du Guiers* depuis la dernière cascade, en passant par le Pas Ruat. Attention, passage très aérien équipé de chaînes, non balisé ! On peut aussi arriver aux hauts

plateaux par le *pas de la Mort*. Itinéraire non balisé conseillé uniquement aux personnes très entraînées.

Le musée de l'Ours des cavernes en Chartreuse : *73670* ***Entremont-le-Vieux.*** *☎ 04-79-26-29-87. • musee-ours-cavernes.com • À 5 km au nord-est de Saint-Pierre-d'Entremont par la D 912. Juil-août, tlj 10h-12h30, 14h-18h ; mai-juin et sept, 14h-18h (et le mat des dim et j. fériés) ; oct-avr, pdt les vac scol tlj sf sam 14h-18h. Entrée : 5 € ; 3 € pour les 7-18 ans ; gratuit moins de 7 ans ; un tarif à 4 € sur présentation de ce guide.* Espace moderne où l'on apprend tout ou presque de l'ours des cavernes (alias *Ursus spelaeus*), dernier géant de la préhistoire. Reconstitution d'un squelette complet (l'ourse Colombine !) qui donne une bonne idée de la stature de l'animal et une foule de petites expériences scientifico-ludiques à réaliser (les enfants devraient aimer) : comparer des crânes pour différencier le mâle de la femelle, déterminer l'âge d'un ourson à partir d'une radiographie de sa mâchoire ou encore son régime alimentaire en étudiant la forme et l'usure de ses dents... Dans une reconstitution réussie du site, projection d'un film en 3D réellement spectaculaire : l'impression d'être un homme préhistorique se trouvant subitement nez à museau avec un de ces ours gigantesques. On peut prolonger la visite en profitant des aménagements extérieurs : cheminement ludique, aire de jeux et aire de pique-nique.

Les grottes du site de Saint-Christophe : *73360* ***Saint-Christophe-la-Grotte.*** *☎ 04-79-65-75-08. • animgrotte.com • Accès par les gorges du Guiers-Vif (lire ci-dessus) jusqu'aux Échelles puis 4 km sur la D 1006 (direction Chambéry) jusqu'à l'Auberge du Tunnel, point de départ des visites. Ouv avr-oct ; horaires variables suivant la saison, téléphoner avt. Entrée : 8 € ; 5 € pour les enfants ; réduc. Durée de la visite : 1h20. Prévoir une petite laine !* Visite guidée de deux grottes. La plus impressionnante s'appelle le Grand Goulet, ample galerie souterraine qu'on découvre d'une passerelle accrochée à la paroi. Belles concrétions et autres marmites de géant.

➢ **La voie sarde :** *départ de l'Auberge du Tunnel (lire ci-dessus ; la visite des grottes suit d'ailleurs une partie de la voie sarde).* Petite balade (compter bien 30 mn aller-retour) à la découverte d'un site assez étonnant. Un large chemin qui descend doucement mais sûrement (il fallait, l'hiver, retenir avec des cordes les attelages qui le prenaient dans le sens de la montée) entre deux parois rocheuses. Une voie romaine empruntait déjà ce passage, élargi (à grands coups d'explosifs : 13 000 m^3 de roches ont été détruits), à la demande de Charles-Emmanuel II, duc de Savoie, en 1665. Un monument impressionnant (et un peu incongru ici) a été élevé à sa mémoire au milieu du passage. Cette voie dite sarde est tombée en désuétude avec le creusement (à la demande de Napoléon en 1813) du tunnel qu'emprunte aujourd'hui la D 1006 (ancienne N 6).

Ski et neige. Sports et loisirs d'été

– Le **Centre nordique de La Ruchère** (*• la-ruchere.com •*) propose une grande variété de randonnées l'été et de ski de fond l'hiver, accompagnées ou libres. Parmi celles-ci : la *pointe du Frou* (pour se roder, 1h30), le *tour des Riondettes* (3h), le *col de La Ruchère* (2h), le *tour du Petit-Som* (5h30, avec quelques passages délicats), le *tour des Trois-Cols* (4h), le *Grand Som* à 2 026 m (7h30), la « Rolls » des randonnées, etc.

➢ Question **raquettes,** en hiver, une douzaine de beaux itinéraires.

Pour le **ski nordique,** 45 km de pistes répartis sur deux domaines et 12 itinéraires sauvages. Tarif adulte : 6,50 €.

LE PLATEAU DES PETITES-ROCHES

Intéressant itinéraire en surplomb de la vallée du Grésivaudan, côté est du parc. De Grenoble, deux possibilités : par l'A 41, direction Chambéry (sortie 24-1, Villard-Bonnot) ou suivre d'abord la D 1090, rive droite de l'Isère, puis la D 30 en surplomb et qui livre de remarquables points de vue sur le Grésivaudan. Vue dont profitent les parapentistes qui bénéficient, à Saint-Hilaire-du-Touvet, d'un des spots les plus célèbres de France.

SAINT-HILAIRE-DU-TOUVET

(38660) 1 735 hab. *Carte Isère, C2*

Saint-Hilaire-du-Touvet, à 970 m d'altitude et en plein parc naturel régional de la Chartreuse, fut longtemps connu pour ses sanatoriums et autres centres de rééducation. Ce gentil village se pose aujourd'hui en capitale du vol libre. De 8h à environ 16h30, si l'aérologie est bonne, il faut assister au départ des parapentistes sur l'aire d'envol jouxtant la gare haute du funiculaire. Gracieux et spectaculaire, de quoi susciter des vocations ! Premier rassemblement mondial de vol libre (la désormais très célèbre *Coupe Icare*) chaque année, le 3e week-end de septembre : concours de déguisement en plein vol, Festival international du film de vol libre, Salon des sports aériens sur 15 000 m² et des tas d'autres animations dans les rues. Quatre jours de fête, 8 000 pilotes et quelque 75 000 visiteurs certaines années. Inutile de chercher à vous loger à cette période : tout est réservé 1 an à l'avance (sachez qu'il est toujours possible de loger chez l'habitant en s'adressant à l'office du tourisme). Autrement, ne manquez surtout pas de vous rendre à la table d'orientation du bec Margain (1 054 m), à proximité de l'aire d'envol nord des deltaplanes (à 15 mn de marche à peine depuis le camping municipal), pour un panorama remarquable face à la chaîne de Belledonne.

Accès par le funiculaire

➢ **Le funiculaire :** ☎ *04-76-08-00-02. • funiculaire.fr • Tlj de juin à fin sept et vac de Toussaint ; avr-mai et de fin sept à nov, w-e ainsi que certains j. fériés et ponts (téléphoner avt) : départs simultanés des gares basse et haute 10h-12h30 et 14h-18h (service ininterrompu 10h-19h w-e et j. fériés) à raison de 1 départ ttes les 30 mn. Juin-août, service ininterrompu tlj 10h-19h. Adulte : 9,80 € l'aller simple et 15 € l'A/R ; enfant : 6,30 € l'aller simple et 8,20 € l'A/R.* Plus drôle que la voiture et surtout plus pittoresque, le funiculaire (en place depuis 1924) vous fait grimper les 700 m de dénivelée qui séparent la vallée du plateau des Petites-Roches en 20 mn (pente maximale 83 % au passage du tunnel). Visite de la machinerie à la gare haute. À mi-chemin, un arrêt intermédiaire permet l'accès à la *via ferrata* de la cascade de l'Oule. À la station de Saint-Hilaire-du-Touvet, le laboratoire Icare *(entrée libre ; ♿)* est un petit espace muséographique sur l'histoire du funiculaire, les secrets de l'air, de la gravité et du vol. Bornes interactives et films sur la célèbre coupe Icare.

➢ Vous pouvez redescendre à pied par le sentier du *Pal de Fer,* accessible à tous, mais toutefois un peu glissant par endroits, en un peu moins de 1h30. Pas de réelle difficulté, mais une grosse dénivelée.

➢ Départ de la gare basse à Montfort, entre Crolles et Lumbin, sur la D 1090.

➢ De Grenoble, prendre l'A 41 en direction de Chambéry, sortie Villard-Bonnot (nº 24-1).

Adresse et info utiles

Office de tourisme du plateau des Petites-Roches : ☎ 04-76-08-33-99. • chartreuse-tourisme.com • *En été, ouv lun-sam ap-m, plus lun mat et sam mat. Hors saison, se renseigner.* *(payant)* Propose d'intéressants itinéraires de randonnée.

Réseau Transisère : ☎ *0820-08-38-38 (0,12 €/mn).* • *transisere.fr* • 3-5 départs/j. en moyenne pour Grenoble à partir de Saint-Bernard, Saint-Hilaire-du-Touvet et Saint-Pancrasse. Bus nos 6550 et 6020.

Où manger ?

La Grange aux Loups : *11, chemin des Pistes.* ☎ *04-76-08-30-84.* • *lagrangeauloup@orange.fr* • *Suivre la direction de Saint-Bernard puis, à gauche, au pied des pistes de ski alpin. Fermé le soir les mer, dim et j. fériés, plus lun hors saison. Plat du jour env 13 € ; menus 18-23 €. Apéritif maison offert sur présentation de ce guide.* Spécialités dauphinoises (raclette, fondue, brasérade, etc.), mais aussi des pizzas, du poisson et... des fruits de mer. Terrasse avec parasols en été autour de la petite piscine. Au pied des pistes l'hiver. Bon accueil.

Où dormir ? Où manger dans les environs ?

Le Sabot des Muses : *Le Guillot-Haut, 38660* ***Saint-Bernard-du-Touvet.*** ☎ *04-76-08-62-07.* *06-86-61-01-15.* • *sabot-desmuses@wanadoo.fr* • *sabot-desmuses.com* • *(resto). Sur la D 30c, vers le col de Marcieu. Resto fermé mer (sf vac scol et résa). Double 50 €. Formule 18 €, midi et soir ; env 22-25 € à la carte.* Dans un hameau tranquille, un gîte-auberge simple et bien tenu dans une vieille maison. Des chambres honnêtes de 2 à 8 personnes. Certaines ont vue sur la chaîne de Belledonne ; la plus belle, spacieuse et mansardée, est au 2e étage. Cuisine faite maison à base de bons produits. Bon accueil.

Vol libre : où et comment ?

Si vous souhaitez d'abord être un simple spectateur, rendez-vous les jours de beau temps (d'avril à octobre) sur l'une des trois aires d'envol de Saint-Hilaire. La piste d'envol des parapentes, juste à côté de la gare haute du funiculaire, est la plus fréquentée et sans doute la plus spectaculaire. Si vous souhaitez vous aussi vous y mettre, rien de plus simple.

■ ***Prévol Parapente :*** *Le Chalet, 14, chemin du Funiculaire.* ☎ *04-76-08-38-71.* • *prevol.com* • *Juste à côté de la gare haute du funiculaire. Compter 75 € pour une période de vol variant selon conditions météo.* Baptêmes de l'air en compagnie d'un moniteur breveté, sans connaissances préalables. Un coupe-vent, des tennis et vous voilà parti. Également stages de découverte, d'initiation, de formation individuelle, de perfectionnement, etc.

■ ***Prévol Delta :*** *Le Chalet.* *07-78-69-35-15.* • *prevoldelta.com* • *Pente-école pour l'apprentissage. Vol biplace à partir de 90 €. Également des forfaits « découverte » à la journée et stages de 3 j. Enfin, un forfait « 1er grand vol », qui vous assure séances de pente-école, vols biplaces et cours théorique jusqu'à votre 1er vol radioguidé : 610 €.* Parachute frein pour l'atterrissage.

■ Deux autres agences de parapente en bas dans la vallée, à proximité de l'aire d'atterrissage de Lumbin (le long de la D 1090), où ont été tournées les scènes de parapente du film *Intouchables* : ***Air et Aventure*** *(☎ 04-76-92-43-46 ;* • *airetaventure.com* •*)* et ***Airbulle*** *(☎ 04-76-08-26-26 ;* • *parapente.fr* •*).*

– Enfin, pour toute information sur la Coupe Icare, une seule adresse : ***Association Coupe Icare,*** *office de tourisme, 38660* ***Saint-Hilaire.*** ☎ *04-76-08-33-99.* • *coupe-icare.org* •

Ski et neige. Sports et loisirs d'été

Suivant l'enneigement, variable au fil des années...

Ski alpin : deux domaines familiaux où skier tranquillement, panorama inclus (la chaîne de Belledonne, le mont Blanc par beau temps). Saint-Hilaire-du-Touvet : 9 pistes. Et Saint-Bernard-du-Touvet/col de Marcieu : 6 pistes et un espace ludique. Forfait adulte : environ 13 € ; réduc.

Ski nordique : à Saint-Hilaire, une piste bleue (et gratuite), *Les Dioux,* sur 7 km. Au col de Marcieu : 21 km. Redevance : 6,80 €. Liaison entre les deux stations via un itinéraire de 10 km.

– ***Non-skieurs :*** nombreux itinéraires de randonnée (notamment à raquettes) proposés à l'office de tourisme, *via ferrata,* deux sites d'escalade, un parc aventure dans les arbres, un centre équestre l'été, du delta et du parapente, VTT, parcours d'orientation, etc.

DANS LES ENVIRONS DE SAINT-HILAIRE-DU-TOUVET

Le col du Coq : belle montée jusqu'à 1 435 m, par la D 30e. Dominé par la dent de Crolles (2 062 m).
Randonnée nordique au *Plat Ferrier* (2,5 km) et raquettes sur le *circuit du bec Charvet* (2,5 km). *Col du Coq/Saint-Hugues/Le Sappey,* piste à double sens (balisage orange). En voiture, sinueuse et sauvage descente vers *Saint-Hugues* (fermée l'hiver dès les premières neiges et transformée en piste de ski).

LE GRÉSIVAUDAN

Entre massif de la Chartreuse et chaîne de Belledonne, une vallée longue d'une quarantaine de kilomètres et large de huit. Presque une plaine en fait, étonnamment basse (215 m à Grenoble, 280 m à Chapareillan). À la « frontière » avec les voisins savoyards, débute, sur les éboulis du Granier, le vignoble de Savoie.

Adresse et infos utiles

Office de tourisme du Grésivaudan : *21, rue Laurent-Gayet, 38530* ***Pontcharra.*** *☎ 04-76-97-68-08. • gresivaudan-tourisme.com • Ouv tte l'année ; fermé lun (tte la journée) et mer mat.*

Gare SNCF : *☎ 36-35 (0,34 €/mn). • sncf.com • Trains quotidiens pour Grenoble et Chambéry.*

Bus : avec ***Transisère,*** *☎ 0820-08-38-38 (0,12 €/mn), • transisere.fr •* 2-3 bus/j. pour Grenoble. Liaisons également pour Chambéry, avec ***Belle Savoie Express,*** *☎ 0820-20-53-30 (0,12 €/mn), • mobisavoie.fr •* En été et en hiver, 1 bus/j. pour Allevard, avec les ***Transports du Grésivaudan,*** *☎ 0810-12-12-33 (prix d'un appel local depuis un téléphone fixe) ; • transportsdugresivaudan.fr •*

Où dormir ? Où manger ?

Camping Le Granier : *rue Etraz-le-Vent, 38530* ***Chapareillan.*** *☎ 04-76-45-21-36. Ouv Pâques-fin sept. Pour 2 pers avec tente et voiture, compter env 15 €. Loc de caravanes 20 €/j. 40 empl.* Emplacements non délimités et plats. Barbecue autorisé. Le lac de Saint-André, en Savoie, est à 3 km.

Au Pas de l'Alpette : *Bellecombe, 38530* ***Chapareillan.*** *☎ 04-76-45-22-65. • lepasdelalpette@orange.fr • alpette.com • Sur les hauteurs de Chapareillan, à 700 m d'altitude. Fin de parcours fléché sur 5 km. Resto fermé dim soir (tte l'année) et mer soir hors saison. Congés : de fin oct à fin nov. Résa conseillée en été. Double 66 €. Menus 15-35 €. Garage à motos* *et vélos. Réduc de 10 % sur le prix de la chambre en sem sur présentation de ce guide.* La typique petite auberge de montagne. Les chambres et la salle de resto viennent d'être joliment rajeunies, dans un esprit montagne. Côté cuisine, c'est une bonne table de tradition, bien dans son terroir. Quelques conviviales spécialités comme la potence à base de viande de bœuf rôtie au whisky et les inévitables fondue, raclette... Tables en terrasse aux beaux jours. Accueil et service gentils comme tout. Petite piscine chauffée (de mai à fin septembre).

Auberge Le Bayard : *17, rue du Pontet, 38530* ***Pontcharra.*** *☎ 04-76-97-35-38. À la sortie de la ville, en direction d'Allevard-Albertville (juste avt de franchir le pont, sur la droite). Fermé lun ; ouv ts les midis plus le soir ven et sam. Menus 15-19 €. Café offert sur présentation de ce guide.* La bonne auberge qui tombe à point nommé pour se restaurer dans le coin. Cuisine traditionnelle et soignée. Bon accueil.

À voir

Le château Bayard : *38530* ***Pontcharra.*** *☎ 04-76-97-68-08 (office de tourisme). À 1,5 km du centre-ville ; prendre la direction de Saint-Maximin, puis fléché. En juil-août, tlj sf mar 14h-18h ; de mi-mai à fin juin et sept, w-e et j. fériés 14h-18h. Entrée gratuite. Visites guidées et commentées pour les groupes sur rdv, ☎ 04-76-97-11-65 (mairie de Pontcharra).* Pierre III Terrail, le fameux chevalier « sans peur et sans reproche », celui qui défendit vaillamment le pont du Garigliano et sacra chevalier le roi François Ier après la bataille de Marignan, naquit ici en 1476. À l'état de ruine au XVIIIe s, le château a été partiellement restauré et abrite aujourd'hui un musée (réservé aux accros) : histoire du château et des campagnes militaires de Bayard, souvenirs divers. Un film sur la vie de Bayard vient clore la visite. À proximité du château, la *tour* (néogothique) *d'Avallon,* du haut de ses 33 m, offre une jolie vue sur la Chartreuse et les Bauges *(ouv de mi-juil à mi-août, w-e et j. fériés, 15h-18h ; entrée : 2 €).* Cela vaut le coup de monter même en dehors des périodes d'ouverture, car le panorama est déjà bien joli au pied de la tour.

Les jardins et le château du Touvet : *38660* ***Le Touvet.*** *☎ 04-76-08-42-27. • touvet.com • ♿ (partiel). Accès par la D 1090 ou l'A 41 (sortie Le Touvet). Juil-août, visites guidées tlj sf sam 14h-18h ; avr-juin et sept-oct, dim et j. fériés slt. Entrée : 7,50 € pour les jardins et le château ; 4,50 € pour les jardins seuls ; réduc, notamment sur présentation de ce guide. Il est aussi possible de visiter les jardins en solitaire.* Ce fut d'abord, au XIIIe s, un des châteaux qui avaient l'œil sur les Savoyards. En 1528, il fut acheté par Guigues Guiffrey, compagnon du chevalier Bayard. Depuis le XVIe s, il appartient à la famille Quinsonas et fut, au XVIIIe s, transformé en château de plaisance. On créa alors une grande allée et le grand hall d'entrée. Splendides jardins à la française classés, hérités du XVIIIe s avec cascades, escalier d'eau à l'italienne dominant le parc.

Le fort Barraux : *bordant la D 590a, entre La Buissière et Chapareillan. Rens : 06-37-63-02-95. Visite commentée à 15h : juil-août, lun-ven ; mai-juin et sept, slt dim et j. fériés ; 5 € (gratuit moins de 16 ans). Visites théâtralisées : ts les w-e juil-août ; 10 € (8 € pour les 6-16 ans).* Édifié à partir de 1597 par le duc de Savoie, en territoire français, il fut repris sitôt achevé par Lesdiguières, pour le compte d'Henri IV. Louis XIV dépêcha Vauban en 1692, qui proposa des améliorations. Le fort servit de prison à des soldats allemands durant la Première Guerre mondiale, puis à des juifs et des résistants en 1940-1945. Classé Monument historique, il fait l'objet d'une restauration. Aujourd'hui, la visite comprend enceintes, casernes, arsenal, chapelle, et même un puits avec un mécanisme « à cage d'écureuil » ! Accueille régulièrement des expos temporaires.

Les ruines du château de Bellecombe : *sur la route du col de Granier, à* ***Bellecombe*** *; à 2 km env de Chapareillan. Accès libre.* Ancienne place forte dotée aujourd'hui d'une table d'orientation, on découvre de gauche à droite le massif des Bauges, la ville de Montmélian, avec au second plan la vallée d'Albertville, le mont Blanc et au loin le dôme du Goûter, puis la chaîne de Belledonne dominant la vallée du Grésivaudan. À vos pieds, le fort Barraux.

Le château Servien : *38330* ***Biviers.*** *☎ 04-76-52-27-65. • chateauservien.com • À 10 km au nord-est de Grenoble, entre Meylan et Saint-Ismier. Entrée libre 1er août-10 sept. Visite extérieure lun-ven 10h-12h, 14h-18h (w-e et j. fériés, sur rdv). Visite intérieure aux mêmes horaires sur rdv slt.* Maison forte transformée en résidence d'agrément durant la Renaissance. Sont ouverts à la visite le vestibule, l'escalier à vis Renaissance et les pièces de façade du rez-de-chaussée et du 1er étage. Partie la plus ancienne, une tour carrée datant du XIVe s. Abel Servien, qui fut ministre de Louis XIII et de Louis XIV, et négociateur du traité de Westphalie en 1648, y naquit.

Où se baigner ?

– ***La base de loisirs de Bois-Français :*** *38330* ***Saint-Ismier.*** *Accès par l'A 41, sortie nº 24-1. À 15 mn de Grenoble. Entrée payante en saison.* Chapelet d'étangs aménagés pour la baignade, la barque, le ski nautique et la pêche. À proximité, un espace naturel protégé d'une trentaine d'hectares. Martins-pêcheurs, hérons cendrés, libellules, etc. Radeaux flottants propices à l'accueil des oiseaux migrateurs et à leur nidification. Enfin, une prairie de 3 ha accueillant de nouvelles espèces tels la nielle des blés ou encore l'orchis brûlé. Sentier aménagé de 1,5 km le long de la mare.

LE MASSIF DE BELLEDONNE

Un massif très apprécié pour sa capacité à offrir, si près, des sommets à plus de 2 500 m, un avant-goût de la haute montagne (on y trouve quelques névés et petits glaciers) et de merveilleux embrasements au coucher du soleil. Plutôt que massif, nous devrions d'ailleurs parler de longue échine dont les points culminants sont le pic de Belledonne (2 978 m) et le rocher Blanc (2 928 m). On y trouve deux des plus populaires stations de sports d'hiver d'Isère : Chamrousse et Les Sept-Laux.

Les stations de Belledonne : *La Perrière, 38190* ***Sainte-Agnès.*** *☎ 04-76-45-55-04. • belledonnetourism.com •*

URIAGE-LES-BAINS (38410) 5 100 hab. *Carte Isère, C3*

À 8 km de Grenoble, sur la route de Chamrousse, une petite station thermale fraîche et animée, avec ses maisons Belle Époque, son grand hôtel, son golf, son casino... Un vrai décor (Truffaut y a d'ailleurs tourné la plupart des scènes de *La Femme d'à côté*). Déjà fréquentée à l'époque romaine, la station prit son essor à la fin du XIXe s avec la création de l'établissement thermal (soins à base de sel et de soufre). En 1946, la gare voyait passer jusqu'à 24 trains par jour.

MAL CADRÉ

C'est au château d'Uriage que s'installa la fameuse école nationale des cadres créée après la défaite de 1940 par Pierre Dunoyer de Segonzac, un fidèle du maréchal. Il s'agissait de former l'élite qui relèverait le pays. Emmanuel Mounier, Hubert Beuve-Méry, des anciens de l'Action française, des juifs, des militants CGT et de la SFIO animèrent les stages. Uriage, financée par Vichy, dérapa finalement vers le devoir de désobéissance. L'école fut dissoute en 1942 et devint un centre de formation pour miliciens.

LE MASSIF DE BELLEDONNE

Chanel, Daudet, Gide, Colette ou encore Mistinguett séjournèrent ici. Plus agréable que Chamrousse, Uriage bénéficie néanmoins de peu de soleil en hiver en raison de sa situation au bas d'un vallon.

Adresse et info utiles

Office de tourisme : *5, av. des Thermes. ☎ 04-76-89-10-27. • uriage-les-bains.com • Installé dans les locaux restaurés de l'ancienne gare. Tlj en saison sf sam mat et dim mat ; hors saison, fermé le w-e.* Excellent accueil.

Bus : 3-4 bus/j. pour Grenoble. Sinon env une quinzaine de bus/j. jusqu'à Gières ; de là, tram jusqu'au centre de Grenoble (ligne C).

Où dormir ? Où manger ?

De prix moyens à chic

🍴 ***La Tour Maline :*** *allée des Cèdres. ☎ 04-76-89-15-04. Fermé mar-mer de nov à mars, slt mer midi en juil-août. Menus (le midi en sem) 16-18,50 €, puis 28,50-38 € ; carte env 35-40 €.* Au bord du parc, ce resto a été aménagé dans les anciennes pissotières du XIXe s, très utilisées par les curistes qui y faisaient une halte après avoir bu beaucoup d'eau ! Dans la salle de la tour, on reconnaît d'ailleurs très bien la structure d'origine... Mais que tout cela ne vous empêche pas d'apprécier la bonne cuisine soignée, d'inspiration traditionnelle. Terrasse au bord du parc. Un soupçon un peu cher, mais on paye l'emplacement et il y a peu de tables dignes à Uriage.

De plus chic à beaucoup plus chic

🏠 🍴 ***Le Grand Hôtel-Restaurant Les Terrasses :*** *pl. Déesse-Hygie. ☎ 04-76-89-10-80. • grandhotel.fr@wanadoo.fr • grand-hotel-uriage.com • À côté du casino. Resto ouv le soir mer-sam ainsi que le midi ven-dim. Congés : 2de quinzaine d'août (resto slt) et de mi-déc à mi-janv (hôtel et resto). Doubles à partir de 156 €, petit déj compris (compter même 303 € pour une suite !). Menus 58 € (déj en sem), puis 99-185 €.* 💻 📶 Côté chambres, du confort et du charme, mais sans excès, si on vise les petites chambres mansardées (les moins chères...). Plus en fonds, insistez pour avoir une chambre avec vue sur le parc, côté sud. Toutes ont un décor qui rappelle un des hôtes illustres de la station thermale. Côté cuisine, la classe d'une table très réputée dans la région. Salle à manger au décor moderne, d'une grande sobriété, service en terrasse aux beaux jours. Hall monumental, très rétro, avec un superbe escalier en noyer et en spirale, salle de lecture face au parc, piscine intérieure (eau à 32 °C), piscine extérieure, sauna, hammam, etc. L'adresse classe.

Où dormir ? Où manger dans les environs ?

Camping

⛺ ***Camping Le Buisson :*** *Le Pinet, 38410* ***Saint-Martin-d'Uriage.*** *☎ 04-76-89-51-92. 📱 06-30-68-17-93. • contact@camping-buisson.fr • camping-buisson.fr • À 6 km d'Uriage-les-Bains ; à la sortie de Saint-Martin-d'Uriage, suivre à gauche direction Allevard puis Le Pinet. Env 50 m après la ferme de Loutas, tourner à droite (route du Replat). Ouv mars-oct. Emplacement 2 pers avec tente et voiture 10,60-11,90 € selon saison ; mobile homes 4 pers, 294-407 €/sem ; yourtes 4-5 pers, 455-560 €/sem. Réduc de 5 % sur présentation de ce guide.* Camping à la ferme, sur un versant qui fait face au soleil couchant, et au pied d'une forêt de résineux. Le camping bénéficie d'une vue dégagée et assez exceptionnelle sur le Vercors. Calme assuré. Piscine. Très bien pour ceux qui veulent se mettre au vert.

De bon marché à prix moyens

🏠 🍴 ***Chambres d'hôtes La Ferme de Loutas :*** *220, chemin de Loutas, 38410* ***Le Pinet.*** *☎ 04-76-89-54-23. • fermeloutas@gmail.com • À 6 km d'Uriage-les-Bains ; à la sortie de Saint-Martin, suivre la route d'Allevard. Fermé de mi-oct à mi-avr. Nuitée 27 €/pers, petit déj compris. Repas (soir slt) 15 €.* Cette ferme, située sur les hauteurs d'un versant, est un petit paradis pour les amoureux de la nature et des animaux. Poulets, canards, cochons, lapins, ânes, chevaux... vivent ici dans la plus parfaite harmonie. Ce couple d'agriculteurs-apiculteurs connaît le goût des bonnes choses. C'est simple. On ne vient pas ici pour le grand confort (2 chambres disposent d'une salle de bains accessible en passant à l'extérieur), mais pour le cadre, l'atmosphère champêtre et l'accueil. À table, vous retrouverez le meilleur de la production familiale. Piscine à débordement, à flanc de colline.

Manifestation

– ***Uriage en voix :*** *1er w-e de sept.* Festival de musiques du monde où les belles voix sont à l'honneur. Des concerts gratuits se succèdent dans le parc.

DANS LES ENVIRONS D'URIAGE-LES-BAINS

Le village de ***Venon,*** véritable promontoire entre Belledonne, Chartreuse et Vercors, à moins de 10 km de Grenoble. Lieu de promenade dominicale. À côté, le village de ***Saint-Nizier*** mérite lui aussi un petit détour.

CHAMROUSSE

(38410) 460 hab. *Carte Isère, C3*

Cette station connut la célébrité grâce aux J.O. de 1968 (Killy, trois médailles d'or, cocorico !). Aujourd'hui, il y a foule pour monter à la croix de Chamrousse, qui domine les Alpes. C'est vrai que si la station manque singulièrement d'âme (surtout en été), le panorama est superbe. À perte de vue, toute l'agglomération grenobloise, la Chartreuse, le Taillefer, le Vercors, le Dévoluy, les lacs qui scintillent... et le mont Aiguille qui s'élève dans le paysage tel un vaisseau bleuté sur des vagues minérales (quand le *Routard* se met à être lyrique !). L'arrivée de la télécabine est le point de départ pour randonner (à skis) à l'intérieur du massif et pour faire de belles courses en montagne l'été.

PREMIERS PAS SUR LES PLANCHES

Il était « aussi embarrassé d'en tirer profit qu'une carpe peut l'être d'une pomme ». Mais si les Alpes offrent aujourd'hui le plus grand domaine skiable du monde, c'est sûrement un peu (sinon beaucoup) grâce à Henri Duhamel. Ce cartographe fut en effet, en 1878, le premier en France à chausser ces curieuses planches de bois d'origine scandinave, rapportées de l'Exposition universelle de Paris. C'était au Recoin, où s'étalent aujourd'hui quelques-unes des pistes de Chamrousse.

Adresses et infos utiles

Office de tourisme : *42, pl. de Belledonne, Chamrousse 1 650.* ☎ *04-76-89-92-65.* • *chamrousse.com* • *En été et en hiver, tlj ; hors saison, fermé w-e.* Également une antenne à Chamrousse 1 750 (ouv en saison slt).
– ***Central de réservation :*** ☎ *04-76-59-01-01* • *chamrousse-reservation.com* •
Maison de la montagne de Chamrousse : *480, av. du Père-Tasse, Chamrousse 1 750.* ☎ *04-76-59-04-96.* • *maisonmontagnechamrousse.com* • Randonnées pédestres, marche nordique, raquettes, escalade, ski de rando, etc.
Liaisons autocars Transisère : ☎ *0820-08-38-38 (0,12 €/mn).* • *transisere.fr* • 2-3 départs/j. pour Grenoble. Durée : 1h10. *Également avec les **Transports du Grésivaudan** (☎ 0810-12-12-33, prix d'un appel local depuis un téléphone fixe ; • transportsdugresivaudan.fr •).* Juin-sept et de mi-déc à mi-avr, 3 bus/j.

(respectivement *Estibus* et *Skibus*) pour Saint-Martin d'Uriage (possibilité de prendre son vélo en été) ; de là, correspondance pour Gières (ligne de tram C) et Grenoble.

Où dormir ? Où manger ?

Auberge de jeunesse : *20, rue des Alisiers, Le Recoin, Chamrousse 1 650. ☎ 04-76-89-91-31. • chamrousse@hifrance.org • hifrance.org • À proximité des pistes. Ouv des vac scol de Noël à mars. Avec la carte FUAJ (obligatoire et en vente sur place), propose forfaits w-e et séjours en pens complète slt ; 90-95 €/pers, 2 j./1 nuit ; à partir de 119 €/pers, 3 j./2 nuits.* Les étudiants de Grenoble s'y retrouvent dans une ambiance sympa. Chambres de 2 à 4 lits avec douche et lavabo. Salle TV, sauna et jacuzzi.

Ski et neige

Ski alpin : domaine (1 650-2 250 m) avec 90 km de pistes. Forfait journée adulte : 30,50 € ; réduc. Plusieurs accès entre 1 600 et 1 750 m (les deux principaux étant *Le Recoin* à 1 650 m et *Roche-Béranger* à 1 750 m), distants de 2 km, mais reliés par navette gratuite (et par les remontées mécaniques, l'hiver, bien sûr). Chamrousse, c'est vraiment la neige d'accueil des fous de glisse de l'agglomération grenobloise. On vous a déjà vendu, quelques lignes plus haut, le panorama, glissons donc maintenant quelques lignes sur ce domaine skiable, vivant, sportif et tonique. Les bons skieurs, nostalgiques de 1968 (on parle des Jeux olympiques, bien sûr) emprunteront le *couloir de Casserousse,* historique parcours de l'épreuve de descente, ou les pistes *Olympiques,* une noire, une rouge. Quelques autres rouges sympas à se mettre sous les planches : les *Gaboureaux* ou encore les *lacs Robert* dans un site très haute montagne. Pour les débutants, un espace protégé à 1 600 m et quelques vertes sans mauvaises surprises.

– ***Snowboard :*** *snowpark, cross line,* un *boardercross, kick rail* et tout plein de modules.

Ski nordique : 40 km de pistes. Le domaine de ski nordique parcourt largement le plateau de l'Arselle, joliment enserré par les sapins et les cimes.

– ***Pour les non-skieurs :*** quelques randos splendides à faire à pied, accessibles aux marcheurs moyens, une patinoire (artificielle et en extérieur), des balades à raquettes balisées, notamment vers le ***lac Achard.*** Notre coup de cœur ! Vous ne le regretterez pas. Finis les bruits de remontées mécaniques, envolée la grande foule ! En échange, un site enchanteur, et pas au prix d'un effort intense.

Sports et loisirs d'été

➢ ***Randonnées :*** le *lac Achard* (toujours !), facile d'accès et agréable pour les pique-niques, à partir de *Roche-Béranger* (Chamrousse 1 750). Accessible à tous : compter 1h15 de montée à pied. On peut aussi prendre le télésiège à Bachat Bouloud (Chamrousse 1 750) jusqu'au Schuss des Dames (fonctionne de mi-juil à mi-août, 10h-12h15, 13h15-17h) ; de là, le lac Achard est à 30 mn de marche. Très fréquenté le week-end. Poursuite sans difficulté vers les *lacs Robert* (1h) via le col de l'Infernet et le col de la Botte.
En été, l'accès à la croix de Chamrousse est possible en télécabine, tous les jours en juillet-août de 9h à 17h ; départ depuis Chamrousse 1 650. Resto d'altitude. Quant aux amateurs de grandes randonnées et de courses, ils seront comblés. Mais, attention, Belledonne n'est pas un massif pour amateurs non initiés. N'hésitez surtout pas à prendre un guide. Le pic de Belledonne et le Grand-Colon sont les itinéraires les plus fréquentés.

– ***Via ferrata :*** *rens à la Maison de la montagne (☎ 04-76-59-04-96) et à l'office de tourisme.* On en trouve une de 360 m (niveau de peu à assez difficile) et une de 300 m (difficile). Possibilité d'être accompagné.

– ***Parapente :*** ***Corole*** *(école de parapente), ☎ 04-76-89-93-66. 📱 06-08-01-43-06. • corole.com • Ouv tte l'année pour les baptêmes de l'air (pour le reste, se renseigner).* Les accros de parapente vont être gâtés, car Chamrousse possède une véritable école sur l'un des meilleurs sites de France. Montée en téléphérique en été.

➢ ***Promenade en forêt :*** si vous disposez d'un moyen de locomotion, faites connaissance avec la forêt de Prémol, en contrebas de Roche-Béranger. Avec passage obligé à la réserve naturelle de Luitel : un petit lac et des tourbières bordées de plantes... carnivores.

Manifestations

– ***Chamrousse en Piste :*** *5 j. fin juil-début août.* Spectacles et théâtre (de champs !) partout dans la montagne. Gratuit.
– ***Fête du Bois :*** *2e w-e d'août.* Animations et concours de bûcherons.
– ***Course de Côte :*** *dernier w-e d'août.* Course de voitures de collection.

LE BALCON DE BELLEDONNE (D'URIAGE À ALLEVARD)

Reliant les deux stations thermales d'Uriage et d'Allevard distantes de 63 km, la D 280, une des plus jolies routes d'Isère, sinue en surplomb du Grésivaudan à travers de pittoresques cartes postales et des villages à la fois coquets et agricoles. À condition que le temps soit de la partie, splendide itinéraire curieusement délaissé, mais tant mieux pour vous et pour nous ! Compter au minimum une demi-journée pour parcourir les 63 km avec moult arrêts. Mais le mieux, c'est encore de partir à la journée en couplant visites et randonnées (voir plus loin).

Adresse utile

ℹ ***Informations touristiques :*** *à la mairie, 38420* ***Revel.*** *☎ 04-76-89-82-09. • revel-belledonne.com • Ouv lun ap-m, mar ap-m, ven ap-m et sam mat (fermé sam de mi-juil à mi-août).*

Où dormir ? Où manger dans le coin ?

Camping

⛺ ***Camping Les Sept-Laux :*** *col des Ayes, 38570* ***Theys.*** *☎ 04-76-71-02-69. • info@camping-7-laux.com • camping-7-laux.com • ♿ À 100 m après le col des Ayes, sur la gauche. Ouv de juin à mi-sept. Résa conseillée en juil-août. Compter 16,60-19,50 € selon saison pour 2 pers avec tente et voiture. Loc pour 5 pers, mobile homes (325-670 €) et chalets (345-730 €).* En pleine nature, joli petit camping verdoyant (d'ailleurs labellisé « Camping Qualité »), ombragé et bien agréable en été avec sa piscine. À taille humaine et sympathiquement familial.

De prix moyens à chic

🏠 🍴 ***Auberge Les Paletières :*** *Mont-Farcy, 38570* ***Theys.*** *☎ et fax : 04-76-71-17-07. • lespaletieres@orange.fr • les-paletieres.fr • ♿ À droite à l'entrée de Theys, c'est 3,5 km plus haut. Fermé lun soir, mar, mer et dim* *soir hors saison. Congés : de fin oct à début nov. Double 48 €. Menu 18 € le midi en sem, puis 26-28,50 € ; carte env 30 €. Digestif maison offert sur présentation de ce guide.* La vraie auberge de campagne, à la ferme. Produits fermiers, salle à manger rustique à souhait, terrasse fleurie. Quelques chambres à l'étage, neuves et de bon confort. Accueil adorable, calme garanti et nombreuses possibilités de balades dans les environs. De temps en temps, soirées avec ambiance musette.

La Tour des Sens : *route de Theys, 38570* ***Tencin.*** *☎ 04-76-04-79-67. • contact@latourdessens.fr • Depuis Tencin, prendre la direction de Theys (c'est à 1,5 km). Congés : 1 sem en avr, 3 sem en août et de Noël à début janv. Fermé dim-lun, 1er sam du mois et j. fériés. Menus 24 € (le midi en sem), puis 44-79 €.* Laurent Brebion n'est pas un simple chef, c'est avant tout un artiste qui a manifestement plusieurs cordes à son piano ! En témoignent ses propres tableaux contemporains qui colorent les deux salles empreintes d'une certaine sobriété japonisante. Créateur bouillonnant, il est en recherche d'accords parfaits, ose les mélanges de saveurs et de textures, sans oublier un travail en matière de graphisme de l'assiette qui n'est pas sans rappeler d'ailleurs celui de ses toiles. En prime, magnifique panorama sur la vallée du Grésivaudan et le massif de La Chartreuse. Terrasse aux beaux jours.

À voir. À faire dans le coin

Tout d'abord, une petite halte s'impose un peu après Revel à ***Saint-Jean-le-Vieux,*** village tout mignon doté d'une belle église romane. Puis on arrive à ***La Combe-de-Lancey*** (intéressant musée des Arts et Traditions populaires, voir plus bas). Ensuite, arrêt quasiment obligatoire au ***belvédère de la Croix-de-Revollat,*** qui offre un sublime panorama sur le Vercors et la Chartreuse avec Belledonne en arrière-plan. Le lieu idéal pour pique-niquer. On reprend la route en direction du ***col des Mouilles.*** Sur la droite, une route s'enfonce dans la forêt de sapins jusqu'au parking *Pré-Marcel* (3 km), point de départ d'une randonnée (GR 549) vers le *refuge Jean-Collet (☎ 04-76-08-39-23),* à 1 950 m d'altitude. Montée de 2h30. Là-haut, possibilité de prolonger vers le *lac Blanc,* le *refuge de la Pra (☎ 04-76-89-94-60 ou, hors saison, 06-24-56-77-81 ; • refugedelapra.com •)* ainsi que le *col de la Mine-de-Fer* (mine exploitée jusque dans les années 1800 dans les conditions que vous imaginez). On reprend la D 280 en faisant éventuellement un petit crochet par ***Laval,*** qui possède une architecture de montagne typique et un certain cachet. Puis nous voilà à ***Prabert,*** hameau très fleuri en été, abritant un certain nombre de jolies demeures ; la première d'entre elles, une adorable maison au toit de chaume, superbement restaurée et embellie, un peu avant le *café des Sports.* Une fois rassasié ou désaltéré, s'il vous prend l'envie d'une longue balade, suivre ***la route du Pré-de-l'Arc*** jusqu'au terminus (3 km). Là, plusieurs départs de randonnées. À ***Theys*** enfin, on trouve de belles demeures anciennes (en pierre violette) et quelques maisons fortes (dont la poste et le syndicat d'initiative).

Le musée rural des Arts et Traditions populaires : *annexe du château de la Combe, 38190* ***La Combe-de-Lancey.*** *☎ 04-76-90-50-25. Ouv tte l'année, slt sur rdv. Entrée : 2 €.* Petit musée de la *Combà, autrafé* (« la Combe, autrefois »). Vieux métiers, outils agricoles, objets domestiques, faune, géologie... Une bonne introduction à l'histoire de Belledonne. Vous pourrez aussi profiter du jardin et des terrasses du château de la Combe. Beau panorama.

Le musée de la Houille blanche : *maison Bergès, à Lancey, 38190* ***Villard-Bonnot.*** *☎ 04-38-92-19-60. • musee-houille-blanche.fr • Ouv tte l'année mer-dim 13h-18h (13h30-17h30 nov-mars). Entrée libre.* C'est ici que fut mise en place, en 1869, la plus haute conduite forcée des Alpes, pour faire fonctionner une fabrique de pâte à papier. Plus tard, on installa une dynamo pour transformer cette force hydraulique en énergie électrique. C'est le début de l'hydroélectricité. Ce musée retrace donc les étapes de cette aventure technique et industrielle, en s'appuyant sur les innovations mises au point par Aristide Bergès. Nombreux thèmes : hydromécanique, hydroélectricité, papeterie, vie ouvrière au XIXe s, éclectisme historique et Art nouveau.

LES SEPT-LAUX (38190) *Carte Isère, C2-3*

Au centre du massif de Belledonne, la station des Sept-Laux domine la vallée du Grésivaudan et les falaises de la Chartreuse. À cheval sur deux versants, elle comporte trois sites d'accès skiables : *Prapoutel* (en balcon sur la vallée à 1 350 m), *Pipay* (à 1 550 m), surtout fréquenté par les skieurs à la journée, et *Le Pleynet* (1 450 m), accessible par la vallée du Haut-Bréda (et par remontée mécanique depuis Prapoutel). Pourquoi le nom des Sept-Laux ? À priori, pas d'allusion aux sept lacs de la partie orientale de la chaîne de Belledonne. Le vocable viendrait de « ceylan » qui veut dire « pays d'en haut » !
À l'image de Chamrousse, Prapoutel, la station principale, est typique de l'architecture du début des années 1970 : béton, béton et béton. À peu près autant de charme qu'une ville nouvelle de banlieue, mais petit à petit, la station est rénovée et le beau domaine skiable ne laisse pas insensible. Sur le plan esthétique, au Pleynet, les immeubles recouverts de bois ne défigurent pas trop le site.

Adresses utiles

i ***Office de tourisme de Prapoutel :*** *centre des Cortillets. ☎ 04-76-08-17-86. • les7laux.com •*
i ***Maison du Pleynet :*** *au Pleynet. ☎ 04-76-08-75-16.* Accueil l'été au pied du télésiège de Pincerie. Équipe tout à fait sympa et bons renseignements.
■ ***Location de VTT :*** *MCF, ☎ 04-76-33-09-95 ou 📱 06-62-83-96-19. • easyriders7laux.free.fr • Ouv mai-oct.* Infos et accompagnement sur le sentier VTT pour personnes handicapées, avec un FTT (fauteuil tout-terrain).

Où dormir ? Où manger dans le coin ?

Pas d'hôtels dans les stations de Prapoutel et du Pleynet. Les possibilités d'hébergements se font exclusivement en village vacances ou en résidence hôtelière. À **Prapoutel,** plusieurs snacks-brasseries-restos ouverts en été et en hiver, avec terrasse orientée plein sud, dont *Au Rocher Blanc* et *Au Saint-Mury.* Mais il est plus agréable de déjeuner à **Pipay** (ou de séjourner au **Pleynet,** voir nos adresses dans la vallée du Haut-Bréda).

|●| ***Le Farinaud :*** *Pipay-les-Sept-Laux, 38570* ***Theys.*** *☎ 04-76-08-75-75. • restaurantfarinaud@wanadoo.fr • Réservé aux groupes, le soir en hiver. Ouv tlj en saisons d'hiver et d'été, ouv le w-e juin et sept. Fermé de mi-avr à fin juin et de sept à mi-déc. Repas env 16,50-30 € l'été. En hiver, plat du jour à partir de 10 €.* Salle boisée et grande terrasse panoramique. L'été, au gré des menus, bons petits plats de terroir qu'on retrouve dans la formule self-service le midi en hiver.
⌂ **|●|** ***Refuge du Crêt du Poulet :*** *Le Crêt-du-Poulet, 38830* ***Saint-Pierre-d'Allevard.*** *☎ 04-76-71-04-93. • contact@refugecretdupoulet.fr • refugecretdupoulet.fr • Accès le plus rapide à partir de l'espace nordique du Barioz ; compter 1h de marche sur un large chemin. De mi-juin à mi-sept, tlj ; de mai à mi-juin et de mi-sept à*

oct, w-e. Nuitée 31,50 €/pers. ½ pens 32,50 €/pers. Repas à tte heure (10-18 €) et goûter avec tartes maison. CB refusées. Refuge communal planté à 1 700 m d'altitude au cœur d'une belle nature. Un dortoir de bon confort (d'une trentaine de lits) où l'on apportera son duvet ou un sac à viande (couverture fournie). Prévoir aussi lampe de poche et eau potable. Restauration de montagne : omelettes, tartes maison, crozets...

Ski et neige

Ski alpin : 120 km de pistes (1 350-2 400 m). Forfait journée adulte : 32 € en haute saison ; réduc. Un domaine qui étend sur deux versants (Isère et Bréda) ses remontées mécaniques (dont le télécombi du Grand-Cerf, la fierté de la station, qui vous mènera du Pipay au Dôme en moins de 5 mn). On vient aux Sept-Laux faire du ski en famille ou entre copains. Question technique, chacun y trouve son compte : un versant cool sur Prapoutel et un plus grandiose sur Pipay et Le Pleynet. Un must pour les skieurs chevronnés : le *vallon de la Jasse* (noire), qui part du col de Pouta à 2 400 m. Mais le vrai pied ici, c'est le hors-piste, et en particulier, les vallons du Pra, devenu un espace sécurisé et balisé tout en restant un magnifique territoire de haute montagne, avec de la poudreuse la plupart du temps.

– ***Snowboard :*** un des gros points forts de la station, le *snowpark* est en permanente évolution ; espace débutants.

Ski nordique : 15,50 km de pistes à Prapoutel. Départ à l'extrémité ouest du domaine alpin (près du *VVF*). Petit domaine, mais un des rares dans les Alpes avec panorama. Vue superbe sur les massifs du Vercors, de la Chartreuse, de Belledonne, et le mont Blanc à l'horizon. Alternance d'alpages d'été et de forêts alpines. Pour un plus large éventail de pistes, pousser, via Theys, jusqu'au col du Barioz (60 km de pistes). *Rens et vente de vignettes au foyer de ski de fond : ☎ 04-76-71-06-47.*

ALLEVARD (38580) 3 770 hab. *Carte Isère, C2*

Dans son bucolique bassin, Allevard commande l'entrée nord de la vallée du Grésivaudan. Longtemps renommée pour ses forges et établissements thermaux (pourquoi ne pas essayer les soins du centre *Vitalithermes* ?), la ville s'ancre aujourd'hui pleinement dans le tourisme et peut constituer un camp de base pour toute la région.

UN PEU D'HISTOIRE

C'est la découverte du minerai de fer de la vallée du Haut-Bréda qui provoque, dès le XIIe s, l'implantation des premières industries métallurgiques. Au XVIe s, les hauts fourneaux tournent à fond, et au XVIIe s, la région d'Allevard fournit la fonte pour couler les canons de la flotte méditerranéenne. Deux siècles plus tard, Allevard fabrique plaques de blindage pour cuirassés et poutres métalliques pour la tour Eiffel. De nombreux paysans trouvent dans l'extraction du minerai un complément de ressources à une terre qui ne produit pas assez. Le *sentier du Fer de Pinsot* rappelle cette épopée industrielle.

À la fin du XVIIIe s, on découvre les vertus des eaux sulfureuses de la région, et en 1836 démarre l'activité thermale de la station. Au début, ce sont surtout des blessés de la Grande Armée et des campagnes napoléoniennes qui

viennent s'y faire soigner. Puis on vient y traiter les maladies respiratoires et les problèmes de gorge.
En 1848, le docteur Niépce (neveu de l'inventeur de la photographie), ami de Lamartine, popularise la station auprès de l'intelligentsia parisienne.

Adresse et infos utiles

Office de tourisme du pays d'Allevard : *pl. de la Résistance, BP 27. ☎ 04-76-45-10-11. • allevard-les-bains.com • En juil-août, tlj sf dim mat ; le reste de l'année, fermé le w-e.* Accueil sympathique et bonnes docs sur la région.

Bus : *avec* ***Transisère,*** *☎ 0820-08-38-38 (0,12 €/mn). • transisere.fr •* 5-7 liaisons/j. avec Grenoble. Départ pl. de Verdun.

– **Marché :** *pl. de Verdun, jeu mat. Un autre marché plus petit dim mat.*

Où dormir ? Où manger ?

Campings

Idéal Camping : *67, av. de Savoie. ☎ 04-76-97-50-23. • idealcamping@wanadoo.fr • ideal-camping.fr • À l'entrée nord d'Allevard, juste après le grand rond-point. À 15 mn du centre à pied. Ouv de fin avr à sept (mi-oct pour les loc). Pour 2 pers avec tente et voiture, compter 13-16,90 € selon saison. Loc de caravanes 2 pers (200 €/sem selon saison), chalets et mobile homes 4-6 pers, à partir de 427-518 €/sem. Réduc de 5 % sur présentation de ce guide.* Petit camping plutôt bien ombragé et bien équipé (2 sanitaires refaits à neuf). Ambiance familiale. Piscine municipale à 100 m, gratuite pour les clients du camping.

Camping Clair Matin : *rue des Pommiers. ☎ 04-76-97-55-19. • contact@camping-clair-matin.com • camping-clair-matin.fr • À l'entrée d'Allevard, sur la gauche, venant de Grenoble, à 600 m des thermes. Ouv de mai à mi-oct. Pour 2 pers avec tente, voiture et électricité, compter 14,90-20,30 € selon saison. Loc de mobile homes 2-8 pers, 197-517 €/sem.* Spacieux, fleuri, ombragé, confortable. Ce 3-étoiles labellisé « Camping Qualité » offre un excellent confort : laverie, TV, épicerie, jeux pour les enfants, piscine... Bon accueil.

Bon marché

Hôtel du Dauphiné : *19, av. des Bains. ☎ 04-76-97-51-05. • contact@hoteldudauphine.com • hoteldudauphine.com • À l'entrée d'Allevard, juste après le casino. Congés : fin sept-1er mai. Chambres 37-46 € selon confort (lavabo ou douche et w-c) ; 50-59 € avec petit déj.* Modeste pension de famille offrant des chambres fonctionnelles. Petite terrasse extérieure plantée d'arbres, façade fleurie en été. Clientèle d'habitués. Accueil tout sourire des patrons. Fait aussi resto.

Les Terrasses : *29, av. de Savoie, face à l'ancienne gare, à 200 m du centre. ☎ 04-76-45-84-42. • responsable@hotellesterrasses.com • hotel.lesterrasses.com • Congés : de début nov à début déc. Résa conseillée. Double 47 € ; familiale 62 €. Menus 11 € en sem (pour les clients de l'hôtel slt), puis 19 €. Apéritif maison offert sur présentation de ce guide.* Si l'extérieur de l'hôtel ne paie pas de mine, l'intérieur, joliment rénové et décoré d'affiches d'artistes, est ravissant. Petit coin bar très lumineux sous la véranda dans l'entrée. Salle à manger fraîche et pimpante, ambiance fleur bleue. À table, quelques spécialités (ravioles aux queues d'écrevisses) et un délicieux accueil de la patronne. Chambres simples, confortables, certaines mansardées, d'autres avec vue sur le joli jardin. Une très bonne adresse.

Où dormir ? Où manger dans les environs ?

Ferme-auberge du Bessard : *route du Moutaret, 38580* ***Allevard.***

☎ 04-76-97-54-82. • contact@au-bessard.com • au-bessard.com • Du bourg d'Allevard, direction Le Moutaret par la D 9. À 3 km, fléchage « hameau du Freydon », puis « ferme-auberge du Bessard ». Congés : 10 j. fin août-début sept. De mi-mai à fin août, ouv tlj sf dim soir et lun ; le reste de l'année, ouv sam, dim midi et j. fériés. Sur résa slt. Double 57 €, petit déj compris. Menus 20 et 27,40 €. Apéritif maison offert sur présentation de ce guide. Ferme familiale que Michel et Pascale, producteurs de foie gras et de miel de montagne, ont retapé tout seul. Salle à manger bénéficiant d'une vue panoramique sur le glacier du Gleyzin. Bonnes spécialités maison : salade de gésiers et cœurs confits, magrets, gratin de crozets... Pierrade sur commande. Accueil convivial. Également 4 chambres d'hôtes simples et colorées.

Où acheter du bon fromage ?

***Ferme de la Grangette :** hameau de Mongaren, 38580 **La Chapelle-du-Bard.** ☎ 04-76-45-02-58. À 4 km d'Allevard ; à La Chapelle-du-Bard, suivre la direction Beauvoir, c'est 1,5 km plus loin. Vente directe, tlj 17h30-19h30.* C'est dans cette ferme qu'est produit le Mongaren, une tome de vache au goût discrètement fruité. Tout Allevard y court ! Possibilité d'assister à la traite des vaches à 17h.

À voir

***Le musée Jadis-Allevard :** parc des Forges (centre-ville). ☎ 04-76-45-16-40. • museedallevard.wordpress.com • Ouv 15 mai-15 oct tlj sf sam 15h-18h. Également ouv pour les groupes et sur résa hors saison. Entrée : 2 € ; visite guidée 3 € ; gratuit moins de 12 ans.*
Intéressant petit musée, avec une muséographie qui met en valeur sa touchante collection sur l'histoire économique, sociale et humaine du pays d'Allevard.
Les premières salles sont consacrées au fer, à la minéralogie et à l'archéologie (fer de la hache d'Allevard, souvenirs et témoignages des mines de fer du bronze final, etc.), sans oublier l'histoire plus récente (usines, hauts fourneaux, centrales électriques) ; le thermalisme est ensuite évoqué.
À l'étage, au milieu de quelques machines et instruments agraires, une petite exposition sur l'évolution du ski et le matériel de montagne. Une bonne place est faite au sculpteur Rambaud, un enfant du pays. Orfèvrerie religieuse : ostensoirs, calices en vermeil, belle porte de l'ancienne église d'Allevard du XIIIe s.
Également des expos temporaires.

DANS LES ENVIRONS D'ALLEVARD

À voir. À faire

***Le four à griller :** 38830 **Saint-Pierre-d'Allevard.** À l'entrée du village, sur le côté gauche en venant d'Allevard.* La décision prise par Schneider en 1895 de suspendre son activité d'extraction du minerai entraîna la destruction des cinq fours existants (qui servaient à griller le minerai et à le débarrasser de son acide carbonique). Les forges d'Allevard décidèrent pourtant, dès 1902, de reconstruire un four afin de perpétuer le souvenir de cette aventure industrielle. Depuis 1905, le four de Saint-Pierre est devenu le symbole même du pays d'Allevard. C'est aussi l'un des rares exemplaires conservés en France.

***Les forges et moulins de Pinsot :** 38580 **Pinsot.** ☎ 04-76-13-53-59. • forgesmoulins.com • Mai, juin et sept, visites à 15h et 16h30 ; juil-août, à 10h30,*

14h, 15h30 et 17h. Fermé lun, mar. Durée de la visite : 1h15. Entrée : 5 € ; réduc. Cet écomusée entièrement dédié aux forges et aux moulins s'est installé dans un ancien moulin à farine et huile de noix. Aujourd'hui, on y fabrique encore de l'huile de noix. Plusieurs moulins, agricoles ou à fer, des XVIIIe et XIXe s, tous en fonctionnement (et actionnés pendant les visites guidées), ont été installés à Pinsot, haut lieu de l'extraction du minerai de fer et de la taillanderie (fabrication d'outils tranchants). La forge fonctionne elle aussi. Un espace est dédié au bois : différents outils et même une ancienne scierie communale restaurée et en bon état de marche. Également un four à pain. Une visite passionnante complétée par une petite salle d'expo temporaire ainsi qu'une vidéo *(De l'eau, du bois, du fer et des hommes)*.

➢ ***Le sentier du Fer de Pinsot :*** *38580* ***Pinsot.*** C'est un remarquable parcours d'initiation à l'histoire industrielle de la région. À effectuer en famille (mais attention, les poussettes ne passent pas !), au choix, à partir de trois points de départ : les Ayettes-Perchetan, le Jeu de Paume sur Pinsot et Montouvrard à Allevard. Durée de la visite : 2-3h environ. Parcours en pleine forêt des Ayettes. Chaussures adaptées à la randonnée conseillées, emporter de l'eau et bien rester sur les sentiers. Les différents vestiges dégagés permettent de bien comprendre l'importance de ce site minier à l'époque, pour l'économie locale. À lui tout seul, il assurait l'approvisionnement de la fonderie royale de Saint-Gervais-sur-Isère (voir « Le Vercors »). Divisé en huit étapes (depuis l'écurie à mules à Marameilles) que nous conseillons de suivre dans l'ordre. À chacune d'elles, une splendide plaque en fonte raconte un morceau de cette riche histoire minière (de nouvelles bornes d'interprétation, moins belles mais plus lisibles, améliorent encore la signalétique). Indispensable de se procurer avant de partir la brochure *Le Sentier du Fer.* Renseignements aux forges et moulins de Pinsot ou à l'office de tourisme d'Allevard.

Ski et neige. Sports et loisirs d'été

Le Collet d'Allevard : à 11 km d'Allevard, c'est la station de ski familiale par excellence. Panorama privilégié sur le mont Blanc, les massifs de la Chartreuse, du Vercors et des Bauges. Domaine se situant entre 1 450 et 2 100 m, une dizaine de remontées mécaniques, 35 km de pistes. Et pour tous les niveaux. Une grande spécialité : c'est le plus grand domaine skiable nocturne d'Europe : 10 pistes entièrement éclairées les mardi et vendredi soir, de 20h à 22h30. Forfait journée adulte : 21 €.

➢ Nombreuses ***activités d'été*** également. La randonnée, évidemment, comme la belle balade du pas de Bœuf, à travers la forêt. Le parapente, avec trois aires de décollage dont une se situe au cœur même de la station. Possibilité de grimper sur la montagne des Tufs (1 600 m), avec le télésiège des Tufs (fonctionne tous les jours en juillet-août depuis la station du Collet) pour pratiquer VTT, trottinette tout terrain et autres engins de descente à louer sur place.

LA VALLÉE DU HAUT-BRÉDA

Carte Isère, C2

Voici une belle excursion dans une vallée presque secrète, à une quinzaine de kilomètres d'Allevard. Suivre la D 525a. Les villages traversés ont conservé leur âme (Pinsot, La Ferrière, le hameau de La Martinette, etc.). On aime beaucoup celui du Gleyzin, dans la petite vallée du même nom.

Tout au bout, Le Fond-de-France, car c'était là, à 1 100 m d'altitude, que passait la frontière avec la Savoie. Jusqu'à la construction de la station du Pleynet, la route s'y arrêtait. De là, beaucoup de belles randonnées. À commencer par celle de la *cascade du Pissou,* à partir du hameau de La Martinette.

Adresse et info utiles

Point d'information du Haut-Bréda : *lac du Fond-de-France, 38580* ***La Ferrière-d'Allevard.*** *☎ 04-76-98-56-61. Ouv en été et en hiver slt : tlj pdt les vac, slt le w-e hors vac.*

Bus : *avec les* ***Transports du Grésivaudan,*** *☎ 0810-12-12-33 (prix d'un appel local depuis un téléphone fixe) ; • transportsdugresivaudan.fr •* Juin-sept et déc-avr, 1-3 bus/j. *(respectivement* Estibus *et* Skibus*)* entre Allevard-Le Pleynet avec arrêts au Pinsot, à La Ferrière et au Fond-de-France. Billet à petit prix.

Où dormir ? Où manger dans le coin ?

Camping

Camping Neige et Nature : *38580* ***La Ferrière-d'Allevard.*** *☎ 04-76-45-19-84. • contact@neige-nature.fr • neige-nature.fr • Niché au fond de la vallée, en contrebas du village. Ouv de mi-mai à mi-sept (loc tte l'année). Forfait pour 2 pers avec voiture et tente 17,80 € (réduc de 15 % en mai, juin et sept au-delà de 3 nuits). Loc chalets et mobile homes 2-6 pers, 315-630 €/sem. CB refusées.* Quelques emplacements délimités par des haies, arbustes. Jolis chalets en bois. Au calme. Snack-bar et petite piscine. Accueil aimable.

Bon marché

Gîte de La Martinette : *hameau de La Martinette, 38580* ***La Ferrière-d'Allevard.*** *☎ 04-76-45-08-17. • la.martinette@wanadoo.fr • lamartinette.com • Nuitée 18,50 €/pers, petit déj 6,50 € (possibilité de loc de draps). ½ pens 44 €/pers. Repas 20 € pour les non-pensionnaires. Apéritif maison et un petit déj/pers et par nuit offerts sur présentation de ce guide.* Grande maison de pierre à l'orée du village. Derrière la terrasse plantée d'arbres, un salon et une salle à manger pleins de charme avec mobilier ancien et bibliothèque. Une douzaine de chambres claires et nettes pour 4 personnes avec douche. Sinon, dortoir de 6 à 10 personnes. Resto ouvert à tous : sympathiques petits plats maison.

De prix moyens à chic

L'Aubergerie : *38580* ***La Ferrière-d'Allevard.*** *☎ 04-76-97-59-02. • contact@aubergerie.com • aubergerie.com • Resto ouv en été, tlj sf dim soir et le midi lun-mer ; le reste de temps, téléphoner avt. Doubles 60-75 € selon saison, petit déj compris. Le midi en été, à la carte slt, env 15-20 € ; le soir, menus 20,50-27,50 €.* Thomas a longtemps été berger, mais il a voulu se diversifier, et sa petite bergerie en pleine nature s'est transformée en aubergerie. De l'extérieur, l'ensemble paraît un peu rafistolé, mais détrompez-vous. Ce sont 3 chambres, plutôt spacieuses et agréables, faites de pierre et de bois. L'été, lorsqu'il faut beau, les tables sont posées à l'extérieur, sur une terrasse entourée de fleurs. Petite restauration simple le midi (omelettes, salades, assiettes de charcuterie et de fromage, etc.), plus consistante le soir (fondue au fromage, tagine sur commande, etc.). Un petit côté « bout du monde » pour une adresse atypique et chaleureuse comme tout.

Auberge Némoz : *La Martinette, 38580* ***La Ferrière-d'Allevard.*** *☎ 04-76-45-03-10. • aubergenemoz@wanadoo.fr • auberge-nemoz.com • Tlj sf lun-mer hors saison. Congés : 2 sem en avr et nov. Résa indispensable. Doubles 82-97 €, petit déj compris. Menus 15-19 € (midi en sem), puis 28-33 € ;*

env 40-45 € à la carte. Un rêve de chalet en bois au cœur d'une jolie nature. Quelques photos, à l'entrée, racontent comment il a su renaître 2 fois de ses cendres. Vieilles pierres, mobilier tout aussi ancien, chandelles sur les tables de bois, piano : la salle à manger est pleine de charme. Et les superbes et vastes chambres en ont peut-être encore plus. Côté resto, la raclette est cuite, comme il se doit, au feu de bois, les truites sortent juste du vivier et les petits plats de terroir sont très adroitement tournés. Terrasse plus qu'agréable aux beaux jours. Un vrai coup de cœur.

Hôtel-résidence Les Alisiers (Le Curtillard) : *Le Curtillard, 38580* ***La Ferrière-d'Allevard.*** *☎ 04-76-97-50-82. • info@residence-les-alisiers.com • residence-les-alisiers.com • Ouv pdt les vac scol. Doubles avec sdb, TV, 65-75 € selon saison.* Une résidence hôtelière à la déco qui commence à dater un peu mais aux chambres confortables, idéales pour les familles. Certaines avec balcon, vue sur les montagnes. Également location de studios et d'appartements. Piscine. Tennis.

Où dormir ? Où manger en altitude ?

Gîte d'alpage de Combe Madame : *La Martinette, 38580* ***La Ferrière-d'Allevard.*** *06-08-21-47-82. • belledonne.org.lu • Accès : à pied au départ du Fond-de-France (La Martinette). Prévoir 1h45 de grimpette. Ouv tlj juil-août ; le w-e sur résa en juin et sept. Nuitée env 10 € ; petit déj 7 €. ½ pens 32 €/pers. Assiettes 10-12 € au déj ; menu le soir 17 €.* Gîte d'une vingtaine de places dans un chalet d'alpage planté à près de 1 800 m le long du sentier du col de la Croix et du Rocher-Blanc. Un dortoir de 18 lits et une chambre de 4 personnes. Pas de douche mais de simples lavabos. Possibilité de camper pour ceux qui ont une tente.

Refuge du Crêt du Poulet : *à* ***Saint-Pierre-d'Allevard.*** *☎ 04-76-71-04-93. • refugecretdupoulet.fr •* *Voir plus haut « Où dormir ? Où manger dans le coin ? » aux Sept-Laux.*

Randonnées

Au départ du Gleyzin (1 090 m)

➢ Randonnées à destination du ***refuge du Bout*** (1 398 m) ou encore du ***refuge de l'Oule*** (1 836 m).

Au départ du Fond-de-France/La Martinette (1 074 m)

➢ ***La cascade du Pissou :*** sentier balisé au départ de l'*Auberge Némoz* menant à la cascade en moins de 1h, à travers d'agréables sous-bois. Boucle possible par Le Fond-de-France au retour : compter dans ce cas 1h15 de balade. Pas ou peu de dénivelée, idéal pour les familles.

➢ ***Le refuge de Combe-Madame*** *(1 784 m ; 2h15 de montée)* **:** sentier au départ de l'*Auberge Némoz.* Plusieurs autres randonnées, dont ***le col des Sept-Laux*** *(2 184 m ; 4h30 de montée)* rallie également les suffrages pour la beauté de ses points de vue. Accessible à tout bon marcheur au départ du Fond-de-France.

➢ ***Le col de la Croix*** *(2 532 m ; 4h de montée à partir de La Martinette)* **:** par Combe-Madame. ***Le rocher Blanc*** *(2 928 m ; 5h de montée),* enfin, est un peu le must du coin, au départ de l'*Auberge Némoz* là aussi. Rando assez longue, via Combe-Madame, pas trop difficile, et qui se termine par une marche sur un glacier peu pentu. Pour randonneurs confirmés. Panorama superbe sur les Alpes dauphinoises du nord et la Savoie.

Au départ du Pleynet (1 445 m)

➢ ***La combe du Pra*** *(1 870 m ; 1h30 de montée)* **:** de forêt en alpage, vous pourrez observer marmottes et chamois. Accessible à tous.

➢ ***Le Grand Rocher*** *(1 926 m ; 2h15 de montée)* **:** par le col du Merdaret. Balade facile, très beau point de vue sur la partie nord du massif de Belledonne. Large piste jusqu'au crêt du Bœuf, puis sentier en alpage.

– Au ***Pleynet,*** le télésiège de Pinserie fonctionne en juillet-août *(tlj lorsque la météo le permet, 10h-17h ; 7 € A/R).*

VIZILLE

(38220) 7 590 hab. *Carte Isère, C3*

Jolie petite ville ouvrière du Sud grenoblois toute pleine de belle et riche histoire, entre Belledonne et l'Oisans, à l'intersection des D 1085 (route Napoléon) et D 1090. Ville qui nous est particulièrement chère au cœur : en effet, c'est à Vizille que débuta vraiment la Révolution française (et pas à Paris, comme tous ces Jacobins récupérateurs l'affirment !), et l'on y trouve l'un des plus beaux musées en Rhône-Alpes.

UN PEU D'HISTOIRE

De tout temps, à l'entrée de l'Oisans, ce fut un lieu stratégique, avec une forteresse pour bien tout verrouiller. Du XIe au XIVe s, une des résidences favorites des dauphins (nombre de lois, actes et édits y furent signés). Pendant les guerres de Religion, Lesdiguières, à la tête des protestants, tente vainement de s'en emparer. La paix rétablie, le roi lui cède forteresse et terres de Vizille. Pour marquer son pouvoir, Lesdiguières fait construire un nouveau château d'agrément et développe l'industrie locale (moulins, papeterie, martinets, etc.). En 1777, un riche bourgeois de Grenoble, Claude Perier, rachète le château et y installe une fabrique de cotonnades imprimées.
Le 21 juillet 1788, il s'y tient une réunion historique : l'« assemblée de Vizille », ultime étape de la mobilisation contre les édits de mai (supprimant les prérogatives du parlement de la province), après la journée des Tuiles du 7 juin et l'assemblée des trois ordres, à Grenoble, du 14. Cette dernière appelle à une nouvelle réunion impliquant cette fois-ci toute la province. Le 21 juillet, 491 députés se réunissent donc au château (ecclésiastiques, nobles et bourgeois). Ils dénoncent le despotisme central, réclament la suppression des édits, le rétablissement des droits du parlement et l'organisation d'états généraux. Important pour l'histoire, ils précisent qu'« en soutenant des droits particuliers, ils n'abandonnent pas ceux de la nation ». Ce programme politique extrêmement avancé et mobilisateur trouve un extraordinaire écho dans tout le pays. Résultat : par les arrêts d'août 1788, le roi autorise la réunion des états de la province et proclame pour le 1er mai 1789 la réunion des états généraux. *La Révolution est en marche !* Il n'aura d'ailleurs pas échappé aux lecteurs la belle symbolique du « château-usine » (annonciateur du capitalisme moderne) abritant les derniers représentants et soubresauts du vieux monde féodal !
Vizille, au XIXe s et au début du XXe s, devient une grande ville industrielle : en 1930, la papeterie emploie 400 ouvriers, l'usine-pensionnat du Péage (ateliers de filature, tissage, dortoirs, chapelle, etc.), fondée en 1850, fait travailler 600 jeunes filles. Le textile est d'ailleurs l'activité dominante ; il y a également de petites unités métallurgiques et de construction mécanique.

Après la Seconde Guerre mondiale, c'est le déclin industriel. Les grandes usines de tissage de la soie disparaissent. Restent aujourd'hui quelques unités papetières et PME de l'habillement, et ce magnifique musée, ultime témoin de l'importance de la ville dans l'histoire !

Adresse et info utiles

Office de tourisme Sud-grenoblois : *19, pl. du Château. ☎ 04-76-68-15-16. • sudgrenoblois-tourisme.com • En face du domaine de Vizille. Juil-août, ouv tlj ; le reste de l'année, fermé dim-lun.*

Cars Transisère : *☎ 0820-08-38-38 (0,12 €/mn). • transisere.fr •* Env 10 bus/j. pour Grenoble (certains passent par Uriage-les-Bains) et Le Bourg d'Oisans ; bus également pour Gap.

À voir

Le domaine de Vizille : *au centre-ville, en face de l'office de tourisme. • domaine-vizille.fr •* Il comprend le musée de la Révolution française et le parc.

– Le musée de la Révolution française : *dans l'ancien château. ☎ 04-76-68-07-35. Avr-oct, tlj sf mar et 1er mai 10h-12h30, 13h30-18h ; nov-mars, tlj sf mar, j. fériés et pdt les fêtes de fin d'année 10h-12h30, 13h30-17h. Entrée et audioguide gratuits. Possibilité de visite gratuite ts les 1ers dim du mois, dans l'ap-m.*

L'imposant château aménagé par le connétable de Lesdiguières entre 1600 et 1620, intégrant quelques éléments de la vieille forteresse du XIVe s, est situé dans un parc de 100 ha, dont la partie paysagère est labellisée « Jardin remarquable ».

Le musée présente ce qui préluda à la Révolution, son déroulement, ses conséquences... Il favorise aujourd'hui une réflexion, toujours renouvelée, toujours enrichie sur le thème des libertés, des Droits de l'homme, de la citoyenneté et des valeurs républicaines. La belle muséographie et les collections remarquables rendent la visite quasiment obligatoire !

Niveau parc

Salle des faïences. Assiettes décorées de symboles et slogans de la Révolution, pierre de la Bastille. Émouvant, le drapeau des volontaires du canton de La Ferrière.

Demi-niveau

Salle de la République. Peintures grandiloquentes, notamment *La Convention nationale décrète l'abolition de la monarchie,* de Clément-Louis Belle, et l'extraordinaire *Appel des dernières victimes de la Terreur* (1850). Soulignons d'abord la superbe technique picturale de Charles-Louis Muller, indépendamment de son message « antirépublicain ». Les visages des aristos sont blancs, empreints de noblesse pathétique, tandis que ceux des révolutionnaires se révèlent, bien entendu, rougeauds, avinés, de pair avec une attitude avachie. Noter aussi la superbe lumière et la remarquable mise en scène des personnages dans *Le Dernier Banquet des Girondins* de Félix Philippoteaux.

Niveau 1

Maquettes d'architecture révolutionnaire. Bustes de Robespierre et Louis-Michel Le Peletier de Saint-Fargeau, portraits, tapisserie au décor de la République. Le tout dans un cadre remarquable où les éléments du passé se télescopent admirablement avec l'architecture moderne.

Niveau 2

Étage dévolu aux expos temporaires ainsi qu'à la galerie de l'Académie. Nouvelle présentation sur les problèmes de la narration rencontrés à l'époque révolutionnaire par des artistes dont les références historiques étaient issues essentiellement de l'Antiquité et de la Bible.

Niveau 3
Ce niveau est celui du XIXe s, avec notamment la galerie présentant des peintures de grand format datant de la monarchie de Juillet ou de la IIIe République. La Révolution y est présentée à travers sculptures et tableaux. Magnifique bibliothèque au décor de bois, avec cheminée sculptée. Salle de Psyché : décor en papier peint grisaille, miniatures, petits objets, épée de Sieyès, etc. Salle du Centenaire de la Révolution. Salles Perier évoquant les familles Perier et Casimir-Perier ainsi que la manufacture d'impression sur étoffes : portraits divers, planches à impression. Enfin, riche mobilier de la salle Lesdiguières : beau plancher, meubles anciens, bronze équestre du XVIIe s représentant le duc de Lesdiguières et un splendide cartel d'applique.

FAUSSE NOTE

On découvre au 1er niveau du musée un pianoforte signé d'un certain Tobias Schmidt. Quel rapport avec la Révolution française ? Si l'histoire a retenu le nom du docteur Guillotin, qui connaît le « vrai » fabricant des premières guillotines ? Il s'appelait donc Tobias Schmidt, arrivait d'Allemagne et s'était installé comme facteur de clavecins à Paris. À raison d'une guillotine par département (soit 83), chacune valant la coquette somme de 824 livres (2 500 €), sa reconversion dans les machines à décapiter fit sa fortune ; une fortune vite dilapidée pour les beaux yeux d'une demi-mondaine...

Niveaux 4 et 5
Centre de documentation, bibliothèque (accessible uniquement sur rendez-vous). Quelque 25 000 publications (livres, estampes, etc.) sur le thème de la Révolution.

– ***Le parc du domaine :*** *c'est le parc du château. ♿ Tlj sf mar 9h-20h juin-août ; 9h-19h mars-mai et sept-oct ; 10h-17h nov-fév. Fermé 1er mai et 25 déc-1er janv. Entrée libre. Chiens et cyclistes non autorisés.* Outre la visite du musée de la Révolution française, il faut prendre le temps de se promener sur ces 100 ha de parc, à travers pelouses verdoyantes et allées tranquilles bordées de belles essences, le long des canaux et plans d'eau. Parc animalier où s'ébattent en toute liberté daims, cerfs, chevreuils, canards colverts, oies du Canada, cygnes de Sibérie, hérons cendrés... Voir aussi la belle roseraie et les jardins à la française.

À voir aussi, le pittoresque ***quartier du Château-de-Paille,*** par la rue du Château-du-Roi. Accès à la poterne qui commandait le vieux village féodal, par le chemin du même nom (ouvert de 9h à 17h). Du belvédère de la *tour du Guet,* belle vue sur la ville et les environs.

Par le chemin du Prieuré, petite balade de 10 mn vers le cimetière pour découvrir les vestiges de la ***chapelle de l'ancien prieuré*** du Xe s. Superbe portail d'inspiration byzantine avec polychromie de marbre et schiste bleu. Élégantes colonnettes et, surtout, grande finesse des sculptures du linteau et du tympan *(Cène du Christ).*

Manifestation

– ***Fêtes révolutionnaires :*** *le w-e après le 14 juil.* Manifestations théâtrales, ateliers, reconstitution, bivouac napoléonien.

LA MATHEYSINE

À 950 m d'altitude, un plateau bordé par les gorges du Drac à l'ouest et au sud, la Romanche au nord et la Roizonne à l'est. Au milieu descend la célébrissime route Napoléon (la D 1085, ancienne N 85). Une moyenne montagne

au climat pourtant traditionnellement rigoureux en hiver. La fermeture des dernières mines de charbon en 1997 a été un véritable traumatisme pour la région. Reste la Mine-Image, très beau musée sur la mémoire de la mine et des mineurs. Les amoureux du chemin de fer ne manqueront pas, quant à eux, les vertigineux 15 km du petit train de La Mure (enfin, lorsque la ligne sera remise en service...).

LES LACS DE LAFFREY (38220) *Carte Isère, C3*

Chapelet de quatre lacs naturels, puisque issus du retrait du glacier de la Romanche. Du nord au sud, vous trouverez le lac Mort, le lac de Laffrey, le lac de Peticher et enfin le lac de Pierre-Châtel. À la fois le plus grand et le mieux aménagé (plage de galets, activités nautiques, aires de jeux et de pique-nique, etc.), le grand lac de Laffrey offre en été une belle échappée à quelque 900 m d'altitude. Les lacs de Petichet et de Pierre-Châtel ont également leur petite zone aménagée. Préférable d'éviter l'affluence record des beaux week-ends préestivaux ainsi que la pleine saison d'été.

LA PRAIRIE DE LA RENCONTRE

On vous rappelle que vous êtes sur la route rendue célèbre par Napoléon Ier après son évasion de l'île d'Elbe en 1815. Débarqué à Golfe-Juan le 1er mars, ce dernier composa une petite armée afin de reconquérir Paris et la France entière. Sachant la vallée du Rhône fidèle au roi Louis XVIII, il décida alors de jouer l'effet de surprise en rejoignant Lyon par les mauvaises pistes enneigées des Alpes. Après une semaine de progression difficile dans le froid, il fut arrêté par les troupes du roi à hauteur du grand lac de Laffrey. S'avançant seul en direction des troupes adverses, il tenta alors son ultime chance en déclarant : « Soldats, je suis votre Empereur. Ne me reconnaissez-vous pas ? » Offrant sa poitrine nue, il poursuivit : « S'il en est un parmi vous qui veuille tuer son général, me voilà ! » En réponse, les soldats s'écrièrent en cœur : « Vive l'Empereur ! » La remontée sur Paris fut triomphale et l'Empereur retrouva le pouvoir pour les Cent-Jours. C'est à l'endroit précis de cette rencontre (le long de la D 1085, à l'entrée de Laffrey, sur le côté droit, en venant de La Mure) que trône encore en souvenir une statue équestre de Napoléon. Cela dit, si passionnante soit l'histoire, la réalité est peut-être moins glorieuse...

Adresse et info utiles

Office de tourisme Sud-grenoblois : *19, pl. du Château, 38220* ***Vizille.*** *☎ 04-76-68-15-16. • sudgrenoblois-tourisme.com • En face du domaine de Vizille. Juil-août, ouv tlj ; le reste de l'année, fermé dim-lun.*

Office de tourisme de La Mure : *voir « Adresse et infos utiles » dans la partie consacrée à La Mure.*

Cars Transisère : *☎ 0820-08-38-38 (0,12 €/mn). • transisere.fr •* 2-6 bus/j. relient Grenoble à La Mure, avec arrêt à 5 mn à pied du lac de Laffrey.

Où dormir ? Où manger autour du lac ?

Campings

Camping Ser-Sirant : *Petichet, 38119* ***Saint-Théoffrey.*** *☎ 04-76-83-91-97. • info@campingsersirant.com • campingsersirant.com • Ouv de fin avr à sept. Pour 2 pers avec tente et* *voiture, compter 15,50-19,50 € selon saison. Loc de chalets 4-7 pers, 265-595 €/sem selon saison.* Idéalement situé en bordure du lac, emplacements calmes et ombragés qui descendent en pente douce vers les flots. Resto avec terrasse au bord d'une roselière dans laquelle se cachent foulques et poules d'eau. Base nautique à proximité.

Camping Les Mouettes : *Les Théneaux, 38119* ***Saint-Théoffrey.*** *☎ 04-76-83-02-49. 06-88-60-69-77. • campmouettes@yahoo.fr • campmouettes.free.fr • Accès : entre les lacs de Petichet et de Pierre-Châtel. Ouv juil-août. Compter 15,20 € pour 2 pers avec tente et voiture. Pas de loc. CB refusées.* Au bord du lac, un camping de taille modeste, confortable, calme et bien tenu.

Prix moyens

Hôtel du Grand Lac : *route de Cholonge, La Plage, 38220* ***Laffrey.*** *☎ 04-76-73-12-90. • hoteldugrandlac-laffrey@orange.fr • hotel-grand-lac-isere.fr • Congés : oct. Resto ouv en hte saison slt tlj sf dim soir (sf résidents), lun-mar. Doubles 62-66 € selon saison (2 chambres avec kitchenette). ½ pens 63 €/pers (demandée en juil-août). Formule le midi 18 € ; menus 20-26 €.* Pour ceux qui veulent être aux premières loges, un hôtel très conventionnel, avec sa moquette sur les murs des parties communes, les pieds dans l'eau (ou presque...). Également quelques chambres dans l'annexe dont la façade ne refuserait pas un bon ravalement...

À faire

Baignade et nautisme : plage de galets à l'extrémité nord du grand lac de Laffrey. Par ailleurs, d'autres plages herbues un peu moins fréquentées au sud du lac de Laffrey et au nord du lac de Petichet. Possibilité de baignade également en sous-bois, le long du sentier longeant la rive est du grand lac. Prévoir des chaussures de randonnée (terrain parfois boueux selon saison).

– ***Club nautique :*** *38220* ***Cholonge.*** *☎ 04-76-83-08-35. • cncholonge.fr •* Optimist, catamaran, planches à voile...

– ***Équitation :*** ***La Clé des Champs,*** *38220* ***Cholonge.*** *☎ 04-76-83-90-76. 06-71-31-94-88. • lacledes-champs.fr • À 4 km de Laffrey. Résa conseillée. Sorties : 18 €/h ou 54 €/j.* Les cavaliers confirmés peuvent aussi se joindre à un groupe pour des randonnées de 2 à 5 jours.

LA MURE (38350) 5 120 hab. *Carte Isère, C4*

Importante ville carrefour régionale (depuis l'époque gallo-romaine) qui joua historiquement un rôle essentiel, surtout au moment des guerres de Religion. D'abord place forte protestante, puis camp de base catholique pour ravager et convertir le Trièves. Avec le connétable de Lesdiguières, la population se rallia, en même temps que Grenoble, à Henri IV. Au XIXᵉ s, les mines de charbon situées au nord de la ville contribuèrent beaucoup à l'industrialisation et à l'essor de la cité. Elles produisirent annuellement jusqu'à 300 000 t. La Mure se remet peu à peu de leur fermeture, mais une sorte de mélancolie y plane toujours.

Adresse et infos utiles

Office de tourisme : *43, rue du Breuil. ☎ 04-76-81-05-71. • ville-lamure.com • En été, tlj ; le reste de l'année, lun-ven.*

Cars Transisère : *☎ 0820-08-38-38 (0,12 €/mn). • transisere.fr •* 3-10 bus/j. pour Grenoble. Env 4 bus/j. sf dim pour La Mure (1 bus sam). Également 1-2 bus/j. pour Gap.

– ***Grand marché :*** *ts les lun mat.*

Où manger ?

Le Melezin : *4, pl. Auguste-Perret. ☎ 04-76-30-88-14. Dans le centre, derrière la mairie. Fermé lun-mar (mar slt en saison). Résa conseillée le w-e. Menus 12 € (le midi en sem), puis 23-33 € ; env 35 € à la carte.* La bonne petite adresse de la ville, montée par un jeune cuistot qui a pas mal bourlingué et a aiguisé ses armes dans différents restos à travers le monde, avant de se poser. Cuisine soignée et bien sentie, d'inspiration traditionnelle (viandes, poissons, salades). La tourte muroise tient régulièrement le haut de l'affiche. Terrasse au bord de la place (et du parking). Une affaire qui roule.

Où dormir ? Où manger dans les environs ?

Chalets Domaine des Genevreys : *Pallenfrey, 38350* ***Saint-Arey.*** *☎ 04-76-81-26-27. • domainedesgenevreys@hotmail.fr • À 7 km au sud-ouest de La Mure par la D 116. Suivre une petite route à droite, 4 km après Prunières, et continuer sur 2 km. Ouv mai-sept. Résa conseillée. ½ pens 42 €/pers (min 2 nuits). Menu 21 €. CB refusées. Réduc de 10 % sur le prix de la chambre en mai, juin et sept, sur présentation de ce guide.* En pleine nature, dans un superbe site face au mont Aiguille, 5 petits chalets pour 2 à 6 personnes. Équitation et VTT sur demande. Piscine, tennis. Une adresse idéale pour les amoureux de sport et de nature. Accueil jeune, décontracté et chaleureux. Cuisine familiale à base de produits fermiers.

Chambres d'hôtes Le Cardère : *38710* ***Saint-Jean-d'Hérans.*** *☎ 04-76-34-39-48. • lecardere@gmail.com • chambres-hotes-mens.com • À 10 km au sud-ouest de La Mure par la D 526, dans le village. Ouv avr-août. Double 80 €. Table d'hôtes 30 €.* Vaste maison (ce fut un relais de poste au XVIIe s), au cœur du village mais tranquille derrière sa cour fermée et son jardin. Chambres à la déco choisie, un peu chic (il y a même un lit à baldaquin pour les amoureux). Très bon accueil de proprios qui ont pas mal voyagé avant de se poser ici. La table d'hôtes est assurée par monsieur, cuisinier de métier. Piano, billard américain dans une grande salle voûtée. Vélos à disposition.

À voir

Le Musée matheysin : *maison Caral, rue Colonel-Escallon. ☎ 04-76-30-98-15. • musee.matheysine.com • Mai-oct, tlj sf mar 13h-18h30. Entrée : 2,30 € ; réduc.*

Abrité dans la maison Caral, dont la construction débuta au XIIe s (il subsiste toujours une fenêtre de cette époque). Joliment restaurée, la maison a été transformée en musée ethnographique.

– Une partie est consacrée aux guerres de Religion, à l'épisode du siège de La Mure. Souvenirs de Napoléon revenant de l'île d'Elbe. Le musée évoque ensuite l'activité minière (sculpture de chevalement, lampes et outils de mineur, minerais, photos) et les principaux métiers régionaux : la ganterie (importante activité jusqu'à la fin des années 1950), travail de la peau de chevreau, coupe des gants, etc. Les colporteurs fleuristes, activité d'hiver des familles pauvres, qui quittaient les hautes vallées pour plusieurs mois. Charrette de colporteur. La clouterie employa jusqu'à 400 personnes dans le coin. Liée à l'extraction du charbon, elle disparut à la fin du XIXe s.

– Une deuxième partie expose, dans un bel espace lumineux, une collection de tableaux abstraits de Claude Garanjoud, peintre né à La Tronche en 1926, et disparu en 2005. Petit hommage également à Olivier Messiaen, compositeurs du XXe s qui trouva une partie de son inspiration en séjournant sur les bords du lac de Laffrey.

La vieille ville : sous la patine des ans, malgré le replâtrage de la ville après maints incendies, guerres et l'adjonction de demeures sans grâce, on devine, au

long des ruelles, des vestiges d'architecture des siècles passés. Axe principal de la vieille ville, on aime bien la Grand-Rue, son beffroi et sa halle sur colonnes de pierre de 1843, édifiée à l'emplacement de celle accordée par le dauphin Jean II en 1309. En activité depuis près de sept siècles, donc.
Au 15, Grand-Rue, le pape Pie VI, en route pour Valence, séjourna en juillet 1799. Plus loin, au nº 43, Louis XIII et Richelieu, partis faire campagne en Italie, passèrent la nuit (en face de la halle).

DANS LES ENVIRONS DE LA MURE

Le chemin de fer de La Mure : *au départ de* ***La Mure.*** *Rens à l'office de tourisme (☎ 04-76-81-05-71). • trainlamure.com • ATTENTION, en 2011, un glissement de terrain a mis fin momentanément à la circulation du train ; les travaux sont en cours, impossible de préciser une date de réouverture.* Ligne longue d'une quinzaine de km (elle en faisait 30 à l'origine), inaugurée en 1888 pour transporter le charbon de La Mure. Véritable exploit technique qui nécessita l'édification de 12 viaducs (dont certains vertigineux et se superposant par moments) et 18 tunnels. Ce fut, au début du XXe s, la première ligne électrifiée en courant continu à haute tension au monde. Certains passages sont particulièrement spectaculaires, notamment lors du franchissement du lac de Monteynard.

Le musée souterrain La Mine Image : *Les Quatre-Galeries, 38770* ***La Motte-d'Aveillans.*** *☎ 04-76-30-68-74. • mine-image.com • ♿ Au nord de La Mure par la D 529. 1er juin-15 sept, départs des visites guidées tlj à 10h, 11h, 13h, 14h, 15h, 16h et 17h ; mai et 16-30 sept ainsi que pdt les vac scol de fév, de Pâques et de Noël, tlj à 14h, 15h et 16h ; avr et oct, mer et w-e aux mêmes horaires ; le reste de l'année, le w-e ap-m slt. Durée : 1h30. Température à l'intérieur des galeries : 13 °C, prévoir une tenue en conséquence. Entrée : 6 € ; réduc ; tarif de groupe sur présentation de ce guide.* Créée à l'époque de Napoléon Ier, la mine d'anthracite de La Motte-d'Aveillans ferma définitivement en 1956. Évocation du travail des enfants et des chevaux, techniques des boiseurs, passage du bois à la charpente métallique, reconstitution d'un éboulement, mise en marche des machines, casse-croûte du mineur, etc., le tout reconstitué dans d'authentiques galeries – il y en a ainsi près de 60 km. Puis visite de la salle aux « trésors », de la lampisterie et de la « salle des pendus ». Projection d'un film de 20 mn. On découvre aussi les engins de l'exploitation moderne dont le CT2005. L'ancien bâtiment des bains douches présente la vie sociale des mineurs ainsi que des expositions temporaires. Visite vraiment instructive pour petits et grands. Devant les sorties de galeries, wagonnets rescapés de toutes sortes, qui semblent encore parler...

➢ L'excursion classique du coin, c'est la ***pierre Percée,*** grande arche taillée dans le calcaire, une des « Sept Merveilles » du Dauphiné. Accès par la D 113 entre La Motte-d'Aveillans et Notre-Dame-de-Vaulx (fléché), puis sentier (piéton ou vélo) sur près de 2 km. De là-haut, intéressant panorama sur le plateau Matheysin, le mont Aiguille, le Dévoluy et les Écrins.

➢ ***La route de la corniche du Drac :*** de La Motte-d'Aveillans, pour repartir vers La Mure, il est conseillé de suivre la corniche du Drac par la D 116. Magnifiques points de vue sur le Trièves et les blanches falaises du Vercors. À cause des différents barrages, le Drac prend ici l'apparence d'un vrai lac. Quelques aires de pique-nique ont été aménagées. À ***Mayres-Savel,*** beau clocher roman de l'église. Itinéraire vraiment pittoresque.

➢ ***Rando autour du lac de Monteynard et balade en bateau :*** *☎ 04-76-34-14-56.* *Voir plus loin le chapitre « Le lac de Monteynard ».*

– Saut à l'élastique au pont de Ponsonnas : *avec* ***Vertige Aventures,*** *☎ 04-76-47-42-80. • vertige38.com • À 4 km au sud de La Mure (fléché). Fonctionne le w-e* *avr-juin et de sept à mi-nov ; tlj en juil-août.* Premier centre européen du saut à l'élastique (103 m de vide). Grand parking et snack-bar sur place.

LE VALBONNAIS

Carte Isère, C4

Accessible au départ de La Mure (ou encore du Bourg-d'Oisans par le col d'Ornon – voir carte Massif de l'Oisans), le « val de Bonne » apparaît comme une vallée secrète, à l'écart des itinéraires touristiques classiques. Ce col d'Ornon est pourtant un détour particulièrement séduisant, sauvage et charmant avec tous ses champs cultivés et ses pommiers en fleur. Surtout, la vallée constitue l'une des portes d'entrée du parc national des Écrins – tout comme les célèbres vallées du Vénéon, de la Vallouise ou encore du Valgaudemar. On passe donc par Valbonnais et/ou Entraigues (« entre les eaux »). À partir de La Chapelle-en-Valjouffrey, la route se scinde en deux hautes vallées : tout droit, le Valjouffrey et sur la gauche, la vallée du Béranger qui débouche sur le Valsenestre. Deux vallées mais également deux hameaux du bout du monde nichés à quelque 1 300 m d'altitude. Bout du monde peut-être, paradis, c'est sûr...

DE VALBONNAIS À ENTRAIGUES (38740)

Ici, on est encore bien loin du tourisme de masse, et c'est tant mieux ! Au village de Valbonnais, la mystérieuse inscription a donné lieu à de multiples interprétations. Le premier de ces carrés dit « Sator » a été déniché dans les ruines de Pompéi. Fréquemment copié jusqu'à la Renaissance, on en trouve d'autres exemplaires, tout aussi énigmatiques, dans toute l'Europe. À la sortie du village, noter l'élégant pont des Fayettes avec structure et chapiteau en bois, passage piéton sur le côté... c'est si rare ! Un peu plus loin, Entraigues, avec sa fontaine.

LE CARRÉ MAGIQUE

Dans la rue principale de Valbonnais, un bloc de pierre (qui devrait être déplacé courant 2013) est gravé d'une inscription latine qui, traduite, donne : « Le laboureur à sa charrue dirige les travaux. » La mystérieuse formule de 25 lettres (5 x 5) se lit comme un palindrome : de gauche à droite, de droite à gauche ou de haut en bas et de bas en haut. Formule alchimique, le carré étant autrefois accroché au mur d'une forge ? Signe de reconnaissance entre chrétiens persécutés ? Possible, selon certains historiens : retirez du carré les lettres contenues dans Pater noster, il reste à chaque extrémité les voyelles A et O – l'alpha et l'oméga signifiant le début et la fin avant l'Apocalypse.

Adresses et info utiles

Office de tourisme : *à* **Valbonnais.** *☎ 04-76-30-25-26. • ot-valbonnais.fr • Ouv tte l'année, mar-ven et sam mat, et tlj en été.* Accueil super sympa. Bonne documentation et bons conseils... Demander la brochure détaillant de nombreuses randonnées dans le Valbonnais (pas moins de 15 itinéraires sont proposés).

Maison du parc national des Écrins : *à* **Entraigues.** *☎ 04-76-30-20-61. Juil-août, tlj 10h-12h, 15h-19h ; le reste de l'année, fermé ven ap-m et w-e : s'adresser au secrétariat à côté de la Maison du parc.* Élégant bâtiment abritant au rez-de-chaussée un bureau d'information, une carte en relief du parc, une série de posters, etc. Expos thématiques temporaires. Espace bibliothèque et vidéo.

– **Marché :** *à **Entraigues.** En période estivale, le ven mat.* Animé par les derniers commerçants du Valbonnais.

Où dormir ? Où manger dans le coin ?

Campings

Camping municipal du plan d'eau : *à **Valbonnais.** ☎ 04-76-30-21-28. • contact@plandeau.net • plandeau.net • ♿ À 1 km du village, au bord du plan d'eau, évidemment. Ouv mai-sept. Pour 2 pers avec tente et voiture, compter 12,30 €. Chalets et mobile homes 4 pers, 270-300 €/sem. CB refusées.* Comme son nom l'indique, au bord d'un petit plan d'eau et d'une plage (noire de monde en été...). Aire spacieuse, partiellement ombragée et à prix doux. Snack du lac ouvert en juillet-août.

Camping municipal Les Vigneaux : *Les Vigneaux, 38740 **Entraigues.** ☎ 04-76-30-17-05. 📱 06-43-76-22-66. • camping.murielbillard@orange.fr • À l'entrée d'Entraigues, sur la gauche. Ouv mai-sept. Compter 13 € pour 2 pers avec tente et voiture en saison. Réduc de 20 % sur présentation de ce guide.* Un petit camping vraiment tout simple, ombragé par quelques tilleuls et une poignée de marronniers. Pas de salle commune. Ateliers pour les enfants en été.

De bon marché à prix moyens

Chambres d'hôtes Le Beau Site : *Les Allemands, 38740 **Valbonnais.** ☎ 04-76-30-10-79. 📱 06-71-70-40-76. • valbeausite@sfr.fr • À la sortie du village, en direction d'Entraigues. Ouv avr-sept. Doubles 45-55 € selon confort (sdb commune ou privée) ; chambre familiale 75 € pour 4.* L'ancien hôtel du début du XXe s est devenu maison privée, mais la tradition d'accueil se perpétue avec ses 4 chambres d'hôtes dont une familiale. Elles ont conservé leur plancher qui craque, parfois leurs meubles des années 1920-1930, leur lavabo d'époque et leur cachet. Un peu d'imagination, et on croiserait Arletty dans la cage d'escalier ! Salon lumineux, avec son carrelage d'origine, très plaisant pour prendre les petits déj ou se poser dans les canapés. Une belle atmosphère...

Le Chardon Bleu : *38740 **Valbonnais.** ☎ 04-76-30-83-44. • aubergelechardonbleuenvalbonnais@wanadoo.fr • aubergelechardonbleu.fr • ♿ Fermé dim soir et lun hors saison. Congés : janv et 1 sem en mai. Doubles 49-67 €, 1 ou 2 lits et selon saison ; familiale 74-79 €. Menu déj en sem 13,80 € ; menu-carte 20-27 €. 6e nuit (hors vac scol) offerte sur présentation de ce guide.* Une sympathique et accueillante famille a relancé cette petite adresse de campagne. Les habitants de la vallée ont pris leurs habitudes au bar-tabac-journaux. Les chambres, scrupuleusement entretenues, offrent un confort irréprochable et, pour certaines, une jolie vue depuis leur balcon. Côté resto, le Valbonnais tient une vraie bonne table : beaux produits, joliment travaillés, à découvrir au hasard d'un menu-carte qui change avec les saisons. Demander une table près des fenêtres pour profiter de la vue.

LA MATHEYSINE

LA VALLÉE DE VALJOUFFREY *(38740)*

La vie est rude dans cette haute vallée de tradition d'élevage. En bout de vallée, *Le Désert,* hameau qui porte bien son nom. Seule une poignée de maisons sont habitées en permanence. Que cela ne vous empêche pas de mettre le cap à destination de la cascade de la Pisse (1h30), du refuge de Font-Turbat (3h) ainsi que des cols de Côte-Belle (3h) et de la Vaurze (4h) par le GR 54. Enfin, possibilité de rejoindre Valsenestre, petit village de pierre aux maisons serrées, par ce même sentier.

Où dormir ? Où manger dans le coin ?

⌂ |●| ***Gîte d'étape Les Arias :*** *Le Désert, 38740* ***Valjouffrey.*** *☎ 04-76-30-84-42. 📱 06-07-44-34-20. • contact@lesarias.fr • lesarias.fr • Fermé 2 sem en oct. Compter 15 €/pers en dortoir de 4 lits ou en chambre familiale (4 pers), couette et draps fournis ; 38 €/pers en ½ pens. Possibilité de bivouac 5 €/pers, accès douche et coin cuisine. Menus 13-18 €.* Dans ce bout du monde, un gîte récent et agréable, à la déco montagnarde actuelle. L'emploi du bois a été privilégié. Dortoirs et chambres équipés de douche ou d'un simple lavabo (même prix). Cuisine de tradition. On peut aussi y grignoter une pâtisserie faite maison à toute heure de la journée. Tenu par des jeunes, sympathiques et pleins de bonne volonté.

CORPS

(38970) 490 hab. *Carte Isère, C4*

Petite capitale du Beaumont, c'est la dernière grande localité sur la route Napoléon avant de quitter l'Isère. Ancien relais de poste, elle en a gardé l'aspect de ville-étape animée. Camp de base également du pèlerinage de La Salette.

Adresses et infos utiles

ℹ ***Maison du tourisme :*** *route Napoléon. ☎ 04-76-30-03-85. • villedecorps.fr • À côté de l'église. Juil-août, tlj ; le reste de l'année, fermé dim-lun.* Carte en vente détaillant les randos dans le coin.

🚌 ***Bus :*** 2-3 bus/j. pour Grenoble et Gap *(avec* ***SCAL,*** *☎ 04-92-51-06-05, et* ***Transisère,*** *☎ 0820-838-838 ; 0,12 €/mn).* Bus pour Mens (env 4 bus/j. sf dim ; 1 bus sam) et La Salette (1 A/R par j., slt en été).

@ ***Cyber Centre :*** *Grand-Rue. ☎ 04-76-30-05-71. Dans le centre. Lun-ven 9h-12h, 14h-18h.*

– ***Petit marché :*** *jeu mat.*

Où dormir ? Où manger ?

Campings

⛺ ***Camping municipal des Aires :*** *route du lac du Sautet. ☎ 04-76-30-03-85 (office de tourisme). • tourisme@villedecorps.fr • villedecorps.fr • ♿ Sur la route du lac du Sautet. Ouv de début avr à sept. Pour 2 pers avec tente et voiture, compter 13 €.* Tout petit (juste une quinzaine d'emplacements) et ombragé, au calme, à l'écart du centre et de la nationale. À 800 m, par un sentier, lac et activités nautiques.

⛺ ***Camping du Lac :*** *route du lac du Sautet. ☎ 04-76-30-00-97. • camping-lacdusautet@orange.fr • camping-lacdusautet.fr • ♿ À 4 km de Corps, en direction de Mens (fléché sur la gauche). En bord de lac. Ouv de mai à mi-sept. Pour 2 pers avec tente et voiture, compter 17 €. Loc de chalets 5-6 pers 195-495 €/sem selon saison.* Un peu d'ombrage, bassin pour enfant et accès direct au lac. Les chalets sont disposés sur le versant, en terrasse. En revanche, les emplacements sont au bord du lac. Sanitaires un peu vieillissants. Base nautique à proximité, location de bateaux électriques, canoës et plage surveillée en juillet-août. Ambiance familiale et populaire.

De prix moyens à chic

⌂ |●| ***Hôtel-restaurant du Tilleul :*** *route Napoléon. ☎ 04-76-30-00-43. • logisdefrance@hotel-restaurant-du-tilleul.com • hotel-restaurant-du-tilleul.*

com • Resto dans la rue principale (presque en face de l'église), mais hôtel logé dans une annexe, à 150 m de là. Fermé nov-déc. Doubles 51-53 €, 1 ou 2 lits. ½ pens 56 €/pers, demandée le w-e en juil-août. Menus 16-39 €. Garage gratuit. Café offert sur présentation de ce guide. Une vingtaine de chambres classiques et confortables, certaines avec balcons fleuris (même prix). Au resto, salle d'auberge de campagne, avec un côté vieille France, pour une farandole de spécialités à prix tenus.

Hôtel de la Poste : *route Napoléon. ☎ 04-76-30-00-03. • delas-hotel-restaurant@wanadoo.fr • hotel-restaurant-delas.com • (resto). En plein centre du village. Tlj sf dim soir et lun hors saison. Fermé de début janv à mi-fév. Doubles 50-78 € selon saison et confort, ½ pens 55-75 €/pers. Plat du jour 15 €, menus 25-39 € et carte. Parking privé gratuit. Réduc de 10 % sur la chambre, sur présentation de ce guide.* L'une des adresses les plus connues du coin. Chambres toutes différentes, certaines avec jacuzzi. Mais si cette *Poste*-là fait tant parler d'elle, c'est d'abord pour sa table. Une fois « digérée » la déco hyper chargée, il faut avouer que, de son passage sur le paquebot *France,* le chef a gardé un goût pour le spectacle. Et ça fait des années que ça dure ! Avec une générosité déconcertante, toute l'équipe, souriante au possible, fait défiler assiettes et plateaux, chargés de victuailles en tout genre... On sort évidemment rassasié, même si le tout n'est pas de la plus grande finesse. Une adresse d'un autre temps et qu'on adore malgré tout. Terrasse fleurie sur la rue, prise d'assaut aux beaux jours. Accès gratuit à la piscine du château des Herbeys, à 10 km sur la route de Gap.

Où dormir ? Où manger dans les environs ?

Boustigue Hôtel : *route de La Salette. ☎ 04-76-30-07-07. • boustigue@orange.fr • hotelboustigue.com • À 4 km de Corps, par la route menant à Notre-Dame de La Salette, puis à droite. Congés : 15 oct-15 avr. Double 64 €. Menus 17 € midi et soir en été, puis 20-26 €.* Complètement isolée sur un plateau, à 1 200 m d'altitude, grande maison proposant des chambres qui commencent à dater, mais le calme et le panorama constituent incontestablement les 2 atouts majeurs de l'adresse. Essayer d'avoir une chambre dotée d'un balcon (même tarif). Piscine et sauna. Table d'orientation en surplomb de Corps, face au lac du Sautet et à l'Obiou. Pour la petite histoire, sachez que, jusqu'en 1962, on accédait à l'hôtel à l'aide d'un treuil (toujours en place d'ailleurs).

À voir

Le vieux village : faire une balade dans les ruelles anciennes où subsistent quelques vénérables demeures. *Rue de l'Hôpital,* des fenêtres à meneaux. *Rue Marchande,* maison à tourelle et fenêtre à accolade. *Place Grenette,* un grand passage voûté, sûrement une ancienne écurie. À noter, la *rue Passe-Vite,* à cause du vent glacial qui s'y engouffre l'hiver. Et la *rue du Four* en face, pour s'y réchauffer peut-être ! Les maisons les plus anciennes sont *rue de la Voirie,* à l'appareillage de pierre très rudimentaire. Passage avec arches. À 50 m de l'office de tourisme, *Espace Info Hydraulique* d'EDF *(ouv juil-août ; gratuit),* avec une expo sur le barrage du lac Sautet.

La distillerie La Salettina : *rue du Four. ☎ 04-76-30-05-02. • salettina.over-blog.com • Visite tlj juin-sept, 10h-12h, 15h-18h (19h juil-août) ; fermé le reste de l'année. Gratuit.* C'est la maison natale de Maximin Giraud, l'un des deux enfants à qui la Vierge apparut en 1846. Caveau voûté et rustique, comme la belle maison médiévale qui l'abrite. Alcools régionaux à base de plantes.

La maison natale de Mélanie Calvat : *rue de la Côte. • melaniecalvat.org • En principe, ouv tlj 9h-18h. Gratuit.* La maison de la petite bergère qui vit la Vierge ce 19 septembre 1846 se visite donc.

Fêtes et manifestations

– ***Fête de la Transhumance :*** *1 j. mi-juin.* Rencontre avec les bergers et leurs troupeaux. Différentes animations de 18h à 22h.
– ***Festival Les nuits musicales :*** *de mi-juil à mi-août.* Six concerts classiques (payants).
– ***Fête du lac du Sautet :*** *15 août.* Jeux nautiques et feu d'artifice sur le lac.
– ***Raid Souloise :*** *1er sam de sept.* Raid aventure multisports : VTT, *via ferrata*, canoë...

DANS LES ENVIRONS DE CORPS

Le sanctuaire Notre-Dame de La Salette : *38970* ***La Salette.*** *☎ 04-76-30-00-11. • lasalette.cef.fr • À env 15 km de Corps, perché à 1 800 m d'altitude. Plate-forme pour caravanes et camping-cars 1 km avt le terminus des voitures. En cas de forte neige, la route peut être impraticable en hiver. La route pour grimper est splendide et le panorama somptueux ! Fermé de nov à mars. Point info à l'entrée du site. Possibilité de visite guidée et gratuite.* Deuxième pèlerinage marial de France après Lourdes (près de 200 000 visiteurs par an, dit-on) depuis que Mélanie Calvat et Maximin Giraud, qui gardaient leurs troupeaux sur un alpage de La Salette, virent la Vierge, un certain 19 septembre 1846. Cinq ans plus tard, l'Église jugea que le témoignage portait « tous les caractères de la vérité et que les fidèles sont fondés à la croire indubitable et certaine »... Rapidement, les pèlerins affluèrent de toute l'Europe. Huysmans, Claudel, Mauriac furent de ceux-là. Les pratiquants d'aujourd'hui pourront prendre part à l'une des deux à quatre messes quotidiennes dans la basilique de style néoroman ainsi qu'à la procession du soir (retraite aux flambeaux tous les soirs de début juin à mi-septembre). Ils trouveront également un petit musée (gratuit) au fond de la basilique à droite (demandez à ce qu'on vous l'ouvre s'il est fermé). Enfin, à l'intention des pèlerins, hôtellerie de 680 lits et resto.

➢ Du *mont Planeau,* vaste panorama. D'autres ***balades*** sont aussi possibles là-haut : le *mont Gargas* (2 207 m), qu'on atteint en 1h environ. Table d'orientation. Très belle vue sur Belledonne, les Rousses, le massif des Écrins-Pelvoux. Le *col d'Hurtières* est à une quarantaine de minutes (1 825 m). Possibilité de regagner Entraigues depuis le col.

Le lac du Sautet : lac de barrage qui fut construit de 1927 à 1933. Au niveau du barrage situé à 4 km environ de Corps en direction de Mens (126 m de hauteur !), parcours pédestre de découverte (adapté aux personnes à mobilité réduite), tyrolienne *(juil-août, mar et ven en fin d'ap-m ; tarif : 8 € ; réduc moins de 16 ans ; rens à l'office de tourisme)* et via ferrata (accès libre).

– **Base nautique :** *à 4 km env du village (en direction de Mens) et à 1,5 km du barrage. ☎ 04-76-30-02-01. Ouv de mi-juin à mi-sept.* Baignade surveillée en juillet-août tous les après-midis, kayak, toboggan, pataugeoire, bateaux, minicroisière de 1h sur bateau électrosolaire, etc.

La Maison du patrimoine : *Les Payas, 38970* ***Pellafol.*** *☎ 04-76-30-02-47. Juil-août (avr-juin et sept-oct sur résa), mer, w-e et j. fériés 15h-19h. Fermé nov-mars. Entrée : 3 € ; réduc.* Un intéressant petit Musée ethnographique. Présentation des outils, instruments agraires, objets domestiques du temps passé, reportage sur le DC 4 qui s'écrasa en 1950 sur l'Obiou. Photos anciennes, etc.

Émouvante, la reconstitution de la salle de classe de campagne. Exposition à thème et vidéo. En sortant du village, ne pas manquer d'aller jeter un œil, à moins de 1 km, sur le pittoresque « vieux Pellafol ».

LE TRIÈVES

La neige là-haut, plus bas les alpages. Comme des émeraudes qui surgissent des pointes de diamant du Dévoluy et du Grand-Ferrand. Et, au pied de cet écrin en forme de demi-cercle, le tapis à damiers, si vert et si blond, des blés et des regains. Et, posés sur le tapis tous les roux, tous les ocres, tous les lilas, tous les lie-de-vin des toits en arêtes, chefs-d'œuvre cubistes des villages... L'arrogante D 1075 qui balafre cette terre paisible ne réussit même pas à en traverser un seul. Malins, ils se cachent, les bougres, derrière la moindre colline. Le Trièves. Le commencement et la fin de deux mondes. Le bout du Nord et le début du Midi. Ici, le chant des verdiers et, à portée de fusil, là-bas, le chant des cigales. Avec déjà le fantôme de Giono. Superbe Trièves.

MENS (38710) 1 400 hab. *Carte Isère, C4*

Sous l'œil vigilant de l'Obiou, c'est la petite capitale du Trièves. Toutes les routes y convergent. Symbole de ce Trièves, espace naturel et humanisé exceptionnel, Mens se définit comme un lieu de séjour idéal pour celles et ceux qui savent percevoir et jouir des milieux équilibrés. Assis à la terrasse du *Café des Arts* ou sur la fraîche margelle d'une des fontaines de la ville, vous vous en convaincrez vite. L'écotourisme se révèle ici une chance saisie intelligemment... À voir notamment, l'arboretum de Masserange, entre les villages de Saint-Sébastien et Saint-Jean-d'Hérans. Essayer également le sentier du « Ruisseau des Pavés » au-dessus du village de Cordéac (sur la RD 66). Renseignements à l'office de tourisme.

UN PEU D'HISTOIRE

Située sur l'ancienne voie romaine de Die à Briançon, son nom viendrait du latin *mansio* (« lieu de séjour, étape »), et son marché fut, dit-on, autorisé par Néron. Au Moyen Âge, le sens communautaire des habitants est très développé. Ils obtiennent du seigneur et des dauphins un certain nombre de chartes des libertés et franchises. Plus tard, Mens adhère à la Réforme et, durant les guerres de Religion (1562-1598), le connétable de Lesdiguières y installe son quartier général. En 1628, Richelieu ordonne la destruction des remparts.
Pendant deux siècles, malgré la révocation de l'édit de Nantes, la ville connaît une certaine prospérité jusqu'au milieu du XIXe s, principalement grâce à l'industrie du chanvre et du lin (toile de Mens très réputée). Aujourd'hui, Mens a trouvé dans la mise en valeur de son unité, de son charme, de ses activités artisanales et culturelles, un dynamisme réjouissant.

Adresse et infos utiles

Office de tourisme : *rue du Breuil. ☎ 04-76-34-84-25. • trieves-tourisme.fr • (payant). Juil-août, tlj ; le reste de l'année, tlj sf dim-lun.*

Bus Transisère : *☎ 0820-08-38-38 (0,12 €/mn). • transisere.fr •* Env 4 bus/j. sf dim pour La Mure (1 bus sam) ; même fréquence pour Grenoble.
SNCF, gare de Clelles-Mens : *à 15 km de Mens. ☎ 36-35 (0,34 €/mn).* 5-8 trains/j. pour Grenoble ; presque

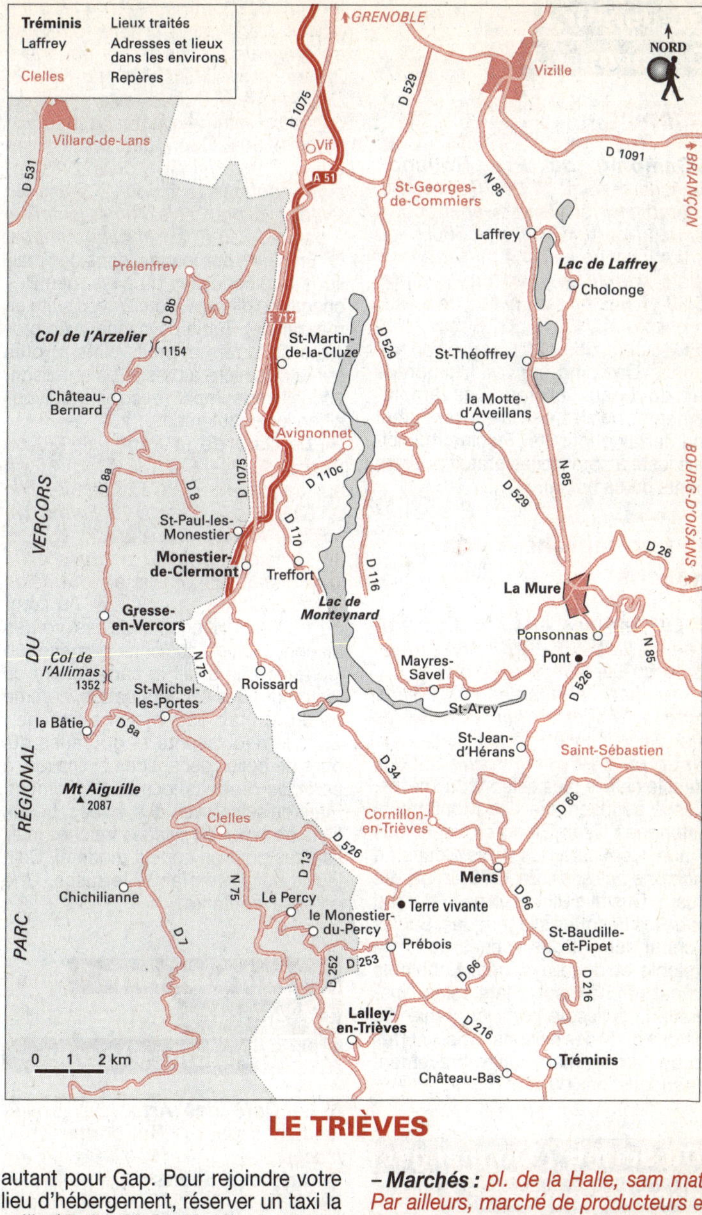

LE TRIÈVES

autant pour Gap. Pour rejoindre votre lieu d'hébergement, réserver un taxi la veille (☎ 04-76-34-42-42), et celui-ci vous attendra à la gare, à un prix très intéressant, négocié par le département (près de 2,50 €/pers).

– ***Marchés :*** *pl. de la Halle, sam mat. Par ailleurs, marché de producteurs et artisans locaux le mer mat (en été), pl. de la Mairie.*

– ***Radio Mont Aiguille :*** *sur la bande FM (104.4 MHz).*

Où dormir ? Où manger ?

Camping

Camping du Pré Rolland : *pl. Richard-Wilm. ☎ 04-76-34-65-80. • camping.prerolland@wanadoo.fr • camping-prerolland.fr • À 500 m du centre. Ouv de fin avr à mi-sept. Pour 2 pers avec tente et voiture, compter 15,50-18 € selon saison. Loc de mobile homes 2-4 pers, 275-500 €/sem ; chalets 2-6 pers, 365-645 €/sem selon saison.* Camping convivial, ombragé par de beaux arbres. Les emplacements, bordés de haies, procurent une certaine intimité. Piscine municipale juste à côté (accès gratuit pour les clients du camping).

De bon marché à prix moyens

Le Café des Arts : *bd Édouard-Arnaud. ☎ 04-76-34-68-16. Tlj midi et soir en juil-août ; le reste de l'année, fermé mar et le soir sf ven-sam. Congés : 1 sem en juin et pour les fêtes de fin d'année. Menus 13 € (déj sf dim), puis 17-24 € (w-e) ; carte 15-20 €.* C'est le café le plus célèbre du Trièves. Classé à l'inventaire des Monuments historiques. Jean Giono en parle sous le nom de « café des Amis » dans *Le Triomphe des amis.* En 1896, un peintre picard, Gustave Riquet, orna le plafond de belles fresques allégoriques. Sur les murs, il décrivit des scènes de la vie agricole et des paysages. Ensemble délicat et charmant. Plats selon l'inspiration, réalisés à partir du panier du marché au fil des saisons. Choix certes un peu limité, mais suivre bravement les suggestions du chef.

Où dormir ? Où manger dans les environs ?

Ferme des Boutins : *Les Boutins,* **Saint-Baudille-et-Pipet,** *38710 Mens. ☎ 04-76-34-63-64. • fermedesboutins.free.fr • À 4 km env de Mens par la D 66 en direction de Tréminis (fléché sur la gauche à 2,5 km env de Mens). Ouv tte l'année. Doubles 57-67 € selon saison, petit déj compris. Chambres familiales 4-5 pers, 118-147,50 €. Tarifs dégressifs selon durée. Possibilité de ½ pens. En camping, compter 16 € pour 2 pers avec tente et voiture. Table d'hôtes (sur résa) à partir de 25 €, vin et café compris.* En pleine campagne, dans des maisons traditionnelles du pays, gentilles chambres d'hôtes (dont 2 avec suite en mezzanine). Table paysanne avec produits de la ferme, petits plats mijotés sur la cuisinière à bois et pain maison, accueil très sympa... et cuisine à disposition (en supplément).

Le Café de la Page : *38930* **Le Percy.** *☎ 04-76-34-38-61. À 15 km env de Mens par la D 526 en direction de Clelles, puis par la D 13. Fermé dim soir, lun et mar. Menus le midi en sem 12-15 € selon produits du marché ; le soir, menus 20-28 € là encore selon produits ; carte env 25-30 €.* Au cœur de ce petit village, sous les voûtes blanches d'une ancienne bergerie, un jeune couple a fait le pari d'ouvrir ce resto hors des sentiers battus, comme on dit. C'était osé, mais ça marche ! Cuisine réjouissante et goûteuse qui offre de belles escapades culinaires, à partir de produits locaux du moment. Plats cuisinés avec des épices, beaux filets de bœuf ou salades fraîches (suffisantes pour un appétit modéré). Coin jeux pour les enfants, terrasse. Une adresse méritante.

Où boire un verre ? Où acheter des spécialités locales ?

Le Café des Arts : *bd Arnaud* *(voir ci-dessus « Où dormir ? Où manger ? »).*

Café des Sports : *rue du Breuil. ☎ 04-76-34-60-37. Ouv tlj sf dim-lun.* Histoire d'avoir fait le tour des bistrots historiques de Mens. Un décor presque inchangé depuis pas loin d'un siècle !

LE TRIÈVES

La Boufette (pâtisserie Perrier) : *pl. de la Mairie. ☎ 04-76-34-63-24. Fermé lun.* Le seul endroit où trouver des « boufettes », genre de petites génoises à la crème dont la recette a été inventée en 1870.

À voir

Le village : *à l'initiative des* Amis du musée du Trièves, *des visites guidées du village (à prix symbolique) sont proposées en juil-août sur une base hebdomadaire. Rens à l'office de tourisme.*
Balade le nez en l'air pour saisir quelques détails architecturaux typiques du coin. Beaucoup de maisons ont été construites après 1692 (date du dernier grand incendie). Les toits comportent plusieurs rangs de « génoises » en tuiles retournées et des greniers de grandes dimensions. Le fourrage y était monté à l'aide d'une poulie, appelée « tillore », fixée aux poutres de l'« engrangeou ». Le long des rues et des ruelles vous découvrirez de belles *portes* en noyer décorées de clous forgés. En particulier, celle de l'une des plus vieilles demeures du village, dite « maison de l'ancien hospice ».
Le *temple* fut construit sur l'ancien quartier général du connétable de Lesdiguières. Façade d'origine. Son clocher servait de tour de guet. Porte d'entrée provenant de l'ancienne forteresse, ainsi que les fenêtres du 1er étage. Chaire du XVIIe s.
La *halle* fut reconstruite en 1841. Sur la place, une des trois *fontaines* de la ville qui datent toutes du début du XIXe s et comportent de 8 à 12 côtés.
L'*église* date du XIe s (clocher roman), mais fut largement remaniée au cours des siècles, notamment au XIXe s. Sur le mur sud, cadran solaire avec cette devise : *Perunt Sed Imputatur* (« Elles passent, mais elles comptent. »).

Le musée du Trièves : *pl. de la Halle. ☎ 04-76-34-88-28 ou 87-04. ♿ Mai, juin et sept, mar-dim 15h-18h ; juil-août, mar-dim 15h-19h ; oct-nov et avr, ts les w-e 14h-17h, et mar-dim 14h-17h pdt les vac scol. Entrée : 2,40 € ; réduc ; gratuit moins de 12 ans. Visites guidées le jeu à 16h en juil-août.* Musée de terroir qui retrace l'histoire des hommes et donne toute la place au fait religieux, au patrimoine, à la vie villageoise et aux artistes du pays. Muséographie volontairement dépouillée. Au rez-de-chaussée, quelques panneaux très synthétiques pour cerner la réalité de cette microrégion. Au 1er étage, histoire du Trièves des premiers campements préhistoriques à la Résistance à travers quelques objets. Au 2e étage, expos temporaires. Belle échappée sur les toits de Mens et les environs.

LE TRIÈVES

Manifestation

– **Quelle Foire :** *3e w-e de sept. Rens auprès de l'office de tourisme.* Tables rondes, conférences, vente de produits essentiellement issus de l'agriculture biologique ou de producteurs locaux.

DANS LES ENVIRONS DE MENS

À voir

Terre Vivante, centre écologique : *domaine de Raud, 38710* ***Mens.*** *☎ 04-76-34-80-80. • terrevivante.org • ♿ Accès par la D 526 (route Clelles-Mens) ; à 5 km de Mens, bifurquer à gauche par la D 216 (en direction de Prébois). Entrée à 400 m du parking. Visites mai-sept sur résa. Téléphoner pour connaître les jours exacts d'ouverture. Entrée : 8,50 € ; 6 € moins de 18 ans ; gratuit moins de 5 ans. Stages tte la saison.* Sur les terres d'une ferme abandonnée pendant des

dizaines d'années, découvrez ce centre écologique qui tente de répondre intelligemment aux problèmes de pollution et d'environnement. Démarche pédagogique totale pour expliquer, informer, démontrer ce qu'il convient de faire pour respecter la nature et sauvegarder la santé de l'homme.
Impossible de tout décrire en détail, voici les principaux thèmes. Le jardinage biologique, à travers un ensemble de jardins potagers et ornementaux illustrant les diverses techniques respectueuses de l'environnement : potager ornemental, jardin familial, jardin de légumes méconnus, de cultures associées, de plantes aromatiques et médicinales, de petits fruits, de la biodiversité, prairie aux rosiers sauvages, etc. Présentation des matériaux écologiques et universels et leur application dans l'habitat (la terre, le bois...), systèmes utilisant les énergies renouvelables, comment faire des économies d'énergie. Nul doute que vous trouverez ici réponse à de nombreux problèmes et que vous vous rendrez compte que les solutions se révèlent souvent simples et de bon sens.
– Jeux et aménagements pédagogiques pour les enfants.

À faire

Comment ne pas vous conseiller la visite du Trièves au rythme lent d'un animal de compagnie qui vous permettra de vous imprégner de ses paysages vallonnés et sereins ? Voici en tout cas deux adresses qui vous permettront de faire des randos pédestres ou à cheval, avec âne de bât pour porter les bagages...

■ ***Espace équestre du Trièves :*** *hameau de Maissenas, 38650* ***Roissard.*** *☎ 04-76-34-12-04. • espequestre-trieves.com • Par D 34, après Roissard (venant de l'ouest), tourner à gauche. Journée rando (repas compris) 78 €/pers.* Un important centre équestre avec un élevage de chevaux barbes et arabes barbes. Superbe environnement. Toutes les formules possibles : poneys, promenades, randonnées de découverte, stages, séjours détente, gîte d'étape et enfin pension pour chevaux. Équipe très pro et accueil sympa. Le soir, atmosphère particulièrement chaleureuse autour du repas.

■ ***La Poulânerie :*** *ferme de Vareilles, 38710* ***Prébois.*** *☎ 04-76-34-70-59. 📱 06-74-28-11-21. • lapoulanerie@orange.fr • poulanerie.over-blog.com • Au sud de Mens par la D 66. Randonnées avec les ânes à partir de 50 €/j. Tarifs dégressifs. Hébergement en yourte 15 €/pers ou 280 €/sem (jusqu'à 6 pers).* Randonnées pédestres avec ânes de bât, de niveau débutant à confirmé, dans le Trièves et le Dévoluy, de un à plusieurs jours, avec nuit en gîte ou camping.

Au nord de Mens *(par la D 526 et la D 34)*

Belle route de Mens à La Mure (la D 526) par le col des Accarias et le pont de Ponsonnas (site de saut à l'élastique, tous les jours en juillet-août, le week-end hors saison). Peu après le pont, ça grimpe sec. Sur la gauche, spectaculaires échappées sur les gorges du Drac. D'impressionnantes falaises en biseau tombent à pic dans une végétation dense. Autre itinéraire vers Monestier-de-Clermont par le col de Cornillon (la D 34). Paysage grandiose. Lac de Monteynard-Avignonnet (site européen de planche à voile) ; au fond, la montagne qui tombe en falaise, la forêt qui tente de l'escalader. Au-dessus, les champs de blé partent aussi à l'assaut des sommets, symbolisant l'opiniâtreté des paysans à cultiver la moindre parcelle de terre. Paysage ouvert, totalement harmonieux, puis rupture complète avec la descente sur le pont de Brion surplombant une profonde gorge. À droite, au niveau de la gorge de l'Ébron, accrochée à la falaise, la trace d'un ancien sentier de colporteur.

TRÉMINIS

(38710) 170 hab. *Carte Isère, C4*

Depuis Mens, la route traverse de beaux paysages, avec la barrière du Grand-Ferrand en fond (2 759 m) – l'Ébron y prend sa source – et le passage du col de Mens (1 117 m). Tréminis se divise en fait en plusieurs hameaux, répartis dans une espèce de bout du bout du monde, de cul-de-sac hors du temps qui séduisit tout particulièrement Jean Giono. Il y fit plusieurs séjours à partir de 1931 et une partie de son œuvre d'avant-guerre en est fortement imprégnée. Notamment *Un roi sans divertissement, Batailles dans la montagne, Faust au village* et *Le Bout de la route. Château-Bas* est le principal hameau de Tréminis (commerces et logement). Pour les marcheurs et les fondeurs, 60 km de sentiers de randonnée et 40 km de pistes de ski de fond. L'*église Saint-Pierre* présente un beau clocher roman et une élégante croix de pierre dans le cimetière.

Où dormir ?
Où manger ?

Gîte La Margelière : *Château-Bas. ☎ 04-76-34-71-68. • accueil@gitelamargeliere.com • gitelamargeliere.com • Ouv tte l'année. Nuitée 22 €/pers, petit déj compris ; draps fournis à partir de 2 nuits. ½ pens 34 €/pers. Menu 14 €. CB refusées. Apéritif maison offert sur présentation de ce guide.* Très grand gîte géré par Frédéric, accompagnateur de montagne, et Christine, qui distille ses bonnes petites recettes de grand-mère. Accueil hyper chaleureux et dynamique, et ensemble très bien tenu. Chambres de 2, 4 et 6 lits. Sanitaires extérieurs. Salle à manger aux belles voûtes traditionnelles du Trièves. Cuisine régionale en fonction des saisons. Belle programmation d'activités et de stages (randos pédestres, avec âne, nuit en refuge, raquettes en hiver, stages botaniques, champignons, etc.).

Chambres d'hôtes La Plume de l'Oiseau : *L'Église. ☎ 04-76-34-40-97. • laplumedeloiseau@wanadoo.fr • laplumedeloiseau.fr • Ouv de mi-avr à mi-oct. Double 48 €. Dîner sur résa 17 €.* Un pavillon récent dans un petit quartier de... pavillons récents. Mais celui-ci est différent des autres, sûrement à cause du joli jardin un peu fou où peuvent se réfugier les oiseaux (labellisé « Refuge LPO »). Chambres mignonnettes et accueil charmant.

LALLEY-EN-TRIÈVES

(38930) 205 hab. *Carte Isère, C4*

Il faut naturellement se perdre dans le treillis des petites routes entre Mens et Clelles, vers *Lalley, Le Monestier-du-Percy,* etc. Paysages changeant sans cesse, routes en moraine livrant deux points de vue. Et toujours cette impression de paysages ouverts, amples. Paradoxalement, la montagne est toujours proche et loin tout à la fois, jamais agressive. La sensation de liberté et d'épanouissement se révèle totale.
Giono séjourna à Lalley en compagnie de son amie Édith Berger. Elle-même peintre du Trièves, elle s'était installée ici en 1934 et y resta jusqu'à son décès en 1994. L'œuvre de celle que Giono appelait « le peintre du pain quotidien » reste méconnue encore aujourd'hui.

Où dormir dans le coin ?

Camping Belle Roche : 38930 Lalley. ☎ 04-76-34-75-33. 06-32-61-38-82. • campingbelleroche@gmail.com • camping-belleroche.com • À la sortie du village, sur la D 1075. Ouv de fin mars à mi-oct. Pour 2 pers avec tente et voiture, compter 14-16 € selon saison. Loc de mobile homes et cotton lodges *nature 2-6 pers, 250-610 €/sem selon saison ; nuitée en POD 49-59 € pour 2 selon saison, petits déj compris.* Beau camping 3 étoiles, situé dans un environnement bucolique, à l'écart du village. Emplacements spacieux. Pour un séjour original, pourquoi ne pas loger dans un POD, un genre de cabane pour 2 personnes, en bois et laine de mouton ? Très bon accueil. Sanitaires impeccables. Belle piscine. Resto.

À voir

L'Espace Giono : *☎ 04-76-34-78-23. Juil-août, mar, jeu et w-e 16h-19h ; le reste de l'année, ven-sam 16h-18h et sur résa pour les groupes. Entrée : 1,50 € ; réduc ; gratuit moins de 12 ans.* Giono a dépeint (ou plutôt « repeint ») le Trièves de ses vacances dans quelques-uns de ses romans *(Les Vraies Richesses, Rondeurs des jours, Un roi sans divertissement),* lui donnant des visages contrastés, tantôt celui d'une campagne riante où il fait bon vivre, tantôt celui d'une terre âpre où règne l'ennui. Succession de panneaux et vitrines présentant photos, lettres, ouvrages et extraits de l'œuvre du célèbre écrivain, exposés dans l'ancien hôtel-resto *Terrat.*

LE MONT AIGUILLE

Carte Isère, B4

Une des images de marque du Trièves, l'un des paysages les plus caractéristiques de l'Isère. Ce mont fascine depuis la nuit des temps et encore aujourd'hui. Fantastique bloc de calcaire de 2 087 m de haut qui s'aperçoit quasiment de partout en Trièves, prenant des formes différentes suivant l'angle de vue : étrave de navire, soc de charrue, colossal donjon... mais aiguille, plus rarement ! Très tôt, il inspira géographes et écrivains : Gervais de Tilbury l'évoque en 1211, dans son ouvrage *Otia imperialia,* mention à nouveau dans un inventaire des richesses du Dauphiné en 1339 et, en 1450, dans le *Registre desphinal,* il est décrit comme l'une des merveilles de la province et, chose étonnante, sous le nom de *mont Inaccessible.* Rabelais en parle aussi dans le *Quart Livre.* Toute une série de légendes courent également autour de lui.

L'ACTE DE NAISSANCE DE L'ALPINISME

En 1492, année de la découverte de l'Amérique, le roi Charles VIII, en route pour un pèlerinage, tombe amoureux du mont. Il charge Antoine de Ville, capitaine de Montélimar, d'en effectuer l'ascension et de vérifier s'il y a bien un nid d'anges ou une cachette de blondes et lascives déesses en haut. Équipe de huit hommes déjà très pros : un « échelleur » du roi, un tailleur de pierre, un maître charpentier, des hommes d'armes... et un prêtre, bien sûr. Sommet atteint le 26 juin, parlement de Grenoble prévenu et huissier dépêché à Clelles pour homologuer l'ascension. L'alpinisme vient de naître... Bien entendu, d'anges et de créatures lascives, nos hardis grimpeurs ne trouvèrent point, à part quelques chamois probablement terrorisés ! Il faudra attendre 342 ans pour que l'exploit se renouvelle. En 1834,

Jean Liotard, berger de Trézanne, réussit la deuxième ascension. Le retentissement dans la province et la presse est énorme. En 1877, Édouard Rochat et ses compagnons inaugurent les premières courses touristiques.

Adresses et info utiles

Maison du mont Aiguille-Vercors-Trièves : *L'Église, à* ***Chichilianne.*** *☎ 04-76-34-44-95. • mmavt@orange.fr • maisondumontaiguille.fr • Juil-août, tlj sf dim, lun et mer ; le reste de l'année, se renseigner.* Relais-info du parc naturel du Vercors-Trièves. Vous y trouverez toute la doc et les infos nécessaires sur les randos (carte et guide en vente), la faune, la flore, l'économie du parc, etc.

Office de tourisme de Clelles : *☎ 04-76-34-43-09. • ot-clelles@wanadoo.fr •* Renseigne sur les horaires de train et propose des tas d'idées de randos autour du mont Aiguille.

SNCF, gare de Clelles-Mens : *☎ 36-35 (0,34 €/mn).* Le Trièves à 4h de Paris ! 5-8 trains/j. pour Grenoble ; presque autant pour Gap. Pour rejoindre votre hébergement, il suffit de réserver un taxi la veille *(☎ 04-76-34-42-42),* et celui-ci vous attendra à la gare... Le prix a été négocié par le département (près de 2,50 €/pers).

Bureau des guides du mont Aiguille : *38650* ***Saint-Michel-les-Portes.*** *☎ 04-76-34-13-19. • guidesmontaiguille.com •* La voie normale est accessible à tous, à condition d'être bien encadré. Proposent plusieurs formules pour partir à l'assaut du « mont Inaccessible »... Compter près de 300 € par cordée de 4 personnes. Autres activités : *via ferrata,* canyoning, randonnées, etc.

Où dormir ? Où manger dans le coin ?

Gîte d'étape : *L'Église, 38930 à* ***Chichilianne.*** *☎ 04-76-34-04-99. • mmavt@orange.fr • maisondumontaiguille.fr • Ouv tte l'année. Compter 19 €/pers (dégressif à partir de 2 nuits), drap housse et taie d'oreiller fournis, mais amener un duvet ou son drap du dessus. Possibilité de gestion libre et de repas à partir de 10 pers.* À deux pas de la maison du mont Aiguille-Vercors-Trièves, un gîte tout simple d'une capacité de 45 lits en chambre de 3, 4 et 6 lits. Toutes sont dotées d'une salle de bains. Également une annexe de 17 lits.

Au Gai Soleil du Mont Aiguille : *La Richardière, 38930* ***Chichilianne.*** *☎ 04-76-34-41-71. • hotelgaisoleil@orange.fr • hotelgaisoleil.com • ♿ (nouveau bâtiment). Accès : par la D 1075, puis la D 7. Congés de début nov au 20 déc. Doubles 46-68 € selon confort. Menus 13 € (le midi sf dim), puis 18-28 €. Apéritif offert sur présentation de ce guide.* Vieille maison (elle date de 1720) superbement insérée dans un cirque de montagne, au pied du mont Aiguille. Derrière un nom chantant, se cache un établissement familial dans la tradition de l'hôtellerie de campagne. Dans le bâtiment principal, chambres aux inévitables papiers fleuris mais très bien tenues. Ceux qui veulent plus de confort et de modernité, poseront leurs valises dans l'annexe aux 5 chambres couleur marron clair et chocolat, récemment aménagées. Un espace détente (payant) avec bassin aqualudique, jacuzzi et hammam a aussi vu le jour (possibilité de massages). Bonne cuisine classique. Aux beaux jours, terrasse. Patronne fort accueillante. Tout autour, nombreuses possibilités de randonnées, été comme hiver. Parc de détente avec jeux pour enfants. L'endroit s'anime pas mal en pleine saison.

Château de Passières : *38930* ***Chichilianne.*** *☎ 04-76-34-45-48. • contact.passieres@orange.fr • chateau-de-passieres.fr.cx • ♿ À l'entrée du village, sur la gauche. Ouv mars-nov. Resto fermé lun hors saison. Doubles 50-63 € selon confort. Menus 20-36 € ; env 35 € à la carte. Café offert sur présentation de ce guide.* Un fort beau château du XIVe s qui portera encore longtemps l'empreinte de son ancien proprio, routard et châtelain, fan de rugby et même ancien maire du pays. Sa femme prend la suite... et nous, on la suit... Certaines chambres possèdent de superbes boiseries et lambris d'époque XVIIIe s. Le must, c'est le salon et le bar, véritable musée de peinture avec un charme fou, où deviser jusque tard dans la nuit. Cuisine de fin gourmet à base de produits du terroir et de saison, servie dans une grande salle à manger, pas mal non plus dans son genre, ou en terrasse dans le parc. Belle piscine, tennis.

DANS LES ENVIRONS DU MONT AIGUILLE

🚶🚶 ***Chichilianne** (38930) :* le village a su garder une certaine homogénéité autour de son église, ses fours et ses fontaines. Le matin, vue extra sur le village, l'église et le mont Aiguille en fond. Faire le tour de ses hameaux (Les Oches, La Richardière, Donnière, Château-Vieux, Ruthière, Bernardière) pour en apprécier la diversité architecturale. Points communs : les « montoirs » (rampes d'accès aux granges), les nombreuses génoises, les tuiles écailles, les fours et les fontaines.

Randonnées et balades

➢ Au départ du hameau de La Richardière (parking *La Richardière*), balade au ***pas de la Selle*** (1 890 m), en passant par le col du Laupet. On suit la route de la transhumance pour parvenir aux hauts plateaux du Vercors. Niveau moyen et 870 m de dénivelée. Environ 6h aller-retour depuis le parking.

➢ Au ***pas de l'Aiguille*** eut lieu l'un des plus héroïques combats de la Résistance, lors de l'offensive allemande du Vercors. Huit maquisards y laissèrent la vie. Monument commémoratif. Compter 3h aller-retour depuis le parking du *Pas de l'Aiguille*.

➢ Au départ de Trézanne, randonnée du ***Goutaroux*** (1 543 m) : belvédère sur la chaîne du Vercors et le Trièves. Environ 1h30 de montée depuis le parking.

➢ Au départ de Chichilianne, l'Église : le ***pas de l'Essaure.*** Environ 1h30 pour arriver aux hauts plateaux du Vercors et bénéficier de la vue panoramique. Niveau moyen, dénivelée de 680 m.

➢ ***Le sentier de découverte des « charenches » :*** au pied du mont Aiguille, au départ du parking de La Richardière, circuit de 3-4h. Circuit et sentier à thème avec, à l'appui, un livret (en vente : 5 €) pour découvrir cette région située au carrefour du Vercors et du Trièves (infos à la Maison du mont Aiguille-Vercors-Trièves à Chichillane l'Église, à l'office de tourisme de Clelles et au Gai Soleil du Mont-Aiguille).

➢ ***Le sentier « artisan de la terre » :*** au départ du hameau de Ruthiers. Pour découvrir et comprendre le monde agricole du Vercors-Trièves. Recommandé pour les enfants et conçu comme un jeu de piste, avec des devinettes à résoudre en famille (livret en vente à la Maison du mont Aiguille-Vercors-Trièves à Chichillane l'Église et à l'office de tourisme de Clelles ; 5 €). Circuit de 3h.

LE TRIÈVES

MONESTIER-DE-CLERMONT

(38650) 1 240 hab. *Carte Isère, C4*

Porte d'entrée du Trièves, Monestier-de-Clermont a quelque peu retrouvé sa tranquillité depuis que le monstrueux trafic de la D 1075 emprunte la nouvelle

A 51. L'occasion, justement, d'oublier sa voiture et de se dégourdir les jambes en découvrant quelques pittoresques villas Belle Époque, souvenirs du passé de ville thermale de Monestier.

Où dormir ? Où manger à Monestier et dans les environs ?

🏠 🍽 ***Hôtel Piot :*** *7, chemin des Chambons, 38650* ***Monestier-de-Clermont.*** *☎ 04-76-34-07-35. • hotepiot@club-internet.fr • hotel-piot.fr • Resto fermé mar-mer (slt le midi en juil-août). Fermé de mi-nov à mi-mars. Doubles 50 (lavabo et w-c sur palier)-61 € selon confort. Formule déj en sem 15 € ; menus 20 € (sf dim et j. fériés), puis 25-35 €. Parking privé gratuit. Apéritif maison offert sur présentation de ce guide.* Au cœur d'un petit parc à l'ancienne, une imposante bâtisse de 1912. Une adresse immuable, dans la même famille depuis 4 générations. Chambres avec leur petit charme, tranquilles mais, problème des vieilles maisons, pas très bien insonorisées... Et puis, il faut bien reconnaître qu'un petit rafraîchissement ne leur ferait pas de mal. Salle à manger restée comme au début du XXe s et terrasse dans le parc pour une simple mais bonne cuisine du terroir.

🏠 🍽 ***Chambres d'hôtes du château de Bardonenche :*** *derrière l'église, 38650* ***Monestier-de-Clermont.*** *☎ 04-76-34-03-92. • chateau@bardonenche.com • bardonenche.com • Doubles 68-76 € selon taille (réduc à partir de la 2e nuit). Dîner sur résa 29 €, vin compris. Parking clos.* Entouré de son parc, ce château du XVIe s vous ouvre ses portes. L'ensemble est resté dans son jus (les peintures s'écaillent de-ci, de-là, et certaines parties sont bien vieillottes). Les proprios font des travaux au fil des années, mais il y a du boulot. Malgré tout, c'est l'occasion rêvée de jouer au vicomte (sans se ruiner) dans l'une des chambres ou suites, spacieuses, aux cachet (boiseries, cheminées sculptées, plafonds à la française...) et charme désuets. Couple d'hôtes chaleureux et serviable.

🏠 🍽 ***Au Sans-Souci :*** *38650* ***Saint-Paul-les-Monestier.*** *☎ 04-76-34-03-60. • au.sans.souci@club-internet.fr • au-sans-souci.com • ♿ Sur la route de Gresse-en-Vercors (la D 8), à 2 km de Monestier-de-Clermont. Resto fermé dim soir et lun. Congés : 15 déc-janv. Résa conseillée. Doubles 70-72 €. Menus 19 € sf dim (pas de formule le midi en sem), puis 27-48 €. Café offert sur présentation de ce guide.* Aucun souci effectivement... Voilà des années que tout tourne rond dans cette bonne maison de famille (4e génération !). À l'intérieur, décoration chaleureuse faite de bois et d'objets familiers. Hall d'entrée et bar cosy dans un style rustico-british. Chambres aux couleurs chatoyantes (préférer celles qui donnent à l'arrière). Cuisine d'inspiration régionale et appliquée. Parmi les spécialités : morille farcie au foie gras, croustillant de pigeon désossé à la crème de cèpes et gibier (en saison). Terrasse ombragée au bord d'un parc. Piscine.

LE LAC DE MONTEYNARD

Carte Isère, C4

Les monts du Matheysin en fond de décor, une campagne tranquille sert d'écrin à cette vaste retenue d'eau. Cultures, bois et prairies se succèdent suavement jusqu'au lac, l'un des plus ventés de France pour le plus grand plaisir des véliplanchistes. Le lac s'est équipé des deux passerelles himalayennes les plus longues d'Europe : 180 et 220 m. Ces « ponts de singe » permettent de passer d'une rive à l'autre en se baladant dans les airs au-dessus des flots. Impressionnant ! Impressionnant aussi, le site du barrage audacieusement planté depuis 1962 en travers des gorges du Drac.

Adresse utile

Espace infos : *Sous-Jullières, 38650* ***Treffort.*** *• lac-monteynard.com • À proximité de l'embarcadère. Mai-sept, ouv tlj.* Toutes les infos nécessaires sur les activités autour du lac. Vidéos.

Où dormir ? Où manger autour du lac ?

Campings

Camping de la Plage : *Sous-Jullières, 38650* ***Treffort.*** *☎ 04-76-34-06-31. • contact@campingwindsurf.com • campingwindsurf.com • Ouv avr-oct. Pour 2 pers avec tente et voiture, compter 20 € en hte saison. Mobile homes 4-8 pers, 260-660 €/sem selon saison.* Un petit camping en terrasses, les pieds dans l'eau. Les meilleurs emplacements se situant au bord du lac le plus venté de France où les véliplanchistes s'en donnent à cœur joie. Bar-resto à côté.

Camping d'Herbelon, restaurant Le Campagnard : *à côté du château du même nom, 38650* ***Treffort.*** *☎ 04-76-34-05-47. • info@camping-dherbelon.com • camping-dherbelon.com • Ouv d'avr à mi-oct ; resto ouv tlj en saison, sinon fermé mer-jeu. Pour 2 pers avec tente et voiture, compter 10-23,50 € selon saison. Loc de mobile homes 4-8 pers, 265-730 €/sem selon saison. Menus 19-33 €.* Un camping tout confort (« Camping Qualité »), posé au bord du lac. Propose de nombreuses animations et activités nautiques (planche à voile, kayak, kitesurf, etc.). Beaucoup de monde en été. On s'y sent alors un peu à l'étroit. Piscine. Bon resto sur place.

LE TRIÈVES

De chic à plus chic

Chambres d'hôtes du château de Pâquier : *lieu-dit Pâquier, 38650* ***Saint-Martin-de-la-Cluze.*** *☎ 04-76-72-77-33. • chateau.de.paquier@free.fr • chateau.de.paquier.free.fr • Sur les hauteurs du Drac (1 km après Saint-Martin, fléché). Fermé l'hiver, mais résa possible. Double 73 €. Dîner sur résa 26 €.* Derniers 400 m en terre battue, ce qui est quasiment une garantie de calme et de tranquillité. Et on n'est pas déçu ! Dans une campagne ravissante, où alternent bois, pâtures et cultures, superbe maison forte du XVIe s avec fenêtres à meneaux. L'escalier à vis mène à des chambres vastes, claires et décorées avec goût ainsi qu'à une suite. Elles sont toutes craquantes, l'une avec son lit de fer 1930, une autre avec sa cheminée (en état de marche !), et encore une particulièrement originale, dans l'ancienne chapelle. Ameublement ancien. Côté table, cuisine à la broche, pain maison et petit déjeuner exquis. En prime, un accueil hors pair et un bon rapport qualité-prix. Un vrai coup de cœur !

Le Château d'Herbelon : *38650* ***Treffort.*** *☎ 04-76-34-02-03. • chateaudherbelon@wanadoo.fr • chateau-herbelon.fr • Ouv avr-oct, du jeu au dim midi sur résa slt ; le reste de l'année, pour les groupes slt sur résa. Doubles 90-110 € selon standing ; suite 160 €. Menus 26-55 € et carte.* Tout au bord du lac (accès par le parc). Manoir du XVIIe s couvert de vigne vierge. Des chambres (avec vue pour certaines bien sûr), à la belle salle à manger avec cheminée monumentale. Ça sent bon le bois ciré. Clientèle et service assez chicos, mais les prix ont su rester tout doux. Agréable terrasse sur jardin fleuri et ombragé. Une adresse au charme coquet.

À voir. À faire

L'atelier Gilioli : *38630* ***Saint-Martin-de-la-Cluze.*** *☎ 04-38-92-00-96 ou 04-76-72-52-91 (mairie). Ouv mer 15h-17h, sam 10h-12h ; parfois ouv d'autres j. selon demande. Entrée : 2 € ; réduc.* Installé dans un grenier, le modeste atelier, resté en l'état, du sculpteur Émile Gilioli (1911-1977). L'artiste, un des chefs de file de l'abstraction lyrique, revenait tous les étés dans ce petit village où il avait trouvé refuge pendant la Seconde Guerre mondiale. Il repose à quelques kilomètres de là, au pied de la chapelle romane du hameau du Pâquier.

➢ ***Randonnée autour du lac :*** possibilité de faire le tour du lac à pied ou à VTT en combinant sentier balisé (12,5 km ; tout public) et traversée en bateau entre les embarcadères de Treffort et Mayres-Savel *(5 € ; réduc enfants ; résa indispensable, ☎ 04-76-34-14-56).* Le sentier emprunte deux passerelles himalayennes de 180 m et 220 m de longueur. Impressionnant !

➢ ***Balade en bateau :*** *avec le bateau* La Mira. *De mi-mai à mi-oct. Embarcadère à* ***Mayres-Savel*** *et* ***Treffort.*** *Infos et résas : ☎ 04-76-34-14-56. Croisières de 1h30 ou 2h30. Compter respectivement 9-12,50 € ; 7-9,50 € pour les 5-15 ans ; gratuit moins de 5 ans. Possibilité de déjeuner ou de dîner à bord.* Croisières au rythme du temps dans les gorges et les canyons du Drac, le long des cascades, dans de merveilleux paysages.

VERS GRESSE-EN-VERCORS

Version longue par Saint-Andéol et le col des Deux, vallée sauvage et boisée. Version courte, en suivant la jolie haute vallée de la Gresse (la D 8a). Site assez exceptionnel, entre l'escarpement du Serpaton et la corniche du Grand-Veymont, point culminant du Vercors (2 341 m). Au milieu, Gresse-en-Vercors, partie prenante du parc régional naturel.

GRESSE-EN-VERCORS (38650) 365 hab. *Carte Isère, B4*

Au cœur de ces Dolomites françaises, une station de ski qui s'est fait une petite réputation auprès des sportifs et des contemplatifs, hiver comme été. Les falaises du Balcon est du massif du Vercors et le Grand-Veymont (2 341 m) dominent le village. Versant ouest, c'est la réserve naturelle des Hauts-Plateaux, domaine des vautours fauves, bouquetins et marmottes, fleurs rares, troupeaux.

Adresses et info utiles

Office de tourisme : *L'Église. ☎ 04-76-34-33-40. • ot.gresse-en-vercors.fr • Tlj en juil-août et pdt des vac de Noël et d'hiver ; le reste de l'année, se renseigner.*

■ ***École de parapente :*** ***Alvéole,*** *06-89-54-15-90. • alveole.jimdo.com • Ouv juil-août (le reste de l'année à la demande).*

– ***Marché :*** *lun mat pdt les vac scol de fév et en juil-août.*

Où dormir ? Où manger ?

Camping

Camping-caravaneige Les Quatre Saisons : *La Ville. ☎ 04-76-34-30-27. • contact@camping-les4saisons.com • camping-les4saisons.com • Ouv de mai à mi-oct et 22 déc-mars. Pour 2 pers avec tente et voiture, compter 16,40-17,90 € selon saison. Loc de chalets 2-5 pers, 490-670 €/sem et mobile homes 2-6 pers, 383-670 €/sem en été. (payant).* Au bord du village, ce camping familial bien équipé offre un panorama à ne pas en croire ses yeux, quand on dézippe sa canadienne, le matin ! Beaucoup de monde toutefois en été. Snack-bar, épicerie de dépannage, jeux pour enfants. Piscine en juillet-août.

Très bon marché

Refuge communal du Grand-Veymont : *06-78-43-86-27. Dans la station, derrière la caisse des remontées mécaniques. Au départ du* *sentier qui mène au Grand-Veynont. Ouv tte l'année ; résa indispensable (surtout en saison) et téléphoner avt car pas de permanence d'accueil sur place. Nuitée 6 €/pers.* Une quinzaine de places en dortoir. Pas franchement de charme, très simple, mais bien entretenu. Chauffage et douches chaudes (mais pas de coin cuisine).

Chic

Le Chalet : *au village. ☎ 04-76-34-32-08. • hotel.lechalet38@orange.fr • lechalet.free.fr • Ouv de début mai à mi-oct et de mi-déc à mi-mars. Chambres 65-87 € selon confort. ½ pens 67-80 €/pers. Formule déj en sem 14 €. Menus 19 € (sf w-e), puis 28-52 €.* Dans le bâtiment principal, chambres plaisantes, rénovées dans l'esprit montagne d'aujourd'hui. Celles situées dans l'annexe (bâtiment de l'autre côté de la route), sont plus spacieuses mais plus classiques (les plus chères disposent d'un balcon). Le resto joue dans un registre traditionnel. Piscine d'été au bas des pentes herbeuses, tennis, etc. Bon accueil.

Où dormir ? Où manger dans les environs ?

La Grange aux Loups : *La Bâtie, 38650 Gresse-en-Vercors. ☎ 04-76-34-11-08. • la-grangeauxloups@wanadoo.fr • À 6 km vers le sud par la D 8a. Resto fermé mar hors vac scol. Fermé nov-janv. Double 58 € (55 € à partir de 2 nuits). ½ pens demandée en hte saison 55 €/pers. Table d'hôtes (soir sf mar) 21 €. CB refusées.* Petite halte pour dormir, casse-croûter sympa ou prendre le thé tous les jours de 12h à 19h. 2 anciennes granges superbement restaurées au milieu d'un jardin à l'anglaise. Bénéficie du label « Gîte Panda ». Chambres d'hôtes personnalisées : « Gentiane », avec lit en fer doublé de bois, lit d'appoint et mobilier rustique, « Provençale », dotée d'une grande terrasse face au mont Aiguille et enfin « Montagne », avec mezzanine, à laquelle on accède par un vestibule jouxtant l'ancien four à pain. Cuisine familiale à base de produits du pays bio et du jardin, sans oublier tartes, crumbles, gâteau à la cannelle, fromages fermiers, etc. Service dans le jardin aux beaux jours. Un rapport qualité-prix très honnête.

LE TRIÈVES

Ski et neige. Sports et loisirs d'été

23 pistes de ski alpin tous niveaux, tremplins, *snowpark,* 44 km de ski de fond, ski de randonnée, raquettes...

➢ Nombreuses randonnées (brochures gratuites ou en vente à l'office de tourisme).

Fête et manifestations

– ***Tour du Grand-Veymont :*** *1 j. en fév.* Compétition de ski-alpinisme.
– ***Floricimes :*** *mi-juin.* Conférences, balades, ateliers, exposants autour de la flore du Vercors.
– ***Fête de l'Alpage :*** *le 1er w-e après le 15 août.* Cor des Alpes, danses traditionnelles, différentes démonstrations, stands d'artisans, spectacles pour enfants.

VERS LA D 1075

LE COL DE L'ALLIMAS (1 352 m)

Vue remarquable du mont Aiguille et paysages d'une totale harmonie. Redescendre sur *La Bâtie,* tout petit et charmant village.

Saint-Michel-les-Portes : dernier village avant d'arriver à la D 1075. Il a été classé comme faisant partie des « Plus Beaux Villages de France » pour sa belle architecture rurale et de montagne.

LE COL DE L'ARZELIER (38650) *Carte Isère, B3*

Balcon est du Vercors, une ministation évidemment très familiale au pied des Deux-Sœurs à 1 155 m. Deux, trois bâtiments qui ont pas mal vieilli, mais une nature superbe tout autour.

Adresse utile

Office de tourisme : *au pied du télésiège de l'Arzelier, 38650* ***Château-Bernard.*** *☎ 04-76-72-38-31. • col-de-larzelier.fr • En été, tlj sf lun ; pdt les vac scol d'hiver, tlj. Le reste de l'année, se renseigner.* Accueille un relais d'information du parc naturel régional du Vercors sur « les énergies renouvelables et le patrimoine ».

Ski et neige

Ski alpin : une station idéale pour débuter avec ses six pistes. Forfait à tout petits prix (journée adulte : 14 €).

Ski nordique : 35 km d'itinéraires avec vue imprenable sur le mont Aiguille d'un côté et la chaîne de Belledonne de l'autre, au cœur de la forêt, dans le parc naturel régional du Vercors : un itinéraire au départ du col de l'Arzelier vers Prélenfrey, un itinéraire du col vers Saint-Andéol où l'on rejoint des boucles de 2, 4 et 6 km. Compter 6,50 € la séance. Réduc.

– ***Autres activités :*** parcours ski et arc en forêt, balades à raquettes, ski nocturne...

Sports et loisirs d'été

➢ ***Cani-randonnée :*** toute l'année avec des chiens samoyèdes d'*Athabasca* (*06-03-46-52-25 ; • athabasca-animations@hotmail.fr •*).

– ***Canyoning :*** au canyon « Les Moules marinières ».

VTT et trottinette tout terrain : *Devalbike,* une piste familiale qui redescend tranquille après la montée en télésiège.

LE VERCORS

À cheval sur l'Isère et la Drôme, le parc naturel régional du Vercors est un vaste plateau calcaire profondément entaillé de gorges, divisé par des vallées orientées nord-sud, créant plusieurs entités parfois assez précises. Côté département de l'Isère, qu'on l'aborde de l'est (depuis le Trièves), du nord-est (vallée de l'Isère entre Chartreuse et Vercors), du nord-ouest (cours de l'Isère, côté plaine, de Voreppe à Saint-Hilaire-du-Rosier), ou du côté sud (les gorges de la Bourne), le Vercors apparaît comme une forteresse imprenable,

se caractérisant par des pentes abruptes où une forêt dense part à l'assaut de blanches et vertigineuses falaises se parant de lumineuses tonalités roses au soleil couchant.
Jusqu'au XIXe s, on y accédait uniquement par les « drailles à moutons » ou les sentiers de muletiers qui franchissaient les « pas ». Souvent, les seules routes qui y accèdent aujourd'hui durent être creusées en encorbellement ou percées dans la roche, dans la seconde moitié du XIXe s. Côté est (Trièves et vallée du Drac), la barrière, avec des à-pics de parfois 500 m, est même infranchissable sur plus de 35 km et nulle route n'y parvient !
Terre d'histoire, elle offrit aux hommes, au long des siècles, le refuge des abris sous roche et aujourd'hui, avec ses immenses galeries souterraines que l'eau y a creusées, de la spéléo grand spectacle.
Climat rude et humide, hivers longs et étés ensoleillés. L'hiver y est magnifique : la bise souffle, la neige s'accumule et les hauts plateaux prennent des allures de désert nordique. La forêt constitue environ 60 % du territoire. De 850 à 1 600 m, on trouve le hêtre, le sapin, l'épicéa. Au-delà règne le pin à crochets souvent tordu par le vent. Flore riche et variée ; mais rassurez-vous, la faune n'est pas en reste.
Et avant de partir à l'assaut de ce vaste plateau, savez-vous comment s'appellent les habitants du Vercors ? Les vertacomicoriens, ou vertacos pour les intimes... (hum... difficile à placer au scrabble tout de même !).

RECORD BATTU

Véritable must pour les amateurs de voyages au centre de la terre, le gouffre Berger a été découvert en 1953 par une équipe de spéléologues emmenée par Joseph... Berger. Avec ses 1 122 m de profondeur, ce gouffre a, pendant 10 ans, été considéré comme le plus profond du monde avant que celui de la Pierre-Saint-Martin, dans les Pyrénées-Atlantiques, ne le détrône en 1964.

LE PARC NATUREL RÉGIONAL

Depuis 1970, le Vercors est classé *parc naturel régional* (un des plus anciens de France), avec ses 185 000 ha, regroupant environ 70 communes, partagé entre Isère et Drôme. Fort de sa longue expérience, il est particulièrement actif et entreprenant. La marque *parc naturel régional* est omniprésente, cherchant à promouvoir une certaine économie, un certain tourisme où chaque professionnel prend conscience de ses responsabilités et de son environnement. Ici, la marque viendra récompenser un hôtelier ou un restaurateur pour son accueil souriant et sa mise en valeur du terroir. Là, elle mettra en avant un éleveur pour la qualité de sa production, un accompagnateur de moyenne montagne ou un artisan pour son savoir-faire... En plus des quatre AOC propres au Vercors (le bleu de Sassenage-Vercors, le picodon, la clairette de Die et, enfin, l'incontournable noix de Grenoble), truites, viande bovine, escargots, miel, plantes aromatiques... portent avec fierté la marque du parc.
Sur l'Isère, on distingue trois secteurs bien distincts : les Quatre-Montagnes regroupant les principales stations de ski (Villard-de-Lans-Corrençon, Lans-en-Vercors, Autrans, Méaudre, Saint-Nizier, etc.), le plateau sauvage des Coulmes (notre préféré !), le Royans et la réserve naturelle des Hauts-Plateaux (qui court entre Isère et Drôme).

i *Parc naturel régional du Vercors :* *Maison du parc, 255, chemin des Fusillés, 38250* ***Lans-en-Vercors.*** *☎ 04-76-94-38-26. • parc-du-vercors.fr •* Pour tout ce qui touche au parc (tourisme, rando, environnement, agriculture, gastronomie, culture, art de vivre, éditions...). Plusieurs antennes-relais d'information (Pont-en-Royans, Chichilianne, Saint-Nizier-du-Moucherotte, Crest, Lans-en-Vercors, col de l'Arzelier, Die...).

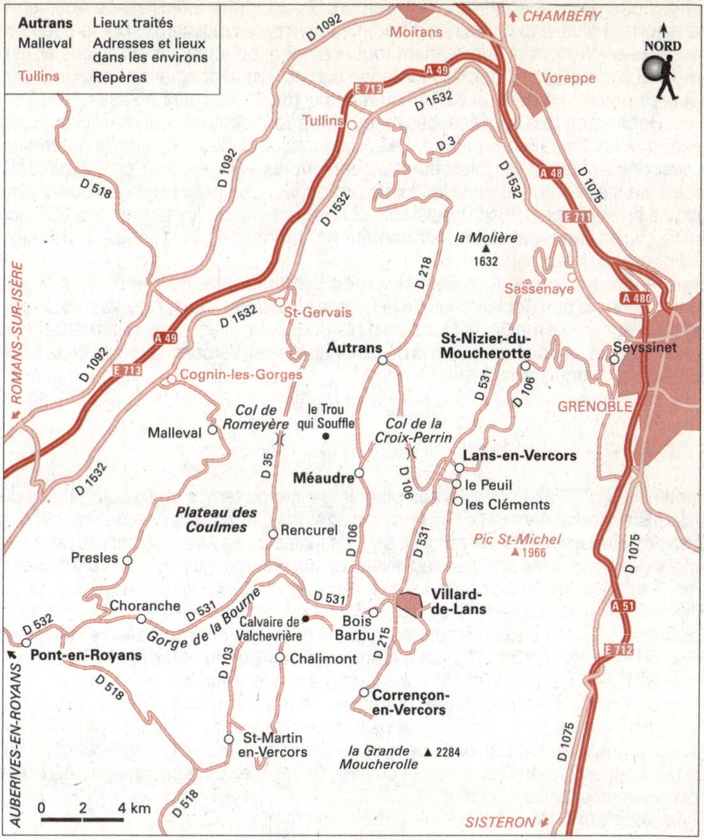

LE VERCORS

UNE TERRE DE RÉSISTANCE

De tout temps, le Vercors fut terre de refuge pour les proscrits et fuyards de toutes sortes (invasions, guerres de Religion, etc.). Il était donc naturel qu'il vît se constituer, fin 1942, un des premiers maquis de France. Rejoint, lors de l'instauration du STO, par les premiers réfractaires. Au printemps 1944, les maquisards sont environ 400. Raids des troupes allemandes et des miliciens, maisons brûlées, tortures, représailles sanglantes, exécutions, notamment dans la région de Vassieux-en-Vercors, mais pas d'offensive globale, et la forteresse peut sembler inexpugnable. Le débarquement du 6 juin donne un élan considérable au maquis, qui atteint près de 4 000 hommes, l'objectif étant de constituer une zone libérée, poste avancé de l'offensive anti-allemande.

Pourtant, le 13 juin, une importante attaque de l'armée allemande se déclenche dans le coin de Saint-Nizier-du-Moucherotte. Repoussée une première fois par la Résistance, pourtant inférieure en nombre. Mais, quelques jours plus tard, le village est incendié, les maquisards contraints de décrocher. En juillet, la république du Vercors est symboliquement proclamée. Les Alliés parachutent armes et matériels divers. La Résistance travaille activement à la construction d'une

piste d'atterrissage à Vassieux-en-Vercors. Pourtant, le 21 juillet, des planeurs transportant plusieurs centaines d'hommes des forces régulières sont largués sur Vassieux-en-Vercors et surprennent tout le monde (on attendait les avions alliés), tandis que d'autres troupes de montagne particulièrement aguerries attaquent en d'autres points. Le général Karl Pflaum lance 15 000 hommes à l'assaut du Vercors. Répression très sauvage. Les maquisards sont contraints de se replier ou de se faire massacrer jusqu'au bout. Les Allemands, décidés à en finir et à nettoyer le Vercors, achèvent les blessés et incendient les villages. Peu de maquisards réussissent à se réfugier dans les forêts profondes. Le « nettoyage » se poursuivra jusqu'à fin août : plus de 600 résistants et une centaine d'Allemands tués, 201 victimes civiles, souvent dans des conditions atroces, 41 personnes déportées, 573 maisons détruites...
Pour rendre hommage à la Résistance du Vercors, outre les mémoriaux situés dans l'Isère, ne pas oublier ceux de la Drôme : le ***village martyr de Vassieux-en-Vercors*** et son ***mémorial*** (site national historique, le village a reçu la médaille de la Résistance), la cour des Fusillés de La Chapelle-en-Vercors, la grotte de la Luire (hôpital des Maquisards).
– *Renseignements :* ☎ *04-75-48-26-00.* ● *memorial-vercors.fr* ●

PRENDRE LA GTV !

L'antithèse du TGV... Là, il ne s'agit plus de gagner du temps, mais au contraire de le déguster doucement dans l'un des paysages les mieux préservés de France. ***Les Grandes Traversées du Vercors,*** ce sont de fantastiques parcours balisés pour des randonnées originales adaptées au niveau et aux pratiques de chacun, réalisables à pied, à skis, à raquettes, à cheval, avec un âne, une mule ou des chiens de traîneau... Elles ont été particulièrement conçues pour explorer les zones les plus sauvages des crêtes et des forêts et s'empruntent, bien sûr, où l'on désire. Plusieurs variantes :
➢ *la GTV à pied :* de 3 à 21 jours de randonnée autour du massif ;
➢ *la GTV à VTT et à cheval :* de 2 à 7 jours de sentiers variés ;
➢ *la GTV nordique :* randonnées nordiques en traversée ou itinérance en boucle.
Des gîtes balisent les itinéraires. Ne pas oublier de réserver dans les périodes les plus chargées, tous n'ont pas une grosse capacité d'accueil. Concernant le ski, certains hébergements ne sont pas ouverts l'hiver, bien se renseigner à l'*ADT Vercors* ou auprès de l'association.
■ ***Association GTV :*** ☎ *04-76-94-38-26.* ● *vercors-gtv.com* ●

LE VERCORS

Arriver – Quitter

Par la route

➢ Du nord, rejoindre Grenoble puis la D 531 pour Saint-Nizier-du-Moucherotte, Lans-en-Vercors, Villard-de-Lans, Pont-en-Royans. Pour Autrans et Méaudre, la D 531 depuis Grenoble suivie de la D 106.
➢ De Marseille, prendre l'A 7, suivre l'E 713, puis la sortie nº 8 en direction de Villard-de-Lans. Continuer sur la D 531 pour Villard-de-Lans, Lans-en-Vercors et Saint-Nizier-du-Moucherotte ; prendre la D 106 pour Méaudre et Autrans.

En bus

➢ ***De/vers Grenoble :*** *avec les cars* ***Transisère,*** ☎ *0820-08-38-38 (0,12 €/mn).* ● *transisere.fr* ● Une petite dizaine de bus/j. relient Saint-Nizier-du-Moucherotte, Lans-en-Vercors, Autrans, Méaudre et Villard-de-Lans à Grenoble.

DE GRENOBLE À LANS-EN-VERCORS

L'un de nos tronçons préférés. Deux itinéraires possibles. Par la route principale (la D 531) grimpant de Sassenage et suivant les gorges du Furon. Inaugurée en 1827, cette route demeura longtemps la seule voie d'accès

au plateau du Vercors. Avant d'arriver sur le plateau, belle vue sur Grenoble et la vallée de l'Isère. Un peu plus loin, sentier de découverte le long des gorges du Bruyant, ruisseau affluent du Furon. Quelque 35 mn de marche aller suffisent pour rejoindre le *haut Bruyant.* Autre itinéraire par la D 106, à partir du village de Seyssimet, plus pittoresque sans doute. Après quelques kilomètres, dans un virage à droite, *parking des Vouillans* où se dresse un monument à la mémoire des 10 résistants fusillés le 21 juillet 1944. Point de départ de balades. Un peu plus haut, on accède à la *tour Sans-Venin.* À l'entrée du village, sur la droite, vestige d'un donjon du XIIIe s, comptant parmi les « *Sept Merveilles* » *du Dauphiné,* dont l'origine reste encore mystérieuse. La légende dit qu'un autel dédié au culte de la déesse Isis fut jadis retrouvé à l'emplacement de la tour. Pour la petite histoire, Isis détestait serpents et autres bêtes venimeuses. Le village forma sa devise : « Sans venin », voulant ainsi marquer sa volonté pacifique. Avertissement aux amoureux de vieilles pierres : si la légende est belle, il reste bien peu de l'ancien donjon, qui se retrouve en outre aujourd'hui enlaidi par un relais hertzien. On vient en revanche pour le joli panorama sur la capitale des Alpes. Table d'orientation.

SAINT-NIZIER-DU-MOUCHEROTTE

(38250) 1 000 hab. *Carte Isère, B3*

Surmonté par une église au clocher du XIe s, un village martyr de la Seconde Guerre mondiale. *Mémorial du Vercors et de la Résistance* 2 km avant le village, sur la droite. À cet endroit, 250 maquisards résistèrent aux attaques allemandes, le 13 juin 1944. De nombreux héros y sont enterrés, dont l'écrivain Jean Prévost et Eugène Chavant, chef civil du maquis.
Dans le genre monument du XXe s, voir aussi le tremplin de 90 m construit pour les J.O. de 1968.

UN TRÈS CHIC ERMITAGE

Au début des années 1950, un notaire provençal décide d'implanter un hôtel de luxe au sommet du Moucherotte (altitude : 1 901 m). Projet grandiose qui nécessita la construction d'une télécabine reliant Saint-Nizier au sommet : plus de 700 m de dénivelée, 5 km de câbles, 20 pylônes... Par cette télécabine furent acheminés tous les matériaux de construction – on imagine le nombre d'allers-retours nécessaires – puis les clients. En 1959, l'hôtel était prêt à accueillir ses premiers hôtes et le succès fut rapidement au rendez-vous. La bourgeoisie et les stars s'y côtoient dans un cadre particulièrement raffiné : Brigitte Bardot, alors au faîte (!) de sa gloire, tournant au passage certaines scènes de *La Bride sur le cou* (1961) sous la direction de Roger Vadim, et aussi Luis Mariano, Dalida et bien d'autres. Malheureusement, la fameuse télécabine constituait le maillon faible... Son tracé avait été retenu pour le panorama, au détriment d'un accès facile. Du coup, le fonctionnement de l'établissement fut souvent entravé par les aléas de la météo – des clients ne pouvant s'y rendre ou, au contraire, redescendre du sommet –, ce qui lui portera un coup fatal. En 1975, le proprio, qui gardait l'espoir de surmonter les difficultés avant une réouverture hypothétique, laissa tout le mobilier sur place. Les pilleurs en firent leur affaire... Le squelette décharné de l'établissement a été détruit, au printemps 2001, en vue de la réhabilitation du sommet, à jamais auréolé de la légende de l'Ermitage.

Adresse utile

Bureau d'informations touristiques : ☎ *04-76-53-40-60.* • *stnizier.tourisme@wanadoo.fr* • *Fermé mar mat, mer mat, ven mat, sam ap-m et dim.*

Ski et neige

Ski alpin : deux pistes pour débutants ainsi qu'une piste de luge. Enneigement malheureusement souvent critique.

Ski nordique : pistes damées en partie. Piste forestière qui permet de relier Saint-Nizier aux abords du village de Lans en Vercors. Accès gratuit.

LANS-EN-VERCORS

(38250) 2 560 hab. *Carte Isère, B3*

À la sortie des gorges du Furon, entre 1 020 et 1 983 m d'altitude, s'ouvre une large « vallée-plateau », héritage d'un ancien lac glaciaire datant de quelque 300 000 ans. Porte d'entrée du parc naturel régional du Vercors, 25 hameaux qui constituent Lans-en-Vercors sont dispersés au cœur du « pays des Quatre Montagnes ». Paysage d'une superbe ampleur bordé à l'est par la Grande Roche Saint-Michel et à l'ouest par un plateau dégagé sur fond de sapins de la forêt de Jay. Lans est aussi une station de ski familiale proposant des pistes pour tous niveaux. Un chemin du patrimoine (5,5 km, à pied ou à raquettes) a également été mis en place.

Adresses utiles

Office de tourisme : *246, av. Léopold-Fabre.* ☎ *04-76-95-42-62.* • *lansenvercors.com* • *Tlj en saison ; fermé mar hors saison.* Excellent accueil et non moins excellente documentation. Cartoguide en vente (ou disponible sur le site internet), *Promenades et Randonnées en Vercors, Quatre Montagnes* : 32 itinéraires commentés avec plan au 1/33 000. Fait central de réservation (hébergement, activités de pleine nature et forfaits de ski) et billetterie (spectacle, transport). Salle d'expo.

Maison du parc régional : *255, chemin des Fusillés.* ☎ *04-76-94-38-26.* • *parc-du-vercors.fr* • *Lun-ven 8h30-12h, 14h-17h.* N'hésitez pas à leur rendre visite avant d'entamer une randonnée.

Taxi : Lans Taxi, ☎ *04-76-95-41-45. 24h/24.*

Multi sports nature et montagne : Alpha Montagne, *554, chemin de Prenay ;* ☎ *04-76-94-33-74 ;* • *alphamontagne.com* • ***Accompagnateurs Nature et Patrimoine,*** ☎ *04-76-95-08-38,* • *accompagnateur-vercors.com* • ***Spéléo-montagne,*** • *speleomontagne.com* • ***Vercors Aventure,*** ☎ *04-76-95-99-45,* • *vercors-aventure.com* • ***Vercors Plein Air,*** ☎ *04-76-94-49-50.* • *vercors_plein_air@yahoo.fr* • ***Cascade de glace,*** ☎ *04-76-26-18-76 ou* *06-83-89-56-99.* • *guidehautemontagne.fr* •

Où dormir ?

Le Val Fleuri : *730, av. Léopold-Fabre.* ☎ *04-76-95-41-09.* • *hotel.levalfleuri@orange.fr* • *le-val-fleuri.com* • *(resto). Au centre du village, idéalement situé à côté de l'église. Fermé en avr et de fin sept au début des vac de Noël. Doubles avec lavabo (w-c sur palier) 47-49 €, avec sdb 67-70 €.* Grosse maison d'un autre siècle au cœur d'un jardin, une partie construite en 1928, l'autre en 1935. Tradition, propreté et bon goût sont ici les maîtres mots. Les chambres ont fait peau neuve, tout en préservant leur charme suranné et un côté art-déco, délicieusement rétro.

Où dormir ? Où manger dans les environs ?

Camping

⛺ ***Camping Bois-Sigu :*** *315, Vieille-Route,* ***Le Peuil.*** *☎ 04-76-95-47-02. • bois.sigu@wanadoo.fr • ♿ À 1,5 km de Lans-en-Vercors. Ouv tte l'année. Forfait pour 2 pers avec tente et voiture 15 €. Loc de chalets 2-5 pers, 270-460 €/sem. 📶 (payant).* Sans grand charme, en revanche situation privilégiée au pied des pistes de l'Aigle. Pizzeria-snack.

De bon marché à prix moyens

🏠 🍽 ***Refuge-auberge des Allières :*** *☎ 04-76-94-32-32. • info@aubergedesallieres.com • aubergedesallieres.com • Suivre l'embranchement « montagne de Lans » jusqu'au parking des Barnets (3 km), puis, hardi petit ! une auberge comme ça, ça se mérite : 20-30 mn, à pied ou à skis slt. Congés : avr et 15 oct-début déc. Chambre 48 €/pers en ½ pens. Formule ou carte env 15 €.* Sur les pentes du pic Saint-Michel, à 1 426 m d'altitude, une gentille auberge chauffée par le soleil qui offre 4 agréables chambres pour 3 à 7 personnes. Pour VTTistes, raquetteurs ou skieurs de fond, le midi, de bons petits plats servis en terrasse, de la salade de chèvre chaud en passant par les crozets et la raclette vercouline. Le soir, raclette traditionnelle au feu de bois ou braserade. Coin cheminée, dîner aux chandelles, dans la salle de cet ancien chalet d'alpage. C'est le moment de séduire. Nous, nous sommes tombés sous le charme ! Pour les concerts et les soirées à thème, consulter le site internet (en été).

🏠 ***Gîte d'étape L'Antre d'Eux :*** *1200, route des Egauds. ☎ 04-76-56-86-65. 📱 06-28-79-23-90. • gitelantredeux@gmail.com • gite-lantredeux.fr • Dans le hameau des Egauds, à 4,5 km de Lans-en-Vercors : prendre la route de Grenoble puis à 1 km, bifurquer à gauche direction « Le Mas ». Compter 22-24 €/pers selon saison.* Un gîte d'une grande capacité qui propose plusieurs dortoirs de 4 à 12 personnes (salle de bains extérieure), et des chambres principalement familiales (salle de bains privées ; certaines en duplex). Également 2 appartements pour 4 et 8 personnes. L'ensemble a été récemment restauré et les couleurs sont actuelles. Très bien en famille ou entre copains (il n'y a qu'une seule chambre double). Accueil sympathique.

🏠 🍽 ***Chambre d'hôtes À la Crécia :*** *Les Cléments. ☎ 04-76-95-46-98. • gitelantredeux@gmail.com • gite-en-vercors.com • À 2 km de Lans-en-Vercors. Double 63 €, familiale (4 pers) 93 €. Table d'hôtes 19 €. 📶* Pascal a repris l'exploitation de son grand-père et, dans ce corps de ferme traditionnelle du XVIe s qu'il a rénové avec sa femme Véronique, il propose 5 jolies chambres d'hôtes. Un potager et des élevages de brebis, cochons et volailles alimentent la table. De discrets panneaux solaires produisent l'énergie (une installation réalisée par son grand-père dans les années 1990, un vrai pionner !). Une adresse conviviale, au calme.

🏠 🍽 ***Auberge de la Croix-Perrin :*** *au* ***col de la Croix-Perrin.*** *☎ 04-76-95-40-02. • info@vercors-hotel.com • vercors-hotel.com • À 3,5 km de Lans-en-Vercors, en direction d'Autrans. Fermé dim soir, lun et mar midi hors saison. Fermé en nov. Doubles 65-70 € selon saison. Menus 15-19 € le midi en sem, puis 25-45 € ; carte env 30-35 €. 📶 Café offert sur présentation de ce guide.* Nuit tranquille en pleine nature, à 1 218 m d'altitude, au bord d'une forêt de conifères, dans de gentilles chambres d'auberge de montagne. Elles ont été agréablement restaurées (literie neuve, bois, rideau rouge, revêtement en jonc de mer ou parquet). Salle tout en bois, salon avec cheminée sans TV (ni dans les chambres d'ailleurs), agréable véranda donnant sur la forêt et grande terrasse aux beaux jours. Cuisine de terroir et, parmi les spécialités, le filet mignon de porc vertaco. Une adresse où l'on se sent bien.

De chic à plus chic

Domaine du Traffet : *Traffet. ☎ 09-61-35-75-19. 06-84-33-89-48. • infos-traffet@orange.fr • domainedutraffet-vercors.com • À 5,5 km env de Lans-en-Vercors, en direction de Villard-de-Lans, prendre une petite route à droite ; c'est un peu plus loin. Doubles 60-170 € selon confort et saison ; suites à partir de 120 €. Également 2 gîtes. Table d'hôtes 35 €.* Posée sur le versant, voilà une ancienne demeure aux murs de pierre, restaurée d'une main de maître ! Avec leurs murs enduits à la chaux, de vieux meubles de famille ou chinés, des couleurs douces et apaisantes, sans oublier les draps brodés, les chambres dégagent une délicieuse atmosphère. L'ensemble a été aménagé avec une vraie approche en matière de développement durable. Piscine dotée d'un système d'épuration naturelle. Belle vue depuis la terrasse qui domine le plateau du Vercors. Spa avec possibilité de massages. Une adresse de charme.

À voir

La Magie des Automates : *à 1 km env, en direction de Grenoble. ☎ 04-76-95-40-14. • magiedesautomates.com • Vac scol, tlj 10h30-18h30. Le reste de l'année, mar-sam 14h-18h ; dim et j. fériés 10h30-18h30 (fermeture du guichet 1h avt). Fermé oct sf vac de la Toussaint. Entrée : 8,50 € ; 5 € pour les 2-14 ans ; réduc.* Pour les amoureux des automates, 350 personnages en mouvement dans différentes scènes : le hameau du Père Noël, les coulisses du cirque, le village dauphinois... Dehors, dans de petits chalets de bois : le village des ours, la maison du loup. En été, le *Magie Cross* propose aux 2-12 ans un parcours vélo entre toboggans, obstacles et structures gonflables.

Ski et neige

Ski alpin : 2 domaines. Au village, parc de loisirs de l'Aigle (1 020 m), espace d'initiation (un téléski, 2 pistes vertes), pistes de luge, un *snowpark,* une cascade de glace accessible à tous (8 voies, accès en nocturne). Un snack-bar : *La Cabane de l'Aigle.* À 4 km, « les Montagnes de Lans » (1 400-1 827 m), avec 25 km de descente, 23 pistes accessibles en navette gratuite. Forfait journée adulte : 17 €. Formule *Euroski* tarifée en fonction du temps réellement skié.

Ski nordique : 2 domaines. Pistes tous niveaux balisées et damées pour le pas alternatif et le *skating.* Au village, « Le Val de Lans » (1 020-1298 m) avec 35 km de pistes faciles (5 boucles de 2 à 13 km). À 4 km, « Les Allières » (1 450 m), avec 35 km de pistes vallonnées en sous-bois (7 boucles de 2 à 10 km), un itinéraire retour au village à ski : piste rouge 8 km balisée, non tracée, hors piste. Une zone initiation : Combe Oursière. Auberge d'altitude. Navette gratuite. Séance adulte : 7,50 €.

➢ Balades à ***raquettes,*** pour découvrir la nature et le patrimoine de la montagne de Lans : chemin du Patrimoine (1 020 m), le col de l'Arc (1 736 m), le plateau des Ramées (1 700 m), le sentier du Canyon (1440 m), la Croix de Jaume (1415 m)... ***Ski de randonnée*** au pic Saint-Michel (1 983 m) et ***randonnée nordique*** au Moucherotte (1 901 m) : vue panoramique à 360° sur les Alpes. Randos raquettes accompagnées, programme à l'office de tourisme.

Sports et loisirs d'été

- ***Tous les sports :*** rando, accrogrotte, escalade, canyoning, spéléo, VTT, tennis, équitation, *via cordata,* randonnées avec ânes, *nordic walking,* randonnée aquatique, etc.

- ***Parapente :*** quatre aires d'envol pour débutants et confirmés. Propose toute l'année différentes formules d'apprentissage et de perfectionnement. Vols en biplace/baptême (60-90 €), séance découverte (70 €), stages 2-5 j. (à partir de 220 €), comprenant l'encadrement et le matériel. Voyages et stages itinérants.

■ ***ALTO Parapente :*** *le Plein Ciel, 60, chemin du Prenay,* **La Chenevarie.** ☎ *04-76-95-46-82 (slt mat).* 📱 *06-85-55-39-27.* • *parapente-alto.com* •

➢ ***Nombreuses randonnées pédestres (à partir des montagnes de Lans et du village) :*** des montagnes de Lans vers le Collet du Furon, la Salière, Fond-Froide. Le sentier rejoint le GR 91. Paysage de pins à crochets. Puis du col de l'Arc, vue plongeante sur le village de Varces et la vallée de l'Isère et du Drac et accès au Pic Saint-Michel (1966 m). Depuis le village, accès au Bec de l'Aigle – un parcours facile en boucle avec un vaste panel de paysages – on domine les gorges du Furon offrant une vue aérienne sur la porte nord du Vercors.

➢ ***Randonnées en forêt (à partir du col de la Croix-Perrin) :*** départ de la balade derrière l'*auberge du Col,* puis prendre la route forestière Barthélemy, transformée en piste de chiens de traîneau en hiver. Pour les plus pressés, la route est accessible aux voitures de mi-avril à mi-novembre (suivant enneigement) pour atteindre le plateau de transhumance de la Molière (voir le chapitre « Autrans »). À pied, de l'auberge, rando facile en suivant la combe du Rui pour accéder à la Croix-de-Jaume. Balade en crête avec vue sur le val de Lans-en-Vercors, retour par le chemin neuf.

➢ ***Le sentier de découverte des gorges du Bruyant :*** balade familiale et facile de 1h30 le long de la rivière. Le chemin grimpe dans le vallon du Bruyant en passant d'une rive à l'autre du torrent par plusieurs passerelles au-dessus de chutes d'eau et de blocs. Accès à la source, à la cascade et aux ruines de l'ancien moulin. Aire de pique-nique au départ du sentier. Départ du parking du Bruyant dans les gorges d'Engins, à 5 km de Lans-en-Vercors sur la route de Grenoble (D 531) via Sassenage.

Manifestations

- ***Un été de festival :*** spectacles de rues, cinéma sous les étoiles, jeux du monde, astro-balade...
- ***Festival du film pour enfants :*** *vac de Noël.* Pour les cinéphiles en culotte courte. Un des plus vieux festivals pour enfants de France ! Programme à l'office de tourisme.

AUTRANS

(38880) 1 675 hab. *Carte Isère, B3*

À 1 050 m d'altitude au milieu de magnifiques forêts, un village pas encore trop abîmé par les constructions modernes. La longue culture nordique de la station date du début du XXᵉ s. Mais elle est incontestablement devenue la Mecque du ski de fond depuis les J.O. de 1968, qui ont révélé les disciplines nordiques. Nous sommes donc ici dans le premier centre de ski de fond en

France, qui compte 160 km de pistes, transformées l'été en parcours de VTT. Une destination nature et sportive donc. Et comme le disaient les affiches publicitaires de la SNCF de 1956 « 15 jours à Autrans, santé pour 1 an ! ».

Adresse et info utiles

Office de tourisme : *rue du Cinéma. ☎ 04-76-95-30-70. • autrans.com • En juil-août, ouv tlj. Fermé dim et j. fériés (d'oct à mi-déc et d'avr à mi-mai) ou mar (de mi-mai à juin et sept) hors saison. (payants).* Bon accueil. Disponibilités d'hébergements.
– **Marché :** *mer mat, tte l'année.*

Où dormir ?
Où manger ?

Campings

Camping Au Joyeux Réveil : *rue du Cornet. ☎ 04-76-95-33-44. • camping-au-joyeux-reveil@wanadoo.fr • camping-au-joyeux-reveil.fr • Ouv de fin avr à sept. Pour 2 pers avec tente et voiture, compter 18-43 € selon saison. Mobile homes et de chalets 4-6 pers, 365-1030 €/sem.* Aux portes du village, une centaine d'emplacements herbeux et plats pour ce camping bien équipé et confortable. Piscine couverte et espace bien-être (sauna, hammam et spa).

Camping-caravaneige du Vercors : *Les Gaillards. ☎ 04-76-95-31-88. • contact@camping-du-vercors.fr • camping-du-vercors.fr • Accès : par la D 106 ; à 300 m du village. Ouv de mi-mai à fin sept et de déc à mi-avr. Pour 2 pers avec tente et voiture, compter 16-19,50 € selon saison. Loc de mobile homes 4-6 pers, 320-650 €/sem. (payant).* Camping familial bien équipé, situé dans un cadre naturel de toute beauté et à proximité des commerces et des pistes de ski (mise en hors gel des mobile homes en hiver). Piscine chauffée en saison. Bon accueil.

De prix moyens à chic

Au Feu de Bois : *chemin du Marché. ☎ 04-76-95-33-32. • contact@hotelfeudebois.com • hotelfeudebois.com • Double 59 €. Possibilité de ½ pens.* Cet hôtel construit pour les J.O. de 1968 et revivifié par Sabrina et Gilles, propose un ensemble de chambres lumineuses, partiellement bardées, toutes mignonnes. Plusieurs chambres familiales.

Chambres d'hôtes Le Montbrand : *route de Nave. ☎ 04-76-95-34-58. • lemontbrand@hotmail.fr • lemontbrand.com • À 500 m du village ; prendre la route de Gève, 1re route à gauche après le cimetière, sur 200 m. Fermé avr et de mi-sept à oct. Double 68 € (65 € à partir de 2 nuits). Table d'hôtes 22 €.* Pavillon moderne, en limite de village ; juste derrière, les prés, puis les bois. L'hiver, le départ des pistes de ski de fond est à deux pas. Les chambres se révèlent plutôt agréables (vue sur les alpages, fleurs aux balcons). Elles sont dotées de la télé. Intéressant pour les familles, deux d'entre elles communiquent. Bon accueil.

Hôtel de la Poste : *pl. de l'Église. ☎ 04-76-95-31-03. • contact@hotel-barnier.com • hotel-barnier.com • (resto). Resto ouv tlj sf dim soir, lun et mar midi hors saison. Fermé de mi-avr à début mai et de fin oct à début déc. Doubles 69-106 € selon confort et saison. ½ pens demandée en hiver. Menus 25-40 €. Apéritif maison offert sur présentation de ce guide.* Une institution locale, tenue par la même famille depuis 1937. Chambres de très bon confort, certaines haut de gamme avec salon privé et balcon donnant sur la façade avant. Les chambres standards, aux murs bardés, sont déjà très bien. Les moins chères sont en revanche beaucoup plus classiques et moins charmantes. Superbe piscine couverte (ouverte toute l'année) et jacuzzi. Sauna et hammam (payants). Cuisine raffinée. Agréable terrasse ombragée en façade. C'est tout bon !

Hôtel Les Tilleuls : *rue du Puiboreau. ☎ 04-76-95-32-34. • tilleuls.hotel@wanadoo.fr • hotel-tilleuls.*

com • ♿ (resto). Prendre la route du tunnel du Mortier, 150 m plus loin, petite route montant sur la droite. Congés : 2 sem en avr et 2 sem en nov. Resto fermé mar soir et mer en basse saison sf vac scol. Doubles 62-84 € selon saison. ½ pens demandée en saison 62-74 €/pers. Menus 25-46 €. Promo sur les séjours (voir le site). Si les parties communes ne débordent pas de charme, les chambres, en revanche, s'efforcent d'avoir un petit côté classe. Accueil poli, coupes gagnées par le fils sur les tremplins de saut à ski à la réception. Cuisine soignée, comme on dit, qui fait le bonheur des habitués. Piscine extérieure chauffée. Du sérieux.

Ski et neige

Ski nordique : domaine commun Autrans-Méaudre. 130 km de pistes (250 avec Méaudre). Forfait : 8 €/adulte ; réduc. Formidable itinéraire de liaison à skis Gève-La Molière (25 km aller-retour, forte dénivelée) réservé aux skieurs moyens à confirmés. Les plus chanceux découvriront au loin la Meije et le mont Blanc par beau temps. Départ des pistes au niveau du village. Domaine « olympique » au plateau de Gève, avec navettes gratuites pour les détenteurs de forfaits. Également un centre sportif nordique et un foyer de fond.

Ski alpin : domaine (1 050-1 710 m) avec 20 km de pistes. Forfait : 17 €/j. ; réduc. Un domaine facile au village (le Claret) avec quelques pistes et un *snowpark.* Un espace débutant, un *boardercross,* et quelques pistes plus ardues sur le domaine de la Sure à 10 mn (navette gratuite pour les détenteurs du forfait).

➢ ***Raquettes :*** 65 km de sentiers damés et balisés. Plan en vente à l'office de tourisme.

– ***Entre chiens et loups :*** *☎ 04-76-95-30-70 (office de tourisme). Sorties d'une demi-journée à 2 j. (avec nuit en refuge).* Initiation à la conduite d'un attelage (ou balades) de chiens de traîneau.

Sports et loisirs d'été

– ***Tous les sports :*** natation (piscine-toboggan), VTT, *dévalkart,* randonnée pédestre, tennis, équitation, poney-club, etc.

– ***Randos :*** l'office de tourisme distribue un prospectus gratuit (6 balades familiales) et vend une carte (cartoguide : 7 €) ainsi qu'un tracé du sentier du patrimoine, soit un itinéraire de 6,5 km dans le village (livret du patrimoine : 5 €). La *Via Vercors* relie les villages d'Autrans et de Méaudre (6,5 km). Sans difficulté, elle est accessible aux personnes non motorisées (VTT autorisés) et aux personnes à mobilité réduite (revêtement spécialisé). En 2013, le tronçon Méaudre-Corrençon-en-Vercors devait ouvrir.

➢ ***Le panorama de la Molière :*** *à 15 km d'Autrans par la D 218 (en direction de la Sure, domaine de ski alpin), puis de mi-avr à mi-nov env (quand il n'y a pas de neige, quoi...), une route forestière sur la droite (c'est fléché).* Au terminus de la route, du parking, quelques pas suffisent pour gagner la Molière, à 1 632 m d'altitude. De là-haut, panorama remarquable à 160° et table d'orientation. On embrasse le Vercors, l'Oisans, les Écrins (à 4 086 m), le Soreiller, Belledonne, le Beaufortin, la Chartreuse et le... mont Blanc par beau temps. Au loin, en contrebas, les *Trois Pucelles,* sans oublier Grenoble et la vallée de l'Isère. On peut redescendre en suivant la route qui continue à flanc de montagne pour rejoindre la D 106, peu avant Lans-en-Vercors, au niveau du col de la Croix-Perrin.

Manifestations

– ***Foulée blanche :*** *4 j. mi-janv.* ● *lafouleeblanche.com* ● Une des plus grandes courses de ski de fond en France.
– ***Festival du film international de la montagne :*** *fin nov-début déc.* ● *festival-autrans.com* ●

MÉAUDRE

(38112) 1 320 hab. *Carte Isère, B3*

Plaine du milieu **pour les Celtes,** ***melo*** **et** ***durum*** **(forteresse de la montagne) pour les Gaulois. Le vieux village de Méaudre a un peu de mal à résister aux constructions nouvelles sans caractère, il faut le dire. Cependant, la place principale, avec ses demeures traditionnelles, dégage encore une certaine personnalité. Station familiale de ski alpin et de fond ; balades, randos, vélo et VTT à volonté.**

Adresse et infos utiles

ℹ ***Office de tourisme :*** *pl. du village.* ☎ *04-76-95-20-68.* ● *meaudre.com* ● *Ouv tlj pdt les vac scol, sinon fermé dim.*
– ***Marché :*** *mar mat, tte l'année.*
– ***Piscine municipale :*** *en plein air, ouv slt en été.*

Où dormir ? Où manger ?

Campings

⛺ ***Camping-caravaneige Les Eymes :*** *à 2,5 km de Méaudre, en direction du trou qui souffle.* ☎ *04-76-95-24-85.* ● *contact@camping-les-eymes.com* ● *camping-les-eymes.com* ● ♿ *Ouv tte l'année. Pour 2 pers avec tente et voiture, compter 15-17 € selon saison. Loc de chalets et mobile homes 4-7 pers, 282-582 €/sem selon saison. Resto en fév et en juil-août.* 📶 Joli coin en lisière de forêt, avec des emplacements en terrasses à flanc de colline, face aux hameaux de la vallée et aux montagnes. Petite piscine.

⛺ ***Camping-caravaneige Les Buissonnets :*** *Les Grangeons.* ☎ *04-76-95-21-04.* ● *camping-les-buissonnets@wanadoo.fr* ● *camping-les-buissonnets.com* ● ♿ *À 400 m du centre. Fermé de mi-nov à début déc. Pour 2 pers avec tente et voiture, compter 14,60-15,30 € selon saison. Loc de mobile homes 4-6 pers, 290-590 €/sem selon saison (mise en hors eau en hiver).* 📶 Un camping 3 étoiles labellisé « Camping Qualité ». Tarif préférentiel à la piscine municipale.

Prix moyens

🏠 🍽 ***Le Sabot de Vénus :*** *dans le village.* ☎ *04-76-95-20-02.* ● *contact@sabotdevenus.com* ● *sabotdevenus.com* ● ♿ *Congés : de mi-nov à début déc. Resto ouv tlj en saison, fermé le lun soir, mar soir et mer soir hors saison. Doubles 55-60 € selon saison. Menus (le midi sf dim) 12 €, puis 19-24 €.* Un hôtel repris par Camille et Stéphane, un jeune couple du coin. Chambres confortables et restaurées de fond en comble. La déco est fraîche, personnalisée et soignée. On sent le souci de bien faire. Cuisine du terroir et, en guise de spécialité, la truite vertaco, le vraie de vraie, s'il vous plaît ! Plaisante salle de resto avec parquet et tables en bois. Terrasse pour manger à l'extérieur lorsqu'il fait beau.

À voir dans le coin

Le Trou qui souffle : *à 3 km de Méaudre. Prendre la direction des pistes de ski alpin ; poursuivre en direction de Cochet, puis, au lieu-dit Les Eymes, bifurquer sur la gauche. Le trou se trouve 900 m plus loin, en bordure de route, sur le côté gauche : pas d'indication, juste une rambarde de protection.* Plutôt qu'un trou, il s'agit de deux fissures dans le roc qui exhalent un air frais provenant des entrailles de la terre. Ces dernières dissimulent en fait un immense réseau de galeries et de puits, que l'eau a déserté et où l'air circule librement sur plusieurs kilomètres. Possibilité de continuer à pied ou en voiture vers le refuge des Narces (11 km).

Ski et neige. Sports et loisirs d'été

Ski alpin *(1 000-1 600 m) : ☎ 04-76-95-21-68. Forfait journée adulte : 15-17 € selon saison ; réduc.* 18 km de pistes. Station municipale (c'est rare !) et familiale (il y a même un jardin d'enfants avec téléskis adaptés), au ski facile et ensoleillé. De quoi se faire plaisir pour les bons skieurs, toutefois, sur la noire de l'Aigle.

Ski nordique : *☎ 04-76-95-21-89 (foyer de ski de fond). Forfait journée adulte : 8 € ; réduc.* 70 km de pistes sur deux domaines, à la station et au domaine d'altitude des Narces, à 1 300 m. Liaison entre elles possible, ainsi qu'avec Autrans (au total, 260 km).

– ***La via Vercors :*** voie de 6,5 km entre Autrans et Méaudre. Accessible aux personnes non motorisées (VTT autorisés) et aux personnes à mobilité réduite. En 2013, le tronçon Méaudre-Corrençon-en-Vercors devait ouvrir.

– ***Tous les sports :*** natation (bassins et pataugeoire chauffés), site VTT-FFC (télésiège équipé de crochets porte-vélo), bureau des guides (spéléo, escalade, canyoning...), centre de bien-être et de balnéothérapie, aire de loisirs multisports, etc.

VILLARD-DE-LANS (38250) 4 030 hab. *Carte Isère, B3*

La petite « capitale » du Vercors fut d'abord, dès les années 1920, une station climatique pour les Grenoblois, puis l'une des premières stations de sports d'hiver du Dauphiné. Aujourd'hui, ce n'est plus tout à fait l'aimable gros bourg de montagne tassé sur sa colline, avec ses maisons montagnardes traditionnelles, quelques hôtels, pensions de famille et demeures début XXe s. Pas mal d'excroissances, zones de chalets résidentiels, partant à l'assaut des pentes et du plateau, parsemées par ailleurs de scories bétonnées pas toujours du meilleur goût.
Cependant, que l'« or blanc » rende fous quelques-uns n'ôte en rien de l'intérêt à Villard. On vient ici pour profiter des ses superbes alentours et de l'animation de la ville.

Adresses et info utiles

Office de tourisme : *101, pl. Mure-Ravaud. ☎ 04-76-95-10-38. • villarddelans.com • Ouv tlj.* Demander le programme d'animations hebdomadaire (Villard-Corrençon) et le guide des balades de proximité (en vente). Service de réservation (hébergement, activités, forfaits remontées mécaniques) : *☎ 04-76-95-51-78.*

Vercors Tourisme (ADT Vercors) : *19, chemin de la croix Margot. ☎ 04-56-00-56-30. • vercors.fr •* Informations générales sur le plateau par demande écrite ou directement via Internet. Pas de permanence pour le public.

Bus : *avec les cars* ***Transisère,*** *☎ 0820-08-38-38 (0,12 €/mn). ● transisere.fr ●* Bus pour Corrençon-en-Vercors, sur résa, la veille avant 12h.

Où dormir ?
Où manger ?

Campings

Camping à la ferme : *chemin de la Bourne, Les Geymonds. ☎ 04-76-95-12-77. À 1,5 km de Villard-de-Lans ; prendre la direction de Lans-en-Vercors, puis bifurquer sur la gauche. Ouv avr-oct. Pour 2 pers avec tente et voiture, compter 16 €.* Difficile à trouver, il n'est pas fléché car presque toujours complet. Une poignée d'emplacements pour tentes et caravanes dans le jardin familial. Sanitaires impeccables. Excellent accueil.

Domaine de l'Oursière : *1080, av. du Général-de-Gaulle. ☎ 04-76-95-14-77. ● oursiere@franceloc.fr ● camping-oursiere.fr ● À 600 m du village, sur la route de Lans-en-Vercors. Fermé 2 sem en mai et de fin sept à début déc. Pour 2 pers avec tente et voiture, compter 16-21 € selon saison. Mobile homes 4-6 pers, 259-707 €/sem selon saison.* En bord de route, un camping traversé par un petit cours d'eau bordé de saules. Pour plus de calme, demander un emplacement éloigné de l'entrée (le camping est suffisamment étendu). Bien équipé et atmosphère familiale. Piscine chauffée, aire de jeux pour les enfants, mini-golf, salle TV, etc. Pas de snack ni d'épicerie, mais il y a tout ce qu'il faut en ville.

De bon marché à prix moyens

Hôtel du Centre : *54, rue Gambetta. ☎ 04-76-95-14-12. ● contact@hotelducentre-villard.fr ● hotel-villarddelans.com ● (resto). Resto ouv tlj en saison ; fermé mer, jeu soir et dim soir hors saison. Congés : nov. Double 59 €. Menus 12,50-14,50 € (déj sf dim), puis 19-29 €. Apéritif maison offert sur présentation de ce guide.* Dans une rue tranquille, la simple mais bonne petite adresse, genre pension de famille. Le bâtiment, un peu tarabiscoté, propose des chambres sans chichi mais plaisantes (certaines peuvent accueillir 3 personnes). Coin salon avec TV, canapé, bouquins et jeux de société, un peu comme à la maison. Cuisine alliant spécialités régionales et mets plus classiques. On y mange très bien.

La Bergerie : *14, rue Jean-Moulin. ☎ 04-76-95-10-34. Dans le centre. Fermé lun-mer hors saison. Pas de menu ; compter 20-28 € à la carte.* Sympathique resto qui ressemble à une bergerie d'alpage. Intérieur en bois agrémenté de vieux objets ruraux, de guirlandes de pommes de pin et de gerbes de blés. Un cadre bien chaleureux donc. La carte propose un large choix : salades, fondues, raclettes, ravioles, pizzas, entrecôtes, crêpes, etc. En principe, tout le monde y trouve son bonheur. C'est bon et pas trop cher. Terrasse (non fumeur) dans une cour à l'arrière.

De prix moyens à chic

Chambres d'hôtes Villa Primerose : *147, av. des Bains. ☎ 04-76-95-13-17. ● contact@villa-primerose.com ● villa-primerose.com ● Fermé avr, d'oct à mi-déc. Double 63 €.* En marge de l'animation, mais pas trop éloigné du centre-ville. Belle maison façon chalet. Agréables chambres, avec un souci de déco et ouvrant leurs fenêtres sur la chaîne du Gerbier. Ce fut, dans le temps, un hôtel-resto. Et l'accueillante proprio fait bénéficier les clients de l'ancienne et vaste cuisine, ainsi que de la salle à manger.

Le Dauphin : *220, av. du Général-de-Gaulle. ☎ 04-76-95-95-25. ● contact@hotel-le-dauphin-vercors.com ● hotel-le-dauphin-vercors.com ● En face de l'office de tourisme, un peu en retrait de la place. Doubles 72-78 € selon saison.* Un sympathique hôtel à l'ambiance familiale. Papis et sportifs font bon ménage, sous le regard complice d'une maîtresse de maison aux petits soins. Chambres vraiment plaisantes, joliment rénovées et au calme, avec vue sur les sapins pour certaines. Une adresse où l'on se sent bien.

Les Bruyères : *31, rue Victor-Hugo. ☎ 04-76-95-11-83. • hotel-lesbruyeresenvercors38@orange.fr • hotel-les-bruyeres.com • Fermé fin nov-début déc. Double 69 €. Possibilité de ½ pens (vac scol).* Un hall de réception à la déco montagnarde, tout de bois blond, extrêmement chaleureux. En revanche, les chambres jouent dans un registre plus classique. Certaines disposent d'un balcon. Sauna (payant). Bon accueil.

La Roseraie : *309, av. du Professeur-Nobécourt. ☎ 04-76-95-11-99. • reception@hotellaroseraie.com • hotellaroseraie.com • Resto ouv tlj de mi-juin à fin sept et de mi-déc à mi-avr, plus w-e de mai à mi-juin. Doubles 90-150 € selon standing ; ½ pens souhaitée. Menus 24,90 € déj en sem) puis 38,50 € ; env 50 € à la carte.* Bel établissement rénové d'une vingtaine de chambres douillettes et très confortables (excellente literie, lit *queen size*, couette moelleuse). La déco est sobre et de bon goût. Les chambres confort et standing bénéficient d'un balcon tourné vers le sud. L'établissement est posé au bord d'une route assez passante en été, mais pas d'inquiétude, le double vitrage est efficace. Sauna et massages. Et puis, il y a le restaurant avec, à sa barre, un chef talentueux qui compose une cuisine inventive et raffinée. Terrasse. La direction est fière de son établissement, et il y a de quoi, mais du coup, l'accueil perd parfois quelque peu en simplicité.

Les Trente Pas : *16, rue des Francs-Tireurs. ☎ 04-76-94-06-75. Fermé lun, mar. Congés : 2de quinzaine d'avr, de mi-nov à mi-déc. Résa conseillée. Menus 17 € (déj en sem), puis le soir 31-60 €.* Trois pas suffisent pour traverser la minuscule salle de ce resto à la déco minimaliste. Résa presque obligatoire, d'autant qu'on tient là, sans tergiverser, l'une des meilleures tables du bourg : belle cuisine, bien de son époque, service avenant et menu du jour qui, pour la région, est une vraie aubaine.

Où dormir ? Où manger dans les environs ?

De bon marché à prix moyens

La Ferme du Bois-Barbu : *à 3 km de Villard-de-Lans, suivre le fléchage* **Bois-Barbu.** *☎ 04-76-95-13-09. • contact@fermeboisbarbu.com • fermeboisbarbu.com • Resto fermé mer hors saison et dim soir. Congés : 3 sem oct-nov. Résa plus que conseillée. Double 68 €. Possibilité de ½ pens. Menus 14,50-26 €.* En lisière de forêt et d'une route, une auberge de campagne à la façade fleurie qui compte une petite dizaine de chambres. Dans les assiettes, des produits régionaux. Terrasse. Idéal pour les mordus de ski de fond et les VTTistes, car les pistes passent à côté.

Auberge des Montauds : *à 4 km env de Villard-de-Lans, à* **Bois-Barbu.** *☎ 04-76-95-17-25. • aubergedesmontauds@wanadoo.fr • auberge-des-montauds.fr • Congés : 3 sem en avr et de début nov au 20 déc. Resto ouv tlj de mi-juin à août, fermé lun-mar pour les non résidents le reste de l'année. Double 86 €, petit déj inclus. Menus 17,50 € (le midi sf dim), puis 22,90-36,90 €. Apéritif offert sur présentation du guide.* Un établissement d'une quinzaine de chambres simples aux salles de bains restaurées pour la plupart. Dans la salle de resto au joli cadre montagnard rustique, on profite d'une cuisine de terroir bien travaillée, à base de produits frais. Accueil aimable et attentionné. L'endroit est plaisant.

Chambres d'hôtes Le Val Sainte-Marie : **Bois-Barbu.** *☎ 04-76-95-92-80. • levalsaintemarie@orange.fr • levalsaintemarie.villard-de-lans.fr • À 4 km de Villard-de-Lans ; suivre le chemin sur la gauche, face au refuge de la Glisse. Au pied des pistes de ski de fond et de VTT. Résa conseillée. Double 65 €. Table d'hôtes (sur résa)*

22 €. Au milieu des prairies et des sapins, une jolie ferme traditionnelle avec pignons à pas d'oiseau et fontaine en pierre 1910 dans le jardin. Les chambres sont petites mais adorablement rustico-cosy. Agnès est une hôtesse raffinée et charmante qui vous concoctera de délicieux repas.

Auberge de Malaterre : *Bois-Barbu,* *forêt de l'Alloubière. ☎ 04-76-95-04-34. 06-07-87-52-80. • malaterre.fr • À 10 km env de Villard-de-Lans ; suivre la D 215c ; peu après Bois-Barbu, prendre la route forestière pour Malaterre (c'est indiqué). En hiver, accès slt à skis de fond ou raquettes. De mi-déc à mi-mars et juil-août, tlj 11h-17h ; le reste de l'année, slt w-e et j. fériés 11h-15h30. Résa conseillée. Formule du jour max 15 € ; grandes assiettes (qui font office de menu) 17 € ; carte env 20 €.* Perdue en pleine forêt, dans une ancienne maison forestière du début du XXe s. Tout est en bois, pas d'électricité, pas de source, pas d'eau courante (acheminée par citerne). Vraiment la « mauvaise terre » des bûcherons, dure, âpre... Pourtant, c'est ici que Lydia et Bernard ont choisi de faire revivre les activités liées à la forêt, tout en régalant fondeurs et randonneurs. Entre vieux outils des forestiers, paysans du coin et affiches d'antan, atmosphère réellement chaleureuse. Aux beaux jours, on profite bien sûr de la terrasse. Véritable cuisine régionale à partir des bons produits du terroir. Lydia et Bernard animent, les vendredi soir d'été, au coin du feu, une veillée « contes et légendes du Vercors ».

Gîte d'étape Le Goutarou : *Chalimont,* *38250 Villard-de-Lans. ☎ 04-76-95-95-19. Dans le domaine nordique du Haut-Vercors à 10 km env de Villard-de-Lans ; même accès que* l'Auberge de Malaterre, *c'est fléché ensuite. En hiver, accès slt à skis de fond ou raquettes. Resto ouv tlj sf dim soir. Congés : vac de Pâques. ½ pens slt, 31 €/pers. Menu env 15 €. CB refusées. Café offert sur présentation de ce guide.* C'est Loulou qui tient le gîte du Goutarou, une petite maison de bois au cœur de la forêt, avec son gros poêle à l'ancienne qui ronronne en hiver. C'était une écurie où se reposaient les chevaux travaillant au débardage du bois. 2 dortoirs de 6 et 7 places. Le soir, on s'éclaire à la bougie. Douches chaudes. À table, cuisine de région.

Refuge-auberge de Roybon : *26420 Saint-Martin-en-Vercors.* *☎ 04-75-45-54-03. • aubergederoybon.fr • Accès (fléché) par les pistes forestières de Bois-Barbu. Tlj en juil-août et déc-mars, ainsi que les w-e mai-juin et sept-oct. Fermé avr et nov-10 déc. ½ pens slt, 48-54 €/pers. Menu 20 € ; carte env 25 €.* Bâtiment récent, au cœur de la forêt, à 1 300 m d'altitude. Chambres de 2 à 4 lits joliment aménagées et un dortoir. Cuisine du terroir. Électricité solaire. Comme il n'y a pas d'eau potable, vous pouvez amener vos bouteilles d'eau. D'un côté comme de l'autre, points de départ de nombreuses balades.

Où acheter de bons produits ?

Vercors Lait : *route des Jarrands. ☎ 04-76-95-00-11. Tlj 8h-12h, 14h-18h (15h-19h été et vac scol Noël et fév).* Cette coopérative ultramoderne (et hyper moche, il faut le dire !), labellisée par le parc naturel, propose tous les classiques de la production locale (bleu de Vercors-Sassenage, saint-marcellin...). Fromage de Savoie également.

À voir

La Maison du patrimoine : *pl. de la Libération (là où se trouve la statue de l'Ours). ☎ 04-76-95-17-31. Ouv mer-sam 15h-18h. Gratuit.*
Abrité dans l'ancienne mairie, ce musée retrace l'histoire ethnographique de la région. Outre la richesse des collections, l'originalité réside aussi dans le superbe contrepoint réalisé par les grandes photos en noir et blanc disséminées dans toutes les sections.

Au 1er étage, une salle est consacrée à l'épopée du ski. Grandes luges en bois, skis antiques, matériel de montagne. Dans les autres salles : la vie sociale, religieuse et paysanne : cérémonies, famille, école, fêtes locales, etc., à travers reproductions de photos d'époque... Vieux poêles, ustensiles et objets domestiques. Sans oublier l'hommage rendu à la villard-de-lans, la race de vache locale.
Au 2e étage, collection exceptionnelle de jougs de bœuf, cet instrument qui lie l'homme au travail de la terre et à l'animal depuis 6 000 ans ! Outils variés, petites machines agricoles, pièges, atelier du cordonnier, établi du menuisier, sabots, meules, etc. Et beaucoup d'autres choses insolites à découvrir, comme l'ancien mécanisme de l'horloge du beffroi. Expos temporaires au rez-de-chaussée.

Ski et neige

Ski alpin : domaine (1 111-2 050 m) avec 125 km de pistes. Forfait journée adulte : 31 €. La jonction entre Villard-de-Lans et Corrençon a permis d'ouvrir un des plus beaux domaines de la région. On aime beaucoup son côté familial, à taille humaine. De nombreuses pistes faciles, mais les skieurs motivés auront quelques noires à se mettre sous la dent dont certaines ont accueilli de nombreuses compétitions internationales. Carole Montillet, la championne olympique de descente à Salt Lake City en 2002, est d'ailleurs originaire de Villard-de-Lans.

Ski nordique : 130 km de pistes balisées sur l'Isère et la Drôme, avec trois entrées : Villard-Bois-Barbu, Corrençon-les-Hauts-Plateaux et Saint-Martin-en-Vercors-Herbouilly. Plus des pistes découverte nature, circuits neige piétons et raquettes.

Sports et loisirs d'été

– La télécabine de la Côte 2000 fonctionne aussi en juillet-août. Du sommet (1 720 m), circuits VTT, départ des randonnées, piste d'envol parapente, pêche à la mouche dans les lacs d'altitude, restos d'altitude, etc.

– ***Espace loisirs :*** ☎ *04-76-95-10-38.* Centre aquatique et patinoire, espace forme et détente (sauna, hammam, jacuzzi). *Horaires d'ouverture variables selon les périodes ; se renseigner.*

– ***Autres activités :*** randonnée, équitation, tennis, piscine, parapente, escalade, golf, montgolfière et, aux beaux jours, piscine découverte en contrebas du village.

– ***Descente de canyon et spéléologie :*** stages et courses possibles avec notamment le ***Bureau des moniteurs du Vercors*** (*06-81-54-65-71 ; • speleo-canyon.com •*). Formules à la journée avec équipement et assurance compris.

Manifestations

– ***Fête de la coquille Saint-Jacques :*** *2e w-e de mars.* Animations et démonstrations culinaires par de grands chefs, dégustations, conférences, expos, etc. Inattendu et original dans le Vercors !
– ***Equifetival :*** *1 w-e début juil.* Randos équestres, différentes animations et défilé-spectacle.
– ***Summer Swing :*** *4 sem de mi-juil à mi-août.* Concerts gratuits sur la place de la Libération.
– ***Festiv'air :*** *pdt 3 j. fin sept-début oct.* Rassemblement de montgolfières qui y colorent le ciel du Vercors.

CORRENÇON-EN-VERCORS

(38250) 360 hab. *Carte Isère, B3*

Porte d'entrée à la réserve naturelle des Hauts-Plateaux, Corrençon a su garder pas mal de caractère. Son économie repose toujours en partie sur l'élevage et l'exploitation forestière. Côté glisse, le village s'est « pacsé » avec Villard-de-Lans, jouant ainsi sur la complémentarité pour donner naissance au domaine de la Grande-Moucherolle.

Adresse utile

Office de tourisme de Corrençon : *pl. du village. ☎ 04-76-95-81-75. • correncon.com • Ouv mar-sam (tlj pdt vac scol).*

Où dormir ? Où manger ?

De bon marché à prix moyens

Refuge des Hauts-Plateaux : *à l'étage du club-house du golf. 06-48-05-68-48. • info@correncon.com • Résa obligatoire par tél ou au rdc du bâtiment. Nuitée 13 €/pers.* Gîte en gestion libre, confort sommaire, une douche en tout et pour tout.

Le Caribou : *Le Clos-de-la-Balme. ☎ 04-76-95-82-82. • info@lecaribou.fr • lecaribou.fr • À 2 km après le golf, littéralement au pied des pistes de ski. Tlj en saison ; parfois fermé en inter-saison, téléphoner avt. Double 65 €. Également des studios et 2 pièces. Menus 15-22 € ; carte env 30 €.* Drôle de bâtiment qui pourrait évoquer un ranch. Il y a d'ailleurs des chevaux et poneys juste à côté. Une ambiance à part, avec un accueil très décontracté, des soirées guinguette, de nombreuses expos et spectacles (contes, chansons, théâtre et ciné), en plus de la foule d'animations de l'été (piscine, jeux pour les enfants...). Chambres très montagne, pour 2 à 4 personnes, donc idéales pour les jeunes familles, sans TV (mais salle vidéo). Salle de resto, avec un côté bohème des plus sympathique. Les jours de beau temps, terrasse au pied du télésiège des Balmes.

Auberge du Clariant : *06-82-42-45-19. • claryan@wanadoo.fr • Accès à pied slt ; compter 20-30 mn de marche depuis le parking du golf (balisage rouge et blanc du GR 91). Tlj 10h30-17h, le soir sur résa slt. Fermé avr-juin et oct-déc (rens par tél). Menus déj env 15-18 €, le soir env 30 €. CB refusées.* Très pittoresque chalet de rondins de bois, dans la forêt. Ambiance trappeurs et cabane au Canada. Halte sympa pour les randonneurs, VTTistes et autres skieurs de fond. Terrasse orientée plein sud pour les beaux jours, cheminée pour quand il fait plus frais et petits plats de montagne : croûte au lard, gratin du Vercors...

Très chic

Hôtel du Golf, restaurant Le Bois Fleuri : *Les Ritons. ☎ 04-76-95-84-84. • hotel-du-golf@wanadoo.fr • hotel-du-golf-vercors.fr • Entre le centre du village et le golf. Resto fermé le midi lun-ven. Congés : en avr et de mi-oct à mi-déc. Doubles 110-210 € selon confort et saison ; petit déj 13 €. Menus 34-95 €.* Ancienne ferme restaurée par les grands-parents de Sandra et Richard (les jeunes gérants). Entièrement rénové, l'établissement ne laisse guère de place à la concurrence dans sa catégorie (luxe). Réparties sur 2 étages, 16 chambres et 6 suites personnalisées et très cossues (avec balcon) pouvant accueillir jusqu'à 5 personnes, entrées spacieuses, boiseries, fleurs séchées, etc. Équipements de haut standing, minibar, peignoirs. Resto gastro en terrasse par beau temps. Parc et piscine extérieure chauffée. Spa et sauna. Coup de cœur pour l'accueil à la fois simple, souriant et très professionnel.

Ski et neige. Sports et loisirs d'été

Au départ du village (par un téléski) ou du Clos-de-la-Balme, par une route à gauche à partir du Centre nordique des Hauts-Plateaux, accès au ***grand domaine de Villard-de-Lans.*** En plein cœur du village, espace aménagé pour les bambins. Pour plus d'infos, voir la rubrique « Ski et neige » à Villard-de-Lans.

– ***Golf 18 trous :*** *Les Ritons. ☎ 04-76-95-80-42. • golfdecorrencon.com • À l'entrée de la réserve naturelle des Hauts-Plateaux. Green fee 18 trous : 35-60 € la journée selon saison.* Que l'on soit ou non adepte, ce parcours de montagne situé de part et d'autre du GR 91 a belle allure. Randonneurs et golfeurs font ici bon ménage.

LA RÉSERVE NATURELLE DES HAUTS-PLATEAUX

Carte Isère, B3-4

Vaste territoire sans routes, relief tabulaire constitué d'une épaisse couche de calcaire. Miné, altéré par l'eau, ce calcaire prend parfois des allures karstiques (de Karst, région de Slovénie, où l'on retrouve les mêmes reliefs tourmentés). Très peu de sources, et elles tarissent en été (emporter impérativement de l'eau !). L'altitude s'étage entre 1 050 et 2 341 m avec le Grand-Veymont, point culminant du Vercors. Aujourd'hui marquée par une alternance d'alpages et de forêts, la réserve possède la plus grande forêt de pins à crochets des Alpes calcaires et une flore riche de quelque 738 espèces.

QUELQUES CONSEILS

C'est l'une des plus grandes réserves naturelles et l'une des zones les plus protégées de France. Voici la liste des interdits : la pratique du VTT est limitée à un seul itinéraire (la variante de la GTV), le décollage et le survol à moins de 300 m des deltaplanes, parapentes, planeurs, avions... la présence de chiens, la cueillette, les feux et l'abandon des déchets. Les bivouacs sont autorisés de 17h à 9h. Veillez à ce que la faune ne soit pas effrayée par votre présence. Observez-la à distance, surtout l'hiver, lorsque les ressources alimentaires sont limitées et les animaux affaiblis. Respectez également le travail des bergers en contournant les troupeaux, ne pénétrez pas dans les bergeries et gardez vos distances avec les chiens « patous », qui protègent les troupeaux contre les attaques de chiens errants et de prédateurs sauvages (lynx, loups...).

Seule la lettre « R » compte : randonner, regarder sans contrainte, respirer sans limite, roupiller et... revenir au plus vite ! Attention toutefois, en l'absence de signalétique et de balisage, la traversée de la réserve (compter entre 2 et 3 jours) est... réservée aux randonneurs chevronnés, capables de se diriger avec une carte IGN. Prévoyez également de quoi bivouaquer, des vêtements chauds et imperméables, une boussole (très utile en cas de brouillard) ainsi qu'une réserve d'eau (elle est rare sur le plateau) garantissant votre complète autonomie.

– ***Renseignements météo :*** *☎ 0899-710-238 (Isère) ou 226 (Drôme) ; 0,34 €/mn.*

LES GORGES DE LA BOURNE (DE VILLARD-DE-LANS À PONT-EN-ROYANS)

En voiture, suivre la D 531. Taillées par les eaux de la Bourne (qui prend sa source du côté de Lans-en-Vercors), voici les plus longues gorges du massif. Très pittoresques. Ne pas manquer au passage les falaises grises du cirque de Bournillon et ses hautes chutes. Après avoir dégringolé plus de 800 m de dénivelée, la rivière mêle ses eaux à l'Isère, une dizaine de kilomètres en contrebas de Pont-en-Royans (à Saint-Nazaire-en-Royans pour être exact).

➢ Et puis, si vous êtes devenu accro de ce genre de route, allez donc titiller celle de la ***combe Laval,*** encore plus démente (la D 76). Du col de la Machine au col Gaudissard, gigantesques parois dolomitiques de 600 m de haut. Au fond coule le Cholet. Sujets au vertige, s'abstenir !

➢ Une alternative à la D 531, la D 215c. Arrêt au ***calvaire de Valchevrière,*** l'un des symboles les plus forts de la Résistance en Vercors. Du belvédère, on voit le village détruit par les Allemands, en juillet 1944, en représailles à l'activité des maquisards, dont beaucoup tombèrent là. Seule la chapelle en réchappa. Site particulièrement émouvant, dernière étape d'un chemin de croix débutant à Villard-de-Lans. Vue splendide sur les gorges de la Bourne. La route continue joliment vers ***Saint-Martin-en-Vercors,*** par le col d'Herbouilly (1 370 m). Puis elle longe une longue falaise dans un environnement édénique. Arrivée sur la D 103. Un tunnel de 1,7 km remplace désormais la route des Grands-Goulets, fermée au public pour des raisons de sécurité.

Où dormir ? Où manger dans le coin ?

À Choranche (38680)

Camping du Gouffre de la Croix : *combe Bernard. ☎ 04-76-36-07-13. • camping.gouffre.croix@wanadoo.fr • camping-choranche.com • Prendre à gauche juste avt le pont à l'entrée du village. Ouv de mi-mai à mi-sept. Pour 2 pers avec tente et voiture, compter 13,50-23,50 € selon confort et saison. Mobile homes 4-5 pers, 280-470 €/sem.* Camping familial, à l'écart du village et au fond des gorges. Emplacements en bordure de torrent ou un peu en surplomb, en terrasses ombragées. Baignade dans la rivière. Simple et sympa.

Vol de Nuit : *06-47-31-34-43. • gite-voldenuit@orange.fr • gite-vercors-voldenuit.fr • Fermé 15 nov-15 mars. Sur résa. Nuitée 14-16 €/pers selon saison. Doubles en ½ pens 35-36 €/pers. Dîner 15 €. Apéritif maison offert sur présentation de ce guide.* En contrebas du village, un splendide gîte d'étape, véritable havre de convivialité. Grosse maison traditionnelle en pierre du pays dotée de 6 chambres pour 2, 3, 4 et 5 personnes. Salle commune avec coin cuisine et poêle à bois, livres et revues à disposition. Excellentes spécialités maison en demi-pension. Dans le torrent, en contrebas, des vasques pour se baigner, près d'une plage de galets. Jardin.

À voir

La grotte de Choranche : *☎ 04-76-36-09-88. • choranche.com • Accès : entre Villard-de-Lans et Pont-en-Royans sur la D 531, dans les gorges de la Bourne. Tte l'année sf de fin nov au début des vac de Noël, tlj ; horaires variables. En juil-août, départs de la visite ttes les 30 mn, 10h-18h30. En général, moins de monde le mat. Durée de la visite guidée : 1h. Entrée : 10,50 € ; 6,60 € pour les 4-14 ans ; réduc.* Expo permanente sur la préhistoire et la géologie en libre accès. Pour la visite, il est vivement conseillé de porter chaussures fermées et pull-over, la température à l'intérieur de la grotte ne dépassant pas 10-11 °C, hiver comme été.

Fort bien aménagée, avec de remarquables éclairages mettant en valeur la pureté des concrétions mais aussi les salles immenses et le lac souterrain (60 m de diamètre et 18 m de haut), la grotte de Choranche est considérée à juste titre comme l'une des plus belles grottes de France. Elle est célèbre dans le monde entier pour son incroyable plafond rempli de milliers de stalactites fistuleuses descendant de la voûte et se reflétant dans l'eau. Très, très fines, elles ont pris à peine 5 cm en 130 ans, et les plus vieilles font 3 m de long. Assez unique ! Un « son et lumière » clôture la visite. Découverte en 1875 (date généralement admise) à l'emplacement d'un éboulis rocheux, la grotte abrite l'émergence de deux rivières intérieures, issues des 30 km de galeries. Enfin, vous découvrirez les protées (à mi-chemin entre l'anguille et la salamandre), les plus grosses bébêtes cavernicoles vivantes au monde, élevées ici en aquarium. Pour les plus courageux (ou ceux qui ont un chauffeur à disposition...), possibilité de redescendre à pied au village de Choranche à la fin de la visite : parcours fléché, prévoir tout juste 30 mn en flânant. Visites à thème tout au long de l'année (sortie photo, approche scientifique, préhistoire, taille de silex et allumage de feu...). Resto sur place.

PONT-EN-ROYANS (38680) 850 hab. *Carte Isère, B3*

Curieux village du Dauphiné et l'une des cartes postales de vacances les plus populaires. Situé au débouché des étroites gorges de la Bourne, seule issue du Vercors jusqu'au XIXe s. Les maisons, en l'absence de place, s'accrochèrent à la falaise, aux XVe et XVIe s, soutenues par des étais de bois. Défense assurée par la tour des Trois-Châteaux du XIe s. Une passerelle a été aménagée en rive droite, permettant d'admirer de plus près quelques-unes des plus belles façades. Autres points de vue depuis le pont ou à partir de la petite plage en rive gauche de la Bourne. L'envers du décor, c'est la très étroite « Grande-Rue », véritable cicatrice abandonnée au flot incessant des voitures. Tout autour de cette « Grande-Rue », de petites rues et autres sentes médiévales du quartier ancien voient peu à peu leurs façades et leurs maisons réhabilitées. Les berges ont été aménagées, et un musée de l'Eau a ouvert ses portes.
C'est aussi le berceau du père de la spéléologie, Oscar de Combaz, « l'inventeur », entre autres, des grottes de Choranche...

Adresses et info utiles

ℹ @ ***Office de tourisme Pont-en-Royans Porte du Vercors :*** *Grande-Rue. ☎ 04-76-36-09-10. • ot-pont-en-royans.com • Ouv tlj (sf dim oct-avr). 💻 (en saison slt).* Plein de doc sur le coin. Accueil franchement sympa.

ℹ ***Point Relais-Infos du parc naturel régional du Vercors :*** *au musée de l'Eau (voir la rubrique « À voir »).*

🚌 ***Bus :*** *2 bus/j. pour Grenoble avec* ***Transisère,*** *☎ 0820-08-38-38 (0,12 €/mn) ; • transisere.com • 2 bus/j. pour Valence, rens : ☎ 0810-26-26-07 (prix d'appel local depuis un téléphone fixe), • ladrome.fr •*

■ ***Bureau des moniteurs « Croque Montagne » :*** *☎ 04-76-36-10-92. Ouv tlj en saison ; le reste de l'année, se renseigner.* Escalade, canyoning, randonnée, spéléo, *via ferrata* et ski.

Où dormir ? Où manger dans le coin ?

🏠 🍽 ***Hôtel-restaurant du Musée de l'Eau :*** *pl. du Breuil, à* ***Pont-en-Royans.*** *☎ 04-76-36-15-53. • musee.eau@wanadoo.fr • hotel-musee-eau.com • ♿ Congés : 1re quinzaine de janv. Resto fermé dim soir (tte l'année) et lun nov-fév. Doubles 52-57 € selon saison (incluant un ticket d'entrée au* *musée de l'Eau). Formule express en sem 13 €; menus 15,50-36 € et carte. Parking privé gratuit.* 📶 *Apéritif maison offert sur présentation de ce guide.* L'ancienne usine qui s'accrochait sur les flancs de la falaise, au bord de la Bourne, a été entièrement repensée. Une trentaine de chambres plus ou moins spacieuses (même parfois exiguës), mais avant tout fonctionnelles (certaines avec cabines de douche pas bien grandes...). À vrai dire, c'est la table qui nous a plus franchement emballés. Vitrine officielle du département et du parc naturel, on y retrouve tous les produits fermiers et labellisés « Vercors », savoureusement préparés (truites, agneau, ravioles aux noix, charcuteries, fromages...). Salle à manger un peu froide (tables en verre teinté), mais terrasse panoramique qui rattrape le coup lorsqu'il fait beau, rafraîchie en été par un brumisateur (musée de l'Eau oblige !).

Chambres d'hôtes Grand Maison : *hameau Veyrand, 38680 Auberives-en-Royans.* ☎ *04-76-38-90-64.* 📱 *06-88-10-16-62. • gacon@grandmaison.eu • grandmaison.eu • À 4 km de Pont-en-Royans. Prendre la D 518, en direction de Marcellin puis, 3 km plus loin, bifurquer à gauche. Doubles 56-59 € avec douche ou bains. Table d'hôtes 20 €, sur résa.* Dans cette ancienne ferme du XIXe s, Marielle et Luc ont laissé libre cours à leur imagination et se sont clairement fait plaisir ! Le résultat est très réussi. On a été séduit par leur esprit un peu canaille, à l'image de la chambre rouge agrémentée d'une balançoire (!), et aménagée sur le principe d'une cabane au fond du jardin. Pas mal d'objets chinés, de récup et détournés comme cette baignoire qui rappelle un tonneau de vin ! Le tout sur fond de démarche respectueuse de l'environnement : enduits à la chaux, piscine naturelle, chauffage au bois déchiqueté, panneaux solaires et w-c à l'eau de pluie. Pour les repas, Marielle, diplômée d'un CAP de cuisine, privilégie les produits des fermes du coin. Accueil simple et sympa.

À voir

Le musée de l'Eau : *pl. du Breuil.* ☎ *04-76-36-15-53. • musee-eau.com • Tte l'année tlj 10h-12h, 14h-18h (non-stop en juil-août 10h-18h et jusqu'à 17h30 oct-mars). Entrée : 6,10 € (5,20 € pour les enfants) ; réduc ; tarif famille ; gratuit pour les clients de l'hôtel. Compter 1h-1h30 de visite. Visite guidée gratuite, tlj en juil-août à 15h.* Un musée pour découvrir l'eau dans tous ses états : cascades, torrents et rivières d'ici et d'ailleurs, formation de la neige, de la grêle, des vagues... Salle de projection avec films en 3D. Une partie est consacrée à l'hydrologie du Vercors. Abrite également un hôtel-resto (voir ci-dessus) et un bar à eau (chaque visite du musée comprend une dégustation gratuite). Le musée possède une collection de 1 500 bouteilles d'eau minérale du monde entier, et si, par chance, vous parvenez à leur apporter une bouteille en verre qu'ils n'ont pas (les françaises étant hors compétition !)... eh bien, un cadeau vous sera offert !

LE PLATEAU DES COULMES

Carte Isère, B3

Le plateau des Coulmes a longtemps vécu de l'exploitation forestière et de la fabrication du charbon de bois. Environnés de falaises inexpugnables sur presque tout son périmètre, ses trois villages (*Malleval, Presles* et *Rencurel*) ont longtemps pu se croire des îles au sein de leur forêt, au milieu d'une autre, les Coulmes, île sauvage et isolée en Vercors. Les dernières familles de bûcherons ont quitté les Coulmes dans les années 1960, et cet inexorable exode rural a failli transformer cette microrégion en désert. Aujourd'hui, le

plateau attire les amoureux d'authentique et de solitude. Pour les satisfaire, 70 km de pistes de fond, un superbe sentier de pays balisé, le GR 9 qui passe au sud, une atmosphère un brin empreinte de mystère. Et, pour les accueillir, d'adorables auberges.

Accès au plateau

Il y a, bien entendu, plusieurs façons de monter aux Coulmes, mais l'une des plus spectaculaires est incontestablement la ***falaise de Presles,*** au-dessus de Choranche. La route (la D 292) grimpe abruptement à flanc de paroi, sur près de 7 km, livrant progressivement un paysage de plus en plus grandiose. Plusieurs fois, la voiture manque de s'arrêter d'elle-même sous le coup de l'émotion. À faire, si vous en avez l'occasion, au soleil couchant. Les blanches falaises qui constituent aux beaux jours un haut lieu de l'escalade iséroise (pas moins de 220 voies différentes !), prennent alors de merveilleuses teintes roses, avec des reflets mordorés. Arrivée sur le plateau. En quelques mètres, on passe du paysage de western à la ruralité traditionnelle : champs de maïs, bosquets et prairies, avant d'aborder la forêt. L'hiver, un nouveau paradis pour les fondeurs, l'été, pour les adeptes du « hors des sentiers battus ». Rien d'étonnant que ce lieu enchanteur ait servi de décor au film *Une hirondelle a fait le printemps...* Ce petit coin perdu du Vercors volerait presque la vedette à Mathilde Seigner et à Michel Serrault...

Quatre autres accès dont trois à partir de la vallée de l'Isère (du nord vers le sud) : la spectaculaire *route des Écouges* (la D 35 depuis Saint-Gervais) ; la non moins impressionnante route des *gorges du Nan* (D 22 depuis Cognin, où on se souviendra longtemps du hasardeux croisement avec une camionnette) ; la *route de Saint-Pierre-de-Cherennes* (la D 31) ou, plus classique et plus tranquille, la route depuis *La Balme-de-Rencurel* (la D 35).

Le tour des Coulmes

Le tour des Coulmes (45 km) peut s'effectuer en trois étapes énergiques de 5 à 7h ou, plus cool, en 4 ou 5 jours. L'itinéraire oscille entre 840 et 1 350 m, traverse des espaces fermés ou très ouverts, aborde tous les reliefs, falaises, gorges, plateaux, cirques...

Se munir du topoguide du tour des Coulmes, de la carte IGN Top 25 « Autrans-Gorges de la Bourne 3235 OT » et du cartoguide Coulmes-Royans-Isère-parc du Vercors. Pour préparer la randonnée, prendre contact avec les offices de tourisme et les auberges où vous seriez susceptible de séjourner.

Adresses utiles

i ***Syndicat d'initiative de Rencurel :*** *dans les locaux de la Mairie.* ☎ *04-76-38-25-71.* Panneau d'orientation à l'extérieur présentant l'ensemble des balades sur le plateau des Coulmes.

■ ***Bureau des guides de Presles :*** *Le Charmeil, 38680* ***Presles.*** ☎ *04-76-36-09-45.* 📱 *06-80-07-70-37.* • *bernard gravierguide.com* • Alpinisme, stages escalade, canyoning, sauts en parachute, randonnée, spéléo, VTT, etc.

Où dormir ?
Où manger ?

À Rencurel et dans ses environs (38680)

Hôtel Le Marronnier : *au bourg.* ☎ *04-76-38-97-68.* • *info@hotellemarronnier.com* • *hotellemarronnier.com* • *Fermé oct-avr. Doubles 60-69 € selon saison (réduc au-delà de 3 nuits). Menus 15-20 €.* Dans ce coin assez pauvre en hébergement, voilà une maison en pierre, au cœur du village. Chambres réparties entre le corps de l'hôtel et un bâtiment attenant. Petite déco sympathique. Mention spéciale pour les chambres dotées d'une grande terrasse surplombant la piscine de l'hôtel. Sauna.

Refuge du col de Romeyère : *au col de Romeyère. ☎ 04-76-38-97-48 (mairie). Ouv tte l'année sur résa. Nuitée 10-14 €/pers selon saison. ♿ (1 chambre).* 3 dortoirs pour une capacité totale de 18 lits. Gestion libre, confort rustique et surtout prix abordable sont les 3 atouts de ce petit gîte d'étape et de séjour, situé au pied des pistes de ski alpin.

À Presles et dans ses environs (38680)

Gîte Gazon : *Gazon. ☎ 04-76-36-10-93. • dominique.delattre2@googlemail.com • En venant de Choranche, quelques dizaines de mètres après la fin de l'ascension de la fameuse D 292, prendre le chemin sur la gauche. Fermé nov-fév. Nuitée 12 €/pers. En été, le gîte est loué dans sa totalité : 320 €/sem pour 8 couchages max.* En pleine nature, jolie maison en pierre, aux volets vert d'eau, voisine de celle des proprios. Mezzanine, toutes commodités, kitchenette bien équipée, terrasse en sous-pente donnant sur les prés. Accueil discret et bienveillant. Une adresse champêtre.

Auberge de Presles : *☎ 04-76-36-04-75. • info@auberge-presles.com • auberge-presles.com • Au centre du bourg. Fermé mar-mer hors saison et de mi-nov à janv. Nuitée en dortoir 11 €/pers. ½ pens 45 €/pers. Menu 15 €. Avr-oct, le sam principalement, dîner-concert 20 €. CB refusées.* Ancien presbytère offrant une trentaine de places en chambres de 4 à 6 lits, le tout très simple. Coin cuisine équipé. Cuisine italo-française dans un resto très sympa et chaleureux. Les amateurs de jazz (et les autres aussi !), ne manqueront pas les concerts de jazz donc... organisés la plupart des samedis. Ambiance hautement conviviale !

Chambres d'hôtes Les Fauries : *Les Fauries. ☎ 04-76-36-10-50. • lesfauries.fr • Entre Presles et Le Faz (fléché). Fermé de mi-mars à mi-avr et de mi-nov à déc. Double 50 €. Dîner sur résa 19 €.* Derrière son bon vieux tilleul, une ancienne ferme tout en pierre qui jouit d'un superbe panorama. 4 chambres dont une familiale pour 4 personnes. Chacune des chambres, lumineuse et pimpante, porte un nom d'oiseau. Légumes (bio !) du jardin à la table d'hôtes. Accueil décontracté de Carmen, une hôtesse charmante. Un bon rapport qualité-prix-convivialité.

À Malleval (38470)

Trois adresses, littéralement côte à côte, place de l'Église, au bout du village, le plus petit du parc.

Camping municipal La Lunette : *en face de l'église. ☎ 04-76-38-54-59 (à l'auberge des Galopins). • les.galopins@orange.fr • Ouv 15 juin-30 sept. Forfait pour 2 pers avec tente et voiture 15 €. CB refusées.* Petit camping basique pour une trentaine d'emplacements dans un minivillage (50 habitants). Une partie est bien ombragée, l'autre moins. Autour, une nature préservée. Piscine municipale à 500 m et site d'escalade à proximité.

Gîte communal de Malleval : *en face de l'église. ☎ 04-76-38-54-59 (à l'auberge des Galopins). • les.galopins@orange.fr • Ouv tte l'année. Nuitée 14 €/pers lun-jeu ; ven-dim, gestion libre 280 € ; amener les draps.* Dortoirs de 3, 6 et 10 lits, dans un bâtiment moderne.

Auberge des Galopins : *rue de l'Église. ☎ 04-76-38-54-59. • les.galopins@orange.fr • les-galopins.fr • Juin-août, ouv tlj ; le reste de l'année, en principe ouv w-e, parfois en sem mais téléphoner avt. Double avec lavabo (douche et w-c sur palier) 43 €. Formule et menus 14-19,50 € ; carte env 20-22 €.* Gentille auberge de village, offrant 3 chambres d'hôtes mansardées (sanitaires communs). Accès à la piscine municipale (ouverte en juillet-août). Carte fort simple avec un plat du jour et quelques propositions genre entrecôte avec sa garniture, salades. Terrasse agréable au pied de l'église. Bon accueil.

À voir

La route des Écouges : *c'est la D 35 qui descend jusqu'à Saint-Gervais.* Construite en 1883 pour acheminer bois et charbon de bois à la fonderie à canons de Saint-Gervais. Là aussi, quelques passages et tunnels particulièrement étroits et spectaculaires (surtout en hiver, quand le tunnel à voie unique se retrouve à double sens !). Au détour d'un virage, du haut de la muraille des Écouges, on prend le panorama en pleine figure. Tout en bas, au Port-Saint-Gervais, avant le pont, canon exposé en souvenir de la célèbre fonderie. Il fut expédié à l'île Bourbon (La Réunion) en 1843 pour sa défense. La Réunion en fit cadeau au village en 1973.

Les gorges du Nan : *route (la D 22) venant de Cognin-les-Gorges (église du XIIIe s) et montant jusqu'à Malleval.* Assez vertigineuse route en lacet construite en 1880, avec un court passage encorbellement-tunnel très étroit. *Malleval* fut l'un des villages martyrs de la Résistance. Situé dans un cirque de falaises et de forêts, il abrita un gros maquis, fondé par l'abbé Pierre et de Reyniès. Attaqué le 22 janvier 1944, le village fut incendié, 22 maquisards tués, 8 habitants brûlés vifs dans une grange ; 7 autres ne reviendront jamais de déportation.

La route forestière de Presles à Rencurel (qui passe par Le Charmeil) ***:*** à allure modérée, on retrouve le vrai plaisir de rouler, de s'arrêter pour méditer, au point de finir par se croire seul au monde. Non déneigée en hiver, superbe piste pour le ski.

Ski et neige

Petite station de ski alpin au ***col de Romeyère.*** Idéal pour familles et débutants. Pentes à luges. Trois téléskis, une poignée de pistes... Bien sûr, forfait ski pas bien cher.

Ski nordique : les dameuses des Coulmes entretiennent quotidiennement les 45 km de pistes (classiques et *skating*). Boucles d'initiation pour débutants et longs itinéraires à la carte.

Sports et loisirs

– ***Séjour trappeurs*** pour les 10-14 ans « aventure nature » en été et « trappeurs en hiver ». *Rens :* ***La Trace,*** *☎ 04-76-64-73-45. • latrace.net •*

➢ ***Le tour des Coulmes :*** *rens à l'auberge de Presles et à l'auberge des Galopins à Malleval.* Découvrez à pied, à cheval, à VTT, à raquettes, à skis nordiques... cette merveilleuse nature. Beau circuit de 3 jours et 3 nuits de janvier à fin septembre. Organisation hors pair. Groupe de 12 personnes.

LE DAUPHINÉ DE LA PLAINE ET DES COLLINES

LE SUD-GRÉSIVAUDAN

À l'ouest du Vercors s'étend une région beaucoup moins connue, plus discrète, mais qui possède une personnalité attachante, du naturel, de l'authenticité : le Sud-Grésivaudan. C'est le pays de la noix la plus célèbre du monde et du fameux saint-marcellin, un p'tit fromage bien rond et bien bon. Ces deux produits sont désormais protégés par une AOC. On y trouve aussi, à Saint-Antoine-l'Abbaye, l'une des plus fascinantes églises de l'Isère.

SAINT-MARCELLIN

(38160) 8 040 hab. *Carte Isère, B3*

Petite ville commerçante qui fut, en 1340, capitale du Dauphiné sous l'autorité de Humbert II. Jusqu'au début du XIXe s, Saint-Marcellin était entièrement entouré de remparts. On peut encore apercevoir quelques portions de ces fortifications (courtines, tours carrées et bastion) au hasard d'une promenade. Sympathique place d'Armes (la petite place), avec son kiosque à musique début XXe s (belle animation avec le grand marché du samedi matin). Juste à côté, le centre piéton où sont regroupées toutes les boutiques. Place du Champ-de-Mars (la grande place), des bornes en pierre servaient autrefois à attacher le bétail du marché.
Ne pas manquer d'aller à la *promenade de Joud* (parc animalier) pour la belle vue sur l'Isère et la vallée de Royans.

Adresse et info utiles

Office de tourisme : *2, av. du Collège. ☎ 04-76-38-53-85. ● tourisme.pays-saint-marcellin.fr ● Ouv tte l'année mar-ven et sam mat.*
– **Marchés :** *pl. d'Armes, sam mat. Le plus important. Également un petit marché primeur les mar et ven mat sur cette place.*

Où camper dans les environs ?

Camping du château de Beauvoir : *38160* ***Beauvoir-en-Royans.*** *☎ 04-76-64-01-79. 06-23-42-35-32. ● chateaudebeauvoir@wanadoo.fr ● À 8 km de Saint-Marcellin. Ouv avr-oct. Pour 2 pers avec tente et voiture, compter 15 €.* Dans les jardins de l'ancien château, un camping offrant un excellent rapport qualité-prix. Beaucoup de charme, ombragé, de quoi convertir les pires irréductibles aux doux plaisirs du camping. Pas de piscine, mais calme assuré.

DANS LES ENVIRONS DE SAINT-MARCELLIN

À Chatte (38160)

Le Jardin ferroviaire : *2, route de Lyon. ☎ 04-76-38-54-55. ● jardin-ferroviaire.com ● Avr-août, tlj 10h-19h ; sept, lun-ven 14h-18h, w-e 10h-19h ; oct, slt les w-e et j. fériés ainsi que pdt les vac de la Toussaint 10h-18h. Derniers billets 1h avt. Fermé nov-mars. Entrée : 8,50 € ; enfants 3-12 ans, 5,50 € ; forfait famille, 25 € ; réduc. Billet combiné avec Miripili à Saint-Antoine-l'Abbaye : 14 € (3-12 ans, 10 € ; réduc ; forfait famille).* Le résultat d'une grande passion, d'un tel amour pour les p'tits trains que vous allez vous retrouver devant l'un des plus fascinants réseaux ferroviaires miniatures au monde. Pas seulement parce qu'il est l'un des plus grands en plein air, qu'il a nécessité des centaines de tonnes de matériaux divers et 10 km de fils électriques, mais surtout parce qu'il séduit et enchante par la poésie qu'il dégage, par sa capacité à faire rêver, à nous emmener ailleurs, loin... en train, bien sûr. On vous laisse, au milieu de 200 belles essences de plantes et d'arbres, avec ces 1 100 m de voies ferrées, ces 30 motrices et 250 wagons qui se croisent sans cesse, s'ajustent, roulent de concert, font le plein d'eau pour la vapeur... et nous emportent si loin du Grésivaudan !

Le moulin à huile de noix : *rue de Saint-Bonnet. ☎ 04-76-64-59-65. ♿ Dans le village. Ouv pour les groupes sur résa.* Dans un cadre quasiment biblique, très intéressante plongée dans un « art agricole » séculaire, au sein de l'un des derniers moulins de la vallée de l'Isère (en 1950, il y en avait 150 ; aujourd'hui, à peine cinq !). La même famille y travaille depuis 1830. Meules de 2 t datant de cette époque. Le moulin fonctionna à la traction animale jusqu'en 1939, le chauffage fut assuré au feu de bois jusqu'en 1980, et le vieux système de pompe à eau cessa de fonctionner en 1997 !

À Beauvoir-en-Royans *(38160)*

Le musée du couvent des Carmes – Musée des Dauphins et de la Flore : *☎ 04-76-38-01-01. • couventdescarmes.com • ♿ Avr-oct, tlj 10h-18h. Entrée : 5,10 € ; réduc.*
De l'autre côté de l'Isère, en face de Saint-Marcellin, Beauvoir fut la résidence principale des dauphins de 1258 à 1350, et principalement celle d'Humbert II. Il y vivait entouré d'une cour importante et menait une vie fastueuse. Un genre de petit Versailles en somme. Du palais, ne subsistent que quelques pans de murs qui s'élèvent dans le jardin. En revanche, le couvent des Carmes, fondé en 1343 par Humbert II juste à côté du palais, a été entièrement restauré et transformé en musée. Pour commencer la visite, une maquette du site de Beauvoir au Moyen Âge permet de comprendre l'importance de l'endroit. Puis, avant de se diriger dans le musée proprement dit, un petit tour par l'ancienne chapelle du couvent construite au XVe s. Elle accueille des expos temporaires. Noter les deux enfeus de style gothique flamboyant. Celui de gauche porte une inscription en pâte de verre incrustée dans la pierre taillée. Vitraux contemporains signés Delage. Monter sur la tribune pour une vue plongeante. Pour le musée des Dauphins, il faut grimper au 1er étage. Comme son nom l'indique, la 1re salle « Les dauphins du Viennois », est consacrée aux dauphins qui ont régné du Xe au XIVe s sur le Dauphiné, jusqu'à ce que celui-ci soit rattaché au royaume de France. La 2e salle, « Le musée delphinal », rend hommage à César Filhol, ancien notaire à Saint-Romans au début du XXe, et grâce à qui l'ancien couvent des Carmes n'est pas tombé aux oubliettes. Cette section présente une collection de différents objets du Dauphiné. La salle « des Carmes » reconstitue une cellule de moine. La taille de la pièce est assez inhabituelle (les moines ne devaient pas trop se sentir à l'étroit...). Il faut dire qu'Humbert II voulait un grand couvent ! Avant de rejoindre le musée de la Flore, clin d'œil à Alphonse Pevet qui inventa la Mousseline des Alpes, une liqueur qui fit fureur à la fin du XIXe s et au début du XXe s ; remarquable collection de flaconnage.
Dans le musée de la Flore, expo sur l'évolution de la végétation de la région, depuis la dernière glaciation jusqu'à nos jours. Maquettes du Vercors, diaporama sur les orchidées, expos sur les richesses naturelles du parc régional du Vercors, etc. L'ensemble est complété par un jardin médiéval aux nombreuses essences et par un verger conservatoire.

Bistro des Carmes : *dans la cour de l'ancien couvent. Ouv avr-oct, tlj le midi slt. Formule 13 € (en sem slt), menu 16 €.* Propose des plats à base de produits du terroir, issus des fermes environnantes. Terrasse couverte par un authentique séchoir à noix.

LA SÔNE

(38840) 620 hab. *Carte Isère, B3*

À 8 km au sud-ouest de Saint-Marcellin. Promenade sympa le long de la rive droite de l'Isère. C'est là que vous découvrirez les tufières, ces mousses

calcifiées (le tuf) à la fois poreuses et légères déposées par l'eau saturée en carbonate de calcium (calcaire) au sortir des nombreuses résurgences. Une bonne partie du village est d'ailleurs construite à partir de ce matériau et il s'en dégage une certaine harmonie, notamment autour de l'église (XIIe s), qui fut jadis un prieuré bénédictin. Jusqu'au XIIe s, les blocs extraits ici étaient transportés par radeau le long de l'Isère et du Rhône pour être vendus dans la région de Beaucaire, en Camargue. Ne manquez pas non plus les splendides bâtiments industriels, à la sortie du village. Ce sont les vestiges de l'ancienne manufacture royale de soierie, la plus importante du Dauphiné à son apogée, au XVIIIe s.

Où dormir dans les environs ?

Camping du lac de Marandan : *38160 **Saint-Romans.** ☎ 04-76-64-41-77. 06-20-43-06-13. • contact@camping-lac-marandan.com • camping-lac-vercors.com • À 3 km du village de La Sône, au bord du lac de Marandan. Ouv de début avr à mi-sept. Pour 2 pers avec tente et voiture, compter 11,50-22 € selon saison. Mobile homes, tentes toilées et roulottes 196-693 €/sem selon saison et capacité. Réduc de 5 % sur présentation de ce guide.* Un camping bien ombragé près d'un plan d'eau de 3 ha. Bon confort. Pas vraiment besoin de piscine, le lac (baignade surveillée) est à deux pas. Terrain de tennis à proximité.

À voir. À faire

Le jardin des Fontaines pétrifiantes : *site des Tufières. ☎ 04-76-64-43-42. • jardin-des-fontaines.com • (partiel). Ouv d'avr à mi-oct : avr-mai, tlj sf lun 10h30 (11h30 en sem)-18h30 ; juin-août, tlj 10h30-19h ; jusqu'à mi-sept, mar-ven 11h30-18h, w-e 10h30-18h30 ; de mi-sept à mi-oct, en sem se renseigner et w-e 11h-18h. Derniers billets 45 mn avt. Entrée : 8,50 € ; enfants 3-12 ans, 5 € ; réduc ; réduc de 1 € sur présentation de ce guide. Pass Famille : 2 adultes + 2 enfants 24 €. En juil-août, visites guidées du jardin tlj.* Pour les amoureux de jardins botaniques et aquatiques. Installée dans une ancienne tufière, une combinaison originale et harmonieuse de 700 espèces de fleurs et plantes, parmi lesquelles s'écoulent des sources pétrifiantes connues depuis l'Antiquité.

Un bar salon de thé propose sur place une petite restauration qui saura vous dépanner en cas de petit creux (on vous dit ça car les restos se font rares dans le coin !).

– Enfin, possibilité d'embarquer à bord du bateau à roue depuis le jardin.

➢ ***Le bateau à roue « Royans-Vercors » :*** *embarquement à la grotte de Thaïs à **Saint-Nazaire-en-Royans.** ☎ 04-76-64-43-42. • bateau-a-roue.com • Fonctionne avr-sept. Horaires variables selon saison : se renseigner. En juil-août, compter 3-4 départs tlj ; slt dim, j. fériés et ponts avr-juin et sept. Tarif : 12 € A/R ; 3-13 ans 6,50 € ; réduc. Forfaits combinés avec le jardin des Fontaines pétrifiantes et/ou la grotte de Thaïs.* Sympathique bateau à aubes se baladant sur le cours paisible de l'Isère. Au programme : les falaises du Vercors, les roches rouges de Saint-Nazaire-en-Royans, les ponts, aqueducs, châteaux, villages traditionnels, etc., entre des rives bucoliques à souhait. Au passage, coucou à quelques hérons cendrés et grèbes huppés, dans leurs territoires de roseaux et saules blancs, notamment au sein des roselières, riches zones ornithologiques. Snack-bar pour une petite pause réparatrice. D'avril à mi-octobre, plusieurs formules de croisière (avec ou sans escale, retour à pied ou avec votre vélo...).

SAINT-ANTOINE-L'ABBAYE

(38160) 1 000 hab. *Carte Isère, B3*

Dans un environnement vallonné et bucolique à souhait, un charmant village dont l'histoire et la personnalité sont entièrement liées à celles de l'abbaye et de sa magnifique église. Dans le bourg, il faut déambuler à la recherche des belles demeures anciennes le long de rues aux noms pittoresques. Charmante place du Marché, avec sa vieille halle de 1830. L'un des musts de l'Isère, à visiter séance tenante !

UN PEU D'HISTOIRE

Tout commença en 1070 lorsque, au retour d'un pèlerinage du seigneur local, les reliques de saint Antoine furent récupérées à Constantinople. Le petit village de « La Motte-aux-Bois » prit alors le nom de son saint tutélaire. Une première église fut construite pour l'honorer et un important pèlerinage débuta. Dans le même temps, des sœurs et frères hospitaliers installèrent une maison de l'Aumône pour les pauvres et les malades. Création de l'abbaye et de l'ordre des Antonins, construction d'une nouvelle église à la fin du XIIIe s, dont les hospitaliers devinrent chanoines. La réputation de ces derniers, en matière de médecine et de lutte contre les épidémies, ne cessa de grandir. En particulier dans le traitement du « mal des ardents », appelé aussi « feu de saint Antoine », une terrible maladie provoquée par l'ergot de seigle que l'on trouvait dans les mauvaises farines, celles que l'on consommait justement en période de famines (récurrentes !). Ou comment d'un fléau en sort un autre... Jusqu'au XVe s, l'abbaye bénéficia des largesses de tous les grands de ce monde, l'église s'enrichissant de luxueux reliquaires, statues, ornements et vêtements liturgiques. Les guerres de Religion, surtout les campagnes du célèbre baron des Adrets en 1562 et 1567, portèrent un coup fatal à l'abbaye. L'église fut pillée, la façade mutilée. Au XVIIe s, au moment de la Contre-Réforme, l'abbaye connut un regain d'activité, puis déclina à nouveau pour disparaître en 1768, au moment de la suppression des petites congrégations par Louis XV. Les bâtiments furent vendus à la Révolution comme bien national, Saint-Antoine devint église paroissiale en 1802 et Prosper Mérimée lui accorda le label « Monument historique » en 1840.

Adresse utile

ℹ ***Office de tourisme :*** *pl. Ferdinand-Gilibert. ☎ 04-76-36-44-46. • tourisme.pays-saint-marcellin.fr • Oct-avr, tlj sf sam mat ; le reste de l'année, fermé sam mat, dim et lun mat.* Petite expo temporaire en saison. Une fiche à retirer permet de suivre un parcours découverte « Le sentier du flâneur ».

Où manger ?

🍴 ***Hostellerie du Vieux Saint-Antoine :*** *rue Haute. ☎ 04-76-36-40-51. À côté de la porterie. Ouv tlj le midi sur résa. Congés : janv. Menus 12 € sf w-e, puis 20-30 €.* Derrière une façade de bistrot à l'ancienne, une cuisine traditionnelle, familiale et généreuse, pour un menu du jour au rapport qualité-prix remarquable. Terrasse au bord d'une fontaine qui glougloute.

🍴 ***Auberge de l'Abbaye :*** *Grande-Cour. ☎ 04-76-36-42-83. • courriel@auberge-abbaye.com • Dans la cour de l'abbaye. Congés : de début janv à début fév. Fermé le soir lun et mar en saison ; dim soir, lun et mar hors saison. Menus 19,50 € (déj en sem), puis 23-56 €.* Une adresse un peu bourgeoise au cadre cossu, avec fauteuils style Louis XIII et belle cheminée en pierre. Service et accueil néanmoins souriants. Bonne cuisine, qui sent la tradition, la région et l'amour du métier. Agréable terrasse face à l'abbaye, où il est possible, en saison, de se contenter, à prix plus gentils, de salades ou de ravioles.

À voir

ꝐꝐꝐ ***L'abbaye :*** c'était en fait une véritable « ville close ». Dans les anciens bâtiments abbatiaux se logent aujourd'hui restos, boutiques (miellerie, librairie...) et ateliers d'artistes et artisans, autour d'une grande cour (ancien cimetière jusqu'au XVIe s). Admirez la *porterie* (ou procure) qui date du XVIIe s et ses imposants portails. Corps central flanqué de deux pavillons aux toits de tuiles vernissées. Les deux grands bâtiments sur votre droite (venant de l'entrée) étaient d'abord la *résidence des Étrangers,* puis les *infirmeries.* Entre les deux, perpendiculaire, le *réfectoire.* En face d'eux, les *grandes écuries* et le logement des domestiques. Reconstitution d'un jardin médicinal de l'époque (ouvert à partir d'avril seulement, accès par les écuries ou par la librairie). Derrière le chevet de l'église, la *maison abbatiale* et le *noviciat* (aujourd'hui, le musée départemental).
Dans l'abbaye, ne pas manquer de rendre visite au *tailleur de pierre* et à son petit atelier à vocation pédagogique *(sur résa au ☎ 04-76-36-44-12 ; visite : 3,60 €).*

ꝐꝐꝐ ***L'église abbatiale :*** *♿ Tlj 8h30-19h. Entrée libre. Visites guidées avr-oct mer-dim l'ap-m (consulter l'office de tourisme pour les horaires). Visite : 3,50 (slt trésor)-4,50 €.*
Édifiée au XIIIe s, mais en fait achevée deux siècles plus tard. Admirable façade de style flamboyant, mais ce qui frappe d'abord, c'est l'absence de clocher, ce qui lui confère une largeur inhabituelle pour une église de ce type, comparée à ses pareilles en France ! Magnifique grand portail. Sur la voussure supérieure, 20 couples d'anges.
À l'intérieur, vaisseau de grande ampleur, visiblement conçu pour accueillir les foules de pèlerins. Beau triforium (galerie de circulation) sous les plus hautes fenêtres. Dans le chœur, superbes stalles en noyer de 1630, avec lambris derrière. Au-dessus, une série de tapisseries d'Aubusson. Derrière le maître-autel, la châsse de saint Antoine, en bois noirci, recouverte de plaques d'argent repoussé et ciselé racontant l'histoire du saint. Pas moins de 14 chapelles latérales. Noter l'enfilade inhabituelle des portes à arcades dans les chapelles.
La restauration de l'église a révélé de belles fresques aussi. Notamment, dans la première chapelle de gauche (chapelle dite « Des fresques », une *Crucifixion* et les *Tentations de saint Antoine* (1426). Deuxième chapelle de droite, la *Résurrection du Christ* (XVIe s).
Concerts d'orgue gratuits les dimanches d'été à 17h.
– ***Le Trésor :*** l'un des tout premiers du pays ! Orné de splendides lambris de chêne sculpté. Collection exceptionnelle de reliquaires (la deuxième de France). Après l'entrée, aller au fond à gauche, pour l'un des chefs-d'œuvre du Trésor : le petit *Christ en Croix* en ivoire sculpté. Admirable travail de ciselage : le tragique, la douleur sur le visage sont rendus de façon saisissante. Autre pièce unique : le chapier tournant du XVIIIe s avec chasubles filées d'or. En fond, le *Martyre de saint Étienne* (d'après Le Brun). Sinon, orfèvrerie religieuse, châsses ouvragées, ostensoirs, etc. Au-dessus, une représentation du village de Saint-Antoine, gravures, peintures diverses. Livres antiphonaires pour lire de loin. Enfin, remarquer les pittoresques instruments de chirurgie.

ꝐꝐ ***Le musée de Saint-Antoine-l'Abbaye :*** *derrière l'église. ☎ 04-76-36-40-68. • musee-saint-antoine.fr • ♿ (expos, jardin). Ouv de début mars à juin et sept-11 nov, tlj sf mar et 1er mai, 14h-18h ; juil-août, tlj sf mar 10h30-12h30,*

14h-18h. Entrée gratuite. Propose régulièrement des animations culturelles (gratuites). Accueille la splendide expo « Chroniques d'une abbaye au Moyen Âge, guérir l'âme et le corps ». Compter 1h pour avoir un aperçu rapide, le double pour tout voir dans le détail. Dans un premier temps, retour sur les origines du monachisme, mouvement inspiré par des ermites dont les retraites dans le désert attiraient paradoxalement une foule de disciples. L'épisode des tentations de saint Antoine est mentionné, lui qui a inspiré tant d'illustres peintres, de Grünewald à Bruegel. Puis évocation du culte des saints, ces protecteurs dont saint Antoine constitue l'archétype, agissant en faveur de certaines corporations, ou prémunissant contre certaines maladies. Un voyage dans le temps est proposé pour observer avec quelle ardeur, autour de l'an mille, l'Occident s'habille d'un « blanc manteau d'églises », suivant l'expression d'un moine de Cluny. Enfin, sont rappelés les fléaux de l'époque (sous le thème du « corps dolent ») et son cortège de maladies qui décimaient jadis les populations : lèpre, peste, « mal des ardents ». C'est contre ce mal que luttèrent tout particulièrement les antonins, par la distribution d'une nourriture plus saine et grâce à leurs connaissances en herboristerie. Cette prise en charge des malades fut à l'origine des premiers hôpitaux et de la pratique de la chirurgie que l'Église regardait d'un mauvais œil. La salle voûtée du noviciat accueille des expos temporaires.
– ***Salle voûtée des grandes écuries :*** *dans la grande cour.* Cette annexe du musée présente une expo originale consacrée à l'utilisation des parfums comme remèdes, du Moyen Âge jusqu'au XVIIIe s. Pendant des siècles, l'aromathérapie constitua l'une des trois grandes pratiques thérapeutiques (les deux autres étant la saignée et la purgation). Ce n'est qu'au fil des siècles que les arômes devinrent véritablement parfums. Une visite intéressante et très olfactive.

Fête et manifestations

Nombreux concerts (parfois gratuits) programmés toute l'année (du classique ou du baroque le plus souvent), dans l'église ou au musée, notamment lorsqu'il s'agit de musique de chambre ou dans le cadre de l'opération « Musique au cœur des musées », au printemps.
– ***Foire aux fleurs et plantes rares :*** *3e dim de mai.*
– ***Festival de musique sacrée :*** *concerts d'orgue fin juin-fin sept, ts les dim à 17h, ainsi que 3-4 grands concerts.* Participation libre.
– ***Textes en l'air :*** *dernière sem de juil. ☎ 04-76-36-29-22.* Festival de théâtre contemporain.
– ***Fête médiévale :*** *1er w-e d'août.*

DANS LES ENVIRONS DE SAINT-ANTOINE-L'ABBAYE

Miripili, l'île aux pirates : *à 1 km de Saint-Antoine, au bord de l'**étang de Chapaize.** ☎ 04-76-36-44-77. • miripili.com • Ouv d'avr à début sept : juin-août, tlj 10h-18h30 ; le reste du temps, slt w-e, j. fériés et vac scol (ttes zones confondues). Fermeture des caisses 1h avt. Entrée : 8,90 € ; 3-12 ans, 6,70 € ; forfait famille 27 € ; réduc. Billet combiné avec le jardin ferroviaire à Chatte : 14 € (3-12 ans, 10 € ; réduc ; forfait famille).* Parc d'attractions qui devrait plaire aux plus petits, dans un agréable environnement champêtre et forestier. Grand jeu à thème : le capitaine Bricebar a caché un trésor dans une île. Mais il est incapable de le retrouver et compte bien sur l'aide de nos chères têtes blondes pour remettre la main dessus. Animaux de la ferme, aires de jeux et de pique-nique, snack. Spectacles en été.

La chapelle Saint-Jean-le-Fromental : *38160 **Dionay,** à 3 km de Saint-Antoine, par la D 27. Mai-sept, ouv dim et j. fériés ; horaires variables, se renseigner au ☎ 04-76-36-40-08.* Une chapelle du Xe s, du plus pur roman.

Le château de l'Arthaudière : *38840 **Saint-Bonnet-de-Chavagne,** à 9 km de Saint-Antoine, par la D 20 puis la D 68. Rens : ☎ 04-76-38-63-88 ou 50-68 (mairie). (sf les jardins). Expo ouv juin et sept, w-e 15h-19h ; juil-août, tlj sf mar et ven 15h-19h. Gratuit. Les extérieurs du château restent librement accessibles.* Château d'architecture Renaissance, remanié à de nombreuses périodes du Moyen Âge jusqu'au XIXe s, il mérite un petit détour, notamment pour son portique sculpté et ses jardins aménagés en terrasses sans doute au début du XVIIe s. L'exposition « L'Arthaudière, une seigneurie rurale », qui occupe une partie des anciennes écuries, présente l'histoire du château, son environnement, les hommes qui y ont vécu ainsi que des éléments notables du patrimoine local. Des animations *(6-12 € selon programmation)* sont aussi proposées tout au long de l'été (musique, théâtre...).

VINAY

(38470) 4 010 hab. *Carte Isère, B3*

La petite capitale de la noix de Grenoble. Ses « noyeraies » couvrent 1 500 ha (soit environ 150 000 noyers), et une Maison de la noix, *Le Grand Séchoir,* est consacrée à ce fruit à coque.
D'abord, c'est la meilleure du monde, même la noix californienne (son plus gros concurrent) ne lui arrive pas au genou. Originaire d'Orient, de Perse, dit-on, ce sont les Romains qui la diffusèrent dans tout leur empire. Trois variétés ont été retenues pour l'AOC (accordée en 1938, aujourd'hui AOP, appellation d'origine protégée), la mayette, la franquette et la parisienne, du nom de leurs producteurs qui les créèrent il y a près d'un siècle, dans le coin. Eh oui, la parisienne n'a donc rien à voir avec Paname, mais doit bel et bien son nom à un dénommé M. Paris (M. Mayet et M. Franquet pour les deux autres) ! Au moins 10 ans sont nécessaires pour qu'un jeune arbre donne sa première vraie récolte. Un noyer sauvage peut vivre 200 à 300 ans (contre 70 ans environ pour un noyer de culture).
La récolte, dont le début est fixé tous les ans par arrêté préfectoral, se déroule entre fin septembre et fin octobre. La région de Vinay produit surtout de la (bonne) franquette (à 80 %) et de la parisienne (15 %). Plusieurs bonnes nouvelles : la noix fait diminuer le taux de cholestérol dans l'organisme de par sa teneur en acides gras polyinsaturés. Elle joue aussi un rôle préventif dans les maladies cardio-vasculaires.

Adresse et info utiles

Office de tourisme : *Le Grand Séchoir, 705, route de Grenoble. ☎ 04-76-36-36-12. • otvinay@sud-gresivaudan.org • Ouv mar-dim ; fermé en janv, 1er mai et 25 déc.*
Bus : *avec **Transisère,** ☎ 0820-08-38-38 (0,12 €/mn). • transisere.fr •* 2-5 bus/j. pour Grenoble et Saint-Marcellin.

Où dormir ? Où manger dans les environs ?

Restaurant du Midi : *au bourg, 38470 **Varacieux.** ☎ 04-76-64-26-53. À 8 km env au nord-ouest de Vinay. Ouv le midi slt. Menu en sem 12 € ; carte env 23-25 €. Apéritif maison offert sur présentation de ce guide.* P'tit resto de village comme on les aime. Pas un choix énorme, mais une authentique cuisine familiale : volailles, gibier, ravioles, grenouilles, poisson... Vins à prix d'avant-guerre.

Chambres d'hôtes La Bourrelière : *814, route du Midi, 38470* ***Chasselay.*** *☎ 04-76-38-33-78. • vienot.eric@orange.fr • labourreliere.com • À 10 km env au nord-ouest de Vinay et à 800 m de Chasselay, en direction de Varacieux. Ouv avr-oct. Doubles 61-66 € selon confort. Table d'hôtes 22 €, sur résa.* Dans une partie récente, accolée à leur grande maison en pierre, Martine et Éric proposent 5 chambres disposant toutes d'un accès indépendant et d'une mezzanine. Parquet flottant, déco colorée et photos qui rappellent les voyages des proprios en terre bouddhiste. Les chambres sont parfaites en famille. Vaste véranda et terrasse pour contempler un paysage de collines et de vallons, avec le Vercors en toile de fond. Piscine. Une adresse sympa et paisible.

Auberge de Malatras : *D 1092, 38210* ***Tullins.*** *☎ 04-76-07-02-30. • aubergedemalatras@yahoo.fr • aubergemalatras.com • À 10 km env au nord de Vinay par la D 1092. Fermé dim soir-mar et soir des j. fériés. Congés : 10 j. en janv, 2 sem en avr, 1 sem début août et 2 sem en oct. Doubles 45-58 € selon confort. Menus 20 € (midi en sem), puis 22-80 €. Apéritif maison offert sur présentation de ce guide.* Une auberge à l'ancienne, à la terrasse sous les frondaisons, à l'intérieur rustico-bourgeois et serveurs en noir et blanc. Présentée comme ça, pas sûr que vous abandonniez la route pour y faire halte. Sinon est installé ici un chef plutôt étonnant, qui laisse, au fil des menus, parler sa fantaisie, sa générosité, son amour des beaux produits et du travail bien fait. Une cuisine à personnalité. On se laisse surprendre, on aime ou... pas. Nous, on a bien aimé. Quelques chambres, classiques.

À voir

Le Grand Séchoir : *705, route de Grenoble. ☎ 04-76-36-36-10. • legrandsechoir.fr • Situé à la sortie de Vinay, en direction de Tullins, dans les locaux de l'office de tourisme (en bus depuis Grenoble ou Saint-Marcellin, arrêt « Vinay-coopérative »). Nov-mars, tlj sf lun 14h-17h30 ; avr-oct, 10h-18h ; fermé en janv, 1er mai et 25 déc. Tarif : 4 € ; réduc.* Cette ancienne ferme réhabilitée retrace l'histoire des hommes qui, d'hier à aujourd'hui, ont fait la renommée de la noix de Grenoble. Culture, coutumes, gastronomie, savoir-faire, outils, économie, habitat... La noix sous toutes ses coutures en somme.

LE PAYS DE BIÈVRE-VALLOIRE

Au-delà de Saint-Antoine-l'Abbaye, vers le nord, on quitte progressivement le paysage vallonné du Sud-Grésivaudan pour l'une des plus vastes forêts françaises entourant le paisible village de Roybon. Puis, bordée au nord par les étangs du plateau de Bonnevaux, la vallée sèche de la Bièvre, s'étirant d'est en ouest de Voiron à la vallée du Rhône. C'est d'ailleurs là qu'est situé l'aéroport de Grenoble-Saint-Geoirs, à quelque 40 km de la capitale des Alpes. Sans oublier La Côte-Saint-André, ville natale du compositeur Hector Berlioz, qui, chaque année, sert de cadre à un désormais célèbre festival de musique classique. Ici comme dans la majeure partie du Nord-Isère, architecture traditionnelle en pisé et galets roulés.

LE PLATEAU DE CHAMBARAN

Carte Isère, B2-3

Région de collines, de doux reliefs, de forêts, encore peu fréquentée par les touristes. Au milieu, *Roybon,* village accueillant, totalement ouvert

sur la nature, avec son lac et une belle plage. À proximité se trouve l'un des plus vastes parcs naturels français avec ses 300 ha agrémentés d'étangs. L'occasion de partir à la découverte de la vie secrète de nos forêts, le long des 35 km de chemins et sentiers sillonnant l'espace.

ON VOIT DOUBLE

Sur la place principale de Roybon trône une statue qu'il nous semble avoir déjà vue quelque part ! C'est une petite sœur de la new-yorkaise statue de la Liberté. Une toute petite sœur puisque sa taille correspond, à quelques pouces près, à celle de l'index de l'original ! Elle a été offerte par Bartholdi en l'honneur d'un sénateur local, arrêté lors du coup d'État de Napoléon III.

Adresse utile

Office de tourisme Mandrin-Chambaran : *40, pl. du Maquis-de-Chambaran, 38940* ***Roybon.*** *☎ 04-76-36-25-86. • mandrin-chambaran-tourisme.com • Ouv tte l'année. Également un office à* ***Saint-Étienne-de-Saint-Geoirs.***

Où dormir ? Où manger à Roybon et dans les environs ?

Camping

Camping de Roybon : *38940* ***Roybon.*** *☎ 04-76-36-23-67. 06-86-64-55-47. • info@campingroybon.com • campingroybon.com • Ouv de mi-avr à mi-oct. Pour 2 pers avec tente et voiture, compter 11,20-16,80 € selon saison et emplacement. Loc de quelques mobile homes pour 4 pers, 250-400 €/sem. Réduc de 10 % sur l'emplacement sur présentation de ce guide (hors taxe de séjour et électricité).* Un camping labellisé « Camping Qualité », en pleine nature, dans un des coins les plus bucoliques de l'Isère. Emplacements de part et d'autre d'une petite rivière ou tout au bord d'un lac de poche. Baignade et balade en embarcation à pédales de rigueur. Sympathique petit resto. Accueil vraiment cool.

De prix moyens à chic

Atelier Nicolas Grandclaude : *2, pl. du Prieuré, 38980* ***Marnans.*** *☎ 04-76-36-28-71. • contact@ateliergrandclaude.com • Fermé dim soir, lun et mar. Résa conseillée, surtout le w-e. Menus 19 € (le midi en sem), puis 27-50 €.* Nicolas Grandclaude, après de nombreux apprentissages dans de grandes maisons, s'est posé ici avec sa compagne Coralie, et bien lui en a pris ! Pari difficile car on ne vient pas là par hasard. En rupture avec les convenances, il travaille seul et nous livre, pour notre plus grand plaisir, une cuisine légère, savoureuse et particulièrement créative. En témoigne le premier menu du soir qui fait déjà parler de lui. Un sans faute. Terrasse face à l'église.

Auberge du Château : *67, chemin du Château, 38870* ***Bressieux.*** *☎ 04-74-20-91-01. Au pied du château, comme son nom l'indique. Fermé dim soir, mar et mer. Congés : vac de fév et de Toussaint. Menus 20 € (déj en sem), puis 32-62 €. Café offert sur présentation de ce guide.* Un resto qui mériterait le qualificatif de gastronomique, mais sans tout le pesant cérémonial qui va souvent avec. Jolie cuisine, travaillée avec talent et sérieux. Service naturellement souriant, salle agréable à la tonalité doucement contemporaine. Terrasse ombragée d'où l'on bénéficie d'un joli panorama sur la plaine de Bièvre.

LE DAUPHINÉ

Balades dans le Chambaran

Le parc naturel de Chambaran : ***Saint-Pierre-de-Bressieux.*** *☎ 04-74-20-14-93. • parcdechambaran.fr • Accès : de Roybon, suivre la D 71 jusqu'au carrefour*

Les Croisettes puis à droite vers l'étang Revel. Juin-août, tlj 9h-18h ; de mi-mars à mai et sept-oct, les w-e (dim slt dernière quinzaine d'oct), vac scol et j. fériés slt. Fermé de déc à mi-mars. Entrée : 6,50 € ; 6-16 ans, 4 € ; gratuit moins de 6 ans. Stand d'info, gîte refuge ouv tte l'année (dortoir et chambres) et resto campagnard. À côté des chênes, châtaigniers et autres pins, le parc abrite une flore caractéristique des sols glaiseux (comme le jonc). Toute l'année, le parc sert de refuge aux sangliers, cerfs, chevreuils ainsi qu'à d'autres espèces introduites (daims et mouflons).

À voir dans le coin

🏛🏛 ***Le château et le musée de Bressieux :*** *38870* ***Bressieux.*** *☎ 04-74-20-15-45. À 9 km au sud de La Côte-Saint-André. Musée dans le village, au pied de la tour Rambaud, l'un des derniers vestiges des remparts de Bressieux. Entrée dans l'enceinte de la mairie. De mi-mai à mi-sept, mer-dim 15h-19h. Entrée : 2 € (une entrée offerte sur présentation de ce guide) ; réduc ; gratuit pour ts le 1er dim du mois.* Bressieux fut jadis le siège d'une grande seigneurie laïque et le centre d'un archiprêtré qui s'étendait sur une quarantaine de paroisses à la ronde. En haut du promontoire dominant le village, belles ruines du château du XIIIe s. Vestiges significatifs des tours portières et du donjon en briques roses et galets roulés. Restauré et doté de rambardes, ce dernier est librement accessible. De là-haut, splendide panorama à 360°. La plaine de Bièvre s'étend sous vos pieds et, droit vers le nord, on aperçoit La Côte-Saint-André. Dans le musée (près de la mairie), parcours chronologique sur les 10 siècles d'histoire locale : archéologie, histoire du château, maquette de la forteresse, poteries, clés ouvragées, diaporama muet de 10 mn, etc.

🏛🏛 ***L'église Saint-Pierre de Marnans*** *(38980) :* *☎ 04-76-36-22-21 (mairie). À 6 km au nord de Roybon par la D 156c. Ouv en juil-août lors des expos, l'ap-m ; le reste de l'année, aléatoire : demander les clés à la mairie.* Imposante église romane de campagne du XIIe s. Long vaisseau voûté en berceau, d'une ampleur majestueuse. Profondes embrasures (près de 1 m). Pas de clocher, curieusement. Beau chevet. Abside et absidioles en cul-de-four.

🏛 ***L'église de Châtenay*** *(38980) :* *☎ 04-74-20-09-82 (mairie). À 6 km au sud de Bressieux.* Construite au XIXe s, cette église dédiée à la Vierge (scènes historiées illustrant la présentation de la Vierge et la mort de Joseph) vaut le coup d'œil pour sa riche ornementation intérieure : voûtes d'ogives, colonnes et murs avec décors peints au pochoir associant motifs géométriques, stylisés et floraux. Mobilier liturgique en fonte moulée et peinte. Enfin, carillon classé composé de 19 cloches et répertorié comme le plus ancien de la région Rhône-Alpes.

Fête et manifestations

– ***Festival des jeunes auteurs :*** *1 w-e mi-juin à Saint-Geoirs. • festivaldesjeunes auteurs.jimdo.com •*
– ***Étés de Marnans :*** *juil-août. Rens : ☎ 04-76-36-25-86.*
– ***Fête de la Jeanne Sappey :*** *5 j. de fête populaire à Viriville, fin août.*
– ***Foire de Beaucroissant :*** *mi-sept. ☎ 04-76-65-34-97.* 2 000 exposants, un million de visiteurs en 3 jours, c'est vous dire le succès de cette fête aux bestiaux qui remonte au Moyen Âge.

LA CÔTE-SAINT-ANDRÉ (38260) 4 810 hab. *Carte Isère, B2*

Patrie d'Hector Berlioz, ville commerçante, ville carrefour, ville d'adoption du peintre impressionniste hollandais Jongkind (petit itinéraire en ville sur ce

thème), La Côte-Saint-André mérite le détour, en journée, comme on dit. Ne serait-ce que pour le musée consacré au génial compositeur et les immenses halles. Pas contre, pas grand-chose en matière d'hébergement. Peu de choix également côté restauration...

Adresse et infos utiles

Office de tourisme : pl. Berlioz. ☎ 04-74-20-61-43. • tourisme-bievre-liers.fr • Tlj sf dim en saison ; le reste de l'année, du lun ap-m au sam mat.

Bus : *avec* ***Transisère,*** *☎ 0820-08-38-38 (0,12 €/mn). • transisere.fr •* 1-5 bus/j. pour Grenoble ; 3-4 bus/j. pour Vienne (pas de liaison le dim). Possibilité de rejoindre Lyon avec changement à Saint-Jean-de-Bournay. Arrêt des bus à côté de l'office de tourisme.

– **Marché :** *pl. de la Halle, jeu mat.*

Où dormir ? Où manger ?

Hôtel de France : *16, pl. Saint-André. ☎ 04-74-20-25-99. • hotel defrance-csa.fr • Attention, pdt le Festival Berlioz, les chambres sont retenues longtemps à l'avance. Resto tlj sf lun et le soir dim et j. fériés. Doubles 64-80 € selon saison et confort. Formule 25 € le midi en sem, menus 39-75 €.* À l'ombre de l'église, l'un des rares hôtels de la ville, aux chambres vieillottes et qui mériteraient bien une bonne restauration. La nouvelle direction l'envisage, mais petit à petit... Du coup, le rapport qualité-prix est discutable. Reste la table gastronomique. Là, en revanche, c'est du haut vol, et les notables locaux endimanchés s'y retrouvent volontiers.

Où dormir dans les environs ?

Campings

Camping de la ferme du Grand Goulet : *hameau Le Bin, 38440* ***Châtonnay.*** *☎ 04-74-58-33-72. • estelle.janin38@orange.fr • À env 15 km au nord de La Côte-Saint-André, près de Saint-Jean-de-Bournay ; fléché depuis Châtonnay. Ouv avr-oct. Peu d'emplacements : résa conseillée en été. Pour 2 pers avec tente et voiture, compter 11 €. Loc mobile home 4-8 pers (248 €/sem pour 2 pers, plus 17 €/j. par pers supplémentaire) et caravanes 4 pers (173 €/sem pour 2 pers, plus 17 €/j. par pers supplémentaire). CB refusées.* Perdue en plein milieu des champs, une aire de camping bien délimitée par des haies où poules et lapins gambadent. Cadre sympa mais sanitaires sommaires. La visite des activités de la ferme est gentiment proposée. Accueil personnalisé. Base de loisirs et quelque 130 étangs en forêt de Bonnevaux (à proximité) où randonner à loisir.

Camping des Eydoches : *38260* ***Faramans.*** *☎ 04-74-54-21-78. • camping.des.eydoches@orange.fr • À 7 km à l'ouest de La Côte-Saint-André par la D 73. Ouv tte l'année. Forfait pour 2 pers avec tente et voiture 13,60-15,20 € selon saison.* Camping plaisant, ni trop grand ni trop petit, agréablement ombragé, dans un coin encore très vert, mais en bordure de route. À deux pas : un marais dont on peut découvrir flore et faune (sentier de découverte aménagé) et une base de loisirs avec plein d'activités (golf, tennis, pêche, etc.), jeux pour les enfants.

À voir

Le musée Berlioz : *69, rue de la République. ☎ 04-74-20-24-88. • musee-hector-berlioz.fr • (rdc, rez-de-jardin et caves pour les expos temporaires). Tlj sf*

mar 10h-12h30, 13h30-18h (19h juil-août) ; tlj 10h-20h pdt le Festival Berlioz (vers la mi-août). Visites guidées sur rdv. Entrée libre.
Abrité dans la maison natale du compositeur, qui date de 1680. Les arrière-grands-parents de Berlioz, artisans tanneurs, s'y installèrent au début du XVIIIe s. 53 ans de mariage et 19 enfants. Berlioz y naquit en 1803 et y vécut jusqu'en 1821. La famille y demeura jusqu'à la mort du père, en 1848. Adèle, la sœur d'Hector, en hérita, mais ses filles la vendirent en 1874. Elle a été reprise en 1932 par l'association Les Amis de Berlioz pour en faire un musée. Plusieurs campagnes de restauration ont fait réapparaître poutres, peintures, boiseries, dorures d'origine. Cour intérieure pavée pleine de charme. Pour le bicentenaire de la naissance de l'artiste, le musée a été entièrement réaménagé de manière à mieux restituer l'atmosphère de l'époque. Audioguidage dans les pièces historiques meublées à partir de descriptions laissées par le papa d'Hector, de la cuisine à la chambre d'étude du compositeur. Expo retraçant la vie et l'œuvre du musicien.
Également trois salles réservées aux expos temporaires et un auditorium (avec musique à la demande et à volonté !). Et bien sûr, une boutique où l'on trouve CD, livres, etc.

L'église : *pl. Saint-André.* Construite en 1088 (clocher roman) et agrandie en 1460 (deux nefs en gothique flamboyant). Allure cependant massive, intérieur peu éclairé. Baptistère où fut porté Berlioz en 1803. Excellente acoustique que l'on peut tester au moment du festival.

Les halles : *pl. de la... Halle.* Datent du XIIIe s, parmi les plus grandes de France. Toits à quatre pans et magnifique charpente de bois. Cinq allées jadis réservées chacune à une corporation : tisserands, merciers, marchands de toutes sortes, cuiratiers et escoffiers (cordonniers), et bouchers. Jolie fontaine en pierre fleurie l'été.

Le château Louis XI : *chemin Jacques-de-Saint-Georges. Ne se visite pas ; on pénètre juste dans la cour.* En fait, de la période Louis XI, il ne subsiste que la tour, le château ayant été détruit au moment des guerres du XVIe s. Reconstruit au XVIIe s. Fenêtres à bossages et bel escalier central.

Le Paradis du Chocolat : *situé dans le château Louis XI. ☎ 04-74-20-35-89. • paradis-chocolat.com • Les w-e, j. fériés et pdt les vac scol (zone A) ; visite libre 15h-17h30 (juil-août 14h30-18h). Entrée : 4 € ; gratuit moins de 6 ans. En moyenne, 1 ou 2 visites commentées/j. (7 €) à 15h30 (juil-août 15h) : téléphoner pour plus de précisions.*
Pierre Jouvenal est tombé dans le chocolat quand il était tout petit, comme Obélix dans la potion magique. Héritier du savoir-faire de trois générations (depuis 1912), il s'est fait le héraut de la défense du bon, du vrai chocolat. Un réel travail d'évangélisateur. Passion et enthousiasme communicatifs, à la limite du prosélytisme, puisque nombre de visiteurs et visiteuses abandonnent régime et mauvaises-bonnes résolutions pour replonger dans les délices du chocolat ! Visite commentée de 1h, assez proche de la conférence.
Tout sur la géniale invention des Aztèques que vous pensiez déjà connaître. Histoire, géo, techniques de fabrication, anecdotes insolites, on ne voit pas le temps passer... À la fin, dégustation, évidemment !

Le musée des Liqueurs : *av. Camille-Rocher (près de la pl. des Récollets). ☎ 04-74-93-38-10. • cherry-rocher.fr • Ouv 15h-18h : juil-sept, tlj sf lun et j. fériés ; le reste de l'année, dim et j. fériés. Fermé janv-fév. Visite libre gratuite. Visite guidée sur résa mars-déc : 2,50 € ; gratuit moins de 14 ans.* Fondé en 1705, *Cherry-Rocher* est la plus ancienne distillerie de France ! Elle est spécialisée dans les liqueurs de fruits et de plantes. Visite des caves du XVe s et du processus de fabrication. Collection de vieux pressoirs, colonnes à « rectifier », alambics, bouteilles anciennes et vieilles affiches publicitaires sur les spiritueux du début du XXe s. Dégustation en fin de visite.

La vieille ville : pas mal de demeures anciennes dignes d'intérêt.
– *Place de la Halle :* au nº 22, maison Renaissance. Au coin, petite rue en pierres roulées reliant les halles au château. Au nº 16, baies géminées, au nº 27, hôtel Bocsozel du XVe s.
– *Rue de l'Hôtel-de-Ville :* au nº 2, la mairie, ancien hôtel particulier (belle montée d'escalier et pressoir à huile dans la cour), au nº 9, hôtel Monchenu du XVIIe s et sa jolie porte cloutée, au nº 21, l'hospice, ancien hôtel particulier du comte d'Argout, au nº 22, ancien hôtel Buffevent.
– *Rue Centrale :* au nº 11, demeure des Colomb de Battines, seigneurs de Bossieu (portail, auvent et vantaux caractéristiques).
– *Rue Saint-André :* au nº 3, porte cloutée, au nº 18, maison de la mère abbesse des ursulines.
– *Avenue Jongkind :* la première maison à gauche, au nº 8, est celle de ce peintre hollandais, précurseur de l'impressionnisme, qui passa les 12 dernières années de sa vie à La Côte. Il en aimait la lumière et réalisa ses plus belles aquarelles dans la campagne alentour. Les mômes l'appelaient « le père Jonquille ».

Manifestation

– ***Festival Berlioz :*** *2de quinzaine d'août.* • *festivalberlioz.com* • *Résas (à partir de mai) : 38, pl. de la Halle, BP 64, 38260* ***La Côte-Saint-André.*** *☎ 04-74-20-20-79. Ou au bureau du festival : ☎ 04-74-20-31-37.* Festival ouvert sur toutes les musiques, mais surtout, aux compositeurs romantiques du XIXe s (concerts gratuits et payants). Activités culturelles autour du festival également : *Étés de Marnans, carillon de Châtenay,* diverses expositions, animations de rue et autres *fugues du festival.*

LE PAYS VOIRONNAIS

Immédiatement à l'ouest du massif de la Chartreuse (neuf communes appartiennent au parc naturel régional), un pays injustement méconnu présentant de multiples atouts : tout d'abord, le célèbre lac de Paladru enchâssé dans un paysage vert et vallonné, propice à la pratique de la randonnée, du VTT ou encore des sports nautiques. Le Voironnais, c'est aussi un pays au patrimoine riche de ses châteaux et autres monuments médiévaux (châteaux de Longpra et Virieu, prieuré bénédictin de Chirens), sans oublier ses maisons typiques construites en pisé, c'est-à-dire en terre crue. Enfin, à Voiron même, ne pas manquer la visite des caves de la célèbre liqueur élaborée par les pères chartreux.

VOIRON (38500) 20 205 hab. *Carte Isère, B2*

Jusqu'au milieu du XIXe s, le chanvre a représenté la première ressource de la région, relayé ensuite progressivement par la soie et l'industrie du papier. Ville commerçante et industrielle active. C'est ici qu'on fabriquait les célèbres skis *Rossignol* qui permettaient à Alberto Tomba « la Bomba » de gagner ses slaloms à 11h, après être sorti de boîte à 6h ! Dans le vieux centre, quelques façades colorées et rues piétonnes : baladez-vous du côté de la place Saint-Bruno (derrière l'église du même nom), de la rue Genevoise et de la rue des Terreaux.

Adresse et infos utiles

Office de tourisme du pays voironnais – Bureau d'accueil de Voiron : *30, cours Becquart-Castelbon. ☎ 04-76-05-00-38. ● paysvoironnais.info ● Ouv tte l'année, mar-sam sf j. fériés.* Pas mal de doc et notamment une brochure sur le pays voironnais, complète, claire et colorée...

– **Marchés :** *pl. du Général-Leclerc, pl. Delattre-de-Tassigny et pl. du Général-de-Gaulle mer mat (textile et alimentaire), et pl. du Général-de-Gaulle sam mat (alimentaire).* Un rendez-vous avec les producteurs locaux.

– **Marché aux noix :** *mer mat, de mi-nov à mi-mars.*

Où manger ?

Où boire un verre ?

Les Archers : *9, pl. du Général-Leclerc. ☎ 04-76-05-00-42. Ouv tte l'année, tlj sf mer soir et dim. Formules déj en sem 10,90-15,90 € ; menu 31 € ; carte 25-30 €.* Membre des cafés historiques et patrimoniaux d'Europe, le café *Les Archers* perpétue la tradition et la convivialité des brasseries et cafés d'antan. C'est dans cette institution, en plein centre de Voiron, qu'il faut s'arrêter pour boire un verre ou pour manger, tout en profitant du cadre, rétro à souhait. Terrasse.

À voir

Les caves de la Chartreuse : *10, bd Edgar-Kofler. ☎ 04-76-05-81-77. ● chartreuse.fr ● ♿ (partiel). Avr-oct, tlj 9h-11h30, 14h-18h30 ; le reste de l'année, tlj sf w-e et j. fériés 9h-11h30, 14h-17h30. Visite guidée slt pour les caves (env 1h) ; visite libre pour l'expo. Entrée gratuite.* Les plus grandes caves à liqueur du monde ! La célèbre liqueur répond à une alchimie subtile et compliquée : pas moins de 130 plantes entrent dans sa composition, mise au point par les chartreux apothicaires, codifiée depuis 1737 et titrant 69°. La chartreuse verte fait 55°. En 1840, invention de la liqueur jaune à 40°. Bien entendu, les tentatives d'imitation abondèrent, mais échouèrent toujours. Intéressante visite guidée des caves de la distillerie. Pour la petite histoire, c'est ici qu'eut lieu le dîner de gala des J.O. de Grenoble en 1968. Pour compléter la visite, exposition permanente à l'étage : « 400 ans d'histoire retrouvée » : plongeon dans 400 ans d'histoire du fameux élixir pour tout connaître de l'histoire de la route des épices, des premières expériences d'apothicaires et du succès des célèbres liqueurs. Projection d'un film 3D avec commentaires de Robert Hossein sur les travaux des chartreux depuis 1084 ! Et pour finir, dégustation gratuite.

La chocolaterie Bonnat : *8, cours Sénozan. ☎ 04-76-05-28-09. ● bonnat-chocolatier.com ● Tlj sf dim (dim ap-m mars-déc) et lun 8h30-12h15, 14h-19h ; visite mai-oct, slt pour les groupes.* Une autre figure de Voiron, presque aussi célèbre que la distillerie. Depuis 1884, c'est aujourd'hui la quatrième génération. Un des rares chocolatiers en France à torréfier et à transformer directement les fèves (grands crus). Magasin de chocolat, confiserie, pâtisserie, salon de thé, cadeaux. Cher mais très bon !

L'église Saint-Bruno : *tlj 9h-18h.* Un autre symbole de la ville. De style néo-gothique (1864), les Voironnais n'hésitent pas à l'appeler « cathédrale ». Il faut dire qu'elle en a la taille ! Intéressants vitraux. Les nombreux concerts, programmés tout au long de l'année, seront l'occasion de profiter des grandes orgues (plus de 2 500 tuyaux), classées Monument historique, tout comme l'église.

Le musée Lucien-Mainssieux : *7, pl. Léon-Chaloin. ☎ 04-76-65-67-17. Dans le centre. Tlj sf lun et j. fériés 14h-18h. Entrée libre.* Présente les œuvres de Lucien Mainssieux, natif de Voiron, élève de Jules Flandrin, ami d'Albert Marquet, ainsi que d'autres peintres régionaux. Également des expos temporaires. Concerts et conférences (se renseigner pour la programmation précise).

Manifestations

– ***Festival de jazz de Voiron :*** *début avr.* Concerts payants et gratuits.
– ***La Photo fait son cinéma :*** *en juin.* À Voiron et dans les environs. Expos photos et festival du film court.
– ***Festival des cultures du monde :*** *1 sem fin juin-début juil.* Groupes folkloriques provenant de différents pays.
– ***Émotions de rues :*** *en juil.* Théâtre de rue.
– ***Foire de la Saint-Martin :*** *les 10 et 11 novembre.* Grand marché et animations autour des saveurs et des terroirs.

LE LAC DE PALADRU

Carte Isère, B2

Il faut bien avouer que si, aujourd'hui, tout le monde connaît le lac de Paladru, c'est grâce au film *On connaît la chanson* d'Alain Resnais... Rappelez-vous Agnès Jaoui, l'étudiante déprimée par le manque d'intérêt des profanes pour sa thèse sur « les chevaliers-paysans de l'an mille au lac de Paladru »... Mais trêve de plaisanterie : la thèse en question existe bel et bien, à chacun ses passions !
Vaste cuvette (longue de 6 km et large de 1 km), formée il y a quelque 12 000 ans suite au retrait du glacier du Rhône, le lac de Paladru est un lieu de villégiature populaire des Lyonnais et Grenoblois. Le lac s'est aussi révélé d'une grande richesse archéologique dans le domaine des civilisations néolithique et médiévale.
Plages, baignades et voile restent les rituels estivaux des tribus modernes en visite sur le lac.

Adresses utiles

ℹ ***Office de tourisme du pays voironnais – Bureau d'accueil du lac de Paladru :*** *230, rue des Bains, 38850* ***Charavines.*** *☎ 04-76-06-60-31. • paysvoironnais.info • À 50 m du lac, face à la plage. Ouv tte l'année (sf de déc à mi-janv) ; tlj avr-sept, sinon fermé le w-e.* Très bonne documentation (avec notamment une brochure du tonnerre sur le pays voironnais) et excellent accueil.
■ ***Natura Vélo :*** *245, route des Plages, 38850* ***Charavines.*** *☎ 04-76-35-64-98. 📱 06-23-33-15-90. • naturavelo • Juste en face de l'office de tourisme du pays voironnais.* Location de vélos (VTT, tandem, vélos électriques, vélos pour enfants, etc.). Point de lavage, atelier de réparation. Propose également des stages, des randos à vélo dans le coin. Une équipe professionnelle et expérimentée.

Où dormir ? Où manger autour du lac ?

Campings

⛺ ***Camping Robert :*** *715, route de Vers-Ars, 38850* ***Charavines.*** *☎ 04-76-55-66-77. • camping-robert.com • À 1 km env de Charavines en direction du Pin. Ouv de mi-avr à mi-sept. Pour 2 pers avec tente et voiture, compter 15-17 € selon saison.* Sympathique camping, ombragé et spacieux, mais séparé du lac par la route. On n'a jamais l'impression d'être les uns sur les autres. Animations certains soirs. Club de voile à côté.
⛺ ***Camping international du Lac :*** *La Véronnière, 38620* ***Montferrat.*** *☎ 04-76-55-33-94. • camping-montferrat.fr • ♿ Entre Montferrat et Charavines. Ouv de mi-avr à sept. Pour 2 pers avec tente et voiture, compter*

14-16,50 € selon saison. Chalets 5-7 pers, 420-610 €/sem selon saison. Camping au bord du lac et d'une plage aménagée. Emplacements plus ou moins ombragés. Resto. Sanitaires un peu vieillissants. Location de barques, canoës et catamarans. Simple, mais pas mal.

De prix moyens à chic

Chambres d'hôtes Les Balcons du Lac : *145, chemin de Béluran, 38730* **Le Pin.** *☎ 04-76-06-68-82. • lesdubalcons38@orange.fr • balcons38.e-monsite.com • À 300 m du lac, un peu en retrait le long de la route. Ouv tte l'année. Double 57 €. Table d'hôtes 18 €.* Grande bâtisse surplombant le lac. Les chambres, sans charme particulier, sinon la vue (pour 4 d'entre elles), sont équipées de grands lits ou de lits jumeaux et de bains tout neufs et spacieux. Coin pour les enfants. Accueil chaleureux, festif et direct de Christiane. On ne vient pas ici chercher l'intimité et le calme mais plutôt le plaisir de bonnes soirées entre amis, en toute simplicité. Franches rigolades en perspective.

Chambres d'hôtes La Maison de Joanny : *1490, route de la Guilletière, 38850* **Chirens.** *☎ 04-76-91-04-67. 06-70-06-23-34. • contacts@maison-de-joanny.com • maison-de-joanny.com • À la sortie de Chirens (vers Morestel), juste après le virage, bifurquer à gauche en direction de Clermont-La Guilletière ; 300 m plus loin, prendre à droite. Double 76 €. Table d'hôtes 25 €.* Joanny, c'était le grand-oncle de Claude, ancien propriétaire de cette ferme familiale de plus de 2 siècles. Dans l'ancienne grange, les proprios ont aménagé 4 chambres confortables, spacieuses, paisibles et plaisantes. Chacune d'une couleur différente (blanche, violette, jaune et verte). Une adresse assez élégante où l'on a plaisir à se poser.

Hôtel Les Bains : *345, rue Principale, 38850* **Charavines.** *☎ 04-76-06-60-20. • hoteldesbains-charavines.com • Fermé vac de Noël. Ouv tlj midi et soir. Résa conseillée. Menu (sf dim) 16 €, puis 20,50-42 €.* Malgré son appellation, il s'agit bien d'un resto, et plus précisément d'un bistrot au décor centenaire. La terrasse, à l'ombre de grands arbres et illuminée de loupiotes multicolores la nuit venue, est franchement top ! Friture, terrine de poisson d'eau douce, poêlon de grenouilles au chignin au programme, ambiance guinguette en prime. Pittoresque décalé et décontraction, même si en saison l'endroit est très populaire et tout sauf intime ! Intéressante carte des vins avec plus de 200 références.

À voir autour du lac

La Maison du pays « d'art et d'histoire » des Trois-Vals (musée du Lac de Paladru) : *38850* **Charavines.** *☎ 04-76-55-77-47. • museelacdepaladru.com • Mai-sept et vac scol, tlj 14h-18h ; hors saison lun-ven slt 14h-17h. Fermé pdt les vac de Noël. Entrée : 4 € ; réduc ; gratuit moins de 12 ans.* Le musée présente les découvertes des fouilles archéologiques subaquatiques qui ont révélé deux villages engloutis (dont l'habitat fortifié de Colletière). Les plus beaux objets retrouvés par les archéologues (outils, armes, jeux, instruments de musique...), donnent un aperçu de la vie quotidienne au Néolithique et vers l'an mille. Maquette expliquant les techniques particulières de fouilles dans le milieu subaquatique. Un reportage vidéo complète cette présentation et expose les différentes études en laboratoire.

La grange dîmière : *38730* **Le Pin.** *☎ 04-76-06-60-31 ou 04-76-55-64-15. • grangedimiere.com • Juil-août, tlj 15h-19h ; mai-juin et sept, slt mer, w-e et j. fériés 14h-18h. Possibilité de visite guidée sur rdv. Entrée gratuite.* Ancienne dépendance du monastère chartreux (dont l'origine remonte au XIIe s) de la *Sylve Bénite*, bel et vaste édifice du XVIIe s en galets roulés enduits. Haut de 18 m, il servait à stocker les récoltes et les produits de la dîme. Deux des cinq travées du bâtiment subsistent encore à ce jour, ainsi que les tuiles écailles d'origine. La grange dîmière est aujourd'hui un magnifique lieu d'exposition et d'animations : plusieurs ateliers (gratuits pour la plupart) sont proposés par des artistes. Programme disponible à l'office de tourisme.

Sports et loisirs d'été

Plages et sports nautiques : autour du lac, il existe cinq plages surveillées en été (ainsi que certains week-ends en juin et septembre). Seule la plage de Charavines, située face à l'office de tourisme du pays voironnais, est gratuite (elle est aussi surfréquentée en saison !). Les autres sont payantes (2-2,50 €/pers selon la plage) : Le Pin, Paladru, Montferrat et Le Ponton. Également 2 autres plages privées et payantes, mais non surveillées.
Opter pour les heures tranquilles, début ou fin de journée, c'est encore mieux ! Activités proposées : embarcations à pédales, voile, aviron, pêche, *stand up paddle*. Les amoureux d'endroits sauvages resteront sur leur faim : seule la rive est du lac propose un petit coin pique-nique en sous-bois à la sortie de Charavines (*bois d'Amour* ; aire de jeux pour enfants) et à Montferrat *(aire de la Verronière)*. Sachez que la plongée individuelle est strictement interdite.

Espace VTT - FFC : le secteur compte une quinzaine de circuits balisés du vert au rouge (très facile à difficile). Plan gratuit disponible à l'office de tourisme. Départ des circuits devant l'office de tourisme du pays voironnais à Chavarines.

Randonnées pédestres : le pays voironnais a aménagé un réseau de promenades sympas à consommer sans modération, à pied, à cheval ou à VTT. En tout, plus de 500 km de sentiers balisés. Carte en vente (2 €) à l'office de tourisme du pays voironnais.

DANS LES ENVIRONS DU LAC DE PALADRU

Le prieuré de Chirens : *161, route Notre-Dame du Gayet, 38850* ***Chirens.*** *04-76-35-20-02. • prieuredechirens.fr • À quelques km au sud-est du lac de Paladru. Juin et sept, dim slt 14h30-18h ; juil-août, mer, jeu et w-e, 10h-12h, 14h30-18h30. Entrée : 5 € ; réduc ; gratuit moins de 12 ans.* Importants vestiges d'un très beau prieuré bénédictin du XIe s. Une des rares absides romanes subsistant en Isère. Cul-de-four à cinq baies fortement abrasées. Fresques du XVIIe s. Dans la chapelle de gauche, près du chœur, inscription gothique. Mur de gauche, Vierge à l'Enfant et saint Nicolas. Exposition temporaire par thèmes. Festival de musique de chambre en juillet-août (vendredi ou samedi soir).

Le château de Virieu-sur-Bourbre : *38730* ***Virieu-sur-Bourbre.*** *04-74-88-27-32. • chateau-de-virieu.com • Pâques-Toussaint, w-e et j. fériés 14h-18h (juil-août, tlj sf lun). Visite libre des jardins ; entrée : 2 €. Visites guidées pour le château – départs ttes les 20 mn, durée : 45 mn. Entrée : 7 € ; réduc ; gratuit moins de 6 ans. Nombreuses animations mai-sept.*
Construit au XIe s, le château accueillit Louis XIII en 1622, au retour de la paix de Montpellier. Ce dernier y abandonna d'ailleurs les canons pris aux calvinistes (ils trônent aujourd'hui encore dans la cour intérieure). Le château fut modifié successivement au cours des siècles jusqu'au XVIIIe s.
Salle à manger joliment meublée et décorée d'une remarquable série de neuf tapisseries d'Aubusson évoquant l'histoire de Judith, inspirée de l'Ancien Testament. On poursuit la visite par la chambre où dormit Louis XIII, demeurée intacte depuis son passage. Dans une deuxième chambre, ne manquez pas le

lit à baldaquin et son ingénieux assemblage télescopique (sic !) qui permettait d'optimiser au mieux la hauteur du ciel de lit, en fonction des saisons (il fallait bien se réchauffer en hiver...). Visite également de la cuisine médiévale, de la chapelle du XVIIe s, du donjon avec sa voûte en entonnoir. Jardins à la française avec vue sur les collines alentour.

Le château de Longpra : *38620* ***Saint-Geoire-en-Valdaine.*** *☎ 04-76-07-63-48. • longpra.com • Mai-juin et sept-oct, dim et j. fériés 14h-18h ; juil-août, tlj 14h-18h. Entrée : 8 € ; réduc ; gratuit moins de 6 ans. Expos permanentes et temporaires.* Maison forte du XIIe s, isolée du reste de la propriété par douves et pont-levis. Cette demeure fut réaménagée et embellie au XVIIIe s. Depuis, rien n'a changé... boiseries, mobilier, papiers peints. Et pourtant, elle est toujours habitée : depuis près de 500 ans, 18 générations d'une même famille se sont succédé (les pièces à visiter sont encore utilisées de nos jours). Commode-autel dissimulant les secrets de la tourmente révolutionnaire, boiseries et planchers signés Jean-François Hache, célèbre ébéniste grenoblois, nombreuses toiles de maître du XVIIe s. Noter dans la chapelle, où était célébrée la messe, la trappe qui permettait aux gens d'assister aux offices depuis le 1er étage. En prime, vous aurez droit à l'histoire du trousseau de clés remis par le prieur de la Grande-Chartreuse au châtelain en 1903, suite à l'expulsion des moines du monastère. À voir aussi, une importante collection d'outils à bois des XVIIIe et XIXe s. Projection de documentaires tels que la restauration d'un tableau par les maîtres italiens. En été, pour les petits, des balades à poney.

LES PORTES DES ALPES

Territoire s'étirant entre Lyon et Grenoble, que d'aucuns ont probablement traversé sur la route pressée des vacances sans jamais prendre le temps d'un arrêt. Les Portes des Alpes, ce sont d'abord deux villes, Bourgoin-Jallieu et La Tour-du-Pin. Si la région ne mérite pas d'y séjourner plus de quelques jours, elle vaut à coup sûr une halte, ne serait-ce que pour le remarquable musée du Textile de Bourgoin-Jallieu ou encore l'authentique bourg médiéval de Saint-Chef, fief de l'ami Frédéric Dard, alias San-Antonio.

LA TOUR-DU-PIN

(38110) 7 790 hab. *Carte Isère, B2*

Ville des derniers dauphins. Il ne reste pas grand-chose de cette époque, à part quelques belles demeures Renaissance. Notamment rue d'Italie (rue Centrale), aux nos 17 et 29. Cette dernière, dite « maison des Dauphins », accueillit François Ier, au retour de la bataille de Marignan. Elle abrite aujourd'hui l'office de tourisme.
Ne pas manquer, dans l'église, le magnifique triptyque, la *Passion du Christ* de Georges Penez, élève de Dürer (1541). Exécuté en récompense des bons soins qu'il avait reçus dans l'hôpital de la ville.

Adresse et info utiles

Office de tourisme : *pl. Antonin. Dubost. ☎ 04-74-97-14-87. • latourdupin.fr • Ouv tlj sf sam ap-m et dim.*

Gare SNCF : *av. de la Gare. ☎ 36-35 (0,34 €/mn).* Nombreux trains quotidiens pour Lyon et Grenoble.

Où dormir ? Où manger à La Tour-du-Pin et dans les environs ?

Prix moyens

Hôtel de France : *12, av. Alsace-Lorraine, à* ***La Tour-du-Pin.*** *☎ 04-74-97-00-08. • hoteldefrance.tdp@wanadoo.fr • hotel-de-france-isere.com • Dans le centre. Doubles 49-51 €, 1 ou 2 lits. Garage payant.* Derrière une façade art déco qui ne refuserait pas un petit rafraîchissement, ce petit hôtel, à l'ambiance agréablement familiale, dissimule des chambres plaisantes et bien tenues. Certaines chambres avec TV. Petite salle de sport. Terrasse privée. Un rapport qualité-prix honnête.

Chambres d'hôtes Le Traversoud : *484, chemin Sous-l'École, 38110* ***Faverges-de-la-Tour.*** *☎ 04-74-83-90-40. • deroi.traversoud@orange.fr • le-traversoud.com • À 8 km au nord-est de La Tour-du-Pin. Accès : suivre la route d'Aix-les-Bains puis tourner à gauche au feu tricolore de Saint-Clair-de-la-Tour ; à 3 km, suivre la direction Dolomieu puis fléchage. Double 58 €. Table d'hôtes 25 € (sur résa).* Au cœur d'un petit hameau et noyée dans la verdure, une ancienne ferme dauphinoise. 3 chambres (excellente literie au passage) à l'entrée indépendante. Déco coquette et fleurie sur les thèmes de Monet, Van Gogh et Cézanne. On a un petit faible pour la chambre familiale Cézanne, sous le toit. Un sauna avec douche hydromassante est à la disposition des hôtes (5 €/personne). Excellent accueil.

De prix moyens à plus chic

Le Rochetoirin : *Le Village, 38110* ***Rochetoirin.*** *☎ 04-74-97-60-38. • lerochetoirin@wanadoo.fr • À 5 km de La Tour-du-Pin par la D 1006 en passant par Saint-Jean-de-Soudain. Fermé dim soir, lun et mer soir. Formules déj 11-19 €. Menus 29-58 €.* Perché à 400 m d'altitude, *Le Rochetoirin,* du village éponyme, rallie tous les suffrages grâce à sa double casquette : bleu de travail au bistrot traditionnel, sans pour autant serrer les fesses du côté gastronomique. Atmosphère fraîche et bonhomme dans cette grande salle carrelée, aux nappes vert bourgeon et aux rideaux jaune soleil. Cadre riant, oui, comme la carte, qui comprend, dans chaque formule, sa déclinaison de recettes de cuisses de grenouilles dont le chef s'est fait une spécialité. Bons produits régionaux.

L'Ambroisie : *64, route du Lac, 38110* ***Saint-Didier-de-la-Tour.*** *☎ 04-74-97-25-53. • ambroisie2@wanadoo.fr • Depuis l'A 43, sortie nº 9, traverser La Tour-du-Pin. À Saint-Didier-de-la-Tour, suivre la direction du lac Saint-Félix. Congés : vac scol d'hiver et de la Toussaint. Fermé mar, mer et dim soir. Menus 29 € (sf dim), puis 45-70 €.* Tout a commencé par une histoire d'amour entre André (le chef) et sa femme Angélique (en salle), qui se sont rencontrés derrière les fourneaux ! Le couple forme une alchimie heureuse débordant de talent ! Leur cuisine est rayonnante, à leur image, avec quelques accents méditerranéens qui rappellent leurs racines. Le menu-carte est relativement succinct : est-ce pour permettre au chef de maîtriser au mieux ses produits, auxquels il apporte un soin méticuleux ? Une audace toujours bienvenue, jamais outrancière, et qui montre une belle aisance et un plaisir ludique incontestable. On en oublie vite le train qui passe tout près !

DANS LES ENVIRONS DE LA TOUR-DU-PIN

À La Bâtie-Montgascon (38110)

Le musée du Tisserand dauphinois : *☎ 04-74-83-08-99. • tisserand.dauphinois.free.fr • Accès : de La Tour-du-Pin, suivre la D 1516 à l'est. Mai-oct, mer-dim sf j. fériés 14h-18h. Visite guidée sam à 15h. Entrée : 3,50 € ;*

réduc notamment sur présentation de ce guide ; gratuit moins de 12 ans. Atelier pour enfants « canuts-canailles » mer en juil-août.
Cette ancienne usine réhabilitée abrite de véritables trésors exposés dans un cadre on ne peut plus approprié et lumineux. En guise d'introduction, évocation de l'histoire de la soie (série de panneaux), concrétisée par le contact avec les matières (chouette !). On a l'impression de pénétrer dans un immense atelier de tissage où, presque par magie, les machines se mettent à fonctionner... Ce n'est pas qu'une illusion puisque la plupart des métiers sont opérationnels, grâce aux efforts des anciens canuts qui les entretiennent amoureusement. Du coup, ces métiers, qui pour la plupart approchent les 150 ans, produisent encore quelques pièces de soie à titre démonstratif. On vous encourage à toucher (mais attention les oreilles !).
Une seconde partie du musée est consacrée au tissage du tulle et de la dentelle : machines, métiers et photographies. Un chiffre éloquent : dans les années 1910, il y avait à La Bâtie-Montgascon 960 métiers à tisser pour 1 000 habitants ! L'expo permet de suivre l'évolution technique du tissage, qui allait d'ailleurs sonner le glas d'usines telles que celle-ci. Miraculeusement, grâce au musée, elle trouve une seconde vie. Expos temporaires et expo permanente sur le patrimoine historique de La Bâtie-Montgascon. Pour conclure, un grand coup de chapeau à l'équipe de fervents amateurs sans lesquels ce musée n'aurait jamais vu le jour. Et, en prime, un formidable accueil.

À Aoste *(38490)*

Le Musée gallo-romain d'Aoste : *☎ 04-76-32-58-27. • mairie-aoste.fr • À env 15 km à l'est de La Tour-du-Pin, après La Bâtie-Montgascon. Lun, jeu et ven 10h-12h, 14h-18h ; w-e 14h-18h. Fermé mar, mer, 1er mai et déc-janv. Entrée : 4,60 € ; réduc ; gratuit moins de 12 ans. Ateliers découverte pour petits et grands, 2,50 € sur résa.*
Le musée est agencé autour d'un patio vitré (à l'instar de l'atrium romain) dans un cadre rénové et lumineux. Il expose une collection assez exceptionnelle d'objets de la vie courante et religieuse.

Entre Vienne et l'Italie
Tout d'abord, retour sur la tribu gauloise des *Allobroges* et la conquête romaine. Fondée vers 15 av. J.-C., la bourgade d'*Augusta* (en hommage à l'empereur Auguste) occupait alors une position stratégique de carrefour routier entre la capitale régionale, Vienne, la Suisse et l'Italie. En témoigne l'autel de carrefour, espèce de temple en miniature dont la niche devait abriter Mercure, le dieu des Voyageurs.

Une bourgade active
Collection de poteries complétée par une maquette reconstituant la fabrication des céramiques. Les conditions idéales étaient réunies avec la proximité du Rhône et de vastes zones boisées. Série d'amphores utilisées pour le transport des denrées. Elles contenaient, entre autres, huile d'olive, saumure et *picatum,* vin gaulois aigrelet, qui a donné la piquette ! Pour les rendre imperméables, on tapissait leur paroi intérieure de poix ou de cire. Quelques objets forgés, verreries et monnaies.

Vivre à Aoste
Évocation des habitants (des citoyens aux esclaves en passant par les affranchis), de la religion et du culte public. Notez le fac-similé d'une superbe statue de la déesse Abondance, autrement appelée « Fortune », ou encore l'autel à une divinité inconnue. Sarcophage en calcaire de Rhodia, pesant près de 3 t, illustrant les rites autour de la mort.

Au jour le jour
Collection de vaisselle de table et de cuisine, dont une carafe, connue en sept exemplaires seulement dans le monde romain, constitue le joyau. Jeux, parures, toilettes, cultes domestiques, etc.

De la fouille au musée
Pour finir la visite, quelques photos anciennes des fouilles et du musée créé en 1856. On nous explique que les travaux d'agrandissement du musée ont été considérablement retardés par des tas de découvertes imprévues, le sous-sol d'Aoste étant en effet truffé de merveilles archéologiques.

BOURGOIN-JALLIEU (38300) 25 540 hab. *Carte Isère, B1-2*

« J'ai une gueule de bois qui intéresserait un sculpteur »

Frédéric Dard

Bourgoin-Jallieu souffre à l'évidence d'un déficit d'image. Pourtant la ville représentait encore, en ce début de XXIe s, le fleuron de l'ennoblissement textile en France (traitement du tissu à sa sortie du métier à tisser). Jusqu'à la fermeture des *Ateliers Mermoz* au début des années 2000, 85 % de l'impression pour la haute couture française (*Dior, Lacroix,* etc.) étaient réalisés ici. Un superbe musée du Textile relate cette formidable aventure, des premiers tampons d'impression aux dernières techniques informatiques. À visiter séance tenante ! Bourgoin, c'est aussi la ville natale de Frédéric Dard, alias San-Antonio (voir plus bas à Saint-Chef, où il est enterré), et du grand chef parisien Guy Savoy. Enfin, Jean-Jacques Rousseau séjourna dans la ville de 1768 à 1770, y rédigeant une partie des *Confessions*.

Adresse et info utiles

i *Office de tourisme :* *pl. Carnot. ☎ 04-74-93-47-50. • bourgoinjallieu.fr • Ouv lun-sam ; fermé dernière sem de déc.* Produits du terroir et d'artisanat souvent exposés en été. Billetterie spectacles. Au printemps et à l'automne, organise des visites commentées (5 €) : « Le vieux Bourgoin » (2h30) et « Sur les traces de Jean-Jacques Rousseau » (2h30, voiture indispensable).

Gare SNCF : *☎ 36-35 (0,34 €/mn).* Nombreux départs quotidiens pour Grenoble et Lyon.

Où manger à Bourgoin et dans les environs ?

|●| *Lala DuM :* *7, allée des Marettes. ☎ 04-74-28-65-48. • laladum@orange.fr • Derrière le théâtre Jean-Vilar ; dans une cour. Fermé lun, sam midi, dim et j. fériés. Résa plus que conseillée. Menus-carte 16-18 € (déj en sem), puis 26-35 € (soir). Apéritif maison offert sur présentation de ce guide.* Une petite table dans le ton d'aujourd'hui. Salle colorée, ethnico-design, service au féminin et bons petits plats qui ont les faveurs des locaux à l'heure du déjeuner. Terrasse.

|●| *Le Demptézieu :* *105, rue Hugues-de-Demptézieu, 38300* ***Saint-Savin.*** *☎ 04-74-28-90-49. • le-demptezieu@orange.fr • Au hameau de Demptézieu, à 8 km env au nord de Bourgoin (D 143) et à 2 km de Saint-Savin. Fermé dim soir, lun, mar et j. fériés. Congés : 15 j. début janv et 15 j. début juil. Menus 16 € (déj en sem), puis 24-58 €. Café offert sur présentation de ce guide.* Il ne faut pas avoir peur de se perdre sur de toutes petites routes, pour arriver au pied du château de famille de Bayard. D'un ancien café de village, les proprios ont fait une étape gastronomique : un accueil simple, un service sans prétentions, une salle et des plats aux couleurs et aux goûts d'aujourd'hui.

À voir. À faire

Le musée de Bourgoin-Jallieu (Textile et Beaux-Arts) : *17, rue Victor-Hugo. ☎ 04-74-28-19-74. • bourgoinjallieu.fr • Au centre-ville. Tlj sf lun et j. fériés 10h-12h, 14h-18h. Entrée gratuite. Visites commentées le dim du 1er w-e (entier !) du mois à 14h30 (expo permanente) et 16h30 (expo temporaire) : 4 € ; réduc ; gratuit moins de 15 ans.*
Installé dans la chapelle des Antonins (XVIe s) et l'hôtel-Dieu (XVIIIe s), entièrement réhabilités et flanqués d'un hall de verre lumineux, le musée s'organise sur deux thèmes : l'histoire de l'ennoblissement textile des origines à nos jours en Nord-Dauphiné et l'œuvre du peintre Victor Charreton, fondateur du musée. Le tout sur trois niveaux, réalisé de manière à permettre un contact tactile avec une partie des collections. Espaces ludiques pour les enfants et vidéos. Bibliothèque et centre de documentation pour les accros, sur rendez-vous.

Niveau 1 (rez-de-chaussée)
- *Salle d'introduction :* l'histoire du chanvre à la soie en Nord-Dauphiné, l'évolution des techniques d'impression, à travers des robes de 1740 à nos jours...
- *Espace tactile :* petite salle pédagogique avec un panneau didactique composé de diverses étoffes encapsulées (soie, chanvre et autres matières).
- *Salle des métiers :* installée dans l'ancienne chapelle. Exemplaire unique en France d'une réplique d'un métier à tisser à grande tire, chinois, du XIIIe s. Deux personnes tissaient alors quotidiennement 10 cm à partir de 3 600 fils de soie. D'autres métiers actionnés en principe pendant les visites, parmi lesquels un métier à tisser « éponge » à navette des années 1910 et un autre de 1953. Bourgoin abrita de 1855 à 1992 l'usine *Diederichs,* la première entreprise européenne de construction de métiers à tisser. Depuis la fermeture de l'usine, les métiers ont été dispersés. Sont restés quelques exemplaires au musée, que des bénévoles, tous anciens de l'usine, maintiennent en état.

Niveau 2
- *Salle de l'« Indiennage » :* sur la mezzanine, notez l'ouverture voûtée à l'entrée, qui permettait aux malades de l'hôpital d'assister à la messe célébrée dans la chapelle, juste en dessous. Fin XVIIe-début XVIIIe s, Anglais et Néerlandais rapportèrent d'Inde des tissus imprimés, les *indiennes.* Prohibées jusqu'en 1759, elles envahirent en fin de compte le marché britannique et un peu plus tard le marché français.
- *Salle d'impression à la planche :* planches d'impression fin XVIIIe-début XIXe s qui servaient à imprimer les tissus. Trois essences de bois étaient utilisées : le poirier, pour ses qualités hydrophobes, ainsi que le sapin et le hêtre, pour leur résistance.
- *Cuisine aux couleurs :* véritable « cuisine » reconstituée, plus vraie que nature...
- *Salle des manufacturiers :* entre autres, un exemplaire de soie façonné et brodé pour la reine Victoria.
- *Salle audiovisuelle :* film sur le thème de *La Soie lyonnaise et l'ennoblissement textile.*
- *Salle des techniques contemporaines :* exemplaires de cadres rotatifs pour l'impression du tout-venant (3 000 m/h). Également des cadres plats ou *cadres à la lyonnaise,* sur lesquels sont toujours fabriqués les célèbres foulards *Hermès.* À côté, une imprimante textile ultramoderne à jet d'encre : 16 millions de couleurs (sic !)... On n'arrête pas le progrès pour autant...

Niveau 3
- *Salle autour de l'œuvre de Victor Charreton (1864-1936) :* en alternance avec l'expo temporaire. Postimpressionniste, Victor Charreton se rendit célèbre aux États-Unis au lendemain de la guerre. Hymne à la nature, sa peinture a l'originalité d'être parfois réalisée sur une étoffe appelée *finette* qui, en absorbant l'huile et supprimant le rancissement, évite l'altération des couleurs. Compte tenu de sa

texture ouatée, seul le travail au couteau est possible, ce qui interdit la moindre retouche. La trentaine de toiles présentées donne un bon aperçu de l'œuvre.

– *Salle d'expo n° 2 :* au cas où vous n'en auriez pas assez... avec expos-dossiers temporaires.

➢ ***Sur les traces de Frédéric Dard :*** Bourgoin-Jallieu a mis au point un petit itinéraire qui permet, en 10 étapes, de parcourir la ville et les endroits qui étaient chers à San-Antonio : son café, sa maison, sa boulangerie, son école... Demander le petit guide (1,50 €) à l'office de tourisme ou au syndicat d'initiative de Saint-Chef, autre étape du pèlerinage.

SAINT-CHEF

(38890) 3 450 hab. *Carte Isère, B1*

Niché dans un étroit vallon, dans un cadre de collines verdoyantes, un village offrant une riche page d'histoire religieuse. Tout débuta au VIe s avec la fondation par saint Theudère d'un petit monastère, rentré trois siècles plus tard sous les ordres de saint Benoît et qui, peu à peu, prit de l'importance, avec la construction d'une importante abbaye entre les Xe et XIIIe s. L'abbatiale est alors à son apogée, étendant son autorité sur une douzaine de prieurés dont celui de Crémieu. De cette époque subsistent une église renommée pour ses riches fresques romanes et la tour du Poulet, sur les hauteurs du village, dernier vestige des fortifications de l'abbatiale. Par ailleurs, Saint-Chef abrite de nombreux petits édifices et maisons de caractère, notamment cette très belle tour avec fenêtre à meneaux et accolade jouxtant le syndicat d'initiative. Plus proche de nous, Saint-Chef est la patrie de Frédéric Dard, alias San-Antonio, et de Louis Seigner, surnommé le « paysan-gentilhomme », lui qui incarna plus de 1 500 fois *Le Bourgeois gentilhomme* à la Comédie-Française.

Quand et comment visiter Saint-Chef ?

De préférence entre avril et octobre, ce qui permet de coupler votre visite avec la Maison du patrimoine. Et si vous voulez faire une promenade « sur les pas de Frédéric Dard », sachez que, le 3e dimanche de mai et de septembre, la Maison du patrimoine organise une visite animée avec intervention des personnages de l'histoire de Saint-Chef et enquête policière façon San-Antonio. Pour tous les enquêteurs en herbe, mais aussi pour les amateurs de patrimoine et d'histoire. À moins que vous ne préfériez assister à la fête des Vignerons qui se déroule chaque année le 3e week-end de février. Si, par ailleurs, vous souhaitez profiter des visites guidées de l'abbatiale et de la chapelle, rendez-vous à la Maison du patrimoine. En semaine, accès aux fresques (20 mn), et le dimanche, visite guidée de 1h30 environ (rendez-vous à 15h30 au syndicat d'initiative).

Adresse utile

ℹ ***Syndicat d'initiative :*** *pl. de la Mairie. ☎ 04-74-27-73-83. • sy.saint-chef@wanadoo.fr • Juin-sept, ouv ts les ap-m ; le reste de l'année, w-e slt (dim slt nov-fév) ; fermé de mi-déc à mi-fév.* Expositions temporaires : peintures, sculptures, vitraux... En cas de fermeture, s'adresser à la Maison du patrimoine *(☎ 04-74-92-59-92),* à 50 m, ou consulter *• saint-chef.fr •*

Où dormir ? Où manger dans le coin ?

|●| ***La Taverne Rustique (chez Monique) :*** *6, voie du Chapitre, La Chapelle. ☎ 04-74-92-42-97. • latavernerustique@orange.fr • ♿ Sur les hauteurs*

du village, face au repère 23 du circuit de découverte (voir plus loin). Fermé mer soir (plus le soir lun et mar hors saison). Congés : 15-30 janv. Menus 13,50 € (le midi en sem), puis 19,50-30 €. C'est Marie Tabardel, la mère spirituelle de Frédéric Dard, qui ouvrit ce resto dans les années 1950. Vendu en mai 1968. Un décor de bric et de broc, un peu vieillot, pour une cuisine de terroir qui satisfait les habitués et les gens de passage. Spécialités de grenouilles. Terrasse ombragée.

Château de Chapeau-Cornu : *Le Rual, 38890* ***Vignieu.*** *☎ 04-74-27-79-00. • reception@chapeau-cornu.fr • chateau-chapeau-cornu.fr • De Saint-Chef, prendre la D 19, direction Morestel (fléché). Resto fermé lun midi et mer, plus dim soir sf juil-août. Congés : 1 sem fin déc. Doubles 91-171 € selon confort. Formule et menu 27 et 35 € (midi en sem), puis 59-77 €. Apéritif maison offert sur présentation de ce guide.* Drôle de nom, drôle de château ! Savaient-ils, les Capella et les Cornutti du XIIIe s, qu'il y aurait là un superbe resto et un hôtel de charme, aux chambres gaies, confortables, personnalisées, avec des noms chantants et un mélange de mobilier ancien et d'objets d'art contemporain ? Repas servis dans de belles salles voûtées. Bistrot-grill avec une terrasse en été au bord de la piscine. Uniquement des produits du terroir préparés avec beaucoup d'inspiration. Piscine et parc boisé de 6 ha. En résumé, une des plus belles adresses qui soient pour une escapade amoureuse.

À voir. À faire

L'église abbatiale et la chapelle : *visite libre de l'église. Pour accéder à la chapelle qui contient les fresques, visites guidées organisées dim à 15h30 (en principe), mais mieux vaut se renseigner avt auprès du syndicat d'initiative ou de la Maison du patrimoine. Durée de la visite : env 1h30. Tarif : 5,50 € ; réduc ; gratuit moins de 12 ans.*

Édifiée au XIIe s, l'église se tient tel un vaste vaisseau à trois nefs. Dans la nef, au dessus des 1re et 2e voûtes en partant du cœur, noter les vases acoustiques. Il s'agit de poteries en terre cuite, incrustées dans le mur, qui avaient pour effet de moduler les notes un peu trop aigües ou trop graves des chants des moines. Dans le transept droit, sur un arc en plein cintre, fresque représentant la mer de Cristal de l'Apocalypse. Sur le mur, le moine saint Theudère portant l'église dans la main droite et son bâton de pèlerin de la main gauche.

De l'autre côté, on aperçoit la chapelle haute de l'abbaye, dissimulée en surplomb derrière les orgues. À l'intérieur, on peut admirer (par groupe de 20, afin d'assurer la préservation de ce chef-d'œuvre) un ensemble de fresques romanes parmi les plus fascinantes de France. Un véritable éblouissement ! Là, les scènes de *L'Apocalypse selon saint Jean* dans un superbe style romano-byzantin. Dans le cul-de-four, *Christ en majesté,* saint Matthieu à gauche et saint Jean à droite. Au-dessus des arcades, les 12 apôtres et les 12 prophètes. Sur la voûte centrale, grande figure du *Christ en majesté* entouré de trois fois sept anges. Noter le jeu des ailes, repliées quand il y a peu de place pour les peindre, déployées quand il y a plus de latitude, ce qui donne un certain rythme à la composition. Au-dessus de la porte, les quatre évangélistes et, sur la voûte, la « Jérusalem céleste ». Elle reproduit une église-porche carolingienne surmontée d'un agneau, symbolisant la lumière divine.

Le musée-Maison du patrimoine de Saint-Chef : *2, rue du Seigneur-de-By. ☎ 04-74-92-59-92. Avr-oct, tlj sf mar et 1er mai 14h30-18h30 (également 10h-12h en juil-août). Entrée : 3,50 € ; réduc ; gratuit moins de 12 ans. Visites guidées de la chapelle haute avec les fresques (hors offices ou résa de groupe) à 15h30 et 17h (et 11h en juil-août) ; durée 20 mn ; 3,50 € (tarif combiné 5 €).*

Expo permanente sur l'histoire de l'abbaye et les traditions locales à l'aide, entre autres, de maquettes, CD-Rom et films. Présentation et lumière remarquables, fruit du travail de notre ami Luc Savoyat.

Niveau 1

Vitraux originaux du XVe s, chants grégoriens avec *La Prose de saint Theudère,* texte original du XIIIe s retranscrit au XVIIIe s, maquette de Saint-Chef reconstituée à la fin du XVIIIe s également. En rose clair, les bâtiments détruits en 1860 pour permettre la construction d'une route traversant le village.

Niveau 2

Visite interactive des fresques de l'abbaye à l'aide d'un joystick. Le jeu consiste à zoomer certaines parties pour mieux observer le détail des fresques. Puis, changement radical d'univers avec une expo consacrée à la découverte de la vigne, l'architecture en terre (le pisé), la magnanerie (culture du ver à soie), le patois dauphinois, un dialecte d'origine franco-provençale. Enfin, évocation des écrivains Marius Riollet et Frédéric Dard, du comédien Louis Seigner.

➢ Pour découvrir les richesses de Saint-Chef, qui ne se limitent pas à son abbatiale, on vous conseille de suivre le ***circuit en 25 étapes*** (livret en vente au syndicat d'initiative ou à la Maison du patrimoine). À chaque étape, un écriteau : autant d'occasions de plonger en arrière pour s'imprégner en profondeur du lieu visité au détour de l'ancien quartier des artisans et des vignerons, d'une ancienne filature de vers à soie, d'un séchoir à tabac, d'une maison en pisé, etc. En fin de parcours, ne manquez pas le repère 24 qui vous livre un joli point de vue sur le village. Départ du circuit à côté du syndicat d'initiative, retour et fin à la Maison du patrimoine. Le livret détaille également les randos dans le coin.

Randonnées pédestres dans le coin

➢ Quatre boucles vous sont proposées au départ de Saint-Chef (du parking du Marchil) : balisage carré jaune (10,5 km), logo église rouge (14 km), orange (11 km) ou encore bleue (12 km). Plan en couleurs et descriptif complet en vente au syndicat d'initiative et à la Maison du patrimoine. Notre préférence va au circuit jaune pour la diversité des paysages qu'il traverse : marais, vignes, coteaux et forêt de feuillus. Il permet en outre la découverte de la tour du Poulet, du château du Marchil ou encore du château de Chapeau-Cornu (voir plus haut « Où dormir ? Où manger dans le coin ? »). Du haut de la montée de Gaillot-Candy, on aperçoit au loin le mont Blanc par temps dégagé.

L'ISLE CRÉMIEU ET LE PAYS DES COULEURS

Plateau calcaire bordé de falaises et au sous-sol creusé de cavités, dont la célèbre grotte de la Balme. À quelque 30 km de Lyon, la cité médiévale de Crémieu a conservé son patrimoine architectural intact. Quant au pays des Couleurs, c'est la patrie de Claudel qui vécut une bonne partie de sa vie retiré dans son château de Brangues.

MORESTEL (38510) 4 150 hab. *Carte Isère, B1*

Un « éperon rocheux au milieu de l'alluvion », selon l'expression de Claudel. Sympathique petite ville fleurie, cité des peintres, repérable de loin avec son

clocher rehaussé d'une lanterne gothique, elle-même flanquée d'une tourelle en poivrière (le « petit doigt » en l'air). Tout en haut, sur son rocher, le *donjon carré,* vestige du château détruit pendant les guerres de Religion qui abrite aujourd'hui des expos temporaires.

Adresses et infos utiles

Office de tourisme : *100, pl. des Halles. ☎ 04-74-80-19-59. • morestel.com • Ouv tte l'année ; fermé dim ap-m, lun ap-m et j. fériés.* *(payants).* Riche documentation sur toute la région.

La Maison du pays des Couleurs : *84, pl. du 8-Mai-1945. ☎ 04-74-80-39-30. • lepaysdescouelurs.fr •* La vitrine de la vingtaine de communes du canton de Morestel. Audiovisuel, expos à thème et espace consacré au savoir-faire du pays des Couleurs.

Bus : *avec* ***Transisère,*** *☎ 0820-08-38-38 (0,12 €/mn).* 2-4 bus/j. pour Crémieu et Lyon. 2-6 bus/j. pour La Tour-du-Pin (de là, nombreux trains pour Lyon et Grenoble).

– ***Marchés :*** *pl. des Halles et pl. du 8-Mai-1945, dim mat. Avr-sept sf août, le dernier dim du mois, marché du livre ancien et d'occasion dans les jardins de l'Hôtel-de-Ville.*

– Navettes gratuites en petit train touristique tous les dimanches d'avril à septembre.

Où dormir ? Où manger ?

Camping

Camping municipal La Rivoirette : *rue François-Perrin. ☎ 04-74-80-14-97. • christophe.durand038@orange.fr • À 500 m du centre-bourg ; accès par la D 517 (route de Lyon). Ouv mai-sept. Emplacement pour 2 pers avec tente et voiture env 8,50 €. CB refusées.* Petit camping de taille modeste et fort simple, avec tennis et terrain de foot à proximité.

De prix moyens à chic

Chambres d'hôtes Les Franciscaines : *205, rue Ravier. ☎ 04-74-80-56-82. • franciscainesmorestel@wanadoo.fr • Au cœur du village, à deux pas de l'église. Ouv tte l'année. Double 58 €. Parking privé gratuit.* Une petite communauté de sœurs franciscaines propose 4 chambres au sein de leur vénérable demeure dont les traces les plus anciennes remontent au XIVe s. Ici, on aime la sobriété, mais sans rien céder au confort. Chambres spacieuses dotées de salle de bains et d'une TV. Parquet, meubles anciens, et parfois une cheminée en marbre. L'une d'elles, avec ses 2 chambres communicantes, est parfaite en famille. Confiture maison au petit déj. Agréable terrasse qui domine la ville pour se poser. Accueil discret, tout en douceur et dévoué. Une adresse empreinte de quiétude.

Hôtel de France : *319, Grande-Rue. ☎ 04-74-80-04-77. • contact@hoteldefrance-morestel.com • hoteldefrance-morestel.com • Doubles 61-65 € selon confort. Garage payant.* La bonne hôtellerie indépendante et familiale qui a fait peau neuve. C'est propre, confortable et rénové avec goût. Murs de pierre apparente ou bardés, couleurs douces, quelques touches de mobilier moderne ou plus ancien. L'ensemble est plaisant. L'établissement se trouve au bord de la rue principale, mais les chambres sont équipées de double fenêtre. Fait aussi resto.

Auberge du Fouron : *254, chemin de Malissole. ☎ 04-74-80-28-69. • stephane.gerente@wanadoo.fr • À la sortie de Morestel sur la route de Bourg-en-Bresse (D 1075). Fermé dim soir et lun tte l'année, plus sam midi sept-mai. Congés : 2 sem en mai et 2 sem en oct. Menus 19-22 € (déj en sem), puis 28-48 €.* Stéphane Gerente Lapierre est passé maître dans une cuisine originale, agrémentée de notes florales et herbacées. Il trouve une partie de son inspiration dans les jardins et les champs où il cueille chénopode, lierre terrestre, capucine, bourrache, sauge, pourpier et autres fleurs et plantes sauvages qui apporteront touches de couleurs, saveurs acidulées, poivrées, etc. Une cuisine aromatique, pleine d'audace, de surprises et réjouissante. Salle aux tons chaleureux et terrasse couverte sur le jardin.

Où dormir ? Où manger dans les environs ?

Chambres d'hôtes Le Jardin : *143, route des Murailles, Buvin, 38630* ***Les Avenières.*** *☎ 04-74-33-96-37. • ninihenri.languin@free.fr • ninihenri.languin.free.fr • À 8 km au sud-est de Morestel (faites-vous expliquer le chemin !). Fermé pour les fêtes de fin d'année. Double 60 €. Table d'hôtes 22 € vin compris (oct-avr slt). Réduc de 10 % sur la chambre sf mai-sept, sur présentation de ce guide.* Une adresse, vraiment dans l'esprit routard, où l'on se serait posés bien plus longtemps. On a eu l'impression, dans cet ancien bistrot-resto de village, d'arriver chez des amis ou de la famille. 2 agréables chambres, pleines de charme avec leur parquet et leurs meubles anciens, idéales en famille (elles peuvent accueillir 4 et 6 personnes). Joli jardin champêtre, un peu sauvage, avec une tonnelle de kiwis, hamacs, une piscine hors sol et une cuisine d'été à disposition. Accueil sincère et décontracté. En prime, Annie prépare une jolie cuisine revisitée et pleine de saveurs.

Le Chantegrit : *pl. de la Mairie, 38510* ***Creys-Mépieu.*** *☎ 04-74-97-70-46. À 8 km de Morestel par la D 16, dans le hameau de Creys. Lun-ven le midi slt plus w-e sur résa. Menus 13 €, w-e 22-26 €.* Un petit resto simple comme un bonjour, tenu par Michèle et Bernard qui ont fait le choix de passer une retraite active ! Le menu, bien ficelé et peu ruineux, change tous les jours et fait la bonne affaire des ouvriers du coin et gens de passage. Cuisine lyonnaise et du Sud-Ouest. Gibier en saison. Terrasse au pied de l'église. Parfait pour se sustenter dans la convivialité et sans trop taper dans le porte-monnaie.

À voir

Pittoresque balade dans la ***vieille ville*** : en suivant les ruelles, la montée de la porte Murine, la rue de la Muette, l'hôtel de ville et son toit souabe (le jardin représente quant à lui une palette de peintre), on passe devant une belle maison de maître du XVIIIe s, la *maison Ravier,* du nom du précurseur de l'impressionnisme. Puis, place Grenette (qui indique qu'il y avait jadis une halle aux grains), vieux puits et vénérables demeures. On passe ensuite la *tour médiévale* (table d'orientation) et enfin l'*église Saint-Symphorien,* ancienne chapelle d'un couvent des augustins du XVe s. Pour finir, vestiges des anciens remparts, au pied du jardin alpin, le long de la grande rue et *Maison du pays des couleurs,* élégante bâtisse du début du XIXe s, ainsi que diverses galeries. Ne pas manquer non plus le Jardin des Poètes, parsemé... de poèmes.

La maison Ravier : *rue F.-A.-Ravier. ☎ 04-74-80-06-80. • maisonravier.fr • Mars-nov, tlj sf mar 14h30-18h30. Tarif : 4 € ; gratuit moins de 18 ans.* Exposition permanente d'œuvres du peintre Ravier et trois expos temporaires par an. Programme très hétéroclite : peintures, sculptures, dessins, thèmes littéraires, etc.

Manifestations

- ***Marché de potiers :*** *1 dim en juil, les années paires.*
- ***Journée des peintres en liberté :*** *dernier dim de juil.* Chacun peut amener son chevalet et le poser dans la rue !
- ***Illuminations :*** *8 déc.* Feu d'artifice avec son et lumière et embrasement des remparts.

DANS LES ENVIRONS DE MORESTEL

BRANGUES (38510)

À 6 km à l'ouest de Morestel par la D 60a. Planté sur un promontoire bénéficiant d'un cadre agréable face à « la montagne bleue », Brangues est un village plein de bonne littérature, marqué par Stendhal, auquel un fait divers survenu dans l'église du village inspira le célèbre roman *Le Rouge et le Noir*, et par Paul Claudel, qui séjourna dans son château voisin les 20 dernières années de sa vie. De juin à septembre, ne manquez pas la visite en compagnie de bénévoles « qui vous feront revivre le drame qui inspira Stendhal et vous parleront de Claudel tel qu'ils l'ont connu » *(sur résa au ☎ 04-74-80-32-14)*. Pour être complet, un rendez-vous important qui rythmera peut-être votre été : un marché du livre et de la carte postale le 3e dimanche de juillet.

L'espace d'exposition Claudel-Stendhal : *☎ 04-74-80-32-14. • claudel-stendhal.com • Juil-août, tlj sf mar 10h-12h, 15h-19h ; mai-juin, w-e et j. fériés 10h-12h ; sept-nov, w-e et j. fériés 14h-18h ; fermé le reste de l'année. Entrée libre.* Pour comprendre ce qu'Henri Beyle était venu chercher ici... et en savoir plus sur l'auteur du *Soulier de satin*. Deux écrivains que tout oppose : personnalité, style de vie et style littéraire. Au rez-de-chaussée, un diaporama de présentation, un globe terrestre sur lequel s'illuminent les villes où Claudel a séjourné et le détail de l'affaire Berthet qui inspira à Stendhal les personnages de Julien Sorel et de Mme de Rénal pour *Le Rouge et le Noir*. À l'étage, une maquette du château familial et d'abondantes coupures de *Paris-Match*, présentant Claudel, tel un vieux sage au crépuscule de sa vie, et de multiples témoignages de la voix même du poète parvenant d'un vieux poste de T.S.F.

La tombe de Paul Claudel : *dans le parc du château.* À réserver aux passionnés et aux fétichistes. L'accès n'est pas aménagé. Face au château qui ne se visite pas, emprunter le chemin de terre qui longe la propriété sur la gauche. Après 200 m, une simple porte en bois donnant accès aux caveaux familiaux. Tombe dépouillée, ornée seulement de l'alpha et l'oméga de l'alphabet grec (symbolisant le début et la fin de toute chose). Les abords, aménagés en jardin japonais, rappellent que Paul Claudel fut ambassadeur de France au Japon.

MONTALIEU-VERCIEU

(38390) 3 020 hab. *Carte Isère, B1*

À mi-distance entre Morestel et Ambérieu, le long de la D 1075, vous voici au pays de la pierre. L'exploitation de carrières dure ici depuis deux siècles – l'industrie du ciment est d'ailleurs implantée localement avec notamment le groupe *Vicat*. Vous remarquerez certainement assez vite qu'on est à proximité de Creys-Malville, vous savez... *Superphénix*. Pas de panique, la bête est bel et bien morte et la région se révèle plutôt agréable. Sinon, belle base de loisirs au bord du Rhône : *La*

UNE BELLE CARRIÈRE

Le choin extrait dans les carrières de Montalieu est une pierre qui se taille facilement, ce qui lui a assuré un franc succès dans le monde entier, notamment fin XIXe-début XXe s. Le choin de Montalieu a permis la construction de l'Empire State Building (s'il vous plaît), du palais impérial de Tokyo et d'un si grand nombre de ponts à Lyon qu'on a renoncé à les compter.

***Vallée Bleue* (piscine extérieure chauffée et toboggans, sports nautiques, restos, camping, etc.).**

Adresses utiles

i ***Office de tourisme de Montalieu au Pays de la Pierre :*** *5, pl. de la Mairie. ☎ 04-74-88-48-56. • valleebleue.org • Ouv tte l'année, mar-sam mat.*

■ ***Espace Eau Vive :*** *Isle de la Serre, 38390* ***Porcieu.*** *☎ 04-74-36-67-61. • espaceeauvive.fr • Près du barrage de Sault-Brénaz.* Rivière artificielle aménagée sur 600 m où pratiquer kayak, *hydrospeed,* rafting, etc. Camping, buvette et aire de pique-nique.

Où dormir ? Où manger dans le coin ?

Au Four et au Moulin, Le Moulin d'Arche : *près du pont de Briord, 38390* ***Bouvesse-Quirieu.*** *☎ 04-74-88-61-61. • contact@moulindarche.com • moulindarche.com • À partir de la D 1075, suivre au choix la D 52 en direction de Montagnieu, puis tourner à droite juste avt le pont sur le Rhône (D 14a). Juil-août, ouv tlj midi et soir ; mai-juin et sept, ouv ven, w-e et j. fériés slt. Menu 23 €.* Authentique moulin quadricentenaire, planté au bord de l'eau (visites possibles en saison). Grandes tables de bois dressées à l'ombre du préau et du grand platane. Pain biologique décliné sous toutes ses formes à goûter en grosses tartines ou d'archoises à la méditerranéenne mais aussi mâchons, fromage de tête maison ou porcelet doucement rôti au four à bois. Roboratif et convivial.

Chambres d'hôtes La Reine des Prés : *38390* ***Enieu.*** *06-67-33-91-79. • contact.lareinedespres@gmail.com • lareinedespres.com • Ouv tte l'année. Doubles 76-86 € selon taille et standing. Dîner sur résa 26 €.* Une imposante maison du XVIIIe s, un parc planté d'arbres largement centenaires (avec une belle piscine), un accueil adorable, des chambres de charme où le moindre détail a été pensé et repensé : tout est réuni pour sacrer cette *Reine des Prés* plus belle adresse du secteur.

À voir

La Maison de la pierre et du ciment : *1, rue du Rhône. ☎ 04-37-06-10-71. Fév-mars, mer 14h-18h ; avr-juin et sept, mer et w-e 14h-18h ; juil-août, mar-dim 14h-18h. Entrée : 3 € ; réduc ; gratuit moins de 8 ans. Possibilité de visite guidée (env 1h30) : 5 €.* Exposition consacrée à la pierre du pays et aux hommes qui l'ont fait vivre jusqu'à aujourd'hui. Histoire des carrières depuis l'époque romaine, techniques et outils, mémoire. Intérieur reconstitué d'une maison de pierreux du XIXe s. Le tout avec maquettes et outils multimédia. Animations (sur résa) : jeux d'exploration, ateliers, visite des carrières...

CRÉMIEU

(38460) 3 340 hab. *Carte Isère, B1*

Adorable petite cité médiévale, insérée entre deux hautes collines, avec un riche patrimoine urbain et qui fut oubliée par le chemin de fer et l'industrialisation. Pourtant, on n'est qu'à un très court vol de corbeau de Lyon... C'est là l'une des grandes surprises de cette Isère qui ne cesse jamais de nous étonner tout au long du voyage.

UN P'TIT BOUT D'HISTOIRE

La ville est citée pour la première fois au XIIe s, avec l'installation d'un prieuré bénédictin et la construction d'un château delphinal. En 1315, le dauphin Jean II accorde une charte de franchise à la ville, ainsi que des privilèges commerciaux. C'est ainsi que la ville s'enrichit et prospère pendant près de deux siècles. On élève une enceinte armée de 14 tours et 9 portes et on construit la halle en 1434. Dès lors, Crémieu devient l'étape incontournable des expéditions et caravanes vers l'Italie. C'est sur son marché que l'on décide du prix du grain pour toute la région. On y bat même monnaie. Pourtant, Crémieu perd de son importance militaire et le coup fatal est porté par la signature de la paix avec la Savoie en 1601.
Couvents et institutions religieuses prennent alors le relais tout au long du XVIIe s, du fait de la proximité de Lyon et de la noblesse de la ville. Les capucins en 1615, puis les pénitents blancs en 1619, les visitandines en 1627, les ursulines en 1633... Au XVIIIe s, déclin économique quelque peu enrayé par le développement des carderies de laine et chanvre, filatures et tanneries. Au XIXe, à l'écart des grands flux routiers, oubliée par le train et l'industrialisation, Crémieu s'assoupit définitivement et n'attire plus que les peintres.
Pour notre plus grand plaisir, la ville se réveille aujourd'hui, belle et harmonieuse, avec un patrimoine architectural remarquablement préservé et mis en valeur. Et ce n'est pas encore une ville-musée : au cours de vos pérégrinations, vous découvrirez, de-ci, de-là, des façades fatiguées et patinées par le temps, des fenêtres à meneaux murées, des clins d'œil architecturaux insolites...

Adresse et info utiles

Office de tourisme : *pl. de la Nation. ☎ 04-74-90-45-13. • ville-cremieu.fr • À côté de la mairie. Tlj tte l'année (sf 1er mai et 25 déc-1er janv). (payant).* Juin-août, dim ap-m, visites guidées de la ville (payant).

Bus : *avec* ***Transisère.*** *☎ 0820-08-38-38 (0,12 €/mn) ; • transisere.fr •* Départs ttes les heures pour Lyon (fréquence réduite le dim). Pas de bus pour Grenoble.

Où dormir ? Où manger ?

L'Auberge de la Chaite : *pl. des Tilleuls, cours Baron-Raverat. ☎ 04-74-90-76-63. • aubergedelachaite@wanadoo.fr • aubergedelachaite.com • À deux pas du centre. Fermé lun et le soir mer, dim et j. fériés. Congés : 2 sem en avr, 1 sem fin août et des vac de Noël à mi-janv. Doubles 49 € (w-c sur palier), puis 63-66 € selon confort. Menus 19 € (sf dim), puis 30-40 €. Réduc de 10 %, à partir de la 2e nuit, hors juil-sept, sur présentation de ce guide.* L'auberge traditionnelle par excellence, qui a conservé un petit parfum désuet avec son cadre médiéval à souhait et sa salle de resto un peu sombre. L'été, on préfèrera le jardin. Chambres dans la même veine (lits en fer forgé, certaines avec des lits bateau). Les chambres côté jardin sont les plus sympas. Cuisine traditionnelle, sans audace particulière, mais de qualité régulière.

Le Castor Gourmand : *14, rue Porcherie. ☎ 04-74-90-02-49. • d.crost@voila.fr • À deux pas des halles. Fermé dim soir, lun et mar soir. Formule déj en sem 14 € ; menus 21-42 €. Café offert sur présentation de ce guide.* On y déguste l'une des meilleures cuisines de la ville élaborée avec les produits du marché. Le duo de foie gras au pain d'épice fait partie des classiques, mais la carte change à chaque saison.

Où dormir ? Où manger dans les environs ?

Chambres d'hôtes Soleil et Cacao : *24, chemin du Pin, Saint-Julien, 38460* ***Siccieu.*** *☎ 04-74-83-68-01.*

• nadine@soleiletcacao.fr • soleiletcacao.fr • À 4 km de Crémieu, par la D 52 ; prendre la direction de Siccieu, puis fléché. Double 69 € (61 € à partir de 3 nuits). Table d'hôtes 25 €. Également un gîte rural. Soleil et Cacao, un nom douillet comme le fumet du café au petit déjeuner, chaud comme les alizés, pour cette jolie maison en pierre posée dans un cadre champêtre, sur un versant boisé. L'endroit est calme. 5 chambres confortables et restaurées, à la déco fraîche, colorée et de bon goût, où l'ancien s'harmonise au moderne. Pas de plage bordée de cocotiers, mais une piscine qui fait parfaitement l'affaire.

La Bicyclette Fleurie : *hameau de Moirieu, sentier de Traverse, 38460* ***Villemoirieu.*** *☎ 04-74-90-06-55. • contact@la-bicyclette-fleurie.fr • la-bicyclette-fleurie.fr • À 3 km de Crémieu ; depuis la mairie, suivre la direction Villemoirieu, puis fléché. Doubles 85-120 € selon confort. Table d'hôtes 34-39 €.* Dans l'ancienne coopérative viticole du hameau, Richard et sa compagne ont tout restauré en HQE (haute qualité environnementale). Ils proposent 5 chambres absolument ravissantes : Grèce, Irlande, Norvège, Népal et Finlande, autant de pays qu'ils ont parcouru à vélo ! Peinture à base de pigments naturels, draps et serviettes en coton bio, récupération de l'eau de pluie. Repas à base de produits bio ou provenant du coin. Grand jardin avec un four à pain qui fonctionne. Piscine chauffée, sauna avec possibilité de massage. Une vraie belle adresse.

Au Bois Joli : *24, impasse des Carrières, 38460* ***Saint-Hilaire-de-Brens.*** *☎ 04-74-92-81-82. En venant de Crémieu (à 6 km), au niveau du rond-point qui dessert les routes de Morestel et de Bourgoin-Jallieu. Tlj sf lun, slt le midi. Congés : 10 j. début janv et de mi-août à mi-sept. Résa indispensable le w-e. Menus 13,50 € (déj en sem), puis 20-32 €. Café offert sur présentation de ce guide.* Établissement connu et reconnu de tous, et ça fait des années que ça dure. Un jardin, 2 grandes salles pouvant accueillir une centaine de convives, avec une collection de clochettes de vache. Le cadre n'a pas vraiment changé depuis les années 1970. On y sert une cuisine familiale et copieuse. Gibier en saison. Bons p'tits vins pas trop chers. Terrasse ombragée et fleurie en été.

Où acheter de bons produits ?

Saveurs Paysannes : *17, rue Roland-de-Lactenal, à côté du supermarché Carrefour Market. ☎ 04-74-90-88-23. Tlj sf dim ap-m et lun 8h30 (9h dim)-12h30, 15h-19h, sam 8h30-18h.* Centralise les produits fermiers des environs en proposant le meilleur de la production locale, le plus frais et le plus goûteux. Fromages, volailles, charcuteries, fruits, légumes, jus de fruits, confitures... vous trouverez largement de quoi remplir votre panier.

À voir

Ne pas manquer de récupérer le guide pratique (avec plan très bien fait) à l'office de tourisme. Il y a au moins 52 maisons et monuments répertoriés en ville. Voici les principaux points d'intérêt...

La halle : construite en 1434, c'est l'une des plus vastes de France (61 m de long, 20 m de large). Restaurée au cours des siècles, mais la plupart des éléments sont d'origine. Ainsi la charpente aligne-t-elle quasiment toujours ses belles poutres de chêne ajustées sans ferrures ni boulons, uniquement avec tenons, mortaises et chevilles de bois. Elle supporte un superbe toit de lauzes de... 400 t ! Noter les anciennes mesures à grain dans un grand comptoir de pierre. Ici, la mesure unitaire était le bichet (19,50 l), la bichette (la moitié d'un bichet), la coupe (la moitié de la bichette), l'émine (deux bichets) et le setier (deux émines). Bien sûr, pour faire bonne mesure, la Révolution mit bon ordre à tout cela.

La mairie : *tlj sf sam ap-m et dim.* Installée depuis 1792 dans l'ancien couvent des Augustins. Voir le chauffoir (première pièce à droite). Voûte d'ogives sur colonne centrale, avec cheminée monumentale et quelques stalles. Conseil municipal dans l'ancienne salle du chapitre. Au sol, pierres tombales. Cloître du XVIIe s attenant avec un beau portail en ferronnerie.

L'église Saint-Jean-Baptiste : *ouv tlj.* C'est l'ancienne chapelle du couvent, dont le chevet faisait partie intégrante des remparts. Une curiosité pour cette église : le clocher a été construit en 1508 sur l'une des tours de défense (côté cours Baron-Raverat). À l'intérieur, le plus vieil orgue de l'Isère (1785), chaire et stalles en noyer du XVIIe s. Dégagées lors des travaux de restauration de 2000, de magnifiques peintures médiévales viennent enrichir l'ensemble depuis début 2007.

La porte de la Loi : *cours Baron-Raverat.* De la fin du XIVe s. Impressionnante avec son toit à quatre pans. Accès à la rue des Augustins et perspective sur le château delphinal. Sur la gauche, série de maisons à échoppes des XIVe et XVIIIe s (entablements). *Rue de la Loi,* d'autres maisons à échoppes et de commerçants.

Suivre la rue de l'Église jusqu'à la rue Frandin. Légèrement sur la droite, puis en face, apparaît une ruelle qui grimpe. De là-haut, belle vue sur le village et les jardinets suspendus. Retour rue Frandin. Sur la droite, la côte Faulchet, empierrée comme dans le temps. Au bout de la rue Frandin, la ***maison Ferrand*** (XVe et XVIe s) et sa tourelle avec fenêtre à accolade.

Le couvent des Ursulines : *rue du Marché-Vieux.* Du XVIIe s. En 1791, fut transformé en fabrique de chaussures.
– En face, pittoresques demeures urbaines, rare exemple d'architecture civile du XIVe s (fenêtres géminées ou à croisées, porte en ogive). Habitées au XVIIe s par des tisserands. Au coin de la côte Chausson, jolie maison rénovée des XIIIe et XIVe s. Rue des Visitandines, *maison des Ursulines* puis de vigneron (avec escalier extérieur caractéristique). En face, le *couvent des Visitandines.* Aujourd'hui, maison de retraite. Superbe ***apothicairerie,*** malheureusement visible uniquement lors des Journées du patrimoine. Décorée de lambris et d'un beau plafond peint et ornementé bleu et blanc.
– Tout au bout de la rue du Docteur-Labonnardière, la *porte de Martinas* (poterne du Mulet), vestige de la première enceinte médiévale. Retour rue du Marché-Vieux.

La maison des Trois-Pendus : *rue du Marché-Vieux.* Une des plus anciennes de la ville. Ces trois pendus sont, pense-t-on, les têtes sculptées ornant les fines colonnettes d'une fenêtre tripartite. Mais il existe d'autres légendes à leur sujet...
– Arrivée *porte de Quirieu* (XIVe s) où la pierre de grès rouge domine. Continuer le boulevard Porte-Neuve jusqu'à la *porte François Ier* (de 1535). Rappelle les fréquents séjours que le roi fit à Crémieu sur le chemin des guerres d'Italie. Ancienne tour des remparts. Au milieu, une petite baie pour la canonnière.
– Rue Saint-Antoine, ancienne *chapelle* de l'hôpital du même nom (XIVe s), transformée ensuite en remise, mais dont on peut reconnaître encore le clocheton et le toit de lauzes.
– Rue du Four-Banal, dans un renfoncement à droite, la *maison Consulaire.* Une stupide grille empêche de lire la plaque d'explication.
– Au passage, rue Mulet, du n° 2 au n° 6, série de *jolies demeures urbaines* (du XVe au XVIIIe s). Amusez-vous à reconnaître les différentes transformations subies au long des siècles (comme cette porte percée dans une ancienne arcade de boutique).

La maison du Colombier : *côte Faulchet (et rue du Four-Banal).* Du XVIe s, une des plus élégantes de la ville. Noter les lucarnes fenières (pour monter le foin sûrement), côté rue montante et une génoise ornant la façade rue du Four-Banal. Sans oublier une inhabituelle fenêtre à meneaux d'angle.
– En face, l'*hôtel de la Poype* des XVe et XVIe s. Maison noble de ville qui devint refuge de vieillards. Tourelle et jolie fenêtre en accolade avec inscription gothique,

rue Saint-Jean. En face, insolite clocher carré de l'église Saint-Jean qui ne fut jamais achevée et se transforma en maison d'habitation à la Révolution. Enfin, côté Faulchet, face à la maison du Colombier, remise présentant une ravissante fenêtre géminée en trèfle. Un charme médiéval brut de forme.

La rue Juiverie rappelle la présence d'une importante communauté juive au XIVe s. On y trouve une demeure du XVe s avec de grandes belles fenêtres à meneaux et, de l'autre côté de la rue, l'*auberge de l'Écu de France,* ancien relais de diligences. Dans la cour, tour se terminant par un pigeonnier en forme de fer à cheval.

En vis-à-vis de la colline du château delphinal, la ***colline Saint-Hippolyte*** avec les vestiges du premier prieuré des Bénédictins : entre autres, une grosse tour carrée où s'ouvrait la porte du prieuré et une tour ronde.

Manifestations

– ***Foires aux antiquités :*** *jeu de l'Ascension (la plus importante). La 2e se tient le 14 juillet.*
– ***Festival de l'artisanat :*** *dim et lun de la Pentecôte.* Grande fête de la création d'art réunissant près de 150 artisans venant de la France entière.
– ***Les Médiévales :*** *2e w-e de sept.* Spectacles et parades animés par comédiens et saltimbanques, banquet sous la halle.

HIÈRES-SUR-AMBY (38118) 1 150 hab. *Carte Isère, B1*

À une dizaine de kilomètres au nord de Crémieu, petit village paisible aux belles maisons de pierre. Ne pas manquer d'y visiter la très intéressante Maison du patrimoine. Point de départ pour la visite du site archéologique de Larina, visite que l'on peut coupler avec un sentier de découverte, le *sentier du Paysage calcaire,* cheminant à travers falaise, plateau et gorges. Informations et départ de la Maison du patrimoine. Compter 3h de balade avec le tour des vestiges archéologiques.

LE DAUPHINÉ

Où dormir ? Où manger dans le coin ?

De prix moyens à chic

Le Val d'Amby : *pl. de la République, à* ***Hières-sur-Amby.*** *☎ 04-74-82-42-67. • mirvinc@wanadoo.fr • hotel-levaldamby.com • Resto fermé dim soir et mer, 1 sem en avr et 1 sem en fév. Congés : 2 sem en août. Doubles 61-76 € selon confort. Menus 13-25 € le midi en sem, puis 29-65 €.* Sympathique établissement, face à la fontaine du village. Une douzaine de chambres restaurées et parfaitement tenues (parquet flottant, murs enduits de crépi blanc, mobilier en bois et fer forgé). Mais la passion de Dominique Grisoni, c'est la table et la mise en scène des produits du terroir. De son passage dans de grands restaurants de la Côte d'Azur, il a gardé un vrai savoir-faire en matière de créativité gastronomique. Une bonne table, une adresse soignée.

Chambres d'hôtes Les Basses Portes : *Torjonas, 38118* ***Saint-Baudille-de-la-Tour.*** *☎ 04-74-95-18-23. • mirvinc@wanadoo.fr • basses-portes.com • À partir de la D 65, suivre la D 52b, 2 km au sud de La Balme-les-Grottes (fléché). Sur le plateau de l'Isle-Crémieu, au fond d'un cul-de-sac,* *parfaitement au calme. Double 69 € (61 € à partir de 3 nuits). Table d'hôtes sur résa (sf mer) 24 €.* Ferme tricentenaire jadis porcherie, forge et même bar (dans un passé plus proche), entièrement restaurée de main de maître par Mireille et Vincent, nos sympathiques hôtes. 3 chambres personnalisées dont une au rez-de-chaussée, « Coquelicot », avec parquet et lits jumeaux. 2 autres à l'étage, mansardées : « Horizon », avec mezzanine, et « Égyptienne », avec d'immenses bains. Finitions d'une précision déconcertante... du travail d'artiste ! Jardin et terrasse où l'on prend le petit déjeuner en été. Piscine. Une super adresse !

Le Relais du Bac : *110, rue des Écoles, 38390* ***Vertrieu.*** *☎ 04-74-90-68-06. • relaisdubac@club-internet.fr • relaisdubac.com • À 12,5 km de Hières par la D 65. Double 74 € ; suite 84 €. Roulotte 84 € pour 2 (122 € pour 4) ; loc également à la sem. Table d'hôtes 22 €. Juste à côté de l'école.* 4 très belles chambres dont la déco à thème rend hommage aux traditions locales et aux membres de la famille qui ont marqué cette demeure familiale du XVIIIe s (Indochine, élevage du ver à soie, navigation sur le Rhône ou hommage à la cousine Claire). Le parc descend jusqu'au fleuve, et la vue est splendide. On peut même loger dans une roulotte au sein de ce cadre enchanteur. Parfait pour se mettre au vert et au calme.

À voir

Le Musée-Maison du patrimoine : *abrité dans l'ancien presbytère, montée de la Cure. ☎ 04-74-95-19-10. • musee-larina-hieres.fr • Ouv avr-sept, tlj 14h-18h ; oct-mars, lun-ven 14h-18h. Entrée : 3,50 €, audioguide compris ; réduc ; gratuit moins de 12 ans.* Intro indispensable à la connaissance de l'Isle Crémieu, cette région si particulière où domine la pierre. C'est dans un musée entièrement rénové que le visiteur découvre, à travers des objets archéologiques, la vie des peuples qui se sont succédé dans la région entre la préhistoire et le Moyen Âge. Outils, bijoux, céramiques, reconstitution de la tombe du prince celte ainsi que des vestiges issus des fouilles de la villa gallo-romaine de Saint-Romain-de-Jalionas et du site de Larina. Des objets d'une grande valeur mis en valeur par une belle muséographie.

DANS LES ENVIRONS DE HIÈRES-SUR-AMBY

LE SITE ARCHÉOLOGIQUE DE LARINA

À env 10 km de Hières-sur-Amby. ☎ 04-74-95-19-10. • musee-larina-hieres.fr • Accès par la D 52 et la pittoresque route des gorges d'Amby. À pied : depuis le parking du musée à Hières, par un sentier qui grimpe à travers falaise et sous-bois (env 40 mn, avec 190 m de dénivelée). Ouv tlj du lever au coucher du soleil. Accès libre.

Site dominant spectaculairement les plaines du Rhône et de l'Ain ; il fut occupé de la préhistoire au Moyen Âge. Sur plus de 20 ha protégés par une enceinte d'origine gauloise (pas encore dégagée), vous découvrirez les *vestiges d'un domaine rural de la fin de l'Antiquité et de la période mérovingienne* (IVe-VIIIe s). Fermes, villas, granges et entrepôts, chapelle, mausolée, nécropoles, etc. Bien sûr, pas très spectaculaire en soi, le tout réduit aux fondations la plupart du temps (n'oublions pas que les maisons étaient construites en torchis !), mais cela donne néanmoins une bonne idée de ce qu'était un village de cette époque, et l'environnement est remarquable.

Nombreux panneaux explicatifs. La ferme du VIe s est probablement le plus ancien bâtiment civil de l'Isère. Table d'orientation sur la colline et nécropole du IVe au

Ve s. Sur une autre colline, rares vestiges d'une église des Ve-VIIIe s avec tombes. Murs d'origine préservés par la terre, certains en écailles de poisson.
– Sentier d'interprétation « Sur le chemin de Larina, un espace naturel ». Départ au niveau du parking de la maison du patrimoine. Un parcours en boucle (compter 2h30) qui permet de découvrir le site de Larnia, le patrimoine naturel et les paysages du coin. Livret gratuit disponible à la maison du patrimoine.

Dans les environs, à ***Annoisin-Chatelans,*** *musée de la Lauze (☎ 04-74-83-11-28 ; tlj sf lun nov-mars ; accès libre).* Tout sur ce calcaire à tout faire. À ***Saint-Romain-de-Jalionas,*** vestiges d'une *villa gallo-romaine,* en cours de fouilles *(☎ 04-74-90-76-01 ; accès libre ; visite possible tte l'année ; panneaux d'interprétation).*

LES GROTTES DE LA BALME

À 8 km au nord de Hières-sur-Amby. ☎ 04-74-90-63-76. • grottes.biz • Se renseigner pour les horaires d'ouverture. Fermé en janv. Durée de la visite : 1h15. Entrée : 7,90 € ; 5,50 € pour les 4-14 ans ; réduc. Le porche monumental servit tour à tour d'abri aux hommes préhistoriques, de cachette au contrebandier Mandrin et de salle de bal aux villageois. Curieuses de par leur volume et leur réseau labyrinthique, les grottes de la Balme sont surtout célèbres pour leurs sublimes gours de calcaires, extraordinaires cascades de concrétions immaculées. La visite laisse malheureusement un peu sur sa faim, on passe trop vite sur ces concrétions pour mieux s'appesantir sur la vie des chauves-souris et les éclairages multicolores un peu tape-à-l'œil. Reste que le passage dans les boyaux de roche est un grand moment d'hilarité générale. Encore faut-il être bon public et pouvoir se faufiler !

VIENNE

(38200) 29 620 hab. *Carte Isère, A2*

À 30 km au sud de Lyon, Vienne semble quelque peu éclipsée par la notoriété de la capitale des Gaules. Souvent assimilée à l'une de ses grosses banlieues, la ville traîne une image un peu grise, un peu triste. Curieusement, la ville est assez peu connue, excepté par les amateurs de jazz, qui savent depuis longtemps qu'elle accueille l'un des plus populaires festivals d'Europe.
Amis lecteurs, laissez-vous surprendre par Vienne et son riche patrimoine qui lui a permis d'accéder au rang envié de « Ville d'art et d'histoire ». Cette ancienne capitale antique se révélera pour vous un remarquable conservatoire des civilisations et des cultures qui façonnèrent la région : très riche période gallo-romaine (le deuxième théâtre romain de France et bien d'autres vestiges), tandis que les architectures romane, gothique et Renaissance se disputent âprement chaque coin de rue. Vous n'aurez pas assez de votre journée pour admirer les merveilleuses mosaïques de la Vienne antique et visiter tous les musées et monuments de la cité...

UN PEU D'HISTOIRE

Lieu de passage sur le Rhône et débouché des routes des Alpes, on trouve ici un peuple gaulois, les Allobroges, qui cohabiteront bien avec les Romains. Résultat : le développement d'une ville et d'un port commercial du Ier au IIIe s qui deviendront rapidement les plus importants de la vallée du Rhône. Place militaire sous César, elle y gagne le titre de colonie latine. Plus tard, sous Claude, vers 40 apr. J.-C., celui de colonie romaine. C'est un Viennois qui sera le premier Gaulois à exercer à Rome, en 35 apr. J.-C., le consulat, pour y devenir par la suite sénateur. Vienne, grâce à l'enrichissement de son aristocratie, se couvre alors de monuments prestigieux : théâtre, odéon, cirque, palais privés... On va même jusqu'à parler des « sept collines » de la ville, à l'instar de Rome (alors que, on les a encore comptées, il n'y en a bien que cinq !). À cette époque, Vienne, beaucoup plus étendue qu'Autun et Arles, aurait hébergé environ 30 000 habitants.

LE TOMBEAU DE PONCE PILATE ?

Inutile de faire les présentations. Ponce Pilate, tout le monde connaît. Mais qu'est-il devenu après être tombé en disgrâce dans la foulée du procès de Jésus-Christ ? Dès le Moyen Âge, de nombreuses légendes le font mourir à Vienne : pendu dans le temple d'Auguste, noyé dans le Rhône... Chacune des versions accompagne sa mort de phénomènes naturels plus effroyables les uns que les autres.

Au IVe s, sous Dioclétien, la cité devient chef-lieu de la province viennoise puis capitale d'un diocèse de sept provinces couvrant la moitié sud de la Gaule.
Dans les siècles qui suivent, on assiste à un développement important de la vie religieuse. Au VIIe s, on y trouve 12 monastères. À la fin du IXe s, elle devient la capitale du premier royaume de Bourgogne du roi Boson, qui passe au début du XIe s sous la tutelle du Saint Empire romain germanique. Les archevêques acquièrent de plus en plus de puissance ; l'un d'eux deviendra pape en 1119, sous le nom de Calixte II.
En 1450, sous Louis XI, Vienne est rattachée au royaume de France et c'est le début du déclin. Les archevêques perdent leur pouvoir temporel ; leur place n'est plus la même dans le système politique et communal français. Pendant ce temps, Lyon s'impose de plus en plus tandis que Grenoble reçoit les administrations royales du Dauphiné.
Le XVIIIe s est marqué par le développement de l'industrie du drap, des textiles, notamment dans la vallée de La Gère, et de la métallurgie, tandis que la ville perd un peu plus de son rang sur la scène politique, avec la suppression de son archevêché à la Révolution, et voit Grenoble la supplanter en remportant le titre de chef-lieu de département.
Au XIXe s, la révolution industrielle est favorable à Vienne qui passe de 12 760 habitants en 1819 à 24 980 en 1896. Mais à partir de 1950, fin de partie, la crise du textile entraîne la fermeture de toutes les usines (la dernière en 1987).
Aujourd'hui, la ville mise avant tout sur ses industries de pointe et son riche patrimoine historique.

Adresse et infos utiles

Office de tourisme *(plan A3) : cours Brillier. ☎ 04-74-53-80-30. • vienne-tourisme.com • Ouv tte l'année tlj. Fermé 1er janv, 1er mai, et 25 déc.*
Gare SNCF *(plan B3) : pl. Pierre-Sémard.* Plusieurs trains quotidiens pour Lyon (20 mn de trajet) et Valence.
Gare routière *(plan B3) : rue de la Petite-Vitesse.* ***Transisère,*** *☎ 0820-08-38-38 (0,12 €/mn) ; • transisere.fr •* Pas de bus directs pour Grenoble, il faut changer à la Côté-Saint-André (une dizaine de bus/j.). Pour rejoindre Grenoble, mieux vaut prendre le train en passant pour Lyon.
– ***Location de vélos :*** l'office de tourisme propose des vélos de ville *(gratuit pdt 1h30 ; compter 5 € au-delà, valable pour la journée).* Très bien pour découvrir le territoire ou se promener le long des berges du Rhône en empruntant une partie de la Via Rhôna (voie verte reliant le lac Léman à la Méditerranée).
– ***Marché du centre-ville :*** *sam mat.* Un grand marché.

Adresse utile

- Office de tourisme

Où dormir ? Où manger ?

10 Auberge de jeunesse
11 Grand Hôtel de la Poste
20 L'Estancot
21 Le Cloître
22 Le Bec Fin
23 La Chamade
24 Le 27, rue du Musée
25 Espace PH3
26 Le Verre en l'Air

Où boire un verre ? Où sortir ?

30 Le Boog
31 Red Rock Café

VIENNE

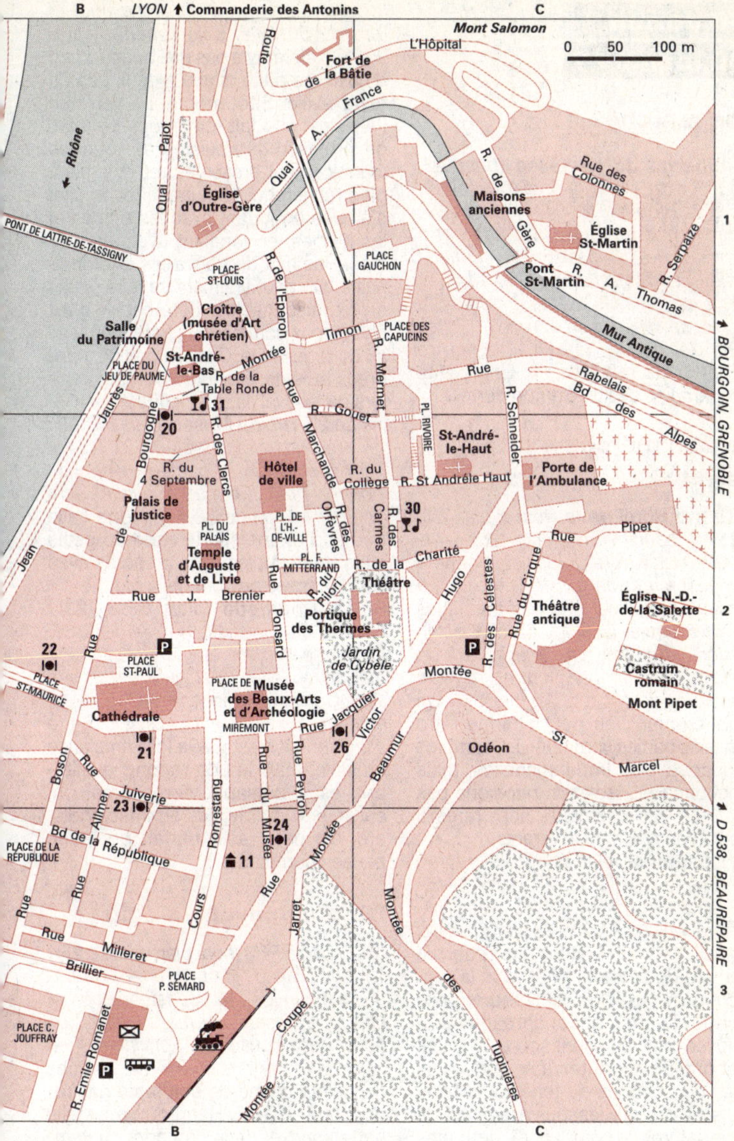
B
LYON
Commanderie des Antonins
C
Mont Salomon
0
50
100 m
L'Hôpital
Fort de la Bâtie
Route de France
Quai A.
Rhône
Quai Pajot
Église d'Outre-Gère
PONT DE LATTRE-DE-TASSIGNY
PLACE ST-LOUIS
R. de l'Eperon
PLACE GAUCHON
R. de Gère
Maisons anciennes
Rue des Colonnes
Église St-Martin
R. Serpaize
Pont St-Martin
R. A. Thomas
Mur Antique
BOURGOIN, GRENOBLE
1
Cloître (musée d'Art chrétien)
Salle du Patrimoine
PLACE DU JEU DE PAUME
St-André-le-Bas
Montée
R. de la Table Ronde
Timon
PLACE DES CAPUCINS
R. Mermet
Rue Rabelais
Bd des Alpes
31
20
Jaurès
Bourgogne
R. Gouet
Rue Marchande
PL. RIVOIRE
R. Schneider
St-André-le-Haut
R. du 4 Septembre
R. des Clercs
Hôtel de ville
R. du Collège
R. St André le Haut
Porte de l'Ambulance
Palais de justice
PL. DE L'H.-DE-VILLE
R. des Orfèvres
R. des Carmes
30
Rue Pipet
PL. DU PALAIS
Temple d'Auguste et de Livie
PL. F. MITTERRAND
R. de la Charité
Théâtre
Rue Hugo
R. des Célestes
Rue du Cirque
Jean
de
Rue J. Brenier
Rue Ponsard
R. du Pilori
Portique des Thermes
Jardin de Cybèle
Théâtre antique
Église N.-D.-de-la-Salette
2
22
PLACE ST-PAUL
PLACE ST-MAURICE
Rue
Cathédrale
PLACE DE MIREMONT
Musée des Beaux-Arts et d'Archéologie
Rue Jacquier
26
Victor
Montée
Castrum romain
Mont Pipet
St Marcel
Odéon
21
Boson
Rue Allmer
Juiverie
23
Rue du Musée
Rue Peyron
Beaumur
24
Romestang
PLACE DE LA RÉPUBLIQUE
Bd de la République
11
Montée
D 538, BEAUREPAIRE
Rue
Cours
Rue
Jarret
Montée des Tupinières
Rue Millieret
Brillier
PLACE P. SÉMARD
3
PLACE C. JOUFFRAY
R. Emile Romanet
Coupe
Montée
P

VIENNE

Où dormir ?
Où manger ?

Bon marché

🏠 ***Auberge de jeunesse*** *(plan A3, **10**) : centre international de séjour, 11, quai Riondet. ☎ 04-74-53-21-97. • mjcvienne.auberge@laposte.net • Fermé le w-e hors saison. Réception : lun-jeu 17h-20h. Nuitée 11,55-14,55 €/ pers avec ou sans draps, en chambre simple, familiale ou en dortoir 7-13 lits ; petit déj 3,50 € (servi à partir de 15 pers). CB refusées.* Une petite cinquantaine de lits. Confort correct.

De bon marché à prix moyens

🏠 ***Grand Hôtel de la Poste*** *(plan B3, **11**) : 47, cours Romestang. ☎ 04-74-85-02-04. • hoteldelapostevienne@orange.fr • hoteldelapostevienne.com • Fermé 2 sem fin août et pour les fêtes de fin d'année. Doubles 62-68 € selon confort (attention, prix abusifs lors de certains événements culturels dans le coin : près de 100 € la double !).* Un établissement, au petit charme rétro dans ses parties communes. Chambres beaucoup plus impersonnelles, mais fonctionnelles. Isolation phonique pas top. Les hébergements sont rares à Vienne, décidément trop rares...

|●| ***L'Estancot*** *(plan B1-2, **20**) : 4, rue de la Table-Ronde. ☎ 04-74-85-12-09. ♿ Fermé dim, lun et j. fériés. Résa obligatoire. Menus 17,50 € (le midi en sem), puis 22,50-31,50 €.* Dans une petite rue discrète de la vieille ville, sous la protection de l'église Saint-André. Jolie façade fleurie, salle agréablement rénovée dans un esprit sobre. On vient d'abord pour goûter aux criques (à base de pommes de terre, persillade, œufs) et aux paillassons (pommes de terre nature), accompagnés de toutes sortes de bonnes choses. Service ultra-rapide. C'est, sans conteste, l'une des adresses la plus sympa de Vienne. Terrasse en été.

|●| ***Le Verre en l'Air*** *(plan B2, **26**) : 14, rue Henri-Jacquier. ☎ 04-74-78-01-43. Ouv tlj midi et soir. Résa conseillée le w-e. Formule et menu (le midi sf dim) 12,50-18 €, puis 8 menus-carte 25-45 €.* Jérémy a pas mal bougé avant d'ouvrir sa p'tite affaire à deux pas du centre-ville. Sitôt monté, Le Verre en l'Air s'est vite fait remarquer. Le midi, on profite d'une cuisine de tous les jours joliment présentée. Le soir, c'est plus recherché, plus créatif et le chef s'amuse en jouant avec les épices et les herbes, en jonglant avec les arômes. Pas mal de trouvailles et d'originalité. On peut vraiment se faire plaisir à prix raisonnables. Côté cadre, c'est chaleureux comme tout. Petite terrasse au bord de la rue. C'est ici que de nombreux artistes viennent lever leur verre lors du festival Jazz à Vienne.

|●| ***Le 27, rue du Musée*** *(plan B3, **24**) : 27, rue du Musée. ☎ 04-37-02-00-45. Fermé dim, lun et j. fériés. Congés : 1 sem en août. Formule le midi en sem 14,80 € et menus 22-27 €.* Une salle très pop et une courte carte de petits plats tout simples mais préparés avec soin. Terrasse au bord de la rue.

|●| ***La Chamade*** *(plan B2-3, **23**) : 24, rue Juiverie. ☎ 04-74-85-30-34. ♿ Fermé dim, lun et j. fériés, et le soir mar-mer, j. fériés (plus jeu soir hors saison). Congés : 3 sem en août. Menu déj en sem 13 € ; le soir 17,20-27 € ; carte env 25 €.* Ce n'est pas la folle ambiance en salle, mais le bon rapport qualité-prix est indéniable. Terrine maison, cassolette de ravioles aux escargots, etc. Un petit resto parfait pour une pause gourmande.

De prix moyens à chic

|●| ***Espace PH3*** *(hors plan par A3, **25**) : 14, bd Fernand-Point. ☎ 04-74-53-01-96. • pyramide@relaischateaux.com • Ouv tlj sf 3 sem fév-mars et 10 j. en août. Résa conseillée. Formule déj en sem 23 € ; carte env 45 €.* 💻 Dans l'enceinte même de son resto gastronomique, Patrick Henriroux a installé cette annexe, dans un cadre contemporain. Dans la cuisine, ouverte sur la salle et derrière la grande *plancha*, il élabore une cuisine fine que lui-même qualifie d'instinctive, un peu plus à la portée de tous au niveau rapport qualité-prix. En semaine, hommes et femmes d'affaires s'y précipitent pour

déjeuner. Agréable terrasse dans le jardin aux beaux jours.

Le Cloître *(plan B2, **21**) : 2, rue des Cloîtres. ☎ 04-74-31-93-57. • contact@le-cloitre.net • Près de la cathédrale. Ouv lun-ven midi et soir (et sam soir sur résa). Formules déj 15-19 € ; le soir slt, menu 28 € et carte 30-35 €.* Resto d'excellente réputation. Spécialités de raviolis de homard au fenouil, cuisses de caille au madère, etc. Belles salles voûtées, à la décoration chic et sobre. Petite terrasse à l'ombre de Saint-Maurice.

Le Bec Fin *(plan B2, **22**) : 7, pl. Saint-Maurice. ☎ 04-74-85-76-72. En face de la cathédrale. Fermé lun et le soir mer, dim et j. fériés. Résa conseillée dim midi. Menus 25 € (en sem), puis 35-65 €.* Un grand classique à Vienne. Cadre et atmosphère assez conformistes, surtout le dimanche midi lorsque notables, seniors et vieilles familles sacrifiant au rituel dominical sont nettement majoritaires. Nappes blanches, couverts en argent, service pro et attitude consensuelle pour une cuisine sans fulgurance, mais d'une grande régularité. Un peu cher tout de même...

Où dormir ? Où manger dans les environs ?

La Gabetière *: 269, le Logis-Neuf, 38780* ***Estrablin.*** *☎ 04-74-58-01-31. • lagabetiere@orange.fr • la-gabetiere.com • À 8 km à peine de Vienne, sur la D 502, sur la gauche, après le carrefour qui mène à Estrablin. Doubles 69-76 € selon standing ; familiale 97 €.* Voilà une belle adresse comme on les aime ! Un manoir de campagne et de charme où l'on a envie de se cacher... Pour le plaisir, pour le confort, pour la beauté des pierres du XVIe s et la tiédeur du bord de la piscine. Et pour la douceur des prix. Accueil simple, chaleureux, attentif. Chambres pastel décorées avec un goût exquis. Certaines ouvrent sur le parc. Superbe appartement pour 4 personnes dans la tour. Bar-salon TV intime et reposant. À l'extérieur, possibilité de pique-nique (tables à disposition). L'adorable patronne prodigue tous ses bons conseils pour découvrir le coin.

Domaine de Clairefontaine : *chemin des Fontanettes, 38121* ***Chonas-l'Amballan.*** *☎ 04-74-58-81-52. • contact@domaine-de-clairefontaine.fr • domaine-de-clairefontaine.fr • À droite, à 8 km au sud de Vienne, par la D 1007. Fermé lun et mar (sf le soir de mi-juin à mi-sept). Congés : de mi-déc à mi-janv. Doubles 62-90 € au Domaine, 132 € aux Jardins de Clairefontaine. Menus 24-32 € (déj en sem), puis 50-110 €.* Maison de maître du Second Empire, plantée dans un magnifique parc tricentenaire et proposant des chambres très spacieuses et meublées avec goût, y compris les moins chères. Cuisine très chic sous la direction de Philippe Girardon, meilleur ouvrier de France, le tout très, très cher évidemment. Accueil très professionnel. Une institution dans le coin prisée pour les grandes occasions.

Où boire un verre ? Où sortir ?

Le Boog *(plan C2, **30**) : 1, rue des Carmes. ☎ 04-74-85-20-18. • leboog info@gmail.com • Fermé dim soir (tte l'année), plus le soir lun et mer hors saison. Congés : 3 sem en août.* Une salle de poche, une adorable terrasse, une belle carte de rhums (arrangés ou non), une ambiance tranquille (mais échevelée pendant le Festival de jazz). Fait aussi resto.

Red Rock Café *(plan B1, **31**) : 16, rue de la Table-Ronde. ☎ 04-74-85-22-47. • myspace.com/redrock 38 • Mar-sam 17h-1h du mat.* Le bar rock de la ville, tout en bois et décibels. Un patron et des clients tatoués juste ce qu'il faut et des concerts de temps à autre.

À voir. À faire

– On ne peut que vous encourager à vous inscrire à la ***visite guidée*** proposée par l'office de tourisme dans le cadre du label « Ville d'art et d'histoire » : *le 1er dim*

du mois à 15h, et jusqu'à 2 fois/sem en été. Compter 5-20 € (réduc) selon thème décliné lors de la visite (certaines s'effectuent en nocturne, parfois à vélo, d'autres à segway ; visites théâtralisées en été). • *vienne-tourisme.com* • Vous y découvrirez, en suivant un guide conférencier, la ville ancienne au gré de ses ruelles ou de ses cours cachées (dont seul le guide détient les clés et les codes !), de son histoire... au travers d'anecdotes qui savent rendre la visite vivante et passionnante. Pour une visite de Vienne à son rythme et selon ses envies, possibilité aussi de visite audioguidée de la ville sur un parcours fléché au sol (5 € la journée).
– *Important :* il existe un billet intermusées qui donne accès à tous les musées de Vienne et de Saint-Romain-en-Gal. Valable 48h. Prix : 6 €. Renseignements à l'office de tourisme (en vente dans les musées). Ces musées sont gratuits aux moins de 18 ans, demandeurs d'emploi, et pour tous le 1er dimanche du mois.

Petite balade dans la vieille ville : chaque rue, ruelle, passage, cour intérieure révèle des surprises, clins d'œil, détails insolites, etc. Architectures oubliées se dissimulant sous de vieilles patines, de vénérables crasses, toujours les bienvenues quand elles retardent l'avènement de centres urbains trop clean, aseptisés et dépoétisés. En tout cas, c'est leur télescopage qui crée en vérité la poésie urbaine... Partons de la cathédrale Saint-Maurice *(plan B2)* pour prendre la ***rue de Bourgogne.*** Au n° 39, voûte en anse de panier et escalier à vis. Au n° 25, on n'a pas osé démolir la façade XVIIIe s du palais de justice, et la moderne, vraiment pas heureuse, se cache lâchement derrière. Rue du ***4-Septembre*** fort bien rénovée, notamment les façades avec fenêtres à meneaux (du n° 6 au n° 18). À l'angle des rues des Clercs et du 4-Septembre, belle demeure d'angle avec statue dans une niche. Au 29, ***rue des Clercs,*** jolie cour à galeries en bois sur piliers cylindriques et larges voûtes. Au n° 43 mourut en 1844 Laurent Mourguet, le créateur de Guignol. Au n° 47, sur la façade de pierre, vestiges des anciennes ouvertures gothiques. On aperçoit un temple antique (mais on y reviendra plus tard...). Au coin, la maison de la Chaîne (jadis tendue le soir au travers de la rue). Au XVe s s'y réunissaient les consuls de la ville. ***Place François-Mitterrand,*** au n° 10, façade XVIIe s avec fronton triangulaire. ***Place du Pilori,*** belle maison du XVe s à colombages et tourelle. À deux pas, le ***jardin de Cybèle*** (ou *jardin archéologique ; plan B-C2*) avec des vestiges de monuments et habitations romains. Arcs et mur en grand appareil. Juste derrière, à l'arrière du théâtre municipal, se trouve un trompe-l'œil, conçu par *La Cité de la Création* (ceux de Lyon !). On y reconnaît le tableau d'Étienne Rey représentant la Vienne antique (l'original se trouve au musée des Beaux-Arts). Tout autour se sont greffés les personnages célèbres liés à Vienne.
Au 11, ***rue des Orfèvres*** *(plan B2),* superbe façade Renaissance avec larges fenêtres à meneaux. Triple arcade au rez-de-chaussée, ainsi que du n° 13 au n° 17. Au n° 16, petite mosaïque du Ier s représentant des poissons. Au n° 19, hôtel Renaissance, dissimulé derrière une façade XIXe s. La ***rue du Collège*** a conservé son tracé médiéval. Intéressants édifices ***rue Marchande.*** Au n° 55, au fond, bel escalier de fer forgé. Au n° 53, passage voûté étroit (impasse Quinquinet). Au n° 51, porte ancienne et vénérable escalier à vis. Au n° 32, remarquer l'entrée Renaissance de guingois. Au n° 45, passage voûté menant à une émouvante cour Renaissance non rénovée, vraiment brute de forme. On devine une tour avec fenêtres à croisées, des étages à galerie sur colonnes et arcades.
Pittoresque ***impasse Timon.*** À gauche, porte cloutée très ancienne. Atmosphère mystérieuse. Au-dessus, demeure à arcades dont on devine la noblesse dans la pénombre. Belles demeures ***rue Table-Ronde*** *(plan B1),* aux nos 7, 14, 18 et 22. Allez courage, il vous reste quelques dizaines d'autres rues à découvrir, notamment vers l'église Saint-André-le-Haut et le théâtre romain. Au passage, notez la somptueuse *porte de l'Ambulance* du XVIIe s.

La cathédrale Saint-Maurice *(plan B2)* **:** *pl. Saint-Maurice. Tlj 8h30-18h.* Depuis le IVe s, elle occupe le même site, mais aucun vestige de la période précédant le XIe s. La cathédrale romane (1130-1150), inachevée, fut reprise en gothique au début du XIIIe s. Voici quelques événements qui s'y déroulèrent :

inhumation en 887 du roi de Bourgogne Boson ; couronnement du pape Calixte II en février 1119 ; consécration par le pape Innocent IV en 1251 ; concile œcuménique en 1311-1312, en présence du roi Philippe le Bel et du pape Clément V, qui décida la dissolution de l'ordre des Templiers ; saccages par les protestants pendant les guerres de Religion... Enfin, la cathédrale échappa à la vente au moment de la Révolution et fut transformée en grenier à foin et en caserne.
Admirable *façade* surélevée sur un parvis et surplombant le Rhône. Sur le portail de gauche, beaux anges musiciens et couronnement de la Vierge. Tympan du portail central (mi-XVe s) : à gauche, la Synagogue, yeux bandés et lance brisée ; à droite, l'Église. Voussures abondamment ornées de scènes : celles de l'intérieur représentent la vie du Christ, tandis que celles de l'extérieur illustrent l'Ancien Testament. Envers de la façade : intéressants vestiges des socles et baldaquins. Griffons et anges portant des blasons.
À l'intérieur, vaisseau à trois nefs sans transept. Milieu de la cathédrale (travées 5 à 11), ainsi qu'une soixantaine de chapiteaux (ensemble d'une qualité exceptionnelle), appartenant à la période romane. Quatrième chapelle de droite, tombeau de Pierre de Naillac de style gothique flamboyant et une Crucifixion peinte du XIVe s. Huitième chapelle à gauche, noter les remplois de colonnes romaines torsadées. Au-dessus, belle frise du zodiaque, dessin élaboré, finesse de sculpture (XIIe s). En face, côté droit, un *Repas à Emmaüs* de jolie facture (remarquer l'importance et la stylisation des pieds) et groupe sculpté, *L'Adoration des Mages.*
Dans le chœur, superbe suite de tapisseries flamandes (XVIe s) consacrées à la vie et au martyre de saint Maurice (dans la dernière à droite, décapitation de Maurice et de ses compagnons). À droite du maître-autel, mausolée des deux archevêques de Vienne (1740-1748) et un remarquable vitrail (XVIe s), représentant l'Adoration des Mages (vives couleurs). Au fond de l'abside, derrière le maître-autel, siège épiscopal en pierre. Il est intéressant de noter, juste au-dessus, des vitraux de 1898 réalisés de façon réussie dans le style XIIIe s. Voir également les vitraux des baies hautes de l'abside du XVIe s (saint Maurice et saint Pierre).

Le musée des Beaux-Arts et d'Archéologie *(plan B2)* **:** *pl. de Miremont. ☎ 04-74-85-50-42. Situé au 1er étage de l'ancienne halle aux grains. Avr-oct, tlj sf lun 9h30-13h, 14h-18h ; nov-mars, mar-ven 9h30-12h30, 14h-17h, w-e 13h30-17h30. Fermé 1er janv, 1er mai, 1er et 11 nov et 25 déc. Entrée : 2,80 € ; réduc ; gratuit moins de 18 ans, demandeurs d'emploi et pour ts le 1er dim du mois.*
Les collections sont exposées de manière chronologique, de la préhistoire jusqu'à nos jours :
- *Section préhistoire :* large collection de bronzes (haches, épées), silex, défenses de mammouth, haches polies, poteries, vestiges de Vienne de l'époque gallo-romaine, ensemble d'objets gaulois (bijoux, outils...).
- *Section archéologique :* têtes de momies, crocodiles momifiés, statue en bronze de Pacatianus, tuyaux de plomb estampillés, dauphins en bronze doré (trouvés dans le Rhône), jolis petits bronzes, poignées et anses de vase, statuettes, passoires à vin, verre romain, céramique sigillée, sans oublier le magnifique trésor d'argenterie datant du IIIe s apr. J.-C. et découvert en 1984.
- Riche collection de pots à pharmacie, bénitiers en faïence datant des XVIIe au XIXe s.
- *Section peinture :* parmi les toiles les plus significatives, *Loth et ses filles* par Vignon, *Portrait du conseiller Tubœuf* par Philippe de Champaigne, *Adoration des bergers* de Bassano, œuvres de l'école flamande, *L'Évanouissement de la Vierge* de Jacques-Denis Pillard, *Portrait de vieillard* de Christian Diétrich (école allemande), etc. Également des sculptures Art déco de Claude Grange et Joseph Bernard.

Le temple d'Auguste et de Livie *(plan B2)* **:** *pl. Charles-de-Gaulle.* Le temple date des environs de 10 av. J.-C. et était donc consacré au culte de Rome et de l'empereur Auguste auquel s'ajoute une dédicace à son épouse Livie. Étonnant de retrouver ce monument intact en pleine ville. On le doit, d'une part, au fait qu'il a été transformé en église dès le haut Moyen Âge, d'autre part à l'intervention salutaire de Prosper Mérimée. Remarquer les superbes chapiteaux corinthiens, restaurés au XIXe s.

Sur l'un des côtés de la place Charles-de-Gaulle, le ***palais de justice*** *(plan B2)* reposerait sur un soubassement romain. Tour ronde de 1578.

La salle du Patrimoine *(plan B1)* **:** *1, pl. du Jeu-de-Paume. ☎ 04-74-53-41-41. • vienne-patrimoine.fr • Tlj sf j. fériés 9h30-12h30, 14h-18h (17h nov-mars). Ts les 1er dim du mois, visite guidée gratuite de la salle du Patrimoine et de l'église Saint-André-le-Bas. Entrée libre.* Il s'agit de l'expo permanente de la ville depuis sa labellisation « Ville d'art et d'histoire ». Elle présente en images, textes et maquettes, les points forts de l'histoire de Vienne : territoire urbain et son évolution, l'eau et l'industrie, les imagiers de l'époque romane, l'habitat depuis le Moyen Âge...

L'église et le cloître Saint-André-le-Bas *(plan B1)* **:** *pl. du Jeu-de-Paume. ☎ 04-74-85-18-49. Mêmes horaires que le musée des Beaux-Arts et d'Archéologie. Tarif : 2,80 € (3,30 € avec l'expo) pour le Cloître ; gratuit moins de 18 ans, demandeurs d'emploi et pour tous le 1er dim du mois. Visite guidée gratuite de l'église 2 fois/j. ; s'adresser à la salle du Patrimoine.* À l'origine, une puissante abbaye fondée au VIe s, dont il subsiste l'église et le cloître, bâtis ultérieurement. Église restaurée au XIIe s, dans une unité de style roman primitif : clocher roman, arcatures lombardes, gros contreforts et arcs-boutants rajoutés le long de la nef autour du XIIe s. À l'intérieur, superbes chapiteaux historiés, notamment Samson terrassant le lion, les malheurs de Job, etc. Quant au cloître roman, c'est aujourd'hui un petit Musée lapidaire (stèles et inscriptions funéraires) et, comme toujours, un havre de paix au cœur de la ville. Certaines colonnettes sont particulièrement travaillées (torsadées, à figures géométriques, à feuillages, etc.). Expos temporaires dans la salle du cloître.

Le théâtre antique *(plan C2)* **:** *rue du Cirque. ☎ 04-74-85-39-23. ♿ Mêmes horaires et même tarif que le musée des Beaux-Arts et d'Archéologie.* Construit au Ier s, c'est le deuxième de France (après celui d'Autun). D'environ 130 m de diamètre, il pouvait accueillir 11 000 spectateurs (8 000 aujourd'hui). Quand son dégagement fut achevé, en 1938, on y donna *La Damnation de Faust* de Berlioz. S'y déroule, entre autres, le festival Jazz à Vienne.

L'église Saint-Pierre et le Musée archéologique *(plan A3)* **:** *pl. Saint-Pierre. ☎ 04-74-85-20-35. ♿ Mêmes horaires et même tarif que le musée des Beaux-Arts et d'Archéologie.* Un des sanctuaires chrétiens les plus anciens de France (Ve s). Bien sûr, il subit moult rajouts et modifications au cours des siècles, mais possède toujours son plan basilical. Clocher-porche du XIIe s, beaux chapiteaux ornés de feuillage. Abrite des collections gallo-romaines, sculptures antiques, stèles funéraires, mosaïques et fragments architecturaux divers. Dans la nef sont rassemblées les pièces qui ont trait au thème du spectacle : théâtre, cirque, masques de théâtre... On peut regretter que les éclairages mettent aussi peu en valeur les collections ou, au contraire, être sensible à l'aspect brut des murs, aux ombres et aux contours qui modifient sans cesse le relief et les perspectives. Atmosphère étrangement envoûtante des lieux à la tombée de la nuit.

Le musée de la Draperie *(hors plan par A3)* **:** *près du quartier de la Pyramide, espace Saint-Germain. ☎ 04-74-85-73-37. ♿ Ouv (sous conditions, rens à l'office de tourisme) de Pâques au 3e w-e de sept (journées du Patrimoine), mer-dim 14h-18h. Possibilité de visites commentées pour les groupes slt. Tarif : 2,80 € ; réduc ; gratuit moins de 18 ans, demandeurs d'emploi et pour tous le 1er dim du mois.* Une des merveilles cachées de Vienne. Il faut, bien sûr, s'éloigner un peu du centre-ville, mais n'hésitez pas. Venez rendre hommage à ce savoir-faire, au travail de tous ces hommes et femmes sans qui la mode française ne serait pas ce qu'elle est. Ou plutôt *fut,* puisque tout ce savoir-faire s'éteint doucement. Délocalisation, nouvelles fibres... la draperie et la soierie ne seront bientôt plus qu'un lointain souvenir si l'on n'y prend pas garde. Et ce musée, aménagé dans une ancienne caserne, célèbre dignement ce qui fit, durant deux siècles, la richesse économique et humaine de Vienne : la draperie et le tissage. Vous retrouverez ici une trentaine de splendides machines. Certains de ces monstres de fonte fonctionnent encore, redonnant vie au cycle de fabrication. Vous apprendrez tout sur les trois stades de cette production : la fabrication du fil, le tissage et les apprêts. Métiers en marche et vidéos rendent compte aussi, de façon vivante (bruits d'atelier), de ce qu'était cette industrie. Splendides échantillons de tissus, soigneusement rangés et étiquetés.

La Pyramide *(hors plan par A3) : au milieu du bd Fernand-Point.* En réalité un obélisque, seul vestige du cirque romain.

Le musée et le site archéologiques de Saint-Romain-en-Gal *(plan A1) : 69560* ***Saint-Romain-en-Gal.*** *☎ 04-74-53-74-01. • musees-gallo-romains.com • De l'autre côté du Rhône. Mar-dim 10h-18h. Fermé 1er janv, 1er mai, 1er nov et 25 déc. Entrée : 4 € audioguide inclus ; réduc ; gratuit moins de 18 ans, demandeurs d'emploi, personnes à mobilité réduite et pour tous jeu. Ajouter 2 € pour la visite guidée et 3 € pour les expos temporaires (certaines sont gratuites) ; réduc.*
Le pendant urbain et commerçant de la Vienne monumentale. C'est au milieu du Ier s apr. J.-C. qu'une vaste opération d'urbanisme vit le jour sur la rive droite du Rhône. Sur une centaine d'hectares, elle se couvrit d'ateliers d'artisans, de boutiques, d'entrepôts et, bien sûr, de prestigieuses résidences et villas s'organisant autour de grandes voies dallées. On imagine assez bien des scènes comme dans *Astérix et le domaine des dieux.* Pubs et grands panneaux sur les voies romaines... « Ici, bientôt votre villa dans la prestigieuse résidence des Jardins fleuris de la rive droite ». Au IIIe s, une très sévère crise économique frappant le monde romain provoqua cependant le déclin du quartier et sa disparition. Transformée d'abord en carrière de pierre, la ville romaine disparut rapidement, laissant l'avantage aux cultures. Depuis la fin du XVIIIe s, plus d'une centaine de mosaïques furent retrouvées. Certaines villas faisaient 3 000 m^2, comme celle du *Dieu Océan.* Le tracé des rues fut aussi révélé. Certaines portions reconstituées permettent de se faire une bonne idée de l'ampleur de l'urbanisme romain.
Un musée (conçu par Chaix et Morel) a été construit sur le site pour présenter la vie quotidienne aux premiers siècles de notre ère. Architecture particulièrement élaborée, avec de grandes parois en verre qui rendent l'espace très lumineux. Remarquable muséologie, à la hauteur des richesses du site. Le musée expose notamment les plus belles mosaïques retrouvées sur place. Dans le hall d'entrée (au niveau des guichets), noter la *mosaïque d'Hylas et les Nymphes* découverte en 1902. Dans le musée proprement dit, à l'entrée, on est accueilli par le *Dieu Océan,* en noir et blanc. Un peu plus loin, au sol, remarquable mosaïque des *Athlètes Vainqueurs,* sur laquelle plusieurs sports sont représentés. Ensuite, se succèdent une série d'espaces consacrés à l'intérieur des villas (péristyle, triclinium, chambre à coucher), la vie quotidienne, le commerce et l'artisanat. Maquettes et différentes vitrines (travail de l'os, artisanat du textile, fabrication des tuyaux de plomb, etc.). Et toujours, de magnifiques mosaïques, comme la célèbre *Orphée charmant les animaux* ou encore la belle *fresque aux Échassiers* (dans la section du péristyle). Grimper au 1er étage pour admirer la magnifique mosaïque du IIe s, découverte en 1900, *Le Châtiment de Lycurgue.* De la coursive, remarquable vue sur le rez-de-chaussée.
Après le visite du musée, agréable balade parmi les vestiges du site archéologique. Un vignoble et un jardin botanique antiques ont été reconstitués au domaine des Allobroges. Programme d'animations toute l'année (visites thématiques, conférences, et même des vendanges romaines, *Vinalia,* le 1er week-end d'octobre).

Manifestations

– ***Festival de l'humour :*** *2 sem en mars-avr.* Ambiance café-théâtre.
– ***Printemps de Vienne :*** *en mai.* Théâtre musical, cirque. Spectacles en plein air, festifs et familiaux.
– ***Journées Gallo-romaines :*** *1er w-e de juin.* Sur le site archéologique de Saint-Romain-en-Gal. Spectacles avec des romains en chair et en os (combats de gladiateurs, courses de char, etc.). Ambiance très péplum...

– ***Jazz à Vienne :*** *le grand raout annuel, de fin juin à mi-juil. • jazzavienne.com •* Au théâtre antique de Vienne. Superbe programmation.
– ***La Foire de Vienne :*** *3ᵉ w-e d'oct.* Grand rendez-vous populaire et gratuit.
– ***Festival du polar*** *(Sang d'Encre)* **:** *1 w-e mi-nov. • sangdencre.org •*
– ***Théâtre de Vienne :*** *4, rue Chantelouve. • theatredevienne.com • ☎ 04-74-85-00-05.* Là aussi, programme très intéressant, avec pas mal de créations.

DANS LES ENVIRONS DE VIENNE

La villa de Licinius : *1, rue de Bourbourey, 38550* ***Clonas-sur-Varèze.*** *☎ 04-74-87-72-05 ou 04-74-84-91-44 (mairie). Ouv mer-dim mai-sept, 14h30-18h30. Entrée : 2,50 € ; réduc. À 16 km au sud de Vienne par la N 7 puis la D 37b à gauche.* D'une surface de près de 70 m², cette belle mosaïque du dieu Océan découverte dans les années 1990 ornait la salle à manger de Licinius, propriétaire d'une grande villa romaine. Il s'agit de la plus grande surface de mosaïque restaurée en France. On y découvre aussi des vestiges de peinture murale, vaisselle... retrouvés sur place. À l'époque gallo-romaine, le Rhône était un axe commercial majeur entre le bassin rhénan et la Méditerranée. Vu le décor de la mosaïque, il est probable que la famille des Licinii, propriétaire de la villa de Clonas, pratiquait une activité marchande liée au fleuve : océan, poissons, dauphins, monstres marins...

POISSONS D'AVRIL

En 1564, le roi Charles IX décide d'harmoniser la date du début de l'année (variable selon les provinces, mais souvent autour du 1ᵉʳ avril) en imposant le 1ᵉʳ janvier, et modifiant du coup la date des échanges de cadeaux et étrennes. Pour semer le doute, certains ont persisté à offrir des présents en avril, souvent des poissons, puisqu'on était en fin de Carême. Avec le temps, les cadeaux d'avril se sont transformés en cadeaux pour rire, en blagues, puis en farces pour piéger les autres en offrant... de faux poissons.

Roussillon *(38150)* **:** *à 20 km au sud de Vienne.* La ville cache en son centre un gentillet bourg médiéval autour de l'église Saint-Jacques (XIVᵉ s) et de l'ancien château. Vastes salles et beaux plafonds ouvragés. En face, l'office de tourisme *(☎ 04-74-86-72-07 ; • ot-pays-roussillonnais.fr •)* présente une intéressante salle d'expo sur toutes les richesses et possibilités du coin.

Montseveroux *(38122)* **:** *à env 20 km au sud-est de Vienne.* Attachant village dont le château, du XIIIᵉ s, abrite aujourd'hui la mairie. Patrimoine architectural remarquablement mis en valeur, notamment l'église, dont le clocher, l'abside et le transept datent du XIIᵉ s.

Le château de Jarcieu *(38270)* **:** *à 40 km env au sud de Vienne. ☎ 04-74-79-86-27. • chateau-de-jarcieu.com • ♿ Aux confins du département, à la limite de la Drôme. Accès par la D 519, entre Chanas et Beaurepaire. Juil-août, tlj 14h-18h ; mai-juin, sept-oct w-e et j. fériés 14h-18h. Entrée : 6 € ; réduc ; forfait famille ; gratuit moins de 8 ans. Prévoir 2h de visite. Expos temporaires.* Un château dont les origines remontent au XVᵉ s, même s'il n'a de médiéval que quelques discrets vestiges (fenêtres à meneaux, peintures polychromes au-dessus du linteau d'une porte du XIIIᵉ s) et la reconstitution d'un potager de l'époque et jardin des simples. Pas franchement spectaculaire, mais les bénévoles qui assurent la visite savent la rendre intéressante. Parc planté de quelques arbres extraordinaires et sympathique petit musée de la Faïence qui regroupe plus de 600 pièces de 60 manufactures dont certaines (tasses à moustache ou assiettes à asperges) s'avèrent assez étonnantes.

LES HAUTES-ALPES

ABC
DES HAUTES-ALPES

- *Superficie :* 5 549 km². Et un tiers du département au-dessus de 2 000 m !
- *Population :* 141 200 hab. (les Haut-Alpins).
- *Villes principales :* Gap (39 300 hab.), préfecture ; Briançon (11 600 hab.), sous-préfecture ; Embrun (6 200 hab.).
- *Activités principales :* tourisme et agriculture.
- *Altitude :* de 430 m, dans le Buëch, à 4 102 m, barre des Écrins.
- *Nombre de cadrans solaires :* plus de 400.
- *Signes particuliers :* plus de 300 jours d'ensoleillement par an sur tout le département ; un des plus hauts chefs-lieux d'Europe (Saint-Véran, 2 040 m) et ville la plus haute de France (Briançon, 1 326 m).

À Gap, façades pastel tout ensoleillées, comme en pays du Buëch, champs de lavande et vergers, nul doute, c'est bien le Sud, un arrière-pays de Méditerranée... Le vent lui-même est doux, l'accent chante. Puis on glisse à l'est vers l'Italie : Embrun la médiévale domine le grand lac de Serre-Ponçon, et le vaste Queyras lève ses monts intacts, ses pics, et garde ses villages pleins d'authenticité. Au nord, la montagne se fait plus minérale encore, plus impérieuse et forte : voici la barre des Écrins et la Meije, voici les massifs géants, colossaux, voici les glaciers fantastiques et voici Briançon, ville la plus haute de France, vieille cité Vauban cernée de crêtes et de forts épiques.

Et toujours, partout, des vallées uniques, étonnantes : vallée large et fertile de la Durance, vallée ouverte du Champsaur, couverte de fermes et de pâturages, vallées étroites et profondes du Valgaudemar, de la Vallouise aux clairs torrents, vallée de Freissinières et ses cascades, ou vallée de la Clarée immaculée, splendide... Et toujours, partout, un air sain, une nature forte et somptueuse, mille panoramas, autant d'activités (tous sports d'hiver et d'été). Des hommes aussi, solides comme le roc, pas compliqués et bien souvent amoureux et connaisseurs de la montagne qu'ils ont appris à respecter : bons guides et skieurs hors pair, ce sont eux qui vous feront découvrir leurs sentiers, leurs pistes, leurs Hautes-Alpes. Comme nous, sans doute, vous les aimerez.

NORD
A
B
1
2
3
4
Grenoble
Vizille
le Chazelet
ISÈRE
(38)
PARC NATIONAL
la Mure
l'Olan
3 564
Villar-Loubière
Cirque du Gioberney
Saint-Maurice-en-Valgaudemar
la Chapelle-en-Valgaudemar
Aspres-lès-Corps
Saint-Firmin
LE VALGAUDEMAR
Lesdiguières
Chauffayer
Molines-en-Champsaur
Champoléon
Saint-Disdier-en-Dévoluy
le Glaizil
le Noyer
Chapelle des Pétètes
DRÔME
(26)
LE DÉVOLUY
la Joue-du-Loup
Col du Noyer
St-Bonnet-en-Champsaur
Chaillol
Pont-du-Fossé
Superdévoluy
Chabottes
St-Julien-en-C.
Buissard
St-Étienne-en-Dévoluy
LE CHAMPSAUR
Saint-Julien-en-Beauchêne
la Cluse
Laye
St-Léger-les-Mélèzes
2 709
Pic de Bure
Col Bayard
1 248
Ancelle
Montbrand
Baumugnes
Rabou
la Bâtie-Neuve
Montmaur
la Roche-des-Arnauds
la Haute-Beaume
Ch.
GAP
la Beaume
Veynes
Manteyer
LE GAPENÇAIS
Montgardin
Col de Cabre
St-Pierre d'Argençon
Aspres-sur-Buëch
Massif de Céüze
N.-D. du Laus
Jarjayes
Oze
Neffes
St-Étienne-le-Laus
Chabestan
Sigoyer
Sigottier
le Saix
Tallard
Espinasses
Montmorin
Pommerol
Serres
l'Épine
Col de la Fromagère
Rosans
LE PAYS DU BÜECH
Ventavon
Saint-André-de-Rosans
Eyguians
PARC NATUREL DES BARONNIES PROVENÇALES
Saléon
Upaix
Orpierre
Laragne-Montéglin
les Bégües
Ste-Colombe
Montagne de Chabre
Col St-Jean
1 158
Barret-sur-Méouge
Antonaves
Gorges de la Méouge
Éourres
Ribiers
Sisteron
A 51
E 712
N 85
D 1075
D 1091
D 526
D 539
D 93
D 61
D 933
D 937
D 994
D 944
N 94
D 13
D 900b
D 20
D 48
D 21
D 26
D 949
D 30
D 942
D 1085
D 4075
D 94
D 65
D 546
D 542
D 946
D 4085

LES HAUTES-ALPES

Adresses et info utiles

Comité départemental du tourisme (*plan couleur Gap, B1*) : *Le Lombard, 13, av. du Maréchal-Foch, BP 46, 05002* **Gap** *Cedex.* ☎ *04-92-53-62-00.* • *hautes-alpes.net* • *Tlj sf w-e 9h-12h, 14h-17h.* Infos sur tout le département.

■ ***Relais des Gîtes de France des Hautes-Alpes*** (*plan couleur Gap, B1, 1*) : *1, pl. du Champsaur, 05000* **Gap.** *Infos et résas :* ☎ *04-92-52-52-94.* • *gites-de-France-hautes-alpes.com* •

■ ***Comité départemental de randonnée pédestre*** (*plan couleur Gap, B1, 2*) : *Le Lombard, 13, av. du Maréchal-Foch, BP 46, 05002* **Gap** *Cedex.* ☎ *04-92-53-65-11.* • *ffrandonnee05.net* • *Lun-mer 9h-12h, 14h-17h30.*

■ ***Météo :*** *prévisions montagne (neige et avalanches) :* ☎ *0892-68-10-20 (0,34 €/mn).*

BIEN-ÊTRE, SPORT ET NATURE

Département parmi les moins peuplés de France, les Hautes-Alpes profitent d'une quiétude exceptionnelle. Ici, même la ville est calme ; on prend son temps, au point que les voitures s'arrêtent systématiquement pour vous laisser traverser. Non, décidément, le stress ne prend pas dans ce cadre de montagne, de flore et de vallées heureuses. La nature prime sur tout, particulièrement belle et riche. Le parc naturel régional du Queyras, le parc national des Écrins (à cheval sur l'Isère) et le futur parc naturel des Baronnies provençales (création prévue à l'horizon 2014) en témoignent. Mais aussi l'agriculture, deuxième ressource du département après le tourisme. La terre et le climat, avec ses 300 jours de soleil par an revendiqués, nourrissent les troupeaux, le blé, les vignes et les arbres fruitiers de la vallée de la Durance, des pays du Buëch et du Champsaur...

À vélo

Ici, comme le vélo est roi (les cols du Galibier, de l'Izoard ou de Vars sont entrés dans la légende du Tour de France), une opération événementielle annuelle a été créée : tour à tour, les cinq cols sont réservés aux seuls cyclistes le temps d'une matinée, de 9h à 12h (renseignements sur • *hautes-alpes.net* •) ou d'une nuit de pleine lune. Une vingtaine de fiches de parcours tous niveaux sont aussi proposées. Pour les VTTistes, nombreux circuits balisés dans tout le département. Compétitions et randonnées sont organisées dans tout le département.

À pied

La randonnée pédestre se pratique au gré des GR : GR 5, grande traversée des Alpes, GR 58 et variantes autour et dans le Queyras, GR 93 pour la traversée du Dévoluy, GR 54 pour le tour de l'Oisans et GR 57 autour de Névache et du mont Thabor, GR 94 et 946 dans les pays du Buëch. Sans oublier le tout dernier, GR 653D, sentier vers Saint-Jacques-de-Compostelle entre Montgenèvre et Arles. Tous ces secteurs ont un caractère propre, qu'on a tenté de décrire dans ce guide. Ajoutons les GR de pays de Serre-Ponçon et du tour du Chaillol, et de nombreux sentiers locaux. Quatre « routes » à thème traversent les Hautes-Alpes : la route des Grandes-Alpes en été, la route Napoléon, celle de la lavande et celle des fruits et des vins. Des brochures gratuites détaillent chacune d'entre elles (disponibles dans les offices de tourisme). Plein d'infos utiles (hébergements, suggestions de rando, etc.) sur le site • *alpesrando.net* •

Hébergement en refuge

On notera que, pour le logement, le département fonctionne avec un bon réseau de chambres d'hôtes ou de gîtes, de qualité et économiques. Depuis 2001, le département a mis en place une « charte de qualité des refuges » pour améliorer

l'accueil ainsi que la sécurité. Répondant à des normes spécifiques, ces hébergements, sous la responsabilité d'un gardien, sont équipés de mobilier et d'une mallette de premiers secours, le cas échéant. Voilà une initiative à étendre au reste du pays...
Le dernier samedi de juin se déroule *La Nuit des refuges* : nombreuses animations (soirées contes, chants populaires, théâtre, etc.), organisées dans les refuges participants *(compter 35-40 €/pers la nuit en ½ pens ; rens auprès du comité départemental du tourisme).*

Et les autres sports

Dans un style différent, ce département initiateur en France des *via ferrata* (la première est née à Freissinières) possède une vingtaine de ces voies sportives de montagne, de différents niveaux (facile à très difficile), où l'on progresse encordé et équipé d'un matériel d'escalade. Sensations garanties. Guide gratuit disponible auprès du comité départemental du tourisme ou des offices de tourisme.
Plus « extrêmes », l'alpinisme (deuxième centre national d'alpinisme à Ailefroide, dans la continuité de Pelvoux-Vallouise), l'escalade ou les glisses aériennes (parapente, deltaplane, parachutisme) comptent aussi des sites de tout premier plan dans le département avec, entre autres, l'aérodrome de Gap-Tallard, de notoriété internationale, qui recense plus de 50 000 sauts par an, ce qui en fait le premier site de parachutisme d'Europe. Cela dit, attention : il faut respecter certaines règles, ce contact peut être dangereux, la montagne et les airs ne s'apprivoisent pas facilement.
Terminons ce petit tour des activités d'été par l'eau, partout présente. Les Hautes-Alpes sont le réservoir de la Provence avec la plus grande longueur totale de rivières navigables en France. Durance, Drac, Guil, Romanche... autant de torrents, de rivières impeccables pour les sports en eaux vives (rafting, canoë, kayak, *hydrospeed*, *canyoning*...), auxquels s'ajoutent le spot de la vague du Rabioux à Châteauroux-les-Alpes, dans l'Embrunais, et le lac de Serre-Ponçon, une « mer à la montagne » où l'on navigue toutes voiles dehors. Nombreuses infos pratiques sur le site ● *alpesrafting.fr* ●
Plus tranquille enfin, les amateurs de pêche à la mouche ou à la ligne pourront tremper le bouchon dans les rivières et lacs d'altitude de fin juin à mi-octobre, moyennant l'achat d'une carte *(11 €/j. ; moins de 12 ans 2 €).*

POISSONS VOLANTS

Rien de tel qu'une partie de pêche dans un lac d'altitude pour se remettre d'une dénivelée un peu trop sévère. Paresseuses, les truites, elles, ne remontent pas les torrents. Donc, les lacs d'origine glaciaire ne contiennent pas de poisson. Pour satisfaire le pêcheur-grimpeur, on y sème alors chaque printemps des alevins par hélicoptère.

PATRIE DU SKI, TERRE DE CHAMPIONS

Tout commence en 1895, quand le lieutenant Monnier s'exerce sur les pentes du Lautaret. 2 ans plus tard, un autre lieutenant, Widman, gravit à skis le mont Guillaume à Embrun. Enfin, en 1902, le capitaine Clerc informe le ministère de la Guerre, dans un rapport, des services inestimables que pourraient rendre les skis (ces spatules en bois venues de Scandinavie) à l'armée. Ce militaire fonde alors à Briançon la première école française de ski, qui organisera la première course dès 1904.
Une décennie aura suffi pour déclencher une véritable révolution, née dans les Hautes-Alpes et annonciatrice d'une activité considérable : le ski et le tourisme

d'hiver. La première fabrique française de skis voit le jour à Briançon en 1906. Puis le Club alpin des Hautes-Alpes organise la première rencontre internationale de ski alpin, réunissant plus de 3 000 personnes à Montgenèvre... Les équipements se multiplient : 1931, premier remonte-pente du département à Abriès dans le Queyras ; 1935, ouverture du téléski de Montgenèvre ; 1941, création de la station de Chantemerle, future Serre-Chevalier. La machine est lancée, et il y a aujourd'hui une trentaine de domaines skiables dans le département, pour 1 400 km de pistes de ski alpin et 1 220 km de ski de fond...
Les Hautes-Alpes ont donc largement contribué à l'essor du ski. Elles ont aussi donné de formidables champions, de François Vallier en 1927, à Luc Alphand, sacré meilleur skieur du monde en 1997, année où il arrête la compétition. Sans oublier les femmes bien sûr, Patricia Chauvet, Emmanuelle Claret, Anne Briand.
On soulignera aussi qu'en cette terre du ski on sait mettre en avant les nouvelles disciplines comme le *freeride* (hors-piste), le snowboard en *boardercross*, le *snowkite* (sur les pentes du Lautaret) ou encore le *freestyle* (figures)... Les stations réservent d'ailleurs à cet effet des espaces, et organisent des compétitions mettant en avant les jeunes pousses – nos futurs champions ?

LE PARC NATIONAL DES ÉCRINS

Avec 91 800 ha, le parc national des Écrins est le parc naturel de haute montagne par excellence. Sa zone cœur n'est pas habitée – hormis les hameaux de Dormillouse (Hautes-Alpes) et Confolens (Isère). Son territoire est nettement délimité par la Romanche au nord, la Durance à l'est et le Drac au sud et à l'ouest. Les hauts sommets du Nord – dont la « Reine Meije », l'Ailefroide, le Pelvoux et, point culminant, la barre des Écrins (4 102 m) – dominent la partie sud. Plus accessibles le Vieux Chaillol ou le Mourre Froid flirtent avec les 3 000 m.
Créé en 1973, assis aux deux tiers sur les Hautes-Alpes et le reste sur l'Isère, avec plus d'un million de visiteurs par an et une centaine de sommets dépassant les 3 000 m, ce vaste parc a pour mission d'accompagner le développement de l'économie locale et de conserver le patrimoine naturel. C'est traditionnellement l'activité pastorale et l'agriculture qui sont pratiquées dans les vallées, mais le tourisme devient l'activité économique majeure. C'est que, depuis la fin du XIXe s, le massif est un haut lieu de l'alpinisme, et l'avènement du ski et des sports d'hiver, après guerre, a amené la création de stations de proximité : Orcières-Merlette, Serre-Chevalier, Puy-Saint-Vincent. Le fond et la randonnée (quelque 700 km de sentiers balisés et entretenus), en plein boom, développent maintenant cette activité touristique toute l'année. Trois GR traversent le parc : tour de l'Oisans et des Écrins, tour du Haut-Dauphiné et tour du Vieux-Chaillol, qui permettent aux hameaux et villages de tirer leur épingle du jeu.
La sauvegarde du patrimoine naturel, avec l'appui d'un comité d'experts scientifiques, est l'autre mission du parc. La flore, exceptionnellement riche (1 800 espèces recensées, soit 90 % des espèces alpines et 40 % de la flore française), est protégée. À ce propos, chers lecteurs, évitez les bouquets de fleurs sauvages et laissez les chardons bleus, edelweiss, sabots-de-Vénus et autres lys orangés... à leur place. Les animaux sont également protégés. Les plus notables sont le chamois, la marmotte, le bouquetin, l'hermine, et parmi les 210 espèces d'oiseaux nichent l'aigle royal, le tétras-lyre ou le lagopède. Mais plus difficile encore à observer est l'isabelle, un papillon nocturne et vert, magnifique et majestueux à l'image des « Écrins », qui a inspiré le réalisateur du film *Le Papillon,* avec Michel Serrault.

■ ***Siège du parc national des Écrins :*** *domaine de Charance, 05000* ***Gap.*** *☎ 04-92-40-20-10. • ecrins-parcnational.fr • Ouv slt en sem 8h-12h, 14h-17h.*

Dans l'ensemble des Maisons du parc (cinq dans les Hautes-Alpes et deux en Isère, situées dans les sept grandes vallées du parc), vous trouverez de nombreux plans, brochures et idées de balades, infos sur les refuges, ainsi qu'un programme été-hiver d'animations et de sorties accompagnées.

GAP

(05000) 39 300 hab. *Carte Hautes-Alpes, B3*

Pour le plan de Gap, se reporter au cahier couleur.

La plus haute préfecture de France (735 m) annonce tout de suite la couleur : un vaste cirque, un horizon proche et lointain de cimes blanches et roses, de crêtes minérales, de collines boisées et de sombres pics. Une belle cuvette. Et Gap au milieu, tranquille.
Le cadre est donc splendide ; l'atmosphère toute méridionale – le soleil y est pour quelque chose – ne gâte rien, et si Gap ne possède pas de monuments ni d'ensemble architectural remarquables, elle est tout de même harmonieuse, et propre. Tout le centre, piéton, fait de petits passages et d'agréables terrasses, est charmant, et la place Jean-Marcellin rassemble à toute heure une foule considérable : c'est qu'elle n'est pas si grande et qu'on s'y presse aussitôt qu'on arrive à Gap. Enfin, le musée départemental d'Art et d'Histoire et, sur les hauteurs de la ville, le domaine de Charance se visitent avec plaisir. N'oublions pas de mentionner les deux figures de la ville : le *baron Ladoucette,* préfet des Hautes-Alpes sous Napoléon Ier, qui dynamisa la région en créant des routes, des écoles, des canaux, et donna un vif essor à l'agriculture, avant d'aller mourir en Allemagne en 1850 ; et *Achille Mauzan,* dessinateur, surtout célèbre au début du XXe s pour ses affiches de cinéma pour la *Gaumont.*

UN PEU D'HISTOIRE

Heurts et malheurs

Jouissant d'une position stratégique et de richesses naturelles enviables, à mi-chemin entre Provence et Dauphiné et contrôlant la vallée fertile de la moyenne Durance, Gap a de tout temps suscité les convoitises, et donc subi assauts et dévastations. Fondée au début de notre ère par les Caturiges, les Gaulois du cru, *Vappinco* deviendra *Vapincum* avec les Romains, occupants pacifiques. Les Barbares seront plus méchants, et Wisigoths, Burgondes et Ostrogoths s'entretuent ici avant que les Lombards ne détruisent totalement la ville en 558. Elle se relève pourtant, et s'est à peine rétablie quand le bon Charles Martel passe à son tour à Gap, chassant devant lui le Sarrasin à grands coups de masse sur le crâne. Une nouvelle fois, la ville est saccagée (VIIIe s).
Une accalmie de huit siècles s'installe ensuite, jusqu'aux guerres de Religion, où toute la région (comme le pays) est perturbée : ici, les protestants sont emmenés par le connétable de Lesdiguières, natif de Saint-Bonnet-en-Champsaur. Celui-ci saura limiter la casse, pour Gap comme pour le Dauphiné en général... Mais un gros siècle plus tard (1692) survient une catastrophe : en guerre contre Louis XIV, le duc de Savoie fait une descente dévastatrice dans le secteur. Gap est incendiée, et 798 de ses 953 maisons partent en fumée !

Enfin, la paix !

Ces trois derniers siècles auront été ceux du renouveau et de la paix. Des cendres de 1692, Gap renaît, et grossit régulièrement au fil des époques. C'est alors un

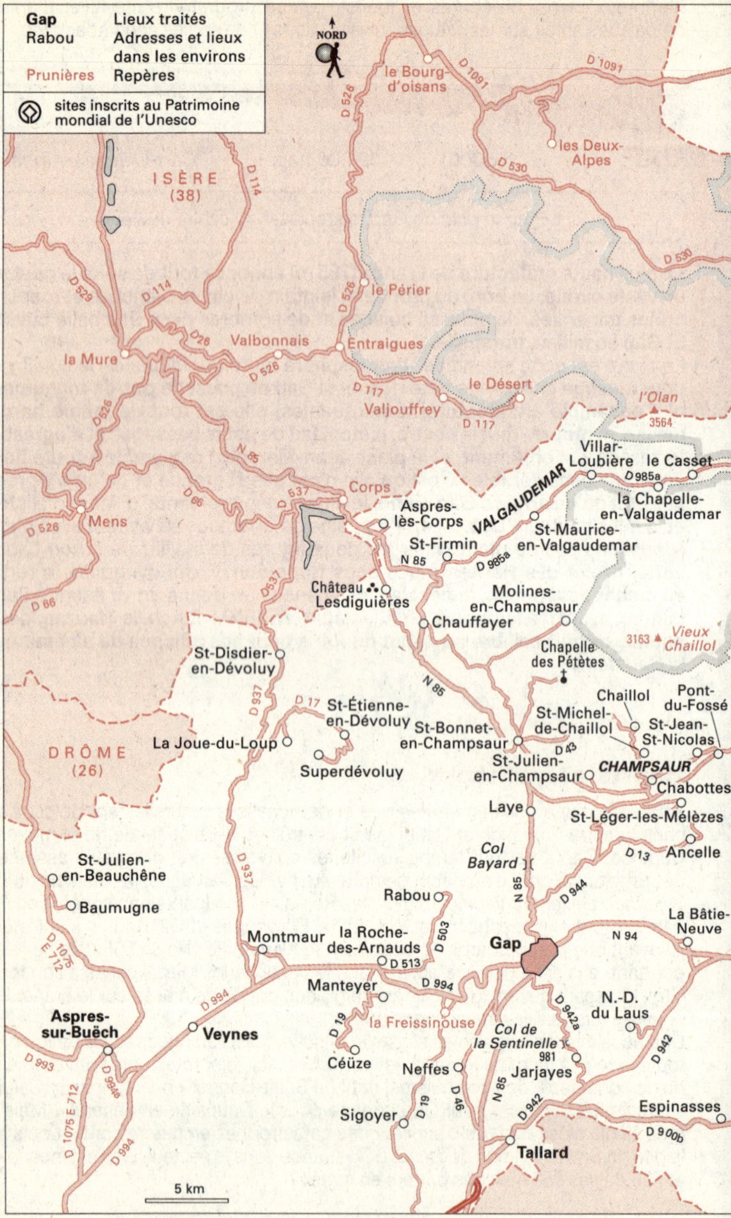
Gap Lieux traités
Rabou Adresses et lieux dans les environs
Prunières Repères
sites inscrits au Patrimoine mondial de l'Unesco
NORD
ISÈRE (38)
DRÔME (26)
le Bourg-d'oisans
D 1091
D 1091
les Deux-Alpes
D 530
D 530
D 526
D 114
D 529
D 114
D 26
le Périer
Valbonnais
Entraigues
la Mure
D 526
D 117
le Désert
Valjouffrey
D 117
l'Olan
3564
N 85
Corps
D 537
D 66
Mens
D 526
D 66
Aspres-lès-Corps
VALGAUDEMAR
Villar-Loubière
le Casset
D 985a
la Chapelle-en-Valgaudemar
St-Maurice-en-Valgaudemar
St-Firmin
N 85
D 985a
D537
Château Lesdiguières
Molines-en-Champsaur
Chauffayer
3163
Vieux Chaillol
Chapelle des Pétètes
St-Disdier-en-Dévoluy
N 85
D 937
D 17
St-Étienne-en-Dévoluy
La Joue-du-Loup
Superdévoluy
St-Bonnet-en-Champsaur
Chaillol
Pont-du-Fossé
St-Michel-de-Chaillol
St-Jean-St-Nicolas
D 43
St-Julien-en-Champsaur
CHAMPSAUR
Chabottes
Laye
St-Léger-les-Mélèzes
D 13
Ancelle
Col Bayard
D 937
St-Julien-en-Beauchêne
Baumugne
Rabou
N 85
D 944
D 503
La Bâtie-Neuve
N 94
Montmaur
la Roche-des-Arnauds
Gap
D 513
D 1075 E 712
Manteyer
D 994
D 994
N.-D. du Laus
D 942a
D 19
la Freissinouse
Col de la Sentinelle
981
Aspres-sur-Buëch
Veynes
D 942
D 993
Céüze
Neffes
Jarjayes
D 994b
D 1075 E 712
N 85
D 46
D 19
D 942
Espinasses
Sigoyer
D 900b
D 994
Tallard
5 km

LE PARC NATIONAL DES ÉCRINS

chef-lieu vivant principalement de l'agriculture, et dont les foires, nombreuses, sont les plus importantes de la région. La Révolution survient, faisant de Gap la préfecture du département nouvellement créé. Une véritable aubaine, car cette fonction administrative sera par la suite – et jusqu'à nos jours – l'activité principale de ce gros bourg, où aucune industrie ne s'est implantée. Napoléon, de retour de l'île d'Elbe, fait étape à Gap dans la nuit du 5 au 6 mars 1815. Rien de très important pour l'histoire gapençaise ne s'est produit depuis, sinon l'avènement du tourisme qui en a fait une petite capitale locale, simple étape ou plate-forme pour visiter la région. Notons toutefois l'implantation récente de quelques industries technologiques, et celle plus ancienne du 4e régiment de chasseurs... Rompez !

SACRÉS CHANTEURS

Ils ont occupé un temps la première place du classement des ventes avec 100 000 disques écoulés. « Les Prêtres », miniformation de trois religieux, chanteurs du diocèse de Gap, reprenaient tubes profanes et sacrés, avec l'appui technique de Didier Barbelivien et de TF1 Musique. Business et foi font parfois bon ménage...

Arriver – Quitter

Gare SNCF *(plan couleur B1)* **:** au départ de Paris, plusieurs trains depuis la gare de Lyon avec correspondance à Grenoble ou Valence (5h15 de trajet minimum). 1 train de nuit/j. direct entre Paris-Austerlitz et Gap.

Adresses et infos utiles

Office de tourisme *(plan couleur A2)* **:** *2a, cours Frédéric-Mistral.* ☎ *04-92-52-56-56.* • *gap-tourisme.fr* • *Juil-août, lun-sam 9h-19h, dim et j. fériés 10h-13h ; le reste de l'année, tlj sf dim et j. fériés.* Propose des visites guidées de la ville ; compter 1h30. Service gratuit de prêt de vélos d'avril à octobre.

Office de tourisme, annexe *(plan couleur B1)* **:** *pl. Alsace-Lorraine. Point info ouv en juil-août slt, tlj sf dim 9h30-12h30, 15h-19h.*

@ **Internet :** *Alpha Concept Plus (plan couleur B1), 12, rue Faure-du-Serre ;* ☎ *04-92-46-13-43. Sinon, accès wifi sur la pl. Jean-Marcellin (plan couleur A-B2).*

Gare routière de la SCAL *(plan couleur B1)* **:** *1, cours Ladoucette.* ☎ *04-92-51-06-05.* • *scal-amv-voyages.com* • Dessert, depuis le cours Ladoucette, les alentours.

Taxis : *à la gare SNCF (plan couleur B1),* ☎ *04-92-51-34-69 ; pl. Ladoucette (face à la gare routière),* ☎ *04-92-51-35-90.*

– Belle initiative pour les touristes comme pour les Gapençais, tous les ***bus de la ville*** sont gratuits et une navette, *Linéa Centro,* gratuite elle aussi, fait le tour du centre historique avec arrêt à la demande. Elle tourne du mardi au samedi (sauf jours fériés) de 9h30 à 12h30 et de 14h30 à 17h30. Une ligne *de taxibus à la demande, sur résa, dessert lun-sam* le golf de Bayard, le camping, le centre-ville et le domaine de Charance, sur les hauteurs de la ville. Départ de l'arrêt « Faure-du-Serre », à 20 m de la gare routière.

– ***Marchés :*** *mar mat, pl. du Rochasson (hors plan couleur par B1) ; mer mat, pl. de la République (plan couleur A2). Ven ap-m, marché bio av. Jean-Jaurès (plan couleur A2), et sam mat, pl. Jean-Marcellin (plan couleur A-B2).*

Où dormir ?

Camping

Camping Les Bonnets *(hors plan couleur par B2,* **10)** **:** *quartier Les Bonnets, 05000* ***Neffes.*** ☎ *04-92-57-93-89 ou* 📱 *06-88-73-13-59.* • *camping.les.bonnets@wanadoo.fr* • *camping-les-bonnets.com* •

♿ À 6,5 km au sud de Gap, direction Tallard-Sisteron ; suivre Neffes une fois sur la N 85 en sortie de Gap. Ouv mai-oct (tte l'année pour les loc). Forfait pour 2 pers 15,40 €. Loc de chalets et de mobile homes 4-8 pers env 280-850 €/sem. Paisible et ombragé, un camping standard de 120 emplacements entre Gap et Tallard et sa célèbre base de sauts aériens. Tennis et équitation à proximité. Piscine.

Prix moyens

Chambres d'hôtes À la Belle Étoile *(hors plan couleur par B1,* ***11****) : Le Forest du Serre, La Montagne de Romette. ☎ 04-92-52-37-71. • alabelletoile05@yahoo.fr • alabelletoile.com • ♿ À 5 km du centre de Gap, par la N 85 direction Grenoble, puis la D 944 du col de Manse, direction Ancelle, Orcières. C'est sur votre gauche. Ouv tte l'année. Compter 53 € pour 2 pers.* 5 chambres tout confort pour 2 à 4 personnes. Un lieu chaleureux que l'on conseille aux amoureux de calme et d'espace. Tout ici est vaste : l'intérieur du chalet en pin clair, avec ses chambres pourvues de mezzanines, son séjour spacieux flanqué d'une cheminée et la vue splendide de la terrasse, qui s'étend sur l'ensemble des chaînes de montagnes alentour. Grande cuisine à disposition. On se trouve sur une exploitation agricole de 60 ha où sont élevés des bovins, loin de l'activité urbaine, et pourtant à deux pas de Gap. L'accueil est vraiment sympathique et le confort, dans ces belles chambres pimpantes, optimal ! Possibilité de louer, en contrebas, de superbes chalets en bois pour 6 personnes, avec la même qualité de confort.

Hôtel-restaurant Le Clos *(hors plan couleur par B1,* ***13****) : 20 ter, av. Commandant-Dumont. ☎ 04-92-51-37-04. • jeanpierre.zenou@wanadoo.fr • leclos.fr • Du centre-ville, prendre direction Grenoble, passer la gare SNCF. C'est ensuite fléché sur la droite. Doubles 55-61 €, avec douche ou bains.* Calé au calme au fond d'une cour, à seulement 5 mn à pied du centre, cet hôtel en L, blanc aux volets bleus, déploie sur 2 étages ses chambres claires et coquettes aux tons pastel. Celles orientées sud s'ouvrent sur un balcon. Resto au rez-de-chaussée doté d'une belle terrasse bordant un grand parc. Une adresse paisible et pourtant en pleine ville.

Hôtel Porte Colombe *(plan couleur A2,* ***12****) : 4, pl. Frédéric-Euzières. ☎ 04-92-51-04-13. • hotel.portecolombe@wanadoo.fr • hotel-gap.fr • Ouv tte l'année. Doubles avec douche ou bains 52-72 €. Parking couvert payant à proximité.* Cet immeuble à l'imposante façade de béton, très seventies, est sans grand charme à l'extérieur mais a pour indéniable avantage sa situation, en plein cœur de la ville. À l'intérieur, des chambres conventionnelles, à la propreté irréprochable et bien équipées (double vitrage efficace, clim, TV satellite), à défaut d'avoir beaucoup de personnalité. Elles offrent pour la plupart une belle vue sur Gap.

Voir aussi plus loin dans « Où manger ? » les chambres de l'hôtel-restaurant **La Cloche.**

Où manger ?

De bon marché à prix moyens

Cr'Oc en Bio *(plan couleur A2,* ***24****) : rue du 11-Novembre, à deux pas de la préfecture. ☎ 04-92-52-37-34. Ouv lun-ven 11h30-14h30. Assiette composée 11 € et menu 16 €.* Au pied d'une barre, un petit snack tout beau, tout bio, pour siroter un café ou piocher une verrine, un caviar d'aubergines, dans une « assiette occitane » pleine de couleurs et servie tout en douceur. Une pause fraîcheur, à apprécier dans la modeste salle comme en terrasse.

Le Tourton des Alpes *(plan couleur A1,* ***22****) : 1, rue des Cordiers. ☎ 04-92-53-90-91. • letourtondesalpes@laposte.net • En centre-ville. Fermé dim midi (plus dim soir et lun hors saison). Formule 11,40 € au déj en sem ; menus 26-30 €. Apéritif offert sur présentation de ce guide.* Aussi incontournables que la tour Eiffel à

GAP

Paris ou la bouillabaisse à Marseille, pour ceux qui n'ont jamais goûté les tourtons, c'est le moment. Accompagnés de salade verte et de jambon cru, ces beignets de pommes de terre sont excellents et copieux. L'ambiance : une grande salle voûtée, une petite fontaine rafraîchissante, et un sourire toujours présent au service.

|●| *La Toscane* *(plan couleur A2, **21**) : 20, rue du Centre. ☎ 04-92-45-18-80. Proche de la cathédrale. Fermé dim. Formule déj 15,50 € ; carte 15-25 €. Apéritif offert sur présentation de ce guide.* Un coin d'Italie au cœur de Gap, avec une ambiance latine et décontractée sous les tonnelles de la terrasse fleurie ou dans le patio chauffé l'hiver, plus stylée dans les salles au design contemporain. C'est en tout cas l'endroit à la mode où se presse la jeunesse branchée et bobo de la ville. Cuisine fine dans une vaisselle élégante, pâtes al dente, belles pizzas, savoureux *antipasti,* et super risottos !

|●| *Les Gazelles* *(plan couleur A2, **29**) : 12, bd Charles-de-Gaulle. ☎ 04-92-44-38-64. Sur le bd circulaire. Fermé dim, lun (sf en été) et le midi des j. fériés. Formule déj en sem 13,50 € ; menu 22 € ; carte env 27 €. Apéritif offert sur présentation de ce guide.* On est tombés sous le charme de ce resto plutôt dépaysant, à l'atmosphère et aux saveurs marocaines : tajines, couscous, pastillas. L'accueil est à la hauteur de la cuisine : excellent ! Une poignée de tables en terrasse au bord de la rue.

|●| ⌂ *Hôtel-restaurant La Cloche* *(plan couleur B1, **25**) : 2, pl. Alsace-Lorraine. ☎ 04-92-51-02-52. Tlj sf dim et lun soir (plus sam soir hors saison). Compter 47 € la double. Formule en sem 14,90 € ; menus 19,90-25,90 €.* En plein cœur de la ville, cette adresse populaire est reconnaissable à sa grande terrasse dégagée, agréable en saison, avec sièges en plastique, et à sa cloche (forcément !) sur la belle façade XIXe. Dans un style « brasserie », pour un repas copieux le midi en formule « plat du jour ». Loue également à l'étage des chambres, propres, pas bien chères mais étroites.

|●| *Les Olivades* *(hors plan couleur par A2, **26**) : Malcombe, route de la Garde. ☎ 04-92-52-66-80. ● les.olivades@sfr.fr ● ♿ À 4 km à la sortie de Gap, direction Veynes-Valence. Au 2e rond-point, suivre « Les Olivades » sur votre droite, puis tt de suite à gauche. Tlj sf lun et soir des dim et j. fériés. Congés : 3 j. à Noël. Menus 25 (le midi)-45 € ; carte env 36 €.* Dominant Gap et les montagnes avoisinantes, ce petit « domaine » verdoyant et paradisiaque, avec sa grande terrasse-patio en bois brun ombragée par de vieux et hauts arbres, est un régal de repos. En cas de mauvais temps, c'est dans l'ancienne bergerie aux salles voûtées que l'on vous servira une délicieuse cuisine régionale teintée de saveurs provençales. La cuisine élégante n'est ni trop riche ni trop copieuse, mais simplement « délictueuse ». Le service est souriant et gentil et, vu la qualité du menu, le prix et surtout le cadre, on ne regrette pas d'avoir grimpé jusque là. Quelques chambres d'hôtes pour prolonger son séjour.

|●| *Le Patalain* *(plan couleur B1, **31**) : 2, pl. Ladoucette. ☎ 04-92-52-30-83. ● sarl-le-patalain@wanadoo.fr ● ♿ En plein centre. Fermé dim et lun. Congés : janv. Formules et menus 17-24 € au bistro ; menus plus gastro 40-44 €. Carte env 40 €. Café offert sur présentation de ce guide.* Une cuisine de terroir (spécialités régionales, foie gras, rognons...) servie sans chichis dans un cadre pourtant chic : une belle demeure bourgeoise, ses coursives et son jardin fleuri avec terrasse ombragée de larges voiles blanches. On en ressort repu et plutôt content. Les formules piochées sur l'ardoise du jour valent à priori plus la peine que celles proposées à la carte. Côté vins enfin, le choix est cornélien. Le « livre de cave » s'apparente plutôt à un bottin ! Bons desserts.

|●| *La Petite Marmite* *(plan couleur A2, **27**) : 79, rue Carnot. ☎ 04-92-51-14-20. ♿ Tlj, tte l'année. Congés : 5 j. à Noël. Formules déj en sem 9,50-13,50 € ; menus 17-26 € ; carte 28-40 €.* Dans sa salle à boiseries un peu sombre et à l'esprit rustique, ou en terrasse bien ombragée, profitez d'un resto sans prétention, à l'ambiance familiale, où l'on vous proposera poisson et viande (pièces de bœuf à toutes les sauces !). Un peu plus cher si vous piochez dans la carte.

De prix moyens à chic

Le Pasturier *(plan couleur A-B1, **23**) : 18, rue Pérolière et La Placette. ☎ 04-92-53-69-29. • pasturier.resto@wanadoo.fr • Ouv mar soir-dim. Congés : 1re quinzaine de janv et dernière sem de juin. Résa conseillée (10 couverts). Formule déj en sem 18 € ; menus 29-42 € ; carte 42-50 €.* Voici la « grande » adresse en ville. Les menus sont variés et circonstanciés (menu de la Saint-Valentin, menu gibier...), la carte des vins riche et les plats délicieux pour, malgré tout, des prix parfois un peu forts. Le décor est très conventionnel et l'ambiance, feutrée et intime, est propice aux dîners à 2. Le chef, Pascal Dorche, réalise une cuisine sans grande surprise mais très satisfaisante. L'été, petite terrasse à l'arrière.

Où dormir ? Où manger dans les environs ?

Camping

Le Parc des Sérigons : *05400 **La Roche-des-Arnauds.** ☎ 04-92-57-81-77. 06-15-99-50-89. • contact@camping-serigons.com • camping-serigons.com • À 17 km à l'ouest de Gap. Prendre la direction Valence/Dévoluy. Le camping est fléché sur la droite, 2 km après le village. Ouv avr-oct. Compter 17,80 € pour 2 pers. Chalets, bungalows et mobile homes 120-585 €/sem.* Au pied des montagnes, ce vaste camping sème ses emplacements sous un bois de sapins. Au charme d'un cadre pleine nature il ajoute les équipements propres à un camping familial : piscine, boulodrome, tennis, ping-pong, volley, aire de jeux, bar-resto et ses animations, supérette, et même des départs de sentier pour partir en balade. Organise en saison des activités nature (randos à cheval ou à vélo, découverte de la faune locale avec un guide...).

De prix moyens à chic

L'Auberge de Moissière : *Chantal et James Stanzer, 05400 **Rabou.** ☎ 04-92-57-95-85. • moissiere.free.fr • De Gap, direction Veynes. À 5 km à droite, prendre la D 503, direction Corréo-Rabou. Arrivé en haut du village, se garer après l'église et continuer à pied par le sentier en contrebas (env 20 mn de marche, côtes incluses). Resto ouv le w-e slt, ven soir-dim midi. Congés : vac de la Toussaint. Slt sur résa. Nuitée 23,80-24,80 €/pers selon période. ½ pens 46,50-47,50 €/pers. Menu unique 36,90 €. CB refusées. Apéritif, café ou infusion maison offerte avec la ½ pens sur présentation de ce guide.* Un gîte d'étape de 3 chambres (de 2 à 6 lits) avec douche et w-c. Loin de tout et bien cachée, cette auberge fait pourtant parler d'elle : on y vient d'abord pour sa table, déjà renommée et vraiment remarquable. James préfère en effet privilégier la qualité à la quantité. Peu de convives donc, pour un repas soigné dont vous vous souviendrez et qui se termine en apothéose par une dégustation de liqueurs, sous de jolies voûtes... Vous comprendrez pourquoi il est préférable de passer la nuit sur place. Sinon, prévoir une lampe pour le retour. Les chambres sont simples et confortables, et le cadre enchanteur au petit matin : une petite clairière au milieu d'un bois, les abords de la maison fleuris, une fontaine... Que la montagne est belle ! GR à proximité ; on est à deux pas des gorges du Buëch.

Un Air d'Ailleurs : *domaine de la Tour, le village, 05130 **Jarjayes.** ☎ 04-92-54-37-87. 06-89-89-92-48. • lesyourtes@gmail.com • unairdailleurs.net • À 12 km au sud de Gap, en direction de Tallard ; à la sortie du village de Jarjayes, sur la droite. Ouv mai-oct. Nuitée 30-35 €/pers selon saison et le w-e, petit déj compris ; tarifs dégressifs au-delà de 3 nuits ; loc min 2 nuits en saison.* 4 yourtes et une tente berbère plantées face à un panorama superbe, pouvant accueillir chacune jusqu'à 6 personnes. Dépaysement garanti, et confort aussi : le petit déjeuner vous sera servi dans l'ancienne écurie voûtée. Sanitaires impeccables

GAP

et une cuisine mise gracieusement à disposition... Bois pour barbecue fourni, vente de légumes du jardin. Possibilité de plats cuisinés.

La Pastorale : *Les Brès, 05230* ***La Bâtie-Neuve.*** *☎ 04-92-50-28-40. • la-pastorale@wanadoo.fr • lapastorale.net • De Gap, direction Embrun jusqu'à La Bâtie-Neuve, puis quitter la N 94 vers Les Borels, Les Brès, et suivre les indications. Ouv mai-oct. Résa conseillée. Compter 84-109 € pour 2 pers selon type de chambre. Repas auprès de restos sélectionnés aux alentours à prix négociés.* À nos yeux, LA découverte de la région ! C'est que Sylviane sait accueillir, et connaît son pays. Dans cette bâtisse du XVIe s, entre champs et forêts – et à 10 mn de Gap ou Serre-Ponçon –, détendez-vous, au calme, face à un incroyable panorama. Bien équipées et raffinées, les chambres aux noms de la région sentent le frais, le bon goût, et leurs douces teintes promettent un sommeil réparateur. En bas, une salle voûtée où trône le petit déjeuner-buffet servi jusqu'à 11h. Les « petits plus » sont nombreux : piscine chauffée dans le mignon jardin à l'arrière, tisane dans les chambres, conseils de balades, prêt de petit matériel ou de vêtements pour la rando... Mais surtout on appréciera l'accueil réservé aux enfants (repas adaptés, baby-sitter sur demande...). Ici, c'est comme à la maison, avec une seconde maman en plus... et au grand air.

Hôtel Muret : *le village, 05130* ***Sigoyer.*** *☎ 04-92-57-83-02. • hotelmuret@wanadoo.fr • hotel-muret.com • Au sud de Gap, direction Tallard-Sisteron. Suivre Neffes une fois sur la N 85 en sortie de Gap, puis Sigoyer. Resto fermé mer hors saison. Congés : 4-20 janv, 24 oct-7 nov. Double tt confort 75 € ; petit déj 10 €. Menus 22 € (en sem), puis 26-29 €. Café offert sur présentation de ce guide.* Entièrement rénové, au cœur du hameau de Sigoyer. Une piscine couverte qui donne sur un joli jardin fleuri à l'arrière, des chambres confortables et claires, une table simple, traditionnelle et familiale et un accueil des plus chaleureux. Pour parfaire le séjour, hammam, spa et sauna.

L'Auberge du Moulin : *La Plaine, 05230* ***Montgardin.*** *☎ 04-92-50-32-98. • auberge-montgardin.fr • À 12 km à l'est de Gap, un peu à l'écart de la N 94 (route d'Embrun), sur la droite. Fermé dim soir et lun. Sur résa slt. Menu unique 28 €. Également 1 chambre d'hôtes 60 € pour 2, petit déj inclus. CB refusées.* L'Auberge du Moulin, bien connue dans le pays sous le nom des « Deux Sœurs », est une adresse familiale de bonnes femmes, de vraies cuisinières du terroir, spécialisée dans le canard et l'oie. Profitez sans retenue du menu unique, rassasiant et fin. La fricassée de canette (entière et dodue) façon coq au vin, le poulet au citron confit, le bon bavarois, tout se déguste avec joie. Belle salle à manger rustique, mais peu de tables (environ 15 couverts). Également 2 gîtes de 2 personnes.

Chambres d'hôtes La Bergerie du Forest : *Bramefaim, 05400* ***Manteyer.*** *☎ 04-92-45-27-91. • labergeriedufo rest@aliceadsl.fr • labergerieduforest.com • À une quinzaine de km à l'ouest de Gap. Prendre direction Valence/Veynes, puis tourner à gauche direction Manteyer, 300 m après La Fressinouse. Congés : de mi-nov à mi-déc. Double 60 €. Table d'hôtes 20 €. Gîte 5-6 pers 400-510 €/sem.* Superbement rénovée, perdue au milieu des prés, cette ancienne bergerie du XVe s en grosses pierres abrite 5 chambres, toutes différentes et confortables, avec salle d'eau privée, parquet en bois et mobilier en fer forgé. Les repas se prennent dans une belle salle voûtée. Le salon est, lui, moins réussi. Loue également un gîte.

Restaurant La Laiterie du Col Bayard : *N 85, 05500* ***Laye.*** *☎ 04-92-50-50-06. • laiterieducolbayard@orange.fr • À 11 km au nord de Gap, sur la N 85 direction Grenoble. Fermé hors saison lun et le soir mar-jeu ; ouv tlj vac scol et j. fériés. Congés : de mi-nov à mi-déc. Assiettes 15-17,50 € ; menus 18-23,50 €.* Depuis 1935, de père en fils, on aime le fromage, et M. Bertrand s'est donné les moyens de faire partager sa passion : une salle immense, une boutique de vente au détail de bons produits du terroir, mais aussi de gadgets (attention au traquenard à touristes), et même un vidéo-clip. Parmi les clients qui viennent faire leurs emplettes et à côté des rayons, on vous proposera charcuterie, salades à la crème de bleu, gratinée de vacherin, brochettes de fromage, plateau champsaurin (10 morceaux), ou le menu-saveurs aux 4 passages de chariot. Nous, on a trouvé la terrasse plus paisible. Quoi qu'il en soit, amateurs de fromages, à vos couverts !

Où boire un verre ? Où sortir ?

Dans la journée, on pourra s'installer à l'une des terrasses de la ***place Jean-Marcellin*** dans le centre ancien, ou à l'un des cafés-restos de la ***place Alsace-Lorraine.*** Le soir, place Jean-Marcellin toujours, ***The Ded's*** *(plan couleur A2, **35**; fermé dim et lun hors saison),* est l'endroit le plus fréquenté. Ambiance pub, large choix de bières, tonneaux en guise de tables et jeunes gens qui s'amusent gentiment. Autres adresses à proximité (le *Ded's* est souvent *full*), le café ***Diversion,*** avec sa déco chromée à l'américaine entre *West Side Story* et *Blade Runner,* et son long bar en aluminium aux cocktails « redoutables ». On peut aussi y manger *(formules 11,90-18,90 €).* Enfin, les boit-sans-soif mais pas sans goût pourront s'attabler au comptoir du ***Ch'ti Bar*** *(rue Pérolière ; plan couleur B1, **36** ; tlj sf dim jusqu'à 22h ou plus selon l'affluence ;)* pour se rincer d'un large choix de bières, belges pour la plupart, ou d'un cocktail.

Où acheter le tourton ?

Le Tourton du Champsaur *(plan couleur A1, **40**) : 31, rue Jean-Eymar. ☎ 04-92-52-40-47. Tlj sf dim, lun et j. fériés 8h30-12h30, 15h30-19h.* Il est fabriqué à Chabottes, au Tomas, mais vous pouvez acheter ici cette spécialité culinaire de la vallée du Champsaur, à base de fromage et de pommes de terre.

À voir

Le Musée départemental de Gap *(plan couleur B1) : 6, av. du Maréchal-Foch. ☎ 04-92-51-01-58. • museum.cg05.fr • De juil à mi-sept, tlj 10h-12h, 14h-18h ; le reste de l'année, tlj sf mar et j. fériés 14h-17h (18h w-e). Fermé oct. Entrée libre. Animations et ateliers gratuits. Visites à thème sur les collections et les expos temporaires.*

Un beau musée rempli d'agréables surprises, un lieu où rien n'est figé et où se télescopent, dans chaque coin et recoin, art contemporain et histoire ancienne.

- Le *rez-de-chaussée* accueille des expos temporaires. Dans l'une des salles, hommage au connétable de Lesdiguières (lire « Un peu d'histoire », en introduction de la ville de Gap), avec la reconstitution de son mausolée.
- En *sous-sol,* dans de remarquables salles voûtées, place au *fonds archéologique* remontant à l'âge du bronze, du fer et à l'époque romaine : silex biface, dépôt de Réallon (superbe ceinture aux 16 barrettes et 15 pendeloques, bronze poli), torque en argent, Hermès double, chapiteau historié, etc. Un espace est ouvert aux collections d'ethnographie lointaine avec de rares pièces d'Asie, d'Afrique, d'Océanie et d'Amérique latine.
- Au *1er étage,* dans deux salles dont une meublée en cabinet de curiosités, le musée présente parfois une collection avec toutes sortes d'animaux naturalisés et d'herbiers.
- Au *2e étage,* dans la salle de gauche, intéressante *section d'histoire et d'ethnographie locales,* avec notamment la collection Vasserot de mobilier du Queyras (superbes ensembles de coffres en bois sculpté avec rosace). La salle de droite est consacrée aux *beaux-arts.* Noter le joli Pierrot jouant de la mandoline (dépôt du Louvre) réalisé par un certain Léon Comère (1884). Nombreuses œuvres de Jean Esprit Marcellin, natif de Gap (1821-1884), qui fut choisi pour orner les façades

du Louvre et de l'Opéra de Paris. Parmi les œuvres majeures de l'artiste, ne pas rater *Léda et Jupiter,* une sculpture de marbre réalisée à l'apogée de sa carrière. Également quelques toiles des écoles espagnole, flamande, italienne et française et des chefs-d'œuvre choisis dans la collection du fonds régional d'art contemporain PACA.
– Au *dernier étage,* belles collections de faïences (Moustiers, Nevers, Marseille...), créations modernes de vases et objets décoratifs. Remarquable œuvre contemporaine en céramique d'Ugo La Pietra, représentant les pays méditerranéens. Également une maquette de Gap en 1550 (avant l'incendie de 1692).
La librairie rassemble des publications sur les Hautes-Alpes et sur les écomusées et sites remarquables du département. À la fin de la visite, allez faire une petite promenade dans le parc de la Pépinière situé derrière le musée, avec son joli kiosque à musique.

Le domaine de Charance *(hors plan couleur par A2)* **:** *☎ 04-92-53-26-79 ou 01-09. À 4 km de Gap-centre, route de Veynes-Valence. Suivre « le domaine » et non « le château ». En majeure partie ouvert au public tte l'année. Bus gratuit en juil-août au départ de Gap (arrêt Faure de Serre), 7/j. En été, possibilité de visites guidées payantes à thème (roses anciennes, jardins en terrasse, etc.) pour les groupes (10 pers) ; ateliers et animations familiales, rens auprès du service animation de la ville de Gap (☎ 04-92-53-01-09 ; • gap-tourisme.fr •). Attention, prévoir 10-15 mn de marche entre le parking et la salle d'expo du domaine de Charance (anciennes écuries du château), où débutent les visites.*
Le domaine de Charance est un espace arboré de 220 ha, avec vue imprenable sur la ville et ses environs depuis les jardins-terrasses, agrémenté d'un petit plan d'eau, d'une buvette et de terrains de pétanque (improvisés). Il accueille également les sièges du parc national des Écrins et du Conservatoire botanique national alpin. Les Gapençais aiment cette promenade dominicale.
Face au château, côté vallée, quatre grandes et belles terrasses avec jardins à la française, plantes de la région mais aussi lavandes et arbres fruitiers, dominent la ville. Les fondations de ce jardin remontent au XVIe s, et le jardin d'agrément actuel a été créé en 2001, pour la mise en valeur du patrimoine et de la biodiversité. Les plantes présentes sur ces terrasses sont issues des collections du *Conservatoire botanique national alpin*. On peut admirer notamment la très belle collection de 800 variétés de roses. À découvrir également : le « sentier de l'Écureuil », à la rencontre de la faune et de la flore (environ 1h30 de visite) ainsi que celui de « La Sittelle » à la découverte des arbres, des oiseaux et de l'habitat montagnard (environ 1h). Enfin, retour à la salle d'expo et projection d'un diaporama commenté sur le parc national des Écrins.
– ***Le siège du parc national des Écrins :*** *☎ 04-92-40-20-10. • ecrins-parcnational.fr • Ouv slt en sem.* Dans le « château », grande maison de maître du XVIIIe s. On y trouvera documentation, boutique et infos sur le parc.
– ***Le Conservatoire botanique national alpin de Gap :*** *fermé au public.* Ses missions : connaître, inventorier, préserver la flore et les habitats alpins, accompagner, par son expertise, l'État et les collectivités territoriales et informer le public sur le patrimoine végétal des Alpes françaises. Il dispose d'un site de culture des plantes rares et menacées.

La vieille ville : Gap a brûlé en 1692, et près des trois quarts de la ville ont alors été ravagés. C'est pourquoi vous ne trouverez pas de constructions très anciennes, le bâtiment notable le plus âgé étant l'***hôtel de ville*** *(plan couleur A-B2),* édifié en 1743, à la jolie façade d'inspiration Renaissance. Pour autant, le centre-ville qui s'est refait une beauté ces dernières années n'est pas dénué de charme. Les ruelles piétonnes se sont multipliées, les façades ont été réhabilitées. C'est aujourd'hui un dégradé de couleurs pastel, un jeu de contrastes toujours en douceur, un réseau de ruelles et de voies commerçantes que l'on arpente avec plaisir, le nez en l'air, et dont la ***place Jean-Marcellin*** *(plan couleur A-B2)* est le cœur animé.

Jetez un coup d'œil à la ***cathédrale Notre-Dame*** *(plan couleur A2),* réalisée entre 1867 et 1904. Assez monumentale, c'est historiquement la dernière des grandes cathédrales « traditionnelles », construite en pierre de taille, à l'ancienne. Belle utilisation du marbre rose local, et un style général imité du roman-provençal (alternance des tons) et du gothique le plus académique. Le clocher-porche culmine à 70 m, on le voit de loin.
À l'est du centre ancien, on trouve la ***place Ladoucette*** *(plan couleur B1),* du nom du baron Ladoucette, préfet des Hautes-Alpes sous le Premier Empire (voir l'introduction sur Gap, plus haut) ; le sculpteur gapençais Jean Marcellin, dont on retrouve des œuvres jusqu'à la capitale, a réalisé la statue érigée ici, en son honneur, en 1866. Et les « Champs-Élysées » du coin s'appellent la rue Carnot, on y va pour le shopping ou un ciné.

Sports et loisirs

Un réseau de 18 km de pistes cyclables permet de sillonner la ville à vélo. Quatre circuits de vélo balisés, de 10,5 à 13 km, partent de l'office de tourisme.

■ ***Accompagnateurs : Pascal Lefebvre Concept,*** *05400* ***La Roche-des-Arnauds.*** *☏ 06-82-16-20-53. • lefebvreconcept.com • À env 15 km à l'ouest de Gap par la D 994. Ou à* ***Gap : L'Esprit Montagne*** *(☎ 04-92-53-48-97 ; ☏ 06-82-16-52-86 ; • guide-espritmontagne.com •) et* ***Vent d'Ici*** *(☎ 04-92-52-62-68 ; • sejours-randonnees-alpes.com •). Rens à l'office de tourisme.*

■ ***Club alpin français*** *(plan couleur A1,* ***3****) : 9, rue Bayard. ☎ 04-92-51-55-14. • clubalpin.gap@cegetel.net • gap.ffcam.fr • Mar, mer et ven 14h-18h30. Sortie ts les dim de l'année selon météo, carte du CAF obligatoire, inscription ven à partir de 18h30 lors de la réunion hebdomadaire à cet effet.* Activités : escalade, alpinisme, randonnée, raquettes, ski de randonnée et alpin, parapente, vélo de montagne.

■ ***Montagne Passion / Eau Vive Passion*** *(plan couleur A2,* ***4****) : 2 bis, rue Cyprien-Chaix. ☎ 04-92-53-77-17. • sudrafting.fr • En juil-août, tlj 9h-19h ; mai-juin lun-sam 9h-12h, 13h30-18h ; le reste de l'année lun-ven.* Une association gapençaise incontournable, qui s'occupe de tout : rando, raft, canyoning, parapente, etc. Location de VTT. Du sérieux !

■ ***GapAventure :*** *forêt de Saint-Mens (direction Molines),* ***Gap.*** *☏ 06-83-46-12-10 ou 06-62-12-70-14. • gapaventure.fr • Ouv mai-Toussaint (et vac de Pâques), 14h-19h les w-e et tlj pdt les vac scol (10h-19h en juil-août).* Parcours acrobatiques en forêt ; 9 parcours, 120 ateliers. À partir de 4 ans.

■ ***Bike park :*** *Saint-Mens (route de Molines),* ***Gap.*** Une zone de *slope style,* une piste de *four cross* et une piste de descente VTT. Pour enfants, ados et adultes pratiquant le VTT. Équipement de protection individuel obligatoire, ainsi qu'un vélo en bon état.

🚸 ***Stade nautique de Fontreyne :*** *☎ 04-92-51-22-67. À la sortie de la ville, direction Sisteron. Ouv juil-août tlj 10h-19h30 ; horaires réduits le reste de l'année. Entrée env 4,20 € ; réduc.* Pour se rafraîchir, une piscine en plein air, avec plongeoirs et toboggan.

Location de VTT

Voir aussi à l'office de tourisme.

■ ***Montagne Passion*** *(plan couleur A2,* ***4****) : voir ci-dessus.*

■ ***Tracks :*** *25, rue Colonel-Roux. ☎ 04-92-46-91-28.*

■ ***Cycles Fabre :*** *3, rue Villars. ☎ 04-92-51-51-37.*

■ ***Cycles Passion :*** *37, av. Émile-Didier. ☎ 04-92-51-14-48. • cycles-passion.fr •*

■ ***Culture Vélo :*** *8, bd d'Orient. ☎ 04-92-46-68-84. • culturevelo.com •*

Activités aériennes

À l'aérodrome de Gap-Tallard (10 km au sud de Gap). Fonctionne toute l'année. C'est ici que s'entraînent les équipes de France de saut en parachute. Nombreuses activités : ULM, chute libre, baptême en hélico, montgolfière, planeur, parapente... Un bureau centralise les réservations (☎ 04-92-54-32-10 ; • gap-tallard.com •). Assez cher, bien sûr. Compter de 80 à 600 € selon l'activité choisie.

Golf

– ***Golf de Gap-Bayard :*** *col Bayard, N 85. ☎ 04-92-50-16-83. • gap-bayard.com • À 7 km du centre-ville (prendre la direction de Grenoble).* Ce centre d'oxygénation, station de ski de fond l'hiver (voir plus loin), se transforme en golf 18 trous en été.

Ski et neige

Gap n'a pas à proprement parler de station de ski : il faut aller à ***Laye,*** 10 km au nord, pour trouver la plus proche, et qui fait partie du ***Champsaur*** (voir ce chapitre).

Deux autres stations dans le Gapençais :

Gap-Céüze : *rens au ☎ 04-92-57-81-33. • ski.gap.ceuse.free.fr •* Altitude 2 000 m, sur le massif de Céüze. 25 km de pistes.

Petite station aussi à ***Sigoyer,*** pour 2 km de pistes à 1 300 m.

Le domaine de ski nordique de Gap-Bayard : *☎ 04-92-50-16-83.* Très beau domaine sur les hauteurs de Gap (1 250-1 700 m), vers le col Bayard, avec une cinquantaine de kilomètres de pistes de fond et des itinéraires pour balades à raquettes. Nocturne en hiver (une fois par semaine).

Manifestations

– ***Saison culturelle estivale :*** *5 j./sem pdt tt l'été.* Programmation de qualité « Gap en Fa Mi Sol » : musique classique le lundi au jardin du couvent de la Providence, concerts d'orgue à la cathédrale le mardi, visites loufoques du couvent de la Providence le mercredi, musiques actuelles, du monde et traditionnelles au kiosque de la Pépinière le jeudi, et cirque contemporain et théâtre forain sur la place Saint-Arnoux ou la place aux Herbes, près de la cathédrale, le vendredi.
– ***Festival international de folklore :*** *pdt 5 j. mi-juil. Rens auprès de l'office de tourisme.* Le groupe folklorique de Gap invite tous les ans des groupes du monde entier (Argentine, Grèce, Israël...) pour animer la ville et ses environs avec des concerts et des danses.
– ***Vitrines de Gap :*** *chaque mar de mi-juil à mi-août, 21h-23h.* Animations des places et rues piétonnes, et commerces du centre-ville ouverts.
– ***Alpigap :*** *1 j. début sept.* Grande course cyclosportive et cyclotouristique : trois nouveaux parcours (73, 122 et 147 km).
– ***Trail Gap en Cime :*** *1 w-e début oct.* Course nature : trois parcours (12, 25 et 50 km) autour de la montagne de Charance.
– ***Marché de Noël :*** en centre-ville dans un décor de chalets, sapins et illuminations, un grand choix d'idées cadeaux et de produits gastronomiques. Une ambiance musicale festive avec de nombreuses animations pour les enfants.

DANS LE GAPENÇAIS

Le bassin du Gapençais se trouve au sud-ouest de la ville, vers la Durance et le pays du Buëch. Quelques sites naturels remarquables, comme le massif de Céüze ou les Demoiselles coiffées de Théus. Tallard avec son château, le relief doucement vallonné (avec toutefois quelques cols appréciés des cyclotouristes), et la belle campagne boisée ou cultivée de vergers en font une petite région où vadrouiller agréablement. Découvrez-la de préférence en empruntant les départementales, plus jolies, plus calmes et bien moins embouteillées que la N 85.

La ferme du Col : *05130* ***Jarjayes*** *(au sud de Gap, sur la D 942a). ☎ 04-92-54-30-70. 06-33-58-13-68. (en partie). De Jarjayes, sortir direction Gap, c'est indiqué à 1 km sur la gauche. Fév-11 nov, tlj sf dim 10h-18h. Entrée : 7 € ; réduc. Visites commentées avec animations pour les enfants (env 1h30) à 15h, ainsi qu'à 10h30, 15h et 16h30 de mi-juil à mi-août. Aire de pique-nique.* Pédagogique, cette ferme a pour objectif d'expliquer tout ce qu'on peut faire avec la laine. La visite, menée par Cindy ou Raphaël, est bien sympa dans cet élevage de chèvres angoras où l'on découvrira aussi une « salle aux trésors de la nature ». Les enfants adorent et, en plus des chèvres, on croisera des paons en liberté, des moutons, des lapins, des oies, des ânes, les alpagas Caramel et Chocolat, Tutu la truie, Yacki et Yacka les yacks et des autruches... Les parents pourront s'acheter un pull ou des chaussettes en mohair, pas donné mais tellement confortable !

Le massif de Céüze : *à env 10 km à l'ouest de Gap (route de Veynes-Valence, puis à gauche vers Manteyer).* Le massif de Céüze est un synclinal perché (mais si, vous savez ce que c'est !), un mont tronqué, coiffé d'un large plateau circulaire et culminant à 2 016 m (1 000 m de dénivelée). Sur les pentes, une forêt de 1 900 ha plantée, à la fin du XIXe s, de résineux (pins, sapins, mélèzes) et de feuillus (hêtres, érables), avec également une petite station de ski. Sur le plateau, herbages et troupeaux. Sur ce massif, une vingtaine d'itinéraires VTT, pédestres ou équestres, ont été aménagés, de tous niveaux de difficulté (topoguide dans les offices de tourisme). De là-haut, panorama parmi les plus beaux des Alpes du Sud, vraiment fantastique. Un très bon plan rando, de facile à corsée.

La salle du Bal des Demoiselles coiffées : *à 20 km au sud-est de Gap. Pour s'y rendre, prendre la D 942a, qui passe par le* ***col de la Sentinelle*** *et Jarjayes. De là, continuer vers la Durance : on tombe sur la D 900 (route de Barcelonnette), qu'on prend vers la gauche jusqu'à Remollon ; 1 km plus loin, D 53 à gauche vers Théus : les Demoiselles coiffées se trouvent sur cette commune.* Curiosité naturelle due à l'érosion pluviale, qui a creusé autour d'un roc de granit la pierre plus tendre. Et le roc de granit est resté perché en haut d'une colonne que l'érosion n'a pas touchée : ces pitons rocheux sont donc appelés demoiselles (car souvent fines, sveltes) coiffées (d'un énorme chapeau de granit). Celles de Théus sont exemplaires et spectaculaires.

Le sanctuaire Notre-Dame du Laus : *05130* ***Saint-Étienne-le-Laus.*** *☎ 04-92-50-30-73. À env 10 km au sud-est de Gap par de jolies petites départementales apparaît le village de Saint-Étienne-le-Laus, perdu au fond d'une vallée.* Rien de bien particulier à priori, sauf une église qui s'y distingue dans le paysage et qui s'avère être un lieu de pèlerinage vieux de 300 ans. Effectivement, c'est suite à des apparitions de la Vierge au XVIIe s auprès d'une bergère illettrée (ça rappelle une autre histoire), que sera demandée la construction du sanctuaire. Depuis, les fidèles s'y succèdent et l'affluence ne cesse de croître depuis que le Vatican a reconnu les apparitions de la Vierge (en mai 2008). Le site accueille aussi bien les congressistes que des personnes seules pour une retraite au calme.

Méluzine « Découvrir le Grand Vert » : *rens et résas au 06-07-48-75-43. Avr-oct sur plusieurs sites du Gapençais. Prix : 62 €/pers. Résa 7 j. à l'avance.*

À partir de 7 ans. Demi-journée de grimpe dans les arbres grâce à des techniques de cordage et nuit en bivouac, en hamac perché dans les branches. Une activité originale, pour se rêver écureuil.

➢ ***Balades à cheval et en calèche : Les Sabots de Vénus,*** *Les Roux, 05400* ***La Roche-des-Arnauds.*** *06-32-83-11-64. • les-sabots-de-venus.com • À 15 km de Veynes et 17 km de Gap. Ouv tte l'année. Compter 15 € pour 1h (25 € pour 2h) ; 35 € la ½ journée.* Possibilité de rando de plusieurs jours avec logement en gîte et repas, balades en calèche, etc.

TALLARD

(05130) 1 950 hab. *Carte Hautes-Alpes, B3*

À 15 km au sud de Gap, le vieux village restauré de Tallard présente un certain charme pittoresque. Son château, ses ruelles tortueuses, son église et ses animations médiévales en été valent d'être signalés. Avant tout célèbre pour son aérodrome, sa campagne dépayse avec des routes bucoliques, de nombreux vergers et des villages avoisinants pleins d'activités. Une petite ville dynamique en somme, où l'on peut pratiquer tous les sports imaginables, des disciplines aériennes au parcours aventure et sites d'escalade en passant par la pêche, le canoë et l'équitation.

Adresse utile

Office de tourisme intercommunal de Tallard-Barcillonnette : *pl. du Château. ☎ 04-92-54-04-29. • tourisme-tallard-barci.com • Fermé dim et j. fériés. Se procurer le miniguide gratuit sur la visite du village.*

Où acheter de bons produits dans le coin ?

Le Gapençais recèle de nombreux producteurs artisanaux, parfois surprenants comme un vigneron haut-alpin à Tallard (c'est le vignoble le plus haut d'Europe !), un spécialiste de la ***truffe*** à Jarjayes. Toutes les coordonnées à l'office de tourisme. Le coin est également très riche en vergers (pommes, poires, pêches principalement) ; la route des Fruits et des Vins passe d'ailleurs par Tallard (*• routedesfruitsetdesvins.fr •*).

À voir. À faire

Le château de Tallard : *s'adresser à la mairie. (☎ 04-92-54-10-14) ou à l'office de tourisme. En juil-août, tlj 10h30-12h30, 14h-18h ; 1re quinzaine de sept, tlj 10h30-11h, 12h-12h30, 14h-14h30, 15h30-16h30 et 17h30-18h ; visite, guidée, tlj à 11h, 14h30 et 16h30 ; nocturne mer à 21h30 (sf en sept) ; pdt les vac de fév et de Pâques, visite guidée à 15h30 lun-ven ; le reste de l'année, sur résa. Tarifs : 3 € la visite libre et 4,50 € la visite guidée ; réduc ; gratuit moins de 10 ans.* Surplombant le village et la vallée de la Durance, le château est bordé d'un bois, le parc de la Garenne, qui fut sans doute la réserve de gibier du seigneur. Difficile d'imaginer que ce château possédait, selon la légende, « autant de marches que d'heures dans l'année, autant de fenêtres que de jours et de tours que de mois ». En effet, détruit à plusieurs reprises, notamment le logis seigneurial aux tours et aux murs effondrés, cet édifice des XIVe et XVIe s ne conserve que son enceinte, sa courtine, sa vaste salle de garde et sa ***chapelle Saint-Jean,*** de style gothique flamboyant. Le décor intérieur de cette chapelle (vitraux, motifs peints, lancettes et colonnettes sculptées figurant les blasons des seigneurs successifs), est assez remarquable. Elle est bâtie sur une autre petite chapelle voûtée, dont il ne reste de l'aménagement intérieur qu'un fragment de l'autel et un escalier s'enfonçant vers la crypte, interdite d'accès, où furent inhumés les seigneurs du château. Pour en savoir plus, Lise Lamblot, une excellente guide de pays, met à votre disposition sa passion et ses connaissances pour vous permettre d'apprécier l'histoire du village, du château et des alentours.

L'église Saint-Grégoire : classée Monument historique, cette église du XVIIe s, édifiée à partir de deux anciennes chapelles, est dédiée à saint Grégoire, qui fut évêque d'Arménie. Au retour de sa visite auprès du pape à Rome, il s'arrêta et évangélisa la ville avant d'y mourir en 404. Depuis, l'anniversaire de sa mort donne lieu, le 3e dimanche de septembre, au traditionnel pèlerinage de l'Église arménienne. Vieux portail Renaissance, belles orgues, jolie chaire, coupole peinte, et une série de tableaux de 1743 retraçant la vie de l'évêque.

DANS LES ENVIRONS DE TALLARD

Itinéraire des villages perchés : *brochure disponible auprès de l'office de tourisme.* En voiture, à vélo ou à moto, 14 villages à découvrir sur une centaine de kilomètres. Sur les hauteurs, huit tables d'orientation offrant des panoramas de 180° à 360°.

La Maison du Népal : *La Condamine, 05000* ***Neffes.*** *06-30-90-20-45. ● jbeaume@wanadoo.fr ● la-maison-du-nepal.com ● Accès par une route de terre abrupte à la sortie du village, en direction de la côte de Neffes. Entrée libre sur rdv.* Si surprenant que cela puisse paraître, la Maison du Népal, en France, se trouve au cœur des Hautes-Alpes. Dans un sens, cela reste logique... la montagne, les grands espaces, le grand air. C'est d'ailleurs ici que l'office de tourisme du Népal s'est implanté ! Jacques Beaume, le responsable, est passionné de la destination. Il est une véritable « bible » ambulante sur le sujet. Le département des Hautes-Alpes et la ville de Gap sont jumelés avec le district de Khotang, situé à l'est de Katmandou. La maison n'est pas une agence de voyages (mieux vaut préciser), mais donne de nombreuses informations sur le tourisme au Népal. Vous y verrez notamment une expo très intéressante sur les sherpas, car notre passionné souhaite que ce lieu devienne aussi un centre de documentation sur ces hommes peu ordinaires. Alors *Namaste* comme on dit là-bas, « paix, fraternité et rayonnement à toi » ! Organise également des concerts de musique népalaise.

La Chèvrerie de Céüze : *Les Guérins, 05130* ***Sigoyer.*** *☎ 04-92-24-25-95. ● lachevreriedeceuse.fr ● Visite guidée en juil-août mer et dim à 17h et le reste de l'année sur rdv. Compter 4 € ; réduc.* Ferme bio et pédagogique avec dégustation de fromage et vente directe. On peut même les aider à nourrir ou à traire les chèvres (sur rendez-vous seulement). On peut aussi y loger, dans un gîte d'étape pouvant accueillir jusqu'à 15 personnes *(nuitée 15 €/pers).*

➢ ***Randonnées pédestres et balades à VTT :*** *topoguide en vente à l'office de tourisme. ● valleesdugapencais.info ●* Nombreuses possibilités dans le coin.

LE PAYS DU BUËCH ET LE DÉVOLUY

Comme on dit ici, le pays du Buëch, c'est « la Provence à la montagne » ! Et on confirme. Situé au sud-ouest du département, c'est la partie la moins élevée : de 500 à 1 500 m d'altitude. L'endroit tient son nom de la rivière qui

le traverse, formée du Petit Buëch et du Grand Buëch. Rappelons l'anecdote rabelaisienne selon laquelle Gargantua, après avoir mis à sec le Grand Buëch pour se désaltérer, aurait eu naturellement une envie pressante... qui aurait donné le Petit Buëch ! Pays aux nombreuses rivières, le Buëch est une région de baignade et de pêche, des gorges de la Méouge à ses bases de loisirs. L'autre particularité du Buëch, son aspect provençal : ça sent l'ail, le pastis, les champs de lavande... Les villages ne sont pas en reste, écrasés de soleil et vivant au rythme des parties de pétanque. Certains sont perchés (Upaix, Ventavon), ou ne manquent pas de caractère (Orpierre, Rosans, Serres) et tous valent le détour, surtout en empruntant la route de la Lavande (itinéraire à se procurer auprès des offices de tourisme).

Au nord-est, le pays est fermé par le Dévoluy, imposant massif dont l'altitude moyenne est la plus haute des Préalpes françaises. Cerné de falaises, il culmine au pic de Bure (2 709 m) et s'incline vers l'Isère ; c'est un paysage grandiose et dépouillé, austère et peu habité. De modestes villages et deux stations de ski.

LARAGNE-MONTÉGLIN

(05300) 3 900 hab. *Carte Hautes-Alpes, B4*

Gros bourg à l'aspect provençal, Laragne-Montéglin regroupe deux cités autrefois distinctes : Montéglin, l'aînée, dont il ne reste rien du passé féodal, et Laragne, ancienne dépendance d'Arzeliers, fief local (le village d'Arzeliers se situe une lieue au nord de Laragne). Son nom viendrait de l'*aranha* (araignée) en occitan, du nom d'une ancienne auberge dont l'enseigne représentait cette bestiole.

Aujourd'hui, Laragne est un chef-lieu de canton assez animé, avec ses nombreux « événements » (rallye automobile fin mai, compétitions internationales de vol libre), sa semaine bouliste de grande renommée (septembre), son fromage le laragne et son chèvre AOC le banon. Mais ce sont surtout ses environs, avec la vallée des gorges de la Méouge et la montagne de Chabre (site international de vol libre), qui plairont aux routards.

Adresse utile

i @ *Office de tourisme :* *pl. des Aires. ☎ 04-92-65-09-38. • tourisme-laragne.fr • Lun-ven 9h-12h30, 13h30-17h30 (18h30 en été), sam 10h-12h30 (plus 15h30-18h30 en été).* Expositions de produits artisanaux, borne Internet. Vente de topoguides sur les randos. Circuit pour découvrir les cadrans solaires du coin (dépliant gratuit). Centres équestres... Accueillant et dynamique.

Où dormir ? Où manger ?

⌂ |●| *Chambres d'hôtes La Désirade :* *à la sortie de Laragne, route du Pöet (ou de Gap) ; fléché sur la gauche. ☎ 04-92-65-09-00. • antoniamanfredi@hotmail.com • ladesirade05.com • Double tt confort 70 €. Dortoir pour 8 pers dans une grande chambre mansardée, sdb commune, env 25 €/pers. Table d'hôtes 20 €.* 3 chambres, et un dortoir sympa, dans une grande villa provençale moderne au jardin fleuri, avec piscine au calme. Bon accueil d'Antonia.

|●| *L'Araignée Gourmande :* *8, rue de la Paix. ☎ 04-92-65-13-39. À 100 m de l'office de tourisme. Tlj sf mar soir, mer et dim soir. Congés : vac scol de fév, 2de quinzaine de nov et quelques jours à Noël. Résa conseillée. Formule au déj en sem 16 € ; autres menus 27-35 € ; carte 42 €.* Cette table constante par excellence, à la déco agréable, propose une cuisine traditionnelle semi-gastronomique, avec de belles touches d'originalité. Pain fait maison.

Où dormir ? Où manger dans les environs ?

Campings

⛺ ***Camping Les Catoyes :*** *05700* ***Les Bègües-Sainte-Colombe.*** *☎ 04-92-46-64-90. 📱 06-15-40-59-56. • contact@camping-lescatoyes.com • camping-lescatoyes.com • À 18 km à l'ouest de Laragne par la D 1075 direction Grenoble. Tourner à gauche à Eyguians direction Orpierre puis poursuivre direction Laborel. Camping ouv de mi-mars à mi-nov, tte l'année pour le gîte. Compter 12,50 € pour 2 pers, taxe de séjour en sus. Loc de caravanes et gîte 315 €/sem. CB refusées. Réduc de 10 % sur le gîte sur présentation de ce guide.* À l'entrée du hameau des Bègües encadré de montagnes, un camping à la cool installé dans un vaste pré planté de modestes arbres. Peu d'ombre donc, mais une atmosphère paisible et conviviale. Dans une grange en vieilles pierres, sympathique bar avec concerts le lundi soir en saison, vente de produits régionaux, de fruits et légumes. Accolé à la maison des gérants, un mur d'escalade intérieur permet aux minots de grimper sans danger. Sanitaires basiques mais corrects. Lave-linge. Resto 500 m plus loin, dans le hameau (lire plus loin *Le Céans*).

⛺ ***Camping des Princes d'Orange :*** *05700* ***Orpierre.*** *☎ 04-92-66-22-53. • campingorpierre@wanadoo.fr • campingorpierre.com • ♿ De Laragne, direction Eyguians, puis vers Orpierre par la D 30 sur 8 km. Ouv avr-oct. Compter 31 € pour 2 pers. Loc de mobile homes et chalets 370-710 €/sem. CB refusées.* Camping de bon confort étagé sur les hauteurs et avec vue sur le vieux village. Une centaine d'emplacements. Site d'escalade pour les amateurs et, 2 fois par semaine, soirées dansantes « teenagers » pour les ados et « soirée sangria et planteur » pour les parents. Nombreuses animations. Snack-bar, piscine.

⛺ ***Camping des gorges de la Méouge :*** *05300* ***Barret-sur-Méouge.*** *☎ 04-92-65-08-47. • campinggorgesdelameouge@wanadoo.fr • camping-meouge.com • ♿ De Laragne, direction Ribiers, puis « gorges de la Méouge » sur env 10 km jusqu'au camping, en contrebas de la D 942. Ouv mai-sept. Prévoir 17,60 € pour 2. Loc de bungalows 412,30-573,30 €/sem. CB refusées.* Pris dans les superbes gorges de la Méouge, ce camping tout confort est situé à proximité de nombreuses activités sportives : parapente, deltaplane, escalade, VTT (location sur place) ou canoë. Pour les moins sportifs, l'eau cristalline de la Méouge est un régal en plein été. Piscine.

Bon marché

🏠 ***Le Relais du Terrail :*** *05300* ***Ventavon.*** *☎ 04-92-66-43-12. 📱 06-70-52-19-59. • lerelaisduterrail@wanadoo.fr • leschaletsduterrailventavon.vadif.com • À 7 km env de Laragne, direction Ventavon-Gap par la D 942 (fléché sur la gauche). Congés : déc-janv. Gîte d'étape 20 € la nuit/pers (moins cher à la sem), 250 €/sem pour 8-10 pers. CB refusées. Café offert sur présentation de ce guide.* À côté d'un centre équestre perdu en pleine nature, 4 chambres de 2 à 4 places dans un long corps de bâtiment en bois. L'accueil est cool, les chambres simples et agréables avec leurs petites terrasses privatives à la vue magnifique. Douche privée mais toilettes communes. Cuisine à dispo, en plein air. On peut profiter de son séjour au calme pour faire de belles balades à cheval ou à poney.

De prix moyens à chic

🏠 🍽 ***Chambres d'hôtes La Tête en l'Air :*** *La Combe, 05300* ***Saléon.*** *☎ 04-92-21-93-61 ou 📱 06-60-02-12-73. • la-tete-en-lair@orange.fr • la-tete-en-lair.com • À 6 km de Laragne-Montéglin ; prendre la direction de Ribiers, à 1 km env (après avoir franchi le pont),* *tourner à droite (D 330) en direction de Saléon ; c'est juste en face de la mairie. Ouv d'avr à mi-oct. Doubles 58-63 €, familiales 90-110 €. Repas 22 €. Réduc de 10 % à partir de 3 nuits hors vac scol.* Marlène et Georges apprécient les choses simples de la vie, les voyages et les rencontres humaines. Tous deux retraités, ils ont aménagé 3 chambres à l'accès indépendant, au sein de leur belle maison restaurée. Beaucoup de goût et de sobriété dans la déco inspirée par leurs nombreux voyages. La chambre asiatique dégage une atmosphère particulièrement zen. L'une des chambres peut accueillir 4 personnes. Agréable jardin d'où l'on contemple les parapentes, la tête en l'air, mais, surtout, sans jamais se la prendre. Accueil tout sourire et plein de dynamisme. Cours de cuisine possible le jeudi soir.

***Chambres d'hôtes Le Mas de la Faye :** route du col de Faye, « Chanousse », 05300 **Ventavon** par la D 942. ☎ 04-92-66-43-72. • clemade05@orange.fr • De Laragne, direction Ventavon par la D 942. Avt ce village, suivre les indications sur la gauche, direction « col de Faye », puis à 2 km, bifurquer à droite vers Chanousse. Résa conseillée. Double avec sdb 50 €. Loc possible à la sem.* Cette maison moderne offre une vue surprenante (surtout au coucher du soleil) sur la vallée de la Durance et le village de Ventavon. Pascale Roy, et ses chiens, accueillent leurs hôtes avec le sourire. Chambres propres et tout confort, cuisine à disposition. Jeux pour les enfants en extérieur, ainsi qu'une piscine. Nombreuses balades et centre d'équitation à proximité.

***Le Céans :** route des Princes-d'Orange, Les Bégües, 05700 **Les Bégües-Sainte-Colombe.** ☎ 04-92-66-24-22. • le.ceans@gmail.com • le-ceans.fr • Dans le hameau, à 18 km à l'ouest de Laragne par la D 1075 direction Serres ; à Eyguians, direction Orpierre, puis Laborel, avt de tomber sur Les Bégües. En hte saison resto ouv tlj. Hors saison ouv slt le soir tlj et au déj w-e et j. fériés. Ouv de mi-mars à fin oct. Doubles 48-77 € selon saison ; minisuites et maisonnettes également. Menus 11-37 €. Café offert sur présentation de ce guide.* Familial et convivial, *Le Céans* porte le nom de la petite rivière qui coule en contrebas de l'établissement. Très appréciée en été, une grande piscine fait la joie des enfants, et les nombreuses chambres, parfois un peu petites, respirent le propre et le calme. Sauna et jacuzzi à disposition. Tennis dans le parc à l'arrière. Côté resto, une terrasse, une véranda, une belle carte des vins, un service attentionné et une ambiance décontractée. Cuisine régionale solide et parfumée (thym, lavande, miel...).

***Auberge de la Méouge :** le village, 05300 **Barret-sur-Méouge.** ☎ 04-92-20-62-95. • aubergedelameouge@laposte.net • Ouv tlj, sf dim oct-mars. Congés : 1 sem fin août. Double 60 €. Menus 13 € (déj en sem), et 16-35 € ; carte env 25 €.* Un hôtel récent, à deux pas des gorges de la Méouge. Chambres classiques et tout confort, certaines avec terrasse privée. De l'autre côté de la rue, une terrasse-bar ombragée de platanes, bienvenue l'été, où l'on vous proposera une cuisine traditionnelle. Possibilité de panier pique-nique.

DANS LES ENVIRONS DE LARAGNE-MONTÉGLIN

***Bamboul'âne :** 05300 **Éourres.** 06-61-00-49-71. • bamboulane.05@gmail.com • Ouv avr-oct. Compter 35 € la loc d'un âne pour la ½ journée et 50 €/j. (tarifs dégressifs à partir de 3 j.). Loc de caravanes équipées, à la sem pour 5 pers 250 €.* Aux confins de trois départements provençaux, de bien sympathiques randos libres avec un âne de bât, d'une demi-journée à 8 jours en gîte ou bivouac, à travers la région, qui réjouissent petits et grands.

Petit camping à la ferme sur place et caravane.

Les cavaliers, en herbe comme confirmés, pourront grimper à cheval ou à poney au ***Relais du Terrail*** à ***Ventavon*** (lire plus haut « Où dormir dans les environs ? »), pour une heure à une journée. Randos itinérantes également.

🔭 ***Les villages provençaux :*** autour de Laragne, une série de jolis villages au charme fou tout en hauteur, en surplomb de la vallée. On a bien aimé ***Upaix,*** discret, avec sa vieille église, sa place de village restaurée et ses façades de maison aux couleurs ocre et rosé. Plus au sud, ***Ribiers,*** d'où l'on apercevra, en remontant sur Laragne le long du Buëch, les restes du château de Mison, ancienne place féodale dont on imagine bien l'importance à l'époque...

➢ ***Circuit à faire en voiture ou à vélo autour de Laragne*** *(env 60 km)* **:** quelques côtes assez sérieuses, avec notamment le passage du *col Saint-Jean,* mais agréables comme tout, avec de jolis paysages, des sites à ne pas manquer tout du long. De Laragne, prendre la D 942, direction Montbrun jusqu'à ***Antonaves,*** village perché à l'allure toute provençale. Au pied du bourg, un curieux Christ bleu, squelettique et sur une croix courbe. À son sommet (mais vraiment tout en haut), des départs de sentiers de rando de quelques heures.
On redescend sur la D 942, direction Barret, pour longer la ***montagne de Chabre*** à votre droite, et les ***gorges de la Méouge*** à votre gauche. Il est possible de monter par de petites routes jusqu'au site d'envol de Chabre au panorama époustouflant (et on pèse nos mots !)... Mais dans ce cas, comptez 12 km en plus – ça grimpe dur. D'en haut, on observe, autour d'une table d'orientation, à la fois la barre des Écrins, la Meije, le Dévoluy au nord, les Alpes-de-Haute-Provence au sud, et, par la même occasion, les fondus du vol libre, en parapente ou deltaplane qui prennent un plaisir incroyable à survoler ce paysage unique.
De retour près des gorges, savourez, le temps d'une baignade, la fraîcheur ambiante et la beauté cristalline de l'eau de ces piscines naturelles. En provençal, *meougio* signifie d'ailleurs « eau couleur de miel ». Beaucoup de monde en été. Une route qui vaut vraiment le détour...
Reprendre la route vers Montbrun : on rencontre des champs de lavande, c'est joli, puis on entre dans la Drôme avant de trouver, sur la droite, la route du ***col Saint-Jean*** : parcours verdoyant, belles échappées sur le pays du Buëch.
On regagne Laragne par la D 30 en passant par ***Orpierre,*** qui mérite un arrêt. C'est l'un des spots d'escalade les plus importants d'Europe. C'est aussi un charmant village typique, avec ses ruelles (communément appelées ici les *drailles*) et escaliers étroits. Il est surplombé par le *Quiquillon,* nom marrant d'un rocher dont Rabelais avait fait un gravier. Gargantua l'aurait extrait de sa chaussure et jeté là. Du haut de ce rocher, au bon vieux temps, les condamnés à mort étaient précipités. Sympa !
ℹ ***Office de tourisme :*** *dans le centre d'Orpierre, près de l'église.* ☎ *04-92-66-30-45.* • *orpierre.fr* • En été, propose des visites guidées du village.

SERRES

(05700) 1 350 hab. *Carte Hautes-Alpes, A3*

La silhouette pointue de la *Pignolette* (un rocher haut d'une centaine de mètres) domine le village médiéval de Serres, en bordure du Buëch. Le site, à 660 m d'altitude, est pittoresque et les ruelles anciennes, pentues, les passages couverts (les *voûtes*), les maisons plusieurs fois centenaires, certaines curieusement ventrues, forment un ensemble plaisant.
À l'ouest, une zone de moyenne montagne (de 800 à 1 600 m), coupée de vallées larges et cultivées, réunit de beaux sites : le village de *Saint-André-de-Rosans* et son prieuré, *Rosans,* sa tour carrée, puis, de l'autre côté du massif, le *val d'Oule,* agreste et bucolique à souhait.

UN PEU D'HISTOIRE

Une ancienne place forte

Vrai verrou géologique sur le reste de la vallée, puis ***castrum dès le Xe s,*** Serres est ensuite un poste de garnison fortifié. La forteresse, aux remparts et donjon édifiés aux XIIIe-XVe s, se dressait juste en dessous de la Pignolette ; il en reste un vestige, un angle de muraille... Ce sont les guerres de Religion qui ont eu raison de cette vieille place forte. En 1573, la ville est saccagée par Montbrun, le chef protestant ; le duc de Lesdiguières, qui lui succède, achète la seigneurie en 1576. Serres devient alors un véritable ***quartier général des forces calvinistes,*** et le port d'attache de Lesdiguières entre deux expéditions dans le Dauphiné. Lesdiguières finira par abjurer et servira la Couronne, évitant bien des ravages à la région. Mais les guerres de Religion reprennent sous Louis XIII, et Richelieu, par une ordonnance de 1633, fait raser la citadelle : de ce jour, Serres a perdu ses remparts et ses soldats.

LES JUIFS DE SERRES

Si les militaires ont longtemps occupé Serres, la communauté juive s'y est également installée de bonne heure. Venue tout au long du XIVe s, elle joua un rôle important dans l'économie locale ; les livres de comptes de la châtellenie en témoignent, où ont été consignées les quantités de cire et de poivre versées au titre de l'impôt que les juifs devaient acquitter. Quand, en ***1345,*** fut ordonnée ***l'expulsion des juifs,*** la communauté serroise put éviter ces premières persécutions, mais un malheur plus grand l'attendait : en 1348, une épidémie de peste noire ravagea la région. Accusés d'avoir empoisonné les puits et les fontaines, tous les juifs furent mis à mort.
En souvenir de cette tragédie, aujourd'hui encore on se recueille sur le ***tombeau du Juif,*** situé au-dessus du village, sous le rocher Pointu. Sur la dalle, cette inscription en hébreu : « Rabbi Joseph, fils de Nathan, d'heureuse mémoire. » Et dessous, 22 dents saines ont été trouvées, attribuées à un homme d'une quarantaine d'années : Rabbi Joseph sans doute... Quant au cimetière juif, qui dut exister, il n'a jamais été localisé.

L'AVENTURE D'ALEXANDRE CORRÉARD

Alexandre Corréard (1788-1857), natif de Serres, est entré dans l'histoire (de l'art en tout cas) par une effroyable aventure. Jeune géographe envoyé en mission au cap Vert, il embarque le 18 juin 1816 sur un certain bateau nommé... la *Méduse*. La suite, vous la connaissez certainement. Il raconte son aventure, la publie, et son ami Géricault, le peintre, l'immortalise avec le fameux *Radeau de la Méduse*. Surpris ? Eh bien, tâchez la prochaine fois que vous vous pâmerez devant ce chef-d'œuvre de la peinture française – et mondiale – d'avoir une pensée pour Alexandre Corréard, l'illustre Serrois.

LES COPAINS D'ABORD

La Méduse, *navire au bord duquel se trouvait Alexandre Corréard, échoua au large de la Mauritanie le 2 juillet 1816. Les 151 naufragés s'entassent alors sur un radeau de 20 m de long et 7 m de large, et dérivent pendant 15 jours... Un vrai cauchemar : faim, soif, mutinerie, folie collective, anthropophagie, c'est l'enfer ! Quand le radeau est enfin secouru, on ne compte que 15 rescapés, dont six mourront quand même. Alexandre fait partie des neuf survivants.*

Adresse et info utiles

Office de tourisme : *pl. du Lac. ☎ 04-92-67-00-67. • montagne-en-provence.com • En été, lun-sam 10h-12h30, 14h-17h30, et dim mat ; hors saison fermé sam ap-m et dim.* Visite guidée de la ville, toute l'année, sur résa. Animations et pot de bienvenue le lundi à 17h en été.

– **Marchés :** *sam mat (tte l'année). Juil-août, lun soir 16h30-20h, petit marché et animations musicales, avec pot de bienvenue pour les touristes à 17h30.*

Où dormir ?

Chambres d'hôtes Le Moulin du Paroi : *route de Sigottier. ☎ 04-92-67-13-95. • chantal0401@live.fr • moulinduparoi.fr • À 2 km de Serres ; à la sortie du village, tourner à droite direction Sigottier, le moulin se situe sur la droite, un peu plus loin en contrebas. Ouv mai-sept. Résa conseillée. Double 62 € ; familiales 3-4 pers 83-92 €.* Un vieux moulin restauré dans un environnement paisible, fleuri et très soigné. Les chambres coquettes sont un peu sonores pour certaines, mais le cadre est enchanteur (petit cours d'eau à proximité). Bon accueil.

Hôtel Fifi Moulin : *15, rue Valenfrain. ☎ 04-92-67-00-01. • hotel@hotel-fifimoulin.fr • hotel-fifimoulin.fr • Double 64 € ; petit déj 8,50 €. Réduc de 10 % sur présentation de ce guide.* Derrière ses 3 étoiles, se love un petit hôtel de village tel qu'on les aime : avec sa façade rose et fleurie et l'accueil affable de Jacques et Isabelle. Chambres de bon confort, et l'ensemble est tenu de façon méticuleuse.

Où dormir ? Où manger dans les environs ?

Maison d'hôtes Les Planious : *chez Géraldine et Emmanuel Arnoldi, 05700* ***L'Épine.*** *☎ 04-92-66-23-23. • emmanuel.arnoldi@nordnet.fr • lesplanious.fr • À 10 km à l'ouest de Serres, par la D 994 direction Rosans-Nyons. Dans L'Épine, prendre à gauche, direction les Planious-Montjoy. Congés : début nov-début avr. Double 54 €, familiale 79 €. Table d'hôtes 18 €.* Géraldine et Emmanuel, sympas et dynamiques, vous accueillent dans leur « écogîte » qui fonctionne grâce aux énergies renouvelables (panneaux solaires), s'échinant à respecter l'environnement. Les chambres ne sont pas pour autant dénuées de confort, bien au contraire... Toutes en rez-de-jardin, avec petite terrasse ombragée donnant sur le verger, elles sont spacieuses, claires et décorées avec beaucoup de soin. Le salon de repos avec cheminée et la salle à manger (avec cuisine à disposition) sont chaleureux, les petits et grands enfants y trouveront même quantité de jeux et de B.D. À l'extérieur, chacun trouve son bonheur : piscine, VTT, volley-ball, ping-pong... Vous êtes en pleine nature, au creux d'un vallon, cerné par de douces montagnes... magique ! Le propriétaire vous proposera même de partir en rando accompagnée ! Prévoyez donc de rester quelques jours, vous ne le regretterez pas.

À voir

Le village : demander à l'office de tourisme la brochure qui retrace l'histoire du village du Xe s à nos jours. Promenade agréable où l'on remarque surtout quelques maisons anciennes (dont beaucoup sont à vendre), des arches et portails, la porte classée de la mairie, des voûtes, des escaliers étroits, des soustets (passages sous les maisons). À voir également, la façade de la maison Lesdiguières (1585) et la tour de Molend. Attention, ça monte... L'église aussi est belle (XIIe s). On peut se contenter d'arpenter les rues basses ; mais les courageux monteront jusqu'à l'ancien château, dont il ne reste quasiment rien, et jusqu'au *tombeau du Juif* (voir, plus haut, « Les juifs de Serres »). Sur le chemin, un enclos abrite les tombes d'une famille noble du XIXe s, envahies par les herbes folles. On peut lire leurs aventures gravées dans la pierre. Le sentier passe aussi devant la chapelle de Bon Secours (1730). Table d'orientation pour se repérer. D'en haut, où parfois on peut croiser quelques chamois sur la Pignolette, un beau point de vue sur tout le Buëch. De là, on peut poursuivre sur le sentier des Moines (brochure en vente à l'office de tourisme) pour une balade en boucle de 2h15.

Le musée de la Moto et de l'Auto l'Estanco : *34, rue du Chemin-Vert. 06-81-46-10-41. • michel-mouttet@club-internet.fr • Ouv sur rdv ; participation libre.* Très intéressant petit musée privé où Michel Mouttet a rassemblé toutes ses acquisitions coups de cœur. Il suffit de téléphoner pour découvrir une rare *Terrot* à arbres à « cames en tête », une exceptionnelle *MGC* de 1934, une précieuse *Styl'Son* de 1929, ainsi que d'autres motos populaires et les *Vélosolex* (la « bicyclette qui roule toute seule »). Vous pourrez admirer également une voiture de course Amilcar de 1926, une citroën AC4 de 1930, une camionnette de pompiers Citroën de 1941 et une insolite *Charles Mochet* de 1949, ainsi que de nombreuses plaques publicitaires émaillées et nombre d'objets liés à l'histoire de l'automobile.

Manifestations

– ***Festival de jazz :*** *le 11e festival aura lieu 15-21 juil 2013, au théâtre de verdure de la Germanette.* Nombreux concerts gratuits ou payants, dont au moins 4 à la Germanette, ainsi que des expos sur le thème du jazz.
– ***« Serres à la lumière du passé » :*** *1er w-e d'août ; pdt 3 j.* Le village vit à l'heure du milieu du XIXe s ; vide-greniers le dernier jour.
– ***Serres LEZ'ARTS :*** *3e w-e de sept. • serres-lezarts.over-blog.com •* Serres reçoit alors une vingtaine d'artistes qui exposent en divers lieux du vieux village. Sympathique parcours libre pour découvrir l'art contemporain dans un beau cadre du XIIe s.

DANS LES ENVIRONS DE SERRES

➢ ***Randonnées pédestres et circuits cyclistes :*** nombreuses possibilités dans le coin (tous niveaux). Les adeptes de VTT seront comblés : les environs de Serres comptent plus de 1 000 km de sentiers balisés ! Dépliants disponibles auprès des offices de tourisme. Pour ceux qui s'aventurent à vélo sur les routes, quelques montées de difficulté moyenne *(col de la Fromagère, col des Tourettes)*, mais autant de descentes, eh oui !

➢ ***Balade*** rapide depuis Serres : prendre la direction La Piarre par la D 27 à la sortie de Serres pour découvrir une route au calme, par Sigottier, loin des voitures, ni trop facile, ni trop difficile à vélo, et au panorama superbe.

– ***Le domaine de Germanette*** *(base de loisirs) : 05700* ***Serres.*** *☎ 04-92-67-03-77. À 3 km env du village ; prendre la route de Laragne, puis fléché. Juin-août, tlj 10h-18h30 ; le reste de l'année, site libre d'accès et non surveillé. Entrée : env 3 € ; gratuit moins de 7 ans.* Face à la montagne, ce plan d'eau a le mérite d'être propre et bien conçu, aussi bien pour les baigneurs que les pêcheurs. Animations, nautisme en été et jeux d'eau pour les enfants. Possibilité de restauration.

Rosans : *à 20 km à l'ouest de Serres.* Rosans veille sur sa vallée depuis plus de 1 000 ans. Son nom viendrait tout simplement de la rose, fleur chérie d'un des chefs des Sarrasins qui ont occupé la région pendant 500 ans et qui, en son honneur, aurait ainsi nommé la petite cité. Le vieux bourg se concentre autour de la *tour Carrée* romane (donjon du XIIIe s) ; beau point de vue depuis la terrasse sur le Rosanais. Dans ce petit périmètre du vieux bourg, on s'arrêtera aussi devant la *résidence seigneuriale,* édifiée au XVe s et dotée d'un superbe portail Renaissance, et le ***château de Lesdiguières*** (XVe s remanié), aux fenêtres à meneaux et à croisillons, ouvrant sur la place Haute. On relèvera aussi que Rosans fut l'une des rares communes volontaires, en 1962, pour accueillir une communauté harkie au lendemain de la guerre d'Algérie.

Les ruines du prieuré de Saint-André-de-Rosans : *dans le village du même nom, à 17 km à l'ouest de Serres par la D 994, puis par la D 425 à gauche. ☎ 04-92-66-66-66 (office de tourisme de Rosans). Juil-août, tlj sf ven ; accueil à la mairie 14h30-17h30 ; visites guidées à 15h, 16h et 17h. Hors saison, visite sur rdv : ☎ 04-92-66-63-69 (mairie). Entrée : env 5 € ; gratuit moins de 18 ans.* Il ne reste plus grand-chose du prieuré clunisien, bel édifice roman du XIe s. Mais le village est mignon, et les ruines ont le charme indéniable des ruines, c'est déjà ça. Une association organise des visites guidées du village, de l'église, du réfectoire, des communs et, surtout, du joyau du site : les superbes mosaïques tricolores du XIIe s, aujourd'hui restaurées.

Le col de la Fromagère *(par la D 25)* **:** la route étroite du col de la Fromagère traverse des monts verdoyants ; à mi-parcours, après le col, on est dans la Drôme et l'on descend sur *Pommerol,* très joli hameau accroché aux pentes d'un vallonnet restauré par un original passionné de son Pommerol perdu. Petite aire naturelle de camping.

Le val d'Oule *(par la D 26)* **:** tout à fait méconnu, ce val d'Oule ravira les amateurs de paysages encore naturels, peu construits, où quelques villages modestes et calmes apparaissent de loin en loin, entre vergers, bois et pâturages. Parmi ceux-ci, ***Montmorin,*** berceau de la famille de Jean Moulin. Église et château des XVe et XVIe s. L'exode rural a rudement frappé ce genre de campagne, et le tourisme ne l'a pas remplacé ; cependant le val d'Oule n'est pas en friche, au contraire, et la main de l'homme, en le travaillant, ne l'a pas abîmé.

ASPRES-SUR-BUËCH (05140) 830 hab. *Carte Hautes-Alpes, A3*

Situé sur la D 1075, route de Grenoble à Sisteron, et à 4 km de la D 994 qui file bien (route de Gap), Aspres est aussi au départ de la route du col de Cabre. Derrière commence la Drôme. Un carrefour très emprunté, donc. Le village, construit en forme d'escargot, présente un certain charme (ruelles, cadrans solaires, vieilles bâtisses). Au parc municipal, voir les deux magnifiques séquoias centenaires.

Adresse utile

Office de tourisme : *☎ 04-92-58-68-88. • provence-des-montagnes.com • En été, ouv tlj sf dim mat 9h30-12h30, 16h30-19h ; le reste de l'année, lun-ven, mat slt.*

Où dormir ? Où manger dans le coin ?

Camping et chambres d'hôtes La Source : *05140 Saint-Pierre-d'Argençon. ☎ 04-92-58-67-81. • info@lasource-hautesalpes.com • lasource-hautesalpes.com • À 6,5 km env du village ; par la D 993 (direction Valence) ; fléché sur la droite. Ouv tte l'année ; camping de mi-avr à mi-oct. Compter env 13 € pour 2 pers. Doubles 42 (w-c sur le palier)-45 € selon confort et saison. Table d'hôtes 15 €. Réduc de 5 % pour un séjour d'au moins 3 nuits, 10 % à partir de 7 nuits, sur présentation de ce guide.* À la lisière d'un petit bois où l'on peut parfois entendre la hulotte, la maison de Glenda et Carol ne fait pas de bruit. À l'intérieur, 5 chambres très agréables qui dégagent une atmosphère un tantinet british. 2 d'entre elles (les moins chères), dotées d'un simple lavabo, se partagent une salle de bains. À l'écart, sous les frondaisons, quelques emplacements pour planter sa tente. Une adresse toute simple, que l'on aime beaucoup. Et vu les prix... courez-y !

Chambres d'hôtes Le Relais de Saint-Géraud : *route de Grenoble (D 1075). ☎ 04-92-58-76-55. • relais.stgeraud@wanadoo.fr • relaisdesaintgeraud.com • Au cœur de la ville, à 150 m de l'office de tourisme. Double 60 € (2 nuits min).* Sur leur dépliant, on lit : « Bienvenue dans notre demeure où le temps n'a plus la même valeur. » On confirme ! Bien que situé près de la départementale, ce petit paradis, spacieux, élégant, au cachet ancien, est une retraite parfaite et réellement agréable. 4 chambres aux noms des 4 éléments, donnant sur un joli parc verdoyant, font de cet ancien relais de poste un lieu de résurrection. Véranda, vieux meubles, salons de lecture ou feu de cheminée, on vit à son rythme, ou à celui des discussions avec Emmanuel et Claudine, deux jeunes artistes vraiment sympathiques qui ont su remettre à neuf cette bâtisse. Ils l'ont même agrémentée d'espaces culturels et bien-être. La région est délicieuse, tout comme la rivière (à 3 mn à pied) les jours d'été. Et si vous désirez voir à quoi ressemble une belle échelle « perroquet », montez à l'étage.

Ferme-auberge du Chevalet : *Le Chevalet, 05140* ***Aspres-sur-Buëch.*** *☎ 04-92-58-60-23. • lechevalet@cegetel.net • lechevalet.com • ♿ À 2 km env du village ; prendre la direction de Valence (D 993), puis fléché sur la gauche. Tlj sf le soir des dim et j. fériés. Congés : de mi-nov à mi-fév. Résa impérative. Menu 25 €. Café offert sur présentation de ce guide.* Une auberge qui ne triche pas avec la qualité des produits qui vous sont proposés : frais et fermiers, c'est d'ailleurs pour ça qu'il est impératif de réserver. On savoure cette goûteuse cuisine dans la grande salle ou en terrasse l'été, dans un super cadre. Propose également quelques chambres au-dessus de la salle de resto (compter 65 € pour 2).

DANS LES ENVIRONS D'ASPRES-SUR-BUËCH

Le col de Cabre et les villages perdus du Bochaine : *par la D 993 (route de Valence).* Cette route aux boucles superbes sur une trentaine de kilomètres, en pleine nature, borde une alternance de petits champs de blé, de lavande, de fleurs sauvages ou de forêts de pins. Idéal pour une promenade à vélo, mais attention à certaines belles côtes (on vous aura prévenu). 2 km après La Beaume et juste à la sortie d'un tunnel, un panneau indique : « Cadran solaire dans le rocher à gauche au-dessus de vous ». On découvre ainsi un cadran inauguré en 1807 par le préfet Ladoucette. Il est un peu trop haut perché pour qu'on puisse lire ce qui est écrit dessus, alors on vous le dit : « Ô toi qui passes dans ces lieux / Vois l'ouvrage de Ladoucette / Il me fait parler à tes yeux / Tu suis la route qu'il a faite ». Bon, c'est un quatrain, quoi.

Au niveau du col, la D 28 part sur la droite vers quelques villages typiques : ***La Haute-Beaume*** et ***Montbrand,*** où l'on peut observer quelques-uns des derniers toits de chaume du département, mais aussi des toits de tôle ondulée rouillée, bien plus nombreux. Au retour, visite possible d'une distillerie artisanale de lavande, au hameau Les Pusteaux-de-la-Faurie *(distillerie* ***Françoise Correard :*** *☎ 04-92-58-14-19 ; de mi-juil à fin août tlj, et sur résa tte l'année ; visite 3 €).*

On pourra rejoindre par la D 1075 (direction Grenoble) le village de ***Saint-Julien-en-Beauchêne.*** L'*écomusée du Chartreux* apporte un éclairage sur l'histoire de la chartreuse de Durbon du XIIe s *(☎ 04-92-58-16-45 ; ouv juil-août lun et mer-ven 14h-16h30 ; entrée : env 2 € ; réduc ; gratuit moins de 12 ans).* Le musée se trouve au pied de la montagne où séjourna Jean Giono et qui déclara à son sujet : « La montagne où je suis me fait du bien : nerfs plus solides, et ressort retrouvé... »

S'il le dit... Et à 2 ou 3 km de là se trouve ***Baumugnes,*** immortalisé dans *Un de Baumugnes* du même Giono (le site n'a pas franchement d'intérêt). À la ferme de Baumugnes, bons produits fermiers au lait cru de vache *(☎ 04-92-21-13-87 ; ouv tte l'année, sam 15h-19h, plus ven en juil-août 16h-19h).* Toujours par la D 1075, visite possible du monastère orthodoxe de Notre-Dame-la-Faurie *(☎ 04-92-58-05-84 ; ouv tte l'année, lun-sam 14h-17h, dim 15h30-18h ; accès libre).*

VEYNES

(05400) 3 330 hab. *Carte Hautes-Alpes, B3*

À la fin des années 1950, Veynes était encore une ville de cheminots, un important dépôt de locomotives et le site d'une école professionnelle de la SNCF. Ces activités ont cessé, mais Veynes reste un carrefour ferroviaire important, garde l'amour du rail... et a donné naissance à un écomusée très pédagogique sur le sujet. D'autres activités (recherche, ateliers divers) ont pris la relève et donnent, avec les réseaux de voies ferrées, un aspect ouvrier et industrieux à la ville, physionomie bien singulière pour les Hautes-Alpes. Veynes est par ailleurs une porte d'entrée du Dévoluy, d'où l'on descend pour s'approvisionner et pour les services. La rue principale, étroite et commerçante, le *château de la Villette* (XVIe s), où est installée la mairie, constituent un petit centre mignon et animé.

Adresse et info utiles

Office de tourisme : *av. du Commandant-Dumont. ☎ 04-92-57-27-43. • tourisme-veynois.com • En juil-août, lun-sam 9h-12h, 14h30-18h, dim et j. fériés 10h-12h ; hors saison, lun-ven et sam mat.* Installé dans un curieux bâtiment rose sur la route de Gap. Propose un itinéraire pédestre intéressant de découverte de Veynes.

– ***Marchés :*** *jeu en journée.* Marchés nocturnes *(certains ven soir en juil-août)* où se mêlent produits locaux, musique et bonne ambiance.

Où dormir dans le coin ?

Campings

Camping Les Rives du Lac : *plan d'eau des Iscles. ☎ 04-92-57-20-90. 📱 06-47-54-84-34. • contact@camping-lac.com • camping-lac.com • ou • campingalpesprovence.com • ♿ À 2 km au sud de Veynes, direction Serres. Ouv fin avr-sept (tte l'année pour les chalets). Emplacement pour 2 pers 21 €. Mobile homes, paillotes et chalets (6 pers) env 210-740 €/sem.* Au bord du plan d'eau des Iscles, un camping de 2,5 ha avec tout le nécessaire pour les vacances. Animations, aire de jeux pour les enfants. Location de vélos et piscine.

Camping Les Prés : *Le Petit-Vaux, 05400* ***Veynes.*** *☎ 04-92-57-26-22. • camping-les-pres.com • À 8 km au nord de Veynes, direction Super-Dévoluy. Sur la gauche, une fois passé Montmaur sur la D 937. Ouv mai-sept. Forfait pour 2 pers 14 €. Yourtes, roulottes et bungalows en toile 280-440 €/sem.* Petit camping ombragé (25 emplacements), au pied des montagnes, un bon point de départ pour des balades à VTT ou des promenades à l'air pur. Piscine. Location de vélos.

À voir

L'écomusée du Cheminot veynois : *3, rue du Jeu-de-Paume (dans la Maison des communes, bâtiment du XVIIIe s). ☎ 04-92-58-00-49. • ecomusee-cheminot.com • ♿ (topo pour les non et mal-voyants). Juin-sept et autres vac scol, mer-sam 15h-19h (14h-18h vac scol). Entrée : 3,50 € ; réduc enfants. Boutique.*

Dans ce musée didactique, on découvre l'univers du train à Veynes et son importance dans l'économie de la ville. Maquettes, films d'archives, reconstitutions, topos divers, belle collection de lampes (à huile, au carbure), etc.
Pour la petite histoire, l'enfant du pays s'appelle Adrien Ruelle (1815-1881) et a participé à l'expansion de Veynes. Cadre de la Compagnie du PLM (un des ancêtres de la SNCF), cet ingénieur des Ponts et Chaussées, décoré de la Légion d'honneur à 28 ans, est en fait celui qui a favorisé le développement de la ligne ferroviaire entre Paris et les Hautes-Alpes, et choisi de faire de Veynes un nœud ferroviaire.

DANS LES ENVIRONS DE VEYNES

Les villages du val d'Oze : tout de suite au sud de Veynes se trouve un petit périmètre bucolique et vallonné, appelé val d'Oze – ce nom rappelle évidemment le pays d'Oz du conte fantastique. Il faut faire la balade à vélo, c'est mieux, avec ses boucles de 20 à 40 km à tout casser (voir carte Michelin 81). Ce val d'Oze est dominé par le *pic d'Oule* (1 607 m) et la route, buissonnière, va de village en village. Ils sont charmants, notamment ***Le Saix*** (prononcer « le sexe » !), un village loin de tout, où il faut savoir prendre son temps, profiter, et qui a le mérite d'être bien fleuri. Au centre, fontaine et lavoir, et curieuse tour tronquée au cul de la petite église. Du village, possibilité de faire une superbe balade jusqu'au lac Peyssier qui vous en mettra plein la vue (compter 3h aller-retour ; 500 m de dénivelée) ! En voiture, retour par ***Chabestan*** et ***Oze,*** par exemple.

Le château de Montmaur : *05400* ***Montmaur.*** *☎ 04-92-58-00-49. • chateau-montmaur.com • ♿ À 5 km au nord-est de Veynes par la route de Gap. Propriété du conseil général, des événements culturels y sont organisés. Visite libre et gratuite mer et ven, 15h-18h. Visites guidées du château en juil-août mar, jeu et sam à 15h et 17h ; entrée : 4 € ; réduc ; gratuit moins de 12 ans.*

Bien conservé et restauré, le château de Montmaur, flanqué de deux tours rondes, l'une raccourcie et l'autre à chapeau pointu, est une belle maison forte du XIVe s, modifiée surtout à la Renaissance (tours rondes en place d'échauguettes, fenêtres à meneaux, toit en pente). Autrefois plus haute, elle a perdu deux niveaux supérieurs ainsi que son angle nord-est, passant d'un plan carré à un plan en L.

SCEAU DANS LE TEMPS

Le château de Montmaur a d'abord appartenu à une lignée de chevaliers, dont Raymond de Montauban, proche de Saint Louis et qui trouva la mort en Tunisie pendant la huitième croisade. Or, 600 ans plus tard, un officier français récupéra une amulette suspendue au poitrail du cheval d'un chef arabe qu'il venait de tuer. Il s'agissait du sceau des Montauban, que le chevalier Raymond avait emporté avec lui aux croisades !

Outre les chevaliers, les femmes aussi ont compté à Montmaur, et notamment les d'Agoult, maîtresses de Montmaur au XVIIIe s : telle Christine d'Agoult, femme d'esprit qui tiendra un salon à Grenoble, où Choderlos de Laclos puisera ses personnages des *Liaisons dangereuses,* puis Marie d'Agoult, compagne de Liszt aimée de Chopin... Après avoir été une ancienne pension végétarienne, le dernier grand rôle du château fut d'accueillir la Résistance. Antoine Mauduit y organisa le réseau « La Chaîne » à partir de 1942 ; arrêté en 1944, il mourut d'épuisement à son retour des camps. Il est d'ailleurs enterré dans la jolie petite chapelle Sainte-Philomène que l'on peut apercevoir dans un champ voisin. François Mitterrand, membre de ce réseau, dira plus tard de lui : « Je n'ai pas rencontré, dans ma vie, cinq personnes d'un tel rayonnement ! »

L'autre château de Montmaur : du XIXᵉ s et privé (ne se visite pas), il a moins d'intérêt que le précédent, mais Ponson du Terrail (1829-1871), le créateur de *Rocambole,* y est né : rocambolesque, non ?

➢ ***Randonnée pédestre en Retrouvance, « Sur le chemin des villlages disparus » :*** *rens et inscriptions à l'office de tourisme de Veynes,* ☎ *04-92-57-27-43.* Organisée avec le concours de l'ONF, elle propose été comme hiver un parcours (libre ou accompagné) sublime de 6 jours et 5 nuits au départ de la gare de Veynes. Au niveau pratique, c'est super : les bagages sont transportés par un logisticien. Étapes prévues dans des relais forestiers authentiques et très confortables situés dans le haut Buëch et le Dévoluy en pleine cambrousse. Les repas « terroir » du soir sont préparés par une auberge du coin. Au programme, découverte de la faune et de la flore locales grâce aux lumières des agents forestiers sur l'un des sentiers les plus riches de France. Quant à l'accompagnateur, il est du pays, formé pour le circuit. Accessible aux randonneurs d'un niveau moyen.

– ***Le plan d'eau des Iscles :*** *à 3 km de Veynes, en direction de Serres.* ♿ *Baignade surveillée en juil-août. Accès libre.* Bien aménagé. Embarcations à pédales, pêche, possibilité de pique-niquer.

LE DÉVOLUY

Carte Hautes-Alpes, A-B2-3

Les Dévoluards ont su concilier agriculture et tourisme. Aujourd'hui encore, l'activité agricole prospère et compte une soixantaine d'exploitations pour un cheptel ovin de 26 000 têtes. Les paysages calcaires, grandioses par endroits, hérissés de montagnes majestueuses aux saillies puissantes et extravagantes, la nature intacte et originale (la flore notamment se distingue, avec quelques espèces propres au Dévoluy), ravissent les randonneurs. Quant au sous-sol, truffé de galeries calcaires (les *chorums*), il attire les spéléologues (560 cavités sur l'ensemble du massif). En été, nombreux sports de pleine nature, dont les 110 voies d'escalade des Gicons. En hiver, le Dévoluy offre un domaine skiable de 100 km. Il est composé de *Superdévoluy,* dite « Superdé », caractérisée par une architecture années 1960, et de *La Joue-du-Loup,* station plus récente, plus « village ». Au sommet des pistes, on profite des paysages enneigés et de superbes panoramas sur la vallée.

UN MASSIF CONTRASTÉ

Porte sud-ouest des Hautes-Alpes, entre Vercors et Écrins, le Dévoluy a des allures de forteresse, crénelée de pics élevés : le pic de Bure (2 709 m) au sud, le Grand-Ferrand (2 759 m) et l'Obiou (2 790 m) à l'ouest. On y accède par le col du Festre à l'ouest, le col du Noyer à l'est et la percée de la Souloise au nord. À l'intérieur, le Dévoluy se révèle comme une vaste cuvette, un synclinal perché orienté nord-sud, dont les flancs montent en pente douce vers les crêtes qui le ceinturent. Cette géographie particulière a pour conséquence directe un enclavement important et un isolement qui a duré des siècles. Le climat est froid et l'altitude moyenne est la plus élevée du massif préalpin... Au-delà de ses gorges sévères et ses crêtes dénudées, s'ouvre un paysage inattendu : prairies bordées de pierriers et de hameaux, bois de hêtres et de frênes, alpages, clapiers (petits tas de pierres accumulés au fil du temps pour libérer des parcelles cultivables).

Arriver – Quitter

Gare de Veynes-Dévoluy : *☎ 36-35 (0,34 €/mn).* Liaison directe avec Grenoble, Valence, Paris et Gap.

Dévoluy Voyages : *☎ 04-92-502-505. • 05voyageurs.com •* Desservent les villages et stations depuis Veynes. En principe, correspondances avec les trains, mais se renseigner avant.

Taxis : ***Dévoluy Voyages,*** *☎ 04-92-58-80-46 ;* ***Taxi de l'Obiou,*** *☎ 04-76-30-08-94.*

Adresse et infos utiles

Office de tourisme du Dévoluy : *05250* ***Saint-Étienne-en-Dévoluy*** *(à la sortie du village, direction Superdévoluy, au croisement sur la droite). ☎ 04-92-58-91-91. • ledevoluy.com • Tlj 9h-12h, 14h-18h ; fermé dim sept-21 déc et 20 avr-fin juin. Également en saison, une maison d'accueil à* ***Superdévoluy*** *et à* ***La Joue-du-Loup*** *; mêmes horaires. Espace WIFI.*

ESF *(École du ski français) : ☎ 04-92-58-81-40.*

– ***Marchés :*** *en juil-août, ven mat à* ***Saint-Étienne-en-Dévoluy*** *; lun mat à* ***Superdévoluy*** *; mar mat à* ***La Joue-du-Loup.***

Où dormir ? Où manger dans le coin ?

Auberge La Neyrette : *05250* ***Saint-Disdier-en-Dévoluy.*** *☎ 04-92-58-81-17. • info@la-neyrette.com • la-neyrette.com • Au croisement des routes de Saint-Étienne-en-Dévoluy et de Veynes. Congés : 2 sem avr et de mi-oct à mi-déc. Résa conseillée. Double 76 € ; familiale 107 €. Formule env 15 € ; menus 20-31 € ; carte 25-30 €. Parking gratuit. Apéritif offert sur présentation de ce guide.* Très belle auberge posée au creux d'un vallon perdu, entre le pic de Bure et l'Obiou... L'adresse est connue : on y vient de loin pour ses chambres absolument impeccables (certaines ont vue sur le plan d'eau) et son resto à l'atmosphère coquette et campagnarde. Côté assiette, une cuisine de région fortement améliorée et dont on se régale à coup sûr.

Chambres d'hôtes La Tourtette : *route du Pin, 05250* ***Saint-Étienne-en-Dévoluy.*** *☎ 04-92-58-82-01. • latourtette@aliceadsl.fr • chez.com/latourtette • Dans le haut du village, prendre la 1re à gauche en entrant dans le bourg. Doubles 55-57 €, selon saison ; ½ pens 46,50-47,50 €/pers.* Dominant le village face au majestueux pic de Bure, cette ancienne ferme récemment rénovée abrite 5 chambres claires et confortables pour 2 à 4 personnes, avec salle de bains privée. Crépies de blanc, chaussées de parquet et tapissées de lambris au plafond, elles s'apparentent, pour les plus grandes, à de vrais petits studios avec kitchenette équipée. Petit salon à l'étage et salle à manger au rez-de-chaussée, où dîner en grandes tablées à la chaleur du poêle. Bon accueil.

À Superdévoluy, plusieurs ***résidences de tourisme*** dans des immeubles sombres et longs qui constituent d'ailleurs l'essentiel de la station, ou presque. Depuis peu, quelques résidences de petits chalets en bois ont vu le jour. La Joue-du-Loup a une architecture plus « élégante », et on y trouve surtout des ***ensembles résidentiels privés,*** loués aussi à la semaine *(central de résa à l'office de tourisme : ☎ 04-92-58-91-91).*

Restaurant Patras : *Les Cypières, 05250* ***Saint-Étienne-en-Dévoluy.*** *☎ 04-92-58-82-22. À 1,5 km de Saint-Étienne, sur la route de Superdévoluy. Tlj sf lun et mar midi hors vac scol. Congés : 15 avr-28 juin et 1er sept-15 déc. Formule déj en sem 15 € ; menu 26,80 € ; carte 27-30 €.* La valeur sûre du coin où l'on se passe le flambeau au sein de la même famille, de génération en génération. Agréable salle aux murs bardés pour se caler avec une bonne cuisine familiale et montagnarde (fondues, raclettes, ravioles de brebis aux morilles, etc.) à base de produits frais. Terrasse. Accueil des plus sympathique.

À voir. À faire

La Mère-Église : *à 1 km env avt Saint-Disdier (fléchée sur la droite ; on la voit qui domine le village de son perchoir). En juil-août, possibilité de visite guidée gratuite ; rens à l'office de tourisme.* Curieuse et vénérable église du XIe s pour la nef (clocher tout en pierre, XVe s). C'est l'une des plus anciennes des Hautes-Alpes (après l'abbaye de Boscodon, à l'autre bout du département), d'où son nom. Complètement isolée et coiffée de chaume, on ne peut que la trouver belle.

Le défilé de la Souloise : *à la sortie nord de Saint-Disdier (en allant vers l'Isère).* La D 537 longe la Souloise, qui a formé ici un canyon profond d'une quarantaine de mètres. Parking et point de vue. *Via ferrata* et site d'escalade.

Un peu plus loin, juste après être entré dans l'Isère, les ***sources des Gillardes*** sont indiquées sur la gauche : suivre le sentier qui y mène, 500 m de plat en sous-bois (balade familiale sympa). On arrive alors aux sources, deux résurgences dont le débit peut monter à 50 m³/s, ce qui en fait la deuxième source de France.

L'observatoire du pic de Bure : *sur le plateau de Bure (2 500 m), un peu en contrebas du pic du même nom (2 709 m). On peut y grimper à pied slt depuis Superdévoluy (compter 8h A/R) ; rens à l'office de tourisme qui vend un topoguide.* Le CNRS a installé ses paraboles radioastronomiques, cinq antennes de 15 m de diamètre, pour ausculter les astres et sonder le mystère céleste. Le site a été choisi en 1979 en raison de son air sec et pur. Il ne se visite pas ; y grimper juste pour la vue époustouflante.

Le col du Noyer : l'étroite D 17 serpente et franchit l'impressionnant col du Noyer (1 664 m), très connu des cyclistes, avant de plonger en lacet sur le Champsaur. En saison, il est fermé à la circulation 1 ou 2 jours et réservé aux cyclistes. Magnifiques points de vue ; le contraste entre les paysages dénudés du Dévoluy et la vallée bocagère du Champsaur est saisissant ! En voiture, c'est relax, mais restez prudent ; à vélo, en avoir une sacrée paire (de jambes). Table d'orientation et resto au sommet *(refuge du Col-du-Noyer).*

– **Escalade :** *belle via ferrata (du défilé des Étroits) juste avt d'arriver à* ***Saint-Étienne-en-Dévoluy.*** *Accès indiqué sur le bord de la route (D 17). Possibilité de loc de matériel et, en été, de sorties accompagnées : rens à l'office de tourisme.* En aplomb sur le défilé de la Souloise. Environ 2h30 de grimpette, mais en plusieurs parties : une première assez facile avec échappatoire au bout (traversée des Beaumes), une seconde plus difficile (voie Vertigo). Faites la première, si ça coince, vous sortez au milieu ; et si vous vous êtes amusé, vous pouvez recommencer. Sur l'autre versant, une autre partie (la voie Super Vertigo), encore plus difficile.

➢ **Randonnées, balades en haute et moyenne montagne :** *rens à l'office de tourisme, ☎ 04-92-58-91-91.*

Stations de ski

Superdévoluy et La Joue-du-Loup : domaine commun, 1 500-2 500 m. Une bonne vingtaine de remontées pour une centaine de kilomètres de pistes. Forfait journée adulte : 30,50 € ; réduc sous certaines conditions. Renseignements auprès de la caisse des remontées mécaniques *(☎ 04-92-58-82-82).* Pour le fond, 35 km de pistes, et des itinéraires piétons également. Garderie d'enfants dans les deux stations. La Joue-du-Loup offre une architecture de petite taille et une atmosphère familiale. À Superdévoluy, au contraire, vogue *Le Paquebot des neiges,* très long bâtiment des années 1960. Signalons tout de même que plusieurs chalets ont poussé ces dernières années. L'ambiance y est plus jeune, plus festive. Snowpark. En été, nombreux équipements et animations sportifs, mais aussi des festivals (VTT descente, astronomie, musique...).

LE CHAMPSAUR ET LE VALGAUDEMAR

Au nord de Gap, la *route Napoléon* grimpe et franchit le col Bayard, et voici le Champsaur où s'écoule le Drac. Encadrée par le Dévoluy à l'ouest et le majestueux massif des Écrins à l'est (avec en première ligne le Vieux Chaillol, 3 163 m), c'est une vallée large et fertile, profitant encore d'une douceur de climat méditerranéenne, une vallée bocagère, couverte de villages, de fermes, de champs, de moutons et de vaches (formidable tomme du Champsaur). Plus au nord, le Valgaudemar, perpendiculaire à la plaine du Drac, est une des vallées les plus spectaculaires des Hautes-Alpes, à la fois vertigineuse et champêtre, fleurie, riante. Un must !

DE LA VOIE ROMAINE À LA ROUTE NAPOLÉON

Les villages du Champsaur ont souvent été victimes d'incendies ou de crues dévastatrices. On y trouve donc peu d'éléments anciens. Mais on sait que ces vallées étaient occupées dès l'âge du bronze : des traces archéologiques l'attestent. On sait aussi que la voie romaine Turin-Valence, qui traversait le Champsaur, était un axe majeur vers l'Italie et l'Est. Les voyageurs préféraient cette route, un peu longue mais plus sûre, à celle hasardeuse du col de l'Oisans. D'où le passage de quelques grands personnages, papes et rois, qui firent halte notamment à Saint-Bonnet-en-Champsaur dès le Moyen Âge, mais dont le plus illustre reste Bonaparte, qui entamera par ici, en mars 1815, la glorieuse épopée des Cent-Jours. Depuis, on parle désormais de la *route Napoléon.* Le col du Noyer (1 664 m) constitue un passage obligé entre le Champsaur et le Dévoluy et l'une des étapes incontournables de la route, puisqu'on y retrouve l'un des sept refuges Napoléon du département.

Arriver – Quitter

En car

Même si c'est assez long, le plus simple à partir de Gap ou Grenoble est d'utiliser les lignes de bus. Liaisons vers les stations du Champsaur, mais peu fréquentes. Se renseigner.

– Pour trouver tous les horaires de car (transport à la demande) : ☎ *04-92-50-25-05.* • *05voyageurs.com* •

Principales liaisons :

➢ ***Saint-Léger/Ancelle/Gap.***

➢ ***Orcières 1850/Pont-du-Fossé/Gap.***

➢ ***Saint-Firmin/La Chapelle-en-Valgaudemar.***

➢ ***Gap/Grenoble :*** *avec* **SCAL,** ☎ *04-92-51-06-05.* • *scal-amv-voyages.com* • Compter env 2h30 de trajet.

Infos utiles

ℹ ***Maison du tourisme Champsaur & Valgaudemar :*** ☎ *04-92-49-09-35.* • *champsaur-valgaudemar.com* • *Rens par tél.*

– ***Central de réservation Champsaur & Valgaudemar :*** ☎ *04-92-49-08-80.* • *resa@champsaur-valgaudemar.com* • Pour trouver un hébergement et pour tous budgets. Propose également une série de séjours (de 3 jours + 2 nuits à 1 semaine) très nature (randonnées pédestres, circuits à VTT) avec hébergement (gîtes, refuges ou chambres d'hôtes), repas, port des bagages, etc.

– ***Carte Inter-sites :*** *tarif adulte 6 € ; famille 10 €. Valable dans le réseau de 8 écomusées en Champsaur-Valgaudemar. S'achète dans chacun des écomusées.* Donne droit à une entrée gratuite dans le 1er site visité et à des entrées demi-tarifs dans chaque écomusée du réseau.

LE CHAMPSAUR

Carte Hautes-Alpes, B2-3

Bien particulier dans le paysage haut-alpin, le Champsaur s'étend et se disperse en villages, en hameaux, sur les pentes assez douces de la plaine du Drac. Deux bourgs principaux : *Saint-Bonnet-en-Champsaur* et *Pont-du-Fossé.* C'est d'abord un pays d'élevage et d'agriculture, un vrai terroir encore travaillé.
Le Drac est sa rivière, qui se divise en amont, à l'entrée du parc national des Écrins, en *Drac noir,* que la route longe jusqu'à Prapic, hameau de bout du monde, et *Drac blanc,* creusant quant à lui la vallée de Champoléon, sauvage et érodée. Paysages grandioses, majesté des pics et du monde minéral, et villages perdus caractérisent ce haut Champsaur, où les randonneurs prendront leur pied.
L'hiver, cinq stations-villages (Ancelle, Chaillol, Laye, Saint-Léger-les-Mélèzes et Serre-Eyraud) s'adressent surtout aux familles qui recherchent des vacances et du ski tranquille, du ski « village ». Une autre, Orcières 1850, moins intime (certes !) mais mieux équipée et plus élevée aussi, rivalise avec les grandes stations du département. Son esthétisme architectural n'est pas vraiment une réussite (mais les choses s'arrangent, ouf !). En revanche, question ski, on s'éclate.

CHAMPSAUR FERTILE ET CHAMPSAURINS D'AMÉRIQUE

Ce qui caractérise avant tout le Champsaur, c'est une richesse agricole peu commune dans les Alpes, où un tel paysage bocager ne se voit pas souvent. Cette richesse explique une démographie longtemps excédentaire et, avec plus de 15 000 habitants au milieu du XIXe s, le Champsaur comptait parmi les pays de montagne les plus peuplés. Au tournant du XXe s, les Champsaurins, trop nombreux, durent émigrer, vers Marseille et Grenoble d'abord, puis vers les États-Unis, où l'on estime que 2 000 d'entre eux sont partis entre 1885 et 1910. On croisera, parfois, des touristes américains à la recherche de leurs racines champsaurines... Aujourd'hui, le Champsaur fait preuve de dynamisme, tout au long de l'année, partagé entre activités agricoles (céréaliculture, élevages bovin et ovin) et tourisme.

Adresses utiles

Office de tourisme du pays de Saint-Bonnet : *pl. Grenette, 05500* ***Saint-Bonnet.*** *☎ 09-50-62-05-05 ou 04-92-50-02-57. • saint-bonnet-en-champsaur.net • Pdt les vac scol d'été, lun-sam 9h-12h (13h lun), 14h-18h, dim 10h-13h ; hors saison, lun-sam horaires restreints.*

Office de tourisme d'Orcières 1850 : *☎ 04-92-55-89-89. • orcieres.com • Ouv tte l'année.*

Syndicat d'initiative du haut Champsaur : ***Pont-du-Fossé.*** *☎ 04-92-55-95-71. • pont-du-fosse.fr • Ouv tte l'année et tlj en été.*

Office de tourisme de Chaillol : *☎ 04-92-50-48-19. • chaillol.fr •*

Office de tourisme d'Ancelle : *☎ 04-92-50-89-51. • ancelle.fr • Ouv tte l'année lun-ven ; en été et de mi-déc à fin mars, tlj sf dim ap-m.*

Office de tourisme de Saint-Léger-les-Mélèzes : *☎ 04-92-50-43-77 (été) ou 04-92-54-18-32 (hiver). • st-leger05.fr • Ouv tlj en hiver.*

Maison du parc national des Écrins : *à* ***Pont-du-Fossé.*** *☎ 04-92-55-95-44. • champsaur@parcnational.fr • Juil-août, tlj 15h-19h, plus lun, mer et ven 10h-12h ; le reste de l'année, lun-jeu 9h-12h, 14h-16h30. Fermé les* *j. fériés. Entrée libre.* Expos temporaires ; infos sur les randos, etc.

Où dormir ? Où manger dans le coin ?

Dans les stations, peu d'hôtellerie traditionnelle, surtout des locations à la semaine. Se renseigner auprès des offices de tourisme.

À Saint-Bonnet-en-Champsaur (05500)

De bon marché à prix moyens

Gîte d'étape et camping Les Rives du Drac : *Le Gâ. ☎ 04-92-50-19-73. 06-87-84-61-48. • lesrivesdudrac@wanadoo.fr • helenemotte.chez.com • À 1,5 km de Saint-Bonnet ; suivre le panneau « Gîte ». Ouv 15 avr-15 oct (gîte, mi-déc à fin oct). Pour 2 pers compter env 10,90 €. Nuitée en dortoir 13,50 €/pers en gestion libre. Doubles 32 (w-c sur le palier)-39 €. Gîte 385-555 €/sem. CB refusées.* Calme et sympa, le gîte surplombe la vallée. 3 dortoirs de 7-8 lits et un de 3 lits. Sanitaires communs, cuisine à disposition... Également un gîte rural pour 6 personnes, bien équipé, et un camping, en contrebas, bien ombragé. Un bon point de départ pour rayonner dans le Champsaur.

Chambres d'hôtes La Combe Fleurie : *chez Agnès et Donald Clark, route de Chaillol. ☎ 04-92-50-53-97. 06-70-21-40-66. • clark@lacombefleurie.com • lacombefleurie.com • À la sortie de Saint-Bonnet ; sur la droite, direction station de Chaillol, par la D 43. Ouv tte l'année. Résa à l'avance vivement conseillée. Double avec douche ou bains 46 €. Table d'hôtes 14 € (vin compris).* Ce pavillon moderne à la sortie de la ville est une adresse bien agréable, très propre et bien équipée, où l'accueil est des plus chaleureux. L'ambiance est décontractée, familiale et bilingue (Donald est écossais mais parle un français parfait). Petit déj mémorable ! Et, au pays des cadrans solaires, n'oubliez pas de jeter un coup d'œil sur la façade de la maison... pour lire l'heure.

Hôtel Le Connétable : *pl. du Champ-de-Foire. ☎ 04-92-49-00-62. • hotelleconnetable@orange.fr • hotel-le-connetable.com • Congés : 15 nov-26 déc. Double 44 €. Menus à partir de 14 €. Café offert sur présentation de ce guide.* À deux pas du centre-ville et face au grand parking, un établissement qui propose des chambres très simples et classiques, qui s'organisent autour d'une cour bétonnée, sans charme particulier, mais heureusement agrémentée d'une grande terrasse en bois, idéale pour prendre petit déj et repas. On a bien aimé l'atmosphère, l'accueil et les prix qui restent sages en toute saison. Fait aussi resto.

Hôtel-restaurant La Crémaillère : *4, route de la Motte. ☎ 04-92-50-00-60. • contact@cremaillere.eu • cremaillere.eu • Congés de mi-nov à début déc. Doubles avec douche ou bains 53-69 € selon saison. Menus 22,50-35 €.* Un peu à l'écart du village, un gros bâtiment style chalet moderne posé au milieu d'un parc très paisible. L'hôtellerie classique par excellence, bien tenue, avec des chambres confortables aux couleurs accueillantes.

Le Caquelon : *9, rue de Chaillol. ☎ 04-92-49-01-72. • lecaquelon05@orange.fr • Dans le centre du village, sur la rue qui descend du grand parking. Ouv tlj sf lun en été, slt ven-dim et j. fériés hors saison. Congés : 14 nov-4 déc. Menus 17-23 €. Carte 22-25 €. Café offert sur présentation de ce guide.* Oreilles d'ânes, charcutaille, reblochon, fondue... Une cuisine de montagne, simple, bonne, pas chère, à dévorer dans une salle mimosa à la déco traditionnelle ou sur la terrasse ombragée. Crêpes et salades pour les petites faims. En dessert, glaces artisanales. Bon accueil enfin.

Ailleurs dans la vallée

Campings

Aire naturelle La Casse : *05170 Prapic. ☎ 04-92-55-62-58 ou*

06-61-72-23-48. • info@prapic.com • prapic.com • Au bout de la haute vallée du Drac. Ouv mai-sept. Pour 2 pers compter env 10 €. Quelque 25 emplacements. Simple et bon marché. Le camping est haut perché : prévoir un duvet chaud, les nuits sont fraîches.

Camping Les Auches : *05260* ***Ancelle.*** *☎ 04-92-50-80-28 ou 06-83-29-75-56. • info@lesauches.com • lesauches.com • Ouv tte l'année. Compter 17,90 € pour 2 pers. Chalets et mobile homes 230-660 €/sem selon capacité et saison ; studios (2 pers) 200-690 €/sem.* Situé à 1 340 m d'altitude et légèrement à l'écart du village, un camping cerné par les pâturages, la montagne et sans aucune route à proximité. Parfaitement tranquille et ambiance familiale. Petite aire de jeux, piscine, pataugeoire, snack-bar. En saison, propose des randos pédestres et à VTT (payantes).

Camping Le Diamant : *à Pont-du-Fossé, 05260* ***Saint-Jean-Saint-Nicolas.*** *☎ 04-92-55-91-25 ou 06-70-00-25-11. • info@campingdiamant.com • campingdiamant.com • Par la N 85 puis la D 944 ; à l'entrée du village, sur la gauche. Ouv mai-sept. Compter 18,60 € pour 2 pers. Loc de caravanes et de mobile homes 195-530 €/sem selon saison et capacité. Tarifs dégressifs à partir de 3 pers (famille).* Une centaine d'emplacements. Site bien ombragé où règne une bonne ambiance. Nombreuses animations en saison ; les patrons se font à l'occasion accompagnateurs pour des sorties (gratuites) rando ou VTT. Accès direct à la rivière. Bon accueil.

Camping Les 6 Stations : *à Pont-du-Fossé, 05260* ***Saint-Jean-Saint-Nicolas.*** *☎ 04-92-55-91-95. 06-67-21-74-90. • info@camping-ecrins.com • camping-ecrins.com • À la sortie du village, direction Orcières. Ouv tte l'année. Compter 16 € pour 2 pers. Chalets 300-670 €/sem selon taille et saison. Réduc de 10 % sur présentation de ce guide.* Un camping familial aux emplacements un peu étroits mais agréablement enfouis sous les arbres. Loue également des chalets tout équipés pouvant loger jusqu'à 9 personnes. Piscine chauffée donnant sur la route, terrain de volley, aire de jeux, ping-pong, snack-bar avec animations. Bon accueil. Idéal pour se faire des copains le temps d'un été.

De bon marché à prix moyens

Refuge Pré de la Chaumette : *chemin du Drac, 05260* ***Chabottes.*** *☎ 04-92-55-95-34. • yves.ailloud@wanadoo.fr • Accessible slt à pied. À 4 km de Pont-du-Fossé, direction Orcières, passer le Drac blanc et prendre à gauche, « vallée de Champoléon ». Continuer sur 8 km jusqu'au parking « les Auberts ». De là, continuer, sac au dos, en marchant env 1h30. Randonnée facile, 2 possibilités d'itinéraire. Préférer le versant droit au versant gauche si on aime les sentiers très larges. Ouv de mi-juin à mi-sept. Nuitée 16,80 €/pers. Env ½ pens 40 €/pers (réduc pour les groupes, les membres du Club alpin français et les moins de 25 ans). Menu env 17 €.* En tout, 5 dortoirs de 10 à 12 lits. Aux sources du Drac blanc, cet imposant refuge au toit de lauzes est situé sur le célèbre tour de l'Oisans. Un écrin naturel magnifique, qui vous donne l'impression d'avoir accompli une grande course, et d'être très loin du monde... et beaucoup plus près des étoiles. À ce propos, attention, à 1 810 m, les nuits sont fraîches... même en été. Vous pourrez goûter ici à la vie des refuges, avec le repas du soir servi à 19h, et les dortoirs à libérer au plus tard à 7h30 ! Le gardien, Yves Ailloud, vous indiquera les itinéraires de randonnées selon votre niveau...

Les Chenêts : *05500* ***Saint-Julien-en-Champsaur.*** *☎ 04-92-50-03-15. • les-chenets@wanadoo.fr • les-chenets.com • En centre-ville. Resto ouv tlj sf dim soir et mer en basse saison. Doubles avec douche ou bains 44-60 € selon confort et saison. Menus 22-38 € ; carte env 45 €.* Grande maison de montagne à l'ambiance chaleureuse et familiale, aux chambres simples et traditionnelles. On vous signale surtout l'adresse pour sa table, l'une des plus réputées de la vallée. Au programme, ravioles au fromage de chèvre, tatin de foie gras, fondant au chocolat noir... et une belle carte des vins. Un régal.

🏠 🍴 ***Auberge de l'Ocanière :*** *05260* ***Saint-Michel-de-Chaillol.*** *☎ 04-92-50-48-35. • moniquebelin@auberge-ocaniere.fr • auberge-ocaniere.fr • Dans le bourg, au-dessus de la mairie (fléché). Ouv juin-sept, de fin déc à mi-mars et pdt les vac scol. Doubles 46-55 € selon type de chambre. Menu de jour 12 € ; repas 16-25 €.* Un petit hôtel de village sur 2 étages, aux chambres simples et proprettes. Une bonne moitié d'entre elles profite du panorama sur la vallée ; la plus grande (2 pièces et 4 couchages) dispose même d'une terrasse. Côté assiette, un menu unique cuisiné selon l'humeur du jour et du marché, à apprécier dans une salle voûtée ou sur la terrasse. Une adresse sympa et sans chichis, à l'image de la patronne des lieux.

🏠 ***Chambres d'hôtes La Pierre de l'Ours :*** *hameau Les Borels, 05260* ***Champoléon.*** *☎ 04-92-55-98-54. • contact@pierredelours.com • pierredelours.com • À 200 m, à l'écart du hameau. Double 52 €.* Un accueil familial dans une vieille maison de pierre à la sortie du hameau. Au sein d'une belle et reposante vallée, des chambres spacieuses avec entrée indépendante et pouvant accueillir jusqu'à 4 personnes. Coin cuisine à disposition. Un havre de paix pour routards fatigués le temps d'une halte, mais aussi un bon point de départ pour de superbes balades.

🏠 🍴 ***Chambres d'hôtes La Griotte :*** *hameau Le Villard, 05500* ***Le Noyer.*** *☎ 04-92-49-07-01. • jczevaco@la-griotte.com • la-griotte.com • ♿ Sur la N 85, au nord de Gap. Au niveau de Saint-Bonnet, au rond-point du lieu-dit « Les Barraques », suivre la direction col du Noyer, Les Allards jusqu'à Poligny, puis direction Les Forestons, Le Claret, Le Noyer, Le Villard (fléché). Ouv tte l'année. Double tt confort 55 €. Table d'hôtes 18 €, boissons comprises.* L'ambiance est joyeuse et décontractée dans cette ferme de 1834, bien rénovée. Tout ici est soigné, de la déco aux tons clairs à la cuisine aux accents de Provence. Apéritif dans le jardin fleuri par beau temps, avec vue sur le cerisier et les fameuses griottes.

🍴 ***Le Chapeau Rouge :*** *Les Foulons, 05260* ***Saint-Jean-Saint-Nicolas.*** *☎ 04-92-55-96-88. • chapeaurouge@orange.fr • À 1 km env de Pont-du-Fossé, en direction d'Orcières. Tlj sf lun et mar soir hors saison. Congés : 1 sem fin juin, 1 sem mi-sept et 24-25 déc. Menus 14 (déj), puis 19,50-25 € ; carte 25 €. Digestif ou café offert sur présentation de ce guide.* Un resto de bord de route qu'on n'aurait pas remarqué si on ne nous en avait pas parlé. Et pourtant, bonne pioche ! Derrière la façade qui ne paie pas de mine, une salle à la déco montagnarde, soignée et chaleureuse en diable. Si le temps le permet, quelques tables posées en terrasse ou derrière la bâtisse, presque dans le champ. De nombreux habitués viennent se régaler de spécialités montagnardes et trinquer avec le chef ; faites comme eux ! En été, belles assiettes campagnardes peu ruineuses. Accueil souriant et franc. L'un des meilleurs endroits pour s'attabler dans cette partie de la vallée.

🍴 ***L'Auberge Prapicoise :*** *Prapic, 05170* ***Orcières-Prapic.*** *☎ 04-92-55-70-89. • genepiguillaumette@gmail.com • Tt au bout de la haute vallée du Drac, à l'entrée du village. Tlj de mi-juin à mi-sept et de mi-déc à fin avr. Menus 16-20 € ; carte env 20 €.* Une auberge vraiment bienvenue avant ou après la promenade au village ou la rando vers le lac des Pisses. Salle rustique ou grande terrasse sous l'œil bienveillant du Mourre-Froid (2 994 m) et du Grand-Pinier (3 117 m). Au 1er menu, jambon cru, crozets, salade et fromage. Les autres proposent d'autres spécialités de pays, par exemple de délicieux tourtons aux pommes de terre et aux pruneaux.

Chic

🏠 🍴 ***Chambres d'hôtes La Grange des Écrins :*** *chemin du Fangeasson, 05260* ***Chabottes.*** *☎ 04-92-20-22-16. • contact@la-grange-des-ecrins.fr • la-grange-des-ecrins.fr • ♿ Prendre direction Chaillol à la sortie du village. Congés en nov et avr. Doubles 60-90 €*

selon saison et durée du séjour. Table d'hôtes 18 € (obligatoire en hte saison sf mer et dim). Une séance de jacuzzi offerte sur présentation de ce guide. Au bout d'un chemin communal, cette longue bâtisse de pierre joliment retapée embrasse le superbe panorama sur la vallée. 5 belles chambres, 2 sous les toits, 2 à l'étage, une de plain-pied ouverte sur la terrasse et sa piscine (chauffée mai-octobre). Toutes sobres et élégantes, avec salle d'eau privée, parquet, murs blancs et pierres apparentes, elles portent le nom de pionniers de l'aviation, passion du maître des lieux. Salon TV, grande salle à manger et cuisine à dispo pour le frichti du midi. Conseils sur les balades, location de raquettes, jacuzzi et massages (payants) l'hiver pour remettre d'aplomb les skieurs fourbus. Un nid douillet, où l'on est accueilli avec simplicité.

Hôtel-restaurant Les Autanes : *pl. du village, 05260* ***Ancelle.*** *☎ 04-92-50-82-82. • resa@hotel-les-autanes.com • hotel-les-autanes.com • Dans le centre du bourg. Congés : 1er-12 avr et de mi-nov à mi-déc. Selon saison, doubles 76-120 €, familiales 86-160 €. Menus 31-57 € ; carte. Sur présentation de ce guide, 10 % de réduc sur le prix de la chambre.* Le Champsaur a désormais son établissement de charme, restauré et aménagé dans les règles de l'art. Des murs de pierres apparentes, beaucoup de bois et des tissus colorés créent une atmosphère particulièrement douillette. Après votre balade estivale ou hivernale, piquez une tête dans la piscine couverte ou rechargez-vous en énergie dans le centre de soin et de bien-être (hammam, jacuzzi, massages...). Belle cuisine de région. Accueil sympa et professionnel. Bref, un endroit pour se faire cocooner dans une ambiance familiale...

Où acheter de bons produits ?

Fromagerie Ébrard : *route d'Orcières, 05260* ***Chabottes.*** *☎ 04-92-22-39-76. Ouv tlj 8h30-12h, 15h-19h.* De bons fromages artisanaux, de vache, chèvre et brebis. Également un atelier de production de yaourts artisanaux.

La Laiterie du col Bayard : *N 85, 05500* ***Laye.*** *☎ 04-92-50-50-06. Resto et magasin ouv tlj à partir de 8h30 pdt les vac scol et j. fériés ; le reste du temps, resto ouv midi et soir ven-dim, slt au déj mar-jeu ; fermeture du magasin à 19h.* Resto (repas fromages), vente de produits locaux, expositions. Étape sur la route Napoléon.

Le Tourton du Champsaur : *M. Pellegrin, Le Tomas, 05260* ***Chabottes.*** *☎ 04-92-50-46-07. • tourtons.com • Ouv tte l'année 8h-17h lun-ven et tlj pdt les vac scol.* Certains Gapençais connaissent l'adresse et viennent se fournir ici en tourtons, car le tourton, c'est bon !

L'Argousier (Établissement Gayral) : *Pont-du-Fossé, 05260* ***Saint-Jean-Saint-Nicolas.*** *☎ 04-92-55-93-56. Produits en vente dans les boutiques de produits locaux.* 30 fois plus riche en vitamine C que l'orange, le jus d'argousier (et non d'arbousier), issu de la cueillette (et labellisé bio), est utilisé depuis des décennies pour supporter l'effort ou faire face à la fatigue. Goût curieux, il faut essayer.

Le Campania : *La Basse-Plaine, 05260* ***Chabottes.*** *☎ 04-92-50-74-38. Au bord de la D 944. Tte l'année, tlj 8h-20h.* Une vraie sélection des meilleurs produits locaux : charcuterie, alcools, fromages, confitures, plats cuisinés, etc.

À voir. À faire

Saint-Bonnet-en-Champsaur : bourg animé et capitale historique de la vallée du Champsaur, Saint-Bonnet est l'un des rares bourgs médiévaux des Alpes françaises. Patrie de François de Bonne, duc de Lesdiguières et dernier connétable de France, Saint-Bonnet présente une allure générale assez plaisante et conserve de précieux vestiges de son passé : rues médiévales de Saint-Jacques, de la Tour, de l'Hôpital. *Place Grenette,* très belles *halles* au sol pavé et à la remarquable charpente, construites en 1846. De là, un passage donne accès à la *place Lesdiguières* où se trouve la *maison natale de François de Bonne,* duc de Lesdiguières (1543-1626), chef protestant puis, sous Henri IV, dernier connétable de France. Son blason orne la façade. La *rue Lesdiguières* mène à la *place aux Herbes* qui s'ouvre sur les arcades de l'ancien prieuré de Saint-Bonnet. Plan d'eau à proximité (voir plus loin « Sports et loisirs »).

La chapelle des Pétètes : *à 5 km env au nord de Saint-Bonnet, par La Motte et Les Infournas. Au lieu-dit de l'Auberie, elle est discrètement cachée sur la droite (fléchée).* Un bel exemple d'art populaire paysan. Un berger (un maçon selon d'autres versions) l'édifia vers 1740 et l'orna de ces curieuses figurines, les *pétètes* (poupées), aux traits et aux volumes naïfs, entre bouddhas et ministatues de l'île de Pâques. Cette chapelle est vraiment mignonne. L'intérieur *(pour visiter, appeler le ☎ 04-92-49-02-30),* est riquiqui, mais, rien que pour la façade, ça vaut le déplacement.

La vallée de Champoléon : cette vallée étroite a été préservée de l'urbanisation effrénée de ces 30 dernières années, les hameaux ont conservé leur caractère et l'authenticité n'est ici pas un vain mot. Cernée par le Vieux-Chaillol (3 163 m) et le Sirac, elle s'étire jusqu'au parking des Auberts, départ de nombreuses randos. Deux d'entre elles, faisables en famille vous mèneront vers les *refuges du Tourond (☎ 04-92-21-13-40)* ou du *Pré de la Chaumette (voir « Où dormir ? Où manger dans le coin ? » au début de ce chapitre).*

Prapic *(05170)* **:** village du bout du monde au pied des Écrins, auquel on accède par une route boisée, étroite, magique, mais parfois un peu chargée en pleine saison. Le village a gardé son caractère rude et montagnard. Point de départ de balades dans le parc national des Écrins. Nombreuses possibilités : 30 mn (tombeau du Poète), 2h (cascade du Saut-du-Laire), 3 ou 4h (lacs des Pisses et des Estaris, superbes) ou plus (Mourre-Froid, 5h). Calme et sauvage.

Point info tourisme : *dans le village. ☎ 04-92-55-61-92. Juil-août, tlj 9h-12h, 13h30-18h ; juin et sept, lun et ven-dim 11h-12h30, 13h-16h30 ; en mai, les w-e 10h30-12h30, 13h-16h30.* Fait également centre d'information du parc national des Écrins.

– Le musée La Casse : *près de l'auberge Prapicoise. ☎ 04-92-55-62-58. Ouv de mi-juin à mi-sept, tlj 9h-12h, 14h-19h. Entrée : 3 € ; réduc.* Le musée doit son nom à Jean Casse, figure locale, et on y voit quatre ou cinq pièces consacrées à la vie champsaurine. Univers du berger, vieux métiers, skis antiques, habitat début du XXe s. Documents anciens, tel cet exemplaire du *Bavard prapicois,* journal local « socialiste, littéraire, humoristique et mondain » de 1904. Plutôt sympa.

La Maison du berger : *05500* **Les Borels** *(Champoléon). ☎ 04-92-49-61-85. • maisonduberger.fr • Dans le village. 15 juin-15 sept, tlj 14h30-19h ; hors saison, lun, mer, w-e et j. fériés 14h-17h. Congés : de mi-nov à mi-déc. Entrée : 3,50 € ; réduc. Fait partie du réseau des écomusées en Champsaur-Valgaudemar (carte Inter-sites acceptée).* Espace contemporain très bien fait présentant le métier de berger d'alpage d'aujourd'hui au travers d'une expo mêlant photos, nombreux témoignages de bergers, ambiances sonores, vidéos... L'approche est très humaine et sans passéisme. Expos temporaires également. Pendant les vacances scolaires, propose un programme de sorties, d'animations et d'ateliers pour petits et grands.

La vallée de la Séveraissette et Molines-en-Champsaur : *à env 12 km de Saint-Bonnet.* Un détour indispensable pour ceux qui aiment les bouts du monde ! Une petite route qui s'aventure, avec des airs d'école buissonnière, le long de la vallée de la Séveraissette, ceinturée de montagnes. À son extrémité, le hameau de Molines qui abrita, pendant longtemps, un seul habitant ! Tout autour, un cadre enchanteur pour des balades à pied et observer chamois et chevreuils. À l'entrée du hameau, une expo relate l'histoire de ce petit coin oublié des Alpes.

La Maison de la botanique : *05500 **Le Noyer.** ☎ 04-92-23-28-02. Dans le village, à côté de l'église. Juil-août, tlj 14h-18h ; en juin et la 1re quinzaine de sept ouv mer 14h-17h (18h en sept) ; ouv pdt les vac scol : se renseigner auprès de l'office de tourisme de Saint-Bonnet. Entrée : 3 € ; réduc. Fait partie du réseau des écomusées en Champsaur-Valgaudemar (carte Inter-sites acceptée).* Un musée dédié à Dominique Villars, docteur botaniste, né en 1745. Présentation de sa vie, de son œuvre et découverte de la flore du Champsaur et du Valgaudemar. Expos temporaires également.

Stations de ski

Six stations de ski avec comme chef de file Orcières 1850, plus moderne et au domaine plus important, mais qui n'a pas le charme familial des cinq autres. Bon à savoir, de Noël à Pâques, tous les samedis, des navettes aller-retour (sur réservation) relient Grenoble et Aix-en-Provence à Orcières, Saint-Léger-les-Mélèzes, Ancelle et Chaillol. Renseignements à l'office de tourisme d'Orcières ou à la Maison du tourisme du Champsaur & Valgaudemar (voir plus haut). À noter que les stations de Laye, Saint-Léger-les-Mélèzes et Chaillol fonctionnent avec le même forfait.
Une vingtaine de circuits à raquettes, balisés, représentant au total plus de 120 km d'itinéraires, sont proposés au départ des stations et villages de Chaillol, Laye, Saint-Léger-les-Mélèzes, Orcières, Champoléon, Pont-du-Fossé, Saint-Firmin, La Chapelle, Saint-Jacques, Chauffayer ou du col Bayard. Accessibles à tous, ils vous permettront de découvrir les paysages contrastés de la vallée.

***Ancelle** (1 340-1 800 m) :* 26 km de pistes. Ski de fond : 38 km de pistes. Notre station préférée en Champsaur, familiale ET fêtarde. Pour les amateurs de sports d'action en eaux vives sur le Drac, nombreuses activités (voir plus bas « Sports et loisirs »).

***Saint-Léger-les-Mélèzes** (1 260-2 001 m) :* 24 km de pistes. Joli domaine offrant un panorama exceptionnel sur la vallée du Champsaur. Station familiale avec garderie pour les enfants.
– ***Écomusée Le Refuge des animaux :*** expo ludique avec jeux interactifs. Sont présentés plus de 300 mammifères, oiseaux, reptiles et insectes dont la plupart sont protégés *(entrée : 3 € ; réduc).*

***Laye** (1 300-1 950 m) :* 10 km de pistes. La petite station moderne et tranquille, au pied du pic de Gleize et du pic de l'Aiguille, la plus proche de Gap, avec de jolis petits chalets et son mémorial à la Résistance locale.
➢ En été, un petit sentier de découverte bien balisé sur la faune et la flore, le « sentier de la Cuque », à faire en famille (2h, ou une demi-journée). Départ sur la gauche de l'école de ski. Fascicule à l'office de tourisme de Saint-Bonnet.
– ***Parc Jungle Laye :*** *dans la station. 06-87-80-29-66. • jungle-aventure.com • Juil-août, tlj 10h-17h (dernier départ) ; mai-juin et sept, résa conseillée, w-e et j. fériés 14h-15h (dernier départ) ; le reste de l'année, les w-e et j. fériés sur résa slt. Fermé de mi-nov à mars. Tarifs : 12-22 € selon âge, taille et parcours.* Quatre parcours adultes dans les arbres avec passerelles, tyroliennes, sauts de tarzan, etc., dont un réservé aux très sportifs. Deux parcs pour les enfants également. Possibilité de *paintball* sur résa.

Chaillol : on dit aussi Chaillol 1600 (1 450-2 000 m). 10 remontées et 15 km de pistes. D'intérêt limité pour les adeptes du ski. En revanche, son exposition permet de s'adonner aux joies de la glisse en plein soleil, tout en bénéficiant d'un superbe panorama.
– ***Festival de Chaillol :*** *de mi-juil à mi-août. Rens au ☎ 04-92-50-48-19 (office de tourisme). • festivaldechaillol.com •* Nombreux concerts de musique de chambre

LE CHAMPSAUR ET LE VALGAUDEMAR

mais aussi de la musique contemporaine, de la danse, de la chanson française ou du jazz... Programmation de qualité qui réunit de grandes pointures. De plus, on peut rencontrer les artistes au cours de balades en pleine nature !

***Serre-Eyraud** (1 450-2 060 m) :* à 10 km d'Orcières 1850, la station réserve aux puristes 8 pistes exposées nord au milieu des mélèzes, alliant belles difficultés, pistes débutants et neige d'excellente qualité.

Orcières 1850 : une trentaine de remontées mécaniques (dont 3 télémix, premier télésiège-télécabine en France) et 100 km de pistes. Très marqué années 1960-1970 par son architecture, ce grand domaine propose des prix plutôt attractifs, une belle patinoire, une grande piscine couverte, une maison de l'enfant pour occuper les plus petits et un palais des sports (voir ci-dessous « Sports et loisirs »). C'est une destination. La station de ski familiale par excellence, idéale pour les allergiques au « 100 % ski », avec ses bons et mauvais côtés, mais un superbe panorama sur le massif voisin. En été, remontées mécaniques ouvertes pour monter au sommet du Drouvet. Depuis peu : la plus grande tyrolienne d'Europe permet de s'élancer sur 2 km au départ du sommet du Drouvet. Compter 40 € par personne.

Sports et loisirs

➢ ***Randonnées pédestres :*** avec trois entrées sur le ***parc national des Écrins*** (Molines, vallée de Champoléon, Prapic), le Champsaur est évidemment un pays de rando (bonne signalétique). Superbe et assez peu fréquenté. Pour toutes ces excursions dans le parc des Écrins, consulter la Maison du parc (voir « Adresses utiles », plus haut), les offices de tourisme, topoguides ou les guides spécialisés. *Bureau des guides à Pont-du-Fossé : ☎ 04-92-55-95-71.*

– ***Kayak, hydrospeed, rafting :*** *rens auprès d'**Action Eau Vive,** ☎ 04-92-50-11-84, ou d'**Eau Vive Passion,** ☎ 04-92-53-77-17.* Nombreuses activités en eaux vives sur le Drac, entre le plan d'eau du Champsaur et le pont de la Guinguette.

– ***Parapente :*** ***Fusion,*** *06-80-02-54-39. • fusion-parapente.com •* ***Écrins Vol Libre,*** *☎ 04-92-50-80-86. 06-85-43-04-96. • ecrinsvollibre.com •* ***Chaussée Glissante,*** *☎ 04-92-55-68-04. 06-82-08-47-83.* ***Feeling Parapente,*** *06-62-52-44-82. • feelingparapente.com •* La région est conseillée pour s'initier au parapente avec ses versants pentus.

– ***Le plan d'eau du Champsaur :*** *sur la route entre Saint-Bonnet et Saint-Julien. ☎ 04-92-50-17-51. En été, baignade surveillée 9h30-18h. Entrée : 2,20 € ; réduc.* Pour des baignades estivales avec toboggans, stages de kayak, de planche à voile ou bronzette. *Paint ball,* parcours aventure, quad... Parfait pour passer un bon moment avec les enfants. Snack-bar-resto.

VTT et cyclotourisme : *rens à l'**Espace VTT – FFC du Champsaur** (☎ 04-92-55-91-71) **et du Valgaudemar** (☎ 04-92-55-23-21). • champsaur-valgaudemar.com • Point accueil : chez **Rony Sport,** ☎ 04-92-55-93-46. Sinon, rens auprès des offices de tourisme. Possibilité de loc de VTT.* Près de 40 circuits tous niveaux et 9 itinéraires de descente, soit plus de 750 km de chemins balisés à travers le Champsaur mais aussi le Valgaudemar. Le bon plan pour les passionnés, c'est le tour du Champsaur (130 km) : magnifique parcours organisé sur 4 jours (3 nuits avec logement en gîte).

– ***Bike park :*** *à **Orcières.** ☎ 04-92-55-89-89. Tlj fin juin-fin août.* Grand *bike park* tout neuf qui propose différents itinéraires balisés comme des pistes de ski en vert, bleu, rouge et noir en fonction du niveau de difficulté. Accessible par les remontées mécaniques. Prévoir les équipements indispensables (casque, etc.).

– ***Abraventure :*** *à env 4 km après Pont-du-Fossé direction Orcières. 📱 06-60-23-33-11. Ouv tlj 10h-19h juil-août. Parcours 7-23 € selon niveau de difficulté.* Le long de ponts de singe, câbles et tyroliennes, différents parcours acrobatiques dans les arbres adaptés à tous les âges.

– ***Activités d'hiver :*** *ski joëring,* village d'igloos avec nuit sous igloo, ski de fond, randonnée à raquettes, balades en traîneau à chiens, ski de randonnée, cascade de glace, plongée sous glace, VTT rando neige, *speed riding...*

– ***Accès en télémix au Drouvet :*** départ d'Orcières 1850. Ascension très spectaculaire. Une bonne sortie.

– ***Le palais des sports d'Orcières 1850 :*** infrastructure au cœur de la station proposant piscine ludique (avec mouvements d'eau : cascadette, toboggan), patinoire, bowling, cyberespace et cinéma. Et un espace détente avec hammam, bains à remous, massage, etc. *(☎ 04-92-55-89-96 ; ouv en saison slt).*

➢ Du printemps à l'automne, le ***« sentier des Ânes »*** pour découvrir la campagne autrement, accompagné d'ânes de bâts, de 1 à 6 jours. *Rens auprès d'Éric : ☎ 04-92-50-19-72. 📱 06-60-34-41-56. • sentierdesanes.com •*

Manifestations

– ***VTT Raid Offroad :*** *1er ou 2e w-e de juil. Rens : • offroad-bike.fr •* Parcours montagnes pour tous styles de VTTistes (raids, randos, enduro, *kids offroad...*).
– ***Rencontres paysannes :*** *2 j. en sept. Rens à l'office de tourisme de Saint-Bonnet (voir « Adresses utiles » plus haut).* L'agriculture d'aujourd'hui dans toute sa splendeur avec concours bovins, spectacles de rue, ateliers, randos, conférences, débats... Une approche très intéressante.

LE VALGAUDEMAR

Carte Hautes-Alpes, B2

Godemar, chef burgonde, se serait installé dans la vallée au VIe s, et lui aurait donné son nom. Il devait s'y plaire : long d'une trentaine de kilomètres, le Valgaudemar présente, en effet, une bien heureuse physionomie, arrosé par une Séveraisse grossie de torrents, de cascades tombées des flancs abrupts, et riche d'une flore colorée : gentianes, rhododendrons, lys orangés et d'une faune de montagne généreuse : chamois, bouquetins, marmottes... Vers le haut de la vallée, le paysage devient proprement himalayen, et ce Valgaudemar encaissé, encadré de sommets toujours supérieurs à 2 500 m, est un haut lieu de l'alpinisme. Tout au bout, le cirque glaciaire du Gioberney, accès au parc national des Écrins : absolument splendide !
– Pratique et bon à savoir, la vallée est assez reculée... On trouve un seul distributeur de billets dans le coin, à Saint-Firmin (à proximité de la N 85).

Adresses et info utiles

ℹ ***Maison de pays du Valgaudemar :*** *N 85, 05800* ***Saint-Firmin.*** *☎ 04-92-55-23-21. • valgaudemar.info • De Grenoble par la N 85, juste avt le pont de la Séveraisse, à l'angle de la route indiquant Saint-Firmin sur la gauche. En été, tlj 10h-19h ; hors saison, jeu-sam, horaires réduits.* Cette vieille ferme a été restaurée en une Maison de pays accueillante, qui abrite le syndicat d'initiative, complété en été, à la Chapelle-en-Valgaudemar, par un autre point d'accueil dans lequel se trouve également le bureau des guides *(ouv tlj)*. La Maison propose aussi les spécialités du terroir d'une trentaine de producteurs de la vallée : oreilles d'ânes, miel, terrines...

■ ***Maison du parc national des Écrins :*** *05800* ***La Chapelle-en-Valgaudemar.*** *☎ 04-92-55-25-19. Juil-août, tlj 10h-12h, 15h-18h45 ; hors saison lun-mer 10h-12h, 14h-17h et jeu mat.* Sorties guidées en montagne avec guides et accompagnateurs.

■ ***Secours en montagne :*** *☎ 04-92-22-22-22.*

Où dormir ? Où manger dans le coin ?

Campings

Camping La Pra : *Le Villard, 05800* ***Saint-Firmin.*** *☎ 04-92-55-48-76. • sidevar@wanadoo.fr • sidevar.fr • À 2 km env de Saint-Firmin, en direction de La Chapelle-en-Valgaudemar. Ouv de mi-juin à mi-sept. Pour 2 pers, compter 10 €. CB refusées.* À l'entrée de la vallée, un camping économique, avec le nécessaire pour camper à l'air pur.

Camping Le Bocage : *Le Roux, 05800* ***Saint-Maurice-en-Valgaudemar.*** *☎ 04-92-21-86-48. 06-71-77-91-02. • campinglebocage@orange.fr • campinglebocage.com • Ouv d'avr à mi-oct. Pour 2 pers, compter 15 €. Loc de mobile homes (4-6 pers) 190-490 €/sem. Douche payante.* Sur les bords de la Séveraisse, un camping ombragé, simple, calme et bon marché, au plus proche d'une nature de toute beauté. Piscine. Un réseau de chemin de fer miniature – pas si miniature que ça : sur 300 m² avec tous les jeux qui peuvent en découler va surgir sur le terrain en 2013 !

Camping Les Mélèzes : *05800* ***La Chapelle-en-Valgaudemar.*** *☎ 04-92-55-23-01 ou 23-17 (hors saison, mairie). Dans le village. Ouv mai-sept (oct pour le gîte). Pour 2 pers, compter 10,50 € ; nuit en gîte d'étape 13,50 €, draps en sus (3 €). CB refusées.* Au centre du village, un camping convivial, bien ombragé, à proximité de toutes les commodités. Sanitaires impeccables. Possède aussi un gîte d'étape (13,50 €/personne et par nuit).

De bon marché à prix moyens

La Grange de Brudour : *Brudour, 05800* ***Aspres-lès-Corps.*** *☎ 04-92-55-39-13. • cat@grangedebrudour.com • grangedebrudour.com • (pour 1 chambre). Depuis la Maison de pays du Valgaudemar, prendre la direction de Grenoble, puis à 5 km env tourner à droite (fléché). Nuitée en dortoir de 8 pers 20 €/pers, en chambre individuelle 26 €/pers ; draps fournis, linge de toilette non compris ; petit déj 6 €. ½ pens 40-46 €/pers. Repas 16 € ; panier repas 10 €. Apéritif offert sur présentation de ce guide.* Ce gîte gai, clair et coloré abrite un grand dortoir sous les combles et 7 chambres modulables pouvant accueillir jusqu'à 4 personnes. Quelques-unes sont équipées de douches et toilettes. C'est une maison de caractère, tenue par Catherine, qui veillera à ce que vous viviez des vacances actives tout en étant dans un environnement de grand calme. Pour ceux qui ont la veine plus artistique, Catherine propose des stages de peinture décorative dans sa boutique-atelier.

Gîte d'étape du Casset : *Le Casset, 05800* ***La Chapelle-en-Valgaudemar.*** *☎ 04-92-55-22-72. • gitelecasset05@orange.fr • gitelecasset.com • À 2,5 km de La Chapelle-en-Valgaudemar. Ouv de mi-juin à mi-sept. Nuitée 15 €/pers (taie d'oreiller et couette fournie) ; petit déj 8 €. ½ pens 37 €/pers souhaitée en juil-août. Repas 16 €. Apéritif offert sur présentation de ce guide.* Un beau gîte avec 4 dortoirs, niché dans un ancien bâtiment en pierre et très bien restauré. Norbert, guide de haute montagne, propose randos à skis, courses d'alpinisme. Terrasse d'où l'on peut contempler, en toute quiétude, les cimes enneigées...

Hôtel-restaurant du Mont-Olan : *Pont-la-Place, 05800* ***La Chapelle-en-Valgaudemar.*** *☎ 04-92-55-23-03.*

• infohoteldumontolan@orange.fr • hoteldumontolan.net • Ouv début mai-début oct. Chambre tt confort avec douche ou bains 52 € ; ½ pens souhaitée juil-août 52 €/pers. Menus 20-22 €. Apéritif maison offert sur présentation de ce guide. Un établissement classique, style grand chalet en plein cœur du village. Les chambres, simples et bien tenues, ouvrent sur les pics vertigineux. Vaste salle rustique et boisée pour déguster des spécialités régionales telles que ravioles au miel ou oreilles d'âne. Terrasse et jardin sous les pommiers, en bord de rivière.

Chalet-hôtel Refuge du Gioberney : *05800* La Chapelle-en-Valgaudemar. *☎ 04-92-55-27-50. • contact@refuge-du-gioberney.com • refuge-du-gioberney.com • À 9 km de La Chapelle-en-Valgaudemar, tt au bout de la route. Ouv de mai à mi-oct. Nuitée en grande chambre (5-7 lits) 26 €/pers ; double avec douche et w-c 52 €. ½ pens 45-48 €/pers. Petite restauration (crêpes, omelettes, salades) : repas 21-36 €. CB refusées.* Par une superbe route, on atteint la dernière maison de la vallée. Après, il n'y a plus rien... sauf un glacier et 4 000 m de montagne. Donc loin de tout, avec une vue imprenable, cette auberge-bar-chalet-snack-resto-hôtel à l'architecture austère reste un quartier général idéal pour la rando. Simples, propres, les chambres assez petites ont le strict nécessaire et heureusement une bonne douche chaude (certaines offrent une vue extraordinaire). La cuisine est copieuse, crémeuse, avec beaucoup de spécialités régionales, dont les fameuses oreilles d'âne. La présentation des plats est soignée, le service efficace. Pour vous endormir, laissez-vous bercer par le Voile de la mariée, la grande cascade qui fait face à l'établissement. Bienvenue au rendez-vous des randonneurs...

Chic

Le Chalet Tournesol : *La Pierre, 05800* **Chauffayer.** *☎ 04-92-21-40-98. 06-16-28-80-15. • contact@lechalet.biz • lechalet.biz • Dans le hameau sur la droite juste avt d'arriver à Chauffayer. Ouv tte l'année. Double 100 € ; compter 75 €/pers en ½ pens ; tarif dégressif à partir de 2 nuits.* Voilà une maison d'hôtes pour le moins originale. Imaginez, posée dans un pré, une grosse soucoupe volante en bois qui tourne avec le soleil ! L'hiver, la baie vitrée suit ainsi ses rayons, pour se gorger de chaleur naturelle en complément du chauffage au poêle. Il suffit de lever la passerelle, de lancer le moteur et le tour est joué. L'intérieur, tout en bois, ne manque pas de confort : des chambres avec salle de bains privée pour 2 à 4 personnes, réparties au rez-de-chaussée ou à l'étage autour d'un salon-salle à manger avec bibliothèque bien fournie et jeux de société. Jacuzzi dans une bâtisse voisine. À table, petit-déjeuner avec confitures maison, casse-croûte le midi en balade et, le soir, cuisine de montagne.

Le Château des Herbeys : *route Napoléon (N 85), Les Herbeys, 05800* **Chauffayer.** *☎ 04-92-55-26-83. • delas-hotel-restaurant@wanadoo.fr • hotel-restaurant-delas.com • En retrait et surplombant la N 85 sur la droite en venant de Gap. Tlj sf mar, mer hors saison. Ouv d'avr à mi-nov. Résa conseillée. Doubles 65-140 € selon confort et saison ; petit déj 12 €. Menus 25-39 €.* Dans la catégorie « élégance, vieilles pierres et prix accessibles », *Le Château des Herbeys* est en haut de la liste. Cette belle, ancienne et noble demeure du XIIIe s, où Louis XIII et Richelieu séjournèrent, propose des chambres luxueuses, hautes de plafond, avec tentures, beaux parquets chevillés, etc. La plus chère, dite « du Roy », n'a pas volé son nom, avec son lit à baldaquin, son salon TV et ses bains-jacuzzi de princesse... Tennis, piscine, grande fontaine, jeu d'échecs géant à l'extérieur et terrasse surplombant la vallée. Allez jeter un œil dans la tourelle extérieure droite, vous y découvrirez... les w-c les plus chic, et dotés de la plus belle vue de la région !

Hôtel-restaurant Le Val des Sources : *Les Barrengeards, 05800* **Saint-Maurice-en-Valgaudemar.** *☎ 04-92-55-23-75. • levaldessources@wanadoo.fr • levaldessources.com • Avt le village du Roux, prendre le pont sur la droite, puis tourner à* *droite encore, l'hôtel est à env 800 m sur la gauche. Ouv Pâques-Toussaint. Résa conseillée. Doubles 65-92 € selon confort et saison. ½ pens demandée juil-août 60-66 €/pers. Menus 20-32 €. Apéritif maison offert sur présentation de ce guide.* Chambres plaisantes et calmes avec bonne literie. Quelques touches contemporaines dans la déco. Au resto, des mets du pays ancestraux, savoureux et copieux : oreilles d'âne (pâte fourrée aux épinards et aux blettes), ravioles au miel, *flouzou* (tourte de pommes de terre aux lardons et aux échalotes), dans un cadre boisé... *Le Val des Sources* dispose en outre d'un parc, de gîtes, d'un hammam et d'une piscine chauffée couverte. Très bon accueil. Une référence dans la vallée !

À voir

Saint-Maurice-en-Valgaudemar : dans ce village se trouve (à côté de l'église) un tilleul impressionnant (7,40 m de circonférence). Appelé « tilleul de Sully » parce que ce ministre d'Henri IV l'aurait fait planter. Il s'agirait en fait d'un enchevêtrement de trois tilleuls étroitement torsadés et unis. Belle église également, des XIe ou XIIe s en partie. Les chantiers de restauration de 2010 ont permis de mettre au jour des peintures du XVIe s uniques dans la région.

Le moulin de Villar-Loubière : *05800 Villar-Loubière. ☎ 04-92-55-26-78. Visite guidée en juil-août, tlj 15h30-18h30 ; en sept ouv sam-dim 14h30-17h30. Entrée : 2,50 € ; réduc. Fait partie du réseau des écomusées en Champsaur-Valgaudemar (carte Inter-sites acceptée).* Vieux moulin à roues hydrauliques horizontales construit en 1838. Topo sur les coutumes locales, évocation des métiers d'antan. Intéressant.

La Chapelle-en-Valgaudemar : dernier bourg du Valgaudemar civilisé (au-delà, nature complètement préservée), c'est un haut lieu de l'alpinisme et le point de départ d'excursions ahurissantes vers l'Olan (3 564 m). Au-delà de La Chapelle, vers Gioberney, la route fait découvrir en alternance hautes cascades, petites vallées, superbe nature sauvage. Le bonheur !

Le hameau des Portes et la cascade des Oulles : à La Chapelle-en-Valgaudemar, une petite route (vers l'église) monte en quelques minutes au hameau des Portes, havre de paix avec une vue sublime sur la montagne. Là, se garer et continuer jusqu'au hameau des Portes et le traverser : adorable hameau aux maisons de bois couvertes de chaume. Plus loin, après le hameau, fléchage sur la gauche. On descend jusqu'aux Oulles (« marmites ») du Diable : des cavités ont été creusées dans la roche, et le torrent fait de grosses bulles dans ces baignoires naturelles (attention : baignade interdite).

Le cirque glaciaire du Gioberney : site naturel grandiose, tout au fond de la vallée. Avec le cirque du Gioberney, le Valgaudemar termine en beauté, l'apothéose d'une nature géante et indomptée. Cadre minéral impressionnant, monts vertigineux, pics et arêtes à plus de 3 500 m partout (Les Bans, pic d'Olan, pic de Bonvoisin). Juste avant d'arriver au bout, sur la gauche, belle *cascade du Voile de la mariée.* Cette cascade majestueuse, tendue comme un voile descendant d'une paroi ondulée, est l'un des sites naturels les plus spectaculaires du massif des Écrins. Randonnée possible en boucle jusqu'au lac du Lauzon, en famille (environ 3h aller-retour), aucune difficulté majeure.

Les ruines du château de Lesdiguières : *rive gauche du Drac, à 2 km au nord du village du* ***Glaizil****. Ne s'observent que de l'extérieur.* Ruines fort belles du château du connétable de Lesdiguières, chef des armées du roi Henri IV. Une grosse tour ronde, des vestiges de la chapelle... Construit vers 1570 selon des techniques rudimentaires (on ramasse des pierres et on les pose les unes sur les autres, ça fait un mur), le château fut pillé par le duc de Savoie au siècle suivant, et tombe en

ruine depuis... Il servit de cadre au roman de Stendhal *Ernestine ou La Naissance de l'amour...*
– Exposition « Historique du château et vie du connétable Lesdiguières » : à l'entrée du village, dans le four banal. ☎ 04-92-55-23-21. 📱 06-08-55-61-31. En principe mai-oct, tlj 8h30-18h30. Entrée libre.
– Journée du connétable : 2e dim de juil. Musiques et danses de la Renaissance, conférences.

Les ruines du château de Saint-Firmin : sur les hauteurs, à l'ouest du village, les ruines de ce qu'on appelle ici le « château fort », avec le reste d'une tour carrée du XIVe s. Imposante à l'époque, la tour comme le site sont tombés dans l'oubli depuis, et... elle ne casse pas trois pattes à un canard. Cela dit, chaque mois de juillet, un embrasement pyrotechnique du fort est organisé. Et on conseille le sentier de découverte au départ du château (ou de la Maison de pays).

Sports et loisirs

➢ Les ***randonnées*** sont nombreuses en Valgaudemar, de la promenade familiale facile aux circuits plus sportifs (bonne signalétique). De nombreux sites naturels (des lacs surtout) se trouvent aux abords de la vallée, faisant l'objet d'autant d'excursions pour petits et gros mollets : *lac de Pétarel, lac du Lauzon, lac Lautier,* et, pour ceux que ça tente, *tour du Vieux-Chaillol, escalade de l'Olan...* Possibilité de passer une nuit en refuge (sept refuges). Bureau des guides à La Chapelle-en-Valgaudemar *(☎ 04-92-55-28-80).*

Ski nordique : plusieurs circuits en boucle autour de Saint-Maurice et de La Chapelle.

➢ ***Raquettes :*** trois circuits au départ de Saint-Firmin et d'Aspres-les-Corps. En entrée de vallée et bien balisés.

VTT et cyclotourisme : *rens à l'**Espace VTT – FFC du Valgaudemar** (☎ 04-92-55-23-21). • champsaur-valgaudemar.com •* Près de 300 km de circuits balisés dans le Valgaudemar. Voir également notre texte sur cette activité dans le chapitre consacré au Champsaur, plus haut.

Manifestations

– ***La Valgaude blanche :*** *en fév.* Fête du ski de fond dans la vallée du Valgaudemar. Boucles de 5, 10, 15, et 30 km. Ouvert à tous.
– ***La Valgaude VTT :*** *1 w-e en juin.* Rando VTT au cœur du Valgaudemar.
– ***Repas de la chèvre :*** *4 oct, à **La Chapelle-en-Valgaudemar.*** Très convivial, on fête le « désamontagnage » et on se tape de la chèvre salée en pot-au-feu. À vivre !

L'EMBRUNAIS ET SERRE-PONÇON

Autre « pays », autre figure. Celle de l'Embrunais nous a bien plu. En effet, voici une cité ancienne, dont le cœur historique a bien résisté aux siècles et présente l'un des plus beaux ensembles architecturaux du département, grâce à ses monuments, placettes et fontaines...
En contrebas, le lac de Serre-Ponçon. Pour ne rien vous cacher, les lacs artificiels, on en a vu d'autres et en général on ne court pas après. Eh bien, celui-ci fait exception ! Il est superbe, long d'une vingtaine de kilomètres, environné de monts, baigné de soleil et caressé (ou fouetté) de thermiques

(un vent qui souffle quotidiennement, et grâce auquel les voileux s'éclatent, en planche, en bateau ou en kitesurf). Comme on dit ici, « c'est la mer à la montagne » !
Les 400 km de pistes VTT de l'Embrunais, la proximité du parc national des Écrins, inépuisable domaine d'excursions, le cours tumultueux de la Durance en amont, idéal pour la pratique du canoë-kayak, du rafting, de la nage en eaux vives, confèrent une note active et plurielle à l'Embrunais. Sans oublier les stations de ski, alpin ou nordique. Bref, été comme hiver, l'Embrunais, c'est super !

EMBRUN (05200) 6 600 hab. *Carte Hautes-Alpes, C3*

La vieille cité contrôle la vallée de la Durance du haut de son roc indéboulonnable, promontoire escarpé de 80 m de haut. Tout le centre ancien est agréable et comporte de belles façades restaurées et badigeonnées de jolies couleurs pastel, de superbes édifices (cathédrale, tour Brune, ancien couvent des Cordeliers), témoins du grand passé religieux de la ville. Pour ne rien gâcher, les parkings ont été aménagés en périphérie immédiate du centre, et l'essentiel du cœur historique a été rendu aux piétons.
Aujourd'hui, Embrun joue la carte touristique et dispose de sérieux atouts, avec un plan d'eau fixe de 30 ha environ jouxtant le lac de Serre-Ponçon, et un climat si ensoleillé qu'on parle de « Nice des Alpes ». On peut même, quand le temps le permet, en avril, commencer sa journée sur les pistes de ski de fond pour la finir à planche à voile sur le lac. Quasiment unique en Europe ! Ajoutons quelques bonnes tables, une ville fleurie, et voici une halte tout indiquée, sportive, gourmande et culturelle. Depuis 2011, le pays S.U.D. (Serre-Ponçon, Ubaye, Durance) a été labellisé Pays d'Art et d'Histoire.

UN PEU D'HISTOIRE

Ebrodunum est une ville d'origine celto-ligure, métropole des Alpes cotiennes dans l'Empire romain. Une sacrée distinction ! Mais ce n'est pas tout : vers 360, saint Marcellin (comme le fromage) y fonde un évêché, qui sera érigé en archevêché en 876 et durera jusqu'à la Révolution. Alors qu'en 1349 Embrun et sa région sont rattachées au royaume de France, cette fonction ecclésiastique fait d'Embrun un haut lieu de la chrétienté – on parle aujourd'hui du « Lourdes du Moyen Âge ». On y venait prier la fresque miraculeuse qui ornait le tympan de la cathédrale, une *Adoration des Mages* que les protestants détruiront en 1585. Le puissant archevêque porte aussi le titre de prince. Et, à partir de Louis XI, le roi est élevé à la dignité de protochanoine de la cathédrale. Le titre s'est transmis à tous ses successeurs et, plus étonnant, aux présidents de la République française jusqu'à nos jours.
Les affrontements entre la France du Roi-Soleil et ses ennemis, menés par le duc de Savoie, mettront la cité à feu et à sang ; Vauban la fortifiera à la demande de Louis XIV, lui donnant un nouveau visage. Après la Révolution, Embrun déclinera régulièrement jusqu'à l'après-guerre, et ce n'est qu'avec l'avènement du tourisme et la création du barrage de Serre-Ponçon, en 1961, qu'elle trouvera un nouveau souffle, sportif et culturel.

Arriver – Quitter

En train : sur la ligne Paris-Lyon-Briançon (train de nuit) ; on peut aussi faire Paris-Grenoble en TGV ou Paris – Aix-en-Provence, puis prendre l'autorail : beaux paysages.
En car : la *SCAL* (☎ 04-92-51-06-05) assure des liaisons tlj vers Marseille, Gap et Briançon. Navettes gratuites en juil-août entre le centre-ville et

le plan d'eau, et entre la Madeleine et le plan d'eau *(☎ 04-92-44-66-00, mairie d'Embrun).*

Adresses et info utiles

Office de tourisme : *pl. du Général-Dosse. ☎ 04-92-43-72-72. • tourisme-embrun.com • Tlj sf dim hors saison, 8h30-12h, 14h-18h30.* Situé dans les chapelles latérales de l'ancien couvent des Cordeliers : superbes décors peints. Organise en juillet-août et pendant les vacances scolaires des visites guidées de la cathédrale, du trésor et de la vieille ville (2-3 fois par semaine). Ateliers fresques et chasse au trésor pour les enfants. Accueil chaleureux, de bons conseils et, levez les yeux, ce n'est pas tous les jours qu'on se retrouve dans un office de tourisme avec des fresques des XVe et XVIe s au plafond. Demandez le dépliant *Découverte du vieil Embrun* pour mieux connaître la ville (2 €), et le kit pour malvoyants et non-voyants, pour découvrir les fresques de l'ancien couvent des Cordeliers et la cathédrale sous format audio, gratuit.

Maison du parc national des Écrins pour l'Embrunais : *pl. de l'Église, 05380* ***Châteauroux-les-Alpes.*** *☎ 04-92-43-23-31. • ecrins-parcnational.fr • Ouv tte l'année ; juil-août, tlj sf dim 15h-19h ; le reste de l'année lun-jeu 10h-12h, 14h-17h.* Expos, vidéos et toutes les infos nécessaires sur les randos dans le parc. En juillet-août, conférences et sorties nature. À Embrun, ***la tour Brune*** (ou « tour du Paysage »), centre d'accueil et exposition du parc national des Écrins ; voir plus loin.

Taxis : ***Taxi Manu,*** *☎ 04-92-43-13-14. 📱 06-08-64-26-41.* ***Taxi Mesrobian,*** *☎ 04-92-43-29-26. 📱 06-22-06-62-13.*

@ Internet : ***Omnis Cyberspace,*** *30, rue de la Liberté. ☎ 04-92-43-25-84. Tlj sf dim hors saison 9h-12h, 14h-19h (23h mar et ven en été).* Dans les rues piétonnes du centre-ville, un cybercentre pour consulter ses e-mails et Internet. Possibilité de se connecter gratuitement au réseau par wifi dans la salle du rez-de-chaussée de la Manutention *(lun-ven 8h-17h)* ou 24h/24 sur la place à l'extérieur de l'office de tourisme.

– **Marchés :** *très vivants, mer et sam mat, surtout l'été, sur les places de la vieille ville. Marché nocturne, très prisé en été, jeu soir à Baratier.*

Où dormir ?
Où manger ?

Campings

Camping du Club Nautique Alpin : *chemin de Chadenas. ☎ 04-92-43-00-02 ou 📱 06-33-53-33-86. • cnasp@wanadoo.fr • ♿ À 4 km env du centre-ville ; prendre la direction de Gap, puis suivre « camping municipal », ensuite, c'est fléché. Ouv juin-sept (tte l'année pour les chalets). Pour 2 pers, compter 18,80 €. Loc de chalets (5 pers) 309-588 €/sem selon saison.* Plus calme que le camping municipal, un peu à l'écart d'Embrun et bien ombragé, au bord du lac. Accès direct à de jolies petites plages pour la baignade et mise à l'eau directe des dériveurs, catamarans, goélettes... Petits et grands peuvent découvrir les joies du sport nautique dans le cadre de stages de 1 journée à 1 semaine, dispensés sur place par l'École française de voile.

Camping municipal de la Clapière : *av. du Lac. ☎ 04-92-43-01-83 ou 📱 06-71-46-13-82. • info@camping-embrun-clapiere.com • camping-embrun-clapiere.com • ♿ Au bord du lac, à 2,5 km du centre ; en saison, navette gratuite entre le camping (arrêt à 150 m), le centre-ville et les gares ferroviaire et routière. Ouv mai-sept (tte l'année pour les chalets). Pour 2 pers, compter 17,60 €. Loc de chalets et de mobile homes (5-7 pers) 326-710 €/sem.* Pas bien compliqué ni très sorcier, ce camping tout équipé avec des tentes et des caravanes (et des campeurs !) a l'avantage de se trouver à proximité du lac (plagette de cailloux et engazonnée, baignade surveillée), et de la base de loisirs très animée avec minigolf, tennis et restos. Alimentation. Bien ombragé.

De bon marché à prix moyens

Hôtel-restaurant de la Mairie : *pl. Barthelon (pl. de la mairie, dans la vieille ville). ☎ 04-92-43-20-65. • courrier@hoteldelamairie.com • hoteldelamairie.com • Ouv tte l'année. Résa conseillée. Doubles claires et propres 55-75 € ; familiales 67-99 €. Menus 14,90 (midi sem)-29 € ; carte env 30-33 €. Vin cuit du pays offert sur présentation de ce guide.* Sympathiques chambres aux lits douillets, dont certaines ont les murs bardés. Préférer celles donnant sur la place, car les autres s'ouvrent sur des ruelles étroites et n'offrent pas de perspective. Salle de resto agrémentée d'expos d'artistes locaux et terrasse au bord de la place piétonne.

Épicétou : *50, rue de la Liberté. ☎ 04-92-24-95-74. • restaurantepicetou@gmail.com • En plein centre. Fermé mer, plus jeu hors juil-août. Formule découverte 25 €. Carte env 35 €. Digestif offert sur présentation de ce guide.* Quand les saveurs d'Asie rencontrent les produits du terroir. L'ardoise, courte, vogue d'un continent à l'autre, mêle les goûts d'ici et d'ailleurs, de l'Inde au fromage de chèvre, du lait de coco au saint-marcellin. Une cuisine de voyageurs, sans prétention mais légère, souriante et malicieuse, appliquée et originale en tout cas, et préparée maison, des frites au dessert. Pour se donner du cœur au ventre avant un tel périple, bières asiatiques, rhum arrangé, pastis artisanal, whisky breton... Service sympa bien sûr et cadre agréable : murs bruns tapissés de clichés de pays lointains, ou tables sur la rue piétonne. Une jolie découverte !

Restaurant La Baraka : *rue des Écuries. ☎ 04-92-43-44-95. • achennouf@wanadoo.fr • À proximité de l'office de tourisme. Fermé lun midi hors saison. Congés : 2e quinzaine de juin. Tajines et couscous à partir de 9,50 € ; env 25 € pour un repas. Thé offert sur présentation de ce guide.* Dans une cave voûtée peinte en blanc, les meubles artisanaux tunisiens bleu ciel se détachent. L'endroit est accueillant et la cuisine parfumée très copieuse pour des prix vraiment doux.

Pour un en-cas vite payé vite avalé, une friterie belge, ***La Petite Frite*** *(dans le bas de la rue de la Liberté, en plein centre)* sert fricandelle et sauce samouraï dans un local nu avec 2 tables sur la rue. Pour accompagner les patates, l'échoppe voisine vend elle des tourtons à toutes les sauces (en journée seulement).

Très chic

Chambres d'hôtes Le Pigeonnier : *chez Mme Lapassat, 2, rue Victor-Maurel. 06-74-49-97-12. • info@pigeonnier.net • pigeonnier.net • Près de la cathédrale, derrière l'ancien évêché, dans le centre ancien. Ouv tte l'année sur résa. Double tt confort 130 € pour 2 nuits consécutives.* Une belle maison bourgeoise restaurée avec talent dans des tons clairs et boisés, entourée d'un joli jardin et son potager. 3 chambres à l'étage, élégantes, lumineuses et spacieuses. Parking et garage privés, ce qui, dans le centre d'Embrun, est appréciable ! Petit déj copieux enfin, et accueil charmant.

Où dormir ? Où manger dans les environs ?

Camping

Camping Les Deux Bois : *route de Pra-Fouran, 05200* ***Baratier*** *(4 km au sud d'Embrun, par la route des Orres). ☎ 04-92-43-54-14. • info@camping-les2bois.com • camping-les2bois.com • Dans le village. Ouv de mi-mai à mi-sept. Pour 2 pers, compter 16,30 €. Loc en prestation hôtelière (le ménage et les lits sont faits par les hôtes) 330-880 €/sem.* Un petit camping sympathique, ombragé comme son nom le laisse penser, propre. Bar-resto-pizzeria, piscine. Accueil très agréable.

De bon marché à prix moyens

Gîte d'étape Le Jas de la Viera : *Le Chef-Lieu, 05200* ***Les Orres***

(village). ☎ 04-92-44-10-36. • lavieragite@wanadoo.fr • gitelaviera.com • Au sud-est d'Embrun. Congés : en nov. Nuitée en dortoir (draps non fournis) 21 €/pers avec le petit déj. Double 56 €. ½ pens 43-46 €/pers. Dîner (sur résa) 20-23 €. CB refusées. La salle à manger en bois, lumineuse et panoramique, l'accueil souriant, la bonne tenue des chambres, le tarif honnête, la franche cuisine familiale de randonneur à base de produits du cru et la situation dans le village classé des Orres, tout concourt à faire du *Jas de la Viera* un bon gîte d'étape. Denis, qui connaît bien la montagne, est d'excellent conseil. Délicieuses confitures maison. L'été, terrasse fleurie au soleil, sympa pour boire un verre. On se sent bien à la montagne !

Refuge-hôtel Les Aubergeries : *11, rue des Aubergeries, 05380* **Châteauroux-les-Alpes.** *☎ 04-92-43-22-01. • hotellesaubergeries@gmail.com • hotellesaubergeries.com • Dans le village. Resto ouv tlj sf mer en hte saison. Hors saison fermé dim. Congés : 2e quinzaine d'avr, 2 sem en oct. Nuitée en dortoir 19 €/pers. Doubles avec douche ou bains 55-62 € selon saison. ½ pens 55 €/pers. Menus 13 € sur résa et 21 €. Parking et abri vélo, moto, kayak. Apéritif ou café offert sur présentation de ce guide.* Le genre de petite auberge de village où l'on se sent bien. 8 chambres de 1 à 4 personnes, parfaitement tenues, à la déco fraîche et aux teintes douces. Au rez-de-chaussée, un resto chaleureux où l'on mange une cuisine de saison à partir de produits frais locaux et/ou biologiques. Menu changé tous les 2-3 jours. Une adresse peu ruineuse à l'atmosphère familiale.

Restaurant Pascal Ghigonetto : *hameau de* **Caleyère,** *à 4 km au nord-ouest d'Embrun. ☎ 04-92-43-00-69. Garer votre voiture sur le parking à l'entrée du village (il est très difficile de se garer dans le village) ; le resto est à 100 m. Tlj sf sam midi hors saison. Congés : sept. Résa conseillée (l'adresse est prisée !). Menus 11-14 €. Digestif maison offert sur présentation de ce guide.* Bien sûr, on ne vient pas ici pour dîner en amoureux, mais pour s'immerger dans une ambiance familiale et conviviale. Dans ce hameau où l'on manque d'écraser les poules, l'adresse n'a pas son pareil. La patronne serre la main de tous ses clients, des habitués, pour sûr ! Cuisine à base de produits de la ferme : légumes, œufs, viandes, coq au vin... L'ambiance est garantie et l'on sort repu.

La Forge : *34, rue des Aubergeries, 05380* **Châteauroux-les-Alpes.** *☎ 04-92-50-36-21. • restaurant.laforge@laposte.net • Dans le village. Tlj sf dim soir et lun (plus mar hors saison). Congés : 15 avr-15 mai et nov. Menu unique 26 € ; carte 36 €.* La déco, très chaleureuse, est bien sentie ; la musique *lounge,* reposante. Le midi, quelques plats simples, de savoureuses salades parfumées en saison, ou un menu unique que l'on compose en choisissant sur la carte. Particulièrement intéressant avec entrée, plat, fromage et dessert, le tout restant dans une tonalité régionale. C'est frais et servi avec le sourire aux lèvres. Petite terrasse.

À la Croisée : *05160* **Réallon.** *☎ 04-92-43-58-76. • anais@alacroiseedeschemins.fr • À env 15 km au nord-ouest d'Embrun par la D 9 puis la D 41 (fléché). Traverser le village, c'est 500 m plus loin. Ouv midi et soir du ven soir au dim, et tlj pdt les vac scol. Fait aussi salon de thé jusqu'à 17h. Résa conseillée. Menus 18,50-20,50 €.* Virevoltant au-dessus du lac avant de s'enfoncer dans une vallée touffue, l'étroite route menant à Réallon est tout simplement superbe. Plantée au-delà du village dans un minuscule hameau, la yourte de la Croisée ne manque pas non plus de charme, avec sa petite terrasse tutoyant les montagnes. Au gré d'une courte carte aux plats changeants, on y goûte une cuisine fraîche et naturelle, quand on ne se contente pas d'y siroter l'après-midi thés et cafés mûris aux quatre coins du monde. Quelques chambres d'hôtes également.

De prix moyens à chic

Hôtel-restaurant Les Peupliers : *chemin de Lesdier, 05200*

Baratier. ☎ 04-92-43-03-47. • info@hotel-les-peupliers.com • hotel-les-peupliers.com • De la N 94, suivre Baratier, ensuite c'est indiqué. Hors saison, resto fermé le midi mar-jeu. Congés : 11-25 avr et 29 sept-30 oct. Doubles avec douche ou bains 74-89 € ; familiale 92-125 €. Menus 20-43 € ; carte env 27 €. Remise de 10 % sur la chambre lun-jeu, hors vac et j. fériés, sur présentation de ce guide. À l'écart du village, cette grande bâtisse, style chalet, cache une bonne adresse, au cadre rustique, élégant et décontracté à la fois. Grande terrasse à l'air pur et, à l'arrière, une belle piscine chauffée. Hammam et sauna. Côté assiette, une cuisine de terroir mi-alpine, mi-provençale, plutôt raffinée. Excellent accueil.

***Maison d'hôtes Le Moulin Ollivier** : au lieu-dit Le Villard, 05200 **Saint-André-d'Embrun**. ☎ 04-92-43-65-78. • contact@lemoulinollivier.com • lemoulinollivier.com • À une dizaine de km à l'est d'Embrun, direction Le Crevoux (D 39). Congés : avr et nov. Double 75 €, familiale 135 €. Table d'hôtes 22 €.* Enfouie au creux d'une faille sous un bois de feuillus, cette grande bâtisse sur plusieurs niveaux et superbement retapée abrite 5 chambres doubles ou familiales, lumineuses et confortables, avec parquet, salle d'eau privée et balcon pour certaines. Au rez-de-chaussée, les repas s'apprécient dans une belle salle voûtée flanquée d'une cheminée. Salle de jeux pour les enfants. Courant autour de la maison, des terrasses embrassent la vue sur la vallée. En contrebas, le petit moulin qui lègue son nom au lieu a cessé de tourner. Bon accueil.

***Chambres d'hôtes La Fernande** : Champ-Rambaud, 05200 **Baratier**. ☎ 04-92-43-81-13. 06-70-68-45-04. • info@lafernande.com • lafernande.com • À 1 km du village ; prendre la petite route qui part en face de la mairie (fléché). Congés : en principe avr et oct (voir sur site internet). Doubles 85-125 €. Repas 35 €/pers hors boissons, sur résa.* Dans une ancienne bergerie en pierre accrochée au flanc d'une montagne, au milieu des pâturages, ce couple d'éleveurs de moutons bio et moniteurs de ski a aménagé 2 chambres, une suite double et 2 suites familiales. De très bon confort et spacieuses, elles disposent chacune d'une terrasse ou d'un balcon. Meubles anciens, déco sobre de bon goût. Les petits déj sont servis dans une remarquable salle voûtée. À table, produits de la ferme, cela va de soi, et du terroir. Un sauna est installé dans le pigeonnier.

***Le Dino's Orres** : bât. Le Sunny Snow, à la station des **Orres** (05200). ☎ 04-92-44-00-36. • dinos.lesorres@laposte.net • À 17 km au sud-est d'Embrun. Ouv tlj en saison. À la carte compter env 30-35 €.* Voilà une cuisine fine et curieuse, servie sans chichis dans un cadre où on ne l'attendait pas : au cœur de la station des Orres, au pied d'un immeuble de locations saisonnières. Au côté des pizzas banales, des spécialités de montagne et des viandes cuisinées aux champignons du coin, la carte se pique d'originalité avec son rafraîchissant assortiment d'*antipasti*, ses pâtes fraîches, ses mousses de légumes ou ses cailles rôties. À déguster dans une salle un peu quelconque, un peu chic, ou sur la grande terrasse informelle l'été.

Où acheter de bons produits ?

***Maison de Pays de l'Embrunais** : dans l'église Saint-Donnat, pl. du Théâtre. ☎ 04-92-43-04-56. Ouv tte l'année sf dim-lun hors saison ; juil-août, lun-sam 9h30-12h, 15h-19h, dim 10h-12h, 15h-18h.* Au rez-de-chaussée, un espace vente de produits et créations d'artisans, agriculteurs et artistes de la région. À l'étage, expositions temporaires à thème.

***Petit Musée du Grand Chocolat** : pâtisserie Eyriey, pl. Barthelon. ☎ 04-92-43-01-37. Tlj sf dim ap-m (tte l'année) et lun (hors saison) 8h30-12h30, 15h-19h (en continu juil-août). Visite libre.* Sur la place de la mairie, un chocolatier qui se passionne pour l'histoire du chocolat... quoi de plus normal, pensez-vous ? Oui, mais lui va jusqu'à réaliser un petit musée sur l'histoire de cette fève dans sa boutique. À découvrir librement ou lors « d'après-midi cacao », avec visite de la chocolaterie, de ses collections et dégustation, les vendredis d'été à 16h. Inscriptions obligatoires auprès de l'office de tourisme. Prix : env 5 €. Partage d'un savoir mais aussi d'un savoir-faire délicieusement instructif !

La Randonnée gourmande dans l'Embrunais : *dépliant à se procurer auprès des offices de tourisme.* Voilà une route culinaire pour mieux découvrir les producteurs de la région et leurs produits : ferme aquacole, miellerie, fromagers, charcutier artisanal, viticulteur... Visite des exploitations et dégustation.

À voir

La cathédrale Notre-Dame-du-Réal : remarquable, la cathédrale d'Embrun a été édifiée de 1170 à 1220 environ, à la croisée des architectures romane et gothique. Elle est représentative de la tradition lombarde. Superbe polychromie typique de l'art lombard : calcaire blanc, schiste noir et marbre rose de Guillestre composent la façade, et se retrouvent dans les archivoltes des baies (l'encadrement et les moulures des fenêtres si vous préférez). Belle tour-clocher à quatre étages, dont les deux derniers ont été reconstruits en 1852, mais franchement, on ne le dirait pas ; le tout en bichromie.

Lombard aussi, au nord, le *porche du Réal,* imposant baldaquin dont les colonnettes reposent sur des lions de marbre (symboles du bien et du mal qu'on retrouve aux Orres et à Saint-Véran, et dans d'autres églises du sud de la France, à Saint-Gilles, par exemple). Sous ce porche était exposée la fresque miraculeuse *L'Adoration des Mages,* dont il ne reste malheureusement rien. Chevet bien élégant aussi, et dont les arcatures sont décorées de créatures hideuses, hommes et bêtes.

À l'intérieur, le large et haut vaisseau (voûté sur croisées d'ogives) et les deux colatéraux romans (voûtés en berceau en plein cintre) doivent leur unité de style à la bichromie de l'ensemble (pierres noires et blanches partout). Beau mobilier (chaires, retable, tableaux) du XVIIIe s principalement. Stalles ornées de panneaux de style gothique flamboyant ou Renaissance (des XVe et XVIe s), dont celle du protochanoine où s'asseyaient les rois et où a pris place le général de Gaulle, en tant que protochanoine de la cathédrale.

Pour la visite guidée du *trésor,* s'adresser à l'office de tourisme : parchemins, chasubles rares et étoles anciennes, orfrois (ornements brodés), tableaux et pièces d'orfèvrerie (calices, ciboires, reliquaires), quoique formidables, ne donnent qu'une petite idée de l'extraordinaire richesse du trésor avant son pillage par les troupes de Lesdiguières. Vaut le coup d'œil.

La tour Brune (« tour du Paysage ») : *☎ 04-92-43-49-48. De mi-juin à mi-sept, tlj sf dim ap-m et lun 10h-12h, 15h-19h ; 2de quinzaine de sept, w-e slt 10h-12h, 15h-19h. Entrée libre.* À côté de la cathédrale, la tour Brune est l'élément le plus important et le mieux conservé de l'ancien palais des archevêques, dont c'était le donjon (XIIe s). Massive, de plan carré et crénelé, avec 27 m de haut, elle abrite un centre d'information du parc national des Écrins. Sur quatre niveaux, expo sur la nature et les paysages haut-alpins. De la terrasse : panorama sur la ville et ses environs. Propose également des projections et conférences animées, la plupart du temps, par des gardes du parc.

La maison des Chanonges : *rue de l'Archevêché. ☎ 04-92-51-37-32. • ville-embrun.fr • Face à la cathédrale. Juil-août, tlj sf mar 15h-19h ; 2de quinzaine de juin et sept, mer ap-m et sam ap-m ; vac scol mer-sam ap-m. Fermé le reste de l'année. Entrée libre.* Vestige de l'époque médiévale, elle est probablement contemporaine de la cathédrale. Remaniée au cours des siècles, elle a toutefois conservé sa façade du XIIIe s, élément phare du patrimoine embrunais, un des rares spécimens d'architecture civile médiévale encore conservé, classée Monument historique. Noter la sculpture en haut-relief représentant un lion ne faisant qu'une bouchée d'une malheureuse chèvre. Grâce à une restauration récente, la maison a retrouvé tout son éclat. « Maison du patrimoine de l'Embrunais », elle accueille aujourd'hui des conférences, causeries, projections, expos temporaires consacrées principalement à l'histoire, l'architecture et les traditions.

L'ancien couvent des Cordeliers : *pl. du Général-Dosse.* À la même adresse, vous trouverez à la fois un des plus jolis offices de tourisme du pays et les chapelles latérales de l'ancien couvent des Cordeliers, où on peut voir de remarquables fresques des XVe et XVIe s. L'office de tourisme met à disposition un livret explicatif à consulter sur place. Belles scènes religieuses notamment, où l'on reconnaît l'influence italienne.

Dans la vieille ville : depuis la cathédrale, se diriger vers le *jardin de l'Évêché,* en promontoire sur la vallée de la Durance, point de vue extra. Dans le jardin, sculptée par son épouse, une statue de Clovis Hugues, le félibre enterré à Embrun car il aimait cette ville (mais natif de Ménerbes en Vaucluse). Revenir à la cathédrale pour voir, face à son côté nord, la plus ancienne maison d'Embrun : la *maison des Chanonges* (XIIIe s ; voir ci-dessus) ; de là, emprunter les rues pentues (amusante *rue Casse-Cou* – connue localement sous le nom de *rue « Casse-Cul »* –, ruelle courte et sombre et effectivement complètement casse-gueule par temps de gelure), pour descendre vers la *place de l'Hôtel-de-Ville.* Celui-ci, jouxtant l'ancienne prison civile, date du XVIIIe s. De là, l'étroite *rue Saint-Pierre* mène à la *rue Caffe* où l'on remarque de belles maisons médiévales en encorbellement et poutres en mélèze. Rejoindre pour trouver la *rue Clovis-Hugues,* rue principale et piétonne, qu'on emprunte vers la gauche ; on passe la charmante petite *place de la Mazelière,* et la rue devient *rue de la Liberté* ; sur la gauche, l'ancien *hôtel des Gouverneurs* avec sa porte Renaissance. Au bout de cette rue de la Liberté, la *rue Émile-Guigues* remonte sur la gauche vers la cathédrale ; on peut y voir, sur la droite, les murs de l'ancien collège des Jésuites (des XVIIe et XVIIIe s). Au gré de la promenade, combien des 17 fontaines de la vieille ville (dont sept classées) aurez-vous rencontrées ?

Fêtes et manifestations

– ***Festival du Paysage :*** *en pays sud, en juin.* Nombreuses animations culturelles entre la vallée de la Durance et la vallée de l'Ubaye.
– ***Fête de l'Amontagnage, dite du « Grand Vallon » :*** *dernier w-e de juin, aux* ***Orres.*** Une messe est dite en plein air pour la bénédiction des troupeaux. Une fête conviviale qui réunit les éleveurs et les bergers autour d'un pique-nique. Dans l'après-midi, concours de boules carrées, pêche à la truite (que l'on déguste le soir) et musique traditionnelle.
– ***Embrun-Man Triathlon :*** *15 août.* ● *embrunman.com* ● C'est le deuxième triathlon le plus difficile au monde (après celui d'Hawaï). Avec quand même 5 500 m de dénivelée et près de 80 000 € de gain.
– ***Grande fête médiévale :*** *fin août.* « Au temps des bâtisseurs de cathédrale ». Animations équestres, combat, marché médiéval, spectacles...
– ***Saison culturelle estivale :*** *tt l'été, infos service culturel.* ☎ *04-92-51-37-32 ou à l'office de tourisme.* ☎ *04-92-43-72-72,* ● *tourisme-embrun.com* ● Concert d'orgue tous les jeudis et concert de musique classique à la cathédrale, expos dans les lieux touristiques, salon des arts...
– Les ***Vendredis d'été,*** le centre-ville s'anime jusqu'à 23h. Les commerçants gardent leur rideau ouvert et les ruelles se transforment par endroits en minibals populaires.

Sports et loisirs

■ ***Bureau des guides et accompagnateurs en montagne de l'Embrunais :*** *47, rue Victor-Maurel,* ☎ *04-92-43-02-75.* ● *guides-embrun.*

pagesperso-orange.fr • En été, tlj 10h-12h, 17h-19h30. L'été, canyoning, alpinisme, *via ferrata,* rando dans les Écrins, sorties VTT... L'hiver, hors-piste, cascade de glace, raids à skis... Du sérieux, rien que du sérieux !

– ***Raft, nage en eaux vives, canoë gonflable :*** ***Rêves de Rivières,*** *☎ 04-92-43-39-90. 📱 06-75-48-51-97. • reves-rafting.fr •*

– ***Parapente :*** ***Jennif'Air,*** *68, rue de la Liberté. ☎ 04-92-43-37-80. • jennifair.com •* Des moniteurs d'État spécialistes de la discipline.

– ***Location de VTT et vélos de route :*** ***Intersport,*** *zone commerciale de Baratier. ☎ 04-92-43-29-00. Voir aussi* ***Alpes2roues,*** *à côté de* Rêves de Rivières. *☎ 04-92-43-11-10. Ou encore* ***École de VTT – Horizons tout Terrain,*** *La Clapière, 05200* ***Embrun*** *ou* ***La Bulle,*** *05200* ***Les Orres.*** *📱 06-81-09-55-92 ou 06-83-25-50-26. • horizons-tout-terrain.com •*

– ***Club nautique alpin Serre-Ponçon :*** *chemin de Chadenas. ☎ 04-92-43-00-02. • cna-embrun.com •* Cette école française de voile permet aux plus jeunes (à partir de 6 ans) de s'initier aux activités nautiques.

– ***Ski nautique et bouées :*** *plage des Eaux-Douces, Le Boscodon, 05200* ***Crots.*** *Résa au 📱 06-09-18-47-63. • skietbouees.fr • Tlj de mi-juin à mi-sept.* Leçons débutants, slalom ski nautique...

– ***Marche en moyenne montagne :*** ***Éric Klamm,*** *26, rue Clovis-Hugues. ☎ 04-92-23-35-51. 📱 06-15-82-29-50. • ericklamm@aol.com •* Éric, guide naturaliste et accompagnateur en moyenne montagne, propose des sorties toute l'année.

– ***À Petits Pas :*** *📱 06-15-25-32-24. • randonnee-embrun.fr •* Randonnées familiales et tous niveaux accompagnées de Laurent Gaudaire.

DANS LES ENVIRONS D'EMBRUN

★ ***Baratier :*** *sur la route des Orres (à 4 km d'Embrun).* Ce village possède un cachet provençal plaisant et une église décorée d'un cadran solaire, où figurent un lévrier, emblème de Baratier, et la belle devise des villageois : « Pauvres mais fiers et bon cœur ».

★★ ***Les Orres :*** *12 km au sud-est.* Le village des Orres regroupe neuf hameaux et une station de ski ; le chef-lieu est assez pittoresque et reflète une réelle unité architecturale (site classé). L'église du XVe s gardée par un lion stylophore (du genre de ceux de la cathédrale d'Embrun), les vestiges du château seigneurial, les cadrans solaires, les maisons traditionnelles à balcons de séchage, les toits d'ardoise, la *maison du Notaire* à tourelles et fenêtres à meneaux, tout est à voir dans ce village. Les Orres 1650 est une station fonctionnelle créée dans les années 1970. Et si l'architecture n'est pas au goût de tous, il n'empêche que la station a été reconnue comme faisant partie du patrimoine architectural du XXe s. Un chemin mène à Bois-Méhan, quelques mètres plus haut (voir aussi plus haut « Où dormir ? Où manger dans les environs ? »).
– Au vieux village, le ***musée des Orres :*** *☎ 04-92-44-00-40 (mairie). L'été, tlj sf sam 15h-19h, et l'hiver, pdt les vac scol, 14h-18h. Gratuit.* Y sont exposés jouets, photos, et surtout outils anciens, tout ce qui est en relation avec les us et coutumes orrians. Belle sélection.
ℹ ***Office de tourisme :*** *☎ 04-92-44-01-61. • lesorres.com • Ouv tte l'année : en hiver et en été, tlj ; hors saison, lun-ven.*

★★ ***Crévoux :*** c'est surtout pour son vaste et somptueux décor naturel que Crévoux vaut le détour. Situé au pied du pic Saint-André (2 857 m), ce village traditionnel est dominé par des falaises de schiste. Une des premières stations

L'EMBRUNAIS ET SERRE-PONÇON

de ski familiale inaugurée en 1937, c'est aussi le point de départ de randonnées, notamment vers le ***col de Parpaillon,*** où un tunnel de 486 m de long a été creusé à la fin du XIXe s par l'armée française pour rejoindre Barcelonnette (ouvert l'été seulement, mais « passage incertain » précise la carte Michelin, à cause des éboulements). Possède une joliе petite église coiffée d'un clocher à bulbe (le seul dans le coin !), ainsi qu'un musée rural curieux et un atelier de bois tourné.

Châteauroux-les-Alpes : village de montagne sur l'adret de la vallée de la Durance, et point de départ vers le parc des Écrins (une des Maisons du parc national des Écrins se trouve sur la place de l'Église, voir « Adresses et infos utiles », plus haut) ; une route forestière y pénètre en longeant la vallée du Rabioux. Quelques sites naturels remarquables le long de cette route : les *cheminées de fée,* formations géologiques type « demoiselles coiffées » (colonnes surmontées d'un bloc résistant à l'érosion), et, plus haut, la *cascade de la Pisse.* Châteauroux-les-Alpes est aussi célèbre pour SA vague ! Le seul endroit dans la région où l'on puisse surfer en eau douce avec une planche ou faire du kayak. Ce site et cette particularité donnent d'ailleurs lieu au Rabioux River Rodeo (ou « R3 ») qui met en compétition des *freestylers* en canoë-kayak pendant 3 jours en août (renseignements à l'office de tourisme). Mais c'est aussi un village d'artistes avec des sculpteurs, des peintres et une mosaïste... Autre curiosité, la région développe des vignes expérimentales et compte les derniers coteaux à vin avant d'attaquer les Alpes (renseignements sur les producteurs auprès de l'office de tourisme).

Office de tourisme : *☎ 04-92-43-43-74. • chateaurouxlesalpes.net • Ouv en été, lun-sam 9h-12h, 15h-18h (17h sam) ; hors saison, ouv le mat des lun, mar et jeu. Fermé j. fériés.*

LE LAC DE SERRE-PONÇON

Carte Hautes-Alpes, C3

Lac d'irrigation et de production d'électricité, Serre-Ponçon a été aménagé de 1955 à 1961. La digue, constituée de 30 millions de tonnes d'alluvions, de blocs divers et d'argile, entassés de part et d'autre d'une étroite structure centrale (concept du « barrage-poids »), constitue le plus grand barrage en terre d'Europe. Il retient quelque chose comme 1 milliard de mètres cubes d'eau, qui s'étendent sur 2 900 ha environ (20 km de long sur 1 à 2 km de large, soit à peu près la superficie du lac d'Annecy). Comme disent les dépliants touristiques, c'est la « mer à la montagne »...

Ce chantier colossal a redonné vie à l'Embrunais, mais 1 500 habitants ont été déplacés et deux villages sacrifiés, Savines et Ubaye, démolis puis engloutis par les eaux. Cette grande aventure humaine a inspiré le film *L'Eau vive,* tourné en 1957 sur un scénario de Jean Giono. En automne, quand le lac est bas, les tombes du cimetière d'Ubaye émergent des flots. Savines (qui s'appelle désormais Savines-le-Lac) a été reconstruite en bordure du lac et est devenue une petite cité de vacances spécialisée dans les activités nautiques. L'abbaye de Boscodon, la superbe route des Puys, la beauté du lac dans son écrin de monts font de Serre-Ponçon un site somptueux.

Adresses utiles

Office de tourisme Savinois – Serre-Ponçon : *9, av. de la Combe-d'Or, 05160* ***Savines-le-Lac.*** *☎ 04-92-44-31-00. • savinois.com • En été, tlj ; le reste de l'année, tlj sf dim.*

Office de tourisme du pays de Serre-Ponçon : *Les Celliers, 05190* ***Rousset.*** *☎ 04-92-54-41-18. • ot-serreponcon.com •*

Où dormir ? Où manger ?

Se reporter aussi à nos adresses d'Embrun et ses environs, car nous avons repéré peu d'établissements notables autour du lac (sauf à Embrun).

Campings

Nombreux campings autour du lac, des pires aux meilleurs. Nos préférés :

Camping La Palatrière : *Orbanne, 05160* ***Le Sauze-du-Lac*** *(côté sud du lac). ☎ 04-92-44-20-98 ou 06-12-55-86-60. • lapalatriere@wanadoo.fr • lapalatriere.com • Par la N 94 puis la D 954 depuis Savines, sur la gauche juste avt les Demoiselles coiffées. C'est indiqué. Ouv avr-Toussaint. Résa conseillée en été. Forfait pour 2 pers 20 €. Chalets 220-710 €/sem selon taille et saison ; possibilité de nuitée : 49-100 € pour 2. Réduc de 10 % sur le prix de la nuitée hors saison sur présentation de ce guide.* Dominant le lac de sa terrasse panoramique, ce camping convivial et propre propose des emplacements à l'ombre près du bois. Les autres, sous la cagne et au bord de la route, sont franchement moins intimes. Un peu en retrait (commerces à 5 km, plage à 2 km), le site dispose d'une piscine, d'un bar avec billard, d'un resto, de chalets tout équipés, et même de cabanes en bois pour les enfants. Lave-linge et barbecue.

Camping La Viste : *belvédère de Serre-Ponçon, Rousset, 05190* ***Espinasses*** *(côté ouest du lac). ☎ 04-92-54-43-39. • camping@laviste.fr • laviste.fr • Juste au-dessus du muséoscope du lac (bien fléché). Ouv de mi-mai à mi-sept. Forfait pour 2 pers 21,10 € ; chalets et mobile homes 2-6 pers 296-835 €/sem.* Dans un cadre dominant l'ensemble du lac, un camping très bien tenu et super équipé. Ambiance familiale avec une grande piscine et de nombreuses activités proposées (escalade, etc.). Épicerie et snack-bar en été.

Prix moyens

Hôtel-restaurant Éden Lac : *1, rue des Maisonnettes, 05160* ***Savines-le-Lac.*** *☎ 04-92-44-20-53. • contact@edenlac.com • edenlac.com • À la sortie de la ville, sur la gauche, en direction d'Embrun. Tlj midi et soir. Congés : 15 nov-1er fév. Doubles avec douche ou bains 55-77 €. Menus 19-35 € ; carte env 35-45 €.* Ce ne sont pas les chambres, très classiques, qui ont retenu notre attention, mais bien la cuisine, sans oublier la vue remarquable sur le lac depuis la terrasse ou la véranda. Julien Bernard est passé maître dans l'art des sauces : crème au pastis, à l'armagnac ou citronnée. Parfois, la truffe pointe le bout de son nez... Et il est aussi à l'aise avec les viandes qu'avec le poisson. Le tout est joliment présenté. Essayez de garder une place pour les desserts, bien savoureux. Quant au régime... allez, ce sera pour une prochaine fois !

Chez Pierrot Fils : *rue Abbé-Chabrand, 05200* ***Crots.*** *☎ 04-92-43-13-43. À 4 km d'Embrun. Au centre du village, dans la ruelle juste derrière l'église. Tlj le soir slt, plus le midi dim et j. fériés en saison. Fermé lun-mer et le midi jeu-sam hors saison. Congés : d'oct à mi-déc. Résa conseillée. Carte env 25 €. CB refusées. Café offert sur présentation de ce guide.* Voilà une adresse qui grouille de monde ! C'est que moult vedettes sont passées *Chez Pierrot* : les regrettés Thierry le Luron ou Claude François, par exemple. Même si Pierrot n'est plus, son fils, avec sa maman, ont repris l'affaire. On y vient pour l'accueil des plus affable, le service gentil et rapide, le cadre agréable (salles voûtées d'anciennes écuries), la terrasse, et pour manger, car ici, on mange bien, en toute simplicité. Les spécialités : frites à la crème et pieds-paquets, anchois maison à la menthe ou moules à la fondue de poireaux... Si l'on veut faire plus simple, il y a les pizzas, réussies. En dessert, le vacherin s'impose. 3 chambres pour dépanner.

Très chic

Le Château de Picomtal : *05200* ***Crots.*** *☎ 04-92-43-07-77. • info@picomtal.fr • picomtal.fr • Sur la N 94, entre Savines-le-Lac et Embrun ; dans le village de Crots, suivre la* *direction Saint-Jean/La Montagne, puis fléché. Ouv avr-oct. Une dizaine de chambres et suites 130-150 € ; petit déj 9 €.* Un château XIVe-XVIe s, une déco intérieure XIXe s, un parc et des jardins à la française, une vue sur le lac de Serre-Ponçon, des chambres cossues qui font rêver... un lieu certes cher, mais assez exceptionnel. La visite guidée du château et des jardins est tout de même incluse dans le prix ! Organise quelques soirées à thème.

À voir

Voici les principaux sites que l'on rencontre en faisant le tour du lac dans le sens des aiguilles d'une montre au départ d'Embrun.

L'abbaye de Boscodon : *à 12 km au sud d'Embrun ; indiquée sur la gauche de la N 94. ☎ 04-92-43-14-45. • abbayedeboscodon.fr • Abbatiale et chapelle tlj 8h30-18h30 (entrée libre, avec présentation vidéo). Espaces cloître, librairie, expos et vidéo, tlj en saison 10h-12h, 14h30-18h30 (2 €) ; juin et sept, tlj 10h30-12h, 15h-18h ; le reste de l'année, fermé aussi le lun. Visites guidées tlj sf dim sur résa en juil-août (6 € ; gratuit moins de 12 ans). Organise des concerts, conférences, différents ateliers (peinture, taille de pierre, etc.).*

L'endroit est mignon, sylvestre, et l'abbaye vaut le détour. Construite aux XIIe et XIIIe s, elle a été maintes fois pillée et saccagée. Mais toujours relevée grâce à l'opiniâtreté des moines, chalaisiens d'abord (un petit ordre monastique grenoblois), puis bénédictins ; mais l'archevêque d'Embrun finit par faire main basse sur l'abbaye et sa forêt en 1769. À la Révolution, l'abbaye fut vendue comme bien national. Depuis les années 1970, elle fait l'objet d'une longue rénovation. On utilise de la pierre de Boscodon qu'on appelle « la cagneule », et qui est extraite dans la région. Des sœurs et frères, principalement dominicains, y vivent dans une partie qui leur est réservée.

QUI A VU L'OURS ?

Tout près de l'abbaye de Boscodon, essayez de repérer la fontaine dont l'eau jaillit d'un morceau de bois évoquant... une tête de plantigrade. L'histoire de cette fontaine remonte au VIIe s et rappelle une amitié surprenante entre l'évêque de Gap et un ours. À la mort de l'évêque, l'animal disparut de chagrin, et ce n'est que bien plus tard que des moines trouvèrent près d'une source le squelette d'un animal imposant. Ils identifièrent rapidement l'ours grâce au collier d'or et d'argent que l'évêque lui avait offert. Depuis, cet endroit conserve le nom de « fontaine de l'Ours » !

L'abbatiale présente des lignes et des volumes très épurés et sobres, à la manière cistercienne. Superbe chevet notamment. Dans le cloître, différents outils et intéressants panneaux explicatifs sur l'art des bâtisseurs romans. Potager et petit jardin de roses.

À l'entrée du bois (et du parking), une stèle en souvenir des maquisards de la région, très actifs dans le coin pendant la dernière guerre, et d'où part le « sentier des Moines » pour une balade à travers la forêt. Le coin est propice au pique-nique.

En s'enfonçant un peu plus dans la forêt domaniale de Boscodon, on accède à de nombreux départs de sentiers aménagés. Tout au bout, vue panoramique sur la vallée, au cirque de Bragousse (avec son flanc de montagne impressionnant).

– ***Crots Aventure :*** *Le Serre, entre Crots et Savines-le-Lac. 06-83-01-60-41. Ouv tlj juil-août 10h-19h ; le w-e et j. fériés en juin et sept 14h-19h ; le reste de l'année sur résa. Tarifs : 8-18 € selon parcours.* Plusieurs parcours acrobatiques dans les arbres (ponts de singe, tyrolienne...), pour tous niveaux. Accessible dès 4 ans.

Savines-le-Lac : ville principale au bord du lac, et reconstruite pour « oublier » celle qui a été ensevelie en 1961 lors de la mise en eau du barrage de Serre-Ponçon. Manque singulièrement de charme, mais l'église Saint-Florent abrite de magnifiques vitraux. La ville a le mérite de posséder de nombreux commerces et tous les centres et agences qui organisent les activités autour et sur le lac. Dans le haut du village, quelques départs de sentiers pour se balader dans les bois (dont le sentier de la Mère-des-Fontaines, éclairé de 21h à minuit) et départ pour la randonnée vers le pic du Morgon, avec sa vue panoramique sur les vallées de la Durance et de l'Ubaye, et le lac de Serre-Ponçon. À voir également, une expo à l'office de tourisme sur l'histoire des communes concernées par la construction du barrage.

Les Demoiselles coiffées : *à 8 km env après Savines-le-Lac, en direction du Sauze-du-Lac, sur le côté gauche de la route en lacet (D 954) qui fait le tour du lac. En accès libre par un petit sentier.* Site géologique de colonnes de calcaire coiffées d'un roc en guise de chapeau. Un jour, ça se cassera la figure, pour sûr ! D'ailleurs, c'est en train...

La montagne aux Marmottes : **Le Sauze-du-Lac.** *☎ 04-92-44-32-00. • montagneauxmarmottes.com • ♿ À 10 km après Savines-le-Lac, sur le circuit du tour du Lac, le long de la D 954. Juil-août, tlj 10h-19h ; avr-juin et sept, tlj 10h-18h (sf mar mai-juin et sept) ; d'oct à mi-nov tlj (sf mar en oct) 11h-17h30. Fermé déc-mars. Entrée chère : 13 € ; 9 € enfants 3-15 ans. Billet valable tte la saison (vous pouvez y retourner autant de fois que vous voulez) ; donne droit à certaines réducs sur des visites et prestations autour du lac de Serre-Ponçon.*
C'est formidable, la *montagne aux Marmottes,* pour passer 1h ou plus parmi les renards, les daims, les mouflons, mais aussi les rapaces et les loups... chacun enfermé dans sa cage ou son enclos. Chouette, y a même des hiboux ! En été, présentation à heures fixes du mode de vie des différentes espèces et spectacles de rapaces en vol (matin et après-midi) avec le lac et les montagnes en toile de fond. Nombreux panneaux explicatifs pour ceux qui préfèrent lire qu'écouter. Quelques animaux de la ferme également, des espaces consacrés aux minéraux et fossiles, une (petite) reconstitution de grotte préhistorique, une ruche vitrée, une nursery pour rapaces, des insectes naturalisés...
Deux zones de pique-nique, snack et boissons. Une table à langer et un micro-ondes. Chenil fermé individuel, gratuit et à l'ombre.

Port-Saint-Pierre et sa plage : *base nautique, 05160* **Le Sauze-du-Lac.** *☎ 04-92-44-33-17. 📱 06-08-84-61-35. • portsaintpierre.com • ♿ Après Le Sauze et son aire panoramique, en contrebas du parc aux Marmottes, suivre Port-Saint-Pierre. Ouv 15 juin-15 sept.* Petit site parfait pour passer une journée estivale les pieds dans l'eau, gratuitement, avec plage et baignade surveillée. Location de bateaux avec ou sans permis, canoë-kayak, etc. Pique-nique offert pour toute location de bateaux et canoë-kayak à la demi-journée (10h-14h).

Le muséoscope du Lac : *belvédère de Serre-Ponçon, au niveau du barrage, 05190* **Rousset.** *☎ 04-92-54-50-00. • museoscope-du-lac.com • ♿ Ouv tte l'année (en janv pour les groupes slt) : 6 juil-23 août, visites à 10h, 11h, 12h et 13h30-18h ttes les 40 mn ; mai-début juil et fin août-sept, tlj sf mar 3-6 visites/j. ; téléphoner pour le reste de l'année. Entrée : 9,50 € ; enfants 6-15 ans : 7,50 €. Visite guidée de 1h env.* Un musée privé particulièrement bien fait où l'on a mis les gros moyens ! Il a pour simple ambition de faire revivre la grande épopée du barrage de Serre-Ponçon et de transmettre la mémoire des villages engloutis et de ses habitants déplacés. C'est un mélange de nostalgie, de fierté et un regard positif sur le présent. Et surtout, un espace muséographique très pédagogique et touchant, avec de grandes maquettes des anciens villages, un film (avant, pendant et après le barrage) et même une simulation avec effets spéciaux de la mise en eaux de la vallée ! Incontournable pour comprendre le pourquoi et le comment de la construction du barrage et du lac de Serre-Ponçon.

– Pour ***visiter le barrage,*** appeler *EDF* : ☎ *04-92-54-58-11. Sept-juin, 5 départs/j., sur résa de préférence. Visite gratuite.*

Apiland : *1, rue des Tennis, Les Celliers, 05190* ***Rousset.*** *☎ 04-92-54-40-60. • apiland.com • 11 juil-21 août, visites guidées à 14h, 15h45 et 17h15 (durée : env 1h15) ; 1er-10 juil et 22-31 août, tlj à 15h45 ; sept, mer et ven à 14h, dim à 15h45 ; oct et vac scol de Noël, mer et dim à 15h ; mai-23 juin les mer et dim à 15h45 ; le reste de l'année, sur rdv. Fermé entre les vac de la Toussaint et de Noël. Boutique ouv tlj tte l'année. Entrée : 6,50 € ; enfant : 5,50 €.* Dans la *miellerie du Vieux-Moulin,* un espace muséographique de 600 m², très bien fait, pour tout savoir sur l'apiculture et la vie des abeilles (explication de la formation des essaims, de l'évolution des ruches de 1800 à nos jours, etc.). Vivarium où l'on peut observer l'intérieur de ruches en pleine activité. Également un atelier de cire d'abeille. Visite guidée interactive et vraiment passionnante.

Chorges : un peu en retrait du lac, cette ville historique et dynamique surprend avec son vieux centre, son église (plus jolie en façade qu'à l'intérieur) et sa belle fontaine de pays. Une sympathique ville-étape.

Office de tourisme : *pl. centrale. ☎ 04-92-50-64-25. • otchorges.com • Fermé dim hors saison.*

Location de VTT et activités toute l'année auprès de *Chorges Sports et Loisirs (dans la Grande-Rue, ☎ 04-92-50-28-14).*

– ***Marché :*** *dim mat de mi-juin à mi-sept ; nocturne mer en juil-août (très animé).*

En rejoignant Prunières depuis Chorges par les petites départementales offrant une surprenante vue sur Serre-Ponçon, on découvrira, à l'entrée du village sur la droite, un curieux mémorial, représenté par des restes d'une hélice d'avion américain (de retour d'une mission sur Munich), tombé là en 1944, et dont les habitants (et la Résistance) ont sauvé l'équipage.

La chapelle Saint-Michel : *sur un charmant îlot, au beau milieu du lac. Ne se visite pas.* Située sur une petite butte juste au-dessus de la cote maximale du lac, cette chapelle qui faisait partie de la commune de Prunières n'a pas été engloutie et se retrouve environnée d'eau.

Saint-Apollinaire : *sur les hauteurs de la rive nord ; fléché au niveau du pont de Savines (par la D 541).* Saint-Apollinaire possède une petite église perchée sur un promontoire d'où l'on jouit d'une vue formidable (compter 20 mn environ pour y accéder depuis le village). Juste au-dessus, le pic de Chabrières (2 403 m) ; du village, aller jusqu'au *lac de Saint-Apollinaire* par la D 509 (2 km). Très joli site.

Réallon : *en continuant vers Embrun, on franchit le torrent Réallon ; une route sur la gauche mène au village du même nom.* L'endroit est célèbre surtout pour le dépôt archéologique qui y a été découvert, véritable trésor de l'âge du bronze (VIIIe s av. J.-C.). Quelques pistes de ski en hiver. Du village, assez typique, la route continue et grimpe jusqu'aux Gourniers, point de départ de nombreuses randonnées dans le parc national des Écrins. Redescendre par la sinueuse D 9 vers Puy-Saint-Eusèbe et la route des Puys. Cet itinéraire, à l'écart des grands axes, offre des points de vue époustouflants sur le lac.

La route des Puys : pour regagner Embrun, emprunter la route des Puys (la D 9), qui passe par quelques villages commençant par « Puy », comme ***Puy-Saint-Eusèbe, Puy-Sanières,*** et qui longe le lac en corniche sur sa rive nord, en contrebas du mont Guillaume (2 552 m) et, plus loin, du Mourre-Froid (2 994 m). Panoramas fantastiques ; très bien à vélo aussi, sportif et spectaculaire.

Manifestation

– ***Rencontres d'astronomie du Savinois Serre-Ponçon :*** *10 j. env fin août, à* ***Serre-Ponçon.*** *Rens : ☎ 04-92-44-31-00 (office de tourisme de Savines-le-Lac).* • *savinois.com* • Observations, conférences, ateliers, expos...

LE QUEYRAS ET LE GUILLESTROIS

Coup de foudre pour le Queyras, évidemment ! Comment résister au charme de ces petits villages typés (Saint-Véran, Molines, Abriès-Ristolas, Arvieux...), de cette montagne intacte, de cette flore et de cette faune vives et uniques, et de ces hommes qui ont su rester simples et forts – vrais Queyrassins ?
Le Queyras, c'est d'abord un espace naturel constitué d'une vallée principale longue d'une trentaine de kilomètres (celle du Guil) et de trois vallées annexes plus courtes : la vallée du Cristillan menant à Ceillac, celle des Aigues pour Molines et Saint-Véran, et celle de l'Izoard pour Arvieux. Autour de ces vallées, des pics, des *brics* de 3 000 m d'altitude, avec en point d'orgue l'Italie et le mont Viso (3 841 m, bonjour là-haut !). Ce qui en fait une des régions habitées les plus élevées des Alpes – dont Saint-Véran, avec ses 2 040 m, la plus haute commune d'Europe.
Ce relief difficile a toujours isolé le Queyras : la route principale longeant le Guil depuis Guillestre n'a été ouverte qu'en 1856, et celle du col de l'Izoard reste fermée l'hiver. C'est pourquoi ce pays garde tant de caractère. Nous y rattachons Guillestre, qui en est l'avant-poste. Bourgade chargée d'histoire et de vieilles pierres, elle a pour satellite la délicieuse cité fortifiée de Mont-Dauphin, œuvre de Vauban classée au Patrimoine mondial de l'Unesco et l'une des plus petites communes de France par sa superficie. À ne pas manquer.

UN PEU D'HISTOIRE

Sept communes composaient le Queyras historique (rejointes récemment par Ceillac), qui existaient déjà sous la domination romaine et que les Quariates avant eux (les plus anciens occupants identifiés, et qui auraient donné leur nom au Queyras) ont sans doute fondées, au Ier millénaire avant notre ère. Évangélisé assez tardivement (du IVe au VIe s), le Queyras formera ensuite, de 1343 à 1789, l'un des cinq Escartons de la « ***république des Escartons*** » (voir à Briançon « Un peu d'histoire »).
Le Queyras est assez construit et développé pour un pays à une telle altitude, exclusivement grâce aux ressources agricoles et à l'opiniâtreté des habitants qui ont su s'adapter à la haute montagne. Encore que le Queyras jouisse d'un climat particulièrement chaud et sec pour les Alpes, ce qui a d'ailleurs permis aux hommes de s'implanter si haut. Mais ce sont les guerres de Religion qui viendront troubler cette prospérité relative... Les protestants persécutés durent émigrer vers l'Allemagne et l'Italie, et l'on estime que le Queyras a ainsi perdu un tiers de ses 11 000 âmes suite à la révocation de l'édit de Nantes (1685). Les troubles consécutifs à ces guerres de Religion ne cesseront vraiment en Queyras qu'à la Révolution. Pourtant, malgré l'ouverture de la route de la combe en 1856 et un tourisme précoce (Abriès a vu construire son premier grand hôtel en 1895), la population ne cesse de baisser.

LE PARC NATUREL RÉGIONAL DU QUEYRAS

Le redressement du Queyras s'est amorcé avec la création du parc naturel régional, qui protège l'identité queyrassine, tout en développant une économie fondée sur un tourisme « nature » et des activités traditionnelles d'agriculture et d'artisanat. Cette politique intelligente et dynamique a donné du sang neuf au Queyras et contribué à enrayer l'exode rural. Créé en 1977 sous l'impulsion du maire de Ceillac, Philippe Lamour (1903-1992), ce parc régional de 650 km^2 déborde un peu des limites du Queyras naturel et historique : une partie des communes de Guillestre, Vars et Eygliers y est en effet intégrée. Le Queyras est par ailleurs bien pourvu en itinéraires de ski nordique, très appréciés des amateurs. Pour autant, on n'y voit pas trop de remonte-pentes, et les stations sont d'abord des villages tout ce qu'il y a de plus authentiques, à l'architecture parfois remarquable. C'est là tout l'attrait et l'originalité de ce parc, et c'est pour cela que le Queyras plaît.

Autre mission du parc du Queyras : garantir la protection d'un patrimoine naturel exceptionnel et fragile. Par son climat, l'un des plus ensoleillés des Alpes, soumis à la fois aux influences méditerranéennes et continentales, le Queyras a vu se développer une flore riche et parfois unique, telle l'« astragale-queue-de-renard », ou encore « le jonc arctique des abords du Viso »... Le chamois, le mouflon, le bouquetin (réintroduit), le loup (de retour) et la marmotte habitent le Queyras. Le circaète jean-le-blanc et l'aigle royal sillonnent son air pur...

SKI ET RANDO EN QUEYRAS

Le Queyras est un formidable domaine de randonnée. On indique quelques excursions parmi les plus classiques du parc (les lacs d'altitude, surtout, ont beaucoup de succès) ; ces indications ne remplacent évidemment pas les topoguides en vente dans les points d'accueil, les librairies ou dans les Maisons du parc. Il y a par ailleurs un tas d'autres randos, et d'abord celles des deux GR queyrassins : GR 5 (traversée des Alpes) et GR 58 (tour du Queyras). Les fondus de randonnée de haute montagne pourront se faire des « 3 000 » : Grand Glaiza, Bric Froid, tête de Longet et pic de la Font-Sancte qui culminent à 3 385 m et plus. Attention, réservé aux costauds. Tout comme le tour du mont Viso (compter 4 jours, nuits en refuge ou bivouac). Enfin, sachez que le bivouac est toléré dans le parc, ainsi que les chiens tenus en laisse.

L'hiver, pour le ***ski alpin***, le *domaine de la Forêt-Blanche* (sur Vars et Risoul) est suffisamment vaste et varié pour satisfaire les skieurs chevronnés ; les sept domaines des stations-villages du Queyras à proprement parler, plus modestes, conviendront mieux aux amateurs de ski relax, moins exigeants sur la longueur et le niveau des pistes. Un *skipass* journalier ou hebdomadaire intervillages donne accès aux six domaines du Queyras (dont Vars et Risoul ne font pas partie). La navette « des Escartons » permet aux skieurs d'aller d'un village à l'autre (gratuitement pour les porteurs de carte d'hôte fournie par leur hébergement). Mais c'est surtout pour ses ***120 km de pistes de fond,*** ses 12 itinéraires de balade à raquettes et ses 8 pistes de randonnée nordique et de balade à pied que le Queyras est réputé. C'est effectivement un des plus beaux domaines qui soient pour la pratique de cette discipline, qui réclame avant tout un cadre naturel de qualité, si présent dans le Queyras.

Arriver – Quitter

En voiture

Par Briançon ou Gap, puis Guillestre. Attention, en hiver, le col de l'Izoard, qui permet le passage direct du Briançonnais au Queyras (Arvieux), est fermé (et le GPS l'ignore !) : dans ce cas, passage par Guillestre obligatoire.

En train

Gare de Mont-Dauphin-Guillestre, sur la ligne Paris-Briançon (train-couchettes), Valence-Briançon, Marseille-Briançon ou Paris-Milan (arrêt à Oulx en Italie, puis navette).

➢ Depuis la gare de Mont-Dauphin-Guillestre, correspondance par car pour les villages du Queyras, voir ci-dessous.

LE QUEYRAS

En bus

En plus des correspondances train-car, des liaisons par car se font entre la gare SNCF de Mont-Dauphin-Guillestre et les villages du Queyras, à raison de 2 allers-retours/j. env. Pour les horaires, se renseigner auprès l'office de tourisme du Queyras (☎ 04-92-46-76-18 ; • queyras-montagne.com •), sur le site • 05voyageurs.com • ou auprès de :

– ***Transports Petit Mathieu*** (☎ 04-92-46-71-56) pour Arvieux, Molines et Saint-Véran ;

– ***Transports Imbert*** (☎ 04-92-45-18-11) pour Château-Ville-Vieille, Aiguilles, Abriès, Ristolas ;

– ***Transports Favier*** (☎ 04-92-45-07-71) pour Ceillac.

En taxi

Toutes les sociétés de transport par cars indiquées ci-dessus proposent aussi un service taxi (***Petit Mathieu*** propose un service *sherpa* pour le transport des sacs pour les randonneurs). Autres taxis : ***Ets Audier*** (☎ 04-92-45-32-16) ; ***Durosne*** (📱 06-60-76-51-29 ou 06-15-37-28-67) ; ***B. Meynet*** (☎ 04-92-45-81-39).

Adresse et info utiles

■ ***Maison du parc naturel régional du Queyras :*** *siège du parc, 05350 Arvieux.* ☎ *04-92-46-88-20.* • *pnr-queyras.fr* •

– ***État des pistes :*** • *queyras-montagne.com* •

Où acheter de bons produits ?

Renseignements auprès des points d'accueil et dans les commerces pour avoir toutes les bonnes adresses de producteurs et d'artisans locaux.

Manifestations

Il y en a tellement qu'on ne peut pas toutes les citer ! Voici notre sélection :
- ***Semaine des Traditions queyrassines :*** *6 j. mi-janv, à* ***Ceillac.*** *☎ 04-92-45-05-74.*
- ***Traversée du Queyras :*** *dernier dim de janv. ☎ 04-92-46-72-26.* Une grande classique de ski de fond, 47 km entre les villages du Queyras.
- ***Grand Béal :*** *1er dim d'avr. ☎ 04-92-46-75-76.* Dans la vallée d'Arvieux, une course de ski-alpinisme autour du massif du Béal. Gros succès.
- ***Musicales internationales Guil-Durance :*** *mi-juil à mi-août. Rens « Art et Musique en montagne » (☎ 04-92-45-03-71 ; • musicales.guil.net •).* Concerts de musique classique dans les églises des différentes localités du Guillestrois.
- ***Festival du livre :*** *fin juil. ☎ 04-92-46-70-34.* Rencontre avec des auteurs amoureux de la montagne. Expositions, conférences à ***Aiguilles.***
- ***Foulée pédestre du Queyras :*** *dim fin juil. ☎ 04-92-46-72-26.* 16,5 km de montée entre Abriès et Molines.
- ***Festival « Musi'Queyras » :*** *3 j. fin juil. À* ***Abriès.*** *Infos : ☎ 04-92-46-72-26.* Beau programme de jazz, reggae, blues.
- ***Rencontre internationale du col Agnel :*** *1 j. début août. ☎ 04-92-46-76-18.* Randonnée cycliste, pédestre, équestre... sur le col routier transfrontalier entre Queyras et Italie.
- ***Croq'Montagne :*** *1 sem fin août. ☎ 04-92-46-76-18.* Activités familiales autour du VTT.
- ***Féerie de Noël :*** *dernière sem de déc, à* ***Aiguilles.*** *☎ 04-92-46-70-34.*

LE PAYS DU GUILLESTROIS ET LA FORÊT-BLANCHE

(05600) 5 800 hab. *Carte Hautes-Alpes, C2-3 et D3*

Le pays du Guillestrois est un petit territoire situé au confluent du Guil et de la Durance. Sa position centrale aux portes du Queyras, des Écrins, du Briançonnais et de l'Embrunais en fait un point de départ pour de nombreuses destinations. Ville de passage, donc, l'ancienne cité fortifiée de Guillestre a gardé quelques portes, tours et remparts moyenâgeux, et Vauban l'a flanquée plus tard d'une citadelle inexpugnable, Mont-Dauphin, qui défendait Provence et Dauphiné en verrouillant l'accès à la vallée de la Durance depuis l'Italie. La *place forte de Mont-Dauphin* est classée au Patrimoine mondial de l'Unesco. Mais le Guillestrois est surtout la dernière étape avant le Queyras, et le bourg le plus important du secteur. Le collège, les administrations et le commerce la font vivre, ainsi que le tourisme. L'hiver, le *domaine de la Forêt-Blanche,* commun aux stations de Risoul et Vars, attire les amoureux de la glisse avec ses 185 km de pistes dans un cadre enchanteur. Vars, par ailleurs, s'est fait un nom dans le ski de vitesse, avec une piste d'enfer spécial « KL » (kilomètre lancé), où les records du monde sont régulièrement battus. Bienvenue dans le Guillestrois !

Adresses et infos utiles

- ***Maison du tourisme du Guillestrois :*** *Point d'information, RN 94. ☎ 04-92-45-04-37. • pays-du-guillestrois.com • Juil-août, tlj 10h-12h, 14h-18h ; le reste de l'année, tlj sf dim et j. fériés.* Renseignements complets sur la zone.
- ***Office de tourisme de Vars :*** *☎ 04-92-46-51-31. Central de résa :*

☎ 04-92-45-09-46. • vars.com • Tlj en hiver et en été ; tlj sf w-e le reste de l'année.

***Transports :** un seul central de résa pour le département : ☎ 04-92-50-25-05. • 05voyageurs.com • **Autocars Imbert,** ☎ 04-92-45-18-11.* Horaires différents selon saison. Assure les liaisons régulières : gare de Mont-Dauphin/Vars et gare de Mont-Dauphin/Le Queyras (différents villages). ***Autocars Bonnaffoux-Bremond :** ☎ 04-92-45-22-02.* Liaisons tte l'année entre la gare de Mont-Dauphin et la station de Risoul.

Où dormir ? Où manger à Guillestre et dans les environs ?

À Guillestre

***Auberge de jeunesse Les Quatre Vents :** ☎ 04-92-45-04-32. • aj.guillestre@free.fr • lesquatrevents.eu • À 2 km env du centre-ville ; suivre la direction Risoul, juste après avoir franchi le pont qui enjambe la rivière, tourner à droite (fléché). Accueil 9h-12h (10h w-e), 17h-21h30. Congés : 2 sem début janv et de nov à mi-déc. Carte FUAJ (voir chapitre « Utile ») ou Quatre Vents obligatoire (2 €). Nuitée 20,90-21,30 €/pers, petit déj et draps inclus.* Bel environnement arboré et calme, en fond de vallée, sur les bords de la Chagne. Un peu plus de 80 places dans des chambres de 4 personnes (fini les dortoirs !) tout équipées, dans un établissement rénové et parfaitement tenu. Billard, tennis et piscine à proximité.

***Dedans-Dehors :** rue Sani. ☎ 04-92-44-29-07. À 100 m de l'église. Tlj midi et soir de juin à mi-sept slt. Résa vivement conseillée. Menu 25 € ; carte env 25-30 €. CB refusées.* Dedans, au rez-de-chaussée, ou dehors, à l'étage ? Tirez donc à pile ou face... Nous, on a aimé les deux ! Quelques tables posées à l'étage d'une ancienne grange dont les fenêtres sont ouvertes aux quatre vents, et une jolie déco pleine d'humour qui mérite d'être admirée. Au rez-de-chaussée, le cadre est plus contemporain et l'atmosphère plus cosy. Salades, grandes assiettes, spécialités régionales et cuisine *a la plancha*. Les parts sont généreuses et on ressort repu ! Une adresse originale, pleine de vie, et tenue d'une main de maître par Alban, un jeune du village très sympa. Pari gagné !

***Le Regain :** pl. Salva, en plein centre. ☎ 04-92-45-14-80. Fermé mar soir-mer hors saison et 24-25 déc. Menus 14,50 € en sem et 17 €. Pizzas (sur place et à emporter) env 10 €. Carte env 25 €.* Canard, Saint-Jacques, fondues, ravioles... Une cuisine traditionnelle, sans surprise mais plutôt bien menée, et servie dans une belle salle voûtée où flotte l'appétissant fumet des pizzas cuites au feu de bois. Terrasse en bord de rue pour l'été. Prix corrects et atmosphère conviviale.

À Vars

***Refuge de Basse Rua :** Val-d'Escreins. 06-22-66-58-21. • contact@refuge-basserua.fr • refuge-basserua.fr • À 5 km de la route principale, tourner à gauche (fléché) avt d'arriver à Vars-Saint-Marcellin. Ouv début juin à mi-sept. Nuitée 29 €/pers, petit déj inclus. ½ pens 41 €/pers. Repas 18 € sur résa ; carte 24 € ; panier repas 10 €. Résa conseillée. CB refusées.* Un hébergement de pleine nature égaré dans un site exceptionnel, au creux d'une vallée encaissée aux rocs saillants semés de sapins. Nuit en dortoir ou dans l'un des tipis dispersés dans les prés. Et comme l'altitude, ça creuse, solide cuisine montagnarde, omelettes, tartes végétariennes et alléchants desserts maison à dévorer sur une jolie terrasse ensoleillée. À deux pas, une chapelle, où confesser son péché de gourmandise. Bref, une étape revigorante pour randonneurs ou simple promeneurs.

***Refuge Napoléon :** col de Vars. ☎ 04-92-46-50-00. • info@refuge-napoleon.com • refuge-napoleon.com • À 1,5 km de Vars-Les Claux, en bord de route. Resto fermé dim soir et lun en basse saison. Congés : mai nov. Nuitée 50-55 € selon période. Double 55 €/pers avec ou sans* *douche ; petit déj 8,50 € ; ½ pens 60 €/pers demandée pdt vac scol. Menu du jour 16 € ; repas à la carte (plutôt gastro) le soir, env 40 €. Apéritif offert sur présentation de ce guide ainsi qu'un petit déj/chambre et par nuit en mai-juin et oct.* À 1 987 m d'altitude, cet ancien refuge Napoléon, aujourd'hui rénové, veille sur le col de Vars et son lac. Il propose aussi le couvert ou le gîte à ceux qui veulent se poser, pour une halte plus ou moins prolongée, au milieu de nulle part... Chambres ou dortoirs propres, bien restaurés. Cuisine plutôt conséquente (fondue, raclette, etc.). Terrasse paisible face au lac.

Hôtel-restaurant Le Lièvre Blanc : *Vars-Sainte-Marie. ☎ 04-92-46-50-25. • hotellelievreblanc@orange.fr • hotel-lelievreblanc-vars.com • Au centre du vieux village de Vars, à 200 m du télésiège de Sibière. Ouv déc-avr et juil-15 sept. Doubles tt confort 63-68 € selon saison. ½ pens 63-75 €, demandée pdt les vac scol. Formule 14 € à midi, et carte env 20 €. Parking à proximité. Digestif offert sur présentation de ce guide.* Un gros chalet de montagne dans une rue étroite du village, qui abrite l'une des meilleures tables du coin. La cuisine est raffinée, et, de l'amuse-bouche au dessert, on se régale de savoureux petits plats. Les chambres sont assez petites mais joliment restaurées avec des couleurs fraîches aux accents parfois printaniers. Pour le même prix, demandez celles avec un balcon ! Quelques chambres plus spacieuses pour 3 ou 4 personnes. Excellent accueil. Bref, du solide !

Chambres d'hôtes Le Serre du Joamé : *Vars-Saint-Marcellin. ☎ 04-92-46-61-31 ou 06-77-92-80-93. • leserredejoame@wanadoo.fr • leserredejoame.net • Au centre du village, à gauche (en venant de Guillestre), en surplomb du parking sur une placette avec fontaine. Doubles 78-91 € selon saison ; familiales 106-166 €. ½ pens 52-62 € selon saison, proposant une cuisine de terroir.* Une grande maison à l'intérieur cosy et rustique, où le bois et la pierre se marient avec bonheur. L'extérieur est tout aussi agréable, avec sa grande terrasse à l'avant offrant une superbe vue sur le domaine de Vars et, à l'arrière, un jardin qui permet de profiter de bains nordiques.

Les Escondus : *Vars-Les Claux. ☎ 04-92-46-67-00. • info@escondus.com • escondus.com • À 300 m sur la gauche après l'office de tourisme. Congés : mai-juin et sept-nov. Doubles 114-184 € selon saison, petit déj inclus ; cabanes tt confort perchées dans un arbre (jusqu'à 4 pers) 160-216 €. ½ pens 79-130 € demandée pdt les vac scol d'hiver. Formule déj 14 € et menus 19-30 €.* Au centre de la station, les pistes au pied de votre lit. Hôtellerie assez chic et pourtant très conviviale et familiale, de bon confort, avec balcon ou terrasse, squash, tennis, sauna, hammam, billard, bar et piano-bar (concerts en hiver). Depuis peu, on peut passer la nuit dans une cabane en bois équipée d'une salle de bains, et à l'intérieur très chaleureux ; les enfants adorent, les grands aussi ! Excellent accueil.

Hôtel Alpage : *Vars-Sainte-Marie. ☎ 04-92-46-50-52. • info@hotel-alpage.com • hotel-alpage.com • Dans le vieux village de Vars (en bas). Congés : 25 avr-15 juin et sept-15 déc. Doubles 62-134 € selon confort et saison, petit déj inclus. Formule tlj midi et soir 19 € ; menus 23-30 €. Digestif offert sur présentation de ce guide.* Dans ce hameau un peu plus calme que le cœur de la station, une salle de resto voûtée aménagée dans une ancienne étable où l'on déguste une bonne cuisine traditionnelle. Ne manquez pas les spécialités du chef, les oreilles d'âne et leur gratin d'épinards ! Au niveau des chambres, c'est nickel ! Plusieurs catégories : de 2 à 4 sapins et suites junior. Les 3 et 4 sapins sont cosy à souhait ; rassurez-vous, les 2 sapins sont déjà très bien. Sauna, hammam, jacuzzi, salle de musculation, bar. Pistes à 3 mn à pied. Une adresse au rapport qualité-prix fort honnête.

L'Écureuil : *Vars-Les Claux. ☎ 04-92-46-50-72. • hotel.ecureuil@wanadoo.fr • hotelecureuil.fr • À 200 m de l'office de tourisme. Congés : mai-juin et sept-nov. Doubles 115-205 € selon confort et saison.* Un gros chalet en bois, à la façade mimi comme tout, qui met immédiatement en confiance. À l'intérieur, même son de cloche ! Atmosphère cosy et particulièrement chaleureuse. Chambres de très bon confort, beaucoup de bois, couettes moelleuses et tissus colorés. Avec sa déco, sa cheminée et sa grande baie vitrée qui offre un panorama remarquable sur la montagne, la salle de petit déj assure un réveil tout en douceur. En prime, l'accueil est charmant. Une adresse qui dégage de bonnes vibrations.

Résidence Pra Sainte-Marie : *lieu-dit Sainte-Marie. ☎ 04-92-50-81-95. • odalys-vacances.com • À partir de 260 €/sem pour 2 pers.* Au pied de la piste olympique et des remontées mécaniques, cette résidence comprend de nombreux appartements confortables à la déco contemporaine. Depuis les balcons, vue magnifique sur les massifs dominant la station. Piscine intérieure chauffée avec spa et solarium.

Le Tribeca : *plateau du Caribou, Vars-Les Claux. ☎ 04-92-21-81-19. • letribeca@wanadoo.fr • À la sortie de Vars, en allant vers le col de Vars. Tlj été et hiver ; fermé le soir et le w-e mai-juin et sept-oct. Bar musical lounge à partir de 17h. Formules déj 15 (midi)-20 € ; carte 30 €.* L'adresse gentiment décalée de la station. Ici, rien de conventionnel, tant au niveau de la déco, contemporaine, sobre et tendance, qu'au niveau de la cuisine. Les grands standards culinaires montagnards sont bousculés, et même remplacés par des plats qui devraient vous étonner (hamburger au foie gras) et vous allécher (poêlée de Saint-Jacques au safran). C'est réussi, l'atmosphère jeune. La terrasse, montée sur des planches avec les transats qui pointent le nez vers la montagne, est idéale pour prendre un thé en journée.

À Risoul

Au Bon Logis : *Gaudissard-Haut. ☎ 04-92-45-14-47. • aubonlogis@wanadoo.fr • aubonlogis.com • À 3 km du village, sur la route de la station. Congés : avr-mai et sept-nov. Doubles 50-67 € selon saison ; possibilité de ½ pens (resto slt pour les résidents) 57-61 €. L'hiver, navette gratuite depuis l'hôtel jusqu'à la station. Apéritif, café ou digestif offert sur présentation de ce guide.* Des chambres qui ne sont pas très spacieuses mais qui sentent le propre ; les unes avec moquette sur le mur, les autres avec du bois blanc. Celles qui regardent la vallée disposent d'un balcon. Piscine. Un établissement à l'atmosphère familiale et parfaitement tenu.

La Bonne Auberge : *La Chapelle, à l'écart du village. ☎ 04-92-45-02-40. • bonneauberge@yahoo.fr • labonneauberge-risoul.com • Congés : avr-mai et de mi-sept à fin déc. Double env 84 € petit déj inclus ; ½ pens 56 € ; formule w-e 89 €/pers. Resto ouv le soir slt, menu 15 €.* Vieille adresse familiale de la région. Et, dans leur gros chalet des années 1970, fleuri l'été, enneigé l'hiver, les Maurel ne changent pas les bonnes habitudes. Chambres classiques qui ronronnent doucement, mais correctement. Certaines bénéficient d'une vue magnifique sur le Pelvoux. Piscine ouverte l'été, avec vue sur la citadelle de Mont-Dauphin. Jeux pour les enfants. Au resto, les produits du terroir sont à l'honneur.

Chambres d'hôtes La Source : *dans le hameau du Chauvet. ☎ 04-92-45-37-48. • lasourcerisoul@orange.fr • gitelasource.com • À 1 km de la mairie de Risoul. Congés : nov. Doubles avec douche et w-c ou bains 55-65 € selon saison. Appartements (4-10 pers) à louer à la sem 700-1 450 €.* Une ancienne ferme superbement restaurée, qui propose 5 chambres de charme. Certaines s'ouvrent sur la vallée de la Durance. Cuisine équipée à disposition des hôtes. Une très belle adresse pour goûter à la vie « à l'ancienne » dans un vrai confort.

Chambres d'hôtes La Maison de Joséphine : *hameau de l'Église. ☎ 04-92-45-28-01. • maisonjosephine@yahoo.fr • maisonjosephine.com • Près de l'église. Doubles 60-65 € selon saison. ½ pens 48-52 €/pers.* Dans une maison en bois, 5 chambres restaurées dans un esprit très simple (parquet flottant). 3 d'entre elles donnent sur la vallée. Accueil convivial. Cuisine bio et végétarienne.

À Mont-Dauphin

Le Glacier Bleu : *rue Catinat (rue principale). ☎ 04-92-45-18-47. • olivier@leglacierbleu.fr • leglacierbleu.fr • Ouv tte l'année. Compter 21,50-24 €/pers en dortoir, 27,50-29,50 €/pers en chambre double. ½ pens 37,50-40 €, demandée en juil-août.* Derrière ses murs ocre et ses volets bleus, cette maison presque provençale abrite dortoirs et chambres clairs et bien tenus pour 2 à 4 personnes. Topoguides à disposition. Bon accueil.

L'Auberge de l'Échauguette : *rue Catinat (rue principale). ☎ 04-92-45-07-13. • info@echauguette.com • echauguette.com • Resto fermé mer midi hors saison. Congés : nov-15 déc. Doubles 58-71 € selon confort (w-c sur le palier ou dans la chambre). Menus 15-32 € ; carte 35 €. Digestif offert sur présentation de ce guide.* En plein cœur de la fabuleuse citadelle de Mont-Dauphin, dans une ancienne maison pour enfants de militaires. On y trouve une taverne, un adorable jardin reposant à l'arrière pour manger ou prendre un verre, et une salle de resto où croquer une cuisine solide l'hiver, plus élaborée l'été. Une petite quinzaine de chambres aussi, agréables, spacieuses pour la plupart, avec murs bardés pour certaines.

À voir. À faire dans le Guillestrois

La vieille ville de Guillestre : ce sont, bien sûr, les éléments de ces remparts du XIVe s qui retiennent l'attention, notamment la jolie *tour d'Eygliers* face à la mairie et, sur la route de Risoul, la *porte du Saint-Esprit,* restée intacte. Au gré des ruelles étroites et autour de l'accueillante place du marché, on remarque de belles maisons dont les plus anciennes datent du XVIe s. L'*église Notre-Dame-d'Aquilon,* construite en marbre rose d'ici, s'ouvre par un porche, dont deux colonnes s'appuient sur des lions couchés (à la mode lombarde, qu'on retrouve à Embrun, à Saint-Véran et aux Orres). À l'intérieur, de part et d'autre de la nef, statues de saintes et de saints, étincelantes.

La source d'eaux chaudes de Plan-de-Phazy : *à 3,5 km du centre-ville, en retrait de la RN 94 (visible avec sa rotonde) ; prendre la direction d'Embrun, puis à 2,5 km (au niveau d'Intermarché), bifurquer à gauche (fléché ensuite). Accès libre.* La découverte et l'utilisation de cette source naturelle remontent à la présence des Romains qui en avaient reconnu les valeurs curatives. Les eaux de Plan-de-Phazy seraient indiquées pour lutter contre les rhumatismes, les affections hépatiques et rénales, et posséderaient des vertus cicatrisantes et antiseptiques ! Le premier document médical date du XIXe s.

En 1935, un séisme provoqua l'arrêt de l'établissement thermal construit un siècle plus tôt. Depuis, la source jaillit un peu plus loin, mais il ne s'agit plus que d'un mince filet d'eau. Quelques aménagements sommaires permettent juste de tremper le bout des orteils (température de l'eau autour des 26-28 °C). De mi-juin à mi-septembre, la rotonde accueille une expo-vente d'artisanat local.

La fontaine pétrifiante : *à Réotier, à 4 km du centre-ville de Guillestre. Prendre la direction de Briançon ; à l'entrée d'Eygliers-gare, bifurquer à gauche ; après la voie ferrée, tt de suite à gauche (fléché depuis la RN 94). Accès libre.* Issue également de la faille de la Durance, l'eau de la fontaine provient d'une source riche en gypse et en calcaire. Au contact de l'air, l'eau chargée en carbonates forme des concrétions aux contours étranges, aux formes surprenantes, évoluant sans cesse au fil du temps... Le plus remarquable est cette potence naturelle, telle une gargouille d'où tombe l'eau. Le spectacle est surprenant, été comme hiver.

Risoul et sa forêt de mélèzes : à 3 km de Guillestre, le village s'étire jusqu'à la station à 1 850 m, en traversant Chauvet, Barbeing, Gaudissart bas et haut, au milieu d'une forêt de mélèzes flamboyante en automne.

La place forte de Mont-Dauphin : *☎ 04-92-45-42-40. • monuments-nationaux.fr • Accès libre. Sinon, tte l'année, visites guidées, parcours découverte pour les enfants. Rens à l'accueil du Centre des monuments nationaux de Mont-Dauphin : juin-sept, tlj 10h et 15h (plus à 16h juil-août) ; oct-mai, tlj sf lun à 15h. Tarifs : 7,50 € ; réduc ; gratuit moins de 26 ans. Expos et librairie.*

Intacte depuis Louis XIV et l'une des plus petites communes de France (58 ha), la place forte de Mont-Dauphin a été créée par Vauban à partir de 1693. Sa construction s'est poursuivie au cours des deux siècles suivants, mais toujours selon l'esprit du maître. Cette place forte, toujours habitée et inscrite au Patrimoine mondial de l'Unesco depuis juillet 2008, faisait partie d'un programme de dissuasion car construite sur le plateau dit « des Mille Vents » qui surplombe le confluent du Guil et de la Durance en verrouillant l'accès à la vallée. Bastions, fossés, courtines et demi-lunes ceignent une vraie petite ville homogène et quadrillée de deux fois deux rues perpendiculaires. L'arsenal a conservé son aile nord, construite dans les années 1750 ; l'aile ouest, plus ancienne, a été détruite par un bombardement italien lors de la Seconde Guerre mondiale. L'église, dessinée par Vauban, n'a jamais été achevée ; le besoin d'argent pour satisfaire les ambitions militaires de la France au XIXe s lui fut fatal. La nef et le transept furent même détruits : on conserva juste le chœur, jugé suffisant pour que les quelques fidèles de la place puissent prier en paix !

Différentes animations culturelles sont proposées l'été dont un spectacle historico-équestre retraçant la vie du site à l'époque, des concerts, etc.

Vars et ses hameaux : Vars est constitué de la station moderne *(Les Claux)* et de trois hameaux (*Sainte-Catherine, Saint-Marcellin* et *Sainte-Marie*) qui s'étagent sur les flancs de montagne et le long de la vallée de la Chagne. C'est un cadre naturel d'une beauté remarquable, environné de pics et de monts spectaculaires.

La réserve naturelle du Val-d'Escreins : **05560 Vars.** Faisant partie du parc naturel régional du Queyras, cette réserve s'étend au nord-ouest du majestueux *pic de la Font-Sancte* (3 387 m ; le plus haut sommet du Queyras), dans la vallée perdue et encaissée du Rif-Bel. Une très jolie petite route y mène depuis la route de Vars (3 km avant d'arriver au village de Saint-Marcellin, sur la gauche). Parfait pour la rando. Sentiers de découverte au départ du camping, ludiques et faciles (durée : 1h30). Aire de pique-nique. On vous conseille une halte gourmande au *resto du refuge de Basse-Rua* (lire plus haut « Où dormir ? Où manger ? À Vars »).

La combe du Guil (combe du Queyras) : étroit et profond défilé où coule le Guil et que suit la D 902, seul accès au Queyras depuis le Guillestrois. Ce relief de falaises serrées et abruptes est dû à la géologie particulière du Queyras occidental, où le calcaire prédomine. Celui-ci, rose et violet dans la combe, présente en effet moins de résistance que le schiste qu'on rencontre plus à l'est en Queyras. Le Guil y a creusé cet impressionnant canyon, plus spectaculaire encore pour les randonneurs (à pied ou à VTT) qui empruntent l'ancienne route de la combe, qui passe au-dessus de l'actuelle départementale. En venant de Guillestre, départ de cette ancienne route à l'entrée des gorges, sur la droite au niveau du panneau « Info route », hameau de Porteau ; en venant du Queyras, la route débute sur la gauche au niveau de la *maison du Roy.*

Stations de ski

Risoul et ***Vars*** sont deux stations du ***domaine commun de la Forêt-Blanche*** (1 850-2 750 m) vers le pic de Chabrières. Risoul est plus résidentielle et familiale ; Vars plus animée et sportive, surtout aux Claux (cœur de station), mais les hameaux de Sainte-Marie, Saint-Marcellin ou Sainte-Catherine ont un vrai cachet montagnard. Il se dit aussi que la station serait une des mieux enneigées de France par son altitude et sa situation climatique privilégiée. Le domaine de la

Forêt-Blanche comprend 185 km de pistes tous niveaux, ce qui en fait un des plus beaux domaines de ski alpin des Alpes du Sud. Forfait journée adulte : environ 35 €. À noter, la formule *Temposki,* un forfait où l'on ne paie que le temps passé sur les skis. Spot de *freeride,* espace nouvelle glisse, grand *snowpark* équipé de nombreux modules, dont certains pour débutants. Trop cool !

ALPHAND À FOND !

Vars s'est fait connaître dans le ski de vitesse grâce à sa piste de Chabrières damée comme un billard, où le record de vitesse frise les 250 km/h ! Les professionnels passent en 5 s de 0 à 200 km/h, plus rapide qu'une Ferrari. Évidemment, Luc Alphand ne pouvait pas y couper, atteignant dès son premier essai les... 227 km/h.

Ski nordique : petit domaine gratuit de 35 km de pistes (20 km sur Vars ; 15 km sur Risoul). Très beau panorama.

– Nombreuses ***animations pour les enfants*** en toute saison. *Rens aux offices de tourisme de Vars (☎ 04-92-46-51-31) et de Risoul (☎ 04-92-46-02-60).* Garderies, balades à raquettes, journée « Davy Crockett », traîneaux à chiens, et trois remontées mécaniques fonctionnant en alternance tout l'été.

Sports et loisirs

Tour du Guillestrois à VTT : *rens à la Maison du tourisme du Guillestrois, ☎ 04-92-45-04-37.* Près de 100 km de sentiers aménagés avec un balisage spécifique (de vert, très facile, à noir, très difficile). Le tour s'effectue en deux, trois ou quatre étapes en fonction de son niveau ; des variantes plus courtes sont même prévues.

Nombreux autres sentiers VTT balisés : *carte des itinéraires disponibles dans les offices de tourisme du Guillestrois.* Différents niveaux de difficulté. On recommande surtout la « Vars-Embrun », une des plus longues descentes d'Europe, sur 32 km et 1 800 m de dénivelée, depuis le sommet de la Mayt (accessible, l'été, en télécabine) jusqu'au lac de Serre-Ponçon (avec navette retour sur demande auprès des remontées mécaniques). *Bike park* et *skate park* sur Vars-Les Claux.

– ***À pied dans le Guillestrois :*** *rens à la Maison du tourisme du Guillestrois.* 17 circuits balisés avec un marquage orange. Pour satisfaire le plus grand nombre, différents niveaux de difficulté. Six parcours de 2h30 environ.

– ***Bureau Montagne Mélézin :*** *06-77-15-77-85. • montagne-melezin.com •* Été comme hiver, trois accompagnateurs en montagne pour rando pédestre, marche nordique, VTT... Accueil enfants.

– ***Sports d'eaux vives :*** rafting, *hydrospeed, air boat,* hot dog, canoë-kayak, etc. se pratiquent sur le Guil et la Durance. Deux bases de départ pour la Durance : l'une au stade d'eau vive de Saint-Clément-sur-Durance et l'autre à Saint-Crépin.

– ***Canoë*** sur la base de loisirs d'Eygliers.

CEILLAC (05600) 280 hab. *Carte Hautes-Alpes, D2*

Village « à plat », installé dans la vallée du Cristillan qui forme ici un véritable plateau, Ceillac a une physionomie particulière pour un pays de montagne ; la rivière serpente à la recherche de la pente, et l'on traverse le village sans

monter ni descendre... Cependant, la montagne est bien là : à 2h du village, le lac d'altitude de Sainte-Anne, aux eaux turquoise, reflète le majestueux pic de Font-Sancte, et c'est tout simplement splendide... Le village lui-même est agréable, avec son petit centre chaleureux, sa jolie fontaine et sa vieille mairie, et sa curieuse église à six cloches apparentes. L'hiver, le domaine de ski de fond est le plus réputé du Queyras.

Adresse utile

Office de tourisme : *☎ 04-92-45-05-74. • queyras-montagne.com • Tlj sf w-e et j. fériés hors saison. Beaucoup d'infos ; près de 300 meublés de vac à louer sur la station. Résa : ☎ 04-92-46-76-18 ou • queyras-reservation.com •* À noter, la formule « Le Cartable à la neige », hors vacances scolaires en janvier et mars, où un intervenant pédagogique prend le relais de l'instituteur (participation de 36 € par semaine et par enfant). Visite guidée du village une fois par semaine pendant les vacances scolaires.

Où dormir ?
Où manger ?

Campings

Camping Les Mélèzes : *La Rua-des-Reynauds. ☎ 04-92-45-21-93 ou 06-60-25-39-60. • camping-les-melezes@wanadoo.fr • campingdeceillac.com • À 2 km env du village. Ouv juin-1er w-e de sept. Forfait pour 2 pers 18,10 €. Réduc de 10 % juin-sept sur présentation de ce guide.* Pas mal d'espace : une centaine d'emplacements sur 3 ha dans un superbe environnement ombragé de mélèzes. D'un côté, une paroi rocheuse, de l'autre, un petit cours d'eau. Lave-linge, aire de jeux... mais pas de mobile homes ni d'animations. Rien que la nature !

Camping municipal Les Moutets : *face à la piste d'atterrissage des parapentes. ☎ 04-92-45-17-89. À 1 km du village. Ouv fin juin-sept. Compter 8,30 € pour 2 pers. CB refusées.* Au bord de la route principale (qui finit en cul-de-sac !), à 10 mn à pied des commerces. Dans un vaste champ, tout plat, quelques arbres daignent offrir un peu d'ombre aux campeurs qui s'installent où ils le souhaitent. Équipement des plus simple (3 petits blocs sanitaires propres, douches payantes mais longues et bien chaudes). Abris en bois pour randonneurs. Les prix très doux, l'atmosphère tranquille et bon enfant, le spectacle des parapentes, qui flottent dans le ciel matin et soir, et l'accueil font qu'on s'y sent vraiment bien.

De bon marché à prix moyens

Gîte d'étape Les Baladins : *dans le village. ☎ 04-92-45-00-23. • info@lesbaladins.com • lesbaladins.com • Congés : avr-mai et de mi-sept à fin déc. Nuitée en dortoir à partir de 16,50 €/pers (draps en sus). Doubles 43,50-46,50 € selon confort. ½ pens à partir de 36,50 €/pers.* Dans une grande maison traditionnelle de pays, restaurée et réaménagée. Grosse capacité d'accueil avec 80 lits en chambres ou dortoirs (jusqu'à 8 places), avec en moyenne un w-c et une douche pour 4 lits. Pour une étape ou un séjour, une bonne adresse.

Hôtel-restaurant La Cascade : *Le Pied-du-Mélézet. ☎ 04-92-45-05-92. • info@hotel-la-cascade.com • hotel-la-cascade.com • À 2,5 km env du village. Congés : de mi-sept à mi-déc. Doubles avec douche ou bains 60-82 €. ½ pens 59-71 €/pers. Menus 16-22 € ; carte env 25 €. Apéritif offert sur présentation de ce guide.* Grande et longue bâtisse bien dans le style de cette vallée de Ceillac. Chambres inégales en taille, certaines vraiment riquiqui même, propres mais sans originalité particulière. Les trois quarts d'entre elles possèdent un balcon et ont vue sur la cascade, dont le bruit apaisant vous bercera. Tire-fesses à 50 m. Sauna. Au resto, de copieux plats de montagne. Terrasse avec vue d'anthologie sur la vallée. Service efficace.

À voir. À faire

Le village : il est constitué de bâtisses traditionnelles assez austères, avec des rez-de-chaussée en maçonnerie à demi enterrés, réservés à l'habitation, et des étages-granges ouvrant sur de vastes balcons en bois. À voir, l'*église Saint-Sébastien* (XVIe s) à l'étonnant « clocher-mur » aux six cloches apparentes et au clocheton en bois. Également la maison Chabrand, en bas du village, classée Monument historique depuis 1991. À 1 km du village, sur la route du hameau de La Clapière (qui tient son nom des « clapiers », entassements de pierres retirées aux champs), l'*église Sainte-Cécile* (XVe s) est remarquable aussi, avec son gros clocher à pyramidions déporté sur le côté de la nef.

➢ **Randonnée au lac de Sainte-Anne :** un must assez facile (petite dénivelée). Monter par le lac du Miroir, pour rejoindre le GR 5 et redescendre sur Ceillac. Départ du hameau *Le Pied-du-Mélézet,* à 2 km de Ceillac. Compter 5h de circuit. Une balade familiale relax et belle. Au lac, la chapelle Sainte-Anne fait l'objet d'un pèlerinage assez populaire chaque 26 juillet.

➢ **La cascade de la Pisse :** *à 2 km du village, 500 m après le camping* Les Mélèzes. *Accès à pied.* Chute de 250 m surgissant dans une forêt de mélèzes. L'hiver, les grimpeurs peuvent escalader la cascade de glace.

Ski et neige

Ski alpin : massif exposé au nord, 1 700-2 400 m, 22 km de pistes. Forfait Queyras journée adulte : 22,40 €.
■ ***École de ski français :*** ☎ *04-92-45-10-58.*

Ski nordique : le point fort de Ceillac, dont le domaine est archi-réputé (45 km de pistes).

➢ **Raquettes :** plus de 100 km de sentiers balisés pour les raquettes et les piétons. Hors sentier, un bon plan pour découvrir une nature sauvage avec un accompagnateur. *Rens à l'office de tourisme.*

ARVIEUX

(05350) 360 hab. *Carte Hautes-Alpes, D2*

Orientée nord-sud, la vallée d'Arvieux est aussi appelée « val d'Azur », en raison de l'ensoleillement des deux pentes. La commune se répartit en 13 hameaux et vit du tourisme, mais aussi de l'agriculture et de l'élevage (principalement bovin) avec une dizaine d'exploitations, et de l'artisanat avec plusieurs ébénistes qui travaillent encore le pin cembro.

Adresses et info utiles

Office de tourisme du Queyras : *à Arvieux-ville.* ☎ *04-92-46-75-76.* • *arvieux-izoard.com* • *Juil-août, tlj ; hors saison, horaires plus restreints, se renseigner.* Nombreux meublés de tourisme à louer.

– ***Central de réservation :*** ☎ *04-92-46-76-18.*

■ ***Maison du parc naturel régional du Queyras :*** *dans le village, en montant vers le col de l'Izoard, 100 m sur la droite après l'église en venant de Château-Queyras.* ☎ *04-92-46-88-20.* • *pnr-queyras.com* • *Ouv tte l'année, lun-ven.* Dans une ancienne ferme queyrassine, spécifique de la vallée d'Arvieux, avec ses loggias en arcades. Sorties thématiques en été.

Où dormir ? Où manger à Arvieux et dans les environs ?

Camping

Camping de l'Izoard : Brunissard. *04-92-46-79-15 ou 06-13-64-11-01. • romainspinelli@campingdelizoard.fr • Par la D 902. Au pied du col de l'Izoard. Forfait pour 2 pers 17 €.* Camping quasi sauvage de 75 emplacements disséminés sur 5ha de forêt, avec la route de part et d'autre. Dépôt de pain, mini-épicerie, glace. Caravanes. Nombreuses possibilités de rando dans le coin. Commerces à 2 km.

De prix moyens à chic

Chambres d'hôtes Chalet Viso : La Chalp. *04-92-46-85-77. • info@chaletviso.com • chaletviso.com • En arrivant à La Chalp depuis Arvieux, juste à droite avt le magasin* Les Jouets du Queyras. *Au cœur du hameau. Résa à l'avance conseillée. Congés : avr et de nov à mi-déc. Selon saison, 50-59 €/pers en ½ pens.* Sympathique bâtiment proposant 8 chambres claires et boisées de 2 à 4 lits, avec salle d'eau privée et balcons pour presque toutes. Ambiance coin du feu, retour de grandes randos, ou terrasse au calme. Grande table autour de laquelle on dévore tous ensemble une cuisine de terroir favorisant les circuits courts. Bon accueil.

Gîte La Fruitière : *dans le hameau de Villargaudin (fléché), à 5 km au sud d'Arvieux, direction Guillestre. 04-92-46-84-86. 06-38-96-58-05. • contact@lafruitiere.fr • lafruitiere.fr • Ouv tte l'année. Mai-oct, nuitée 40-45 €/pers slt en ½ pens ou en pension (avec panier pique-nique pour le déj), selon type d'hébergement (dortoir ou chambre sans ou avec sdb privée). Le reste de l'année, gîte à louer en gestion libre. Apéritif ou digestif offert sur présentation de ce guide.* Paumées dans un hameau perché dans les alpages en surplomb de 2 vallées, ces 2 maisons mitoyennes ont été rénovées avec des matériaux naturels (chaux, chanvre, bois...). Elles abritent 4 chambres de 2 à 4 places et un dortoir pour 8 calé sous les toits. Tous marient confort moderne et charme du vieux parquet et des poutres en mélèze. À table, cuisine essentiellement bio à base de produits locaux, à apprécier au coin de la cheminée, sous les voûtes en pierre de la salle à manger.

Plus chic

La Ferme de l'Izoard : La Chalp, *en bordure de la route qui mène au col de l'Izoard. 04-92-46-89-00. • info@laferme.fr • laferme.fr • Fermé mer midi hors saison. Congés : avr et oct-15 déc (sf vac de la Toussaint). Doubles 64-111 € selon confort et saison ; petit déj 11 €. Formule 15 € en sem, puis 24,50-53 € ; carte env 35 €. Apéritif maison offert sur présentation de ce guide.* De grande renommée dans la région, dans un look boisé « Queyras », cet hôtel-resto familial de très bon standing (piscine chauffée, hammam, jacuzzi), à proximité des pistes de ski de fond ou alpin, dispose de chambres doubles (et de beaux studios équipés) à prix intéressants pour de telles prestations. Déco élégante et chaleureuse, balcons en catégorie supérieure. Resto aménagé dans une salle douillette pour une cuisine traditionnelle. Bon accueil pour un établissement de charme.

Où trouver de bons et beaux produits ?

La Fromagerie du Queyras : à Arvieux-ville. *04-92-46-72-34. À côté de la poste. Tlj sf dim, en saison.* Pour garnir son panier pique-nique, on peut y acheter les bons produits locaux : raclette, *arvidan*, tomme de l'Izoard ou encore quelques fromages de brebis et d'excellentes charcuteries.

Les Jouets du Queyras : *à La Chalp. ☎ 04-92-46-73-86. • jouetsduqueyras.com • À l'entrée du hameau. Ouv tlj tte l'année.* Le paradis du jouet (et autres objets de décoration) en bois sculpté au couteau, et dans un style 100 % Queyras.

À voir. À faire

Le village : l'architecture dite « en fond de vallée » du village est particulière. Les bâtiments, beaucoup plus longs que larges, sont en pierre maçonnée et n'utilisent le bois que pour la charpente et le second œuvre ; le rez-de-chaussée, voûté, est réservé aux bêtes (meuh !) et aux gens ; l'étage s'ouvre au sud par des arcades, souvent ouvrages de talentueux maçons italiens. Il est réservé au fourrage et aux céréales. Parfois, un cadran solaire orne la façade. L'*église Saint-Laurent*, du XVIe s et restaurée, est assez jolie avec son clocher à colonnettes surmonté d'une flèche polygonale, avec pyramidions aux angles au style roman-lombard (courant dans les Hautes-Alpes).

Le vieux moulin d'Arvieux : *en venant de Guillestre, en contrebas de la route, sur la gauche (fléché), 2,5 km avt Arvieux. Rens : ☎ 04-92-46-88-20. Juil-août, tlj sf dim 14h-18h. Entrée : 3 € ; gratuit moins de 15 ans.* Fait partie des musées du parc naturel régional du Queyras. Vieux moulin à farine de seigle, en activité jusqu'en 1973, remis à neuf (il peut fonctionner) et comme dans l'temps ! Visite rapide, bonnes explications. Des sentiers de rando partent à côté.

La Casse Déserte et le col de l'Izoard : ce col traverse un impressionnant décor minéral fait de pentes abruptes et pelées, et d'éboulis calcaires appelés *cargneules*... Un arrêt s'impose pour contempler le site. Au col de l'Izoard (2 361 m), temps fort du Tour de France, un monument rappelle les exploits de Louison Bobet et de Fausto Coppi. Des fans de la petite reine (et du grand braquet) souffrent comme eux sur cette route, et c'est bon.

– ***Deux via ferrata :*** *rens au point d'accueil d'Arvieux. Pra premier* (1 à 2h) et les *Crêtes de Combe-la-Roche* (2 à 3h).

Ski et neige

Ski alpin : 15 km de pistes tous niveaux de 1 690 à 2 100 m, desservies par quatre téléskis et un télésiège. C'est la station relax, familiale, pas vraiment pour les fans et les champions de grandes dénivelées, mais impeccable pour M. Tout-le-Monde. Domaine ouvert des vacances de Noël à fin mars. *Skipass* journée adulte : 22,10 €.

■ ***École de ski français :*** *☎ 04-92-46-72-73.*

Ski nordique : sur le secteur Arvieux-Souliers, environ 25 km de pistes et 18 km d'itinéraires, damés et tracés. Boucles tous niveaux au secteur du Planet, avec le départ au parking de Jamberoute.

– ***Espace ludique de Pra Bernard :*** une piste de luge avec tapis roulant et une patinoire. *Rens : ☎ 04-92-46-72-81 (mairie) ou 📱 06-13-64-11-01.*

CHÂTEAU-VILLE-VIEILLE

(05350) 330 hab. *Carte Hautes-Alpes, D2*

Château-Ville-Vieille se compose de deux villages (Château-Queyras et Ville-Vieille) et de six hameaux. La commune a perdu sa fonction historique de capitale économique et administrative du Queyras au profit d'Aiguilles, mais

conserve de beaux restes de son grand passé – d'abord le château, fière et vieille sentinelle dressée sur un piton rocheux, où l'on tourna, entre autres, de nombreuses scènes du *Bossu,* avec Daniel Auteuil. Le village de Ville-Vieille lui-même est bien sympathique, tout comme les hameaux et les sites alentour.

Adresse utile

Office de tourisme : *dans le bourg. ☎ 04-92-46-86-89. • chateauvillevieille.com • Ouv tlj en saison d'été, et lun-sam en hiver (tlj pdt les vac scol).*

Où dormir ? Où manger dans le coin ?

Chambres d'hôtes et gîte d'étape Le Cadran Solaire : ***Montbardon.*** *☎ 04-92-46-70-78. • contact@cadran-solaire.net • cadran-solaire.net • À 5 km de Château-Queyras ; suivre direction Guillestre puis, à 2 km, hameau fléché sur la gauche ; reste 3 km d'ascension par une route en lacet, très étroite ! Ouv des vac de Noël à fin avr et juil-sept. Sur résa. Nuitée en dortoir (2-7 places) 37 €/pers en ½ pens ; 40-42 €/pers en chambre pour 4 avec douche (w-c sur le palier). Draps et serviettes en sus. Tarifs dégressifs à partir de 2 nuits.* En plus du panorama formidable et de la vue vertigineuse depuis la terrasse (le hameau est perché 300 m au-dessus des combes du Guil), on profite des délicieux fromages du coin. Ici on mange une cuisine familiale pour pas cher. Bonne literie aussi. Le GR 58 passe juste à côté.

Chambres d'hôtes Les Oules : *chez Chantal et François Humbert, à* ***Souliers*** *(superbe hameau à 3 km au nord de Château-Queyras par une route en lacet très étroite). ☎ 04-92-46-76-39. • les.oules@free.fr • les.oules.free.fr • Sur résa slt. Congés : entre les vac de la Toussaint et le 26 déc. En ½ pens slt, 46-50 €/pers. CB refusées. Réduc de 5 % pour un séjour de 4 nuits consécutives hors vac scol d'été.* 5 chambres avec douche et w-c privés, dans une grosse maison en pierre et bois perchée à 1 820 m d'altitude. Superbe panorama. Les Humbert, agriculteurs, vous réservent un accueil chaleureux. Cuisine du même genre (seulement le soir), sincère et aimable, à base de produits du terroir, servie à la table familiale.

Le Bar du Village : *près de la mairie, à* ***Ville-Vieille.*** *☎ 04-92-46-71-74. • marieclaude.a@orange.fr • Tlj midi et soir en été ; hors saison, fermé le soir lun-mer et dim soir, téléphoner avt. Petite restauration à tte heure, pratique ! Congés : 15 j. en avr et 15 j. en sept. Menu du randonneur 12 € ; raclette à volonté 14,50 € (déj en sem) ; autre menu 17 €.* Au cœur du village, un resto-salon de thé bien connu des gens du coin. On s'installe dans la salle à la déco soignée et chaleureuse ou, mieux, lorsqu'il fait beau, dans le jardin champêtre, avec l'étendoir à linge dans un coin ! Dans les assiettes, uniquement de bons produits frais de la région. Les spécialités de la montagne sont au rendez-vous (raclette, fondue, etc.). Et pour caler un petit creux en journée, salades et assiettes de charcuterie. Un bon plan pour se sustenter à prix sages.

Où trouver de bons et beaux produits ?

La Fromagerie de Montbardon : *à* ***Montbardon.*** *☎ 04-92-20-14-47. À 5 km de Château-Queyras ; suivre direction Guillestre puis, à 2 km, hameau fléché sur la gauche ; les 3 km restants se font par une route en lacet, très étroite, et qui offre une vue époustouflante !* Une fromagerie renommée qui fait de la vente directe de fromages de chèvre, vache et brebis. Les spécialités de la maison : le cembro, un fromage à base de lait de chèvre entouré d'écorce de pin et le bleu du Queyras au lait cru. En été, petite restauration (au déj et le soir sur résa).

La Fromagerie de Château-Queyras : *entre Château-Queyras et Ville-Vieille, au lieu-dit Les Eaux-Douces. ☎ 04-92-46-73-16. • fromagesduqueyras.fr •* Ici, tout est fait sur place : crottins de chèvre, tomme du haut Queyras au lait de vache... Aussi quelques produits artisanaux de bonne réputation (vin, miel, jus de fruits, croquettes du Queyras, pain).

Coopérative des artisans du Queyras : *à Ville-Vieille, au niveau du rond-point avec la route de Saint-Véran et Aiguilles. ☎ 04-92-46-80-29.* Un grand magasin avec tout ce qui se fait dans la région, des liqueurs au génépi jusqu'au lit en mélèze du coin. Plein de belles choses, dont surtout les fameux coffres en bois aux rosaces du Queyras difficilement trouvables ailleurs, mais attention aux prix...

À voir

Le fort de Château-Queyras : *☎ 04-92-21-98-58. • fortqueyras.com • Juil-août, tlj 9h-19h ; mai-juin et sept, tlj sf lun 10h30-17h. Fermé oct-avr. Entrée : 7 € ; réduc. Visite guidée en juil-août, tlj à 10h30, 14h30 et 16h30 (durée env 1h) ; hors période, sur résa. Prix : 11 € ; réduc.* Superbe et immanquable, quelle que soit la route par laquelle on arrive. À 1 384 m d'altitude, cette fondation médiévale avec ses quatre ponts-levis à l'origine incertaine (le premier fort aurait été construit au XIIIe s), a été très remaniée. Vauban est aussi passé par là, et en a fait l'un des points forts de son système de défense du Dauphiné, avec Mont-Dauphin et Briançon. Il a reçu des dauphins ou des femmes accusées de sorcellerie, résisté aux guerres de Religion, aux assauts des protestants, et a servi pour certaines scènes du *Bossu,* dont on peut encore voir le reste des décors. Il accueille de nombreuses expos temporaires sur des thèmes très variés (il y en a vraiment pour tous les goûts !).

L'espace géologique Les Frissons de la Terre : *au pied de Château-Queyras, près de l'église. ☎ 04-92-46-80-46 ou 88-20 (Maison du parc). En juil-août, tlj sf sam 10h-12h, 14h-18h. Entrée : 3,50 € ; réduc. Compter 40 mn de visite.* Ce musée mis en place par le parc du Queyras retrace la formation géologique de la région et des Alpes. Il explique donc les paysages, les reliefs du Queyras. Ici, on touche, on sent les roches, c'est pédagogique et interactif.

– Tout près, sur la façade de l'église, un vieux cadran solaire et, sur une maison mitoyenne, la marque de hauteur de la crue catastrophique de 1957.

L'armoire aux huit serrures : *au 1er étage, dans le local de l'ancienne mairie à Ville-Vieille. Accès libre, tlj 9h-18h env ; on l'observe à travers une grille.* Cette armoire du XVIIIe s archivait les documents de l'Escarton du Queyras et ne pouvait être ouverte qu'en présence des sept représentants des communes et du secrétaire général.

À faire

– **Visite des hameaux et du patrimoine du Queyras :** *☎ 04-92-46-76-53.* Guide de pays, Janine propose des sorties culturelles agréables. Avec elle, on se balade en apprenant un tas de choses sur le pays et les gens.

– **Rafting :** *Quey'Raft, à Château-Queyras, au bord de l'eau. 📱 06-10-15-13-28. • queyraft.com • ♿ Ouv avr-15 nov.* Les gorges du Guil vues d'en haut, c'est déjà quelque chose. Mais alors, les descendre accroché comme un *rodeoman* dans un radeau gonflable pris dans les rapides, c'est l'éclate assurée ! Raft monoplace ou biplaces, pour permettre aux débutants de partager les frissons des confirmés.

➢ **Balade sur le sentier des Astragales :** *à Ville-Vieille, juste avt la station-service sur la gauche (en venant de Château-Queyras), débute le sentier des Astragales.* Promenade facile à faire et de préférence avec le petit bouquin édité par le parc, *Un jardin secret dans l'Adret,* en vente dans les offices de tourisme ou dans les Maisons du parc. L'astragale est le nom d'une fleur protégée du Queyras, l'astragale-queue-de-renard, qui est jaune et douce et fleurit en juillet. Compter 1h de balade sans le guide, 2h avec.

– ***Via ferrata du Fort :*** *départ pont du Pasquet, à Château-Queyras. Gratuit.* Niveau facile, accessible aux enfants à partir de 6 ans.

Ski et neige

Ski nordique : 10 km de pistes, dont surtout le parcours Ville-Vieille/Montbardon, avec possibilité de restauration au *Cadran Solaire* à Montbardon (voir « Où dormir ? Où manger dans le coin ? », plus haut).

MOLINES-EN-QUEYRAS

(05350) 340 hab. *Carte Hautes-Alpes, D2*

Moins célèbre que son voisin Saint-Véran auquel il ressemble assez, Molines, au confluent de l'Aigue blanche et de l'Aigue Agnel, est tout à fait charmant. Les chalets à *fustes,* les formes douces de la vallée, le beau domaine skiable en font une station-village recommandable. La commune se compose d'un chef-lieu *(Le Serre)* et de cinq hameaux, et est le point de départ d'excursions vers le *col Agnel* et l'Italie (route ouverte en été uniquement : vue splendide sur le val Varaita et le mont Viso).

Adresses utiles

Office de tourisme : *après le village, direction Saint-Véran. ☎ 04-92-45-83-22. • molinesenqueyras.com • Ouv vac scol tlj 9h-12h, 14h30-18h30 ; en intersaison fermé dim ; en basse saison ouv lun-ven 9h-12h.* Infos sur les randonnées à faire dans le coin.

■ ***Halte-garderie Les P'tits Loups :*** *☎ 04-92-45-80-36 ou rens à l'office de tourisme. Ouv tte l'année, lun-ven 8h-18h.* De 3 mois à 6 ans.

■ ***Bureau de montagne Gaudissard :*** *☎ 04-92-45-83-29. • gaudissard.com •* Guides de haute montagne qui proposent de nombreuses activités (escalade, rando, etc.).

Où dormir ?
Où manger ?

Camping

Camping de Chanterane : *à Pierre-Grosse. ☎ 04-92-45-89-70. 06-61-41-28-26. • chanterane.net • À 3 km env du village par la route du col d'Agnel. Ouv de début juin à mi-sept. Forfait pour 2 pers env 10 €. Loc d'un gîte 3-6 pers 270-800 €/sem. CB refusées.* À 1 900 m et au bord d'un petit ru, un des plus hauts campings de France, propre et bien entretenu, à la fois ensoleillé et semi-ombragé, où l'on accepte les animaux. Très calme. Centre équestre, luge d'été et promenades à proximité.

De prix moyens à chic

La Maison de Gaudissard : *Gaudissard. ☎ 04-92-45-83-29. • maison@gaudissard.com • gaudissard.com • En entrant dans Molines, tourner à gauche après la poste. L'hôtel est à 600 m. Resto ouv le soir slt ; sur résa pour les non-résidents. Congés : du 10 mai à mi-juin et de début sept à mi-déc. Nuitée en gîte 24 €/pers. Doubles 70-82 € selon confort et saison, familiale 105-130 € ; ½ pens 60-73 €/pers demandée pdt les vac scol d'hiver. Menu 22 €. Digestif maison offert sur présentation de ce guide.* En 1969, Bernard Gentil a fait de ce lieu le 1er centre de ski de fond de France. Depuis, la *maison Gaudissard* multiplie les prestations : en hiver, stages de ski de fond ou de télémark, randonnée à raquettes, raid du tour du Queyras. L'été, rando et parapente. Dortoirs mansardés ou chambres à l'atmosphère très sobre. Des murs blancs, des tomettes cirées, beaucoup de bois. Un bar chaleureux pour prolonger les soirées, une terrasse aux premières loges pour profiter d'une vue remarquable sur la vallée, avec un cadran solaire dont la sentence est révélatrice de l'esprit de la maison : « Il est toujours l'heure de bien vivre ». Sauna finlandais pour récupérer des forces.

Chambres d'hôtes Le Val d'Azur : *juste à la sortie du village, en direction de Saint-Véran, sur la gauche. ☎ 04-92-45-86-15. • didier.prosper@libertysurf.fr • valdazur.queyras.com • Ouv 20 déc-27 mars, 20 juin-28 août et les w-e Ascension, Pentecôte et Toussaint. Double env 50 €/pers en ½ pens slt (3 j. min). Apéritif ou digestif offert sur présentation de ce guide.* Didier, avec sa barbe de Père Noël et ses yeux rieurs, et Solange, avec son âme d'artiste, ont un vrai sens de l'hospitalité et cultivent la magie des rencontres. Apiculteurs et agriculteurs, ils se régalent de recevoir leurs hôtes le reste du temps. Les chambres sont simples mais offrent un confort suffisant (l'une d'elles est idéale en famille). Ceux qui recherchent plus de dépaysement logeront dans la yourte. Les repas préparés par Solange (avec des légumes du jardin) se prennent autour d'une longue table et donnent cours à de longues discussions... pleines d'humanité. Sauna.

À voir. À faire à Molines-en-Queyras et dans le coin

Le village et les « fustes » : on se régale ici du spectacle des chalets, qui peuvent mesurer jusqu'à 11 m de haut, et sont en général séparés pour éviter la propagation du feu, regroupés seulement par unités de trois ou quatre habitations. Les *fustes* en bois de mélèze forment l'étage ou les étages supérieurs, et se composent au nord d'une aire à battre, au sud d'un ou deux grands balcons de dessiccation et d'assez de plancher pour engranger le fourrage et les céréales. Le rez-de-chaussée de maçonnerie est, quant à lui, à demi enterré en amont et comprend une écurie, un *establot* (pour les brebis et les chèvres), un *cazet* (chambre pour la famille) et un *fougagno* (cuisine). Le mélèze est omniprésent dans ces intérieurs : poutres et solives, rondins au sol, huisseries...

Les fontaines et le four à pain sont également intéressants, ainsi que l'*église Saint-Romain* (sur la route du hameau de La Rua) qui retient l'attention avec sa singulière tour carrée et son toit de lauzes. Si elle est ouverte, on peut y voir un beau décor baroque ajoutant encore au charme du village. Quelques cadrans solaires aussi, à chercher...

Le musée de l'Apiculture d'hier et d'aujourd'hui : *à 800 m à la sortie du village, en direction de Saint-Véran (indiqué sur la gauche). 06-03-11-21-80. • museedelabeille-queyras.fr • Juil-août, tlj 10h-11h30, 14h-18h ; vac de Noël et fév, ouv mer et jeu ap-m le reste de l'année, sur résa. Entrée : 4 € ; réduc. À 100 m du musée, boutique avec produits issus de la miellerie et de l'artisanat local, ☎ 04-92-45-81-73.* Un musée bien fait et consacré, comme son nom l'indique, à l'apiculture : expos de ruches, nombreux panneaux, vidéo de 20 mn sur l'activité de la miellerie. Sans oublier un clin d'œil aux anciens artisans du coin (forgerons, menuisiers, cordonniers...).

La Boîte à Bois : *à La Rua, **Molines.** ☎ 04-92-45-83-87. Visite des ateliers mar-jeu à 17h pdt les vac scol.* Dernier artisan de jouets en bois du village. Curieux et intéressant – on retombe en enfance.

La Demoiselle coiffée : belle et solitaire, cette demoiselle coiffée se dresse sur la droite de la route quand on arrive à Molines depuis Ville-Vieille. Colonne fièrement érigée et se terminant par une rondeur plus épaisse, elle rappelle autre chose qu'une demoiselle...

– *Le parc des Amoureux : entre Molines et Saint-Véran. 06-17-72-70-30. Juil-août, tlj 11h-17h.* Un parc d'activités sportives et ludiques. Un premier arrêt possible pour effectuer une descente en luge d'été *(rens et inscriptions : ☎ 04-92-45-83-18)* et un second pour une balade de branche en branche à travers une forêt de mélèzes *(parcours 10 € jusqu'à 12 ans, 15 € jusqu'à 14 ans et 20 € pour les adultes ; rens au 06-17-72-70-30).* Au sommet, restauration possible.

Ski et neige

– *Renseignements : ☎ 04-92-45-83-18 ou 22 (office de tourisme).*

Ski alpin : domaine Molines-Saint-Véran, 1 750-2 900 m et 36 km de pistes. Forfait journée Queyras adulte : 22,50 €.

■ ***Écoles de ski :*** ***ESF,*** *☎ 04-92-45-81-51 ;* ***ESA France les P'tits Skieurs,*** *☎ 04-92-45-81-52.*

Ski nordique : près de 30 km de pistes et 26 km en itinéraire ; jonction possible avec la vallée du Guil. Accès possible jusqu'au refuge Agnel. Forfait journée adulte : 8 €.

SAINT-VÉRAN

(05350) 285 hab. *Carte Hautes-Alpes, D2*

Saint-Véran est l'un des « Plus Beaux Villages de France », incontestablement, mais aussi la plus haute commune d'Europe, perchée à 2 040 m. L'architecture traditionnelle des *fustes,* ici encore plus nombreuses, plus denses qu'à Molines, plus anciennes aussi, les cadrans solaires, le *musée du Soum* installé dans une maison datant de 1641, l'église, le cadre superbe de la vallée entre alpages sur l'adret et forêt sur l'ubac, avec, autour, l'impressionnante *tête des Toillies,* le pic de Château-Renard et la crête de Curlet... tout contribue à l'harmonie générale. Revers de ces records (le plus haut, le plus beau...), une foule importante en été. Toutefois Saint-Véran reste authentique, n'a pas pris la grosse tête (ni les gros prix) ni trop une allure de village-musée. On la protège, et d'ailleurs, en saison estivale, la circulation est réglementée.

Adresses et info utiles

Office de tourisme du Queyras Point d'accueil : *au village. ☎ 04-92-45-82-21. • saint-veran-queyras.com • Ouv tte l'année, tlj en vac scol ; en intersaison, tlj sf dim ; en basse saison, lun-ven.*

■ ***Halte-garderie Lou Pitchounet :*** *au pied des pistes de ski alpin. ☎ 04-92-45-84-21. Ouv tlj pdt la saison d'hiver, 9h-17h.*

– ***Stationnement :*** en juillet-août, si vous ne logez pas sur place, parking obligatoire au pied du village (forfait journalier : 2 €. Si vous avez une réservation dans un hébergement, vous devrez acquérir un macaron-résident afin de pouvoir stationner librement dans le village : 5 € (valable toute la durée de votre séjour : donne droit également à de petites ristournes).

Où dormir ? Où manger dans le coin ?

De bon marché à prix moyens

Gîte d'étape Les Gabelous : *quartier Pierre-Belle, en haut du village, le long de la voie principale. ☎ 04-92-45-81-39. • gabelous@free.*

fr • gabelous.com • Congés : 20 avr-début juin et 15 sept-20 déc. Nuitée 15-17 €/pers en dortoir de 3 à 6 places, 23 € en chambre de 1-2 pers ; ½ pens 36-42 €/pers ; draps en sus. Dans l'ancien bâtiment des douanes au beau cadran solaire en façade et aux parquets cirés, un gîte à l'ambiance très cool. En été, bain « norvégien » extérieur chauffé et terrasse bucolique. Cuisine à disposition, panier-repas possible.

Chalet-auberge L'Estoilies : *Le Raux, hameau à 800 m avt d'arriver à Saint-Véran.* ☎ *04-92-45-82-65. • auberge.estoilies@free.fr • estoilies.com • Ouv juin-sept (le reste de l'année en gestion libre pour groupes). Doubles 46 (w-c sur le palier)-60 € ; ½ pension 43-50 €/pers (sur la base de 2 pers). Repas le soir slt 20 € (sur résa pour les non-résidents). Café ou infusion offert sur présentation de ce guide et loc d'un âne bâté en juin et sept offerte.* Un accueil simple et familial, dans une vieille ferme restaurée, entourée d'un jardinet fleuri. À l'intérieur, une belle salle voûtée, chaleureuse avec sa cheminée, pour des repas conviviaux. On a une bien belle vue depuis les chambres, à l'étage, fort agréables. Et si vous voulez randonner d'une façon un peu différente, demandez aux propriétaires de vous organiser la location d'un âne avec bâts et sacoches !

Auberge Coste Belle : *dans le centre du village.* ☎ *04-92-45-82-17. Congés : 11 nov-20 déc. ½ pens 52 €/pers. Menus 17-20 €.* Un endroit sympathique et simple, au cœur du village, qui propose une très bonne cuisine dans une salle fort agréable et des chambres à prix adaptés aux budgets modestes... Celles pour randonneurs ont la salle de bains à l'étage. En revanche, w-c communs pour tout le monde. Bon accueil.

Chambres d'hôtes Cascavelier : *Le Raux, hameau à 800 m, en contrebas, avt d'arriver à Saint-Véran.* ☎ *04-92-45-88-31. • corinne.cezanne@wanadoo.fr • chambresdhotes-saintveran.com • Ouv tte l'année. Doubles avec douche et w-c 70-75 € ; familiales 94-114 € ; petit déj 5,50 €. Tarifs dégressifs à partir de 2 nuits consécutives.* Une grande maison au bout d'un petit chemin, avec une vue absolument superbe sur la montagne. Pour ceux qui veulent profiter à la fois de la beauté de Saint-Véran et du calme du Queyras. C'est un jeune couple du pays qui vous accueille ici, avec la ferme volonté de vous faire partager son amour de la région. Sylvain est l'unique coutelier du coin et son atelier se trouve dans le centre du village. Il vous parlera de son métier, mais aussi des traditions et des balades à faire. À l'étage, les chambres, spacieuses, expriment aussi la tradition locale du travail du bois. Du sol au plafond, le bois est là, le mobilier est en mélèze, et c'est vraiment sympa. Une des 2 chambres peut accueillir jusqu'à 4 personnes. Une jolie salle voûtée avec cuisine équipée est mise à disposition ; elle donne sur un beau jardin avec des jeux pour les enfants et quelques tables pour prendre les repas. Un très bel endroit.

La Marmotte : *dans le haut du village.* ☎ *04-92-45-84-77. Fermé dim soir. Congés : fin mars-début juin et de mi-sept à mi-déc. Menu 15 €. Café ou thé offert sur présentation de ce guide.* Superbe terrasse panoramique en bois brut jetée au-dessus de la vallée, le promontoire idéal pour siroter une bière locale ou un chocolat chaud. Et, comme à de telles altitudes, le temps change sans se gêner, la petite salle décorée façon bric-à-brac de brocanteur offre une solution de repli qui ne manque pas de cachet. Glaces, pizzas et petite restauration pas chère également, de montagne évidemment. Service charmant.

Chic

Les Chalets du Villard : *au village.* ☎ *04-92-45-82-08. • info@leschaletsduvillard.fr • leschaletsduvillard.fr • Resto fermé le midi mar (plus mer midi hors saison). Congés : 1er avr-9 juin et env 20 sept-20 déc. Doubles 70-150 € selon saison ; familiales 140-175 €. Menus 18-35 € ; carte 25-30 €. Réduc de 10 % sur le prix de la chambre en janv, juin et sept, sur présentation de ce guide.* Bien qu'assez chère, cette adresse n'est en aucune

LE QUEYRAS ET LE GUILLESTROIS

façon guindée. Ambiance familiale et décontractée pour cet hôtel 3 étoiles avec moult espaces pour les enfants : salle de jeux, billard, baby-foot, ping-pong, tennis. Les adultes apprécieront le confort des vastes chambres-appartements, avec balcon, toutes orientées plein sud vers la vallée... Mobilier de qualité, cuisine équipée, bains à remous pour certaines, chaîne hi-fi, TV... Spa, sauna, hammam dans l'hôtel. Côté resto, l'ambiance reste aussi très simple. On prend ses repas au resto-grill *La Gratinée,* au rez-de-chaussée pour déguster une grillade au feu de bois ou une queyraflette, spécialité de la maison. Très bon accueil. Vraiment une belle adresse.

Achats

Couteau pliant « Le Haut Alpin » : *Sylvain Brunet. ☎ 04-92-45-88-31. • lehautalpin.com • Compter 65-135 € le couteau.* Saint-Verannais depuis plusieurs générations, cet artisan coutelier s'est installé dans l'atelier de son grand-père où il réalise le dernier couteau pliant des Alpes françaises fabriqué à la main. Un bel objet, rare et de valeur, qu'apprécieront les amateurs.

À voir. À faire

Le musée Le Soum : *dans le haut du village, tt au bout. ☎ 04-92-45-86-42. Juil-août, tlj 9h30-18h30 ; le reste de l'année, contacter le musée. Entrée : 3,80 € ; réduc enfants. Visite guidée pour les groupes sur résa.* Dans la plus ancienne maison de Saint-Véran, datée de 1641, l'une des plus belles aussi, ce musée expose sur trois niveaux les outils, meubles et vêtements traditionnels de Saint-Véran. Vraiment joli, et l'architecture intérieure est tout à fait remarquable, avec ce noble bois de mélèze imputrescible, ces balcons de séchage, ces petites pièces à vivre, cet *establot* en cave voûtée... Une chouette visite. Et pour ceux qui veulent savoir, le *soum* définit une des extrémités du village. On parlait d'un *soum...* et de l'autre.

Au village, superbes *fustes* partout (lire plus haut, à Molines-en-Queyras, « À voir. À faire dans le coin »). On s'arrêtera aussi devant la belle *église baroque* au porche gardé par des lions stylophores, dans le goût lombard, sur la vieille pompe à incendie de 1928 (juste à côté de la mairie) qui commémore l'histoire des feux sur la commune... mais aussi sur l'expo présentant la mine de cuivre, les croix de mission, les fontaines, les impressionnants cadrans solaires ou encore l'artisanat local (meubles et objets sculptés, dentelle, tricot, tissage, coutelier, forgeron...).

LES CADRANS SOLAIRES

On en dénombre une vingtaine à Saint-Véran. Vous remarquerez que les cadrans solaires sont illustrés d'un adage, qui comporte souvent une faute d'orthographe digne des cancres les plus endurcis. La plupart des cadrans ont été réalisés au XIXe s par Giovanni Francesco Zarbula, un artiste piémontais qui aimait parsemer ses peintures d'oiseaux exotiques peu représentatifs de la faune queyrassienne !

La crèche de Saint-Véran : *dans l'église, 20 déc-début fév.* La crèche sculptée par les Saint-Véranais dans les années 1950 vaut le coup d'œil. En plus des personnages bibliques, une lavandière, un facteur, une bavarde...

Astronomie : *accès à pied (3h30, depuis le village), avec visite possible de la coupole, juin-sept. • astroqueyras.com •* À 2 930 m, on trouve la station du pic de Château-Renard, le plus haut télescope de France.

➢ ***Randonnée avec un âne :*** *avec* **Queyr'âne** *; s'adresser au chalet-auberge* L'Estoilies, *voir plus haut. ☎ 04-92-45-82-65. Compter env 50 €/j. (1 âne et son* *équipement).* Sympa et original pour partir à la découverte du Queyras durant 1 à 7 jours, en compagnie d'un âne. Il portera vos bagages à une vitesse de croisière de 3 à 4 km/h.

Ski et neige

Ski alpin et ski nordique : domaine commun à Molines-en-Queyras (domaine de Beauregard), voir plus haut. À pied, en raquettes ou à skis, pratiquez la randonnée nordique en toute sécurité.
■ ***École du ski français :*** *☎ 04-92-45-80-40.*

AIGUILLES

(05470) 450 hab. *Carte Hautes-Alpes, D2*

***Ad Guillum,* « près du Guil » : c'est tout simple et ça dit tout. Aiguilles voit en effet passer le Guil, et celui-ci l'a totalement inondé plusieurs fois, la dernière crue terrible ayant eu lieu en 2000 (mais celle de 1957 est restée dans les mémoires). Les incendies ont eux aussi souvent ravagé le village et, conséquence inattendue de celui de 1829, entraîné l'émigration de nombre de ses habitants à travers l'Europe et vers l'Amérique du Sud... Revenus au pays, ils feront construire de belles villas, des maisons bourgeoises type « barcelonnette », qu'on peut voir encore aujourd'hui.**
Excepté ces demeures, le bourg, plutôt mignon, est assez ramassé, tout en maisons mitoyennes trapues et austères ; c'est aussi un chef-lieu de canton animé, village le plus important du Queyras. Il y a notamment un hôpital et une pharmacie, les seuls en Queyras.

Adresse utile

Bureau du tourisme : *pl. Jean-Léa. ☎ 04-92-46-70-34. • aiguilles.com • Ouv tte l'année, tlj pdt vac scol, fermé dim hors saison.*

Où dormir ?
Où manger ?

Camping municipal Le Gouret : *800 m après le village direction Abriès. ☎ 04-92-46-74-61. 06-07-65-93-77. • officedutourisme@aiguilles.com • aiguilles.com • Ouv de juin à mi-sept. Compter 11,20 € pour 2. Mobile homes pour 4 pers 250-435 €/sem selon période.* Au bord du Guil, un grand camping joliment abrité sous les sapins mais un peu proche de la route. Sanitaires corrects, avec eau chaude. Salon TV, snack-bar, aire de jeux, vidange pour camping-cars, lave-linge... Départs de sentiers. Une navette relie le camping au village.

Hôtel Bellevue (Évasion 80) : *sur les hauteurs du village. ☎ 04-92-46-73-35. • bellevue.queyras@free.fr • bellevue.queyras.com • En arrivant sur le village depuis Guillestre, à gauche à l'entrée, la rue qui monte. Resto ouv le soir slt. Congés : 30 mars-1er juin et sept-Noël. Nuitée en dortoir 19 €/pers ; ½ pens 39 €. Doubles avec douche et w-c ou bains 60-68 € selon saison. ½ pens 59-63 €/pers. Menus 10-25 €.* L'adresse des grands baladeurs. En arrivant, on tombe sur les chaussures de marche qui sèchent près du tas de bois ou de la cheminée. Ici, on est bien accueilli et le cadre est coloré, plein de vie, boisé, pour une déco à l'image de la région : pas de doute, on est bien dans le Queyras ! Cuisine locale et terrasse avec vue sur la vallée. Hammam, salle de fitness.

La P'tite Auberge : *☎ 04-92-*

46-81-60. • ptiteauberge@wanadoo.fr • auberge-queyras.com • ♿ Juste après la mairie, sur la droite près de la poste. Ouv tte l'année pour l'hôtel ; en saison pour le resto, tlj sf dim. Résa conseillée. Nuitée randonneur en gîte d'étape 38 €/pers en ½ pens ; doubles à partir de 62 € petit déj inclus. Menus 14-21 € ; carte env 15-20 €. L'adresse agréable, rapide et de qualité du village. On vous y servira, gentiment et sans perdre de temps, de grandes salades ou assiettes de produits du cru, des crêpes, une raclette, voire des plats de pâtes. Comme l'établissement fait aussi salon de thé *(ouv à 16h30 l'ap-m),* pourquoi ne pas finir par une petite infusion en terrasse ? Loue également à l'étage 4 chambres avec sanitaires privés, dotées d'un balcon pour la plupart.

À voir. À faire

Au village, jetez un œil sur le *centre Léo-Lagrange* (ancien *Grand Hôtel*) : construit vers 1910 dans le style « ville d'eaux », il est aujourd'hui transformé en centre de vacances. Autre curiosité, la *maison Eiffel* (propriété privée), tout en fer et flanquée d'une tour carrée, conçue par les établissements Courbevoie et imaginée par Gustave Eiffel. Enfin, ne manquez pas, sur le chemin de Chabataron, cette antiquité : l'*ancien téléski,* désaffecté en 1969, mais qui fut, lors de sa mise en service en 1937, la plus longue remontée mécanique d'Europe.

L'été, au bord de la route principale, un modeste toboggan plonge dans ***une petite piscine en plein air*** *(ouv tlj 10h-18h).*

➢ ***Les sentiers de lecture de la Mayt, du Preyt, du Collet, des Fourmis et randonnée aux lacs Malrif :*** *rens au bureau du tourisme.* Balades en famille de difficultés variées.

Ski et neige

Ski alpin : deux téléskis, domaine débutant. Tarif : 10 € ; sinon, forfait journée Queyras adulte : 22,50 €.
■ ***École du ski français :*** *☎ 04-92-46-71-47.*

Ski nordique : 25 km de pistes dans la vallée du Haut-Guil, en général sur routes forestières. On peut gagner les autres villages de la vallée du Guil (près de 150 km de pistes) ou le domaine de Molines-Saint-Véran.

Ski de randonnée : un itinéraire balisé a été mis en place afin d'apprendre à évoluer en sécurité et à évaluer les risques d'avalanche.

➢ ***Raquettes :*** *carte disponible au bureau du tourisme.* Plusieurs itinéraires balisés pour les randonnées à raquettes.

ABRIÈS-RISTOLAS

(05460) 360 hab. *Carte Hautes-Alpes, D2*

Au bout de la vallée du Guil, deux villages, Abriès et Ristolas, pour une même commune, assez étendue. Abriès est l'un des villages les plus vivants du Queyras, et les façades aux multiples couleurs pastel dégagent un certain charme. Au bout de la vallée, l'Italie et le mont Viso. Une nature splendide... sauvage comme le bout du monde !

Adresse et info utiles

Office de tourisme : *à* ***Abriès.*** *☎ 04-92-46-72-26. • abries-queyras.com • ritolas-viso.com • Tlj sf sam et dim hors saison.*

@ **Internet :** *un poste à l'office de tourisme (accès payant). Sinon, zone wifi autour de l'office de tourisme.*

Où dormir ?
Où manger ?
Où boire un verre ?

Refuge du mont Viso : *☎ 04-92-46-81-81. Sur le tour du Viso ; accès à pied slt depuis le parking de la Roche-Écroulée (compter env 2h30-3h de marche). Ouv mars-sept (fermé mai). Résa obligatoire. Nuitée env 21,80 €/pers (réduc pour les membres du Club alpin français). Menu unique 17 €.* À une altitude de 2 460 m (vous voilà prévenu !), un vrai refuge bien spartiate, mais rénové, qui compte une soixantaine de lits. 2 douches solaires. Coin cuisine.

Gîte d'étape L'Ancolie Bleue : *chemin de la Selette, dans le haut du village d'****Abriès.*** *☎ 04-92-20-54-42. • benoit.boissier@gmail.com • ancolie-bleue-queyras.com • Fléché sur la gauche juste avt de franchir le pont en venant d'Aiguilles. Ouv de juin à mi-sept et 26 déc-15 avr ; le reste de l'année, ouv selon fréquentation (se renseigner). Compter 38-42 €/pers en ½ pens, draps en sus. CB refusées.* Un gîte flambant neuf qui propose quelques chambres doubles et des dortoirs de 4 à 9 places. Les propriétaires, férus de montagne, vous fourniront toutes les infos nécessaires sur les possibilités de rando dans le Queyras ! Le GR 58 passe à proximité.

Gîte 7 Degrés Est : *dans le hameau de* ***L'Échalp,*** *3,5 km après Ristolas. ☎ 04-92-46-82-07. • contact@gite-7degresest.com • gite-7degresest.com • Sur résa hors saison. Congés : de fin avr à début juin et de fin sept à mi-déc. Nuitée 37-38 €/pers en ½ pens. CB refusées. Café offert sur présentation de ce guide.* Le bout de la route, le bout de la vallée. Au bord d'un hameau, ce beau gîte en pierres grises et grosses poutres fleure bon la montagne et le feu de cheminée. L'âtre, massif, s'impose d'ailleurs dès l'entrée, dans un salon commun orné de bois de cerfs et de souvenirs africains. Côté hébergement, les jeunes gérants tiennent des chambres de 4 à 6 personnes et un dortoir pour 10, tous équipés d'une salle de bains privée. La cuisine, familiale et locale, est servie sur grandes tablées. Et, pour les randonneurs seulement de passage, le bar ouvre à 14h30.

Chalet de Lanza : *à* ***Abriès.*** *☎ 04-92-46-71-21. • contact@chaletdelanza.fr • chaletdelanza.fr • Dans le village, à deux pas de l'office de tourisme. Resto fermé de mi-avr à mi-mai et de mi-nov à mi-déc. Doubles 59-64 €. Formule et menu 13-17 € ; menu-carte 27 €. Apéritif offert sur présentation de ce guide.* Un petit tour en Suisse puis aux États-Unis pour se former, et le petit village d'Abriès pour se poser. De leurs périples, Céline et Jérôme sont revenus avec le goût des choses bien faites. Les chambres sont simples, fonctionnelles et ont été récemment rénovées. Mais on vous conseille surtout l'adresse pour le resto, avec sa jolie cuisine aux accents méditerranéens et italiens, qui sort des sentiers balisés. Et pour ne pas se lasser, la carte est régulièrement renouvelée. Principalement des vins naturels ou même issus de biodynamie. Quelques tables dans une petite salle chaleureuse ou en terrasse, le sourire en prime. Une bonne adresse pour varier les plaisirs à des prix qui n'ont rien d'assommant.

Chambres d'hôtes La Barma : *chez Valérie Cauvin et Stéphane Simiand, 05460* ***Ristolas.*** *☎ 04-92-46-84-84. • alpinoc@wanadoo.fr • alpinoc.com • Un peu à l'écart du village ; en venant d'Abriès, prendre le 1er pont (en bois) sur la droite, puis fléché. Ouv tte l'année sur résa. Double tt confort 62 €. Réduc à partir de 3 nuits.* Stéphane est accompagnateur en montagne, mais aussi diplômé de l'école des beaux-arts d'Avignon. Son atelier occupe le rez-de-chaussée de la grande bâtisse de 1791, restaurée avec goût. Vous aurez donc le choix entre cours d'aquarelle et balades dans cet environnement de choix, au fond de la vallée du Guil, aux portes des vallées italiennes et du mont Viso. Les chambres ont beaucoup de cachet et la déco est chaleureuse ; on aime particulièrement celle qui est mansardée. La pièce à vivre est assez petite mais coquette. C'est là qu'est servi le petit déj. Cuisine équipée à disposition.

Ski et neige

Ski alpin : 1 550-2 450 m, 30 km de pistes desservies par cinq remontées. Forfait journée Queyras adulte : 22,50 €. Enneigement artificiel sur 12 ha.
- ***École du ski français :*** *☎ 04-92-46-71-47.*
- ***École de glisse queyrassine :*** *☎ 04-92-51-35-60. 📱 06-33-70-97-07.*

Ski nordique : là encore, un paradis du fond avec près de 40 km de pistes (pistes piétons aussi) et une bonne cinquantaine de kilomètres sur l'ensemble de la vallée. Balades possibles en traîneau à chiens, en fond de vallée *(☎ 04-92-46-81-05).*

Le télésiège de Gilly : en hiver, possibilités de balades à raquettes et de rando nordique. Fonctionne aussi l'été, très beau point de vue sur le mont Viso, départ de randos pédestres et VTT.

DANS LES ENVIRONS D'ABRIÈS-RISTOLAS

– Pour prendre un peu de hauteur, un court ***chemin de croix*** mène à une chapelle en surplomb du village d'Abriès. Joli panorama.

Valpreveyre : *situé à 6 km au-dessus d'Abriès (par la D 441).* Ce hameau d'alpage habité en été constitue un bon but de promenade. Le Bric Bouchet et le Pelvas se dressent juste en face. Juste avant Valpreveyre, ***Le Roux,*** autre hameau, aux nombreux artisans, habité toute l'année est le point de départ du sentier vers le col des Thures, chemin qu'empruntèrent les protestants s'exilant en 1685.

➢ ***Balade au petit belvédère du mont Viso :*** *départ depuis le parking de la Roche-Écroulée situé au bout de la D 947, à 3,5 km de Ristolas.* Balade facile, d'une petite heure aller-retour. Du parking, un chemin botanique bien indiqué mène en 15 mn au Pré-Michel ; flore remarquable tout du long ; au bout, le petit belvédère (par opposition au grand, bien plus loin et plus haut, 4h aller-retour) regarde la face nord du mont Viso. Vraiment, sa beauté est remarquable ! Une balade d'un très bon rapport effort-agrément.

➢ ***Randonnée au lac de Ségure :*** *accès depuis Ristolas.* Compter 4h aller-retour. Balade facile le long de la route forestière et par un sentier *(rens auprès de l'office de tourisme, ☎ 04-92-46-72-26).*

LE BRIANÇONNAIS

Le Briançonnais couvre ce qu'on peut appeler « la bosse » septentrionale des Hautes-Alpes. En effet, bosse coincée entre le massif des Écrins, l'Isère, la Savoie et l'Italie, mais aussi bosse d'altitude, puisque, avec le Queyras, cette partie est la plus élevée du département. Le Briançonnais rayonne en vallées autour de la capitale, Briançon, ville la plus haute de France (1 326 m).

C'est un secteur riche et varié, où cette fière cité, fortifiée par Vauban, règne sur le plus grand domaine skiable du département : Serre-Chevalier, « Serre-Che » pour les habitués. Le parc national des Écrins, absolument grandiose de ce côté-ci, et des vallées annexes extraordinairement belles (vallée de la Clarée, vallée de la Durance) sont d'autres points forts du Briançonnais.

LES VAUDOIS DANS LE BRIANÇONNAIS

Le Briançonnais a été marqué par la présence des vaudois. On connaît mal l'origine et le sens de ce mouvement né à Lyon au XIIe s (le fondateur s'appelait Valdésius, dit Pierre Valdo) et qui préconisait, en réaction contre l'Église, la pauvreté, la prédication itinérante, l'abolition du clergé et la traduction de la Bible en langue vulgaire. Condamnés pour hérésie au concile de Vérone (1184), les vaudois eurent pourtant des adeptes toujours plus nombreux, et gagnèrent la vallée du Rhône, le Dauphiné, passèrent en Italie et en Allemagne... Ils seront massacrés au cours du XVIe s, sanglant prologue aux guerres de Religion.

Arriver - Quitter

Par la route

➢ Du nord, Grenoble puis la D 1091 par le col du Lautaret.

➢ De l'Italie, autoroute jusqu'à Oulx, puis le col de Montgenèvre et la N 94.

➢ Du sud, l'A 51 jusqu'à Sisteron, puis Tallard et Embrun par la N 94.

En train

- Rens SNCF : ☎ 36-35 (0,34 €/mn).

➢ ***Paris-Briançon :*** trains de nuit directs ; TGV en 4h30 depuis Paris ; Oulx (Italie) est à 30 km (navettes à chaque TGV).

En bus

➢ ***Marseille, Nice, Gap :*** liaisons régulières avec la compagnie *SCAL (☎ 04-92-51-06-05, à Gap ; • scal-amv-voyages.com •).* Les bus se prennent dans l'av. du 159e-RIA *(hors plan couleur par A2).*

➢ ***Grenoble :*** liaisons régulières avec la compagnie *VFD, (infos sur • altibus.com • ; ☎ 0820-320-368).*

➢ Bus également pour la ***vallée de la Clarée (Névache), Serre-Chevalier, Montgenèvre, Oulx (Italie).*** Se renseigner à l'office de tourisme.

BRIANÇON (05100) 12 100 hab. *Carte Hautes-Alpes, C1-2*

Pour le plan de Briançon, se reporter au cahier couleur.

Briançon, carrefour naturel de plusieurs vallées, a été très tôt habité, et sa position en a fait bientôt une capitale régionale, chef-lieu de l'ensemble des Escartons (voir ci-dessous « Un peu d'histoire »). Mais c'est surtout à la proximité de l'Italie que Briançon doit son plus grand rôle et sa principale fonction : place forte et ville de garnison, elle a été fortifiée par Vauban et ceinturée de forts à l'est, vers l'Italie, tout au long des XVIIIe et XXe s.
Plus que des armes, Briançon vit maintenant du tourisme - l'accès direct aux pistes du « Grand Serre-Chevalier » et la proximité du parc national des Écrins ou de la station de Montgenèvre attirant bien du monde - et des séjours climatiques. On y vient aussi pour la cité Vauban, dont les fortifications sont classées au Patrimoine mondial de l'Unesco (avec sa ceinture de forts) depuis juillet 2008. Haut perchée et traversée de gargouilles, elle

a bien belle allure ! En revanche, la ville basse porte encore en mémoire le passé industriel que connut la cité de 1842 à 1933.

UN PEU D'HISTOIRE

Du celtique *brig* (« hauteur ») vient le nom des *Brigiani,* les Celto-Ligures qui ont été les premiers à coloniser le site qui deviendra *Brigantium* sous l'Empire romain. Mais c'est au Moyen Âge que Briançon connaît un développement économique et démographique tel que la ville finit par acquérir une large autonomie, concrétisée par la Grande Transaction signée avec le dauphin en 1343. Briançon devient alors capitale du Briançonnais et des cinq Escartons dont trois sont aujourd'hui italiens. Elle jouit d'importants privilèges douaniers et constitutionnels, qui ne seront abolis qu'avec la Révolution.
Ce sont les guerres de Religion, puis de la Ligue, qui ont mis fin à cette ère de prospérité. Incessamment troublée par le passage des troupes, puis incendiée à deux reprises (1624 et 1692), Briançon, ravagée, reprend vie dans l'enceinte fortifiée de Vauban. Le traité d'Utrecht (1713), établissant la frontière au col de Montgenèvre, assoit cette fonction militaire. Au siècle suivant, la ville s'enorgueillit d'un fait d'armes fameux : en 1815, la cité résiste 3 mois aux forces austro-sardes, impuissantes à briser cette forteresse... Briançon se voit ensuite coiffée d'un nouveau fort (1830) et ceinturée de forts défensifs plantés sur les sommets voisins (fin XIXe s). Elle reste par la suite une ville de garnison, qui s'illustrera encore pendant la Seconde Guerre mondiale : c'est un des seuls points du front où l'ennemi (italien) a été repoussé en 1939-1940.

Adresses et infos utiles

Office briançonnais du tourisme et du climatisme *(plan couleur A1)* **:** *1, pl. du Temple.* ☎ *04-92-21-08-50.* • *ot-briancon.fr* • *Ouv tte l'année lun-sam 9h-12h, 14h-18h ; dim et j. fériés de début déc à mi-avr et en été, 10h15-12h15, 14h20-16h30.* Bonne documentation sur les animations et sites à visiter. Horaires de bus, etc. Propose des idées originales pour faire vivre la ville, comme la réhabilitation dans certains restos de recettes du XVIIe s, à l'époque de Vauban.

■ ***Service du patrimoine « Ville d'art et d'histoire »*** *(plan couleur B1)* **:** *porte de Pignerol.* ☎ *04-92-20-29-49.* • *patrimoine@mairie-briancon.fr* • *ville-briancon.fr* • Organise une bonne dizaine de visites guidées thématiques de la cité Vauban, des fortifications ou des alentours toute l'année (certaines sur résa) et des balades-spectacles mêlant histoire et création artistique, également des balades autour des forts à raquettes ou l'hiver à pied. Propose également des ateliers pour enfants (les parents peuvent ainsi profiter des visites de la ville en toute quiétude, pratique !).

■ ***Bureau des guides et accompagnateurs :*** *Parc Chancel.* ☎ *04-92-20-15-73.* • *guides-briancon.fr* • Toutes prestations mais aussi conseils et réponses aux questions sur la montagne.

■ ***Secours en montagne :*** ☎ *04-92-22-22-22.*

Stations de taxis : *pl. de l'Europe,* ☎ *04-92-21-14-42 ; gare SNCF,* ☎ *04-92-21-07-91 ; Champ-de-Mars,* ☎ *04-92-20-28-55 ; Prorel,* ☎ *04-92-20-29-61.*

– ***Marchés :*** *mer mat, Zac-parking Durance (hors plan couleur par A2).* Le plus important. *Avr-1er dim d'oct, également dim mat, pl. de l'Europe (hors plan couleur par A2).*

Où dormir ?

De prix moyens à chic

L'Auberge du Mont Prorel *(hors plan couleur par A2,* ***13****)* **:** *5, rue René-Froger.* ☎ *04-92-20-22-88.* • *info@hotelmontprorel.com* • *Ouv juin-sept (réservé à des groupes d'agences de voyages le reste de l'année). Doubles avec douche et w-c ou bains 65-87 €.* Un grand chalet tenu par des Britanniques avec de belles chambres boisées, à l'atmosphère nordique vraiment agréable. Les plus chères disposent d'un balcon donnant sur la télécabine du Prorel, qui conduit directement les vacanciers l'hiver au domaine de Serre-Chevalier. Au rez-de-chaussée, un bar-resto avec billard. Conséquence : préférer les chambres au 2e étage pour ne pas être incommodé par la musique.

Hôtel-restaurant Le Cristol *(hors plan couleur par B1, **11**) : 6, route d'Italie. ☎ 04-92-20-20-11. • hotel.cristol@wanadoo.fr • hotel-cristol-briancon.fr • Resto fermé le midi sf w-e. Doubles avec douche ou bains 59-71 € selon saison ; familiales 71-91 €. Menus 18-20 €. Parking privé.* Sur la droite de la route qui mène en Italie, dans ce bâtiment de 2 étages en longueur, chambres bien tenues, avec téléphone et TV (Canal +). Celles donnant sur l'arrière sont ensoleillées le matin, ont vue sur les forts de Briançon et, surtout, elles sont beaucoup plus calmes. N'oubliez pas que, malgré le double vitrage, la route qui passe devant l'hôtel est un axe international très fréquenté ! Les parties communes sont peut-être un poil vieillottes ; en revanche, toutes les chambres ont été gentiment restaurées.

Hôtel Edelweiss *(hors plan couleur par A2, **12**) : 32, av. de la République. ☎ 04-92-21-02-94. • contact@hotel-edelweiss-briancon.fr • hotel-edelweiss-briancon.fr • Ouv tte l'année. Double avec douche et w-c ou bains 61 € ; familiales 3-4 pers 81-92 €. Parking privé gratuit. Apéritif offert sur présentation de ce guide.* Ce petit hôtel parfaitement tenu offre l'avantage d'être tout près de la cité Vauban, face au centre culturel et des congrès. Des chambres réparties dans 2 bâtiments, l'un datant des années 1970, l'autre beaucoup plus ancien. Ici, des couleurs fleuries et fraîches, là, des teintes plus classiques ; du parquet flottant pour toutes. Adorables parties communes, douillettes à souhait ; il y a même un petit salon pour se poser. Une adresse au calme.

Où manger ?

Prix moyens

Kitchen & Bar, Le Club *(hors plan couleur par A2, **26**) : 3, pl. Centrale. ☎ 04-92-21-99-06. Fermé dim, plus j. fériés hors saison. Compter env 25 €. Digestif maison offert sur présentation de ce guide.* Une brasserie gentiment branchée, avec des clins d'œil seventies dans la déco, une bonne ambiance musicale, des portions généreuses d'une cuisine simple mais bien faite : hamburgers, steaks... Les Briançonnais de tous âges s'y retrouvent avec plaisir, profitant aux beaux jours de la terrasse sur la place.

Le G'Astrologue *(plan couleur A1, **23**) : 20, av. Vauban. ☎ 04-92-20-49-62. • gastrologue@hotmail.fr • Entre la basilique et l'entrée principale de la cité Vauban. Tlj sf lun midi et mar hors saison. Congés : oct-déc. Formules 19-23 € ; carte env 23 €.* Sur les remparts de la citadelle. Petit resto à la déco chaleureuse et au service rapide. Cet établissement spécialisé dans le fromage vous servira des tarti-chèvres, fabrication maison, avec une grande salade. Autres spécialités, les fondues et, dans un autre registre, cuisine aux herbes sauvages en saison. Petite terrasse.

Le Pied de la Gargouille *(plan couleur A2, **20**) : 64, Grande-Rue. ☎ 04-92-20-12-95. Congés : à la Toussaint. Résa conseillée. Menus 20,50-24 € ; carte env 27 €. Apéritif maison ou café offert sur présentation de ce guide.* La cheminée trône au milieu du resto. Le patron s'y affaire, surveillant d'un œil expert la cuisson de ses grillades, juteuses à souhait. Au mur, des raquettes et des skis d'époque rappellent l'âpre combat des hommes du pays face à la montagne. Bon accueil. Une poignée de tables au bord de la rue piétonne.

Chic

Restaurant Le Rustique *(plan couleur B2, **21**) : 36, rue du Pont-d'Asfeld. ☎ 04-92-21-00-10. Tlj sf lun et mar midi (plus mar soir hors saison). Congés : 2es quinzaines de juin et de nov. Menus 26,75-35,35 € ; carte env 38 €. Apéritif maison offert sur présentation de ce guide.* Décor campagnard original et rigolo (on peut même manger dans une charrette !),

LE BRIANÇONNAIS

cuisine traditionnelle de qualité, accueil chaleureux, que voulez-vous de plus ? À table ! Fondue savoyarde aux morilles, aux cèpes, planche du randonneur. Spécialité de truites cuisinées à toutes les sauces. Petite terrasse entourée de verdure, et les enfants adorent la petite école reconstituée dans un coin... Un endroit qui a beaucoup d'âme !

Où dormir ? Où manger dans les environs ?

Gîte d'étape Terre-Rouge : *hameau de Terre-Rouge, 05100* ***Cervières.*** *☎ 04-92-21-00-37. • contact@gite-terrerouge.com • gite-terrerouge.com • À 6 km au sud de Briançon (route de l'Izoard). Nuitée en dortoir de 4-6 pers ou double avec sanitaires communs 25-30 €/pers ; petit déj 5 €. Menu du gîte 15 €. CB refusées. Apéritif offert sur présentation de ce guide.* Chalet-gîte à belle et haute façade en rondins de bois. Le site est extra, nature à souhait, et le village voisin de Cervières conserve un parfum d'authenticité. Grand séjour et cuisine à disposition. Pour se reposer, une succession de petites terrasses en cascade où des hamacs vous tendent les bras... Local à vélos.

Auberge-refuge Napoléon : *col de l'Izoard, 05100* ***Cervières.*** *☎ et fax : 04-92-21-17-42. L'hiver, le col est fermé : accès au refuge à raquettes ou à motoneige. Congés : de mi-avr à fin mai et oct-20 déc. Double 58 €/pers en ½ pens slt. Menu et carte env 25 €. CB refusées.* En léger contrebas du col (côté Briançon), la seule construction à des kilomètres à la ronde, perchée à 2 360 m d'altitude. C'est un des 6 refuges construits dans les Hautes-Alpes par Napoléon III, qui honorait ainsi un vœu testamentaire de son illustre tonton. C'est maintenant une auberge, à l'ambiance décontractée et chaleureuse. Toilettes sèches en hiver. Bien entendu, terrasse paisible pour admirer un panorama grandiose. Excellent accueil.

Auberge de Catherine : *chemin des Blés,* ***Puy-Saint-Pierre,*** *05100 Briançon. ☎ 04-92-20-40-89. • aubergecatherine@orange.fr • aubergecatherine.fr • À 2 km du bas Briançon (télécabine du mont Prorel). Prendre direction Gap, puis vers Puy-Saint-Pierre ; c'est au centre du hameau, à 20 m de la pl. de l'Église. Tlj sf dim soir, lun et mer midi. Congés : 15 j. en avr et Toussaint. Double 60 €, petit déj en sus. Menus 24-35 € ; carte 30-38 €.* Ambiance montagnarde pour cette auberge fleurie et accueillante au cœur du hameau Puy-Saint-Pierre, depuis lequel on a une vue superbe sur Briançon. Une dizaine de chambres confortables à l'étage, avec balcon. Cuisine de terroir riche et assez élaborée avec des spécialités comme les escargots ou le carré d'agneau. À déguster en terrasse à la belle saison. Accueil charmant.

Chambres d'hôtes Le Brin de Paille : *à Prelles, 05120* ***Saint-Martin-de-Queyrières.*** *☎ 04-92-24-77-83. • brindepaille.com • À 6 km au sud de Briançon direction Gap. Double 55 €, 67-79 € pour les familiales. ½ pens 45 €/pers (min 2 pers).* Une drôle de maison des trois petits cochons aux murs de paille bardés de bois. Pas de panique, les concepteurs ont tiré les leçons des erreurs passées ; vous pouvez toujours souffler, ce brin de paille ne risque pas de s'envoler ! À l'intérieur, 4 chambres lumineuses pour 2 à 4 personnes, certaines avec mezzanine, toutes dotées de belles et grandes cabines de douche. Four à pain dans la salle à manger, où les maîtres des lieux enfournent pizzas et gratins. À l'extérieur, terrasse ensoleillée et bain norvégien.

Où boire un verre ?

Le Shuss et le Spirit *(plan couleur A1-2,* ***30****) : pl. du Temple, en face de l'office de tourisme. Tlj sf mar hors saison.* 2 bars avec terrasses qui envahissent une partie de la place. Proposent des apéros-tapas et organisent parfois des concerts en commun.

Le Duo *(plan couleur A2,* ***25****) : 8, pl. du Général-Éberlé. ☎ 04-92-21-09-18. Tlj sf dim et lun soir hors saison, à partir de 19h (10h en été).* Un bar lounge à la déco branchée mais, ici, on ne se la joue pas pour autant. En été, lorsque le temps le permet, organise des apéros barbecue très sympas sur la place. Concerts (le vendredi principalement) à dominantes blues, jazz et rock. L'un des rares endroits de vie nocturne dans la citadelle.

À voir. À faire

La cité Vauban : *et ses fortifications inscrites depuis 2008 au Patrimoine mondial de l'Unesco. Entièrement piétonne. On y accède plutôt par le haut (grand parking au Champ-de-Mars ; plan couleur B1) et la porte de Pignerol, avec pont-levis et herse. On peut aussi entrer par la porte d'Embrun en bas (pont-levis également ; plan couleur A2) où l'on trouvera un petit parking pour se garer.*
À la porte de Pignerol, une plaque commémore le blocus de 1815, où Briançon fut héroïque. Tout droit descend la *Grande-Gargouille,* rue principale appelée ainsi en raison du « canal central » qui s'y écoule dans un lit de pierres appelé « gargouille ». Réalisé en 1345, il servait surtout à la lutte contre les incendies. Sur la droite, au n° 13, la *maison des Têtes,* à médaillons sculptés de personnages briançonnais. Presque en face, la *fontaine du Haut.*
Par la première rue à droite, on accède à la *place du Temple* (l'office de tourisme se trouve dans la maison du Temple). Très bel immeuble Renaissance.
La *collégiale (plan couleur A1),* construite d'après des plans de Vauban (1703-1718), est assez colossale. Deux lions de marbre rose en gardent l'entrée, provenant de l'église précédente, détruite lors de la guerre de la ligue d'Ausbourg. À l'intérieur, beau mobilier (tableaux, stalles, retable et autel du XVIIIe s). À remarquer au plafond : une curieuse horloge du XVIIIe s avec une seule aiguille.
De là, par la *Petite-Gargouille* (plus courte et plus étroite que la grande), on descend jusqu'à la *place d'Armes (plan couleur A2),* où se trouve la belle et ancienne *maison du Roi* (ancien auditoire), où le bailli rendait justice (actuel tribunal d'instance). En façade, deux cadrans solaires. La rotonde du puits de Vauban et l'auvent du corps de garde de la place viennent d'être restaurés.
Reprendre la Grande-Gargouille pour trouver en bas, sur la gauche (n° 64), la *maison du Pape (plan couleur A2),* où Pie VI fut retenu prisonnier 2 mois en 1799, avant son transfert à Valence où il mourut. On arrive enfin à la place du Médecin-Général-Blanchard, où se trouve la Maison du parc national des Écrins et l'expo sur le ski en Briançonnais (voir ci-dessous). Non loin, l'*église des Cordeliers* (fin du XIVe s), qui a été très dégradée car transformée en hôpital militaire, puis longtemps abandonnée. On peut cependant y voir (visite guidée avec le service du patrimoine) de remarquables fresques des XVe et XVIe s, parmi les plus fines et les plus élégantes des Hautes-Alpes.
Remonter la rue de Roche, prendre à droite la rue du Pont-d'Asfeld pour accéder à la porte de la Durance *(plan couleur B2)* : nombreux points de vue sur la ville, les vallées et le pont d'Asfeld sur la Durance.

La Maison du parc national des Écrins et le musée du Ski *(plan couleur A2) : pl. du Médecin-Général-Blanchard. ☎ 04-92-21-42-15. Juil-août, tlj 10h-12h, 15h-19h ; le reste de l'année, lun-ven 14h-18h. Entrée gratuite.* Toutes les infos sur le parc des Écrins (salle audiovisuelle, maquettes, bornes interactives...). Expo permanente sur l'histoire du ski en Briançonnais, avec l'aventure des pionniers et la présentation de champions locaux. Nombreuses infos sur la faune et la flore des Écrins. Beau plan en relief du parc.

Le centre d'art contemporain *(plan couleur A2) : 3, pl. d'Armes. ☎ 04-92-20-33-14. Juil-sept et déc-fév, tlj sf mar 15h-18h (19h mars-oct). Entrée libre.* Un bel espace situé au cœur de la ville haute qui accueille des expos temporaires d'artistes contemporains.

La ceinture de forts : *pour les visites guidées des forts (en été), contacter le service du patrimoine au ☎ 04-92-20-29-49 (voir « Adresses et infos utiles »,*

LE BRIANÇONNAIS

plus haut) ou le Club du Vieux Manoir au ☎ 04-92-21-36-46 (● clubduvieuxmanoir.fr ●). Sinon, il existe un sentier pédestre qui passe par le fort des Têtes (base militaire), le fort Dauphin, la Communication Y et le fort du Randouillet ; départ du pont d'Asfeld, qui enjambe la Durance ; compter 4h l'A/R. Pour rejoindre le fort des Salettes, prévoir 30 mn depuis la cité à pied (possibilité de s'approcher en voiture). Les progrès de l'artillerie (sous Vauban, un boulet portait à 600 m ; en 1885, les obus-torpilles vous dessoudent un régiment à 15 km) ont contraint les militaires à renforcer le dispositif défensif du Briançonnais. Vauban, dès 1692, avait déjà pensé à renforcer la ligne de défense le long de la frontière établie au Montgenèvre en 1713 et dans les environs de Briançon : ainsi la ***redoute des Salettes*** a été bâtie d'après ses projets. Pour renforcer le tout, on construisit ultérieurement les ***forts des Têtes, du Randouillet, Dauphin,*** le ***pont d'Asfeld*** et la ***Communication Y.*** Cette dernière est un long couloir de 200 m de long permettant de sécuriser la route militaire. Désaffectés aujourd'hui (sauf la redoute des Salettes et le fort du château, en restauration), ces forts sont l'occasion d'excursions, offrant toujours de grands panoramas sur le Briançonnais et vers le Piémont.

– ***Le parc de la Schappe*** *(hors plan couleur par A2)* **:** *au pied des remparts. Ouv tte l'année, 9h-18h (22h en été).* Un parc paysager avec un petit lac, des jeux pour enfants, deux parcours acrobatiques dans les arbres : l'un pour adultes ***(Grimp'in Forest :** 04-92-46-16-91 ; juil-août, tlj 10h-19h ; mai-juin et sept, w-e et j. fériés 14h-18h),* l'autre pour enfants à partir de 4 ans et de 1,05 m ***(Jungle Parc :** 06-87-89-95-19).* Également une *via ferrata* facile *(rens à **Grimp'in Forest** ; accès : 3 € ; compter 1 à 2h).* Du parc, on peut accéder au pont d'Asfeld par un petit sentier bien ombragé. Calme et reposant, pour une promenade toute simple. Pour les visites guidées de l'ancienne industrie de la Schappe, se renseigner auprès du service du patrimoine *(☎ 04-92-20-29-49).*

Stations de ski

Le domaine de ski nordique de Cervières : ce village au sud de Briançon, sur la route du Queyras par le col de l'Izoard, possède un des plus beaux domaines de fond du département, avec près de 70 km de pistes aménagées.

Briançon est un des sites de Serre-Chevalier Vallée. Voir plus loin.

Sports et loisirs

– ***Club alpin français :*** *6, av. René-Froger, BP 61, 05102 **Briançon** Cedex. ☎ 04-92-20-16-52.* Hiver comme été, le Club alpin français encadre et propose toutes activités alpines : rando, escalade, parapente, spéléo, alpinisme, ski de montagne, cascades de glace, raquettes...

– ***Via ferrata :*** on trouve une quinzaine de *via ferrata* dans la région du Briançonnais. Un guide très bien fait est à disposition dans les offices de tourisme, expliquant le niveau, le tracé et quelques consignes de sécurité.

– ***Pêche :*** ***Thib'Eau Pêche,*** *18, av. du 159e-RIA, 05100 **Briançon.** ☎ 04-92-21-36-09.* Si vous voulez trouver un guide pour vous concocter des séjours sur mesure pour une belle rencontre avec la nature, adressez-vous à ce détaillant d'articles de pêche qui connaît tous les meilleurs spécialistes de la région.

– ***Aventure Parc :*** *05240 **Villeneuve-la-Salle,** à 7 km de Briançon. ☎ 04-92-24-90-57. ● aventure-parc.fr ● Ouv avr-nov ; juil-août, tlj 10h-18h30. À partir de*

20 € (enfant). Ce parcours de promenades à travers les arbres est bien rigolo, sympathique et sportif. Les plus courageux pourront même sauter à l'élastique !

■ ⌂ |●| ***Observatoire d'astronomie Le Pas-du-Loup :*** *Serre Crozet, hameau du Bouchier, 05120* ***Saint-Martin-de-Queyrières.*** *☎ 04-92-23-09-27. • lepasduloup.com • Ouv tte l'année, ts les soirs sur résa. Nuit en dortoir 12 €. ½ pens 34 €. Chambres doubles également.* Un observatoire donc, avec refuge pour dormir sur place si besoin.

Fêtes et manifestations

– ***Fête médiévale :*** *1er w-e de juil.* Troubadours, chevaliers et spectacles de rue envahissent la cité, sans oublier les stands d'artisanat et de produits locaux.
– ***Forts en fête :*** *en juil. 7 représentations, dans les remparts.* Spectacle théâtral.
– ***Mondial de l'escalade :*** *6 j. mi-juil.*
– ***Festival de musique de chambre :*** *1re quinzaine d'août. • festival-musique-briancon.com •* Une dizaine de concerts payants dans l'église des Cordeliers.

SERRE-CHEVALIER VALLÉE

(05240) 3 500 hab. *Carte Hautes-Alpes, C1*

Briançon et les stations-villages de la vallée de la Guisane donnent accès au *domaine de Serre-Chevalier,* fonctionnant avec un seul et même forfait : soit 250 km de pistes, de 1 200 à 2 800 m. « Serre-Che » est ainsi le plus vaste domaine skiable des Hautes-Alpes (le cinquième domaine skiable français), et chacun y trouvera des pistes à sa mesure. Autre plus, un taux d'ensoleillement record ; on est au pays des 300 jours de soleil par an, ce qui fait de Serre-Che une station assez prisée.
Serre-Chevalier stricto sensu (c'est-à-dire sans Briançon) comprend 13 villages ou hameaux, répartis sur trois communes : Chantemerle – Saint-Chaffrey (Serre-Chevalier 1350), Villeneuve – La Salle-les-Alpes et ses cinq villages (Serre-Chevalier 1400), et Le Monêtier-les-Bains et ses six hameaux (Serre-Chevalier 1500). Ils ont dans l'ensemble conservé un bâti traditionnel, surtout Le Monêtier et le vieux Saint-Chaffrey.
– Pratique, la station a développé une carte d'hôtes gratuite (été et hiver) qui permet d'obtenir de nombreuses réductions sur différents services ou entrées de lieux publics. Renseignements auprès des offices de tourisme de Briançon et Serre-Chevalier.
On notera qu'une partie de la station (Le Monêtier) est en liaison avec le parc des Écrins et propose un grand nombre de refuges sur le parc national *(rens : ☎ 04-92-21-08-49).*

Adresses et info utiles

ℹ ***Office de tourisme intercommunal de Serre-Chevalier Vallée :*** *Pré-Long, à* ***Villeneuve*** *; BP 20, 05240 Serre-Chevalier. ☎ 04-92-24-98-98. • serre-chevalier.com • ♿ Juil-août et déc-avr, tlj 9h-12h, 14h-19h ; lun-ven hors saison. Autres bureaux à* ***Chantemerle*** *et au* ***Monêtier-les-Bains.*** Organise des visites guidées des villages, des chapelles et églises ainsi que des cadrans solaires.
– ***Central de réservation :*** *☎ 04-92-24-98-80. • serrechevalier-reservation •*

■ ***Bureau des guides :*** *Maison de la montagne, Pré-Long, à* ***Villeneuve*** *(au même endroit que l'office de tourisme). ☎ 04-92-24-75-90. • guides-serrechevalier.com • Tlj en été et en hiver.*

Où dormir ? Où manger dans le coin ?

De bon marché à prix moyens

Auberge de jeunesse de Serre-Chevalier : *Le Bez, BP 2, 05240* ***La Salle-les-Alpes.*** *☎ 04-92-24-74-54. ● serre-chevalier@fuaj.org ● fuaj.org ● Desservi par le Skibus (réservé aux adhérents FUAJ). Un voyage/sem l'hiver pour Serre-Chevalier au départ d'une vingtaine de villes dont Paris, Rennes, Nantes, Marseille et Lille, ainsi que Bruxelles. Se renseigner. Ouv de mi-déc à la fin des vac de Pâques (formule stages de ski) et de mi-juin à août. Nuitée l'été 16,40 €/pers, avec les draps ; slt des séjours de ski à partir de 3 j. en hiver. Camping : env 6,50 €/pers. Repas complet 11,30 € ; petit déj env 4 €.* À la sortie du Bez, 3 grandes maisons au pied des pistes, aménagées pour une capacité de près de 130 personnes, répartie en chambres de 4 à 12 lits avec lavabos et douches pour certaines. Un petit espace pour planter sa tente. Cuisine à disposition l'été.

La Maison du Bez : *3, chemin de la Chouchière, Le Bez, 05240* ***La Salle-les-Alpes.*** *☎ 04-92-24-86-96. ● ski@hoteldubez.com ● hoteldubez.com ● Ouv de mi-déc à mi-avr et juin-sept. En été, doubles 63-68 € selon confort, petit déj 8 € ; en hiver, loc à la sem slt, 800-1 190 € pour 2 pers, en ½ pens. Menu 20 € le soir slt (résa indispensable pour les non-résidents).* La belle affaire pour l'été ! Une maison de village transformée en auberge qui propose des chambres à la blancheur lumineuse et à la douce atmosphère scandinave. Normal, la sympathique propriétaire est suédoise ! La cuisine (tout est fait maison) ne manquera pas également de vous faire voyager vers le Grand Nord... Adorable jardin pour lézarder aux beaux jours. Un rapport qualité-prix imbattable.

La Marotte : *36, rue de la Guisane, 05240* ***La Salle-les-Alpes.*** *☎ 04-92-24-77-23. Sur la route de Grenoble, au rond-point de La Salle, à droite vers le vieux village. Ouv slt le soir lun-sam en saison ; fermé le reste du temps. Congés : mai-juin. Résa indispensable (quelques tables à peine). Menu unique 22 € ; carte env 25 €. CB refusées. Apéritif maison offert sur présentation de ce guide.* Un petit resto saisonnier sympa comme tout, qui a ses fidèles depuis des années. Prudent de réserver pour profiter des bons petits plats du patron, concoctés selon les goûts et le jugement de la clientèle – qui n'est donc jamais déçue : différentes terrines maison, poulet mariné au citron et à l'estragon cuit en cheminée et nombreux desserts.

La Pastorale : *35, rue de la Guisane, 05240* ***La Salle-les-Alpes.*** *☎ 04-92-24-75-47. Dans la rue principale du village (à droite de la route quand on vient de Briançon). Ouv tlj en saison ; slt le soir, plus à midi sam-dim et j. fériés en hiver. Menus 16,50 € (à midi en été, sf w-e et j. fériés)-22,50 €. Carte env 28 €. Apéritif maison offert sur présentation de ce guide.* Fondues, pierrades, grillades au feu de bois et belles salades-repas. Rien de révolutionnaire, mais une cuisine honnête et copieuse, servie avec bagou dans une salle en pierre voûtée flanquée d'une cheminée fumante, prompte à réchauffer le skieur transi. Petite terrasse l'été.

Le Loup Blanc : *1, rue Neuve, Chantemerle, 05330* ***Saint-Chaffrey.*** *☎ 04-92-24-14-27. ● contact@restaurantleloupblanc.com ● Près des télésièges : à 100 m de l'office de tourisme. Ouv tlj en saison. Fermé mai-juin. Menus 13,50 € (déj en sem), puis 27-42 €. Café offert sur présentation de ce guide.* Au pied des pistes de ski, un beau chalet à l'intérieur montagnard chic et cosy à souhait. Belle cuisine sérieuse d'inspiration traditionnelle et plats joliment présentés à déguster sur fond de musique jazzy. En été sur la terrasse, les petites faims pourront se contenter de bonnes salades qui ne plomberont pas l'addition. L'un des meilleurs rapports qualité-prix de la vallée !

Chic

Hôtel Alliey : *11, rue des Écoles, 05220* ***Le Monêtier-les-Bains.*** *☎ 04-92-24-40-02. ● hotel@alliey.com ● alliey.com ● Au centre du village. Resto slt le soir. Congés : de fin avr à mi-juin et de mi-sept à mi-déc. Doubles tt confort*

88-159 € selon saison. Petit déj-buffet 16 € ! ½ pens demandée en hiver 99-128 €/pers. Également des studios et duplex équipés dans une résidence : 2-8 pers 450-2 000 €/sem selon taille et saison. Menus 28-33 €. Cette maison ne réserve que de bonnes surprises. Moments d'exception et de bien-être s'y succèdent : tout en détente dans l'espace balnéo, et en confort douillet dans les chambres très cosy du bâtiment principal, ou celles, plus claires et plus simples, mais avec balcon, de l'annexe. Piscine chauffée et spa. De plus, c'est une très bonne table où les produits régionaux sont à l'honneur. L'accueil est particulièrement aimable. Carton plein !

Le Chazal : *Les Guibertes, 05220* ***Le Monêtier-les-Bains.*** *☎ 04-92-24-45-54. Dans le haut du hameau des Guibertes. Congés : 15 j. en mai et juin et de mi-nov à mi-déc. Fermé lun et mar hors saison. Résa obligatoire. Menus 29-50 €.* Une table dont la réputation n'est plus à faire. Une cuisine de qualité, concoctée avec soin en fonction des saisons (la carte change tous les 15 jours), et qui allie tradition et créativité... Tout bonnement savoureuse, jusqu'au pain maison. À déguster dans une atmosphère très (trop ?) calme et posée...

Où boire un verre ?

Le Frog : *résidence* Le Lautaret, *entre Pré-Long et L'Arayet, 05240* ***La Salle-les-Alpes.*** *☎ 04-92-24-71-51. • xavier@le-frog.fr • le-frog.fr • Ouv tlj.* Ce pub Scottish réalise l'exploit d'être animé tous les soirs, même lorsqu'il n'y a personne à Serre-Chevalier ! Bref, si vous recherchez un endroit à l'ambiance assurée, c'est là qu'il vous faut aller. Organise des concerts gratuits (pop-rock, jazz principalement) le mercredi, retransmission des grands événements sportifs. Belle sélection de bières anglaises. Terrasse avec transats. Fait aussi resto.

Pub Le Cocoon : *Pré-Long, à Villeneuve, 05240* ***La Salle-les-Alpes.*** *☎ 04-92-24-92-25. Ouv tlj en saison. Dans le petit centre commercial, à côté de l'office de tourisme.* Un bar tout simple où se retrouvent de nombreux habitués et moniteurs de ski, dans une ambiance pleine de vie.

LE BRIANÇONNAIS

À voir. À faire

Le musée d'Art sacré du Monêtier-les-Bains : *chapelle Saint-Pierre, 05220* ***Le Monêtier-les-Bains.*** *☎ 04-92-24-57-43. (partiel). Dans le vieux village. Ouv l'été, et de mi-déc à mi-avr, jeu-ven et dim 14h-18h. Fermé le reste de l'année (sur rdv pour les groupes). Visites commentées ven à 14h30 en été et 17h en hiver. Entrée : 3 € ; réduc.* Dans cette chapelle du XVIIIe s a été réunie une centaine d'œuvres provenant de la trentaine de chapelles et d'églises de la commune. Les plus anciennes sont du XVe s, la plupart des XVIIe et XVIIIe s. Pièces tout à fait remarquables, et fort bien présentées. L'accueil par le « petit peuple des saints », groupes de statues de bois polychrome ou doré, chacune sur son piédestal, est charmant. Quelques peintures, et la plus ancienne croix processionnelle des Hautes-Alpes (argent, XVe s). Trois tapisseries d'Aubusson également, fort belles (XVIIe s). À l'étage, expositions temporaires ayant trait à l'histoire, la géographie, l'économie ou à l'histoire de l'art des Hautes-Alpes.

– Des visites guidées sont également proposées : du village (2h), des chapelles à fresques du XVe s (1h30) et des églises baroques.

CHAUD DEVANT

Doté de quatre sources chaudes, Le Monêtier-les-Bains revendique une longue tradition thermale. On y a même découvert des vestiges d'une piscine antique. Convaincus que ces eaux avaient des vertus purgatives, un médecin et un apothicaire firent construire sur place, au XVIIIe s, un « pavillon des buveurs ». On affubla dès lors les habitants du Monêtier de l'élégant surnom de « tripes chaudes ».

– *Les Grands Bains : 05220* ***Le Monêtier-les-Bains.*** *☎ 04-92-40-00-00. • lesgrandsbains.fr • Fermé 2 sem en mai-juin et 2 sem en nov. Tlj 10h-21h/22h en hte saison, 14h-20h en basse saison. Tarifs : 16-21 € pour 2 ou 3h selon saison ; réduc enfants ; forfaits famille 39-54 €.* Un espace thermoludique de 4 500 m² consacré au bien-être, à la détente et à la relaxation : hammam, sauna, massages, bains romains, grottes musicales, etc.

Ski

Ski alpin : on vous le rappelle, le domaine de Serre-Chevalier est le cinquième domaine skiable français avec 250 km de pistes ! Forfait adulte : 43,30 €/j.

Ski nordique et raquettes : se pratiquent en vallée, 35 km de pistes sur « Serre-Che », 60 km sur Briançon. Beaux parcours piétons également sur Serre-Chevalier, avec 20 km aménagés.

LA GRAVE

(05320) 520 hab. *Carte Hautes-Alpes, C1*

Porte d'entrée septentrionale du département, La Grave se rencontre au sortir de la combe de Malaval, trait d'union entre Isère et Hautes-Alpes. Le village s'accroche à l'adret de la vallée de la Romanche, face à l'un des plus somptueux paysages alpins : la « Reine Meije » et ses glaciers, spectacle vraiment impressionnant. Un peu plus haut, le charmant village de Villar-d'Arène, puis le col du Lautaret, classique du Tour de France, derrière lequel on rejoint Briançon par la vallée de la Guisane. La Grave est aussi classée comme l'un des « Plus Beaux Villages de France », en partie pour la qualité de son environnement. Elle constitue donc un passage obligé si l'on se rend dans le Briançonnais ou vers l'Italie par Montgenèvre depuis Grenoble ; c'est aussi un haut lieu de l'alpinisme et une station d'hiver profitant des pentes et du cadre merveilleux de la Meije, avec le GR 54 qui fait le tour de l'Oisans.

Adresses utiles

Office de tourisme : *le long de la D 1091, en face de la poste. ☎ 04-76-79-90-05. • lagrave-lameije.com • En juil-août et déc-avr, tlj 9h-12h30 (12h en hiver), 15h-19h (18h en hiver) ; mai-juin et sept tlj sf dim ; en oct-nov, ouv mat lun-ven.* C'est aussi un centre d'information saisonnier du parc national des Écrins.

Bureau des guides : *D 1091, parking haut du téléphérique. ☎ 04-76-79-90-21. • guidelagrave.com • Ouv en été et en hiver slt, permanence téléphonique tte l'année.* L'hiver : ski, surf, cascade de glace, alpinisme hivernal. L'été : alpinisme, escalade, canyoning, rando, VTT et baptême de parapente biplace.

Où dormir ? Où manger dans le coin ?

Campings

Camping municipal d'Arsine : *05480* ***Villar-d'Arène.*** *☎ 04-76-79-93-07 ou 04-76-79-90-55 (mairie hors saison). • villardarene@free.fr • À 3 km de Villar-d'Arène en direction de Serre-Chevalier, au fond d'un vallon. Ouv de mi-juin à mi-sept. Pour 2 pers compter 7,40 €. CB refusées.* Petit camping très sommaire, très calme et ombragé. Et quel cadre ! L'environnement est vraiment superbe. Jetons de douche à 1,10 €. Face au camping, le *refuge-bar-resto du Pas de l'Âne.*

Camping de la Meije : *à* ***La Grave,***

en contrebas du village. ☎ 04-76-79-93-34 ou 📱 06-08-54-30-84. • nathalie-romagne@wanadoo.fr • camping-delameije.com • Ouv mai-sept selon conditions climatiques. Forfait pour 2 pers 16 €. CB refusées. Au bord d'une rivière tumultueuse, au pied du village et des glaciers, un camping familial et bucolique aux emplacements herbeux pas immenses mais partiellement ombragés par des arbres. Bons équipements : piscine chauffée, minigolf, tennis, boulodrome. Sentier (ça grimpe) pour rejoindre le village.

De bon marché à prix moyens

Gîte Les Mélèzes : *pl. de l'Église, 05480* ***Villar-d'Arène.*** *☎ 04-76-79-90-59. • gites.les.melezes@gmail.com • gite-les-melezes.fr • Face à l'église. Congés : nov. Chambres 1-6 lits, nuitée 18 €/pers. ½ pens 38,50 €/pers. Café offert sur présentation de ce guide.* L'accueil est sympa, le lieu propre et bien tenu (lavabo dans les chambres, douches nombreuses et pimpantes), pour des prix qui restent très raisonnables. Fait aussi crêperie. Terrasse au calme. 100 m plus haut, ***le gîte associatif La Brèche*** offre le même type d'hébergement, en plus rustique et un peu moins confortable, mais peut-être plus convivial. Cuisine à dispo et agréable jardin à l'arrière *(☎ 04-76-79-92-06 ; • labreche-gite@wanadoo.fr • la-breche.org • ; nuitée env 15,50 €/pers ; 37 € en ½ pens, draps non fournis).*

Auberge Aux 3 Frênes : *05480* ***Villar-d'Arène.*** *☎ 04-76-79-90-65. • hotel.3frenes@wanadoo.fr • 3frenes.com • Dans une ruelle qui part de la place principale (fléché). Congés : 1er-12 juin et fin sept-2-3 j. avt Noël. Double avec douche et w-c ou bains, TV, 60 €. Menus 12-22 €.* Chambres très calmes avec, pour certaines, une vue sur la montagne. Celles qui ont été restaurées ne sont pas plus chères ; elles ont une très jolie déco rustique consacrée chacune à un métier d'autrefois. Cuisine de montagne et familiale, avec ses petites subtilités estivales (gelée de pissenlit, tourte au choix, faisselle) et les classiques fondue, raclette, tartiflette... Accueil vraiment agréable.

Gîte et chambres d'hôtes L'Estable de Marie : *05480* ***Villar-d'Arène,*** *sur la place centrale. ☎ 04-76-79-92-38. 📱 06-60-88-70-48. • info@lestable-de-marie.com • lestable-de-marie.com • Ouv juin-août et déc-mars. Double 71 €. Table d'hôtes 21 €.* D'abord, enlever ses chaussures. Et puis choisir entre la chambre d'Hugues Aufray, celle de Cabrel ou de Georges Brassens. Elles sont toutes différentes, confortables et lumineuses, certaines avec balcon, d'autres plus spacieuses, toutes avec sanitaires privés séparant la plupart du temps salle d'eau et w-c. Au rez-de-chaussée, cette ferme du XVIIIe s abrite une salle à manger voûtée où apprécier une cuisine du marché, et un salon avec billard pour laisser filer le temps. Dans le bâtiment mitoyen enfin, un gîte équipé pour 4 personnes.

Au Vieux Guide : *au centre du village de* ***La Grave,*** *en contrebas de la rue principale. ☎ 04-76-79-90-75. • au-vieux-guide@wanadoo.fr • Congés : mai et de fin sept à mi-déc. Menus 10 € (en sem), puis 17-36 €. Digestif offert sur présentation de ce guide.* Un menu fondue, un autre tartiflette, une cuisine de tradition et de terroir, qui sait aussi être plus gastronomique... Tout ça servi avec bonne humeur dans une salle rustique en pierre grise ou sur la petite terrasse avec vue sur le glacier en été... superbe. Propose aussi des dortoirs pour passer la nuit *(20 €/pers).*

Chic

L'Edelweiss : *au bourg. ☎ 04-76-79-90-93. • info@hotel-edelweiss.com • hotel-edelweiss.com • À l'entrée de la ville, sur la droite en venant de Briançon. Resto ouv le soir slt 19h30-21h30. Congés : de mi-sept à mi-déc. Doubles avec sdb 90-110 € selon saison et type de chambre ; petit déj buffet 10 € ; ½ pens souhaitée en hiver 75 €/pers (base de 2 pers en chambre). Menus 25-28 €. Digestif offert sur présentation de ce guide.* Tenu par un Écossais, cet hôtel propose 2 types de chambres (et des apparts), les moins chères étant situées dans un bâtiment annexe. Un peu petites, elles restent pour autant très agréables et sont dotées d'une bonne literie. Pour la détente, sauna et jacuzzi. Au resto, cuisine d'ici et d'ailleurs, superbe ardoise des vins et concert de blues une fois par mois. Belle terrasse face au massif, gigantesque. Accueil sympa, avec l'accent. Presque tous les employés sont étrangers.

À voir. À faire

Les téléphériques de la Meije : ☎ *04-76-79-91-09 (répondeur 24h/24). • la-grave.com • Ouv de mi-juin à mi-sept et de mi-déc à début mai. Une montée à 9h, puis ttes les 30 mn à partir de 10h, ttes les 5 mn en pleine saison ; dernière montée à 16h30. « Les » téléphériques, car il y a 2 tronçons : l'un jusqu'à 2 400 m, l'autre jusqu'à 3 200 m (col des Ruillans avec visite de la grotte de glace ; 4 € ; réduc). En été, 22,50 € l'A/R sur le 1er tronçon, si le 2e est fermé ; réduc ; tarif familial 50 €. En hiver, compter 42,50 € ; réduc. Forfait VTT 25 € (valable la journée) : on monte par le téléphérique et on redescend à VTT plusieurs fois dans la journée. Montée de 40 mn.* Panorama époustouflant, vue grandiose, etc. Un must, vraiment ! La Meije toute proche culmine à près de 4 000 m et le Rateau à 3 800 m ; même le mont Blanc apparaît au loin... splendide et enneigé (même en été).

Le jardin botanique alpin du Lautaret *(de l'université de Grenoble)* **:** *au col du Lautaret, 05480* ***Villar-d'Arène.*** ☎ *04-92-24-41-62. ♿ (20 % accessibles en fauteuil). À 10 km de La Grave. Tlj juin-fin sept. Entrée : 6 € ; réduc ; gratuit pour les moins de 12 ans et les pers handicapées. Visites guidées gratuites en juil-août, tlj à 10h30, 14h30 et 16h ; en juin et sept, sur résa.* Sur 2 ha, un jardin enchanteur où germent et poussent plus de 2 500 espèces du monde entier. Fort beau, et fleuri, ça oui !

Le Chazelet et ses hameaux : *prendre à droite (fléché) après le 1er tunnel en descendant vers Briançon.* Rude, superbe. Une grappe de hameaux aux bâtisses en grosses pierres (et bâtiment plus modernes), éparpillés à flanc d'alpages face aux glaciers majestueux. Certains sont accessibles par la route, d'autres par des sentiers. Nombreux départs de balades.

Le centre d'information du parc national des Écrins : *au col du Lautaret, 05480* ***Villar-d'Arène*** *; à 10 km de La Grave. De mi-juin à août, tlj 11h30-18h. Entrée libre.* Dans un ancien refuge-hospice Napoléon. Expos sur la faune, la flore et les écosystèmes du parc.

Les stations de ski des environs

Les stations de ***La Grave*** se trouvent sur l'adret, face au massif de la Meije (cadre superbe) :

Le Chazelet (1 800-2 100 m) est une station familiale aux pistes relax (6 km). Forfait journée : adulte 14,50 €.

Le domaine skiable de la Meije (« vallon de la Meije ») : c'est le seul domaine skiable 100 % hors-piste de France. Là, les amoureux du ski sauvage se régalent, accédant par le téléphérique à 3 200 m et dévalant les pentes de la Meije (2 150 m de dénivelée) dans des gerbes de poudreuse. Forfait journée adulte : 40 €.

Ski nordique : 21 km, sur Villar-d'Arène. Ensoleillé le matin et chamois souvent au rendez-vous. Également un petit circuit raquettes de 10 km.

Sports et loisirs

– ***Alpinisme et rando :*** « alpinisme et rando sont les deux mamelles de La Grave », dirait-on plaisamment. Le GR 50 et le GR 54 passent en vallée (avec des variantes en corniche), et La Grave, comme les hameaux des environs, sont le point de départ de nombreuses excursions alpestres : lac de Puy-Vachier, glacier de la Meije, lac du Pontet, lac Noir ou lac Lérié... Il y a quelques itinéraires accessibles à tous et pas très longs, qu'on vous indiquera à l'office de tourisme (topoguide en vente) ; d'autres nécessitent une bonne condition physique, et d'autres enfin sont carrément sportifs (col des Ruillans).
Si l'on n'est pas vraiment fan de grimpette, il y a le téléphérique : nombreuses balades tous niveaux à partir de la gare intermédiaire de 2 400 m (dont la descente sur La Grave en 2h30 par une très belle forêt de mélèzes). Autre proposition de rando facile et familiale : départ de 2 400 m, traversée jusqu'au lac de Puy-Vachier en 1h. 15 mn de marche de plus vous conduisent au *refuge Chancel (☎ 04-76-79-92-32)* par le chemin très bien aménagé des « Chancel'isé » ! De là, magnifique panorama.
Enfin, pour l'alpinisme pur et dur, il y a tout ce qu'il faut : ascensions vertigineuses, randonnées glaciaires, exploration de crevasses, cordées d'enfer ; amis de la montagne et de l'exploit, rendez-vous là-haut ! Et pour vous entraîner, la *via ferrata* des Mines du Grand-Clos est une des plus longues de France (4h).
Tout le monde peut ici accéder à la haute montagne. À partir de 6 ans et pour un minimum de cinq personnes, balades commentées sur un glacier, tous les mercredis, vendredis et dimanches sur inscription au bureau des guides (voir « Adresses utiles »). Tarif adulte : 26 € (sans l'accès au téléphérique), réductions. Durée : 1h30.

– ***Rafting :*** ***No Limit Rafting,*** *☎ 04-76-79-91-93. • rafting-nolimit.com • Juin-sept.* Rafting, nage en eaux vives, canyoning, canoë-kayak, etc. Propose notamment la descente sportive de la Romanche (5 km en 2h ; 35 €/personne). Réservé aux plus de 16 ans ayant le cœur bien accroché et sachant nager.

Manifestations

– ***Festival Messiaen :*** *fin juil-début août. Rens à l'office de tourisme ou sur le site • festival-messiaen.com •* Festival de musique classique et de création contemporaine.
– ***Mercredis du patrimoine :*** *24 juil et 7 août. Rens à l'office de tourisme.* Au programme : visite de l'église de la Grave, chapelle des pénitents (uniquement ouverte lors de cette manifestation), conférence et concerts.
– ***Le Derby de la Meije :*** *1er w-e d'avr. • derbydelameije.com •* En ski comme en bouée, 1 000 concurrents aux costumes farfelus dévalent à toute berzingue 2 000 m de dénivelée le plus vite possible. Une course de casse-cou qui met le village en fête. Concerts, spectacles de rue, repas géants... LE rendez-vous des *riders*.
– ***Fête de la Montagne :*** *14 août et 1 j. fin déc.* Activités, ateliers et découverte du milieu de la montagne.

LA VALLÉE DE LA VALLOUISE – PAYS DES ÉCRINS

Carte Hautes-Alpes, C2

Bordant le parc national des Écrins et s'y enfonçant, la Vallouise s'approche au plus près des grands monts cristallins. La haute montagne est ici chez

elle, ou plutôt nous sommes chez elle, et le hameau d'Ailefroide, en fond de vallée, est ainsi le deuxième centre d'alpinisme en France après Chamonix. Mais on n'est pas obligé de partir à l'assaut du *mont Pelvoux* (3 946 m), de la *barre des Écrins* (4 102 m) ou de l'*Ailefroide* (3 952 m) pour profiter de cette nature impressionnante et grandiose : les excursions au *glacier Blanc* et au *glacier Noir,* qui se font depuis le *pré de Madame-Carle,* sont accessibles au plus grand nombre. Notons enfin qu'outre Vallouise, son chef-lieu, la vallée possède de jolis hameaux et deux stations-villages, Puy-Saint-Vincent et Pelvoux.

UN PEU D'HISTOIRE

La Vallouise s'est appelée longtemps le « Vallis Puta » (« vallée mauvaise ») en raison de nombreux massacres infligés aux vaudois. C'est en hommage à Louis XI, qui avait arrêté l'Inquisition contre les vaudois, qu'elle a pris le nom plus avenant de « val Louyse ». On ne s'y aventurait pas à la légère, et d'ailleurs on n'y entrait qu'après avoir montré patte blanche aux gardiens du « mur des Vaudois », muraille qui fermait la vallée et dont il reste quelques vestiges. Mais les vaudois n'ont rien à voir avec cette muraille, qui avait été édifiée pour le contrôle des marchandises, car la Vallouise dépendait du Briançonnais et, de ce fait, avait les privilèges douaniers des Escartons.
Il est vrai, en revanche, que les vaudois ont occupé cette vallée où ils se sont réfugiés à deux reprises (1340 et 1480), et qu'ils y ont été pourchassés et exterminés, comme en témoigne la toponymie, dans le vallon de Celse Nière, par exemple (« baume des Vaudois », « cimetière des Vaudois »).
Aujourd'hui, la Vallouise est avant tout une des entrées les plus prestigieuses du parc des Écrins, vouée à l'alpinisme et plus généralement au tourisme d'hiver comme d'été, de haute et moyenne montagne.

Adresses utiles

i *Office de tourisme du pays des Écrins :* *23, av. de la République, 05120* ***L'Argentière.*** *☎ 0810-00-11-12 (n° Azur). • paysdesecrins.com • Ouv tte l'année ; en été et en hiver, tlj sf dim.* Également un point info à Vallouise, à Puy-Saint-Vincent, Pelvoux et Freissinières.

■ ***Maison du parc des Écrins :*** *05290* ***Vallouise.*** *☎ 04-92-23-32-31. • ecrins-parcnational.fr • En travaux jusqu'au printemps 2014. Pdt cette période, l'accueil se fait aux Écrins d'Azur sur le front de neige du Pelvoux : mar-ven 13h30-17h30 sf j. fériés.* Expos et infos sur le parc. Un sentier botanique (accès libre) débute juste à côté de la Maison.

■ ***Bureaux des guides :*** *à* ***Ailefroide*** *(ouv en été slt) et à* ***Vallouise*** *(ouv tte l'année). ☎ 04-92-23-32-29. • guides-ecrins@orange.fr • guides-ecrins.com •*

Où dormir ? Où manger ?

Campings

⛺ ***Aire naturelle d'Ailefroide :*** *05340* ***Pelvoux.*** *☎ 04-92-23-32-00. 📱 06-08-22-82-09. • info@ailefroide.fr • ailefroide.fr • ♿ Ouv mai-sept. Compter 12,80 € pour 2 pers.* Simple et sympathique, spacieux, dans un joli cadre très arboré ; les emplacements s'éparpillent dans la forêt. Confort minimal. Prévoir un bon duvet.

⛺ Nombreux autres campings dans la région, se renseigner auprès des offices de tourisme.

Bon marché

🏠 🍴 ***Gîte-auberge La Blanche :*** *Le Sarret, 05340* ***Pelvoux.*** *☎ 04-92-23-44-62. • info@gite-lablanche.fr • gite-lablanche.fr • Nuitée 25-29 €/pers en* *chambre de 4 pers ; 36-37,50 €/pers en chambre double sans ou avec sdb ; petit déj et draps inclus. Repas 16,80 €. Parking privé. Espace détente sauna et spa. Apéritif maison offert sur présentation de ce guide.* Une chaleureuse maison du XVIIIe s avec salle à manger voûtée, cheminée... et luges anciennes, ours en peluche, skis en bois, vieux sac à dos pour décorer la façade. Ça sent les vacances à la montagne. Ambiance familiale et décontractée. L'été, grand jardin à l'arrière.

Gîte de l'Aiglière : *chez Denis et Maryline Fischer, route de l'Auchette, 05290* ***Vallouise.*** *☎ 04-92-23-52-52. • gite.aigliere@wanadoo.fr • gite-aigliere.pagesperso-orange.fr • Prendre la rue sur la gauche de l'église ; c'est à 200 m env. Nuitée en chambre de 2-4 pers 14 €/pers ; sanitaires communs à l'étage ; draps non fournis. ½ pens 32 €/pers. Resto le soir slt.* Un gîte d'étape sans patine, mais fonctionnel et bien tenu au centre du village et à proximité du GR 54 ; vraiment au calme, tout en étant à proximité des commerces, bars et restos. De la terrasse, on profite d'une vue splendide.

Les Rhododendrons : *Puy-Aillaud, 05290* ***Vallouise.*** *☎ 04-92-23-30-14. Dans Vallouise, prendre à droite au niveau de l'église, une petite route étroite vous conduit dans un hameau superbe, à 5 km de là. Ouv tlj. Résa conseillée hors saison. Congés : 15 j. fin sept-début oct. Repas env 15-18 €, à la carte slt. CB refusées. Apéritif maison offert sur présentation de ce guide.* Dans ce coin de bout du monde très calme, sur la place de la poste, voilà une auberge des plus sympathique. Monsieur est savoyard ; vous pourrez donc déguster les crozets (des pâtes carrées au blé noir), accompagnés de diots (saucisses) au vin blanc et au fromage. Sinon, tous les plats montagnards sont là : fondues, raclettes, tourte aux pommes de terre ou au choux, tartes aux framboises ou aux myrtilles... une cuisine revigorante et goûteuse qui tient au corps ! L'accueil est excellent et les prix imbattables. Et si vous n'avez plus envie de repartir, un gîte d'étape et des chambres d'hôtes vous attendent juste en face.

Hôtel-bar de la Mairie : *32, av. Charles-de-Gaulle, 05120* ***L'Argentière-la-Bessée.*** *☎ 04-92-23-12-70. • hoteldelamairie-arg@wanadoo.fr • Tlj sf mer et jeu midi hors saison. Congés : Pâques et Toussaint. Doubles 35-45 € selon confort ; familiales 3 pers 50 €. Réduc de 10 % sur présentation de ce guide.* Petit établissement à l'ambiance bien sympathique. Chambres propres. De temps en temps, animations musicales, soirées lecture ou philo.

De prix moyens à chic

Le Relais du Pelvoux : *05340* ***Pelvoux.*** *☎ 04-92-23-36-99. • lerelaisdupelvoux@orange.fr • lerelaisdupelvoux.com • Congés : de mi-oct à mi-déc. Doubles 42-64 € selon confort et saison.* Au cœur de cette vallée restée bien sauvage, en bordure du parc national des Écrins, *Le Relais du Pelvoux* est un petit hôtel familial aux chambres classiques, simples et propres. Nos préférées, celles avec balcon surplombant le torrent ; les autres donnent sur la rue principale du village. Il propose aussi quelques chambres en gîte (apporter ses draps). Sauna, resto. Terrasse agréable face à la vallée. Bon accueil.

Chambres d'hôtes La Maison Estienne : *route des Écrins, 05120* ***Les Vigneaux.*** *☎ 04-92-20-26-71. 06-81-02-39-51. • info@maisonestienne.com • maisonestienne.com • De L'Argentière, direction Vallouise ; à env 4 km, prendre à droite (D 4) direction Prelles, c'est à 1,5 km env sur la gauche. Fermé 15 nov-10 déc. Doubles en ½ pens 55-57 €/pers.* Une maison moderne décorée de statues et tissus rapportés par Annick et Yvan de leurs multiples périples autour du monde. 2 chambres (les moins chères) disposent d'une salle de bains commune. Superbe jardin. Yvan, guide de haute montagne, a arpenté tous les sommets du coin ! Vous serez donc bien conseillé pour vos balades... Accueil plein d'énergie et très souriant d'Annick.

Où boire une bonne bière ?

La Brasserie des Frères Alphand : *pl. du Village, 05290*

Vallouise. ☎ 04-92-23-20-00. • brasserie.alphant@wanadoo.fr • ♿ Ouv 15 juin-15 sept slt. Carte env 25 €. Café offert sur présentation de ce guide. Lionel et Luc Alphand ont monté ici une brasserie vraie de vraie, où la bière est produite à l'eau des Alpes (source locale) et travaillée à l'irlandaise. Blonde, blanche ou *red ale* se boivent sans soif, et c'est un plaisir d'en vider une pinte ou deux au bar ou en terrasse en surplomb de la rivière. Ils fabriquent aussi des sodas. Comme le nom l'indique, ils font également brasserie avec des plats... à la bière évidemment. À noter : la fondue à la bière maison aux 3 fromages ! Également de belles assiettes gourmandes, très copieuses, tartiflette, raclette... Ambiance de fête bien souvent (concerts l'été). Service charmant.

À voir

L'Argentière-la-Bessée : *au confluent des vallées de la Durance et de la Vallouise. Un circuit balisé permet de découvrir l'ancien patrimoine industriel de la ville (brochure disponible à l'office de tourisme) ; possibilité de visite commentée, ☎ 0810-00-11-12 (prix d'un appel local). Visite des mines sur résa : ☎ 04-92-23-02-94.*
L'Argentière tient son nom des mines d'argent exploitées dès l'époque romaine. À la fermeture de l'usine d'alumine en 1986, L'Argentière s'est recyclée dans le tourisme à caractère sportif (kayak, escalade, cascades de glace) et culturel. Son stade d'eaux vives a d'ailleurs accueilli la Coupe du monde de canoë-kayak en 2011.
Autre route possible, rejoindre Puy-Saint-Vincent par le col de Fournel. Merveilleux ! Ne pas manquer le croisement avant La Salce, route de terre assez praticable qui mène à un lac, des vues et paysages surprenants.

Les Vigneaux : on y cultivait la vigne avant guerre. Aujourd'hui, le village est réputé pour son site d'escalade, la *falaise de Montbrison,* véritable mur de 800 m de haut qui surplombe la vallée, avec aussi sa *via ferrata* (deux niveaux). Pour les balades en montagne, on recommande le gîte d'étape *Les Carlines* (☎ 04-92-23-02-74). Au village, très belle *église Saint-Laurent.* Très élégante avec son clocher polygonal, son cadran solaire, son porche à colonnes et voussures de marbre, et ses remarquables peintures murales extérieures. Voir notamment celles du portail sud, images des *Vices et leurs Châtiments* (XVe s, comme l'église). Bel endroit pour se reposer un peu et grignoter un morceau (pelouse et banc à côté de l'église).

Puy-Saint-Vincent : à flanc de montagne et dominant la vallée, Puy-Saint-Vincent est une station familiale qui a su préserver son authenticité tout en offrant les avantages d'une station moderne. La circulation automobile y est particulièrement difficile. Mais formidable panorama, notamment depuis la *chapelle Saint-Romain* au nord du village.
– À la station, pour les sportifs, un parcours nature dans les arbres (très à la mode dans la région) : **Forêt Sensations,** *📱 06-81-50-30-29. Ouv de mi-juin à mi-sept, tlj 9h30-19h, dernier départ à 16h. À partir de 4 ans. Tarifs : 15-25 € selon l'âge.*

Vallouise : *au confluent du Gyr et de l'Onde.* Vallouise compte un peu moins de 650 habitants permanents. C'est un village agréable, où l'on remarque des maisons typiques, à arcades, balcons et faîtages ouverts pour le séchage et l'aération du fourrage. Très belle *église Saint-Étienne,* des XVe et XVIe s. Comme aux Vigneaux, remarquable peinture murale extérieure. Si elle est ouverte, profitez-en pour voir, sur la droite en entrant, la *chapelle des Âmes du purgatoire,* dont la voûte ornée d'anges est soutenue par des arcs reposant sur des têtes de mort, et abritant une belle *pietà* (en bois polychrome du XVe s). Enfin, à l'extérieur de l'église, remarquez, dans l'angle avec la sacristie, les anciennes mesures de longueur et de capacité, utilisées autrefois pour le commerce. De Vallouise, poursuivre vers le fond de la vallée, et vers Ailefroide. Même si c'est assez touristique en été, par jour de beau temps vous découvrirez la barre des Écrins (4 102 m), majestueuse, et qui n'a rien à envier aux paysages des grands parcs nationaux américains. On se sent tout petit.

Le pré de Madame-Carle : *tt au bout de la D 204.* Le pré de Madame-Carle est aujourd'hui le point de départ d'excursions et de courses formidables, au pied du *glacier Blanc* et du *glacier Noir.* Il y a encore 150 ans, les deux se rejoignaient... Et la fonte s'accélère. Depuis 1986, le glacier Blanc a reculé de 600 m. Il a par ailleurs perdu en moyenne 10 cm d'épaisseur ces dix dernières années. Pourtant, tant qu'il est encore là, ce glacier Blanc est vraiment fantastique – on l'atteint en 2h d'ascension. Il descend de la barre des Écrins, comme son petit frère le glacier Noir, qui fait l'objet d'une autre excursion, un peu moins longue (3h aller-retour) mais moins impressionnante aussi, car ce glacier Noir n'est que sombres caillasses ; lui-même se trouve en fait sous ces caillasses. Paysage superbe tout de même, au pied de la face sud des Écrins. Ces deux sites valent largement le détour et l'effort, mais sont ultra-fréquentés l'été. Au Pré, au départ des sentiers, chalet-refuge et sa grande terrasse pour boire un coup ou manger un morceau de retour d'excursion. On peut aussi y dormir *(compter alors 16-18 €/pers en dortoir ou en chambre ; ouv mai-sept ; ☎ 04-92-23-44-21 ; • refuge-predemadame-carle.com •).*

COCU RANCUNIER

Le pré de Madame-Carle est appelé ainsi suite à une tragédie. La légende voudrait en effet qu'au XVIe s un certain sieur Carle, ayant appris les aventures extraconjugales de sa femme, assoiffa le cheval de madame qui, voyant la rivière, s'y précipita et noya sa cavalière. Plutôt rancunier, ce sieur Carle !

LE BRIANÇONNAIS

Ski et neige

Ski alpin : à ***Pelvoux-Vallouise*** (1 250-2 300 m), 34 km de pistes tous niveaux. Forfait journée adulte : 18 €. À ***Puy-Saint-Vincent*** (1 400-2 700 m), trois niveaux, « 1 400 » (le village), « 1 600 » (la station en elle-même, bâtie dans les années 1970) et « 1 800 » (l'extension récente de la station). En tout, 75 km de pistes tous niveaux. Forfait journée adulte : 28,30 €.

Ski nordique et raquettes : 30 km de pistes en belvédère à Puy-Saint-Vincent (panoramas magnifiques) ; 30 km en vallée entre Les Vigneaux, Vallouise et Pelvoux. 25 km d'itinéraires balisés réservés aux piétons, à découvrir à pied ou à raquettes.

– Possibilité de faire ***de l'escalade sur cascades de glace, du* snake glisse *(luge)*** etc. Se renseigner à l'office de tourisme.

Sports et loisirs

La rando se pratique ici à tous les niveaux, mais nous sommes tout de même dans le domaine chéri des alpinistes et autres fondus de randonnées glaciaires. L'escalade aussi a son haut lieu : la falaise calcaire de Montbrison, au-dessus des Vigneaux, et le site d'Ailefroide. L'été, le Gyr et l'Onde (qui se rejoignent pour former la Gyronde) sont parfaits pour les sports en eaux vives. Sinon, VTT, *via ferrata,* parcours aventure, parapente... *Ready ?* Infos sur les différents clubs auprès des offices de tourisme.

LA VALLÉE DE FREISSINIÈRES

(05130) 183 hab. *Carte Hautes-Alpes, C2*

Entre la Vallouise et le Guillestrois s'ouvre ce vallon perdu, modeste et paisible échancrure taillée à l'entrée du parc des Écrins. D'abord agricole, la vallée cède ensuite la place à une douce forêt de feuillus qui vient mourir sur les alpages. Pas de bourg ici, seulement un chapelet de hameaux, égrenés le long de la rivière Biaysse, de Pallon dans la plaine jusqu'à Dormillouse, perché à 1 770 m d'altitude et qui ne s'atteint qu'à pied. C'est tout naturellement donc que ce val isolé servit de refuge aux Vaudois, avant d'accueillir aujourd'hui les amoureux de calme et de nature, de balades en forêt, de randos vers les lacs. Pas de station de ski, peu de restos ou d'hôtels, Freissinières n'est pas encore pointée sur le GPS du tourisme de masse.

Arriver – Quitter

En voiture

➢ ***De Briançon*** (à 25 km au nord de Freissinières) ou ***d'Embrun*** (à 33 km au sud), prendre la N 94 et tourner sur la D 38 à La Roche-de-Rame (fléché). La vallée démarre à 4,5 km de là.

En train et bus

Train jusqu'à l'Argentière-la-Bessée, sur la ligne Briançon-Gap. De là, 1 navette/j. pour Freissinières (terminus aux Ribes). *☎ 0810-00-11-12 (prix d'un appel local). • cc-paysdesecrins.com •*

Adresse et info utiles

i ***Point d'informations touristiques :*** *dans un ancien moulin dans le hameau des Ribes. ☎ 04-92-20-95-49. • paysdesecrins.com • Ouv tlj 21 juin-fin août 9h30-12h30 et 14h30 (16h lun)-18h30, puis pdt les vac scol (hors Toussaint) tlj 9h30-12h30 et 13h-17h. Horaires réduits le reste de l'année.* Abrite le bureau des guides.

– Attention, ***pas de distributeur*** de billets dans la vallée.

Où dormir ? Où manger dans le coin ?

⛺ ***Camping des Allouviers :*** *avt le pont, à l'entrée de la vallée. ☎ 04-92-20-93-24. • info@camping-freissinieres.fr • camping-freissinieres.fr • Ouv de début mai à mi-sept. Compter 14,40 € pour 2 pers.* Un grand camping paisible et bucolique, réparti sur 4 ha entre pinède et prairie, en bordure d'une rivière et d'un petit lac. Sanitaires propres. Modeste pizzeria-snack, supérette de dépannage avec la presse du jour, aire de jeux, ping-pong, pétanque, terrains de tennis et volley, départ de sentiers... Que demander de plus ?

🏠 |●| ***Le Relais des Vaudois :*** *à* ***Freissinières*** *(Les Ribes). ☎ 04-92-20-93-01. • chantal@relais-vaudois.com • relais-vaudois.com • Ouv tte l'année (téléphoner avt hors saison). Double 54 €, petit déj inclus. Repas 14 € (midi)-21,50 € (tt compris). Resto ouv aux non-résidents sur résa. Apéritif maison ou café offert sur présentation de ce guide.* La voilà donc l'auberge de campagne telle qu'on se l'imaginait. Chaleureuse, familiale, qui a su se rénover, se doter de salles de bains proprettes et de lits douillets sans y perdre ses valeurs, son cachet douce France. Certes, l'insonorisation n'est pas parfaite. Mais que dire de ce balcon de bois (côté sud), auquel on s'accoude pour savourer montagnes et étoiles bercé par le glouglou de la fontaine publique ? Et de ces confiotes maison au petit déj, et de cette cuisine, mitonnée façon grand-mère ? Potage, viande en sauce, plateau de fromages et dessert maison ! Un menu unique à faire sauter de plaisir le bouton du pantalon.

🏠 |●| ***Les Tables de Gaspard :*** *rue*

principale, 05600 ***Saint-Crépin.*** *☎ 04-92-24-85-28. • lestablesdegas pard@gmail.com • lestablesdegaspard. com • À env 11 km au sud de Freissinières par la N 94, direction Gap. Ouv tte l'année tlj sf mar-mer. Résa conseillée. Doubles 45-50 €. Studios équipés 250-350 €/sem selon saison. Formules déj 17-31 €. Le soir, menu unique 29 €.* D'abord, il y a l'écrin. Sous une bâtisse du XVIe s, une élégante salle aux voûtes brutes, soutenues par des colonnes à chapiteaux. Quelques tables en fer forgé, un éclairage tamisé, une musique douce et un service soigné. Puis vient la cuisine, fraîche, fine, plus tournée vers la Provence, la Méditerranée que vers la montagne, n'hésitant pas, parfois, à aller piocher des saveurs du côté des épices d'Asie ou d'ailleurs. Une carte en perpétuel renouvellement, en fonction des saisons, du marché. Courte, mais pourtant assez riche pour surfer du cochon aux Saint-Jacques, du foie gras maison à l'aubergine. Enfin, quelle carte des vins ! Une étape gastronomique à prix, somme toute, modique. Pour prolonger le séjour, les patrons ont aménagé 3 chambres d'hôtes et 2 studios équipés.

À faire

Le hameau de Dormillouse : *départ du parking tt au bout de la vallée.* Perché à 1 770 m d'altitude, ce hameau, le seul encore habité du parc des Écrins, ne s'atteint qu'à pied. On amorça bien la construction d'une route en 1939 mais sans jamais la terminer. Du parking, compter 45 mn de grimpette par un gentil sentier en lacet, ou par le « sentier d'hiver », plus escarpé mais plus spectaculaire. En chemin, de rugissantes cascades dévalent des rochers. Pour prolonger le plaisir, se garer 2 km avant le parking (panneau) pour emprunter le « sentier des cascades », un parcours dans les sous-bois avec crochet par de modestes chutes, jusqu'à rejoindre le chemin principal. Compter alors 1h30 le trajet aller. Pas mal de marche en saison. De Dormillouse, plusieurs itinéraires s'envolent vers différents lacs et cols. On peut alors faire étape au hameau, dormir ou seulement manger (sur résa) au ***gîte L'École,*** installé, comme son nom l'indique, dans l'ancienne école communale coiffée de sa cloche *(ouv tte l'année ; ☎ 04-92-20-90-01 ; • refugelecole@orange. fr • ; compter 45 €/pers en ½ pens).* Ravitaillé par hélico, le gardien monte le reste de l'année les marchandises sur son dos. Chapeau ! Douches chaudes.

– Nombreuses autres possibilités de ***balades*** dans la vallée, sur les hauteurs comme en forêt, ainsi qu'une ***via ferrata*** *(rens au point d'informations touristiques).* Également un parcours acrobatique dans les arbres, ***Freissinières Aventure Nature*** *(entre le camping et le village des Ribes ; 📱 06-07-56-18-33 ; tlj juil-août 10h-17h ; juin et sept le dim slt 10h-17h ; compter 9-20 € selon le parcours choisi).*

LA VALLÉE DE LA CLARÉE (NÉVACHE) ET LA VALLÉE ÉTROITE

Carte Hautes-Alpes, C1

En quittant Briançon vers le col de Montgenèvre et l'Italie, on rencontre bientôt, sur la gauche, la vallée de la Clarée. Engageons-nous : rien n'est beau comme ce couloir de verdure, de chardons bleus et de digitales, où la route serpente et s'élève, traverse les villages de Val-des-Prés et Névache, et croise des chapelles, des chalets petits et rustiques, noirauds... Au bout, tout au bout, c'est un monde irréel de rocs arrondis et de pâturages courts et nets comme du gazon anglais, semés de fleurs multicolores... Des ânes y vivent, on peut les caresser. Et l'on resterait bien avec eux, on aimerait tant – mais non, mais non, et il faut quitter la vallée et redescendre sur terre, avec les hommes durs de la grande ville –, mais on garde pour soi la vision de cette

vallée, qui existe, oui, qui existe là-bas au fin fond des Hautes-Alpes, on vous jure que c'est vrai ! La preuve, en saison vous serez loin de l'arpenter seuls...

Arriver – Quitter

En voiture

➢ ***De Briançon :*** par la N 94 vers Montgenèvre et l'Italie ; à 4 km, au hameau de La Vachette, prendre la D 994 sur la gauche ; débute alors la vallée de la Clarée ; 14 km plus loin, une petite route sur la droite mène à la vallée Étroite et au col de l'Échelle.

En bus

Ligne Briançon gare SNCF-La Vachette-Névache. Pour les navettes d'été, renseignements auprès de *Transports Resalp (☎ 04-92-20-47-50 ; • autocar-resalp.com •).* Sinon, voir avec l'office de tourisme de Briançon *(☎ 04-92-21-08-50)* ou le Point accueil tourisme à Névache.

Adresses et info utiles

ℹ ***Point accueil tourisme :*** *hameau de Ville-Haute, 05100* ***Névache.*** *☎ 04-92-20-02-20. • accueil-tourisme-nevache.com • En saison, tlj sf mar 9h-12h, 13h30 (14h dim)-16h30 (16h dim) ; horaires réduits le reste de l'année. Fermé de nov à mi-déc.*

■ ***Au Pas de l'Âne :*** *Les Alberts, 05100* ***Montgenèvre.*** *☎ 04-92-21-30-95. 📱 06-62-20-30-95. • ane.fr • Dans un hameau, au début de la vallée de la Clarée. En été, départ de Névache, au Roubion, près du camping de la Lame.* Randonnée libre ou accompagnée avec un âne bâté. Sympa comme tout. Possède aussi un élevage d'escargots dont les spécialités vous sont proposées à la vente.

– Attention, ***pas de distributeurs*** dans la vallée.

Où dormir ? Où manger ?

Camping

⛺ ***Camping de Fontcouverte :*** *au niveau du hameau de Fontcouverte, à 5 km du hameau de Ville-Haute, 05100* ***Névache.*** *☎ 04-92-21-38-21. • michel.goiran@orange.fr • ♿ Ouv de juin à mi-sept. De mi-juil à mi-août, la route est fermée en journée (navette) à partir de Névache (Ville-Haute). Pour accéder au camping en voiture, aller jusqu'à la barrière et indiquer que l'on souhaite monter au camping : on vous laissera sans douge passer. Forfait pour 2 pers 10,10 €. Douches payantes. CB refusées. Digestif offert sur présentation de ce guide.* À 1 850 m d'altitude, un camping bon marché où l'on est très bien accueilli. Petite épicerie. Confort sommaire mais forêt de mélèzes et nature grandiose. Un bon plan.

De bon marché à prix moyens

🏠 🍽 ***Refuge de Buffère :*** *05100* ***Névache.*** *☎ 04-92-21-34-03. 📱 06-77-32-59-62. • buffere@wanadoo.fr • refugebuffere.com • On ne peut y accéder qu'à pied, en 45 mn à partir du hameau du Varney (Névache). Ouv de mi-juin à mi-sept et fin déc-1er mai. Sur résa, en ½ pens slt, 38 €/pers. Repas « randonneurs » (déj) env 18 €.* Le vallon de Buffère est un lieu absolument intact, retiré du monde, et seuls des randonneurs (le GR 57 y passe), des marmottes, des moutons et des bergers le connaissent. Le gîte est un chalet d'alpage vraiment agréable, à 2 076 m d'altitude, parfait pour un séjour nature. On peut y passer une nuit ou davantage (séjours familiaux ou sportifs). Une trentaine de places en chambres de 2, 4 ou 5 lits simples ou doubles. Sanitaires à l'étage avec douche chaude. Très bon confort pour un gîte d'étape. Bon accueil aussi de Nadette et Claude, et savoureuse cuisine.

🏠 🍽 ***L'Échaillon :*** *hameau du Roubion, 05100* ***Névache.*** *☎ 04-92-21-37-30. • infos@echaillon.com • echaillon.com • ♿ Indiqué sur la droite. Congés : 6-18 janv, 1er avr-7 juin, 23 sept-18 oct et début nov à mi-déc. Doubles 62-72 €, ½ pens 55-64 €/pers (base 2 pers/chambre) selon saison.*

Remise de 10 % sur la chambre sur présentation de ce guide. Un établissement qui fonctionne sur le principe d'un gîte d'étape mais avec le confort d'un hôtel. Chambres de 2 à 4 places à la déco formatée, mais fonctionnelles et offrant un rapport qualité-prix très convenable. C'est aussi une agence de voyages qui propose plein d'activités hiver comme été (location de skis, de raquettes, chiens de traîneau, randos pédestres, etc.). Bon accueil. Reçoit pas mal de groupes.

Chic

Le Chalet d'en Hô : *hameau des Chazals, Le Roubion, 05100 Névache.* ☎ *04-92-20-12-29. • hotel.lechaletdenho@gmail.com • chaletdenho.com • Congés : 1er avr-7 juin, 22 sept-20 déc. Doubles sans ou avec balcon, tt confort, 133-150 € ; petit déj 12 €. Repas le soir slt 27 € (fromages et desserts à volonté) ; pas de carte. Apéritif maison offert sur présentation de ce guide.* Un beau chalet douillet qui propose une quinzaine de chambres où le bois est très présent. On se sent bien dans ce cocon où, en plus des petits plats préparés avec soin, tout est fait pour la détente (sauna et bains à remous). Propose des séjours à thème. Excellent accueil. Une adresse de charme et une référence dans la vallée !

À voir. À faire

Plampinet : de la commune de Névache, c'est le premier hameau qu'on rencontre dans la vallée, juste après Val-des-Prés. Son *église Saint-Sébastien* abrite de superbes fresques des XVe et XVIe s, scènes de la Passion et de la Résurrection, une Annonciation et une Maternité. De facture naïve, ces compositions n'en sont pas moins touchantes et admirables, mais les voir n'est pas facile (se renseigner auprès du Point accueil tourisme, voir « Adresses et info utiles », plus haut).

Névache : commune la plus vaste des Hautes-Alpes, Névache est constituée de hameaux semés le long de la Clarée, et principalement de Ville-Basse et de Ville-Haute. Dans celle-ci, très belle *église,* au décor et au mobilier remarquables. Au portail, belle Annonciation du XVIe s ; à l'intérieur (église ouverte tous les jours en saison), retable baroque monumental, couvert de statues et personnages sculptés. À la base du clocher, une porte en fer forgé ferme l'ancien cachot d'une maison forte qui précéda l'église : à l'intérieur, exposition d'art sacré et d'objets liturgiques.

La haute vallée de la Clarée : *débute juste après le parking du hameau de Ville-Haute. De mi-juil à mi-août env, l'accès en voiture est réglementé. 2 parkings au cœur de la vallée, l'un à Fontcouverte, l'autre à Laval (le dernier hameau de la vallée). Dès qu'ils sont complets (vers 9h-9h30 en général l'été), l'accès en voiture à la vallée est interdit (la route rouvre à 18h). Il faut alors laisser son véhicule aux parkings de Ville-Haute (là encore, vite complet) ou du Roubion (à 2 km en aval). 2 solutions ensuite pour se rendre dans la vallée : à pied ou prendre la navette payante (2 €) qui fait le va-et-vient entre le hameau de Laval et le parking de Ville-Haute. À noter qu'une navette gratuite relie le parking du Roubion à l'entrée de la vallée.* Tout autour de Névache, jolies routes où alternent petites chapelles, vieilles bâtisses en bois et cadrans solaires. Celle de la haute vallée de la Clarée est certainement l'une des plus fréquentées mais aussi l'une des plus bucoliques et des plus belles. La route se rétrécit et monte sur 10 km, bordée de chalets mignons, recouverts de bardeaux en bois de mélèze. La zone est aujourd'hui protégée, et chacun de ces petits bijoux rustiques d'à peine 10 m² vaut une petite fortune : les Parisiens (et pas qu'eux) se les sont arrachés par le passé. Les hameaux qui égrènent la vallée ont de jolis noms : Lacha, Fontcouverte, Jadis ou Roche-Noire... Des cascades par endroits (à Fontcouverte notamment) et des chapelles rurales ponctuent le paysage. La route s'arrête à Laval (2 015 m), l'un des points de départ pour l'ascension du mont Thabor (3 178 m). Levez les yeux (mais on doute que vous ne l'ayez déjà fait !), vous êtes devant une carte postale (sacrément belle !). Le coin recèle de nombreux lacs (lac Blanc, lac Rond, lac Laramon, lac du Serpent, lac des Béraudes, lac de la Clarée) qui font la joie des randonneurs. Ce secteur est vraiment l'un des plus harmonieux des Alpes.

FRANCE OU ITALIE ?

Dans la vallée Étroite, où tout le monde parle l'italien, la monnaie courante fut la lire (avant l'euro) ; les numéros de téléphone ont le code italien et l'eau, le gaz et l'électricité sont transalpins aussi. Et pourtant... nous sommes en France ! C'est que cette vallée, géographiquement italienne (plus proche de Bardonecchia que de Névache, et surtout située de l'autre côté du col de l'Échelle), a été « rendue » à la France par l'Italie après-guerre, lors du traité de Paris de 1947.

La vallée Étroite : juste après Plampinet sur la droite par la route du col de l'Échelle, le plus bas des Alpes françaises (1 766 m) et qui conduit vers l'Italie. On laisse sur la droite une vague guérite douanière et la route redescend vers Bardonecchia – on se dit : « Adieu France ! » – quand on voit sur la gauche partir un chemin à peine carrossable, celui de la vallée Étroite, une minivallée. À 3 km de là, le hameau complètement isolé des Granges. Possibilité de passer la nuit dans deux refuges : *refuge I Re Magi (☎ 00-39-349-611-29-20 ; • iremagi.it •)* et *refuge Terzo Alpini (☎ 00-39-0122-902-071 ; • terzoalpini.com •).* Tous deux situés en France, malgré un réseau téléphonique italien ! Très bel endroit, avec rivière et monts énormes, et une atmosphère préservée, comme dans la vallée de Névache. Attention aux vaches en totale liberté sur la route.

Ski et neige

Ski alpin : il y a deux remontées pour 2 km de pistes, histoire de dire qu'on peut faire un peu de ski alpin à Névache.

Ski nordique et raquettes : pour le fond, 80 km sur toute la vallée, avec une liaison sur Montgenèvre. Et 45 km de pistes pour les piétons.

MONTGENÈVRE (05100) 500 hab. *Carte Hautes-Alpes, C-D1*

Aujourd'hui, la doyenne des stations françaises, à la frontière italienne, profite de son accès à la Voie Lactée, 400 km de pistes reliées aux stations italiennes de Clavière, Cesana Torinese, San Sicario, Oulx et Sestrière... Noter que c'est à Montgenèvre que la Durance prend sa source.

UN PEU D'HISTOIRE

Montgenèvre est d'abord un col, le plus praticable de la chaîne entre la France et l'Italie (1 860 m), et qui a donc été beaucoup emprunté. On suppose qu'Hannibal et ses éléphants n'ont pas pris d'autre route en 218 av. J.-C. pour parvenir en Italie. Puis les Romains y tracèrent la voie Cottienne, carrossée, qu'à plusieurs reprises leurs armées ont empruntée, avec parfois Jules César à leur tête.

Mais peu à peu, la voie Cottienne s'est dégradée. Au Moyen Âge, il fallait démonter les chariots au passage du col, tant la chaussée était défoncée, et les remonter plus loin. Puis les guerres, encore elles, amenèrent le passage de troupes, françaises cette fois, à diverses reprises : Charles VIII, Louis XI, puis François Ier ont entrepris leur campagne d'Italie par ici... Ce n'est qu'avec le préfet Ladoucette que la route fut remise en état en 1807 ; les armées napoléoniennes l'emprunteront encore en 1814. Un obélisque est d'ailleurs élevé, à la sortie du village : « À Napoléon qui fit construire la route du Montgenèvre. »

PREMIER EN PISTE

Montgenèvre doit sa fortune actuelle au capitaine Clerc, qui eut le premier l'idée d'importer de Scandinavie ces étranges planches à spatules appelées « skis », et de former des soldats à leur usage... les chasseurs alpins. La première école française de ski y voit le jour en 1903. En 1907, l'armée organise à Montgenèvre le premier concours international de ski. En 1930, un premier hôtel y est construit et, en 1934, le premier téléski des Alpes françaises fonctionne... Le tout-Paris s'y presse, en particulier les acteurs : Gabin, Mistinguett, Pauline Carton.

Adresse et info utiles

Office de tourisme : *☎ 04-92-21-52-52. • montgenevre.com • Tlj sf dim hors saison.*
– **Central de réservation :** *☎ 04-92-21-52-53. • reservation@montgenevre.com •*

Où dormir ? Où manger ?

Camping

Camping du Bois des Alberts : *Les Alberts. ☎ 04-92-21-16-11 ou 06-08-03-55-12. • campingdesalberts@orange.fr • montgenevre.com • À 7 km de Montgenèvre (en direction de Briançon), prendre à droite vers Les Alberts, traverser le village, puis fléché. Près du plan d'eau. Ouv tte l'année. Forfait pour 2 pers 11,50 € ; caravane : 82,60 €/sem.* Un camping en pleine nature avec 200 emplacements, un petit plan d'eau et de nombreuses activités sportives.

De prix moyens à chic

Chalet La Rafale : *route d'Italie. 06-12-43-91-49. • contact@chaletlarafale.com • chaletlarafale.com • Congés : de fin avr à mi-mai, 1 sem début juil et 3 sem à partir de mi-août. Nuitée 22-47 €/pers selon saison, draps et petit déj compris. ½ pens à la sem, demandée pdt vac scol, 21 €/pers. Repas 15 €. Apéritif offert sur présentation de ce guide.* Vous voilà dans l'un des plus anciens bâtiments de Montgenèvre, aujourd'hui transformé en hôtel et où règne une ambiance d'auberge de jeunesse. Oh... rien de bien compliqué, ni de sophistiqué. Juste le nécessaire dans les chambres. Quelques-unes ont les sanitaires sur le palier. Au rez-de-chaussée, un bar à la déco patinée, colorée et un poil loufoque pour prolonger la soirée. Propose des grillades le midi, une cuisine plus montagnarde et consistante le soir.

Hôtel Alpis Cottia : *pl. des Escartons. ☎ 04-92-21-86-35. • hotelalpiscottia@orange.fr • hotelalpiscottia.com • Congés : ts les w-e de mai, sept-oct. Doubles 68-120 € selon saison, petit déj inclus. Forfaits en hiver. Café offert sur présentation de ce guide.* Au centre du village, un hôtel de belle tenue avec un jeune très sympa à sa barre. Les chambres ont bénéficié d'une jolie restauration. Beaucoup de bois, des couleurs chaudes et des couettes moelleuses. L'ensemble est très réussi. Certaines disposent d'une mezzanine et sont idéales en famille. Location de skis. Le bar-restaurant *Le Graal,* juste à côté, appartient au même propriétaire. Un bon rapport qualité-prix.

Beaucoup plus chic

Le Chalet Blanc : *hameau de l'Obélisque. ☎ 04-92-44-27-02. • info@hotellechaletblanc.com • hotellechaletblanc.com • À la sortie de Montgenèvre (vers l'Italie), au rond-point, prendre à gauche ; c'est à 100 m. Ouv tlj. Congés : mai-juin et oct-nov. Doubles à partir de 110 € selon confort et saison. Menus 30-50 € ; carte 40-55 €.* Du charme, de l'élégance sobre et une atmosphère tout en douceur pour cet hôtel construit récemment dans les règles de l'art. Les chambres à l'esprit contemporain sont spacieuses et offrent un confort sans faille. Quelques meubles et miroirs d'inspiration baroque côtoient des œuvres d'art et des touches de déco à base d'éléments naturels. Le resto n'est pas en reste ! Au menu, du montagnard, et des plats aux multiples saveurs, souvent originaux, toujours bien sentis. Spa (sauna, hammam, jacuzzi) et salon de beauté (massages, soins).

À voir. À faire

Les forts du Gondran et du Janus : *accès à pied (compter 2h30-3h l'aller) ou en remontées mécaniques en juil-août (prendre le télémix des Chalmettes, ensuite, 2 possibilités : poursuivre à pied – 1h30 env – ou bien emprunter le télésiège du Gondran ; compter 7,60 € pour le télémix des Chalmettes ; 10,70 € pour les 2 remontées mécaniques). En été, visite guidée gratuite du fort du Gondran (celui de Janus ne se visite pas) ; rens à l'office de tourisme.* Sur les hauteurs de Montgenèvre, deux forts construits au XIXe s pour renforcer le système défensif du Briançonnais.

➢ ***Le sentier géologique du Chenaillet :*** *superbe balade à faire le long d'un sentier balisé avec panneaux d'interprétation. Compter 6h A/R. En été, possibilité de rando accompagnée pdt une journée (rens à l'office de tourisme).* Le massif du Chenaillet, qui domine Montgenèvre et s'étend jusqu'en Italie, forme un ensemble géologique unique dans les Alpes. C'est un ancien volcan sous-marin de 150 millions d'années qui s'est retrouvé à l'air libre lors de la formation des Alpes. On y découvre une faune et une flore très spécifiques.

– ***Aller en Italie.*** *Mamma mia,* la frontière n'est qu'à 2,5 km !

– ***Nombreuses activités sportives :*** rando, VTT (avec notamment un *bike park* et des itinéraires à thème balisés), *Monty express* (luge sur rails). Renseignements auprès de l'office de tourisme.

Ski et neige

Ski alpin : beau domaine (1 860-2 700 m) de 75 km de pistes tous niveaux. Forfait journée adulte (domaine de Montgenèvre) : 34 €. La station de Montgenèvre est connectée au domaine international de la Voie Lactée (par les Monts-de-la-Lune) ; l'ensemble regroupe six stations, soit près de 400 km de pistes et plus de 100 remontées mécaniques. L'enneigement artificiel de certains sommets permet l'ouverture partielle du domaine le week-end en novembre.

Ski nordique : 100 km de pistes dans le secteur.

LES STATIONS DES ALPES-MARITIMES

Petite embardée dans le département des Alpes-Maritimes, et nous voici dans le « haut pays », rebaptisé Alpes d'Azur, aux allures de petite région. Nous avons sélectionné dans ces pages les stations d'altitude : *Isola 2000, Valberg* et *Auron.* Rien n'empêche les lecteurs qui veulent en savoir plus sur ces secteurs sauvages et protégés situés autour du parc national du Mercantour de se reporter au *Routard Côte d'Azur*.

– Pour toute info complémentaire concernant la faune, la flore, le développement local, les visites, les accompagnateurs en montagne... vous pouvez contacter le siège administratif : ☎ *04-93-16-78-88.* ● *mercantour.eu* ●

Comment y aller ?

➢ ***En car depuis Nice :*** le bon plan à 1 € l'aller simple pour Isola 2000, Auron et Valberg ! 2 départs/j., tlj, été et hiver. *Rens au ☎ 08-1006-1006 (prix d'un appel local).* ● *lignesdazur.com* ●

➢ ***Isola 2000*** (ligne 750) et ***Auron*** (ligne 740) ***:*** départs de la gare routière Vauban (près du stade, arrêt « Tram Vauban ») et de l'aéroport.

➢ ***Valberg*** (ligne 770) ***:*** départs de la gare centrale SNCF et de l'aéroport.

– Également en hiver, départs supplémentaires par la ligne skibus, uniquement sur demande et résa par Internet : ● *lignesdazur.com* ● Compter 4 € l'aller simple.

VALBERG (06470) 816 hab.

À 1 670 m d'altitude, Valberg est une station estivale et de sports d'hiver, au milieu des prairies, à 1h de Nice (2h depuis l'aéroport de Nice en navette). En hiver, aménagements spéciaux pour les petits qui débutent à ski avec le Club des Piou-Piou. Et l'été n'est pas en reste pour s'occuper dans les parages.

Adresses utiles

ℹ ***Office de tourisme :*** *☎ 04-93-23-24-25.* ● *valberg.com* ● *Central de résas : ☎ 04-93-23-24-32. Tlj 9h-12h30, 14h-18h30 (à 30 mn près).* Wi-Fi Liste de meublés, etc. Très pro et accueillant.

■ ***Bureau des guides OEROC :*** *av. de Valberg. ☎ 04-93-02-32-15. 📱 06-74-09-35-60.*

■ ***École du ski français :*** *au pied des pistes. ☎ 04-93-02-51-20.* ● *esf-valberg.com* ●

Où dormir ?

Où manger ?

Prix moyens

🏠 |●| ***La Clé des Champs :*** *20, av. de Valberg, 06470* ***Péone.*** *☎ 04-93-02-51-45.* ● *hotellacledeschamps@wanadoo.fr* ● *lacle-valberg.monsite.orange.fr* ● ♿ *(resto). Congés : 10 avr-5 juil et 20 sept-20 déc. Doubles 65-74 €. Formule 14 € ; menus 17,50-22 € ;*

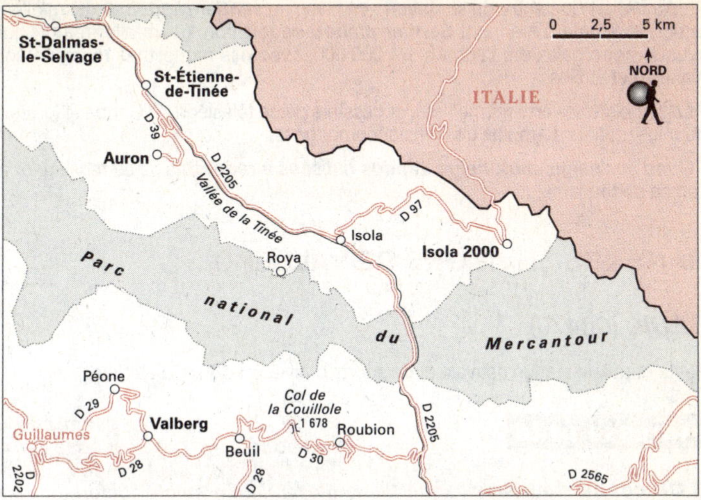

LES STATIONS DES ALPES-MARITIMES

carte 30 €. Parking. Dans cet hôtel-restaurant ressemblant à un gros chalet moderne, réservez une des belles chambres avec balcon au soleil levant. Ici, c'est le patron qui officie, depuis 4 décennies. Cuisine et ambiance familiales, donc. Petit déj pas terrible, en revanche.

Chic

Hôtel Le Chastellan : *rue Saint-Jean. ☎ 04-93-02-57-41. • contact@le-chastellan.com • le-chastellan.com • Doubles 70-85 €, petit déj inclus.* Derrière une haute façade en pierre de taille, une hôtellerie où l'on peut venir en famille ! La plupart des chambres, dont quelques-unes avec balcon, ont une vue agréable. Propreté irréprochable et accueil délicieux. Coin TV et salle de jeux pour vos petites têtes blondes. Jardin et terrasse.

Le Chalet Suisse : *4, av. de Valberg. ☎ 04-93-03-62-62. • info@chaletsuisse.fr • chaletsuisse.fr • Doubles 96-128 € ; petit déj 12 €.* Une vingtaine de chambres, dont certaines pour 4. La plupart, plutôt de petite taille, sont récentes, joliment arrangées et cosy. Les plus grandes ont un petit balcon côté piste. Les espaces communs sont confortables et personnalisés, presque comme dans une maison de famille ; cheminée dans le salon. Également un hammam et un sauna *(15 €/h).* Bon petit déj-buffet. Une bonne escale au pied des pistes.

À voir. À faire

On a un petit faible pour Valberg et ses 90 km de pistes reliées à Beuil. On peut (en principe) y skier jusqu'en avril, mais, avec ou sans neige, il y a de l'ambiance toute l'année.

La chapelle Notre-Dame-des-Neiges : sainte patronne protectrice des skieurs (ça n'exclut pas d'être assuré contre les chutes !). D'apparence toute simple, l'intérieur est décoré de peintures modernes naïves.

➢ ***Excursion à la croix de Valberg :*** on part du Garibeuil et on monte par un bon sentier ; en haut, panorama superbe sur les montagnes (45 mn aller-retour).

➢ Au départ du centre de la station : en hiver, un ***sentier raquettes*** (3 km aller-retour) et en été, l'étonnant ***Sentier planétaire*** (environ 10 km aller-retour) qui évoque notre galaxie à l'échelle 1/1 000 000, avec des monolithes représentant planètes et étoiles.

– ***Luge :*** piste ouverte même l'été, accessible par le télésiège du Garibeuil (gratuit pour les enfants de moins de 6 ans accompagnés).

– ***Quad sur neige, motoneige, randos balisées à raquettes... :*** se renseigner à l'office de tourisme.

DANS LES ENVIRONS DE VALBERG

BEUIL *(06470)*

Petite et quiète station estivale et de sports d'hiver à 1 480 m d'altitude.

Adresse utile

Office de tourisme : *quartier du Pissaïré (au carrefour principal). ☎ 04-93-02-32-58. • beuil.com • Tlj 10h-12h, 14h-18h ; horaires réduits oct-avr.* Accueil gentil et très pro.

Où dormir ?
Où manger ?

Hôtel L'Escapade : *☎ 04-93-02-31-27. • hotel-escapade@wanadoo.fr • hotelescapade.fr • Tlj. Congés : sept-26 déc. Doubles 61-74 € selon confort et saison. Menus 23,50-28,50 €. Petit déj 11,50 €.* Bâtiment typique des années 1960, tentant désespérément de se faire passer pour un gros chalet de montagne. Quoi qu'il en soit, jolie vue depuis le balcon de certaines chambres. Côté resto, le premier menu est déjà pas mal. Avec le second, vous redescendez la montagne en roulant !

À voir. À faire

Dans le village, adorable placette, bordée d'une jolie chapelle et d'une église du XVIIIe s dont le clocher roman date du XVe s. Sur la façade, jolie statue dans une niche, à gauche. L'intérieur est richement décoré : superbe tableau (*L'Adoration des mages,* école de Véronèse), colonnes torses noires, angelots sculptés, etc.

Fromages de chèvre Les Granges du Scrouis : *route de la Couillole (à 500 m de la sortie du village). ☎ 04-93-02-31-66.* Maryse et Alain élèvent des chèvres dans une ferme traditionnelle. Derrière une baie vitrée, vous pourrez assister à la naissance d'un fromage. Et puis on y goûte et on peut en acheter. Les citadins et particulièrement les enfants apprécieront.

Miellerie pédagogique : *route des serres de Nairaud (direction Valberg). 06-19-49-42-19 (Pascal). Mai-sept 10h-12h, 14h-17h ; fermé mar-mer juil-août, sam-dim mai, juin, sept. Visite sur rdv.* Outre le plaisir de goûter d'excellents miels butinés sur des fleurs de la région, pains d'épices, nougats, Pascal a l'excellente idée de vous faire endosser une tenue d'apiculteur pour vous faire partager sa passion et aller saluer sa copine *Maya* : séquence frisson !

➢ ***Excursion au mont Mounier*** *(2 800 m)* ***:*** vue extraordinaire sur les Alpes. Compter 6h aller-retour. Consulter les prévisions météorologiques avant de partir : c'est la montagne !

ROUBION (06420)

Accessible depuis Beuil et Valberg par le col de la Couillole, ce village médiéval, perché dans son écrin de verdure, se la joue station « 4 saisons ». Ski et rando sont donc au programme. Côté patrimoine, ne manquez pas la chapelle Saint-Sébastien, en contrebas du village, qui renferme d'admirables peintures murales du XVIe s, légendées en vieux provençal.

Adresse utile

Bureau du tourisme : *au village. ☎ 04-93-02-10-30. • roubion.com • Ouv tlj, sf dim hors saison, 9h-12h, 14h-18h. Autre bureau à la station des Buisses (en hiver).* Vous y trouverez toutes les infos concernant les nombreuses activités (*via ferrata,* VTT, escalade, canyoning, raquettes, ski de fond...). Pas mal de gîtes d'étape dans les alentours.

Où dormir ? Où manger ?

Gîte d'étape et de séjour La Fripounière : *col de la Couillole. ☎ 04-93-02-02-60. • postmaster@lafripouniere.com • lafripouniere.com • Ouv tte l'année, sur résa. Nuitée 19 € (draps compris) ; ½ pens 47 €/pers ; ½ pens gastronomique 67 €. Resto sur résa, menus 21-39 € env. Parking gratuit.* Ce beau chalet de montagne, tout de pierre et de bois, offre le gîte et le couvert aux touristes et randonneurs de passage. 13 chambres pour 2-3 personnes, au confort simple (certaines avec w-c et douche sur le palier) et à la déco sobre, tout à fait dans l'esprit montagnard. Selon la saison, on se calera au coin du feu ou l'on profitera du splendide panorama depuis la terrasse ensoleillée. À table, charcuteries et fromages en provenance de producteurs locaux, pain du fournil, salades et légumes du jardin, tartes et confitures maison.

Le Chalet des Buisses : *bd Gaston-Bueil, quartier des Buisses. ☎ 04-93-02-84-10 ou 06-72-05-91-41. • chaletdesbuisses@sfr.fr • chalet-des-buisses.com • Fermé en oct. Nuitée 26,50 €, petit déj et linge compris ; ½ pens 50 €/pers.* Gîte d'étape et de séjour au pied des pistes et du téléphérique. Construction neuve mais belle, en pleine montagne. Sympa et pas cher du tout ! 6 chambres pour 2 à 4 personnes. Cuisine familiale. Location de skis, raquettes et VTT sur place.

SAINT-ÉTIENNE-DE-TINÉE (06660) 1 470 hab. avec Auron

Carrefour entre Nice et Barcelonnette, entre la Provence et le Piémont, ce gros village situé dans un amphithéâtre de montagne, à 1 140 m d'altitude, est pourtant resté longtemps isolé du reste du monde. La vie y était particulièrement rude. Petit coin de Savoie, rattaché à la France par référendum en 1860, il reste, jusqu'au début du XXe s, un centre actif de production des draps de la haute Tinée. En 1900, l'élargissement des routes, l'avènement de l'automobile et la naissance de la station d'Auron lui permirent de se développer. En 1929, un incendie ravagea malheureusement la moitié du bourg. C'est aujourd'hui un agréable lieu de séjour l'été et un centre d'excursions.

Adresse utile

Office de tourisme : *1, rue des Communes-de-France. ☎ 04-93-02-41-96. • saint-etienne@stationsdumercantour.com •*

Où dormir ? Où manger ?

Gîtes ruraux

Nombreux ***gîtes ruraux*** pouvant accueillir 3 à 7 personnes : ☎ *04-92-15-21-30 (central des gîtes ruraux à Nice, 9h-17h). • info@gites-de-france-alpes-maritimes.com • gites-de-france-alpes-maritimes.com •*

Prix moyens

Ma Vieille École : *Roya. ☎ 04-93-03-43-05. • contact@mavieilleecole.com • mavieilleecole.com • Tlj mai-sept, les w-e en oct et tlj vac scol de fév, de Pâques et de Noël. Sur résa de préférence. Compter 20 €/pers, 25 € avec le petit déj. ½ pens 39 €. CB refusées.* On a craqué pour ce gîte d'étape situé en pleine montagne, dans un petit hameau isolé. Dortoirs de 2 à 8 lits, aménagés dans l'ancienne école. Ambiance extrêmement conviviale, comme il se doit. Le resto est ouvert à tous midi et soir, sauf que le soir, c'est souvent complet car les randonneurs qui trouvent refuge ici suffisent à remplir la petite salle. Et la terrasse, si accueillante le midi avec sa vue fabuleuse, l'est beaucoup moins le soir. Il faut dire qu'il fait bien frisquet à la tombée du jour ! Casse-croûte et cuisine de terroir, mitonnée du jour.

Hôtel-restaurant Le Régalivou : *8, bd d'Auron. ☎ et fax : 04-93-02-49-00. • leregalivou@free.fr • leregalivou.free.fr • Doubles avec douche 45-75 € selon saison. Plat du jour 10 € ; menus 15-22 € ; carte 20-25 €.* Petit 1-étoile tout simple et plutôt sympathique, dans une grosse maison évoquant les pensions d'antan. Petite terrasse ombragée, au cœur du village. Chambres rénovées et confortables, sans charme particulier mais claires. Souffre parfois d'un certain laisser-aller dans l'entretien et l'organisation. Renseignements sur place sur toutes les activités de montagne.

À voir

L'église Saint-Étienne : fortement endommagée par les guerres de Religion, elle fut restaurée au XVIIIe s. Joli clocher roman lombard, tour à quatre étages (c'est le monument le plus ancien du village). À l'intérieur, maître-autel de 1669 en bois doré d'influence espagnole.

IMPORTANT ! Pour la visite des chapelles, s'adresser à l'office de tourisme.

La chapelle des Trinitaires : elle abrite des fresques datées de 1685, qui représentent Notre-Dame-du-Bon-Remède ou la Madone des Combats-Navals. Sur la voûte est illustrée la bataille de Lépante (de nombreux Niçois y participèrent). Les Trinitaires étaient chargés de racheter les chrétiens captifs aux barbaresques.

La chapelle Saint-Sébastien : à l'entrée du village (pour protéger celui-ci de la peste !). Fresques remarquables de la fin du XVe s, de Baleisoni et Canavesio.

La chapelle des Pénitents-Noirs, ou ***chapelle Saint-Michel :*** elle a été aménagée en musée d'Art religieux. Retable du XVIe s.

Le musée des Traditions, de l'École et du Lait : mis en place par l'association des Stéphanois, qui y organise des veillées et fêtes à l'ancienne.

SAINT-DALMAS-LE-SELVAGE (06660) 90 hab.

Au cœur du parc du Mercantour, voici notre village préféré dans le coin. Il faut dire que Saint-Dalmas-le-Selvage, plutôt isolé mais facile d'accès, a su conserver un caractère simple et pittoresque. À 1 347 m d'altitude, c'est en outre la commune la plus haute du département. Encore quelques toits en bardeaux de mélèze. L'église à l'entrée du village et la chapelle Sainte-Marguerite, toutes deux classées, sont ouvertes à la visite. Il suffit de demander la clé à l'office de tourisme.

Où manger ?

I●I *L'Auberge de l'Étoile :* *au cœur du village. ☎ 04-93-02-44-97. ● aubergedeletoile@wanadoo.fr ● Ouv le soir et le midi dim et j. fériés en hte saison ; ouv slt ven soir, sam et dim midi en basse saison. Congés : sept-28 déc. Résa conseillée. Menus 23-28 €. CB refusées. Digestif maison offert sur présentation de ce guide.* Une auberge bien mignonne avec une jolie terrasse et une salle rustique. Cuisine sincère et authentique, qui ne triche pas avec les produits et les saisons. On vient de loin pour goûter la fricassée de champignons ramassés dans les bois ou la trouvaille du jour. « L'assiette du randonneur », pour manger sur le pouce, nous a plu : omelette, salade mixte, sanguins (champignons du cru), jambon cru et terrine. Et le soir, on dîne aux chandelles, près du poêle, bien loin de l'agitation des stations ou de la côte.

I●I *Restaurant Le Pratois :* *hameau du Pra, sur la route du col de la Bonette. ☎ 04-93-02-44-65. Dans le dernier hameau habité. Tlj de fin juin à mi-sept. Menu 24 € ; carte env 25 €. CB refusées. Café offert sur présentation de ce guide.* Avant d'aborder les lacets de la plus haute route d'Europe, une halte régénératrice dans une vieille maison d'alpage devenue une auberge on ne peut plus rustique et agréable, où vous serez surpris par une carte aux saveurs d'antan. Tout est fait maison, au four à bois, à base de produits du cru. Gîte d'étape juste à côté.

À voir. À faire

Au-dessus de la commune se trouve le plus haut « hameau ancien » de France, ***Bousieyas*** (1 950 m), et le plus haut col d'Europe, ***Restefond-la-Bonette*** (2 802 m) avec, du même coup, la plus haute route goudronnée d'Europe, inaugurée en 1961. Elle avait déjà été classée « Route impériale » un siècle plus tôt par Napoléon III, quand elle n'était qu'un simple sentier tout juste praticable à dos de mulet. Là-haut vous attend un panorama époustouflant sur les Alpes. Vertigineux même, avec sa vue circulaire à 360° ! On se croirait vraiment sur le toit du monde. On y accède par cette belle route en lacet, au milieu des moutons et des marmottes (pour les voir, venez plutôt en fin d'après-midi). La cime de la Bonette possède une table d'orientation à 2 862 m. Liaison alpine entre la vallée de la Tinée et la vallée de l'Ubaye, cette route est évidemment fermée une bonne partie de

> **PLUS HAUTE ROUTE D'EUROPE ?**
>
> *C'est en tout cas ce que continuent à dire les brochures touristiques du Mercantour, bien qu'il s'avère que des cols en Espagne soient encore plus hauts, accessibles eux aussi en voiture. La route menant aux stations de ski de Sierra Nevada constitue le record actuel, avec plus de 3 000 m d'altitude. Chut !*

l'hiver, aux voitures tout au moins.
On compte quelques fortins et blockhaus sur les versants de la Bonette, de tout temps passage stratégique entre la France et l'Italie. Le plus saisissant se situe au niveau de Restefond, village fantôme au milieu de nulle part, vestige de la dernière guerre et témoin de la présence italienne dans la vallée.

➢ ***Circuit des Lacs et refuges de Vens*** *(2 380 m) : compter 5h A/R.* Au cœur du parc, découvrez une faune et une flore exceptionnelles. Depuis la route du col de la Bonette, au niveau du parking de Pra, suivre le sentier régulier du plateau de Morgon. Traverser le ruisseau (passerelle), puis les prairies qui montent vers l'extrémité nord du plateau. Redescendre par deux lacets sur le vallon de Tortisse avant une longue traversée ascendante vers les maisons forestières de Tortisse (2 252 m). À la balise 34, prendre à droite le sentier sinueux qui s'élève dans l'ubac de la crête de la Côte parmi petits mélèzes, rhododendrons et myrtilles, jusqu'à un collet panoramique (2 422 m). Rejoindre à flanc le sentier qui monte du vallon de Vens, puis le verrou du grand lac de Vens d'où l'on découvre subitement les eaux, vertes ou bleues selon la lumière, ainsi que le refuge bâti sur la rive orientale. On accède à ce dernier facilement par un sentier à flanc de montagne.

➢ Un site d'escalade, le ***rocher de Junic,*** est accessible en été (20 mn à pied depuis le parking). Sinon, plus de 80 voies de difficulté variable. En hiver, circuits damés pour le ***ski de fond,*** les ***balades à raquettes*** ou le ***ski de randonnée.*** L'hiver, vous pouvez également pratiquer l'escalade sur cascade de glace. Toutes les infos à l'office de tourisme.

AURON (06660) 1 470 hab. avec Saint-Étienne-de-Tinée

Très bien situé sur un plateau ensoleillé, à 1 600 m d'altitude, au centre d'un cirque de montagne et aux portes du parc national du Mercantour, cet ancien hameau, qui était autrefois le grenier à blé du village de Saint-Étienne-de-Tinée, est devenu une station de sports d'hiver très réputée. En 1982, les Championnats du monde y ont élu domicile. Mais la station garde un côté plus familial (peu de monde dans les rues à 20h) qu'à Isola 2000. Elle est la seule du département à posséder un téléphérique et... un médecin urgentiste sur les pistes.

Adresses utiles

ℹ ***Office de tourisme :*** *grange Cossa. ☎ 04-93-23-02-66. • auron.com •*
■ ***École du ski français :*** *☎ 04-93-23-02-53.*

Où dormir ?
Où manger ?

🏠 🍴 ***Hôtel L'Écureuil :*** *bd Georges-Pompidou. ☎ 04-93-23-02-72. • contact@lecureuil.com • lecureuil.com • Ouv juin-15 sept et 5 déc-15 avr, resto fermé le midi en hiver. Doubles 69-159 € selon période, familiales (4 pers) 89-237 € ; ½ pens 60-110 €/pers selon période, demandée en hiver. Prix intéressants en sem hors saison. Au resto, en été formule déj en sem 13,50 € ; menu terroir 35 € ; compter env 30 € à la carte.* 📶 Un beau chalet qui abrite une vingtaine de chambres douillettes, certaines avec balcon. Bon rapport qualité-prix, surtout en semaine quand les prix dégringolent. Cheminée dans le salon. TV écran plat. Pierre et bois au resto, qui associe le moderne au traditionnel. Cuisine bistro raffinée.

🏠 🍴 ***Las Donnas :*** *Grand-Place. ☎ 04-93-23-00-03. • information@lasdonnas.com • lasdonnas.com • Fermé* *avr-15 juil et de sept à mi-déc. Doubles 80-170 € selon confort et saison, petit déj inclus. Et chambres familiales à partir de 129 €. ½ pens 68-90 €/pers, obligatoire pdt vac scol. Menu 25 €, le soir slt.* Hôtel agréable et calme, donnant sur la place centrale. Une quarantaine de chambres classiques, un peu petites pour certaines. Celles situées côté sud, avec balcon face aux pistes et baignoire sont les plus agréables. Cuisine traditionnelle au resto qui ne fonctionne qu'en hiver. Belle terrasse et solarium.

Hôtel Iglooo – Oustalet : *pl. Centrale. ☎ 04-93-03-46-29. Fermé mai-juin et sept-nov. Doubles avec douche ou bains 70-180 € selon la période. Également des chambres triples.* Une douzaine de chambres seulement, simples et lumineuses, avec couettes blanches et vue sur les pistes pour certaines. Le grand salon est avenant avec baby-foot, et l'accueil est au diapason.

Restaurant La Grange d'Aur : *pl. Centrale. ☎ 04-93-23-30-98. En juil-août, tlj midi et soir ; en saison d'hiver (15 déc-15 avr env), ouv slt le soir ; également le midi le w-e et pdt vac scol. Congés : 15 avr-1er juil et 31 août-15 déc. Formules déj 16 € ; carte env 25 €.* Une jolie petite grange qui rappelle aux touristes qu'Auron était le grenier à céréales de Saint-Étienne-de-Tinée. Aujourd'hui, on s'y régale de plats bien montagnards : gnocchis, reblochon au lard, fondues et raclettes variées. Décor de bon goût, service et accueil agréables des époux Graciani.

La Bergerie : *sur les pistes, au pied du téléski Éterlou. ☎ 04-93-23-06-81. Accessible à skis ou à pied. Ouv tlj au déj en saison ainsi que le sam soir sur résa. Plats env 20 €.* On est plutôt rassuré que restaurant d'altitude ne rime pas systématiquement avec tartiflette et patate dans tous ses états. À l'ardoise, une sélection de plats qui changent en fonction du marché, où se côtoient salades légères, côte de bœuf et spécialités niçoises... Belle terrasse.

À voir. À faire

La chapelle Saint-Érige : *visites guidées slt en été ; rens auprès de l'office de tourisme.* Saint Érige protégeait les enfants mort-nés et déliait la langue des muets. Ce bâtiment de style roman alpestre, avec son clocher lombard, date du XIIIe s et abrite, depuis 1451, un ensemble de *fresques* religieuses exceptionnel. Elles retracent la vie de saint Érige, évêque de Gap au VIe s. Émouvante sainte Marie-Madeleine dans la chapelle centrale et, dans l'abside de gauche, un saint Denis. Belle charpente apparente. À l'intérieur, aménagement sonore (commentaires en plusieurs langues) et lumineux gratuit.

– ***Le téléphérique de Las Donnas :*** *ouv été comme hiver.* On parvient à une altitude de 2 256 m, panorama très vaste sur la haute Tinée et les Alpes.

Les pistes : 135 km de pistes balisées sur deux vallées Intéressant : 50 % de réduc sur les forfaits tous les mardis sur Internet (hors week-end et vacances scolaires). La station est bien ensoleillée et le domaine sauvage, avec de belles descentes, parfois techniques, entre les épicéas. La partie du domaine la moins fréquentée se trouve du côté de Saint-Étienne-de-Tinée.

– ***En été,*** entre toutes les activités sportives proposées, vous n'aurez que l'embarras du choix : escalade, randonnée, poney, golf 9 trous, stage de tennis, *via ferrata,* accrobranches (à Saint-Étienne-de-Tinée, 7 km)...

ISOLA 2000

(06420) 540 hab.

Station de sports d'hiver créée en 1972, à 1h30 de Nice, Isola 2000 jouit d'un climat méditerranéen alliant neige et soleil. Quand le ciel est bien dégagé, on

voit même la mer depuis la cime de Sisteron ! Très fréquentée, elle a un côté complexe commercial assez marqué : longue galerie marchande autour de laquelle tout s'organise (hôtels, restos, boutiques, etc.). Le village d'Isola, 17 km plus bas, est quant à lui très charmant, et plus isolé. Belles pistes pour un ski familial dans cette station bien enneigée.
Côté hébergement, grosse différence entre les tarifs basse saison et les tarifs haute saison (vacances de Noël, février, vacances de Pâques).

Adresses utiles

Office de tourisme : *au cœur de la station. ☎ 04-93-23-15-15. ● isola2000.com ●* Espaces wifi gratuits dans l'office et dans la station (galerie marchande). Chalet d'accueil ouvert l'été à Isola-village (17 km de la station).

■ **Aquavallée :** *☎ 04-93-02-16-49. Fermé lun (sf vac scol). Compter 5,30 €/adulte ; réduc.* Centre de remise en forme et espace aquatique intercommunal, idéal pour se détendre après l'effort ! Piscine couverte, espace ludique, et en supplément : sauna, hammam, jacuzzi, mais aussi squash, fitness, etc.

■ **École du ski français :** *☎ 04-93-23-28-00.*

Où dormir ? Où manger ?

Le Pas du Loup : *☎ 04-93-23-27-00. ● pasduloup@soleilvacances.com ● soleilvacances.com ● Ouv fin juin-début sept et début déc-fin avr. Selon la période et l'exposition, 77-169 €/pers et par nuit en pens complète ; promos sur Internet. En hte saison, 3 nuits min.* Un hôtel-club entièrement rénové qui propose des chambres modernes et confortables, avec balcon au sud pour les plus chères. Également des chambres familiales et des promotions pour les familles. Miniclub gratuit pour les 4-8 ans pendant les vacances scolaires. Piscine intérieure et sauna.

Cow Club : *face au départ du téléski du Belvédère et de Roubines. ☎ 04-93-23-12-01. Menus 14,90-29 €. Déc-avr, ouv tlj sf lun soir (ouv pdt vac scol).* En haut de la station. Dans une ancienne grange en pierre. Sur la terrasse ensoleillée au déjeuner ou dans la jolie salle avec cheminée à l'éthanol, on craque pour une cuisine pas compliquée, tout simplement élaborée avec de bons produits, comme cette tomme fermière qu'on mange en raclette, fondue contre la grille du brasero. Très bonnes pizzas, spécialités de braserades. Pour le café, on est si bien, avachis dans les transats !

La Valette : *domaine Saint-Sauveur. ☎ 04-93-23-13-23. Accès par les pistes à skis ou en motoneige le soir. Ouv tlj au déj en hiver ; le soir sur résa. Plats du jour 9-15 €. Le soir, compter env 110 €, accès à motoneige inclus (40 mn env l'aller, 15 mn au retour). CB refusées.* C'est à plus de 2 200 m d'altitude que Georges est allé construire son chalet, à l'écart des hauts immeubles de la station. Déco montagnarde qui ne manque pas de personnalité. Harmonieux mélange de bois et de pierres, cheminée bienfaisante, près de laquelle les habitués viennent chercher une pierre chaude, à caler sous les pieds !

Les pistes

Isola est la plus haute station des Alpes du Sud et l'une des plus enneigées de France (à 50 km à vol d'oiseau de la mer !). Elle bénéficie d'un climat avantageux, avec une neige abondante et d'une bonne qualité poudreuse, et beaucoup de soleil. On compte quelque 120 km de pistes. Le forfait Mercantour permet de skier indifféremment à Isola 2000 et Auron. Outre les randonnées raquettes guidées, luges et motoneiges, de nombreuses autres activités animent la station, de jour comme de nuit. Bon à savoir, les forfaits sont moins chers hors vacances scolaires et 50 % de réduction sur les forfaits en vente tous les mardis sur Internet (hors vacances scolaires).

Randonnées

Isola 2000 est au centre du *parc national du Mercantour,* c'est donc le point de départ idéal de nombreuses excursions. Autrefois, les environs d'Isola étaient territoire italien et chasse privée du roi Victor-Emmanuel II, ce qui explique les nombreux et bons sentiers existants. De plus, une trentaine de lacs ceinturent la station, offrant d'agréables buts de promenades. Se procurer la carte *IGN Haute Tinée 2 Isola 2000.* Une suggestion, *La traversée du pas du Loup – cime de la Lombarde* : n'hésitez pas à demander le guide des randonnées au départ de la station, en vente à 3 € à l'office de tourisme.

➢ 🚲 Une ***piste cyclable,*** d'une dizaine de kilomètres en site propre, relie Isola à Saint-Étienne-de-Tinée.

les ROUTARDS sur la FRANCE 2013-2014

(dates de parution sur • **routard.com** •)

DÉCOUPAGE de la FRANCE par le *ROUTARD*

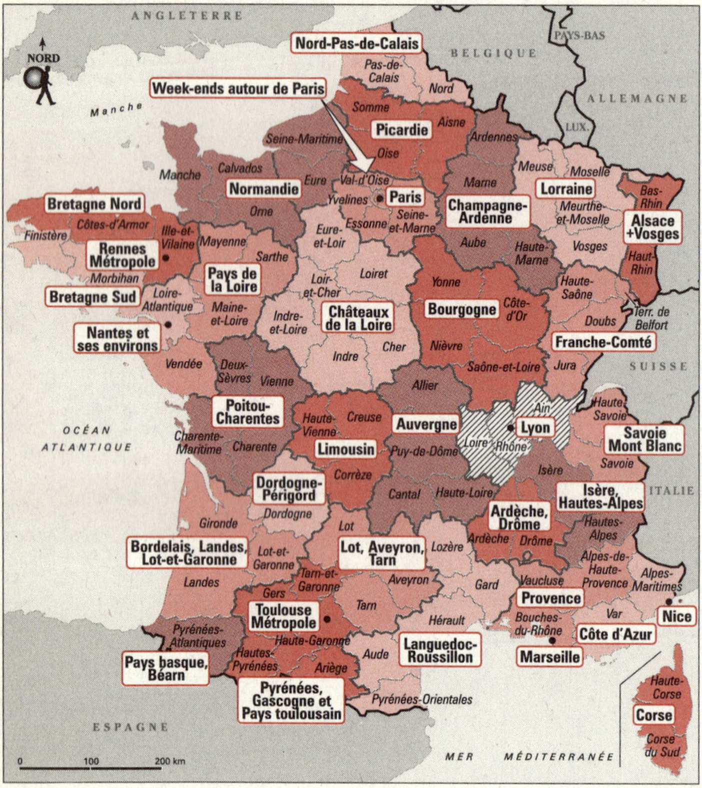

Autres guides nationaux

- Les grands chefs du routard
- Nos meilleures chambres d'hôtes en France
- Nos meilleurs campings en France
- Nos meilleurs hôtels et restos en France
- **Nos meilleurs sites pour observer les oiseaux en France (nouveauté)**
- Tourisme responsable

Autres guides sur Paris

- Paris
- Paris à vélo
- Paris balades
- Restos et bistrots de Paris
- Le Routard des amoureux à Paris
- Week-ends autour de Paris

les ROUTARDS sur l'ÉTRANGER 2013-2014

(dates de parution sur • ***routard.com*** •)

Europe

Pays européens

- Allemagne
- Andalousie
- Angleterre, Pays de Galles
- Autriche
- Baléares
- Belgique
- Budapest, Hongrie
- Catalogne (+ Valence et Andorre)
- Crète
- Croatie
- Danemark, Suède
- Écosse
- Espagne du Nord-Ouest (Galice, Asturies, Cantabrie)
- Finlande
- Grèce continentale
- Îles grecques et Athènes
- Irlande
- Islande
- Italie du Nord
- Italie du Sud
- Lacs italiens
- Madrid, Castille (Aragon et Estrémadure)
- Malte
- Norvège
- Pologne
- Portugal
- République tchèque, Slovaquie
- Roumanie, Bulgarie
- Sardaigne
- Sicile
- Suisse
- Toscane, Ombrie

Villes européennes

- Amsterdam et ses environs
- Barcelone
- Berlin
- Bruxelles
- **Copenhague (mai 2013)**
- **Dublin (nouveauté)**
- Florence
- Lisbonne
- Londres
- **Milan (nouveauté)**
- **Moscou (avril 2013)**
- Prague
- Rome
- **Saint-Pétersbourg (avril 2013)**
- **Stockholm (mai 2013)**
- Venise
- **Vienne (nouveauté)**

Amériques

- Argentine
- Brésil
- Californie
- Canada Ouest
- Chili et île de Pâques
- Équateur et les îles Galápagos
- États-Unis Nord-Est
- Floride
- Guatemala, Yucatán et Chiapas
- Louisiane et les villes du Sud
- Mexique
- **Miami (nouveauté)**
- **Montréal (nouveauté)**
- New York
- Parcs nationaux de l'Ouest américain et Las Vegas
- Pérou, Bolivie
- Québec, Ontario et Provinces maritimes

Asie

- Bali, Lombok
- **Bangkok (nouveauté)**
- Birmanie (Myanmar)
- Cambodge, Laos
- Chine
- Inde du Nord
- Inde du Sud
- Israël, Palestine
- Istanbul
- Jordanie
- Malaisie, Singapour
- Népal, Tibet
- **Shanghai (avril 2013)**
- Sri Lanka (Ceylan)
- Thaïlande
- Tokyo, Kyoto et environs
- Turquie
- Vietnam

Afrique

- Afrique de l'Ouest
- Afrique du Sud
- Égypte
- Kenya, Tanzanie et Zanzibar
- Maroc
- Marrakech
- Sénégal, Gambie
- Tunisie

Îles Caraïbes et océan Indien

- Cuba
- Guadeloupe, Saint-Martin, Saint-Barth
- Île Maurice, Rodrigues
- Madagascar
- Martinique
- République dominicaine (Saint-Domingue)
- Réunion

Guides de conversation

- Allemand
- Anglais
- Arabe du Maghreb
- Arabe du Proche-Orient
- Chinois
- Croate
- Espagnol
- Grec
- Italien
- Japonais
- Portugais
- Russe
- G'palémo (conversation par l'image)

Espace offert par l'annonceur – Avec le soutien de l'agence EURO RSCG C&O
RÉPARER LES VIES
HANDICAP
INTERNATIONAL

Adresses utiles

1 Office [redacted]
2 [redacted]
3 [redacted]
4 [redacted]
5 [redacted]
6 [redacted]
7 [redacted]
9 [redacted]

Où dormir ?

11 Pension [redacted]
12 [redacted]
23 [redacted]
24 [redacted]
25 [redacted]

Où manger ?

30 Restaurante [redacted]
31 [redacted]
32 [redacted]
33 [redacted]
34 [redacted]
35 [redacted]
37 [redacted]
39 [redacted]
40 [redacted]
41 [redacted]
44 Restau[redacted]
45 [redacted]
46 [redacted]
48 [redacted]
49 [redacted]
50 [redacted]
51 [redacted]
52 [redacted]
53 [redacted]
54 [redacted]
57 [redacted]

Où boire un verre ?

61 Caruag[redacted]
62 Bar [redacted]
63 Pin[redacted]
64 [redacted]
65 [redacted]
66 [redacted]
67 [redacted]
68 [redacted]
69 [redacted]
70 [redacted]
71 [redacted]
72 [redacted]
73 [redacted]
74 [redacted]
75 [redacted]
76 [redacted]

Où sortir?

83 Pingo[redacted]
84 [redacted]
85 [redacted]
86 [redacted]
87 [redacted]
88 [redacted]

À voir

90 Palacio do [redacted]
91 Pavilh[redacted]
92 Ce[redacted]
93 [redacted]
94 [redacted]

SPÉCIAL DÉFENSE DU CONSOMMATEUR

Un routard informé en vaut dix ! Pour éviter les arnaques en tout genre, il est bon de les connaître. Voici un petit vade-mecum destiné à parer aux coûts et aux coups les plus redoutables.

Affichage des prix : les hôtels et les restos sont tenus d'informer les clients de leurs prix, à l'aide d'une affichette, d'un panneau extérieur ou de tout autre moyen. Vous ne pouvez donc contester des prix exorbitants que s'ils ne sont pas clairement affichés.

HÔTELS

1 - Arrhes ou acompte ? : au moment de réserver votre chambre par téléphone – par précaution, toujours confirmer par écrit – ou directement par écrit, il n'est pas rare que l'hôtelier vous demande de verser à l'avance une certaine somme, celle-ci faisant office de garantie. Il est d'usage de parler d'arrhes et non d'acompte (en fait, la loi dispose que « sauf stipulation contraire du contrat, les sommes versées d'avance sont des arrhes »). Légalement, aucune règle n'en précise le montant. Toutefois, ne versez que des arrhes raisonnables : 25 à 30 % du prix total, sachant qu'il s'agit d'un engagement définitif sur la réservation de la chambre. Cette somme ne pourra donc être remboursée en cas d'annulation de la réservation, sauf cas de force majeure (maladie ou accident) ou en accord avec l'hôtelier si l'annulation est faite dans des délais raisonnables. Si, au contraire, l'annulation est le fait de l'hôtelier, il doit vous rembourser le double des arrhes versées. À l'inverse, l'acompte engage définitivement client et hôtelier.

2 - Subordination de vente : comme les restaurateurs, les hôteliers ont interdiction de pratiquer la subordination de vente. C'est-à-dire qu'ils ne peuvent pas vous obliger à réserver plusieurs nuits d'hôtel si vous n'en souhaitez qu'une. Dans le même ordre d'idée, on ne peut vous obliger à prendre votre petit déjeuner ou vos repas dans l'hôtel ; ce principe, illégal, est néanmoins répandu dans la profession, toléré en pratique... Bien se renseigner avant de prendre la chambre dans les hôtels-restaurants. Si vous dormez en compagnie de votre enfant, il peut vous être demandé un supplément.

3 - Responsabilité en cas de vol : un hôtelier ne peut en aucun cas dégager sa responsabilité pour des objets qui auraient été volés dans la chambre d'un de ses clients, même si ces objets n'ont pas été mis au coffre. En d'autres termes, les éventuels panonceaux dégageant la responsabilité de l'hôtelier n'ont aucun fondement juridique.

RESTOS

1 - Menus : très souvent, les premiers menus (les moins chers) ne sont servis qu'en semaine et avant certaines heures (12h30 et 20h30 généralement). Cela doit être clairement indiqué sur le panneau extérieur : à vous de vérifier.

2 - Commande insuffisante : il arrive que certains restos refusent de servir une commande jugée insuffisante. Sachez, toutefois, qu'il est illégal de pousser le client à la consommation.

3 - Eau : une banale carafe d'eau du robinet est gratuite – à condition qu'elle accompagne un repas – sauf si son prix est affiché. La bouteille d'eau minérale quant à elle doit, comme le vin, être ouverte devant vous.

4 - Vins : les cartes des vins ne sont pas toujours très claires. Exemple : vous commandez un bourgogne à 16 € la bouteille. On vous la facture 32 €. En vérifiant sur la carte, vous découvrez que 16 € correspondent au prix d'une demi-bouteille. Mais c'était écrit en petits caractères illisibles.

Par ailleurs, la bouteille doit être obligatoirement débouchée devant le client.

5 - Couvert enfant : le restaurateur peut tout à fait compter un couvert par enfant, même s'il ne consomme pas, à condition que ce soit spécifié sur la carte.

6 - Repas pour une personne seule : le restaurateur ne peut vous refuser l'accès à son établissement, même si celui-ci est bondé ; vous devrez en revanche vous satisfaire de la table qui vous est proposée.

7 - Sous-marin : après le coup de bambou et le coup de fusil, celui du sous-marin. Le procédé consiste à rendre la monnaie en plaçant dans la soucoupe (de bas en haut) : les pièces, l'addition puis les billets. Si l'on est pressé, on récupère les billets en oubliant les pièces cachées sous l'addition.

INDEX GÉNÉRAL

A

B

C

D

E

F

G

H

I-J-K

L

M

N

O

P-Q

R

S

T

U-V

Les Routards *parlent aux* Routards

Faites-nous part de vos expériences, de vos découvertes, de vos tuyaux. Indiquez-nous les renseignements périmés. Aidez-nous à remettre l'ouvrage à jour. Faites profiter les autres de vos adresses nouvelles, combines géniales... On adresse un exemplaire gratuit de la prochaine édition à ceux qui nous envoient les lettres les meilleures, pour la qualité et la pertinence des informations. Quelques conseils cependant :

– Envoyez-nous votre courrier le plus tôt possible afin que l'on puisse insérer vos tuyaux sur la prochaine édition.
– N'oubliez pas de préciser l'ouvrage que vous désirez recevoir.
– Vérifiez que vos remarques concernent l'édition en cours et notez les pages du guide concernées par vos observations.
– Quand vous indiquez des hôtels ou des restaurants, pensez à signaler leur adresse précise et, pour les grandes villes, les moyens de transport pour y aller. Si vous le pouvez, joignez la carte de visite de l'hôtel ou du resto décrit.
– N'écrivez si possible que d'un côté de la lettre (et non recto verso).
– Bien sûr, on s'arrache moins les yeux sur les lettres dactylographiées ou correctement écrites !

En tout état de cause, merci pour vos nombreuses lettres.

Les Routards parlent aux Routards :
122, rue du Moulin-des-Prés, 75013 Paris

e-mail : • *guide@routard.com* •
Internet : • *routard.com* •

Le Trophée du voyage humanitaire ROUTARD.COM s'associe à VOYAGES-SNCF.COM

Ils ont aidé à la création d'un poste de santé autonome au Sénégal, à la reconstruction d'un orphelinat à Madagascar... Et vous ?
Envie de soutenir un projet qui favorise la solidarité entre les hommes ? Le Trophée du Voyage Humanitaire Routard.com est là pour vous ! Que votre projet concerne le domaine culturel, artisanal, écologique, pédagogique, en France ou à l'étranger, le *Routard* et Voyages-sncf.com soutiennent vos initiatives et vous aident à les réaliser ! Si vous aussi vous voulez faire avancer le monde, inscrivez-vous sur • *routard.com/trophee* • ou sur • *tropheesdutourismeresponsable.com* •

Routard Assurance *2013*

Routard Assurance et Routard Assurance Famille, c'est l'Assurance Voyage Intégrale. Dépenses de santé et frais d'hôpital pris en charge directement sans franchise jusqu'à 300 000 € + caution + défense pénale + responsabilité civile + tous risques bagages et photos. Assurance personnelle accidents : 75 000 €. Très complet ! Tarif à la semaine pour plus de souplesse. Tableau des garanties et bulletin d'inscription à la fin de chaque *Routard* étranger. Pour les départs en famille (4 à 7 personnes), demandez le bulletin d'inscription famille. Pour les longs séjours, contrat Plan Marco Polo « spécial famille » à partir de 4 personnes. Pour un voyage éclair de 3 à 8 jours dans une ville de l'Union européenne, bulletin d'inscription adapté dans les guides villes avec des garanties allégées et un tarif « light ». Également un nouveau contrat Seniors pour les courts et longs séjours. Si votre départ est très proche, vous pouvez vous assurer via Internet • *avi-international.com* • ou par fax : 01-42-80-41-57, en indiquant le numéro de votre carte de paiement. Pour en savoir plus : ☎ 01-44-63-51-00.

Édité par Hachette Livre (43, quai de Grenelle, 75905 Paris Cedex 15, France)
Photocomposé par Jouve (45770 Saran, France)
Imprimé par Lego SPA Plant Lavis – Via Galileo Galilei, 11 – 38015 Lavis – Italie
Achevé d'imprimer le 19 avril 2013
Collection n° 15 - Édition n° 01
24/5671/3
I.S.B.N. 978-2-01-245671-6
Dépôt légal : avril 2013

PAPIER À BASE DE FIBRES CERTIFIÉES

hachette s'engage pour l'environnement en réduisant l'empreinte carbone de ses livres. Celle de cet exemplaire est de :
350 g éq. CO_2
Rendez-vous sur www.hachette-durable.fr

OÙ TROUVER LES CARTES ET LES PLANS ?